성격심리 상 하

전면 개정 합본판

성격

홍숙기 저

박영story

머리말

2014년 초 성격심리(상) 수정 3판을 내고 학교를 떠났다. 신기할 만큼 학교와 심리학에 '신경 끄고' 세 학기쯤 살았더니, '국민'학교 입학부터 치면 50여 년 학교생활 동안 켜켜이 쌓였던 피로의 독이 빠지기 시작했다. 바로 그 즈음 박영사에서 성격심리 상·하권을 합쳐서 단권으로 내자는 제안을 해오셨다. 작년 초가을의 일이다.

'짧고 쉽게' 써달라는 노현 부장님 말씀에 숨이 턱 막혔다. "저 못해요!" 합본 계획은 상권 초판이 나온 2000년부터 있었고 그 필요성은 여전했지만, 그동안 나와 있을 산더미 같은 책과 논문들을 찾아 읽을 엄두가 나지 않았다. 며칠, 몇 주가 지나면서 내용 업데이트는 안 해도 되겠다는 생각이 슬그머니 들었다. 10년쯤 사이 성격 저서와 역서들이 많이 나와 있거니와, 검색엔진이 어마어마하게 발달해있는 지금 필요한 건 최신 정보와 지식이라기보다는 전체를 보는 눈이 아니겠는가. 책 쓰고 만들 때 제일 행복했었기 때문에, 하고 싶은 나머지 요런 핑계가 생각났나 보다.

이제 문제는 '짧고 쉽게'였다. 상·하권 합쳐 모두 16개 장(章)에서 '1부 서론' 두 장을 하나로 묶고 5장(Murray)을 빼는 이상으로 범위를 줄이지는 못하였다. 전체가 14개 장이 될 텐데, 그 안에서 무엇을 버릴 것인가. 말과 글이 재미있으려면 우선 짧고 쉬워야 한다. "간결하면서도 건조하지 않은 말, 간결하면서도 뜨거운 말", "군더더기 없이 밀도 있는 언어", "나다운 말"—최근에 우연히 본 책[1])에서 나온 표현들이다. 내 책을 읽기 시작하니, 아 군더더기 많고, 쓸데없이 어려운 데는 왜 이리 많은가! 분명히 수십, 수백 번 고치고 다듬었었는데. 이 책 갖고 공부했던 학생들에게 미안하다는 사과문을 주요 일간지들에 내고 싶을 지경이었다.

샤일록은 '베니스의 상인' 안토니오의 (심장에서 제일 가까운 데) 살 딱 한 파운드를 피 한 방울 안 흘리고 떼어내야 했다. 내 경우에는 *몸 전체*에, "몸속 갖가지 사이공간들"[2])에 들어앉은 엄청난 양의 군살이 없어지면서 무엇보다 피는, 생명은 잃으면 안 되었다. 건조함, 뜨거움, 밀도는 모두 '피'의 문제 아닌가. 강의에서도 글에서도 "좋은 말", "중요한 내용"이라고 다 필요한 말은 아니다. 가령 내 은퇴 사실을 언급하는 건 필요해보이

---

1) 손화신(2016). 나를 지키는 말 88. 샘앤파커스.

2) 오스트리아 현대작가 페터 한트케가 얼마전 독일신문 인터뷰에서 쓴 표현이다. "기억은, 추억은, 잊지 않음은 몸속 갖가지 사이공간들에 보존(농축)되어있다. 뼈들에, 힘줄들에, 피부세포들에, 그냥 세포들에, 무엇보다 관절들에, 무릎, 팔들에. (굽었던) 이것들을 펴라. 그러면 기억세포가 하나씩 되돌아와 '온몸에' 모습을 나타낸다."

지만, 은퇴 이유는 아니다. 또, "좋은 말"은 어차피 넘쳐난다.

'지미의 사례'는 미련 없이 다 버렸고, 글상자들도 절반 이상 버렸다. 학자들의 전기(傳記) 부분도 거의 삭제하다시피 했다. '성격' 책에서 생애와 작품의 관계는 중요하고 필요한 이야기지만, 책이 너무 두꺼워지면 안되기 때문에 필요한 '할 말'이라도 지워야 한 곳들이 많다. 절(節) 제목이나 소제목을 그 아래 내용과 함께 다 지우기도 하고, "갖가지 사이공간들에" 숨어있는 지방을 없애려고 애썼지만, 버리기만 아니라—그러면 죽으니까—수혈, 채우기와 다듬기도 필요하였다. 더구나 '고친 티'가 나서도 안되었다! 그야말로 '무한도전'이었다.

최신 문헌은 아예 포기했지만(안 그랬다면 책이 2, 3년 뒤에나 나왔거나 아예 못 나왔을 것이다) 강의노트들, 다시 찾아본 원전과 고전들이 도움이 되었다. 원래 강의 교재가 필요해서 쓰기 시작했었던 책이라, 교실에서 설명을 위해 들었던 예들도, 어디선가 읽고 강의 노트에 적어두었던 내용도 있는데, 인용의 경우 출처를 찾지 못한 부분들이 남아있다.

'1부 서론'의 두 장은 '성격심리학의 이론과 연구'라는 제목의 장으로 압축되었고, '정신역동 접근'이 '1부'가 되었다. 네 개 장이 세 개로 줄었는데, 3장에서 Jung 이론, 4장에서 애착이론과 연구 제시가 많이 달라졌다. Murray의 성격학 체계는 버렸지만, 4장('경험적 연구') 도입부에 그의 방법 다양성을 소개하고 '성격 탐색'의 결론으로 나온 정신분석 이론 평가만 제시하였다. 2부(인본주의 – 현상학)는 상대적으로 많이 달라지지 않았다.

하권 내용은 수술이 훨씬 많이 필요하였다. 시간이 지나며 사람, 성격, 심리학을 보는 내 눈이 달라졌는지 전반적으로 '평가' 부분에—장황함 말고도—문제점이 많이 보였다. 3부(성향 – 생물학)의 첫 장(7장)은 5요인 모델(8장)의 이론적, 역사적 배경을 다루는데, 수업할 때도 흥미를 끌기가 힘든데다 이어지는 장들의 비중에 밀려 대충 넘어가곤 했었다. 이번에 대폭 가지치기를 했지만, 앙상해보이지는 않는다. 너무 방대했던 진화심리학(9장)을 많이 줄이고, 행동유전학(10장)에서는 대체로 평가 부분만 대폭 뜯어 고쳤다. 4부(행동주의 – 학습)에는 군살제거보다 빈혈치료가 더 중점이 되었다. 5부(인지 – 정보처리)는 쓸 때도 수업할 때도 맥을 잡기가 제일 힘들었었다. 이번에 큰 그림이 좀 분명해져서, 군더더기를 과감히 내버리고, 두 장의 평가 부분을 대폭 고치고 다듬었다.

전체 부피가 약 2/3로 줄어들었는데, 간결하면서도 밀도 있고 (뜨거운?!) 피가 흐르는 글이 되어있기를! 나를 아는 친구와 학생들은 새 책이 더 '나다운 글'이 되었다고 느끼고, 글을 읽으며 내 표정을 보고 내 목소리를 들을 것이다. 독자들이 이 책을 재미있게 읽고 성격 공부, 사람 공부에 어떤 방식으로건 나서고 싶어진다면 글쓴이로서 더 바랄 것이 없겠다.

작업은 큰 공부였다. 만 여섯 나이에 '학교에 들어간' 후 처음으로 1년 이상을 맘편히 놀고먹다가 다시 일을 손에 잡으니, 이 풍진세상에 역시 공부처럼 재미있는 건 없다. [공부/일을 강제와 고역으로 만든 건 이 나라가 국민에게 저지른 크나큰 죄이다.] 2000년과 2003년에 상·하권 초판을 내고 각각 세 번과 두 번 수정/개정을 하다가, 이제 전체를 '리모델링'해서 본문부터 표지까지 새 얼굴의 새 작품을 내놓게 되었다. 감개무량이다. 이런 기회를 주신 박영사에 새삼 감사드리고, 부족한 작품을 인정해주셔서 단권 출간을 요청하셨다는 교수들께도 감사드린다. 편집부 배근하 대리님이 책 만드느라 고생이 많으셨고, 대학원생 최정익은 '독자'로서 워드작업을 맡아주었다. 표지 디자인은 다정한 친구/후배인 일러스트레이터 박선호씨가 해주셨다. 다들 고맙습니다!

책 제목을 (짧고 쉽게!) '성격'으로 정하고 나니 '격'(格)이라는 말이 마음에 묵직하게 와 닿는다. 초야에 묻혀 세상 돌아가는 꼴을 바라보면 우리가 어쩌다 이 정도로 격이 떨어졌나 싶다. 학교, 정치, 언론, 기업 등등 사회 전체가 정치판, 시장판이고, 남녀노소 만족·행복한 사람이 없다. 눈이 언제나 스마트폰이나 PC/TV화면에 고정되고 내 곁/앞에 있는 사람을, 하늘/나무/사람/세상을, 내 마음/생각을 향하지 않으니, 너나없이 외롭고 공허하다. 나는—나아가 너는, 그들은—누구이고, 뭐 하는 사람인가, 왜 이렇게 되었고, 계속 이렇게 나가면 어디로 가는 건가, 나 자신이나 자녀가 '명품'이 되면 행복해질까. 사회적 동물인 '사람의 길'을 벗어나면 이런 질문들을 안 하게 되는 것 같다.

사람/삶의 격이나 행복이 직접 이 책의 주제는 아니다. 내가 바라는 것은, 독자들이 멈추어 자신을 돌아보고 앞/옆의 사람들을 바라보며 이런 질문들을 던지게 되고, 그러면서 점점 많은 것들이 눈에 보이게 되는 것이다. 1부에서 5부까지 제목에 '접근'(approach)이라는 말이 빠지지 않는데, '조망'(perspective)이라고 쓰기도 한다. 목적지가 같아도 가는 길은 여러 갈래이고 또 언젠가는 어디선가는 서로 통하고 만나게 되어있다. 그 길에 이 책이 조금이라도 도움이 되기를 바란다.

2016년 6월 춘천에서
홍숙기

차 례

제1장 성격심리학의 이론과 연구 · 1

제 3 부 성향–생물학 접근 229

제 7 장 특질이론들: Allport, Cattell, Eysenck · 231

표 차례

그림 차례

글상자 차례

제 1 장

성격심리학의 이론과 연구

우리는 누구나 경험을 통해 세상에 대한, 특히 사람에 대한 이론을 만들며 고치고 다듬어 간다. 좋은 성격이론은 행동을 예측하고 이해하는 데 도움을 준다. “그 애는 내가 누구보다 잘 알아”라고 장담할 때 우리는 그 친구가 이런저런 상황들에서 어떻게 생각하고 반응할지를 예언하는 것이다. 나아가 그가 왜 그런 사람이 되었는지를 설명하기도 한다. 우리는 이를테면 “무서운 아버지와 불쌍한 어머니”에게서 태어난 장남이 어떤 사람이 되는지를 안다고 믿는다. 우리의 믿음(예언, 설명, 이론, 가설 등)은 맞을 수도, 틀릴 수도 있다. 경험과 관찰을 통해 자신의 예언이나 설명이 틀렸다는 것을 알게 되면, 우리는 이론이 틀렸거나 불충분한가를 생각해보고 수정 또는 보충을 한다.

일상생활에서 하는 이런 관찰, 추리, 설명, 이론검증 등은 성격심리학자들이 하는 일과 근본적으로 다름이 없다. 차이가 있다면, 과학자들은 이론을 말과 글로 발표하고, 용어들을 더 분명히 정의하고, 예측들이 맞는지를 평가하기 위해 체계적 연구를 수행한다는 것이다. 과학적 접근이 성격에 대한 모든 물음에 만족스러운 답을 주지는 못하지만 많은 물음들에 흥미로운 답들을 제시해준다. 무엇보다 사람에 대해 생각하고 탐구하는 길을 가르쳐준다. 이론과 관찰·연구가 그 길이다.

성격의 이론들

사람들은 어떤 식으로 그리고 왜 그렇게 다를까? 한 부모에게서 태어나 자란 형제들이 —서로 닮기도 했지만— 왜 그렇게 하는 짓이 다를까? 남자와 여자는 생각하고 행동하는 방식이 어떻게 그리고 왜 다를까? 우리에게 중요한 사람일수록 행동을 이해하고 예측할 수 있어야 우리가 적절하게 반응·대처할 수 있다. 가장 가깝고 중요한 사람은 우리 자신이므로 무엇보다 우리는 자신이 어떤 사람인지, 왜 이런 사람이 되었는지를 알고 싶어 한다. 어쩌다가 엉뚱한 행동을 저질러버리고는 "내가 미쳤었나?" 하고 당황해본 경험은 누구에게나 있을 것이다. 자신의 행동을 예측하지 못했거나 설명·이해하지 못하면 우리는 몹시 불안해진다.

성격 분야 및 개념

심리학 분야들을 *순수*(또는 기초)와 *응용*으로 나눌 때, 성격심리학은 임상 및 상담, 산업·조직 같은 응용 분야들의 기초가 되는 순수 분야이다. 따라서 '사람 공부'뿐만 아니라 응용 공부를 위해서도 성격 지식이 필요하다.

성격 분야 심리학은 인간의 행동을 과학적으로 연구하는 학문이다. 과학적 연구자료로서 '행동'은 객관적으로 관찰·측정할 수 있는 행동을 의미하지만, 밖에서 관찰할 수 있는 행동(예, 말하기, 사람 때리기 등)만 포괄하는 것은 아니다. 본인만이 느끼거나 알 수 있지만 남들에게 전달 —'보고' 또는 '자기보고'(self-report)라 한다— 할 수 있는 내용도, 객관적 측정(뇌파, 혈압 등 주로 생리적 측정)이 가능한 체험들(생각, 감정 등)도 '행동'이다. 연구자의 입장에서 보면 후자 행동은 간접 관찰하는 항목들이 된다.

학문적 심리학 안에서, 즉 대학의 심리학과에서 성격심리학이 생겨난 해는 미국에서 Allport(1937), Stagner(1937), Murray(1938) 등이 책을 낸 1930년대로 잡는다. 학생들은 심리개론 시간에 심리학이 독일 라이프치히 대학에 심리학 실험실이 차려진 1879년에 출범한 젊은 학문이라고 배웠을 것이다. '과학'으로 출발한 심리학에 성격이라는 연구주제가 발을 붙이기까지 60년 세월이 걸린 것이다. 성격이라는 주제에 대한 관심과 연구는 그 전에도 활발했지만('성격의 문화', Barenbaum & Winter, 2008 참조), 행동주의 시대 심리학(과)에 성격분야 확립이 그만큼 늦어졌다. 사회학, 정신의학에서도 성격연구를 했지만,

심리학은 '과학적 방법론'을 주장하면서 성격을 심리학의 영토로 점유하였다. 인접학문들이 집중하는 사례연구보다는 1차대전 중에 이미 개발된 심리검사들의 집단 실시와 '통계처리'가 심리학적 성격연구의 주된 방법이었다(위의 글).

성격 개념 성격의 정의는 50가지가 넘지만, 여기서는 성격의 '본질'을 규정하려고 하기보다는 성격심리학자의 연구주제와 방법을 규정하는 *작업정의*(working definition)를 두 가지 소개하기로 한다.

우선 Pervin과 John(1997, p. 4)은 성격을 "감정, 사고, 행동의 일관된 패턴들을 설명해주는 그 사람의 특징들"이라고 정의내린다. Liebert와 Liebert(1998, pp. 5–6)의 정의는 다음과 같다.

> 성격은 한 특정한 개인의 (신체적, 심리적) 특징들의 독특하고 역동적인 조직으로서, 이 특징들은 사회적 및 물리적 환경에 대한 행동과 반응들에 영향을 미친다. 이 특징들 중에서 어떤 것들은 그 특정인에게 전적으로 독특하고(기억, 습관, 버릇 등), 어떤 것들은 소수 또는 다수 또는 모든 타인들과 공유된다.

위의 정의들에서 "그 사람의 특징들," "독특"(unique)이라는 말은 *개성*과 개인차를 말하고, "감정, 사고, 행동," "신체적·심리적 특징들," "사회적 및 물리적 환경에 대한 행동과 반응들"은 어느 특정한 부분기능들이 아닌 *전인*의 기능에 초점이 있음을 나타낸다. 감정·사고·행동 또는 신체적·심리적 특징들은 "일관된 패턴"을 보이며 "조직"되어 있다. 즉, 부분기능들이 서로 상관없이 동떨어져 존재하는 것이 아니라 하나의 기능체계로 조직되어 있고, 이 "조직(화)"(organization)은 "독특하고 역동적"이다. "역동적"(dynamic)이란 고정되어 있지 않고 변하고 움직인다는 뜻이다. 개성, 즉 독특함은 개별 특징들에서보다는 그것들의 패턴이나 조직에서 더 분명히 나타난다.

Liebert와 Liebert는 성격심리학자들이 개인차와 개성뿐만 아니라 *집단차이*(외향적인 사람들의 특성, 남녀 차이, 동서양의 차이 등)도 연구하고, *인간 본성*이라 할 수 있는 보편적 특징들에도 관심 둘 수 있음을 지적한다. 그렇다 해도 성격 개념의 고유영역 또는 초점은 **개인차**라고 할 수 있다. 같은 상황에서 여러 사람이 서로 다르게 행동한다든지, 사람마다 전형적으로 처하는 상황이 다를 때(예컨대, 어떤 사람은 번번이 사기를 당하는가 하면, 어떤 사람은 한 번도 그런 일을 안 당한다) 우리는 '개인차'를 보는 것이다. 이 차이가 계속 나타나면(일관성 또는 안정성) 우리는 '성격'을 말하기 시작한다.

구성개념과 관계명제 과학의 궁극적 목표는 *이론*이다. 과학적 이론이란 하나의 설명이지만, 모든 설명이 과학적 이론인 것은 아니다. 과학적 이론(과 가설)은 이론적 구성개념과 관계명제라는 두 가지 요소로 구성된다. **구성개념**(construct)은 이론이라는 집을 짓는 벽돌이라고 할 수 있다. 우리가 일상생활에서도 많이 쓰는 개념들인 원자, 에너지, 유전, 자연도태 등은 모두 이론적 구성개념이다. 성격심리학에서는 불안, 자아, 내·외향성 등이 대중에게 친숙하고, 물론 '성격' 자체도 구성개념이다. 이론적 구성개념들은 관찰결과들을 기술·설명하기 위해 지어낸 '가설적 구성개념'들로서, 관찰결과들의 의미 깊은 관계들을 하나로 묶어준다.

한 사람에게서 감정·사고·행동의 일관된 패턴들을 관찰하고 어떤 성격특징들을 추리할 때, 우리는 이미 (과학적이지는 않다 해도) 이론 또는 가설을 내놓는 것이다. 성격 구성개념들은 주로 행동의 개인차 관찰에서 시작한다. 병원에서 주사 맞는 사람들의 반응을 관찰해보았는데, 주사 바늘이 들어가는 순간에 어떤 사람들은 고개를 돌려버리는가 하면 어떤 사람은 거기서 눈을 떼지 않고 지켜보았다. 이 흥미 있는 차이가 다른 유사한 상황들에서도 되풀이된다는 것을 알게 되면, (눈에 보이는) 행동 개인차로부터 (눈에 보이지 않는) 성격 차이가 추리된다. 결국 나오는 구성개념은 '용기'일 수도 있고, 공포와 스트레스에 대한 '직면 대 회피 대처'일 수도 있다.

일단 구체적 관찰사실 — 공식적 연구에서는 '자료'— 로부터 '추상'하게 되면, 그 개념은 서로 관계가 없어 보이던 다양한 행동들에서 의미 깊은 관계와 일관성을 보게 해준다. 의사소통에도 도움이 된다. 주사 맞을 때 반응 등 구체적 관찰들을 나열하지 않고 '용감한' 사람과 '심약한' 사람, 또는 스트레스에 '직면'하는 사람과 '회피'하는 사람에 대해 이야기할 수 있기 때문이다. '외향성'의 예를 들자. 어떤 대학생이 학교에서 여러 동아리에 가입하고, 이런저런 모임에 빠지지 않을 뿐 아니라 스스로 모임을 주선하고, 휴일에 집에서 혼자 책을 보느니 이 친구 저 친구에게 전화하여 만난다. 그가 '외향적'이라고 말해 버리면 이 다양한 항목들의 '일관된 패턴'이 전달된다.

벽돌만 늘어놓는다고 집이 지어지지는 않는다. 훌륭한 설계도면을 가지고 그것에 충실하게 벽돌을 차근차근 잘 쌓아야 튼튼한 집이 된다. **관계명제**란 구성개념들 사이의 관계를 서술해주는 진술들 —'법칙'(laws)이라고도 한다— 이다. 외향성은 불안, 자아 등과 어떤 관계가 있을까? 외향성이 높을수록 덜 불안하고 자아상이 더 긍정적이라고 말한다면, 바로 구성개념들 간의 관계를 명제(가설, 예언 등)로 제시하는 것이다. 자료를 갖고 이론적 예언들을 확인할 수 있어야 하는데, 이 *경험적 검증*이 가능하려면 구성개념들이 분명하게 정의되어 있고 관계명제들도 분명히 진술되어야 한다. 이론은 우리가 이미 관찰했거나 알고 있는 사실들을 의미 있는 틀 안에서 이해할 수 있게 해줄 뿐만 아니라, 어디로 가면 무엇을 찾을 수 있을지 하는 탐색과 연구의 방향도 제시해준다. 집(건축물)과 지도에 비유한다면 좋은 이론은 튼튼하고도 쓸모 있는 크고 넓은 집, 정확하고 자세한 광역 지도이다. 우리는 비좁거나 부실한 집을 원하지 않고, 이왕이면 쓸모 있고 아름다운 집을 원한다. '튼튼함'은 '쓸모'와 '아름다움'보다는 더 객관적인 기준에 따라 평가할 수 있는바, 과학적 이론의 튼튼함은 무엇보다 경험적 연구에 의해 확인된다.

성격이론의 특성

앞에서 성격심리학이 대학 심리학과에서 '간판'을 내건 해가 1930년대 말이라고 배웠는데, 1부에서 나오는 Freud의 정신분석 이론은 그보다 3, 40년 전에 이미 발표되어 활발하게 논의되기 시작하였다. 성격*이론*이 당연히 성격*심리학*의 일부라면, 어째서 '이론'보다 '심리학'이 이렇게 늦게 나왔을까? '이론'과 '학'('과학적 연구')이 이렇게 따로따로인 것은 성격분야의 독특한 특성의 하나이다. 그 사정부터 밝혀보기로 하자.

성격이론의 기원과 특성 1부에서 공부할 심층심리학 이론들은 정신의학 쪽에서 나왔다. 실험심리학자들이 신경전달 속도를 연구하고 있을 때 정신과 의사인 Freud는 아동기 외상(큰 상처나 충격)이 성인 적응에서 하는 역할을 탐구하고 있었다. 심리학이 정상 성인의 의식을 탐구하고 있을 때 그는 신경증 환자들의 무의식을 파 들어가고 있었다. 실험과학이고자 한 학문적 심리학과는 대조적으로 임상세팅에서는 실제 응용이 중요했으므로, 성격이론은 심리학 발달에서 이단자 역할을 한 일이 많았다. Hall 등(1985, p. 12)은 이렇게 쓴 바 있다.

> 성격이론가들은 흔히 반역자로서, 승인되는 이론과 규준적 문제들에, 기성의 연구 방법 및 기법들에 반기를 들었다. 전에 학문적 심리학 주류의 밖에 있었기 때문에, 성격이론은 학문적 심리학자들이 널리 수용한 가정들을 더 쉽게 의문에 붙이거나 거부할 수 있었다. 그러나 이 자유에는 종종 규율 결핍, 전통적 과학자들의 조직화된 진술들에 대한 관심 결핍이 따라왔다.

치료자에게 오는 대상은 어떤 '문제'나 '행동'이 아니라 '사람' 전체이다. 그 사람 전체를 이해해야 그의 문제나 행동을 이해할 수 있다. 따라서 임상적 전통의 성격이론가들에게는 전통적으로 *동기*과정—어떤 문제나 행동이 *왜* 나타나며 없어지지 않는가—이 중요했고, 또 *전인*(全人, whole person)을, "자연서식처에서 기능하는 전인"(the entire functioning person in natural habitat)을 이해하는 것이 중요했다. 이런 경향은 최근까지도 동기에 별 관심이 없었고 또 지각, 학습, 기억 등 개별 기능에 집중하는 학문적 실험심리학의 경향과 뚜렷한 대조를 이룬다.

대학에서 시작한 '성격심리학'은 순수분야로서, 과학적 연구를 중시한다. 또 학문적 심리학자들이 내놓은 이론들은 임상 전통에서 나온 이론들보다 "체계적이고 조직화된 진술들"에 관심이 더 많다. 자유롭고 반역적인 대신 과학적 규율이 부족하다는 지적은 제도권 심리학에 성격분야가 확립되기 전에 나온 임상 전통의 이론들에 해당된다. 호기심을 자극하고 의심과 생각을 자극·격려함으로써 이 이론들은 매우 많은 연구를 이끌어냈다.

성격이론의 내용 성격심리학에서 우리는 개인들이 어떤 사람들인지, 어떻게 해서 그렇게 되었는지, 왜 그런 식으로 행동하는지를 알고 싶다. 글상자 1-1에 한 작가가 삼인칭으로 자기 성격을 기술·설명한 내용을 제시하였다. 이 특정 사례를 가지고 성격이론의 내용측면들을 고찰해보자.

'어떤 사람인가' 하는 것은 그 사람의 특징들이 무엇이며 그 특징들이 서로 어떻게 관계 맺고 있는가 하는 물음이다. 김영현은 자신이 단순 소박하고 밝고 낙천적인가 하면 공격적, 냉소적이기도 한데, 밝고 낙천적인 면을 '바탕', '본성'이라고 한다. 그 자신만의 독특한 특성들이 있는가 하면, 군사독재를 체험한 사람들과 공유하는 특성들이 있고, 인간 존재에서 비롯되는 특성들도 있다. 아버지, 어머니, 형제들의 성격을 기술하면서 작가는 유전과 (가정)환경 모두 자신의 성격에 영향을 미쳤음을 인정하고, 청년기부터는 군사독재 문화가 자기뿐 아니라 그 세대 사람들의 성격에 큰 영향을 미쳤다고 설명한다.

'왜'는 동기의 측면이다. 작가는 자신의 우울함이 "오랜 군사독재의 한 증후군이자 후유증"이리라 추측한다. 또, 한때 목숨을 바쳐서라도 사랑한 대상—역사, 민중—이 있었으나 이제는 삶의 뚜렷한 목적이나 목표가 없어졌다고 말한다. 임상적 전통의 이론들에서는 정신병리나 치료도 중요한 내용을 이룬다. 김영현은 자신이 편집증 증세가 약간 있기는 하지만 괴팍하다거나 광적이지는 않고, "기(氣)가 머리끝까지 뻗댈 때"는 말이 많아지기도 하고 남들에게 모욕을 주기도 하지만 심각하지는 않다고 본다.

글상자 1-1

그의 성격

다음은 작가 김영현(1955-)이 '새장 속의 새'라는 제목으로 쓴 삼인칭 자전소설에서 발췌한 내용이다(최윤 등, 1996, pp. 79-99).

어쨌든 시골 한의사인 데다 한학자이자, 약간은 허풍기 있는 이야기꾼이었던 아버지를 포함한 이런 가족들 속에서 성장한 그였고 보면 그가 단순소박하며, 양명하고, 밝고, 낙천적이며, 조금은 경박스럽기도 하지만 아름다운 품성을 지니고 있다는 점은 믿어 의심할 필요가 없을 것이다.

그런데 그에게는 그와 정반대의, 말하자면 음습하고 섬세하며 복잡한 모습이 언뜻언뜻 숨은 그림처럼 나타나는 경우도 없지가 않다. 그럴 때는 무척 날카롭고 짜증스러우며 공격적이고, 다변적이며, 냉소적이기까지 해진다.

그러나 그로 말하자면 그런 병적이고 비뚤어진 심성은 그의 본성이 아닌 것만은 분명하다. 왜냐하면 위에서도 말한 바와 같이 그는 무척 단순하고 낙천적인 환경 속에서 자기 또한 그렇게 자라왔기 때문이다. 아마 이러한 부정적 측면은 그가 세상을 살아가는 동안 지워지지 않는 때처럼 묻어서 문신처럼 안으로 깊이 배어든 것이 틀림없을 것이다. 왜냐하면 어린시절과 비교해보면 지금 그에게는 그런 어두운 측면이 더 강해졌고, 불행하게 앞으로 더 강해질지 모른다는 그런 예감이 들기 때문이다. 그에게 그런 우울한 자기초상을 그리도록 해준 것이 무어냐고 묻는다면, … 지난 시절 오랫동안 우리 모두를 지배해왔던 군사독재일지 모른다고 할 것이다.

그럼에도 불구하고 그의 음습하고 복잡한 측면의 심성 형성이 모두 당국과 역사의 잘못만은 아니라는 점도 어느 정도 인정하지 않을 수가 없다. 그것은 어느 정도 그의 모계 그러니까 어머니 쪽의 성격과도 무관하지 않을 것이다.

그러나 보다 더 본질적이고 존재론적으로 그의 우울한 측면을 형성해준 그림자가 있다면 그것은 성과 죽음에 대한 인식일 것이다. 하나는 그에게 끊임없는 욕망과 죄의식을 낳게 해주었고, 다른 하나는 생에 대한 불가사의와 두려움을 갖게 해주었다.

그럼에도 불구하고 그가 마음의 짐을 다 벗어버리고 원래의 성격, 즉 양명하고 밝은 여름날의 햇살과 같은 바탕을 다 회복하지 못한 이유는 무엇일까. 그것은 위의 존재론적 문제에 비하면 뜻밖에도 아주 간단하다. 그것은 그가 그럼에도 불구하고 생의 목적이나 의미에 대하여 이렇다 할 특별한 무엇을 가지고 있지 않다는 것이다.

좀더 체계적으로 보자면, 완전한 성격이론이 포괄해야 하는 영역들은 다음 다섯 가지라고 할 수 있다.

- **구 조** 성격의 기본 단위들(예, 반응, 습관, 특성, 유형)
- **과 정** 성격의 역학과 동기(예, 긴장감소, 성숙과 자기실현)
- **성장과 발달** 개인차와 개성의 발달(예, 유전과 환경의 영향력, 환경 요인들로서 문화, 사회계층, 가족)
- **정신병리(이상행동)** 성격 기능장애의 본질과 원인들
- **변화(치료)** 병적인 행동들을 변화시키는 방법

물론 완전한 이론은 없으며, 한두 영역에 집중하는 대신 다른 영역들은 소홀히 다루는 경우가 많다. 완전할수록 좋지만, 집이 크고 방이 많다고 꼭 쓸모 있지는 않다. 사용자의 생활양식에 따라서 어느 방(거실 또는 부엌, 애들 방)이 특히 중요할 수 있다. 포괄적이라는 의미에서 완전하다는 것이 꼭 이론들의 영향력과 비례하지도 않는다.

이론과 연구

지금까지 발표된 성격이론들은 50개가 넘지만 성격개론서에서 이들은 통상 몇 개의 무리로 분류하여 제시된다. Pervin과 John(1997)은 정신역동, 현상학, 특질, 학습, 인지, 사회인지, 인지-정보처리의 7가지 범주로 나누어 이론과 연구들을 제시하였다. Liebert와 Liebert(1998)는 이론들을 정신분석, 성향, 환경론, 표상의 네 책략으로 분류하였다. 이론이 아니라 연구주제 중심으로 저술한 Pervin(1996)은 연구 접근법에 따라 임상, 상관, 실험적 전통의 이론들을 구별하였다. 이 책에서는 정신역동, 인본주의-현상학, 성향론, 행동주의-학습, 인지-정보처리의 다섯 가지 접근방향으로 범주화하여 성격이론 및 연구들을 제시하기로 한다.

이론적 접근들 이 다섯 가지 길은 시기적으로 겹치는 부분이 많지만, 앞에서 뒤로 갈수록 대체로 더 최근에 나온 것이다. 중심적인 연구 방법들로 보면 앞의 두 접근은 *임상적* 연구 전통을, 성향론은 *상관*연구 전통을 따르며, 마지막 두 가지에서는 *실험*연구가 주된 방법이다. 즉, 뒤로 갈수록 '임상'이 '실험'으로 바뀌는 것이다. 이를 다른 말로 하면, 뒤로 갈수록 의사들이 아니라 대학 심리학과에서 공부한 학자(주로 교수)들이 성격심리학을 장악하게 되었다는 뜻이 된다. 한 방향에 들어가는 이론들은 성격에 접근하는 기본적 가정과 초점 맞추는 행동측면들이 대체로 비슷하지만, 다섯 가지 방향에 서로 겹치고 공유하는 요소들이 적지 않다.

1. **정신역동** 일반 대중에게 가장 잘 알려져 있을 성격이론인 Freud의 정신분석학이 대표적이다. 이 접근에 기본이 되는 가정은 우리 자신도 모르는 힘들이 우리를 움직인다는 것이다. 이 힘들이 무엇이냐 하는 점에서는 이론마다 차이가 있지만, 정신역동적 이론들은 그러한 무의식적 '추동'(drive)에 초점을 맞춘다.
2. **인본주의-현상학** 현상학적 이론들의 기본 가정은 자기 자신, 타인, 세상을 어떻게 지각하고 해석하느냐에 따라 우리의 생각, 감정, 행동이 달라진다는 것이다. 그런 점에서 이들을 '인지적' 이론들이라고 부른다. 성숙, 자기실현을 강조하는 인

본주의를 현상학에 붙여서 제시하는 이유는 Rogers의 현상학적 접근이 인본주의 색채가 강하기 때문이기도 하고, 둘 다 그 당시(1940, 50년대)에 성격심리학 분야를 지배하던 정신분석과 행동주의에 반대했다는 공통점이 있기 때문이다.

3. **성향 – 생물학** 성향 이론들의 기본 가정은 성격이 일군의 안정된 특성들(특질)로 구성되며, 개인들은 각 특질을 얼마나 많이 가지느냐에 따라 다르다는 것이다. 최근에는 생물학적 관점이 들어와서 유전과 환경이 성격의 개인차 발달에 기여하는 정도에 대한 행동유전학적 연구가 활발하게 이루어지고 있다. 인간—구체적으로 여자와 남자—의 본성적 특질들의 진화사를 추적하는 진화심리학도 큰 주목을 받고 있다.
4. **행동주의 – 학습** 행동주의적 이론들은 성격이 외적, 객관적 환경조건들에 의해 형성된다고 본다. 행동주의는 그 급진적 형태에서는 "감정, 사고, 행동의 일관된 패턴들을 설명해주는 그 사람의 특징들"에 관심이 없다. '성격'이라는 구성개념의, 나아가 모든 구성개념의 필요성을 부인하고 오직 밖에서 관찰할 수 있는 반응이나 행동들, 그들이 '학습'된 환경 및 상황조건들에만 관심을 두기 때문이다.
5. **인지 – 정보처리** 이 범주에 속하는 이론들은 현상학적 이론들처럼 개인들이 자기 자신, 타인들, 세상을 지각·해석하는 방식에 성격이 반영된다고 가정한다. '현상학'과 '인지–정보처리'의 범주를 나눈 근거는 일차적으로 시대적인 것이다. 전자의 이론들은 50년대에 영향력을 펼친 데 비해, 후자의 이론들은 70년대부터 세력을 가지기 시작하였으며 이론적 개념화에서 '인지혁명'의 결과를 반영한다. 현상학적 이론들이 상담분야에서 나온 데 비해, 인지–정보처리 이론들은 학습 내지 행동주의 접근에서 실험연구를 하던 학자들이 시작하였다.

성격의 과학: 이론과 경험적 연구 성격을 이해하기 위해 큰길들을 따라가다 보면 수많은 이정표들이 나온다. 개론서로서 한계가 있으므로(또는 있지만), 이 책에서는 비교적 소수 이론에 집중하여, 차타고 가며 큰 간판들만 보고 지나치는 '주마간산'보다는 요즘 유행하는 '걷기'를 해보려 한다. 큰길을 가다가 골목길에도 들어가 기웃거려 보고, 오래된 건물('문화유적')이나 최신 '랜드마크' 빌딩 앞에 멈추어 서기도 할 것이다[가끔 차나 비행기를 타기는 한다]. 그래도 숫자를 세어 보면 크고 작은 이론 20여 가지를 보게 된다. 어느 이론을 따라가야 할지 모를까봐 걱정되는가?

성격이론의 숫자가 50개도 넘는 이유는 일단 탐구대상으로서 인간이 그만큼 복잡하기 때문이다. 학자들도 생활경험, 학문배경, 이데올로기 등에 따라 인간관이 다르다. 앞으로 가서 글상자 1-1을 다시 읽어보면 '그런데', '그러나', '그럼에도 불구하고' 등의 표현이 많다. 이 하나의 성격을 놓고도, 그것의 구조, 과정, 성장과 발달, 정신병리, 변화 등을 설명할 때 어떤 방향에서 접근하느냐에 따라, 연구자의 인간관에 따라, 어떤 측면들은 강조되지만 어떤 측면들은 별로 중요치 않다고 여겨진다. 이를 다른 말로 하면, 여러 다양한 방향에서 다가갈수록 그만큼 많은 측면들이 나타난다는 것이 된다. 무의식을 강조하는 이론을 공부하다가 행동만 중요하다는 이론을 공부하고, 다시 인생목표와 계획을 중심에 놓는 견해로 넘어간다고 생각해보라.

독자들에게 조언하자면, 선입관—과 자신의 내현적 성격이론—을 접어두고 각각의 이론을 열린 마음으로 받아들이라는 것이다. 비판은 나중에 해도 늦지 않다. 한동안이라도 그 이론의 신봉자가 되어 그 안경을 쓰고 자기 자신과 타인들의 성격과 행동을 서술, 이해, 설명하려고 노력해보라. 그렇게 푹 빠져보면 그 이론을 더 잘 이해할 수 있을뿐더러—다음 이론으로 넘어가 이제는 그 안경을 쓰고 세상을 볼 때—그 이론의 한계를 더 분명하게 인식, 비판할 수 있다. 그러면 성격 공부, 사람 공부가 재미있고 충실해진다.

이러한 긍정적 태도에 상반되는 부정적 태도는—그 극단적 형태에서—이론이 그렇게 많고 저마다 자기가 옳다고 싸워대니 어느 편을 따르겠느냐, 이론이 무슨 소용 있느냐 하는 체념이다. 더 적극적으로 이론을 부정하면, 선입관 없이 '있는 그대로' 사람을 보는 태도를 옹호하게 된다. 그러나 선입관(해석학에서는 '선이해'라 한다) 없는 이해, '무이론'(no theory)이란 없다. 이론이 없다는 것은 곧 주관적인 내현적 이론의 지배를 받는다는 것이다. 일상생활에서든 학문의 세계에서든 자신과 남들의 행동을 예측하고 설명할 때 우리는 이론의 도움을 받는다. 이때 좋은 이론은 우리가 관찰하는 단편들을 의미 있는 전체들로 조직해주며, 중요한 것과 무시해도 좋은 세부를 구별하게 해준다.

공식적·과학적 이론에서는 구성개념과 관계명제들, 즉 이론적 진술들이 말과 글로 발표된다. 이론이 숨어 있지('내현적') 않고 나와 있으므로 모순이나 오류들이 자신이나 남에게 훨씬 잘 보인다. 예컨대, 우리는 비슷한 사람끼리 어울리는 것을 보고 "유유상종"설을 내놓고 그것이 들어맞는 사례들을 늘어놓는다. 그런데 "극과 극은 통한다"라고 생각해도 입증자료가 많이 보인다. 이론이 명시되어 있으면 이런 모순들이 눈에 보이게 되어, 가령 언제는 '유유상종'이고 언제는 '극과 극'인지를 밝힐 수 있다.

과학적 이론이 갖는 결정적 우월성은 이론적 진술들이 체계적 경험적 연구를 통하여 검증된다는 사실에 있다. 일상생활에서도 경험에 터하여 이론적 설명들을 평가하고 예측들을 검증하지만, 자료수집과 결과 해석을 객관적, 체계적으로 하는 일은 드물다. 예를 들어 '유유상종'설을 검증할 때 그것에 들어맞는 사례들만 '자료'로 제시하며 그렇지 않은 사례들은 고려하지 않는다. 또 '유유'(유사함)와 '상종'(친함)을 어떻게 정의하는지도 명시하지 않는다. 과학적 연구에서 중요한 것은 관찰, 자료수집 절차를 남이 반복할 수 있어야 한다는 것이다.

이론은 어떤 문제들이 연구할 가치가 있는지를 알려주며, 연구는 이론이 얼마나 적절한지, 어떻게 확장 또는 수정될 수 있을지를 말해준다. 연구 없는 이론이란 주관적인 견해에 지나지 않으며, 이론 없이 연구만 되풀이한다는 것은 의미 없는 사실수집일 뿐이다. 경험적으로 연구한다는 것은 사색이나 논쟁이 아니라 *체계적 행동관찰*에 의하여 사실들을 확인한다는 것을 의미한다. 미리 정한(시간, 장소, 조건 등) 방식들로 행동을 관찰, 측정, 기록하는 것이다.

성격의 경험적 연구 : 개관

연구(research)란 행동을 체계적으로 관찰하여 자료를 수집하는 행위이지만, 연구의 실제는 물론 훨씬 복잡하다. 어떤 행동을 관찰할 것인지 하는 '변인'들은 많은 경우 이론에서 나온다. 관찰하는 방법, 자료의 종류, 자료의 처리와 통계적 검증법 등은 매우 많고 다양한데, 성격연구에 대한 경험적 접근은 보통 사례연구, 상관연구, 실험연구로 나눈다. 세 연구접근은 모두 행동을 체계적으로 관찰하는 방법들로서, *어떤* 행동들을 관찰하느냐, *직접* 관찰이냐 *간접* 관찰이냐, 어떤 상황이나 *세팅* 속에서 관찰하느냐 하는 등에서 다를 뿐이다.

사례연구에서는 한 개인의 행동을 상세하게 서술하며, 상담 및 치료장면에서 많이 행해졌기 때문에 이를 *임상적 연구*라고도 부른다. **상관연구**에서는 다수의 사람들에게서 여러 변인들 간의 관계를 확인한다. '변인'이란 양적, 질적으로 다양한 값을 가지는 개인 또는 환경의 특성을 말한다. 나이, 성별, 사회경제적 지위 등은 사회과학적 조사연구들에 많이 등장하는 (인구통계학적) 변인들이며, 심리학에서는 이 밖에 부모의 양육방식(민주적, 권위적 등), 심리적 특성들(지능, 불안 등), 행동들(흡연, 공격 등)이 변인으로 많이 등장한다. 상관연구에서는 변인들을 *측정*만 하는 데 비해, **실험연구**에서는 변인들을 *조작*한다. 즉, 실험자는 조건들을 체계적으로 변화시키고 행동들을 관찰한다.

예시적 연구주제: TV폭력과 공격행동

텔레비전에서 폭력을 많이 보는 아이들은 실제로도 공격적이 되나? 폭력시청이라는

변인과 공격행동이라는 변인의 관계는 다음 세 가지 방식으로 연구할 수 있다.[1)]

사례연구 우리는 신문 방송에서 청소년이 TV에서 본 범죄를 모방했다는 보도를 심심치 않게 접한다. 10세 소년이 이웃 할머니에게 아무런 원한도 없으면서 어느 범죄드라마에서 나온 대로 칼로 찌르고 돈을 빼앗아 달아났다는 식이다. TV폭력이 공격행동을 고무한 것일까? 이 소년을 면접·관찰해보면 그의 행동 배경이 분명히 드러날 수 있다. 많은 유사 사례들을 체계적으로 연구한다면 TV폭력과 공격행동 간의 관계가 더 분명해질 것이다. 변인들의 관계가 얼마나 강한지를 알고 싶다면 훨씬 더 많은 사례들에 대한 수량적 자료가 필요하다. 상관연구가 이런 요구들을 충족시킬 수 있다.

상관연구 대도시와 중소 도시들에 거주하는 1,000명의 중·고등학생들을 대상으로 "빼놓지 않고 보는" TV프로를 세 개씩 적게 하고, 자신들이 해본 '반사회적 행동'들(예, 친구에게 주먹질)도 체크하게 한다 하자(0=한 번도 없다, 1=한 번, 2=두 번 이상). 언급된 각 프로의 폭력성을 'TV 전문가' 세 명이 점수 매겨서(0–3), 각 학생에게 '폭력시청' 점수(0–9)를 준다. 이제 1,000명의 학생들에게 *TV폭력* 점수와 *반사회적 행동* 점수를 주었다. 이 두 세트의 점수를 가지고 *상관*을 계산하면 두 변인 간의 관계 방향과 강도가 하나의 숫자로 표현된다.

연구결과(상관계수가 +0.52) 폭력을 많이 볼수록 반사회적 행동을 많이 한다는 결론이 나왔기 때문에, 방송사들에게 폭력장면 방영을 자제해달라고 요구한다 하자. 방송사 관계자는 TV폭력 *때문에* 공격행동이 나온다는 증거는 없다고 반박할 수 있다. 연구결과는 두 변인 사이에 *관계*가 있다는 것을 보여줄 뿐이라는 것이다. 원인-결과에 대해 좀더 자신 있는 주장을 하려면 실험연구를 해야 한다.

실험연구 실험법의 핵심은 변인 조작으로서, 변인의 상태들을 연구자가 만들어낸다. 상관연구에서는 '폭력시청'의 개인차를 측정했지만, 여기서는 폭력시청을 많이 또는 적게 하도록 실험자가 만들어야 한다.

우리의 피험자[2)]는 6–8세의 남녀 아동 30명씩이다. 이들은 서너 명씩 실험실에 와서 비디오를 보는데, 60명 중 절반은 추적, 주먹싸움, 총칼이 나오는 폭력물을, 나머지 절반은 똑같은 시간 분량의 (비폭력적인) 스포츠 경기들을 본다. 비디오를 보여주고 나서 각

---

1) 이 예는 Liebert와 Liebert(1998)의 책 2장의 예를 변형한 것이다.

2) 상관연구에서도 —'응답자'라는 말도 쓰지만— 피험자라는 말을 쓴다. 피험자(subject)는 실험을 '당하는' 사람이라는 의미를 띠기 때문에 '참여자(participant)'라는 말이 점점 더 많이 사용되고 있다.

피험자를 다른 방으로 데리고 간다. 그 방에는 구두상자 만한 상자가 있고 그 윗면에는 파란 스위치와 빨간 스위치가 달려 있다. 파란 스위치에는 '도움'이라는 말이, 빨간 스위치에는 '아픔'이라는 말이 써있고, 두 스위치의 중간에 작은 흰색 전구가 달려 있다. 실험자는 이 상자 앞에 피험자를 앉히고 다음과 같은 내용의 절차 설명을 한다.

> 이 상자는 옆방에 있는 게임기와 전선으로 연결되어 있다. 옆방에서는 다른 아이가 곧 게임을 시작할 것이다. 게임은 핸들 돌리기인데, 시작하면 이 상자의 흰색 전구에 불이 켜진다. 그때 네가 파란 스위치('도움')를 누르면 게임기의 핸들이 쉽게 돌아가고, 빨간 스위치('아픔')를 누르면 핸들이 뜨거워져서 그 애가 손을 덴다. 스위치를 오래 누를수록 도움이나 아픔이 커진다. 흰색 전구에 불이 켜질 때마다 너는 두 스위치 중 하나를 눌러야 한다.

설명을 마치고 실험자는 방을 나간다. 불은 모두 20회 켜진다. [사실 옆방에는 아무도 없고, 피험자의 반응은 아무에게 아무 영향도 미치지 않는다.] '아픔' 스위치를 누르는 시간은 폭력물을 본 피험자들에게서 훨씬 길었다. 두 피험자 집단 간의 유일한 차이는 어떤 내용의 비디오를 보았느냐 하는 것이므로, 실험자는 폭력시청이 공격행동을 가져오는 원인이 된다고 결론 내린다. [이 결론에 이의가 있는 독자들은 뒤에 실험법에 대해 자세히 이야기할 때까지 기다려주기 바란다.]

연구자료

앞서 우리는 기본적으로 똑같은 연구물음에 다양한 방법들로 접근한 예를 보았다. 그러나 사용된 자료도 다양해서, 어떤 TV프로를 좋아하느냐고 질문지로 묻는가 하면, 이상한 상자를 만들어 스위치 누르는 시간을 측정하기도 하였다. 연구란 행동을 체계적으로 관찰하여 '자료수집'을 하는 것인데, '행동'은 밖에서 관찰되는 행동뿐 아니라 자기보고되는 행동도, 그리고 생리적 상태들도 포괄한다.

L, O, T, S 자료 Block(1993)은 성격연구에서 쓰는 자료를 다음 네 범주로 나누었다. **L자료**(Life-record data)는 생활기록이나 생활사 자료로서, 학교생활기록부, 병원 진료기록 등이 예가 된다. **O자료**(Observer ratings, 관찰자 평정)는 부모, 교사, 배우자, 친구 등이 한 평정을 말한다. 우리의 예에서는 교사나 급우들이 평정한 공격성을 피험자의 공격점수로 쓸 수 있었을 것이다.

T자료(Objective tests, 객관적 검사)는 실험절차나 표준화된 검사상황들에서 나오며, 수행(performance) 자료라고도 부른다. 위에서 '아픔' 스위치를 누르는 시간으로 공격행동을 측

정한 예를 보았다. '수행'에는 심장박동, 혈압 등 생리적 반응들도 포함된다. 임상장면에서 많이 사용되는 투사법도 수행자료를 산출한다. 성격연구에서 가장 많이 사용되는 자료는 피험자가 자신의 행동·감정·사고가 어떻다고 스스로 보고하는 **S자료**(Self-report data, 자기보고 자료)이다. 많은 피험자들에게 (주로 대학의 교양강의실에서) 질문지를 실시할 수 있고 쉽게 채점할 수 있다는 강력한 장점이 있기 때문이다.

한 변인을 측정하기 위해 한 가지 자료만 쓰라는 법은 없다. 공격행동의 자기보고와 더불어 담임교사가 평정한 공격성을 쓸 수 있고, '아픔' 스위치 누르는 시간을 재면서 혈압이나 심장박동도 측정할 수 있다. 이렇게 하나의 변인을 다양한 방법으로 측정할 때 결과가 서로 일치하지 않는 일이 많다. 폭력행위를 많이 한다고 보고하는 피험자가 교사에게는 얌전한 학생으로 평가되거나, 폭력시청의 양이 자기보고 공격성과는 상관이 높지만, 교사가 평정한 공격성과는 상관이 없을 수 있다. 다른 예로, 기업조직에서 관리자들의 리더십 수준을 스스로 평가한(S자료) 결과가 상사나 부하들이 평가한(O자료) 결과와 상당히 다를 수 있다.

같은 변인을 측정한 결과의 불일치는 여러 가지를 의미한다. 폭력이나 성 흥분같이 예민한 변인들에 관한 자기보고에서 피험자가 거짓말을 할 가능성이 높다면 자기보고보다는 타인평정이나 행동관찰 자료를 더 믿어야 할 것이다. 그러나, 익명성과 비밀을 보장하여 피험자들이 속일 가능성을 최소화해도 불일치가 없어지지 않을 수 있다. 서로 다른 자료들이 변인의 서로 다른 측면들을 집어내는 것은 아닐까? 그렇다면 두 측정치의 차이가 흥미 있는 추가 변인(예컨대, 이미지 관리, 자기도취 등)이 된다.

위에서 우리는 자료를 *믿을 수 있는가* 하는 문제를 언급했다. 자료, 즉 행동관찰 결과를 믿을 수 없다면 과학적 연구는 불가능하다. 어떤 변인의 측정치로서 특정한 자료를 어느 정도 믿느냐 하는 것은 신뢰도, 타당도의 문제이다.

신 뢰 도 한 연구자가 보고한 관찰들을 다른 연구자들이 반복, 재생할 수 있을 때 그 자료가 신뢰도가 있다고 한다. 행동의 체계적 관찰이란 미리 정해진 방식들로 관찰하는 것인데, 이상적으로 말해서 누구나 그 정해진 방식들로 관찰하면 같은 결과에 도달해야 한다.

신뢰도를 떨어뜨리는 요인들은 피험자 편에도, 연구자 편에도 있다. 관찰되는 행동이 분위기나 기분 등 일시적 요인들의 영향을 받는다면 시간이나 상황에 따라 결과가 달라질 것이다. 앞의 예에서 쉬는 시간에 교실에서 단체로 질문지를 실시할 때 학생들이 장난으로 응답했다면 그 자료는 믿을 수가 없어진다. 연구자 요인도 신뢰도에 작용한다. 사례연구에서 한 연구자에게는 거짓말만 하는 소년이 다른 연구자에게는 진실을 말할 수 있으며, 대학실험실에 처음 와봐서 얼어 있는 아이들에게 실험자가 무뚝뚝하게 절차 설명을 해준다면, 그가 얻는 결과는 믿을 수가 없다. 아이들이 낯선 환경에 어느 정도 익숙해진 다음에 실험에 임하게 한다면 전혀 다른 행동을 보일지 모르기 때문이다.

신뢰도를 논의하면 "미리 정해진 방식들"이라는 말의 무게를 느끼게 된다. 위의 실험에서 실험자는 피험자들에게 어떤 비디오를 보여줄지, 어떤 행동을 공격행동의 측정치로 삼을지를 미리 정했다. 실험 절차도 세부까지 미리 정해놓고 누구에게나 똑같이 설명해주었다. 이렇게 모든 절차를 *표준화*하면 결과의 신뢰도를 상당히 높일 수 있지만, 자료를 정말 믿을 수 있으려면 반복·재생 가능성 이상이 필요하다.

타 당 도 타당도란 우리가 관찰·측정하는 행동이 어느 만큼이나 우리가 관심 가진 *바로 그* 변인을 반영하는가 하는 문제이다. 위의 상관연구에서 우리는 폭력시청량과 공격행동을 측정하였다. 피험자들이 세 개씩 적어낸 "빼놓지 않고 보는" 프로에 대해 '전문가'들이 매긴 폭력성 점수를 합산한 점수는 타당도에 별 문제가 없어 보인다('안면타당도'). 즉, 겉보기에 이 점수는 폭력시청 변인을 상당히 잘 반영하는 것 같다. '공격'같이 중요한 이론적 구성개념을 타당하게 측정하기—'구성타당도'라 한다—는 훨씬 더 어렵다. '반사회적 행동'을 몇 가지 늘어놓고 얼마나 자주 해보았는지를 체크하게 했을 때, 거기서 나온 점수가 '공격행동'을 얼마나 충실히 반영할까?

만약에 "주먹 휘두르기"와 같이 신체적·물리적 폭력만을 질문에 포함시켰다면, 물리적 폭력이 공격행동의 전부가 아니라고 반박할 수 있다. 집단 따돌림에서 아예 무시해 버리고 공기 취급하는 것이 얼마나 큰 폭력인가. 공격행동의 측정치로서 이 점수의 타당도는 다른 식으로 손상될 수도 있다. 남학생들이 '터프가이'임을 내세우기 위하여 대다수의 '반사회적 행동'을 '두 번 이상' 해보았다고 대답한다면, 또는 응답결과를 담임교사가 알게 될까봐 계속 '한 번도 없다'고 대답한다면, 이 반응들을 가지고 계산한 점수는 공격행동보다는 친구나 선생님에게 잘 보이고 싶어하는 경향을 반영할 것이다.

실험연구에서 관찰 또는 측정의 타당도 문제는 뒤에 논의하기로 한다. 이 자리에서는 신뢰도와 타당도가 모든 연구에서 추구하되 완전히 도달할 수는 없는 목표라는 사실만 상기시켜 두고자 한다. 변인이 넓고 복잡할수록 일은 더 어려워진다. 예컨대 '지능', '성격'을 어떻게 신뢰롭고 타당하게 측정할 것인가. 지능 또는 성격의 다양한 측면 중 *일부*만 측정하는 검사를 '지능검사', '성격검사'라고 할 수는 없다. 이를테면 '지능검사'라면서 실제로는 공부 잘하는 능력만 측정한다면 '학업적성검사'가 맞고, 실제로 이 이름이 더 많이 쓰인다.

독자들은 이제 성격심리학자들이 직면한 과제가 매우 어렵고 복잡하다는 것을 알아차렸을 것이다. 이론들은 그렇게 많으며, 연구가 중요하지만 연구방법들도, 자료도 다양하고, 자료의 신뢰도와 타당도를 보장하기 위해 세심한 주의를 기울여야 한다. 이제 세 가지 경험적 접근의 특징과 장·단점을 차례로 살펴보기로 하자.

사례연구

성격이 "감정, 사고, 행동의 일관된 패턴들을 설명해주는 그 사람의 특징들"이라면, 성격을 연구하는 가장 좋은 또는 자연스러운 방법은 '그 사람'을 집중적으로 관찰하는 것이다. 그의 감정, 사고, 행동을 직접 또는 간접 관찰하고, 일관된 패턴들을, 그 패턴들 뒤에 있는 특징들을 찾아내는 가장 자연스러운 상황은 그가 자진해서 연구자를—한두 번이 아니라 여러 번—찾아올 때이기 때문에, 상담 또는 치료 장면은 사례연구를 하는 가장 이상적인 곳이 된다. 이 연구를 '임상적 연구'라고 부르는 이유가 여기에 있다.

피험자들을 만나 삶의 이야기를 듣는 사례연구법을 **생활사**(life history) 또는 **이야기**(narrative) 접근이라고 부르기도 한다. 자료는 주로 피험자들이 이야기하는 과거 사건들이 된다. 생활사 자료는 객관성과 정확성에 문제가 있을 수 있으나, 사람들이 자기 삶을 어떻게 지각하며, 어떤 사건들을 회상하고 의미를 부여하며, 이야기를 어떻게 풀어가는가 하는 등은 자기 자신과 세상을 어떻게 보는가를 드러내줄 수 있다.

가설검증과 탐색

가설은 보통 "…하면 …할 것이다"(If … , then …)의 형태를 취한다. 앞의 연구 예에서 **가설**은 "TV에서 폭력을 많이 볼수록 반사회적 행동을 많이 할 것이다" 또는 "폭력물을 시청한 집단은 비폭력적 스포츠 경기들을 시청한 집단보다 공격행동을 많이 할 것이다"였다. **가설검증 연구**에서 우리는 변인과 변인(TV폭력시청과 공격행동)의 관계에 대한 예측 또는 예언을 하고, 즉 '가설'을 설정하고, "미리 정한 방식들로 행동을 관찰, 측정, 기록"하여 그 가설이 맞는가를 알아본다. 그 가설을 어떤 공식적 이론에서 끌어냈다면, 그것의 지지로 이론의 적절성이 강화되고, 지지가 안 되면 이론의 적절성에 의문을 품게 된다.

대학에서 나오는 대부분의 연구논문(학위논문 포함)은 가설검증 연구들이다. 또 행동 관찰, 설명을 할 때 우리는 언제나 (내현적이든, 명시적이든) 이론적 예상 또는 가설을 가지고 있다. 그러나 특정한 변인들이나 가설이 없이, 즉 무엇을 관찰할지를 좁게 정해 놓지 않고 현상을 탐구해보는 연구도 있다. 예컨대 학교에서는 눈에도 안 띄는 조용한 10세 소년이 모르는 할머니를 칼로 찌르고 돈 몇 푼을 빼앗아 달아났다는 보도를 보고 "왜 그랬을까?" "도대체 그런 일은 왜 일어나나?"를 연구해보고 싶을 수 있다. 강간범죄의 가해자나 피해자들의 감정, 사고, 행동을 알아보고 싶을 수도 있다. 이런 '탐색'은 흔히 수량적(quantitative)이기보다는 질적(qualitative), 기술적(descriptive)이다.

탐색연구에서는 어떤 특정한 가설(들)을 검증하지 않는다. 가령 강간범들이 어릴 때 남다른 가정환경에서 자랐을 것이고 스스로 성추행을 당했을지 모른다고 예상하고 그런 쪽으로 탐색을 해볼 수는 있지만, "…하면 …할 것이다"라는 한두 개의 가설에 관심과 주의를 한정하지는 않는다. '엽기적' 현상 또는 사례들에 대해서만 탐색연구를 하는 것도 아니다. 한 평범한 소년을 하루 종일 좇아다니면서 행동을 낱낱이 기록하기도 하고, 한 마을 전체에서 주민들의 삶을 여러 장소(가게, 길거리, 술집 등)에서 관찰·기록한 연구도 있다.

탐색연구는 좁은 의미의 경험적 연구에서 검증할 수 있는 흥미 있는 가설들을 많이 산출한다. 공식적 이론들 자체가 학자들의 열린 '탐구 정신'에서 출발한 경우가 많다. 사과나무에서 사과가 떨어지는 것을 보고 '만유인력'의 원리(중력의 법칙)를 발견했다는 이야기가 있지 않은가. 학문이 발전하려면, 인간 행동과 성격을 더 잘 이해하려면, 순수한 호기심에서 출발하는 탐색연구가 많아져야 한다. 성격에서 탐색연구는 흔히 사례연구의 형태를 취한다.

사례연구의 평가

임상적 전통의 성격이론들에서 사례연구는 매우 생산성 높은 자료가 되어주었다. 글상자 1-1에서 한 작가의 (자전적) 사례를 보았는데, 이런 사례연구가 아니라면 복잡 다양한 감정·사고·행동의 일관된 패턴, 동기, 발달 과정 등에 대해 감(感)조차 잡을 수가 없을 것이다. 상관연구와 실험에서는 *변인*들을 미리 정해 놓고 그것들만 관찰·측정하는데 비해, 사례연구에서는 *사람*을 정해 놓고 관찰하며 그의 이야기를 듣는다. 개인('전인')을 전체로서 보고 매우 다양한 현상들을 탐구하는 사례연구는 '탐색'에 적합한 대신 '가설검증'에는 부적합하다.

사례연구에서 나온 풍요한 관찰자료는 체계적·경험적 연구를 위한 많은 가설들을 제공해줄 수 있다. TV에서 본 범죄를 모방한 사례가 보도될 때 TV폭력과 공격 간에 관계가 있는가를 체계적 연구를 통해 확인하는 예를 앞에서 보았다. 그러나 그 소년의 삶에는 TV와 범죄만 있는 것이 아니다. 그를 만나 이야기해보면 태어나 자라난 가정환경, 학교생활, 친구관계에 대해서도 알게 될 것이다. 자주 꾸는 악몽, 미래계획도 나올지 모른다. 여러 가지 심리검사를 실시할 수도 있다. 이렇게 풍부한 자료를 토대로 연구자는 관심사에 따라 가정환경과 공격성, 어릴 때 경험과 청소년기 친구관계에 대해서도 보다 체계적인 자료수집을 해볼 수 있다.

어떤 현상들은 사례연구만 가능하다. 자연 또는 인공재해, 범죄의 피해 같은 외상적 경험들의 단기·장기적 영향을 알고 싶다거나, '다중인격'(예, 지킬 박사와 하이드 씨)에 관심이 있다고 하자. 이런 현상들은 드물게 발생하며 또 연구대상과 신뢰관계가 형성되어야 하기 때문에, 의미 깊은 자료를 얻으려면 사례연구밖에는 할 수가 없다. 사례를 꼭 직접 만나 관찰하거나 검사·면접을 실시할 필요는 없다. *심리역사*(psychohistory)연구를 할 때는 작품, 편지와 일기, 주변 사람들이 남긴 기록 등이 자료로 사용된다. 가령 Winter(2005)는 재임기간중 연설문, 기자회견 답변들을 내용분석하여 케네디와 클린턴 같은 미국 대통령들의 사례연구를 하였다.

경험적 연구를 가설검증 연구와 동일시할수록 이런 탐색적 특성은 '단점'으로 부각된다. 가장 심각한 것은 자료의 *신뢰도* 문제이다. 관찰의 반복·재생이 불가능하기 때문이다. 앞의 소년의 사례를 두 명이 서로 독립적으로 연구했다고 가정해보자. 나중에 두 편의 보고서가 내놓는 자료가 너무 달라서 동일 사례를 만났다는 것을 믿기 힘들 수 있다. 두 사람이 면접과 관찰에서 서로 다른 것들을 탐색했고, 소년도 한 사람에게는 내밀한 이야기를 했지만 다른 사람에게는 표면적, 상투적인 이야기만 했을 수 있기 때문이다.

풍부한 자료도 단점이 될 수 있다. 원인과 결과에 대한 확실한 결론을 내리기 힘들기 때문이다. 위의 소년의 사례에서, 폭력시청이 공격행동의 원인이 되었을까, 아니면 학교에서 당한 따돌림 또는 친구와의 갈등이 더 결정적이었을까, 아니면 밤늦게 지쳐서 돌아오는 어머니의 짜증과 무관심이, 아니면 단순하게 가난이 모든 불행의 근본일까. 한 사례에서 변인들의 관계성—이 경우 폭력의 시청과 공격행동—을 확인한다 해도, 그것을 일반화할 수 있는가 하는 문제도 있다. 변인들의 관계성이 이 특수한 사례에서만 아니라 일반적으로 나타난다고 가정하기가 힘든 것이다. 사례연구를 가지고 가설들을 검증하려는 연구들—정신분석학에 많다—이 비판받는 이유가 여기에 있다.

사례연구는 한 개인 또는 소수의 개인들을 많은 시간과 노력을 들여서 집중적으로 탐색하면서도 결과적으로 연구의 '과학성'을 인정받지 못하기 때문에 성격심리학에서 실제로 매우 드물게 수행된다. Endler와 Speer(1998)가 1993–95년에 주요 학술지에 출판된 1,035편의 성격 논문을 조사했을 때 사례연구는 단 두 편이었다. 체계적 가설검증 연구만 과학적 연구로 인정하는, 그리고 하나의 연구에 많은 시간과 정력을 쏟지 못하는 학문적 풍토에서 탐색적 사례연구를 한다는 것은 실제로 모험이다. 그러나, 앞에서도 언급했듯이, 불확실성을 탐구하려는 모험심과 호기심이 없으면 훌륭한 이론도, 학문 발전도 없다. 이 책에서 1부에서 5부로, 즉 임상 전통에서 실험실 전통으로 갈수록 '큰 이론'이 보이지 않는 근본적인 이유도 여기에 있다.

상관연구

사례연구 접근에서 관찰이 중요한 만큼이나, 상관연구 접근에서는 측정을 강조한다. 전자에서는 한 명 또는 소수의 개인들을 집중연구하고, 후자에서는 다수 피험자들에게서 자료를 얻어서 성격기능의 여러 요소들—'변인'들—간의 관계를 연구한다. 성격연구의 가장 전형적인 형태는 자기보고 질문지를 사용한 상관연구이다(Endler & Speer, 1998 참고).

관계의 추리

변인들의 관계를 언제나 *상관계수*로 표현하는 것은 아니다. *차이*도 관계를 시사해준다. 성별과 나이에 따라 공격성이 어떻게 달라지는가를 알아본다 하자. 남녀 간에, 또는 6세, 8세, 10세 집단 간에 공격점수 평균차이가 있다면, 성별 또는 나이라는 변인이 공격성이라는 변인과 관계가 있는 것이다. 하지만, 상관계수가 변인들 간의 관계를 표현하는 가장 전형적인 통계치임은 분명하다.

상관계수 가장 흔히 쓰는 상관계수의 공식 명칭은 '피어슨 적률 상관계수'('r')이지만, 자료의 특성에 따라 다른 종류의 상관계수들을 계산하기도 한다. 적률 상관계수는 요인분석, 중다회귀, 통로분석 등 고급 통계분석 기법들의 기초가 된다. 앞 절의 연구 예에서 우리는 폭력시청량과 공격행동 점수 사이에 r = .52의 상관계수를 얻었다.

상관계수의 부호는 관계의 *방향*을 표현해준다. '+'는 정적(positive) 관계를 나타내며, 우리의 예에서 TV폭력 점수가 높을수록 공격점수도 높다. 만일 하나가 높을수록 다른 게 낮다면, 두 변인의 관계는 부적(negative)인 것이다('−'의 상관계수). 상관계수의 크기는 관계의 *강도*를 말해준다. '0'은 관계가 없음을, '1'은 완전한 관계를 나타낸다. 우리가 얻은 값이 0에 가까웠다면, 폭력시청과 반사회적 행동빈도가 '상관이 없는' 것이다. 즉, 전자의 점수를 안다고 해서 후자를 아는 데 도움이 안 된다. 상관계수의 크기가 1에 가까울수록,

하나를 알면 다른 하나를 정확하게 예언할 수 있다. 1,000명 자료에서 0.52는 강한 상관관계로서, 폭력을 얼마나 많이 시청하느냐를 알면 공격행동의 빈도를 상당히 정확하게 예언할 수 있다. 하지만, 이미 지적한 것처럼 상관연구 결과를 토대로 원인-결과 추리를 할 때는 매우 조심해야 한다.

상관관계의 해석 폭력을 많이 보기 *때문에* 공격적이 되는 걸까(A → B)? 평소에 공격적이기 때문에 폭력을 좋아하는 건 아닐까(B → A)? 인과의 방향을 알 수 없음을 넘어서서 일이 더 복잡할 수도 있다. '반사회적 행동'을 많이 하기 때문에 친구들이 기피하고, 상대해주는 사람이 없으므로 TV를 많이 보는데다 특히 폭력물을 즐겨 보고, TV에서 본 것을 학교에서 해보고, 그러니 친구들이 더 기피한다면, 이 돌고 도는 악순환 속에서 무엇이 원인이고 무엇이 결과인가? 인과추리를 좀더 자신있게 할 수 있는 경우도 있다. 예컨대, 남자가 여자보다 더 공격적이라면, 공격적이기 때문에 남자가 되었을 리는 없으므로 일단 성별을 원인의 자리에 놓을 수 있다. 또 원인이 결과 뒤에 올 수는 없으므로, 종단연구에서 앞의 변인(예컨대, 어릴 때 병치레)이 뒤의 변인(10년 뒤의 성격특성들)의 원인이라고 추리할 수 있다. 그러나 이런 경우들에도 측정하지 않은 변인(들)이 중간에 다리를 놓았을 가능성을 배제할 수 없다.

위에서 폭력시청과 공격행동 사이에 '친구들 간의 인기'라는 변인이 매개했을 가능성을 언급했거니와, 성별과 공격성 사이의 관계도 그러한 **매개변인** 때문에 나왔을 수 있다. 남녀가 생물학적으로 다르다고, 예컨대 남성 호르몬이 공격성을 높인다고 한다면 성별이 공격성 차이의 원인이 되겠으나, 남녀가 성장 과정에서 학습경험(사회화)이 다르고 이 차이 때문에 공격성에서도 차이가 나타날 수 있다. 만일 후자가 맞다면, 생물학적 성별이 아니라 사회화 경험이 공격성 차이의 원인이다. 성별과 무관하게 여자처럼 사회화된다면 공격적이 되지 않을 것이다. 종단연구에서도 (측정하지 않은) 매개변인들이 결정적 역할을 할 수 있다.

매개변인보다 더 골치 아픈 것이 소위 '**제 3 변인** 문제'이다. (측정된) 두 변인 사이의 상관이 (측정되지 않은) 제 3의 변인 때문에 나타나는 것이다. 미인들의 결혼생활이 평범한 여자들의 결혼생활보다 더 행복하다 하자. 즉, 부인들의 미모(의 객관적 평가)와 결혼생활 만족도(의 주관적 평가) 사이에 정적 상관이 있는 것이다. 아름다우면 행복한가(미모 → 행복)? 행복하면 예뻐지나(행복 → 미모)? 아니면, 미인은 남편의 사랑을 받기 때문에 행복해지나(미모 → 사랑 → 행복)? 즉, *사랑*이 결정적 원인(매개변인)인가? 다 그럴싸하게 들리는 설명들이지만, *돈*이 중요하지 않을까? 돈 많은 남자는 미인과 결혼하고(재벌 아들과 미녀 탤런트!) (돈 → 미인 아내), 돈이 많으면 결혼생활도 행복하다면(돈 → 행복), 미모와 행복은 둘 다 돈의 결과이기 때문에 상관을 나타내는 것이다. 서로 무관한 것들이 제3 변인 때문에 관계가 있는 것처럼 보일 때 이를 *가짜*(spurious) 관계라 부른다.

사려 깊은 연구자는 이런 잠재적인 매개변인이나 제3 변인들의 작용을 나중에 추측만 하기보다는 미리 연구에서 측정한다. 친구들 사이의 인기도를 측정하거나, 남녀 피험자들의 어릴 때 사회화 경험을 조사하거나, 가정의 경제수준을 알아보는 것이다. 또 상관관계를 아는 것으로 충분한 문제상황들도 있다. 고등학교 내신성적, 입학 수능시험 성적과 입학 후의 학점을 생각해보자. 대학들은 물론 공부 잘 할 학생들을 뽑고 싶으며, 수능보다 내신성적이 학점과 더 상관이 높다면 내신을 더 많이 반영하면 된다. 내신, 수능, 학점에 영향을 미치는 제3 변인이 있을 수 있지만, 여기서 인과관계는 중요치 않다. 응용 분야에서는 이런 경우가 많다.

독자들이 잊지 말아야 할 것은, 상관연구 결과를 토대로 인과추리를 할 때 매우 신중해야 한다는 것이다. *상관관계는 인과관계가 아니다.*

상관연구의 평가

사례연구와 비교할 때 상관연구의 막강한 장점은 *경제성*이다. 일단 매우 많은 자료를 단기간에 얻을 수 있다. 우리의 예에서, 질문지를 만들어 1,000명의 자료를 단 하루에도 수집할 수 있고 컴퓨터로 손쉽게 자료처리가 된다. 변인들 간의 관계도 하나의 숫자로 요약 표현된다. 많은 자료를 쉽게 얻을 수 있는 이유는 대부분의 경우 *자기보고 질문지*를 사용하기 때문이다. 피험자들은 보통 주어진 물음들에만 답하되, 각 물음에 대해 주어진 선택지들 중 하나를 택한다. 이를테면, 주어진 '반사회적 행동' 예들에 대해서 '한 번도 없다,' '한 번,' '두 번 이상'의 세 선택지 중의 하나로 응답한다. 이런 방식은 경제성의 측면에서는 장점이지만, 정보의 정확성, 타당도, 깊이 등을 생각하면 단점일 수 있다.

예컨대, 두 번도 세 번도 백 번도 모두 '두 번 이상'이다. 문항에 제시된 것들 외에 다른 반사회적 행동을 저지른 일이 있어도, 실제로는 어떤 행동도 한 적이 없지만 마음속에서는 매일 몇 번씩 저질러도, 보고할 길이 없다. 재미로 하는지 아니면 나중에 양심의 가책에 시달리는지도 알 길이 없다. 또 어떤 이유에서건 피험자들이 솔직하지 않을 수 있지만, 질문지 응답결과만을 가지고는 누가 속였거나 불성실했는지 판단할 길이 없다. 실험법과 비교한 상관연구의 장·단점은 실험법에 대해 공부를 하고 나면 분명해질 것이다. 그러나 앞 절에서 본 실험연구 예만 가지고도 몇 가지가 분명해진다.

실험의 상황은 매우 인위적이었다. 변인을 *조작*하기 때문이었다. 즉, 실제로 현실에서 폭력을 얼마나 많이 보는가를 알아보지 않고, 실험실에 데려와 비디오를 보여주었다.

폭력 비디오에는 사랑도 의리도 스토리도 없이 폭력 장면만 연달아 나왔고, 공격행동도 인위적 상황을 만들어 놓고 측정하였다. 상관연구에서 관찰한 결과는 일반 현실로 일반화하기가 더 쉽다. 또 실험연구에 비해 더 많은 변인에 대해 자료를 얻을 수 있다. 세 개 이상의 변인을 가지고 실험하는 일이 드문 데 비해, 수십 개 변인을 측정하는 상관연구는 흔하다. 우리의 예에서, 연구자가 가정환경과 학교생활, 친구관계, 피험자의 성격 등이 공격행동과 관련이 있을 것이라고 예상한다면 TV시청뿐만 아니라 그런 변인들에 대해서도 질문을 집어넣으면 된다.

'더 많은 변인'은 한 연구에 들어가는 변인들의 수만 뜻하지 않는다. TV시청은 실험실에서 조작할 수가 있지만, 가정환경과 학교생활, 성격 등은 있는 그대로를 측정하는 수밖에 없다. 실험적으로 조작할 수 없는 의미 깊은 변인들을 연구할 수 있을 뿐 아니라 상관연구는 변인의 더 넓은 범위를 포괄할 수 있다. TV중독증이라 할 정도로 TV에 붙어 살고 하루에도 몇 편씩 폭력 비디오를 보는 사람의 '폭력시청량'은 실험실에서는 조작할 수 없다. 윤리적 이유 때문에도 (더구나 아동을) 실험실에 집어넣고 몇 시간씩 폭력 비디오를 보게 할 수는 없다. 그러나 현실에서 이런 TV중독증 환자들을 찾아내 연구할 수는 있다.

상관연구의 결정적 약점으로 지적되는 사항인즉, 인과추리를 할 수 없다는 것이다. 바로 이것이 가능하다는 사실 때문에 실험연구는 심리학에서 가장 선호되는 연구법이 되었다. 이 사정은 성격심리학에서도 다르지 않았으나 80년대부터는 실험의 비중이 점점 적어지고 있다. 성격연구방법으로서 실험법의 많은 문제점이 제기되었기 때문이다. 실험연구의 특성과 장·단점을 알아보자.

실험연구

일반인들은 심리학자가 실험을 한다는 말을 들으면 놀란다. 실험이라 하면 자연과학자가 흰 가운을 입고 화학약품, 정밀기계 등을 가지고 조작, 관찰, 측정을 하는 장면을 연상하기 때문이다. 실험의 원리는 어느 과학 분야에서나 똑같다. 일상에서는 쓰지 않는 몇 가지 낯선 용어들에 익숙해지면 실험의 논리는 이해하기 어렵지 않다.

실험연구의 본질은 **독립변인**을 조작하고 **종속변인**을 측정하여 전자가 후자에 영향을 미치는가 하는 인과추리를 한다는 것이다. 앞 절의 실험 예에서 독립변인('폭력시청')을 조작하기 위해 피험자들의 한 집단('실험집단')에게는 폭력물을, 다른 집단('통제집단')에게는 비폭력적 스포츠 경기들을 보여주었다. 독립변인이 하나이고 그 수준이 두 개라는 점에서 그것은 가장 단순한 실험이었다. 피험자를 세 집단으로 나누어 폭력물을 10분, 20분, 또는 60분씩 보여주었다면, '통제집단'이 없이 세 개의 실험집단이 존재하고 독립변인 수준은 세 개이다.

상관연구에서는 TV폭력 때문에 공격행동을 많이 한다는 주장을 하지 못하는데, 실험연구에서는 그러한 인과추리가 가능한 근거가 무엇인가? 그 답은 **독립변인 조작**과 **실험 통제**에 있다. 변인을 조작한다는 것은 그 변인의 최소한 두 가지 수준에 해당하는 상태를 만들어낸다는 것인데, 그에 관련된 문제들부터 생각해보자.

조작과 측정의 타당도

앞에서 우리는 상관연구가 피험자들의 자기보고에 주로 의지하기 때문에 측정의 타당도가 문제될 수 있으며, 우리의 예에서 폭력시청보다는 공격행동의 타당한 측정이 더 어려움을 보았다. 실험연구에는 변인 측정에 더하여 변인 조작의 타당도 문제가 있다.

독립변인 조작의 타당도 실험실에서 비디오로 폭력물 또는 비폭력적 스포츠 경기를 보여준 것으로 폭력시청 변인을 조작한 절차는—'안면타당도'가 있으므로—문제가 별로 없다고 할 수 있다. 그러나 만일 *공포*를 조작한다고 해보자. 높거나 낮은 공포 상태를 어떻게 만들어낼까? 많이 쓰는 절차 중의 하나는 피험자에게 몇 분 뒤에 전기충격을 주겠다고 말하되, 그 충격이 고통스럽고 위험할 수 있다고(높은 공포 조건) 또는 간지러운 정도이며 위험하지 않다고(낮은 공포 조건) 말해주는 것이다. 상당수 피험자들은 실험자 의도대로 반응할 것이다. 그러나 전기충격이라는 말에 '전기고문'이 생각난다면 위험하지 않다는 말을 들어도 매우 무서워하고, "설마 대학 실험실에서 전기고문을 하랴"고 믿는다면 아무런 공포도 느끼지 않을 수 있다. [대부분의 경우에 전기충격은 실제로 주지 않고 대기 시간(이라고 믿으면서)에 종속변인 측정을 한다.]

공포를 만들어내려고 전기충격을 위협 또는 예고했는데 피험자들이 실제로 공포를 느끼지 않았다면, 그 조작은 *타당*하지 않다. 만들어낸 상태가 공포가 아닌 다른 어떤 것일 수 있기 때문이다. 따라서 실험자는 자신이 만들어내고자 한 *바로 그* 상태(공포)를 만들어냈는지, 독립변인의 수준들(높고 낮은 공포) 사이에 충분한 차이가 있었는지를 확인해야 한다. 이를 **조작 체크**(manipulation check)라 한다.

종속변인 측정의 타당도 독립변인의 타당한 조작도 중요하지만, 종속변인의 측정도 타당해야 한다. 우리의 예에서 '아픔' 스위치를 누르는 행동이 '공격행동'을 의미하나? *공격*은 공포처럼 심리학의 중요한 구성개념이며, 조작이나 측정을 할 때 구성타당도를 입증해야 한다. 공격의 개념적 정의에서 중요한 것은 상대방에게 피해나 상처를 주려는 *의도*이다. 피험자들은 옆방에서 다른 아이가 실제로 게임을 한다고, 스위치를 누르면 정말 그 아이에게 아픔이나 피해를 주는 것이라고 믿을까? 모르는 아이가 실수를 한다고 화가 나서 '공격'하고 싶어질까? 만일 그렇지 않다면, '아픔' 스위치 누르는 시간은 공격행동의 측정치로서 타당하지 않다(즉, 구성타당도가 부족하다).

실제 연구에서는 조작과 측정의 구성타당도에 대해 막연한 추측만 하기보다는 경험적 관찰자료를 가지고 확인해보아야 한다. 이 확인절차는 **디브리핑**(debriefing, '사후면접'이라고 번역하기도 한다)의 중요한 부분이다. 디브리핑은 말로도 하고 문항을 만들어 질문지에 응답하게 하기도 한다. 우리의 실험 예에서처럼 피험자를 속였다면, 실험의 목적상 그럴 수밖에 없었던 이유를 설명하고 양해를 구하는 것도 디브리핑에서 해야 한다.

실험통제

경험적 연구란 체계적 행동관찰이라 할 때, 세 접근 중 실험연구는 가장 체계적이고 통제된 관찰이다. 사례연구에는 거의 통제가 없고, 상관연구에서는 정해진 질문들을 제시하고 응답 가능성도 제한하므로 통제가 어느 정도 있다. 실험에서는 지금 본 것처럼 변인 조작을 통해 조건을 만들어 놓은 가운데 행동 가능성도 극히 제약해 놓고 관찰을 한다. 실험이란 처음부터 끝까지 통제이다. 실험통제의 본질은 *독립변인을 제외하고는 다른 변인들이 종속변인에 영향을 미치지 않도록* 하는 것이다. 그래야 내적으로 타당한 실험이 되기 때문이다.

내적 타당도 독립변인과 종속변인의 인과관계—"…이면 …이다"(우리의 예에서 "폭력을 시청하면 공격행동이 증가한다")—를 확립하려면, 피험자 집단들이 독립변인의 특정한 수준(폭력 또는 비폭력)을 제외하고는 다른 어느 면에서도 다르지 말아야 한다. '다르지 않음'을 보장하는 통제의 첫 단계는 **무선할당**이다. 즉, 피험자들이 개인적 특성이나 선호가 아니라 순전히 *무선적*(random)으로, 즉 *우연*에 의해 어느 한 집단에 들어가거나 어느 한 조건에 할당된다. 물론 각 집단에 서로 다른 피험자들이 들어가지만, 무선할당이 되면 그 집단들은 *체계적*으로 다르지 않다.

조건/집단 할당에 개인 특성이나 선호가 작용할 때 체계적 차이가 생긴다. 약하고 순하게 생긴 아이들은 통제집단에, 씩씩한 아이들은 실험집단에 넣거나, 무엇을 볼지를 아이들이 스스로 선택한다고 하자. 그럴 경우 공격행동(종속변인)에서 집단 차이를 발견한다 해도, 그들이 폭력 또는 비폭력(독립변인)을 보았기 때문이 아니라 *원래* 다르기(순함과 씩씩함, 또는 폭력 선호와 혐오의 차이) 때문일 가능성이 크다. 약하든 씩씩하든, 폭력을 좋아하든 싫어하든, 실제로 어느 집단에 들어가느냐, 즉 어느 비디오를 보느냐가 우연에 의해 결정되면, 두 집단은 *무선적*으로만 다르다.

실험통제의 다음 단계는 피험자들을 할당된 독립변인 수준에 따른 차이 말고는 *다른 모든 면에서 똑같이* 취급하는 것이다. 우리의 예에서, 어떤 내용의 비디오를 시청하느냐 하는 항목을 빼고는 두 집단의 피험자들이 똑같은 실험자에 의해 똑같은 실험실에서 똑같은 절차 설명을 듣고 모두 똑같이 20회에 걸쳐 ('도움' 또는 '아픔') 스위치 누르기를 해야 한다. 즉, 절차를 *표준화*해야 하는 것이다. 만일 실험자 두 명이 동원되었는데 한 명이 통제집단 전체의 실시를 맡고 다른 한 명이 실험집단을 맡는다면, 이는 체계적 차이이다. 한 명은 무뚝뚝하고 다른 한 명은 상냥하다면 바로 그 차이 때문에—폭력 또는 비폭력을 보았기 때문이 아니라—피험자 집단들의 공격행동이 차이를 보일 수 있는 것이다.

완벽하게 통제된 실험에서 종속변인 상의 차이를 관찰했을 때 우리는 비로소 그것이 독립변인 수준의 차이 때문이라고 인과추리를 할 수 있다. 무선할당과 절차표준화가 성공해야 독립변인 말고는 종속변인에 영향을 미친 변인들이 없었다고 확신할 수 있기 때문이다. 이때 우리는 실험이 **내적으로 타당**하다고 말한다.

실험의 사회심리학 내적 타당도는 실험의 생명이고 실험자는 엄격한 실험통제를 하려고 최선을 다한다. 그러나 심리학 실험은 실험자와 피험자가 인간 대 인간으로 만나는 사회적 상황으로서, 양편의 기대와 상황 판단이 각자의 그리고 상대방의 행동에 영향을 미친다. 이러한 요인들은 지각, 기억 등에 대한 실험보다는 성격, 사회심리학 같은 '부드러운'(soft) 분야의 실험들에서 결과에 더 큰 영향을 미친다.

우선 피험자는 심리학자에게 연구 또는 실험 '당한다'는 것에 대해 호기심이나 불안이 있다. 실험자에게 '잘'(정상으로, 똑똑한 사람으로) 보이고 싶으므로 그는 자신이 어떤 식으로 행동해야 되는지를 알아내려고 한다. (상상된) 실험자 기대와 요구가 피험자 행동에 영향을 미치는 것을 실험의 **요구특성**(demand characteristics)이 작용한다고 한다. 실험자는 실험자대로 자신의 가설이 지지되기를 간절히 바라기 때문에 자신도 모르게 말, 표정, 행동 등으로 피험자에게 그런 기대를 전달할 수 있다. 이를 **실험자 기대효과**라 한다.

우리의 예에서 실험상황을 그려보자. 초등학교 1, 2학년 학생('피험자') 하나가 또는 두세 명이 낯선 방('실험실')에 와서 앉아 있는데 어떤 대학생('실험자')이 들어와 폭력이 난무하는 비디오를 보여준다. 그런 다음 다른 방에 데리고 가서 이상한 상자에 붙어 있는 빨갛고 파란 스위치를 보여주며 옆방에서 어떤 아이가 게임을 할 거라는 등 이상한 얘기를 한다. 아이는 실험자가 바라는 것이 무엇인가, 어떻게 행동해야 내가 이상한 아이로 안 보이겠는가를 생각해볼 것이다. 폭력물을 보고나서 '아픔' 스위치를 누른 시간이 길었다 해도, 그것이 실험자의 의도를 (나름대로) 읽고 반응한 결과일 수 있다. 그렇다면 독립-종속변인의 인과관계를 말할 수 없고, 실험의 내적 타당도가 위협받은 것이다.

절차와 상황의 표준화로 요구특성과 실험자 효과를 상당히 줄일 수 있지만, 독자들은 실험을 설계·실시하거나 실험보고서를 읽을 때 성격 및 사회심리학 실험들의 이런 취약점들을 염두에 둘 필요가 있다.

외적 타당도 흔히 실험이라 하면 실험실을 연상하지만, 실험의 본질을 규정하는 것은 장소가 아니라 적어도 하나의 변인이 조작된다는 사실이다. 실험은 바깥에서도 할 수 있지만 —현장실험(field experiment)— 엄밀한 실험통제가 가능한 실험실에서 주로 이루어진다. 현장에서는 피험자들의 무선할당도, 정밀한 독립변인 조작도, 절차의 표준화도 힘들며, 따라서 내적 타당도를 보장하기 힘들기 때문이다.

실험실 실험이 만들어내는 상황은 통상 인위적이며 현실상황과 차이가 크다. 낮에 실험실에 와서 혼자 또는 두세 명의 낯선 아이들과 같이 TV를 보는 것은 저녁때 집에 앉아서 TV를 보는 상황과 다르다. 마찬가지로, 보이지 않는 옆방 아이에게 스위치를 눌러 아픔을 주는 공격은 학교나 길에서 친구를 때리거나 욕하는 공격과 다르다. 실험통제를 완벽하게 할수록 상황은 인위적이 될 가능성이 크고, 실험상황에서 관찰한 변인들 간의 인과관계를 바깥 현실로 *일반화*하는 일이 어려워진다. 실험결과의 일반화 가능성을 실험의 **외적 타당도**라 하며, 내적 타당도를 보장하기 위하여 실험통제를 엄격하게 할수록 보통 외적 타당도는 떨어진다.

내적으로 타당하다는 의미에서 성공한 실험이라 해도 한정된 피험자들, 한 인위적 상황에만 적용되는 독립-종속변인 관계는 학문적으로 의미가 없다. 학술연구의 목적은 변인들의 보편적 법칙성을 확인하는 것이므로, 실험의 일반화 가능성, 즉 외적 타당도는 선택이 아니라 필수 사항이다. 실험자가 직면하는 딜레마는 내적 타당도를 높이면 외적 타당도가 떨어진다는 것이다. 이는 실험실 실험과 현장 실험을 대비할 때 분명해진다. 전자는 내적 타당도가 높은 대신 외적 타당도가 낮으며, 후자는 내적 타당도가 위협받는 대신 외적 타당도는 더 잘 보장한다.

이 딜레마를 빠져나가는 길은 의외로 간단하다. 같은 변인들의 관계를 실험실에서도, 현장에서도 연구했는데 같은 결과를 얻는다면 내·외적 타당도 둘 다에 대한 확신이 커진다. 실험실 실험도 여러 다른 연구자들이 —미국에서, 한국에서— 다양한 표본들을 써서 *반복*(replicate)하면 결과의 보편성이 점점 확실해진다. 즉, 외적 타당도는 하나의 연구에서 해결되는 과제가 아니라 여러 반복연구들을 통하여 점차 확립되어간다. 근래의 추세를 보면, 하나의 실험 또는 연구만 보고하는 논문들이 드물고 한 논문에서 여러 실험결과들을 보고한다(실험 1, 실험 2 등).

요인설계와 변량분석

가장 단순한 실험에는 독립변인이 하나이며 그 수준이 두 개이지만, 학술지에 실리는 실험들은 대부분 독립변인이 두 개 이상인 **요인설계**(factorial design)이다. 독립변인이 두 개이고, 첫째 변인의 수준은 둘, 둘째 변인의 수준은 셋일 경우 "2×3 (요인)설계"라고 쓴다(통상 "2 곱하기 3"이 아니라 "two by three"라고 읽는다). 성격심리학에서는 요인설계에서 독립변인 하나만 실험적으로 조작되는 일이 흔하다. 우리의 예에서, 폭력을 많이 본다고 누구나 공격적이 되는 것은 아니므로 연구자가 '폭력시청'('상황변인')뿐 아니라 불안 수준('피험자변인')도 중요할 거라고 생각한다 하자. 불안을 조작하기보다는 통상 불안 척도를 실시해서 불안이 높거나 중간이거나 낮은 피험자들을 뽑는다. 제 2 독립변인의 수준이 셋인 2×3설계에는 모두 여섯 개의 피험자 집단—칸(cell)이라고 부른다— 이 나온다(그림 1-1 참조).

주효과와 상호작용 효과 연구자는 일단 6개 집단 각각의 공격행동 점수 평균을 얻는다. 6개의 개별집단 평균 외에 모두 5개의 합계평균들이 나온다. 그림 1-1에 나오는 표들의 맨 오른쪽에 폭력과 비폭력시청의 합계평균들이 있고 맨 아랫줄에 낮은, 중간, 높은 불안의 합계평균들이 있다. [각 칸에 들어간 피험자 수가 같을 때에만 합계평균이 여기에서처럼 칸 평균의 평균이 된다.] 마지막으로 피험자 전체의 평균이 있다(그림에서 20). 이러한 자료에서는 통상 **변량분석**(analysis of variance, ANOVA)이라는 통계적 검증기법을 써서 평균차이들의 통계적 유의도를 계산한다. 이 실험자료를 변량분석하면 두 개의 변인 각각에 대해 그리고 둘의 상호작용에 대해 F값들이 나온다.

그림 1-1에 이 실험의 세 가지 가상적 결과를 표와 그림으로 제시하였다. 폭력, 비폭력시청 집단 간에, 그리고 불안의 세 수준 간에 공격행동 평균점수의 차이가 있는가 하는 것이 독립변인들의 **주효과**(main effect)들이다. 6개의 개별집단 평균이 전체 평균인 20점과 크게 다르지 않다면(가령 18-22의 범위) 폭력시청도, 불안 수준도 공격행동에 영향을 미치지 않은 것이다. [이럴 때 보통 '결과가 안 나왔다'고 말한다.] 세 가지 가상적 결과들을 차례로 살펴보자.

그림 1-1 TV폭력시청과 불안 수준에 따른 공격행동 점수 평균(세 가지 가상적 결과)

(a) TV시청과 불안의 주효과

	낮음	중간	높음	합계
폭 력	38	25	12	25
비폭력	22	15	8	15
합 계	30	20	10	20

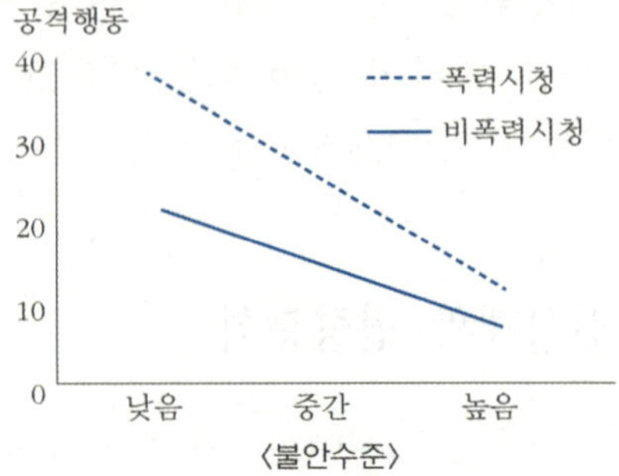

(b) TV시청의 주효과만 있음

	낮음	중간	높음	합계
폭 력	26	28	21	25
비폭력	14	16	15	15
합 계	20	22	18	20

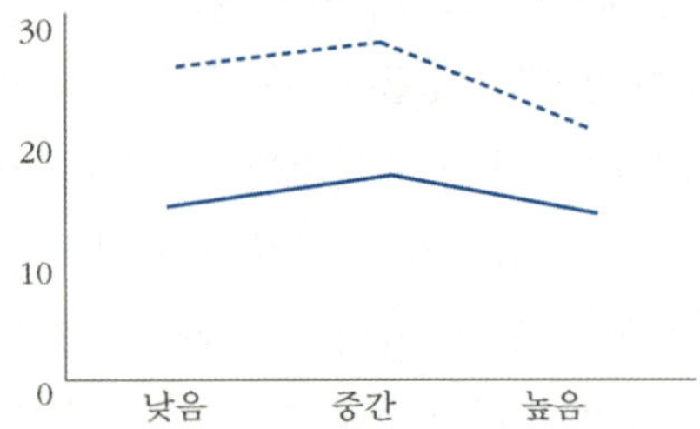

(c) 주효과는 없이 상호작용 효과만 있음

	낮음	중간	높음	합계
폭 력	28	24	11	21
비폭력	16	16	25	19
합 계	22	20	18	20

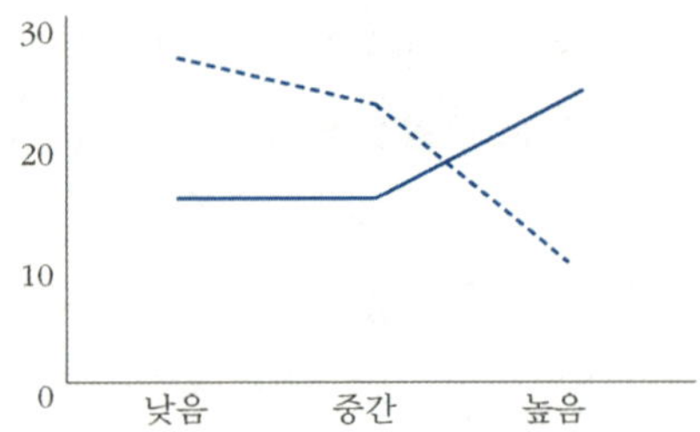

우선 (a)에서는 폭력을 시청했을 때 더 많은 공격행동이 나왔으며(평균 25 대 15), 불안이 높을수록 공격행동이 적었다(평균 30, 20, 10). 변량분석 결과 두 개의 주효과가 모두 통계적으로 유의미하다. 반면 (b)를 보면 불안수준에 따른 공격행동 차이는 미미한 반면(평균 20, 22, 18) 폭력과 비폭력의 차이는 여전히 커서(평균 25, 15), 불안의 주효과는 없이 폭력시청의 주효과만 유의미하다.[3] 요인설계가 흥미 있는 것은 변인들의 **상호작용 효과**(interaction effect)를 볼 수 있기 때문이다. (c)의 결과를 보면 폭력/비폭력 시청도(평균 21, 19), 불안 수준도(평균 22, 20, 18) 공격행동에 별 차이를 가져오지 않는다. 두 독립변인 모두 주효과를 보이지 않는 것이다. 그러나 6개의 개별집단 평균들을 들여다보면 흥미 있는 양상이 나타난다. 불안이 낮거나 중간일 때는 폭력을 시청했을 때 공격행동이 더 많은 데 비하여(평균

3) 같은 평균차이(들)에서도 집단(칸)내 변량이 클수록 상대적으로 F값이 작아진다.

28, 24와 16, 16), 불안이 높을 때는 반대로 폭력시청 뒤에 공격행동이 적었다(평균 11, 25).

세 가지 가상적 결과의 그림들을 비교하면, (b)에서는 두 개의 선이 대체로 평행선을 그리는 데 비해 (c)에서는 두 개의 선이 교차함을 볼 수 있다. (a)의 결과는 좌표 표면에서는 교차가 없지만, 두 선을 오른쪽으로 연장해보면 교차가 된다. 그러나 그 각도는 (c)에서보다 작다. 상호작용 효과가 있을 때는 각 집단(칸) 평균을 그림으로 그렸을 때 교차가 보이며, 상호작용이 클수록 교차의 각도가 크다.

상호작용 효과의 해석 '상호작용'의 의미가 친숙하지 않을 독자들을 위하여 다른 예를 들어보자. 많은 이들이 특히 오후 늦게 커피를 마시면 밤에 잠이 안 와서 고생한다. (오후)커피의 *주효과*라 할 수 있다. 40대가 되면서 그런 경험을 경험하는 사람들이 많다면, 그 경우 나이와 커피가 *상호작용*을 하는 것이다. [40대 이후에는 대부분 수면시간이 줄어든다면 이는 나이의 *주효과*이다.] '예민'한 사람은 이미 20대에 커피의 수면방해 효과를 경험하지만 '둔'한 사람은 50대가 되어서도 그런 효과를 모른다면, 세 요인—나이, 기질, 커피—이 상호작용을 하는 것이다. 이 예에서 볼 수 있듯이, '상호작용'에서 오해를 불러일으키는 것은 '상호'라는 말이다. 실은 변인들이 서로(상호) 작용하는 것이 아니라 *같이*(joint)—종속변인에—작용한다.

요인설계 실험에서 주효과만 있을 때는 각 변인의 수준에 따른 차이들을 따로따로 서술할 수 있지만, 상호작용 효과가 있을 때는 각 변인의 수준을 함께 언급해야 적절한 결과 서술이 된다. *주효과*만 유의미할 때는 폭력시청이 공격성을 높인다거나, 불안이 높으면 공격적이지 않다는 등을 이야기할 수 있다. *상호작용* 효과가 유의미할 때는, 불안이 높은 사람이 폭력을 많이 보면 공격행동이 줄어든다는 식으로 말이 길어진다. 불안과 폭력시청이—공격행동에—*같이* 작용하기 때문이다. 물론 주효과가 있으면서 상호작용 효과도 있을 수 있다. (a)의 결과를 보면, 두 독립변인의 주효과가 있지만, 점선과 실선이 평행이 아닌 모습이 상호작용 효과를 암시한다. 불안의 수준이 높아지면 폭력을 시청해도 공격행동이 줄어드는 경향이 있다.

만일 남녀가 공격성도, TV폭력에 대한 반응도 다를 것이라고 예상하여 성별 변인을 넣는다면 2×3×2설계에서 모두 12개의 칸(피험자 집단)이 나온다. 결과도 훨씬 복잡해져서 세 개의 주효과, 세 개의 일차 상호작용(두 개 변인씩의 조합), 하나의 이차 상호작용(세 변인 모두의)을 해석해야 한다. 그런 실험은 이 책에서 거의 보고되지 않으므로 독자들이 겁낼 필요는 없다.

변량분석 패러다임 변량분석은 요인설계 자료의 통계적 검증기법에 지나지 않는 것이 아니라, (비유적 의미에서) 패러다임이라는 말을 붙일 수 있을 정도로 심리학 연구자의 사고를 지배한다. 관심가진 행동은 *종속변인*으로서 측정되며, 그것을—더 정확하게 말해 그 변인 상의 *변량*을—설명하는 *독립변인*들이 설정된다. 가령 수면시간의 변량(5–10시간에 이르는 개인차)을 나이와 기질과 커피가 설명해준다. 이 변량분석(즉, 변량을 가르는) 사고 틀에서 독립·종속변인들은 서로 독특한 관계를 맺고 있다. ['변량'이라는 말이 낯설다면 '개인차'로 이해하면 된다. 종속변인, 즉 공격행동이나 수면시간에서 사람마다 차이가 있기 때문에 점수에 변량이 생기고, 그 차이가 클수록 변량도 큰 것이다.]

우선 종속변인이 독립변인에 영향을 미치지 않아서, 문자 그대로 '독립'과 '종속'의 관계이다. 우리의 예에서, 폭력시청이나 불안 수준이 공격행동에 영향을 미치는가 하는 방향에만 초점이 있고, 그 반대 방향은 전혀 고려되지 않는다. 현실에서는 공격성 높은 사람들이 TV에서 폭력물을 많이 보고 성향적으로 불안이 낮을 가능성이 있다. 둘째로, 독립변인들은 *서로 독립적*이다. 우리의 예에서 불안 수준이 폭력/비폭력 시청과 아무런 상관이 없다. 불안이 높고 낮음에 따라 폭력/비폭력을 더 좋아할 가능성이 전혀 고려되지 않는 것이다.

가장 중요한 것은 셋째 특성이다. 독립변인들의 영향은 전문 용어로 말하면 *선형적*(linear), *가산적*(additive)이다. 종속변인에서 관찰되는 변량(말하자면 개인차 총량)을 1로 잡을 때, 독립변인들의 주효과와 상호작용 효과가 그중의 일부를 설명하고(예컨대, 각 독립변인이 .11과 .13, 그리고 상호작용이 .09) 나머지는 오차(.67) 영역에 들어간다.[4] 이 효과들은 벽돌을 쌓듯이 더해진다. 폭력시청의 효과에 불안 변인의 효과가 단순히 더해지기보다 가령 곱해질 수도 있겠지만, 변량분석 패러다임은 이러한 대안들을 모두 배제한다.

이 변량분석 패러다임이 심리학 연구자의 사고를 지배한다는 예를 들기 위해 *지능*이 유전과 환경 중 어느 편에 의해 결정되느냐 하는 흔히 제기되는 물음을 생각해보자. 지능에는 큰 개인차, 즉 변량이 있는데, 이는 유전에서 오는 것일까 환경에서 오는 것일까? 이 물음은 3부에서 나올 *행동유전학*의 중심 주제의 하나이다. 두 요인의 영향은 지능의 변량을 설명해주는 비율로 수량화된다. 그때 유전과 환경은 서로 영향을 미치지 않으며 유전과 환경의 효과가 선형적으로 합해진다고 가정된다. [이 특수한 문제에서 이 두 비율은 합해서 1.00이 된다고 가정된다. 즉, 상호작용 효과도 오차도 배제되는 것이다.]

지능이 환경에 영향 미칠 가능성, 유전과 환경이 서로 독립적이 아닐 가능성은 없을까? 같은 부모라도 책을 좋아하는 아이에게는 책을 사주지만, 운동만 좋아하는 아이에게

---

4) 세 통계적 효과와 오차를 합하면(.11 + .13 + .09 + .67 =) 1.00이 됨을 주목하라. 오차(error)의 비중이 이렇게 큰 것은 실제에서 흔한 일이다. 연구자가 설정한 독립변인들로 설명되는 부분보다는 알지 못하는 오차변인들이 만들어낸 개인차 부분이 더 큰 것이다. 통상 보고되는 변량분석 결과에서는 위에 언급한 비율들이 보고되지 않고, 주효과와 상호작용 효과에 해당하는 F값들의 유의미 수준(p값)만 보고된다.

는—책에 눈도 안 주므로—그것을 포기하게 된다. 아이의 성향과 행동이 그가 자라나는 (부모가 제공하는) 환경에 영향을 미친다면, 종속변인(행동)이 독립변인(환경)에 영향을 미치는 것이다. 또 부모는 자녀에게 유전과 더불어 환경도 준다. 지적으로 뛰어난(머리 좋은) 부모가 제공하는 환경이 그렇지 않은(머리 나쁜) 부모가 제공하는 환경과 다르다면, 유전과 환경이, 즉 두 독립변인이 서로 독립적이지 않은 것이다. 마지막으로 유전과 환경의 효과가 단순하게, 즉 '선형적'으로 합해진다는 것을 누가 보장하는가? 곱해지는 일은 생각해볼 수 없을까? 변량분석적 사고틀은 이러한 의문 제기들을 허용하지 않는다.

보지 않으면 당연히 보이지 않는다. 학생이 공부 잘하는지만 보려고 하면 그가 운동을 잘하는지, 착한지, 못됐는지는 보이지 않는다. 보이지 않는다고 해서 존재가 없는 것은 아니다. 실험은 체계적이고 통제된 관찰법으로서, 보려고 하는 것만 특정한 방식으로 본다. 요인설계, 즉 변량분석 패러다임에서는 폭력시청과 불안 수준(둘 다 독립변인)이 서로 영향을 미치는지, 공격행동(종속변인)이 두 독립변인에 영향을 미치는지를 알아볼 길이 없다. 독립변인들의 효과가 단순히 더해지는 관계가 아닐 가능성은 전혀 고려되지 않는다. 이러한 것들을 알아보려면 적절한 설계를 해서 따로 연구를 수행해야 하지만, 변량분석 패러다임이 연구자들의 머릿속에 박혀있기 때문에 '다른 길'을 찾으려는 노력은 별로 보이지 않는다.

실험연구의 평가

실험법은 세 연구접근 중 가장 체계적이고 통제된 관찰방법이라는 점에서 가장 '과학적'인 접근이며, 따라서 '과학'을 추구하는 심리학의 주 연구법이 되었다. 변인들을 정밀하게 조작하고 객관적 자료를 수집하여 변인들의 인과관계를 알아볼 수 있기 때문이다. 사례연구가 하나 또는 소수 *개인*들에 집중한다면, 실험연구는 소수 *변인*들에 집중한다. 전자에서 결과의 일반화가 문제된다면, 후자에도 변인들의 법칙성을 일반화하는 *외적 타당도*의 문제가 있다.

성격심리학에서 중요한 물음은 실험법이 *성격연구에 적합한가,* 사람이 아니라 변인들만 연구하면 "성격연구에 사람이 어디 있는가?"(Carlson, 1971, 1984) 하는 것이다. "인위적 상황에서 성격 단편들의 실험연구"(Carlson, 1971, p. 208)에 집중하면, 성격구조, 오랜 시간에 걸친 발달, 상황과 복잡하게 상호작용하는 성격특징들은 연구할 수 없다. 실험연구는 성격심리학에서 점점 비중이 작아지고 있다. 1968년 당시 성격 논문들의 78%가 실험연구였던 반면(Carlson, 1971), Endler와 Speer(1998)가 조사한 바에 따르면, 1993-95년에 주요 학술지에 발표된 성격 논문들의 23%만이 실험연구였다(나머지는 거의 모두 상관연구).

왜 실험법의 인기가 떨어진 것일까?

앞서 "상관관계는 인과관계가 아니"므로, 예컨대 폭력시청량과 공격행동이 상관된다는 결과를 가지고 TV폭력 추방을 요구할 수는 없다고 말한 바 있다. 실험을 통해 인과관계를 확인한다면 확실성이 더 커지는 것은 사실이지만, 폭력시청은 공격행동에 영향을 미치는 다른 많은 변인들 중의 하나일 뿐이다. 요인설계 실험에서 상호작용 효과가 관찰된다면, 특별한 경우들에서만(예컨대 불안한 사람들에게서만) 폭력시청이 공격행동에 영향을 미치는 것이므로 그 효과가 제한되는 것이다. 단순 명백한 '인과관계의 확립'에 대한 확신이 깨지면서 실험법의 '결정적 장점'도 그 빛이 퇴색하였다.

상관계수 자료를 가지고 얻어낼 수 있는 것들은 훨씬 더 많아졌다. 변인들의 복잡한 관계를 파악하고 심지어 인과관계를 추리할 수 있는 통계적 기법들(통로분석, 공변량 구조분석 등)이 개발되어, 많은 자료를 손쉽게 수집할 수 있다는 '경제성'에 '효율성'이 보태진 것이다. [변인들이 많으므로 결과가 풍부하고 논문에 표와 그림도 여러 개가 들어간다.] 상관연구와 비교할 때 실험법은 비용(노력, 시간 등)에 비해 효과는 빈약한 연구법이다. 학문공동체에서 인정(학위취득, 채용, 승진 등)받으려면 많은 편수의 논문이 필요하고 따라서 "적은 비용으로 많은 효과"를 거두는 연구법이 선호될 수밖에 없다.

실험연구의 사례

세 가지 연구접근 중에서 일반 독자들에게 가장 낯선 것은 실험법일 것이다. 독립변인 조작과 종속변인 측정, 실험통제 등은 모두 일상생활에서는 쓰지 않는 '외국어'들이지만, 심리학 전공자들에게는 거의 일상어처럼 친숙하다. 다른 한편, 고급통계 기법들이 자꾸 나오고 컴퓨터 프로그램 패키지들의 덕분으로 누구나 쓸 수 있게 되면서, 연구의 기본—변인들의 조작과 측정, 실험통제 등—보다는 자료의 통계처리에 심혈을 기울이는 경향이 점점 강해지고 있다. 그러나 연구가 엉터리라서 자료 자체가 의미 없고 믿을 수 없다면 어떤 세련된 통계처리로도 그것을 '건질' 수 없다. 일반 독자들이 실험의 논리에 친숙해질 수 있도록, 심리학 전공자들이 자료의 의미 충만성의 중요성을 깨달을 수 있도록, 실험법의 논의를 마치면서 잘 설계·실시된 실험 하나를 살펴보기로 한다.

연구문제와 가설 *Journal of Personality and Social Psychology*(JPSP)에 발표한 논문에서 Baumeister, Bratslavsky, Muraven 및 Tice(1998)는 네 개의 실험을 통해 "자아고갈: 능동적 자기는 제한된 자원인가?"(Ego depletion: Is the active self a limited resource?)라는 중요한 심리학적 문제를 탐구하였다. 연구의 핵심 가정은 의지 행사, 자기통제 등 자아의

'집행기능'(executive function)을 위한 에너지 자원은 제한되어 있기 때문에 쉽게 '고갈'된다는 것이다. *자아고갈*은 "앞에 의지 행사를 했기 때문에 自己가 의지행위(환경을 통제하고, 자기를 통제하고, 선택을 하고, 행위를 시작하는 등)를 하려는 역량이나 태세가 일시적으로 감소하는 것"(p. 1253)이라고 정의된다.

네 실험 모두 기본 설계는 같다. 피험자들은 하나의 과제에서 자기통제 또는 선택 행위를 하고, 그것과 관계없는 제 2의 힘든 과제에서 될수록 오래/잘 버텨야 한다. 첫째 과제에서 자기통제는 *독립*변인이고 둘째 과제의 자기통제는 *종속*변인이 되는 셈이다. 여기서는 네 개 실험 중 실험 1을 소개하기로 한다. 실험 1의 목적은 자기통제—자기조절(self-regulation)이라고도 한다—에 대한 세 개의 *경쟁적 가설*을 비교 검증하는 것이었다. 연구자들은 자기통제가 *기술*(skill) 또는 *도식*(schema)이라는 가능성을 배제하고, 자기조절 행위가 *에너지*를 소비·소모하기 때문에 이후의 자기통제를 손상시킨다고 예상했다. 이 가설이 맞다면, 첫 번째 자기통제 노력(독립변인) 때문에 두 번째 자기통제(종속변인)가 감소해야 한다. 즉, '자아고갈'이 나타나야 하는 것이었다.

실험 1에서 일차 자기통제는 고전적이라 할 수 있는 *충동통제*였다. 구체적으로, 배고픈데 달콤한 초콜릿 과자를 눈앞에 놓고 무(radish)만 먹어야 하였다. 무가 맛있을 수도 있지만 초콜릿을 앞에 놓고 무만 먹으려면 초콜릿을 먹고 싶은 충동을 억제해야 한다.

방 법 67명의 심리학개론 남녀 수강생이 '맛 지각'(taste perception) 연구에 자원하였다. 시간 약속을 정할 때 실험자는 실험 전에 한 끼를 거르고 최소한 3시간은 아무것도 먹지 말고 오라고 요청하였다. 피험자가 오기 전에 실험실에서는 작은 오븐에 초코칩 쿠키를 구워 맛있는 냄새가 진동하였다. 탁자에는 두 개의 그릇이 놓여 있는데, 하나에는 초코 쿠키와 초코 사탕이, 다른 하나에는 래디시(우리나라 무와 맛이 비슷하지만 껍질이 빨갛고 한입에 들어갈 만큼 작고 동그랗다)가 담겨 있다.

'맛 지각 실험'이라고 연구 목적을 속인 이유는, 피험자가 실험의 진정한 의도를 알아버리면 실험의 목적을 이룰 수가 없기 때문이다. 많은 성격 및 사회심리학 실험에서 실험자는 '*커버스토리*'를 만들어 피험자에게 실험의 본래 목적을 숨긴다. [속임에 대한 해명은 실험이 끝난 후 *사후면접* (디브리핑)에서 한다.] 실험자는 초콜릿과 래디시가 대부분의 사람들이 잘 알며 서로 매우 뚜렷하게 구분되는 음식이기 때문에 맛 지각 연구에 선택되었다고 설명해준다. 이어 다음 날 맛 감각기억을 측정할 것이므로 24시간 동안 초콜릿이나 래디시를 먹지 말라고 부탁한다.

피험자들은 세 조건 또는 집단의 하나에 할당되었다. [추측컨대 무선할당이었겠지만 그 절차는 논문에 나와 있지 않다.] 조건에 따라 그들은 실험자가 나가 있는 동안 최소한 두세 개의 래디시(*래디시 조건*), 또는 최소한 두세 개의 쿠키나 한 움큼의 캔디를 먹어야 했다(*초콜릿 조건*). 통제(*음식 없음*) 조건의 피험자들은 먹는 절차가 없이 둘째 파트(문제해결 과제)에만 참여하였다. 실험자는 방을 나가서 일방경(실험실 쪽은 거울이지만, 다른 쪽에서는 이 실험실 안이 들여다보이는 유리)을 통해 피험자를 관찰하면서 먹는 양을 기록하고 그가 정해진 것만 먹는지를 확인하였다.

5분 뒤 실험자는 다시 방에 들어가서 두 개의 질문지를 실시하였다. 하나는 *기분*을 알아보는 질문지였고, 다른 하나는 *다이어트*에 관련된 것이었다. 이어 그는 음식의 감각기억이 없어지려면 최소한 15분이 걸리니까, 기다리는 동안 대학생들의 문제해결 능력이 고등학생들의 능력과 다른지를 알아보는 연구의 예비자료 수집을 도와달라고 요청하였다. [이 역시 커버스토리이다.] 문제해결 과제는 먹기와 무관한 것처럼 제시되었으나 사실 *종속변인 측정*을 하기 위한 것이었다. 과제는 연필을 한 번도 종이에서 떼지 않으면서 기하학적 도형을 따라 그리는 것이었다. 종이가 여러 장이라서 피험자는 몇 번이고 시도할 수 있었다.

연습도형을 가지고 해보게 한 뒤에 실험자는 두 개의 도형을 주면서 얼마든지 오래 또 여러 번 해도 되며, 시간이나 시도의 수가 *아니라* 따라 그리기를 완성하느냐 못하느냐로 문제해결 능력을 평가하게 된다고 말해주었다. 중단하고 싶으면 탁자 위의 벨을 눌러 달라고 하였다. 피험자는 모르지만 이 도형들은 연필을 떼지 않고 완전히 따라 그릴 수가 없는 해결 불가능한 과제(퍼즐)였다. 실험자는 방을 나가 피험자가 포기하기(벨을 울리기)까지 걸린 시간을 측정하였다. 30분의 제한 시간이 지나도 계속하는 피험자(모두 네 명)는 중단시켰다. 피험자가 끝나면 건너가서 *조작체크* 질문지를 실시하고, 사후면접 뒤에 피험자를 보냈다

결 과 종속변인 측정치는 피험자들이 해결 불가능한 과제에 매달린 시간이었다. 이 결과를 보기 전에 우리는 독립변인 조작이 성공적이었는지를 알아야 한다. 피험자들은 실험자의 지시를 따랐나? 특히 래디시 조건 피험자들이 정말 초콜릿(쿠키와 사탕)을 먹지 않았나? 초콜릿을 눈앞에 두고 먹지 않는 것이 정말 힘든 자기통제를 요구했나? 이 물음들은 일방경을 통한 관찰과 조작체크 질문지 결과 등을 통해 모두 긍정되었다. 이를테면, 래디시 조건 피험자들은 초콜릿 접시를 먹고 싶은 눈으로 바라보기도 하고 심지어 쿠키를 코에 대고 냄새를 맡기까지 했지만, 실제로 입에 넣은 사람은 없었다.

먹기 과제의 어려움에 대한 (조작체크)질문지 결과를 보면, 초콜릿 집단보다 래디시 집단의 피험자들이 할당된 음식을 먹도록 힘들여 자신을 강요했다고 응답했다. 사후면접에서도 그 집단의 많은 피험자들은 실험자가 묻기도 전에 초콜릿을 먹고 싶어 혼났다고 이야기하였다. 래디시 조건에서 정말 더 많이 자기통제를 한 것으로 보이므로, 독립

표 1-1 해결 불가능한 과제에서 버티기(Baumeister 등, 1998, p. 1225의 표 1)

조 건	시간(분)	시도횟수
래디시	8.35	19.40
초콜릿	18.9	34.29
음식 없음 통제	20.86	32.81

주: 표준편차들은 위에서 아래로 시간에 대해 4.67, 6.86, 7.30이었고, 시도횟수에 대해 8.12, 20.16, 13.38이었다.

변인 조작은 성공적이었다고 할 수 있다. 따라서 세 집단이 종속변인에서 차이를 보인다면, 그 차이는 독립변인 차이 때문이라고 추리할 수 있다. 실험의 결과가 표 1-1에 나와 있다. 래디시 조건의 피험자들은 버틴 시간이 제일 짧았을 뿐 아니라(8.35분) 시도한 횟수도 제일 적었다(19.40). 초콜릿 조건과 통제 조건의 평균들은 별 차이가 없었다. 이 결과를 토대로, (초콜릿을 먹고 싶은) 유혹에 저항하느라고 자기통제를 해야 했기 때문에 두 번째 과제에서 자기통제를 잘 못했다고 결론 내릴 수 있다. 그러나, 독립변인 말고 다른 변인(들)이 종속변인의 차이를 가져왔을 가능성도 있다.

이를테면, 초콜릿을 눈앞에 두고 맛없는 무를 먹느라고 기분이 나빠져서 두 번째 과제에서 쉽게 포기했을 수도 있다. 즉, 연구자들이 조작한 것이 자기통제가 아니라 (동시에) 기분이었을 수 있다. 또, 대학생들은 몸매에 관심이 많으므로, 초콜릿 먹기가 자기통제('살찌는데…')를 의미했을 수도 있다. '방법'에서 먹기 과제가 끝난 후 기분 질문지와 다이어트 질문지가 실시된 목적은 바로 이 두 *대안적 설명*(alternative explanations)을 검증하는 것이었다. 결과를 보면, 래디시 조건의 피험자들이 기분이 더 나쁘지도 않았고, 다이어트중이냐 아니냐에 따라 문제해결 시간이나 시도횟수에 아무런 차이가 없었다.

논 의 실험의 결과들은 자아고갈 가설을 지지해준다. 단지 5분 동안 유혹에 저항한 것이 힘든 과제를 붙들고 노력하는 시간을 약 절반으로 줄였다는 것을 볼 때 자아의 집행기능 자원은 상당히 제한된 것으로 보인다. 첫 번째 과제에서 힘든 자기통제를 함으로써 그것과 무관한 두 번째 과제에서 통제력이 손상된 것을 볼 때, 이 자원은 자기조절의 여러 형태들에 공통된 것으로 보인다.

초콜릿 먹고 싶은 유혹을 이긴 것을 가지고 '충동통제', '자기통제'를 논의하는 것은 비약 또는 과잉 일반화 아닌가? 실제로, '자기통제', '자기조절'은 큰 개념이며 매우 다양한 형태들을 포괄한다. 충동통제뿐 아니라 사고와 감정의 억제도, 결정 내리고 선택하고 책임지기 같은 의지행위들도 자기통제이다. 충동통제에 국한한다 해도 초콜릿 먹고 싶은

(시시한) 충동을 통제하게 한 실험의 결과를 가지고 성과 공격 같은 훨씬 중요한 충동들의 통제에 대해 무슨 말을 할 수 있다는 말인가?

연구자들은 이어지는 세 개 실험에서 독립변인 조작 또는 종속변인 측정방식들을 달리하여 위 결론의 보편성(외적 타당도)을 확인하였다. 실험 2에서는 태도(등록금 인상 반대)와 상반되는 행동(인상을 찬성하는 스피치)을 하도록 선택의 여지를 주거나 또는 안 주면서 요청하였고, 실험 3에서는 해결 *가능*한 퍼즐을 두 번째 과제로 사용하였다. 어떤 경우에나 자아고갈의 보편적 패턴이 나왔다. 한 과제에서 의지력을 행사하면 다른 영역에서 자기통제력이 손상되는 것이다. 연구자들이 지적하는 것처럼, 개별적 결과들보다 네 연구에 걸친 일치가 물론 더 설득력 있는 증거이다.

초콜릿과 래디시를 써서 '맛 지각' 실험 장면을 꾸미고, '유혹'을 증가시키기 위해 실험실에서 쿠키를 굽고, 커버스토리를 꾸미고, 기분과 다이어트 질문지를 집어넣는 등등의 절차는 어느 날 튀어나온 '아이디어'가 아니라, 무수한 예비실험과 실패 경험과 토론을 거치면서 점진적으로 완성되었을 것이다. [이런 시행착오 과정은 논문에 암시조차 되어 있지 않다.] 또, 연구문제와 가설을 설정하고 결과를 해석·논의하는 일에도 엄청나게 많은 시간과 노력이 들어간다. 네 개의 실험을 통해 결과의 보편성을 확인하려는 노력을 포함하여 그렇게 공을 들이고도, 일반화의 문제, 이론적 의미 충만성의 문제는 여전히 남는다.

세 가지 연구접근: 결론

세 가지 연구접근들을 하나씩 살펴보면서 우리는 각 접근법으로 특히 잘 연구되는 주제들과 잘 연구되지 않는 주제들이 있다는 것을 알았다. 세 접근법들의 장·단점을 요약해보고, 과학적·경험적 연구에 대한 잠정적 결론을 내려보자.

방법 다양성

지금까지 언급한 각 접근의 잠재적 장·단점을 표 1-2에 정리하였다. '잠재적'이란 말은 지적된 사항들이 꼭 실제적 장점이나 단점으로 나타날 필요는 없다는 것을 뜻한다. 어떤 방법을 쓰든 사려 깊게 설계·수행된 연구는 단점을 상당히 극복하고 장점을 더욱 살릴 수 있으며, 반대로 졸렬한 연구들에서는 사용된 접근법의 장점은 사라지고 단점은

표 1-2 세 연구접근의 잠재적 장·단점들(Pervin & John, 1997, p. 57)

잠재적 장점	잠재적 단점
사례연구	
1. 실험실의 인위성을 회피	1. 비체계적 관찰
2. 사람-환경 관계들의 복합성 연구	2. 주관적 자료 해석
3. 개인들을 심층적으로 연구	3. 변인들 간의 얽힌 관계
실험실 연구와 실험연구	
1. 변인들을 조작	1. 실험실에서 연구될 수 없는 현상들을 배제
2. 자료를 객관적으로 기록	2. 인위적 장면들을 창조하여 결과의 보편성을 제한
3. 인과관계 확인	3. 요구특징과 실험자 기대 효과
질문지와 상관연구	
1. 연구되는 변인들의 넓은 범위	1. 인과관계가 아니라 상호관계
2. 많은 변인들 간의 관계 연구	2. 자기보고 질문지들의 신뢰도와 타당도 문제들

더욱 두드러진다. 즉, 어떤 연구접근이 우월하고 어떤 접근은 열등하다는 말은 할 수 없다. 훌륭한 연구와 졸렬한 연구, 흥미 있는 연구와 시시한 연구가 있을 뿐이다.

연구접근들의 장·단점들은 서로 보완하는 관계에 있다. 사례연구의 단점들은 상관 및 실험연구의 장점들로, 실험연구의 단점들은 사례 및 상관연구의 장점들로 상당히 보완이 된다. 그렇다면 가장 좋은 연구책략은 동일한 주제 또는 현상을 다양한 방법들로 접근하는 것이다. 'TV폭력과 공격행동'에 대한 세 가지 연구접근에서 전부 폭력시청이 공격행동과 밀접한 관련을 보인다면, 어느 한 연구결과에만 의지하여 결론 내릴 때보다 두 변인의 관계에 대한 우리의 확신도 그만큼 커진다.

과학적 연구 결과의 불확실성

앞에서 우리는 폭력시청과 공격행동의 관계에 대한 다양한 연구접근 예를 들었다. 연구결과들은 아동들의 폭력시청이 공격행동을 증가시킨다는 쪽으로 상당히 수렴된다. 그렇다고 해도 두 변인의 관계는 어디까지나 **확률적 관계**이다. 분명하고 확실하면 더 좋겠지만 과학적 연구의 결론이란 유감스럽게도 불확실하고 모호하다. 이러한 불확실성은 심리학같이 (과학의 규칙을 잘 모르는) 일반인들이 많은 기대를 하는 학문에서는 많은 실망과 부작용을 가져온다.

책방에 나가 보면 체중감량, 출세와 성공, 친구 만들기, 행복한 가정 등등을 약속하는 책들이 엄청나게 많다. 소위 자기계발 또는 자조(自助, self-help) 책들의 제목들을 보면 세상 모든 문제에는 이미 답이 다 나와 있는 듯하다. 심리학자들은 "복잡한 문제이고 연구자료가 충분치 않아서 뭐라고 확실하게 할 말이 없다"고 하는 이런 문제들에 대해 이 책들은 시키는 대로만 하면 성공한다고 약속한다. 비만과 살빼기만 하더라도 심리학적 연구가 많이 이루어졌지만, 결론은 "비만은 단순한 증후군이 아니며, 단일 원인에 의한 것도 아니며, 따라서 단일 치료법을 가지고 있는 것도 아니기 때문에, '마법탄'을 발견할 가능성은 결코 없다"(J. Rodin의 말을 Stanovich, 1994, p. 251에서 재인용)는 것이다.

과학적 연구의 결과는 언제나 확률적 추리이다. 과학에서는 '움직일 수 없는 진리'란 없다. 많은 연구자료가 쌓인 후에야 결론이 나오지만, 궁극적으로 밝혀진 행동원리들도 거의 언제나 확률적 관계들이다. TV폭력과 공격성에 대해 많은 나라에서 다양한 연구법(상관연구, 실험실 실험, 현장실험, 종단연구 등)을 사용하여 엄청난 양의 연구가 이루어진 결과, 폭력시청이 아동들의 공격행동을 증가시킨다는 결론이 내려졌다. 그 효과가 아주 크지는 않아도 존재하는 것은 확실하나, 역시 확률로만 이야기할 수 있다. 미국같이 심리학이 발전하고 또 폭력이 큰 사회문제인 나라에서 방송사들이 폭력물을 꿋꿋하게 내보내고 있는 것은 '확실한 증거'가 없다는 사실 때문이다. [물론 근본적으로 '대중'이 원하기 때문이다. 대중은 왜 '섹스와 폭력'을 보고 싶어할까?]

독자들은 이 책에서 많은 성격이론과 많은 경험적 연구들을 만나게 될 것이다. 이론적 주장들은 일단 경험적 자료에 의해 뒷받침되기까지는 어디까지나 가정이나 가설의 성격을 가진다. 이제 연구방법론을 배웠으므로, 절차까지 자세히 소개되는 연구들의 경우에 그 절차가 적절한가를 생각해보게 될 것이다. 그러나 훌륭한 연구라 해도 그 결과나 결론은 언제나 확률적 추리라는 것을 잊지 말아야 한다. 독자들이 가진 '문제'들에 대한 확실하고 시원한 답이나 해결은 끝까지 나오지 않고, 대신 여러 가지 '가능한' 답이나 해결들에 마주칠 것이다. 학문을 한다는 것은 불확실성과 더불어 사는 것이다. '확실한 진리'를 제공하는 사람은 과학자이기보다 우리에게 무엇을 팔아먹으려는 장사꾼이기 쉽다. 과학의 진보란 불확실성이 조금씩 줄어드는 답답하지만 흥미진진한 과정이다.

요 약

01 우리 모두는 인간 행동을 예측·설명하기 위해 노력하는 성격심리학자들이다. **내현적 성격이론**이 사적·비공식적인 데 비해 **과학적 이론**은 공식적·명시적이다.

02 성격이론들은 그 기원이 (학문적 심리학의 중심인 실험실이 아니라) 임상 전통에 있기 때문에, 동기를 강조하고 "자연 서식처에서 기능하는 전인"의 이해를 강조하게 되었다. 완전한 성격이론이 포괄해야 하는 내용 주제들은 성격의 **구조**(기본단위), **과정**(동기), **발달**, **병리**(기능장애), **변화**(치료) 등이다.

03 이 책에서는 **심리역동**, **현상학-인본주의**, **성향-생물학**, **행동주의-학습**, **인지-정보처리**의 다섯 가지 접근방향으로 범주화하여 성격이론들과 연구들을 제시하게 된다. 과학적 이론들은 경험적 연구를 통해 검증·확인·수정된다.

04 성격연구에서 사용되는 자료는 생활기록(**L자료**), 관찰자 평정(**O자료**), 객관적 검사 또는 수행(**T자료**), 자기보고(**S자료**)의 네 종류이다. 한 연구자가 보고한 관찰들을 다른 연구자들이 반복·재생할 수 있을 때 그 관찰자료는 **신뢰도**가 있다. **타당도**란 우리가 관찰하는 행동이 우리가 관심가진 변인을 반영하는 정도를 말한다.

05 **사례연구**는 하나 또는 소수의 개인들에 대해 많은 자료를 얻는 방법이며 *임상적 연구*라고도 한다. 출판되는 대부분의 연구논문들이 **가설검증** 연구라 해도, 특정한 변인이나 가설들이 없는 **탐색**연구는 많은 흥미 있는 가설들을 산출해준다. 사례연구는 가설검증보다 탐색의 목적에 더 적합하다.

06 사례연구에서는 자료의 신뢰도가 문제되기 쉽다. 풍부한 자료가 변인들 간의 관계 파악을 어렵게 하며, 변인들의 관계성을 확인한다 해도 하나 또는 소수의 사례로부터 전체로 일반화하는 데는 문제가 있다.

07 **상관연구**에서는 다수의 변인들에 대해 다수의 피험자들을 측정하며 변인들의 관계는 통상 상관계수로 표현된다. 상관관계는 인과관계가 아니다. 특히 복잡한 것은 '제 3 변인 문제'로서, 측정된 두 변인이 (측정되지 않은) 다른 변인(들)의 결과들이기 때문에 상관이 있는 것처럼 보이는 경우이다.

08 상관연구의 장점은 많은 자료를 단기간에 얻을 수 있고 변인들의 관계도 하나의 숫자로 간결하게 표현할 수 있는 경제성이다. 그러나, 대부분 피험자들의 자기보고(S자료)에 의지하기 때문

에, 정보의 정확성과 깊이가 부족할 수 있다.

09 **실험**은 독립변인을 조작하고 종속변인을 측정하여 독립–종속변인의 인과관계를 추리하는 연구법이다. 독립변인을 제외한 다른 변인들이 종속변인에 영향 미치지 않도록 **실험통제**를 할 때 첫 단계는 *무선할당*이다. 통제가 완벽하여 독립변인 말고는 종속변인에 영향 미친 변인들이 없다고 확신할 수 있을 때, 그 실험은 **내적으로 타당**하다. 실험통제를 완벽하게 할수록 실험의 내적 타당도는 보장되지만 **외적 타당도**는 떨어져서 독립–종속변인 관계를 외부 현실로 *일반화*하기 어렵게 된다.

10 학술지에 보고되는 실험들은 대부분이 독립변인이 두 개 이상인 **요인설계**들이다. 요인설계 실험자료는 통상 변량분석에 의해 통계적으로 검증되어 독립변인 각각의 *주효과*와 독립변인들의 *상호작용 효과*를 보여준다.

11 실험법은 세 연구접근 중 가장 체계적이고 통제된 관찰방법이지만 사람('전인')이 아니라 변인들을 연구하는 "인위적 상황에서의 성격 단편들의 실험연구"에 집중하면 성격의 구조와 발달 등은 연구할 수 없다는 비판이 나온다.

12 세 가지 연구접근의 장·단점이 서로 보완하는 관계에 있으므로, 가장 이상적인 연구책략은 같은 주제에 여러 자료와 방법들을 사용하는 **방법 다양성**이다.

제1부

정신역동 접근

무의식의 세계를 탐구하기 때문에 정신역동 이론들을 심층심리학이라 부르기도 한다. Sigmund Freud는 정신분석 이론(2장)에서 성과 공격 추동, 어린시절 경험, 개인과 사회의 갈등을 중요시하였다. 그의 추종자였다가 그의 추동 이론, 결정론 등을 거부한 많은 학자들 중에서 Alfred Adler의 개인심리학과 Carl Jung의 분석심리학을 3장에서 소개한다. Adler는 열등감과 그 보상의 작용을 서술하였고, Jung은 집단적 무의식과 원형들을 '발견'하였다.

'임상적 전통' 성격이론들의 전형이 되는 정신역동 이론들은 학문적 심리학의 주류에 받아들여지지 못했다. 그러나 이미 1930년대에 Henry Murray는 학문적 심리학의 과학적 방법론을 가지고 '성격탐색'을 하며 정신역동 개념과 가정들을 검증하였다. 4장에서 그의 팀이 정신분석 이론에 대해 내린 결론들을 소개한 후, 애착을 중심으로 정신역동 이론들에 대한 다양한 경험적 연구들을 소개한다.

제 2 장

Freud의 정신분석학

'정신역동'(psychodynamics)에서 '역동'(力動, '역학'이라고도 한다)은 말 그대로 힘과 움직임을 뜻한다. 인간의 생각, 감정, 행동이 여러 '힘'—동기, 충동, 욕구 등—들이 움직인 결과라는 것이다. 이 장에서는 정신역동 이론의 '원조'인 Sigmund Freud(1856–1939)의 정신분석 이론을 소개한다. 이 이론은 발표된 당시부터 현재에 이르기까지 많은 논쟁을 일으켜 왔고, 정신의학이나 심리학에서만 아니라 다양한 인문·사회과학 분야들에서 큰 영향력을 행사해왔다. 그것이 서구 지성계에 준 충격은 코페르니쿠스의 지동설과 다윈의 진화론에 견줄 만하였다. 인간이 사는 지구가 우주의 중심이 아니라 태양을 중심으로 도는 위성에 지나지 않고, 신이 창조한 '만물의 영장'이 하등 동물로부터 진화했다더니, 이제 인간이 자기 자신의 마음·정신의 주인이 아니라는 것 아닌가!

정신분석 이론은 어느 성격이론보다도 복잡하고 포괄적이며, Freud 자신이 이론을 계속 수정·발전시켜 나갔다. 따라서 그의 인간관, 사회관, 과학관을 드러내주는 이론의 본질적 특성을 분명히 알고 공부하면 도움이 될 것이다.

이론의 특성

인간의 마음은 여러 힘들이 작용하는 **에너지 체계**이고, 이 정신역동 체계에서 모든 행동의 목표는 에너지의 방출, 긴장감소라고 할 수 있다. 많은 경우 여러 힘들이 동시에 움직이고, 어떤 것들이 꿈틀대는지 모르는 채 우리는 긴장이나 고통만 느낀다. 에너지가 방출되는 채널과 방식에 사회가 제약을 가하기도 한다. 따라서 개인들의 성격과 행동 밑에 깔린 원인들을 찾기가 매우 힘들지만, Freud는 자연세계뿐 아니라 인간의 정신생활에도 우연은 없다고 믿은 철두철미한 자연과학자였다.

Freud의 생애와 학문

Freud는 1856년 오스트리아에서 유태인으로 태어났다. 빈(비엔나) 의대에서 그는 저명한 생리학자 에른스트 브뤼케의 생리학 실험실에서 일했다. Freud가 평생 존경한 브뤼케는 인간을 물리학적 에너지 보존 법칙에 지배되는 역학적 생리체계로 보았다. 1885년 2월에 정교수 자격과정(Habilitation)을 마친 후 'Freud 교수'는 신경병리학 강사가 되고, 그해 가을 브뤼케의 추천으로 6개월간 장학금을 받고 프랑스 정신의학자 샤 샤르코(1825–93)가 있는 파리 살페트리에 정신병원에 갔다. 1886년 빈으로 돌아와 정신과 개업을 한 후 결혼했고 딸, 아들을 세 명씩 두었다. 후에 정신분석학자로서 그의 대를 이은 자녀는 막내딸 Anna였다.

'정신분석'이라는 이름은 1896년에 나왔다. 빈의 의사 J. Breuer와의 공동연구로 출발한 정신분석 이론의 탄생 역사를 글상자 2-1에 소개하였다. Freud는 그에게서 최면과 **정화**(카타르시스) 기법을 배웠다. 환자가 병의 원인이 되는 사건을 기억해내면서 상세히 진술하고 감정들을 말로 표현하게 되면 증상이 없어졌는데, 그 기억들은 20여 년이 지나도 놀랄 만큼 생생하고 완전하게 그리고 강한 감정을 그대로 유지한 채 남아있었다. 그러나 억압 이론이 나오면서 치료의 목적은 감정정화가 아니라 억압된 것 찾아내기가 되었다. Freud는 '꿈의 해석'(1900)에서 자신의 이론을 내놓기 시작했다. 처음 8년 동안 책이 600부밖에 팔리지 않았는데도 추종자들이 생겨났고, 1902년에 생긴 정신분석 모임에 많은 이들이 참여했다.

글상자 2-1

정신분석의 탄생

걸인, 성매매여성, 광인 등을 수용하는 거대한 살페트리에 정신병원에서 샤르코는 무대 위에서 히스테리 환자들(주로 젊은 여성)의 발작을 관객들에게 보여주고, 최면암시에 의해 마비와 수축을 없애거나 만들어냈다(Freud, 1925/97). 관찰과 기술, 분류를 강조하고 환자의 내면생활에는 관심이 없었던 샤르코와 달리 피에르 자네와 Freud 같은 학자들은 환자들의 이야기를 듣고 히스테리의 원인을 찾아내려 하였다. 그들이 찾아낸 원인은 '심리적 외상'이었다. Freud는 Breuer와의 공동 작업에서 이 결론에 도달하였다.

Breuer는 이미 1880년부터 약 3년에 걸쳐 젊은 히스테리 환자 안나(Anna) O.를 최면암시에 의해 치료한 바 있다. 안나는 매우 총명하고 정열적이고 고집 센 사람이었으나, 단조로운 생활 속에서 스스로 '개인극장'이라 부른 백일몽에 자주 빠졌다(Freud, 1895/1997). 사랑하는 아버지가 병에 걸렸을 때 어머니와 같이 간호를 맡았는데, 이 때 생긴 백일몽은 기이한 언어장애, 시력장애, 마비 등의 다양한 증상들로 옮겨갔다. 최면을 건 후 증상의 배경에 관한 이야기를 듣는 방법을 Breuer는 '감정정화'(카타르시스)라 불렀고, 안나는 '말하기 치료'(talking cure) 또는 '굴뚝 청소'(chimney-sweeping)라 불렀다 한다. 증상들의 배경에는 병든 아버지를 간호할 때 겪은 체험들이 있었다.

Freud는 스스로 히스테리 환자들에게 최면법을 사용하였고, 1895년 Breuer와 같이 '히스테리 연구'를 출판했다(1895/1997). 최면은 감정정화에 큰 도움이 되었지만, 문제가 있는 방법이었다. 환자들이 모두 최면이 걸리지는 않았고, 원한 만큼 깊은 최면도 드물었으며, 치료효과가 지속적이지 않은 경우가 많았다. 특히 관계가 나빠지면 갑자기 긍정적 결과가 사라졌다. 최면기술을 연마해야 하겠다는 생각도 했었지만, Freud는 결국 그 방법을 포기하기에 이르렀다. 최면에서 깨어나면 최면상태에서 있었던 일을 기억하지 못하는데, (본인은 의식 못하지만) 알고 있는 것을 최면 없이 이야기하도록 이끄는 방법을 택한 것이다. 심리적 외상과 관계있는 내용을 기억하지 못하게 막는 그 무엇이 있다는(저항) 생각은 결국 무의식과 억압 이론을 가져왔다. 정신분석이 탄생한 것이다. 신경증 증상이란 억압된 충동이 표현과 대리충족의 길을 찾는 타협의 결과라 생각되었다.

Breuer의 생리적 이론('최면성 히스테리')에 맞서 Freud는 역동적 이론('방어적 신경증')을 내놓고, 나아가 그냥 감정흥분이 아니라 성흥분이 배후에 있다는 생각을 하게 되었다. 즉, 중요한 것은 성욕의 억압이었다. 유아기 '성경험'을 탐색하며 그는 대다수 환자들에게서 유아기에 성인에게 '성적 유혹'[1]을 당했었다는 이야기를 들었다. 여성의 경우 유혹자는 언제나 아버지였다. 신경증을 불러오는 심리적 외상을 발견했다고 믿었지만, 그는 얼마 지나지 않아 유혹론을 포기한다("나의 연구 전체에 곧 치명적인 결과를 가져올 수도 있었던 오류," 1925/97, p. 44). 아버지나 그 형제, 오빠 등과의 관계가 몇 년씩 지속된 사례들도 없지 않았지만, Freud는 이러한 유혹들이 실제로 일어났기보다 환자들이 지어낸 이야기라고 믿게 되었고, 현실경험보다 무의식적 소망과 공상을 중시하게 된다. 아버지의 '유혹'이 실은 딸의 상상이었다는 결론은 외디푸스 콤플렉스의 발견으로 이어졌다. 후기에 이르기까지 이 콤플렉스는 중요한 이론적 지위를 유지한다.

---

1) '유혹'은 통상 동등하거나 약자의 지위에서 한다. 다섯 살짜리 딸이 엄마 옷을 걸치고 (립스틱까지 바르고!) 아빠를 '유혹'할 수 있을지 모르지만, 아빠는 어린 딸을 '유혹'하기보다는 협박, 강제, 회유한다. 마찬가지로

1909년 Freud는 '미국의 Wundt'라고 하는 심리학자 스탠리 홀의 초청으로 미국 매사추세츠의 클라크 대학에서 1주일 동안 강의를 하였다. [당시까지도 '왕세자'였던 Jung도 동반하였다.[2]] 이제 그는 환자들이 줄을 설 만큼 충분한 명성을 얻었지만, 저축한 재산을 1차대전에서 잃는가 하면, 1920년에는 딸 하나가 26세로 죽었다. 전쟁에 나가 있는 두 아들의 목숨에 대한 걱정도 컸을 것이다. 이 와중에서 그는 1920년(64세)에 삶추동(에로스)에 반대되는 죽음추동의 이론을 내놓았다. 1930년대 反유태인 감정의 고조도 그의 비관론이 깊어지게 만들었다. 박해를 견디다 못해 그는 1938년 82세 나이에 가족과 함께 런던으로 망명하였으나, 다음해 9월(2차대전이 터진 3주 뒤) 세상을 떠났다. 우리 대부분은 번역을 통해 그의 글을 접하는데, Freud의 글은 번역이 어렵다는 문제를 안고 있다(글상자 2-2).

글상자 2-2

Freud 글의 번역 문제

정신분석학이 안고 있는 문제 중 하나는 Freud 글이 번역하기 어렵다는 것이다(윤순임, 1995). 독일어 텍스트가 영어로 번역되는 과정에서 낯익은 일상어가 낯설고 유식한 라틴어로 둔갑하였고, 우리는 영문 번역 텍스트의 우리말 번역을 통해 이론을 접하게 되었다. 서구 학자들 — 특히 Freud를 처음 영역한 사람들은 의사들이었다 — 이 학술용어는 라틴어 어원이라야 한다고 생각한 것처럼, 우리도 학술용어가 한자어라야 된다고 생각하는 경향이 있다(그래서 '마음'이 아니라 '정신'/'심리'여야 하고, '즐거움'이 아니라 '쾌락'인 것이다). 정신분석만 그러한 것은 아니지만 우리말 용어들은 일본식 한자어가 많으므로, Freud 글을 우리 자신의 이야기가 아니라 어렵고 추상적인 '학문'으로만 받아들이게 된다. 몇 가지 기본 용어들에서 이 문제를 생각해보자.

정신(Psyche, Seele) '정신분석'은 "Psyche"와 "Analyse"(analysis)의 복합어이다. 그리스 신화에서 '프시케'는 복합적이고 깊은 '마음'을 가리키는 은유로 이해된다. 이에 상응하는 독일어 "Seele"와 그 형용사형 "seelisch"는 Freud가 저술 전체에서 가장 많이 쓰는 말이라고 한다. 이것이 영어로는 "mind"로 번역되어 마치 독일어의 "Geist"(정신)를 뜻하는 것처럼 되었다.

'근친상간'이라는 말도 적절치 않다. 성인 남성과 어린 딸이 '서로' 뭘 한다는 말인가. '근친강간', '근친 성학대', '친족 성폭력'이라는 말이 맞다. Freud가 이 맥락에서 '유혹'이라는 말을 썼다는 자체가 그가 성별의 벽을 넘지 못했음을 말해준다. 근친 성폭력은 예나 지금이나 동서양에서 많이 저질러지고 있다(Herman, 1981/2010, 1997/2007; 한국성폭력상담소 부설 열림터, 2007).

2) 유럽에서 고립·천대받는다고 느낀 Freud에게 '신세계' 방문은 자신감을 더해주었고, 이후 정신분석은 미국에서 영향력을 잃지 않았다(Freud, 1925/97). 1924년 Freud가 '타임'지 표지에 나올 정도였다. 그러나 '본토'에서는 1911년과 1913년에 Adler와 Jung이 진영에서 이탈하였다.

프시케나 Seele는 정신/머리라기보다는 마음/가슴이다. '정신분석'보다는 '심리분석'이 더 맞는 말이다.

추동(Trieb) 추동(推動)은 사람이나 동물을 어떤 곳으로 (내)몰다, 어떤 상태로 또는 어떤 행위를 하도록 몰아간다는 뜻의 동사 "treiben"의 명사이다. 식물의 싹도 (안에서 솟아 나오므로) Trieb이라 한다. 영어번역에서 이 말은 라틴어인 "instinct"가 되었다. '본능'은 고정된 '생득적 행동쉐마'이지만, '추동'은 "에너지와 운동적 특성을 가진 유기체의 역동적 과정"(윤순임, 1995, p.15)을 의미한다. Freud는 '본능' 개념을 동물에게만 적용하였다고 한다. 동물의 본능은 개인차가 적고 목표 달성에도 비교적 장애가 적지만, '추동' 표현에는 갈등과 결핍, 무의식적 방어와 보상이 따라온다.

원초아(Es), 자아(Ich), 초자아(Über-Ich) 독일어에서 앞의 둘은 각각 삼인칭('그것')과 일인칭 대명사('나')이며, Über-Ich는 '나'의 '위'(over)에 있다는 뜻으로 Freud가 만들어낸 말이다. 이 말들도 영어 번역에서 라틴어인 id, ego, superego가 되고, 우리말 또는 일본식 한자로는 원초아, 자아, 초자아라는 유식하고 근엄한 단어들이 되었다.

즐거움(Lust) 통상 '쾌락(pleasure)'으로 번역되는 'Lust'는 독일에서 매우 일상적인 말이다. 가령 친구에게 "영화 보러 갈까?"나 "맥주 마실래?"라고 물을 때 이 말이 들어간다("Lust 있어?"). 연인/배우자에게 "네게 Lust가 있어"(같이 자고 싶어)라고 말하기도 하지만, 일반적으로 '무엇을 하고 싶은 마음'인 것이다. 같은 철자의 영어 단어처럼 '진한' 욕망이 아니고, 일상에서 입에 담기 민망한 '쾌락'도 아니다. 형용사형(lustig)은 '명랑한', '유쾌한'(사람), '재미있는'(파티 따위)을 뜻한다. '즐거움'이라는 말이 밍밍하지만 '쾌락'보다는 낫다.

에너지 체계와 역학

Freud 이론에서 인간은 한정된 양의 에너지를 가진 닫힌 체계이기 때문에, 밖에서 에너지가 추가될 수도 없거니와 기존의 에너지가 없어지지도 않는다. 물리학에서 배운 '열량 보존 법칙'을 생각하면 이해가 될 것이다.

추동과 긴장감소 욕구들은 추동(Trieb, drive—일상어인 '충동'과 섞어 쓰기로 한다)에서 나온다. 추동이란 신체적이면서도 심리적인 경계선적 개념이다. 몸에서, 예컨대 호르몬이나 특정한 신체영역들(나중에 나올 '성감대')에서 나오는 흥분상태들이 마음에 작용하여 감정(불안, 증오 등)이나 생각(예, 무서운 아버지)으로 경험되는 것이다. 추동에는 출처와 더불어 목표와 대상이 있다. 긴장·흥분을 없애는 것이 *목표*라서 추동은 "어느 한

정해진 방향으로 밀고 가는 특정한 에너지의 양"(Freud, 1917/2000, p. 530)이라고 할 수 있다. *대상*은 자기 몸일 수도 있지만, 보통 외적 대상이 끼어들어 추동의 외적 목표가 된다. 그러나 언제나 추동의 목표는 (충족을 주는) 신체변화, 즉 **긴장감소**이다. 배고플 때 밥을 먹으면, 흥분했을 때 성욕을 '해소'하면 기분이 좋고, 화날 때 공격을 하면 '분이 풀린'다.

긴장의 증가는 싫고(Unlust) 감소는 좋다(Lust)고 느껴진다. 욕구충족 또는 긴장감소라는 목표에 직접 도달하지 못하면 추동은 *우회*해서라도 목표를 이루려고 한다. 그에는 여러 가지 길이 있다. 우선 충족시키는 방식이나 대상이 바뀔 수 있다. 충족 *방식*이 바뀌면 능동성이 수동성으로, 예컨대 괴롭히고 싶은 (가학)충동이 수동적으로 당하려는 (피학)충동으로, 또는 훔쳐보고 싶은 욕망이 내보이려는 노출충동으로 바뀐다. *대상*이 달라져도 비슷한 결과가 나온다. 타인을 해치거나 괴롭히고 싶은데 자신을 괴롭히고, 남의 성기를 훔쳐보고 싶은데 자기 것을 내보이는 것이다. 욕구충족 목표가 차단된 추동들이 가는 나머지 두 가지의 길은 **억압**과 **승화**이다. 이 두 과정은 뒤에 '자아방어'에서 논의될 것이다.

에너지의 양이 제한되어 있기 때문에 어느 한 대상이나 활동에 에너지가 많이 붙을수록 다른 데 갈 에너지는 적어진다. 한 젊은이가 언제나 애인 생각을 하고 있다면 다른 것들(가령, 성격심리학 리포트)을 하기가 힘들 것이다. 좋아하는 마음을 표현한다면 그 에너지가 방출되는 것이지만—그때 그는 행복감을 느낀다—그것을 못하면 내면에 긴장이 쌓이게 된다. 이 긴장은 불쾌함이나 고통으로 체험되고, 이 상태가 지속되면 물이 가득찬 물탱크의 수압이 높아지듯 마음속 긴장이나 압력이 더 커진다. 수위가 계속 올라가면 가장 약한 데서 벽이나 파이프가 터지듯 에너지 체계 자체가 부분적 또는 전체적 붕괴를 맞는다('뚜껑이 열린다', '돌아버린다').

갈 등 추동들이 직접 긴장감소로 가지 못하는 것은 일차적으로 개인과 사회의 갈등 때문이다. 특히 성·공격 추동은 사회의 규범과 목표들에 일치하도록 대상이나 방식을 바꾸어야 한다. 대부분의 문명사회들이 유독 이 두 종류 추동의 직접적인 또는 완전한 표현을 허용하지 않기 때문이다. (공식적 규범상) 결혼한 부부 사이의 성관계만 합법적이며, 가정과 학교에서 폭력을 쓰면 어떤 형태로든 징계가 따른다. Freud는 학문과 예술이, 도덕과 종교가, 사실상 문화 전체가 성·공격 에너지가 '승화'된 결과라 보았다. 개인과 사회의 갈등은 문화 발전을 가져오는 긍정적 측면이 있지만, 개인들은 이에 대해 고통과 불행, 나아가 신경증이라는 값을 치른다.

개인의 인생에서 '사회'는 처음에 그리고 아동기 내내 주로 부모가 대리·대표한다. 충동들의 직접적 표현과 완전한 충족을 요구하는 '동물'을 길들여 '사람 만드는' 것이 사실상 '교육', '사회화'이다. 아이는 보살펴주는 부모(대부분의 경우 엄마)를 사랑하지만, 부모는 아이의 욕구표현과 충족을 좌절(금지, 처벌 등)시키기도 한다. 그에 대한 자연스러운 반응인 분노를 표현하면 큰 징계가 따라온다. 최악의 경우 부모는 아이를 버릴 수 있다. 여기서 정신역학적 갈등이 나온다. 같은 대상에게 동시에 사랑과 공포와 미움을 느끼며, 사랑은 표현해도 좋지만 미움은 억눌러야 한다. 우리는 평생 이런 갈등 속에 살며, 사랑하면서 동시에 경멸·증오하고, 미워하면서 매달리고, 간절하게 원하면서 동시에 피하고 도망치고 싶다. '내 마음 나도 모르는' 것이다.

뒤에서 보게 되듯이 내적 갈등은 '그것', '나', '윗나'라는 우리 마음속 세 구조 간의 갈등으로 표현되기도 한다. 현실의 제약과 요구들 앞에서, 그리고 서로 모순되는 여러 욕구들 사이에서 '나'는 갈등을 견디고 **타협**을 하는 수밖에 없다. 사회의 제약들을 따라가면서 '위험한' 충동들을 간접적·부분적으로 표현하거나 대리 충족시키며(이 타협의 한 가지 결과가 '증상'이다), 어떤 욕구들을 충족시킬 때 다른 욕구는 억누르는 것이다. 이 억압의 결과 우리는 그 '다른' 욕구를 의식조차 못하면서도 불행해진다. Freud는 비관론자로서, 행복한 순간들은 있을지언정 인간이 완전하게 또 지속적으로 행복할 수는 없다고 믿었다.

결 정 론

모든 행동은 그 사람 안의 어떤 힘(들)에 의해 결정된다. 모든 생각·감정·행동에는 원인이 있으며 우연이란 없다. 아무리 하찮은 행동이라 해도 밑에 깔린 심리적 요인들은 복잡할 수가 있다. 말이 헛나오고 약속을 잊어버리고 물건을 놓고 다니거나 잃어버리는 등은 일상생활에서 '그냥' 일어나는 일들이므로 별 의미를 부여하거나 찾아낼 가치가 없다고 여겨진다. Freud는 자기 자신이나 주위사람들에게서 관찰한 이런 실언, 실수, 사고들('일상생활의 정신병리')의 원인과 의미를 찾으려고 끈질기게 노력하였다. 하찮은 실책이나 우발적 사고들에도 복잡한 심층적 원인이 있다면, 우리의 성격특성, 태도, 습관, 직업 선택, 친구나 배우자 선택, 몸과 마음에 나타나는 이런저런 증상들이 '그냥' 나오는 결과일 리는 없다.

결정론적 사고의 또 다른 측면은, 어린시절 경험들에 의해 성격이 결정되어 더 이상 본질적으로 변하지 않는다는 것이다. 부모와 가정의 영향력이 막강한 이 시기의 사건과 경험들은 대부분의 성인들에게 극히 단편적으로만 기억에 남아 있다. 나의 성격과 내 삶의 길—직업, 결혼, 정신질환 등—이 내가 기억도 못하는 시절에 이미 정해졌다면 나의 자유의지가 작용할 여지는 없다는 것이다. 이 역시 비관론을 밑에 깔고 있는 주장이다.

결론적으로, 정신분석적 인간관에 따르면 인간은 다른 동물들처럼 충동들에 의해 움직여지며 즐거움을 추구한다. 인간은 에너지 체계로 작용하며, 우리가 모르는 에너지와 힘들이 우리의 생각·감정·행동, 성격과 삶을 결정한다. 이 힘들이, 특히 성·공격 충동이 의식에서 추방되는 이유는 그것들의 표현이 가정과 사회에서 제지받기 때문이다. 앞 장에서 TV폭력과 공격행동의 관계를 논의했지만, 정신분석적 관점에서 흥미로운 질문은 왜 폭력(영화, 게임 등)이 대중에게 그토록 어필하느냐 하는 것이다(Westen, Gabbard, & Ortigo, 2008, p. 86). 어린 소년들까지도 쉽게 중독되는 포르노는 또 어떤가? 영상매체와 게임들의 검열이 문제될 때 내용은 주로 섹스와 공격(폭력) 범주에 들어간다.

성격의 구조

서구 계몽주의는 신의 섭리가 아니라 (계몽된) 주체들의 이성적 사고와 행위가 세계를 지탱한다고 부르짖으면서 과학의 발달을 가져왔다. Freud는 이 '계몽'에 두 번째 의미를 보탰다. 바로 인간의 동물성에 대한 깨달음이다. 인간은 이성적 존재이면서 동시에 갈망과 결핍에 시달리는 동물인 것이다. 정신분석 이론이 나치 독일에게 박해를 받은 것은 일차적으로 '퇴폐적' 인간상을 제시했기 때문이었다. [나치 독일은 많은 표현주의 예술가들도 '퇴폐'로 몰아 작품을 불태우고 창작 활동을 금지하였다.] 정신분석 이론은 억압된 것, 무의식과 (성·공격)추동의 발견에서 시작하여 저항·억압하는 구조들의 발견으로 이어졌다.

무의식과 추동

의식세계가 빙산의 일각이며 안 보이는 물 밑 세계가 훨씬 크다는 주장은 오늘날에도 적을 만들기 쉬운 주장이다. 우리 집이 어떻게 생겼느냐고 묻는 사람에게 집의 구조를 이야기해주었는데 그가 "그게 전부냐?" "네가 모르는 방들, 또 지하실이나 이층이 있는 것이 아니냐?"고 반문한다 하자. 아마도 "내가 사는 집을 내가 모른다는 말이냐?" 하며 벌컥 화를 낼 것이다. 무의식이 존재하기 때문에 "내 집(마음)을 내가 모르"는 것이다.

무의식의 본질 Freud는 처음에 인간의 마음속에는 의식, 전의식, 무의식의 세 층이 있다는 지형(topographic) 모델을 내놓았다. **의식**은 우리가 어느 주어진 순간에 의식하는 현상들을 말하고, **전의식**은 주의를 기울여 잘 생각하면 알게 되는 현상들을 말한다. 가장 큰 영역인 **무의식**은 우리 속에 존재하는지 전혀 알지 못하는 세계이다. 이 모델은

'꿈의 해석'에서 처음 완전한 형태로 제시되었다. 우리가 기억하는 꿈(manifest dream, '꿈 내용') 밑에는 무의식적 의미 내지 소망(latent dream, '꿈 생각')이 숨어있다.

무의식에는 불가능한 것이 없다. 논리도 없고 시간과 공간도 무시한다. 무의식 작용이 가장 분명한 것은 *꿈*이다. 꿈속에서는 서로 다른 시기의 인물과 사건들이 공존하고, 큰 것들이 작아지고 작은 것들이 커지며 서로 다른 인물·장소들이 합해진다. 현실에서는 인사도 안 하고 지내는 사람과 꿈속에서는 얘기를 하는데 그가 어느 순간 아버지가 되고, 돌아가신 아버지와 같이 학교에 가고, 내가 다닌 초등학교 교문으로 들어가니 중학교 때의 교실이 나오고, 나는 어느새 초등학교 신입생이 되어 있다. 또 꿈은 *상징*들의 세계로서, 많은 생각들이 한 단어나 그림에 농축되고, 어느 대상의 한 부분이 많은 것들을 대표한다[글상자 2-3을 보라].

글상자 2-3

꿈 — 무의식으로 가는 왕도

우리는 매일 밤 꿈을 꾸지만 대부분을 잊어버리고, 기억나는 단편들에도 거의 의미를 부여하지 않는다. Freud에게 꿈은 무의식을 인식하기 위한 '왕도'(王道)였다. 잠잘 때는 의식과 자아의 활동이 아주 약해지기 때문에 무의식의 내용들이 표현될 수 있는 것이다. '시시한 꿈'('개꿈')은 없다. 꿈은 결코 (잠을 방해하지 않을) 사소한 것들을 상대하지 않는다(Freud, 1900/2000, p. 195). 또, '나'의 소망을 충족시킨다는 점에서 꿈들은 언제나 절대적으로 이기적이다.

꿈은 왜 꾸는 것일까? 꿈은 두 가지 과제를 수행한다. 하나는 소망충족(wish fulfillment)이고, 다른 하나는 잠을 지키는 기능이다. 좌절되었거나 억압된 소망들을 충족시키고, 또한 꿈 덕분에 깨어나지 않고 계속 잔다는 것이다. 소망·충동이 꿈 생산 에너지를 조달한다면, 꿈의 '원료'는 잠잘 때의 자극들(방의 온도, 소음 등), 전날 또는 최근의 경험들, 아주 어릴 때의 사건들, 신체적 과정들이다. 자명종 소리는 꿈에서 아침 예배를 알리는 교회 종소리이기도 하고, 부엌에서 그릇 깨지는 소리이기도 하다(일어날 필요가 없다). 남들 앞에서 옷을 벗었거나 속옷 바람이라 당황하는 꿈, 가까운 사람이 죽는 꿈, 시험 보는 꿈은 거의 누구나 꾸는 흔한 내용들이다. 나체 꿈에서는 노출하고 싶은 소망이, 죽음의 꿈에서는 부모나 형제가 죽었으면 하는 소망이 충족되고, 시험 꿈은 자기비판("잘 못했어!")이나 위안("이제 다 끝났어")을 표현한다고 할 수 있으나, 꿈을 기계적으로 해석하는 것은 정확하지 않을 때가 많다.

대부분의 꿈들은 '꿈 작업'(dream work, Traumarbeit)의 결과이다. 잠잘 때에도 자아는 원초아 요구들의 표현과 충족을 '검열'하며, 이 때문에 우리가 꿈(manifest dream)을 이해하지 못하는 것이다. 성·공격 추동에서 나오는 욕구들이 가장 심한 검열을 받기 때문에 가장 크게 왜곡

표현된다. 가령 아버지가 죽었으면 하는데 꿈에서 아버지가 여행을 떠나거나 낯선 남자가 죽는다. 성·공격 욕구들은 많은 경우 상징을 통해서 표현·충족된다. 탑, 발, 펜, 가위 같은 물건들은 남성 성기를, 동굴, 그릇, 극장, 방 등은 여성 성기를 상징하고 계단 오르기, 차에 치임, 공간에 들어가기는 성교를 상징한다고 한다. Freud는 동화와 신화, 농담, 속담, 시와 속어 표현들 등에서 이 상징들을 발견했다.

왜 우리 안에는 알지 못하는 감정, 생각, 동기들이 이렇게 많이 들어있는가? 이들은 만약 의식된다면 위험하거나 괴롭기 때문에 의식에서 추방되었다. 즉, *동기화된 무의식*(motivated unconscious)인 것인데, '동기'는 물론 '사회'(를 대신하는 부모)로부터 나온다. 부모는 아이의 욕구를 충족시켜주기도 하지만 어떤 욕구들은 표현을 막는다. 어린아이도 배고픔은 표현해도 되지만 (예컨대 엄마나 동생에 대한) 미움을 표현하면 안 된다는 것을 안다. 부모의 사랑과 보호를 포기할 수 없기 때문에 부모가 싫어하거나 징벌하는 생각·감정·욕구들은 점차 의식에서 밀려나게 된다. 이러한 과정을 **억압**이라고 부른다.

억압된 욕망·감정들이 영원히 사라지는 것은 아니다. 사라지기는커녕 그들은 계속해서 우리의 행동에 영향을 미치며, 우리는 자신의 행동을 그럴싸하게 설명하지만 사실 무지하다. 무의식 내용은 말실수, 착각, '정신 나간' 행동 등에서 표현된다. 즉, '속마음'이 불시에 튀어나와 우리의 일상을 휘젓는 것이다. 무의식은 그냥 의식되지 않을 뿐 아니라 나름의 소원충동들, 나름의 표현방식, 독특한 심리기제들을 가진 특별한 마음 영역이다(Freud, 1916/2000). 정신분석이란 바로 그러한 무의식적 영향을 탐색하는 방법이다.

성과 공격 추동 Freud는 히스테리 증상을 이해하려고 노력하면서 정신분석 이론을 발전시켰다. 히스테리란 심리적인 외상이나 갈등이 신체적 증상(마비, 통증 등)으로 전환되어 나타나는, 특히 여자들에게 많았던 신경증이다. Freud는 성적 욕구와 충동의 억압이 그 수수께끼 같은 증상들의, 나아가 모든 신경증의 원인이며, 그 억압의 뿌리는 어릴 때의 욕망과 좌절, 갈등에 있다고 확신하게 되었다. 나아가 그는 유아들에게도 이미 성적 욕구와 충족이 있다고 주장하였다('유아 성욕', infantile sexuality). 그는 *성추동*(sexual drive)과 *생식추동*(genital drive)을 구별하였다. 후자는 사춘기에 성적 성숙과 함께 생겨나지만, 전자는 출생 직후부터 나타난다. 일차적으로 성은 몸을 자극하여 즐거움을 얻는 활동이며, 번식에 봉사하는 목적은 이차적이다. 성충동을 생식기능과 떼어서 생각하면 동성애자와 '도착성욕자'(노출증 등 '변태')에게도 성생활을 인정하게 된다. 우리의 삶에 그토록 큰 영향을 미치는 성충동을 Freud는 에로스 또는 **리비도**(Libido)라는 에너지 개념으로 설명했다.

초기에는 자아추동(자기보존 경향)과 성추동(종족보존 경향)이 구별되었으나, 후기에는 이 둘이 **삶추동** 아래 들어가고, 그 반대편에 **죽음추동**이 들어갔다. 삶과 사랑뿐 아니라 죽음/공격과 파괴가 — 사랑의 좌절에 대한 반응이 아니라 — 인간성의 본질적인 부분이라는 것이다. 죽음추동의 궁극목표는 "살아 있는 것을 무기물 상태로 가져가는 것"이다. 사랑(성)과 죽음(파괴)의 두 추동은 어디서나 같이 나타난다. 먹는 행위는 생명을 유지한다는 목표를 가지고 객체(음식물)를 파괴하는 것이며, 성행위는 극한의 친밀·통일을 위한 공격이라 할 수 있다. 뜨거운 사랑에도 파괴추동이 섞이며, 극한적 공격에도 에로스가 섞인다. 인간성과 그 장래에 대한 비관론을 보여주는 죽음추동 개념은 정신분석 이론에서 가장 논란이 많고 수용되지 않는 부분에 속한다.

성격의 구조

인간의 마음이 의식, 전의식, 무의식의 층으로 갈라져 있다는 지형 모델은 나중에 원초아('그것'), 자아('나'), 초자아('윗나')라는 삼중 구조설로 옮겨갔다. Freud(1953)는 심리기구라는 말을 썼는데, 마음을 망원경이나 현미경같이 여러 부속으로 구성된 기구로 본 것이다. 세 '부속' 중 원초아는 완전히 무의식의 영역에 있고, 자아는 매우 한정된 의식세계의 중심이다(그림 2-1). 초자아는 상당 부분이, 자아도 어느 정도는 의식되지 않는다.

원 초 아 원초적 자아 또는 자아의 원초라는 뜻의 이 한자 조어는 원어로는 '그것'이라는 독일어 삼인칭 대명사이다(글상자 2-2 참조). [우리말 문헌에서 이 용어는 영어 번

그림 2-1 성격의 세 구조와 의식의 층

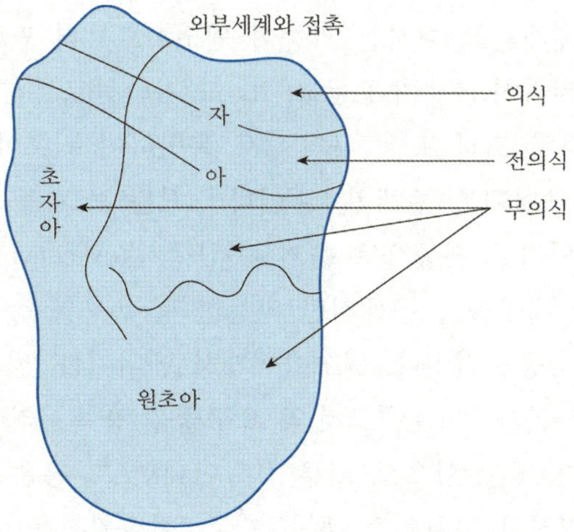

역대로 '이드'(id, 사실은 라틴어)라고도 쓰고 '원욕'이라고 번역하기도 한다. '거시기'라고 번역한 책도 보았는데, '그것'에 가장 가깝다고 하겠다.] '그것'은 생물학적으로 타고난, 특히 신체기능이나 구조에서 나오는 추동들을 말하고, *성·공격* 추동들이 성격과 삶에서 중요한 역할을 한다. 모든 추동 에너지가 '그것'에서 나온다. 현실과 접촉이 없으므로 진정하게 '심리적' 현실이라고 할 수 있는 원초아는 **즐거움 원칙**을 따르며 일차과정적으로 기능한다. 선악, 도덕도 모르고 추동흥분들의 배출을 요구할 뿐이다.

아기가 배고파서 울다가 젖을 먹고 나면 웃는 것처럼, 충동들이 만들어내는 긴장이 해소될 때 기분이 좋아지고 행복해진다. **일차과정**이란 욕구충족의 방식이면서 사고의 양식이다. 일차과정적 *욕구충족*은 즉각적인 대신 대상이나 방법이 유동적이다. 배고픈 아기는 엄마가 자기 앞에서 우유를 타고 있는데도 울어대지만, 엄마가 빈 젖꼭지('공갈 젖꼭지')를 물려주면 그친다. 자기 손가락을 빨면서 울음을 그치기도 한다. 물론 빈 젖꼭지나 손가락에서 젖이 나오는 것이 아니므로 아기는 곧 다시 운다. 우리 어른들도 배가 고플 때 뜨거운 밥, 맛있는 빵 등을 눈앞에 그리며 일차과정적 욕구충족을 한다. 일차과정적 *사고*양식은 비합리적이고, 시각적 심상에 의존하며, 시간 의식이 없다. 꿈 사고가 바로 이러한 양식이다. 우리는 오줌 마려울 때 꿈에서 화장실에 가지만(즉각적 욕구충족, 유동적 대상·방법), 결국은 방광이 터지기 전에 일어난다. 일차과정적 사고는 꿈에서, 정신병(정신분열증 등) 환자의 알아듣기 어려운 횡설수설에서 볼 수 있다.

갓 태어나서는 '세상'과 '나'가 분리되지 않았지만, 결국 욕구를 충족시켜주는 것은 바깥세상에 있는 대상(엄마 젖가슴이나 젖병)이며, 필요할 때 이것들이 눈앞에 없을 수도 있다는 것을 아기는 배우게 된다. 엄마가, 나아가 바깥세상 전체가 '나'와 분리된 별개의 존재나 세계라는 것을 깨달으면서 욕구좌절을 참고 뒤에 올 충족을 기다리는 능력이 발달한다.

자 아 현실세계를 상대하는 기능이 원초아로부터 떨어져 나간 것이 '나', 자아이다. 현실의 자극을 지각하고(보거나 듣고) 또 그 자극들로부터 유기체를 보호하는 기능을 맡는 부분이 독자적인 조직 또는 '구역'으로 독립하여 원초아와 바깥세계를 중재한다. 동시에 '나'는 남들과 구별되는 주체인 '나'이다. '나'는 보고 들으며, 기억하고 감정을 느끼며 판단을 내리고, 의지를 행동으로 옮기는 '집행자'(executive)이다. 욕구충족과 긴장해소는 결국 현실세계의 대상들을 통해서만 가능한데, 욕구를 충족시키기 위한 **현실검증**과 더불어 '나'의 과제는 충동조절이다. 원초아에게서 에너지를 '빌려'오지만 자아는 점점 그것에 대항하는 세력이 된다. '나'는 '그것'의 요구들을 충족시켜야 할지 말지를 결정하고, 이 충족을 적당한 시간 및 상황으로 미루거나 아니면 그 흥분을 아예 억누른다.

'그것'의 즐거움 원칙과 일차과정 대신, '나'는 현실원칙을 따르고 이차과정적으로 기능한다. **이차과정**은 욕구충족을 뒤로 미룰 수 있는 대신 특정한 대상과 방법을 고집한다. 이를 위해 '나'는 기억, 지각 및 인지 기술들을 발달시키고, 장기적으로 볼 때 무엇이 좋은가를 판단하고, 분석적·추상적·논리적으로 사고·추리한다(이차과정적 사고). 두 과정은 질적으로 확실히 구분되기보다는 정도의 차이만 있고 또 흔히 같이 작용한다. 배가 고플 때 우리는 먹을 것을 그리며 침을 삼키면서(일차과정) 동시에 먹을 게 있는지 찾아보거나 재료를 사다가 만들기도 한다(이차과정). 마찬가지로, 현실에서 문제에 부딪칠 때 상황을 분석하고 대책을 궁리하면서도 문제가 저절로 해결된다고 믿어보기도 한다.

사회적 동물로서 인간은 내적, 물리적 현실의 제약들뿐 아니라 사회의 규범과 제약들도 인식하고 다룰 줄 알아야 한다. 나아가 외부에서 지시·감시 또는 처벌하지 않아도 사회의 규범과 법들을 따라야 한다. 3, 4세경에 초자아가 형성되기 시작하면서 이러한 행동들이 나타난다.

초 자 아 자아가 원초아로부터 생겨나듯이, 초자아는 자아로부터 분리되어 '나'의 '위'에 있다. 오랜 아동기 이후에도 부모의 영향을 지속시키는 구조가 자아로부터 분화되어 독립하는 것이다. 부모의 개성뿐 아니라 부모가 이어가는 가족·민족 전통, 부모가 대표하는 당시의 사회적 환경의 요구들도 내면화된다. 시대와 환경이 크게 달라져도 사회규범과 전통이 변하기 힘든 이유가 여기 있다.

부모는 아이가 '착하게' 행동할 때 칭찬하며, '못되게' 굴 때 비난한다. 부모가 좋아하는 행동들은 **자아이상**의 형태로, 싫어하는 행동들은 **양심**의 형태로 내면화된다. 우리 속에 들어앉은 부모가 '착하다'고 칭찬할 때 우리는 자부심을 느끼고 행복해지며, '안 돼', '(넌) 나빠'라고 소리칠 때('양심의 소리') 죄책감을 느끼며 우울해진다. 초자아는 흔히 실제의 부모가 모범을 보여준 것보다 더 엄격하게 '나'와 '그것'을 감시하고 명령· 판결하며, 처벌을 위협한다. 이상과 완벽을 추구하는 초자아는 경직된 흑백 사고를 하고 용서가 없다. 어릴 때, 즉 아직 부모가 아주 커다란 존재였을 때 생겼을뿐더러 그 모델이 부모의 초자아였기 때문이다. 아이가 커가면서 부모를 다르게 평가하게 되지만, 이것이 자아에는 영향을 미칠지언정 초자아에는 더 이상 영향을 미치지 않는다(Freud, 1917/2000, p. 503).

'그것'처럼 '윗나'도 현실검증 능력이 없기 때문에 '나'를 실제 행위에 대해서뿐 아니라 생각이나 의도만 가지고도 칭찬하거나 질책한다. 그래서 우리는 '괜히' 기분 좋기도 하지만, 의식하지 못하는 '나쁜' 생각 때문에 '그냥' 우울해지기도 한다. 이 가책이란 사실은 부모의 비난과 애정상실에 대한 두려움이다. 정신분석학적으로 보면 우연히 일어나는 사고나 실패가 죄책감에서 비롯되는 (무의식적) 자기처벌일 수 있다.

원초아, 자아, 초자아의 관계 아기가 태어났을 때는 원초아만 존재하다가, 현실의 제약과 요구들에 직면하면서 자아가 발달한다. 마지막으로 우리 속에 부모·사회를 대리하는 구조로서 초자아가 생겨난다. 이 세 구조는 서로 엮여 있기 때문에 어느 것이 강해지면 다른 것이 약해진다. 현실도 도덕도 무시한 채 원하는 것은 무조건 즉시 가져야 하는 어린애 같은 사람이 있는가 하면, 현실논리만 따지며 계산 잘하고 이성적인 컴퓨터 같은 사람이 있다. 옳고 그름만 따지며 욕망도 없고 자기 이익도 초월한 성자 같은 사람도 있다. 이는 각각 원초아, 자아, 초자아가 다른 구조들에 비해 상대적으로 강한 경우들이 된다. 원초아와 자아만 기능하고 초자아는 발달하지 않은 사람을 생각해보라. 사기꾼, 조직폭력배 두목 같은 유능한 범죄자가 생각나지 않는가.

세 구조의 세력관계에는 발달적 변화도 있다. 사춘기와 갱년기에 호르몬 변화가 커지면 원초아 추동들이 강해지면서 자아와 초자아 기능이 일시적으로 교란·약화되기도 한다. 훨씬 짧은 시간 범위에서 주기적이거나 일시적인 변화도 있다. 잠 잘 때 자아의 기능이 약해져서 원초아적 일차과정이 우세해지는 소망충족적 꿈이 나오는 것처럼, 술에 취하거나 몸이 아플 때 또는 외적 유혹(예컨대, 밤에 도승의 암자에 찾아온 황진이)이 있을 때에도 평소의 세력균형이 일시적으로 흔들린다. 얌전하던 사람이 술만 마시면 '개'가 되는 일은 자주 보는 현상이다.

세 구조 중 대들보는 **'집행자' 자아**이다. 원초아, 초자아, 그리고 현실이 서로 다른 것들을 요구할 때 그 갈등을 견디고 타협을 찾아내야 하기 때문이다. 자아가 탄력 있고 강해야 현실과 마찰하지 않으면서 마음의 평화를 유지할 수 있다. 원초아가 어린애처럼 막무가내로 보챈다면, 초자아는 부모처럼, 흔히 실제의 부모보다 더 엄격하게, 자아를 감시하고 옳고 그름을 따진다. 현실을 고려하지 않는 두 구조의 요구들을 충족시킬 길을 찾아내야 하는데, 현실세계는 현실세계대로 나름의 제약과 요구들을 한다. 이 갈등 속에서 자아는 타협안을 찾아내야 한다. 예컨대, 나에게 해를 입힌 자를 당장 죽여버리고 싶지만(원초아 충동), 그러면 경찰에 잡혀갈 것이므로(현실의 제약), 또 폭력은 무조건 나쁘니까(초자아의 요구), 그를 차갑게 무시해 버리거나 대중 앞에서 모욕 주는 것으로 끝낸다.

구조 모델은 경험·관찰을 통해 검증하기 힘들므로 더 이상 유용하지 않다고 생각되지만, 이 모델의 본질인 '마음의 갈등' 서술은 여전히 중요하다(Westen 등, 2008). 인간은 욕망들, 양심과 죄책감, 현실적 제약들, 사회적 수용('남의 눈') 사이에서 갈등을 벗어나지 못하는 존재가 아닌가. 원초아, 초자아, 현실의 요구들을 감당하기 어려울 때 자아는 **불안**으로 반응한다. 위험의 출처에 따라 이를 각각 원초아 불안(신경증적 불안), 초자아 불안(죄책감), 현실 불안(공포)이라고 부른다. 위험이 닥치므로 대책을 찾아야 한다는 신호가 불안이며, 자아가 상대적으로 약할 때는 더 자주, 더 강한 불안이 닥치게 된다. 현실 불안 또는 공포를 느낄 때 '나'는 객관적 위험을 피하거나 공격할 가능성 등을 찾아내려 한다. 나머지 두 유형의 불안들에는 대처하기가 힘들다. '위험'이 무엇인지 보이지 않기 때문이다. 뒤에 자아방어기제에서 이 문제들을 다시 논의하기로 한다.

왜 어떤 사람은 초자아가 강하거나 가혹할 정도로 엄격한데, 어떤 사람은 양심이 없고 자기 이익만 찾는 것일까? 왜 어떤 사람은 충동 통제가 안 되어 원하는 것은 무슨 일이 있어도 즉시 가져야 하는 것일까? 이러한 물음들은 '성격은 어떻게 발달하는가'라는 물음들이 된다.

성격의 발달

정신분석적 발달이론을 **심리성욕**(psychosexual) 이론이라고 부른다. 성충동이 심리에 나타나는 것이기 때문이다. 앞서 말한 것처럼, Freud는 몸이 자극 받아 느끼는 즐거움을 '성적'(sexual)이라 부르며 출생 직후부터 '성생활'이 있다고 본다. 관능적 감각에 특히 예민한 신체부분('성감대')은 처음에는 입이었다가 항문, 그리고 성기로 옮겨간다. 성감대와 연관된 행동에 **리비도**(에너지)가 붙는 것이다. 성생활은 이렇게 아주 어릴 때 시작되어 5세 말경에 절정에 달하고 그 이후 휴식기에 들어간다. 이 잠복기간이 지난 후 사춘기에 리비도가 다시 강해진다.

심리성욕 발달 단계

이상적인 경우에 아이는 입(의 활동)과 관계된 즐거움들을 누리다가 다음 단계로 가면 항문·배설과 관련된 즐거움들을 발견한다. 이렇게 리비도가 한 단계에서 다음 단계로 잘 넘어가려면, 각 단계에서 충동들의 자유로운 표현과 충족이 제약당하지 말아야 한다. 충족이 너무 부족하면, 반대로 충족이 너무 많아도, 그 단계에 **고착**이 일어나 다음 단계로 넘어가기가 힘들어진다. 고착은 두 가지 결과를 가져온다. 우선 고착된 단계로 돌아가는 **퇴행**이 일어날 수 있다. 예를 들면, 동생을 보아 부모의 사랑을 빼앗긴 아이가 오래 전에 졸업한 젖병을 찾고 다시 오줌을 싸는가 하면, 어른이 되어서는 실연했을 때 먹고 마시기(구강적 충족)에 탐닉해 버린다. 고착의 더 지속적인 결과는 **성격유형**의 발달이다.

구강기(oral stage) 태어나서 약 1년 반 동안 아기의 삶은 입으로 하는 활동이 중심이 된다. 빨기, 삼키기, (이가 나면) 씹기 등은 물론 일차적으로 영양섭취에 봉사하지만, 먹기와 무관하게 단지 감각적 즐거움을 위해서도 하므로 '성적' 즐거움이라고 하는 것이다. 엄마가 젖이 풍부하고 아기가 원할 때 언제나 젖을 물린다면, 아기는 구강적 만족을 충분히 또는 지나치게 누린다. 젖이 부족하거나, 엄마가 아기의 욕구보다는 자신이 정한 시간표를 따라가는 일도 있지만, 어떤 이유로든 엄마가 없어질 수도 있다. 지나친 만족과 지나친 박탈은 둘 다 고착을 가져와 이후에도 구강적 만족이 중요해진다. 이 고착이 표현되는 것이 젖 뗄 때 어려움이다. 엄마의 결정에 따라 어느 날부터 구강적 즐거움들을 포기해야 하면, 만족이 너무 부족했어도 또는 너무 많았어도 아이가 저항하는 것이다.

구강기를 두 하위단계로 나누기도 한다. 빨거나 입에 무엇이든 집어넣는 즐거움이 지배하는 **구강적 성애**(oral eroticism)에 이어, 이가 난 후 깨물고 씹고 뱉는 공격·파괴를 할 수 있게 되면서 **구강적 가학**(oral sadism) 단계가 온다. 구강적 활동들은 개인들이 일생에 걸쳐 추구하는 즐거움들이다. 먹고 마시고 담배 피우는 것은 많은 이들에게 그 자체가 즐거움이고, 수다와 욕설 또한 그렇다. 아이를 예뻐할 때 쓰는 '물고 빤다'는 말도 구강적 관능성을 강하게 암시한다. 이러한 즐거움들은 구강기에 고착이 심하게 되었을수록 중요해진다.

표 2-1 구강적 성격특성으로서 낙천성-비관론의 발달(Liebert와 Liebert, 1998, p.100)

고착 시기	고착 이유	
	과잉충족	좌 절
구강적 성애(전기)	**수동적 낙천성** 자신이 어떻게 하든 세상이 자신의 욕구들을 채워주리라 믿음. 예: 시험이 쉬울 것이라고, 선생님이 이해할 것이라고 기대하여 학생이 공부를 안 한다.	**수동적 비관론** 처지를 개선하기 위해 아무것도 할 수 없다는 듯 행동. 예: 소용없다고, 성적이 어차피 나쁠 것이라고 느껴서 공부를 하지 않는다.
구강적 가학(후기)	**능동적 낙천성** 자신의 욕구를 채우기 위해서 세상으로부터 능동적으로 가져옴. 예: 학생이 공부를 열심히 하고 특별한 도움을 구한다; 점수를 잘 받기 위해 특별과제를 한다.	**능동적 비관론** 세상에 대해 냉소적, 적대적임. 무차별적으로 남들을 침. 예: 선생, 강의, 시험을 욕하고 비판하는 데 시간을 허비하고 나쁜 성적을 '체제'의 탓으로 돌린다.

구강기 고착의 결과로 나타나는 **구강적 성격**(oral character)에서는 주고 받음, 의존-독립, 수동-능동성, 낙천성-비관론 등에서 집착이나 과장, 양면성 등이 자주 나타난다. 새롭거나 신기한 것들에 매혹되거나 모든 것을 '집어삼키'려 하는 조급함도 '구강적'이다. 고착된 하위단계가 성애기인가 가학기인가, 고착이 좌절 때문인가 과잉 충족 때문인가 하느냐에 따라 그림이 달라질 수 있다. *낙천성 대 비관론*의 예를 가지고 살펴보자(표 2-1). 우선 충족이 부족했던 경우 비관론자가 되고, 지나치게 많은 충족을 받은 경우 낙천적이 되기 쉽다. 전기(성애기)에 고착되었느냐 후기(가학기)에 고착되었느냐에 따라 낙천성이나 비관론의 형태는 수동적이거나 능동적이 될 수 있다. 혼란스럽게도 양쪽 극단이 번갈아 나타나기도 한다. 가령 낙천적인 사람이 때로 심한 염세· 비관에 빠지고, 비관론자가 터무니없이 낙천적이 되곤 하는 것이다.

구강적 주제(받아먹기, 삼키기, 깨물기, 내뱉기, 씹기 등)는 구강기를 어떻게 지냈느냐에 따라 다양하게 변형된다. 그것의 특징은 자기 자신에게만 관심 있는 자기도취, 남에게 받고 요구하기, 기대기(의지, 의존)라 할 수 있다. 과잉충족을 경험한 사람들에게서는 이 특징들이 과장· 확대되는 일이 많다. 반면 (좌절이 심했었기 때문에) 뒤에 논의할 방어기제 중 반동형성이 작용하면 과장된 독립심, 무엇이건 받기를 신경질적으로 거부하는 태도 등이 나타난다. 이런 다양성에도 불구하고 주고받기, 의존과 수동성 등이 '주제'임을 알 수 있고, 남의 존재에 관심 없는 자아중심성을 느낄 수 있다. 이러한 다양함은 구강적 활동에 대한 태도에서도 관찰된다. 대표적 예가 과식증(bulimia)과 거식증(anorexia nervosa)이다. 먹기에 탐닉하든 음식을 아예 거부하든 음식과 먹기가 관심의 초점이며 통제가 안 되는 것이다. 입맛 까다로운 미식가도 편식이 심한 사람도 구강적 성격일 가능성이 크다.

항문기(anal stage) 아이가 젖을 떼고 나면 리비도는 입에서 항문으로 옮겨간다. 만 한 살 반 정도 되면 아이는 자유롭게 뛰어 다니며 말을 하기 시작하고 '**나**'를 주장하기 시작한다('미운 세 살'). 아이가 엄마(젖가슴)와 '나'를 구별하게 되면서 구강기 말에 자아가 주체로서 형성되기 시작하고, 항문기에 현실을 다루는 능력이 크게 발달하면서 자아도 성장한다. 변을 참거나 내보내는 배설과 관계된 활동들이 즐거움을 줌과 동시에 공격의 무기가 되는데, 전기에는 변을 배설하는 데서(**항문적 가학**), 후기에는 변을 내보내지 않고 지니고 있는 데서 즐거움을 얻는다(**항문적 성애**).

배설과정과 배설물에 대한 아이의 애착과 자부심은 똥을 더럽고 냄새나는 것으로 보는 어른의 태도와 충돌한다. 변 가리기 훈련(toilet training)은 결국 똥은 더러우니까 정해진 장소에다 누고는 안 보이게 치워버려야 한다는 태도에서 비롯된다. 아이에게는 모욕이자 즐거움 박탈이며, 아이의 의지와 부모의 의지가 부딪치는 최초의 중요한 개인-사회 충돌인 것이다. 똥을 별로 더러워 하지 않고 변 가리기도 아이가 스스로 할 때까지 놓아두는 경우—과거에 우리나라 사람의 태도가 그랬었다—에는 항문기적 만족을 너무 많이 허용하는 것이 된다. 거주양식이 서구화되고 서양적 자녀양육 방식이 현대적·과학적인 것으로 받아들여지면서 우리나라 어머니들도 변 가리기 훈련에 과거보다 훨씬 강박적이 되었다.

부모의 요구에 대한 반발과 저항은 능동적일 수도 수동적일 수도 있다. *능동적 저항*은 직접 반항·공격하는 것이다. 예컨대, 부적절한 순간에, 이를테면 변기에서 부모가 내려놓은 직후에 똥을 싸버린다. 직접 반항으로 부모를 통제하는 데 성공하는 아이들은 그것을 좌절을 다루는 일반 전술로 쓴다. 그 결과가 반항적이거나, 낭비·무질서·지저분함 등으로 분노를 표현하는 **항문적 가학**(내보내기, expulsive) 성격이다. 서구의 욕에 똥이나 배설과 관련된 말들이 많다는 것은 서구인들의 항문적 가학 성격을 암시한다. [우리나라 전래의 욕에는 먹는 것과 관계된 말이 많다(예, 빌어먹을, 아니꼽다, 메스껍다). 우리는 욕도 '먹는'다.]

변 가리기 훈련에 대한 *수동적 저항*은 변을 내보내지 않는 것이다. 아이는 장(腸)의 압력을 즐기기도 하지만, 부모가 애타게 기다리게 함으로써 배설 거부를 간접적 공격 수단으로 삼기도 한다(이는 물론 아이 자신의 건강에 해롭다). 며칠씩 부모를 애태우다가 변을 보고 나서는 선물(뇌물?)을 당당하게 요구하기도 한다. 이 전술이 성공하면 지니고 내놓지 않는 행동패턴이 굳어질 수 있다. **항문적 지니기**(anal retentive) 성격은 항문 성애기에 고착되어 깔끔하고 용의주도하며, 체계적이고 질서를 좋아한다. 어질러진 방이든 무계획성이든, 모든 혼란은 그들을 화나게 만든다.

내지르느냐 아니면 쥐고 안 내놓느냐 하는 항문적 주제들도 다양하게 변형된다. 일반적으로 소화·배설과정 및 배설물에 대한 관심이 많고, 돈이든 물건이든 정이든 인색하거나 쌓아두기를 좋아하고 남에게 자기 의지를 무자비하게 강요하려 드는가 하면, 성자 같은 박애주의자나 비굴한 권위추종자가 되기도 한다. 질서, 인색함, 고집을 *항문적 성격의 3대 특성*(anal triad)이라 부르지만, 무질서, 낭비벽, 줏대 없는 순종도 같은 주제의 변주인 것이다. 성격유형은 신체증상으로도 나타난다. 스트레스가 많을 때 구강적 유형이 식욕과 먹기나 소화와 관련된 증상들을 자주 겪는 데 비해, 항문적 유형은 변비, 설사 등으로 반응하는 일이 많다. 노출이 중요한 주제인 남근적 유형에서는 피부문제가 흔하다.

남근기(phallic stage) 성기의 발견과 함께 시작하는 남근기에서는 흥분과 긴장의 초점이 성기에 있다. 네다섯 살경에 아이들은 자위를 통해 성기의 자극이 기분 좋음을 경험하고, 막연하나마 성기가 남녀(아버지와 어머니)의 사랑, 아이의 출산과 관계가 있음을 알게 된다. "아기는 어디서 나와?"는 이 또래 아이들이 가장 많이 던지는 질문이다. 고추의 존재 여부에 따라 자신을 남자/여자로 정의하게 되면서 아이는 부모를 남자/여자로서 사랑하거나 질투한다. 그 결과는 격정적 '첫사랑'과 뼈아픈 실연이다. 남녀의 상황이 다르므로 남근기는 성별에 따라 다르게 진행된다.

남자아이는 사나이로서 엄마를 사랑하여 애를 만들 수 있다고 느끼므로 엄마의 남자인 아빠는 당연히 라이벌이다. 이 사랑은 실패로 끝나게 되어 있다. 우선 엄마가 대부분의 경우 아이를 남자로 보지 않고, 또 막강한 아빠가 보복을 할 수 있기 때문이다. 가장 무서운 보복은 아들의 '남성의 상징'을 잘라 버리는 것이다. 충분히 있을 수 있는 것이, 여자애들에게는 고추가 없지 않은가. 아이는 결국 **거세공포**(castration fear) 때문에 엄마에 대한 사랑을 포기하고, 자신을 아빠와 동일시하게 된다. 이렇게 되면 우선 아빠의 보복을 피할 수 있고, 또 아빠 같아진 아들을 엄마가 사랑할지 모른다. 이 동일시("공격자와의 동일시")의 결과가 **초자아**의 형성이며, 남근기의 갈등과 투쟁이 심했을수록 초자아는 엄격하고 가혹해진다.

삼류 멜로드라마처럼 들리지만 이 시기의 격정과 고통은 엄청난 것이다. Freud는 이 시기를 **외디푸스기**라고 불렀다. 그리스 신화에 나오는 외디푸스는 아버지(테베 왕 라이오스)를 죽이고 어머니와 결혼한다는 예언 때문에 태어나자마자 아버지의 명령으로 버려지고, 결국은 청년이 되어 예언된 운명의 길을 가게 된 비극적인 인물이다. 소포클레스의 '외디푸스 왕'에서 그는 '자기 아버지와 어머니를 몰라본 눈'을 스스로 파버리고, 즉 *상징적 거세*로 자신을 벌하고, 딸(이자 여동생) 안티고네를 데리고 방랑의 길을 떠난다. 남근기 드라마는 남자로서의 자신감이나 열등감, 사랑·성·여자에 대한 태도 등에 결정적인 영향을 미친다. Freud는 종교의 근원을 아들들이 합세하여 아버지를 죽인 살부의 죄로 거슬러 올라갈 정도로 외디푸스 드라마를 중요하게 생각했다('토템과 타부', Freud, 1913/95).[3)]

여자아이의 상황은 물론 다르다. 아이는 어느 날 자기에게 고추가 없음을 발견한다. [한 여자 정신분석학자는 어린 딸이 목욕 중에 "엄마, 내 고추가 없어졌어" 하며 울고불고 난리친 사건을 겪기까지는 이 얘기를 믿지 않았다고 한다. 아이는 "없어진 게 아니라 원래 없었다"는 말을 믿지 않았다.] 아빠와 여느 남자들에게는 있는 것이 엄마와 내게는 없으므로 분명히 엄마가 (자기도 없으니까) 내 것을 잘라 버렸을 것이다. 아이는 엄마를 원망하면서 빼앗긴 남근을 되찾고 싶어한다(**남근선망**, penis envy). 남자는 거세불안으로 인해 외디푸스 갈등이 해소되지만, 여자는 이미 거세당했다는 믿음 때문에 엄마에게 등돌리고 아빠에게 애착을 옮기는 외디푸스 드라마를 시작한다.

남자의 거세불안은 매우 위협적이며 따라서 근친애적 욕망을 포기해야 한다는 압력

---

3) 소포클레스도 Freud도 *아들*의 죄를 부각시키지만, 사실 이 드라마의 출발은 아들을 죽이려는 *아버지*의 결단이다. 아버지의 죄와 더불어 (아들을 유혹한) *어머니*의 죄도 Freud의 논의에서 비중이 크지 않다.

을 주지만, 여자의 남근선망에는 —거세가 이미 일어났으므로— 그런 절박성이 없다. 외디푸스 콤플렉스가 오래 가고 강하게 억압되지 않으므로, 여자의 초자아는 남자의 초자아보다 약하다. Freud는 여아의 남근기 드라마를 역시 그리스 신화의 한 인물의 이름을 따서 **엘렉트라 콤플렉스**라고 부르기도 했지만, 그 말을 자주 쓰지는 않았다. 분석한 환자들의 대부분이 여자였음에도 불구하고 그의 이론은 지극히 남성 중심적이고, 그 스스로도 여자는 모르겠다고 고백한 바 있다.

남근기의 연애사건이 —특히 막강한 연적과 싸워야 한 남자에게는— 실연과 고통으로 끝난다고 서술하였지만, 꼭 그런 것은 아니다. 남편/아버지가 부재하거나 '존재감'이 없어서 어머니가 아들을 연인처럼 사랑한다면, 아버지가 아내를 무시하고 딸만 사랑한다면, 아이는 연애 드라마의 승자가 된다. 반면, 부모가 아이의 자위행동에 너무나 충격 받고 처벌(거세)을 위협하며, 어머니가 아들의 '사나이 자존심'을 깔아뭉갤 수도 있다. 아버지의 거세위협이 너무 노골적일 수도 있으며, 아버지가 딸을 거들떠보지 않을 수도 있다. 그럴 때는 아이가 이성부모에게 남자/여자로서 전혀 인정을 받지 못하게 된다. 물론 부·모가 없어졌을 수도 있다.

과잉의 결과든 과소의 결과든 고착이 심해져서 **남근적 성격**이 되면 자신이 남자/여자라는 사실을, 따라서 이성의 성적 관심 또는 그 결핍을 예민하게 의식한다. 이성을 유혹하는 것같이 보여도 이들은 본질적으로 남자/여자가 아니라 아들/딸이라서 본격적인 깊은 관계는 두려워 피한다. 자기보다 나이가 훨씬 많은 이성이나 '임자 있는' 사람만 사랑하게 되는 사람들을 보면, 동성부모는 무시하거나 싫어하면서 이성부모와는 어릴 때부터 연인같이 친밀한 관계를 맺어온 사람들이 많다. 이렇게 노골적으로 엄마·아빠를 찾지 않는다 해도, 한편으로는 이성에게서 엄마·아빠를 찾고 다른 한편으로는 근친애를 범한다는 (무의식적) 공포 때문에 진정한 친밀관계를 회피한다. 이는 거세불안이 강한 남자에게서 더 심하다. 동서양을 막론하고 많은 문화권에서 제일 심한 욕은 "제 어미와 성관계를 맺을 놈"이라는 뜻의 욕설이며, 이는 남성의 외디푸스 갈등의 깊은 상처를 암시해준다.

일반적으로 남근적 성격의 사람은 자신의 아름다움과 비범함에 도취하여 남들로부터 이를 끊임없이 인정받고 싶어한다. 이 지지를 받으면 기고만장해지지만, 그렇지 않으면 자기가 무가치하다고 절망해 버린다. 허영, 자부심과 만용, 명랑함 등의 반대편에는 자기증오나 비하, 슬픔(감상주의) 등이 있다. 남근기 주제는 노출과 유혹, 경쟁과 과시, 정복과 권력이며, 위의 두 단계에서처럼 이 주제가 확대되기도, 정반대로 왜곡되기도 한다. 가령, 옷차림이나 행동에서 성적 매력을 과시하며 눈에 불을 켜고 경쟁과 승부를 찾아다니는가 하면, 반대로 남자/여자로 보이지 않으려 하고 경쟁이라면 미리 피한다. 옷차림을 예로 들면, 몸에 꽉 끼거나 노출이 심한 옷을 좋아하는 이들도, 우중충한 색깔의 헐렁한

옷(여자의 경우 치마는 절대 안 됨)만 고집하는 이들도 모두 '노출과 유혹' 주제를 변주하는 것이다. 모든 고착에는 이렇게 과장과 부자연스러움이 있다.

구강적·항문적 공격성(씹고 물어뜯거나 싸지름)이 있듯이 남근적 공격성도 있다. 남성 성기의 찌르고 뚫기가 성추동뿐 아니라 공격추동을 배출하는 (지극히 남성적인) 양식이 되기도 하는 것이다. 남근적 성격의 남자가 남성다움과 정력을 과시하며 공격적이 될 때에도 우리는 그 밑에 깔린 거세불안(및 그에 대한 방어)을 추측한다. 여자의 남근적 성격은 **히스테리적 성격**이라 부르기도 한다. [최근에는 '연극성 성격장애'라는 말을 쓴다.] 이들은 아빠를 사랑하고 엄마를 미워하는 감정에 대한 방어로 어머니와, 여자다움과 지나치게 동일시한다. 어릴 때 아빠의 관심을 끌려고 '여우짓'을 했듯이, 커서도 행동과 옷차림 등으로 남자를 유혹하면서 성적 의도는 부인한다. 심리적으로 여전히 소녀/딸인 이런 여성들은 심리적 소년/아들의 시선을 끈다. 서로 끌리면서도 친밀관계는 겁내는 (무의식적) 갈등 속에서 이런 남녀는 밀고 당기는 숨가쁜 연애 드라마를 펼치기 쉽다.

잠복기(latent stage) 남근기 드라마가 너무나 격정적이고 고통스러웠기 때문에 그 해결과 함께 성·공격 충동 자체가 억압되게 된다. 대부분의 문화에서 잠복기의 시작은 *학교*에 들어가는 때와 겹친다. 다른 (주로 동성) 아이들과 어울리며 이 세상을 살아나가는 데 필요한 지식과 기술을 배우면서, 자아와 초자아가 확고한 형태를 갖추게 된다. 잠복기의 평온은 *사춘기*로 끝이 난다. 동화 "잠자는 숲 속의 공주"를 보면 "백 년 동안의 잠"을 왕자님의 "첫사랑의 키스"가 깨운다. [동화가 아닌 현실에서는 잠자는 왕자가 용감한 공주의 키스로 깨어나는 일도 물론 있고, 영원히 잠에서 깨어나지 못하는(그러면서 연애도 결혼도 하는) 비극적 공주·왕자도 많다.] 남은 일은 공주와 왕자가 결혼하여 "오래 오래 행복하게 사는" 것이다—동화에서는.

성기기(genital stage) 사춘기를 지내면서 몸이 급성장하면 더 이상 '애'가 아니라 '청소년'이 되고, 지금까지 잠잠했던 여러 욕망들에 다시 시달리게 된다. 오랫동안 억압되었던 이성부모에 대한 사랑과 갈망이 다시 고개를 들지만, 이제 자아와 초자아는 남근기 때와 비교가 안 되게 강해져 있고 다양한 방어기제가 사용된다. 그 결과 이를테면 이성부모를 극도로 증오하게 되기도 하고(반동형성), 이성부모에 대한 사랑이 다른 대상(예, 선생님)으로 전위되기도 한다. 동시에 같은 나이 또래의 이성에 대한 관심도 커지지만, 위에 말한 (남근기적) 갈등 때문에 이러한 '풋사랑'은 깨지기 마련이다. 앞서의 단계들에 대한 고착이 심하지 않다면, 성기기에 들어온 남녀는 (심리적으로) 가족의 울타리를 벗어나 타인을 사랑할 수 있다.

남근(phallus)은 여러 문화권에서 거대한 남성 성기로 표현되어 남성의 힘과 권력을 과시하는 "남성의 상징"인 반면, *성기*(genital)는 성숙한 남녀의 성관계를 함축하는 신체기관이다. 구강기, 항문기, 남근기의 '성생활'은 자기 몸을 스스로 자극하여 즐거움을 얻는 **자기성애**(auto-eroticism)인 데 비해, 성기기에서 초점은 **이성애**(heterosexuality)에 있다. 자위, 자랑 또는 선망의 대상인 '남근'은 남녀의 성적 결합의 매체가 아니고, 남근기 고착은 바람기를 가져올지언정 이성과의 진정한 친밀관계 형성을 방해한다. '오빠'(나 '아빠')에게서 공주 대접을 요구하는 '예쁜 사랑'이 가족의 울타리를 벗어난 성숙한 남녀의 사랑일까?

성숙한 성격　사춘기 이후 인생과제는 부모에게서 분리되어 이제 어린 아들/딸이 아니라 남자/여자가 되고, '사회공동체의 성원'이 되는 것이다(Freud, 1917/2000, p. 331). 부·모와 여전히 적대한다면 화해하고, 굴복·의존 관계에 있다면 압력에서 벗어나야 이것이 가능하다. Freud는 *일과 사랑*의 능력을 성숙('**생식적 성격**', genital personality)의 지표로 본다. 이전 단계에 고착되었다면 자기성애와 가족연애를 벗어나지 못한 것이며, 일을 일 자체로—인정받거나 경쟁·지배하는 수단으로가 아니라—즐기거나 몰두할 수도 없거니와, 이성에게서 아빠·엄마를 찾느라 타인을 그 자체로서 사랑할 수도, 나를 주고 상대를 받는 진정한 성적 즐거움을 누릴 수도 없다.

처음의 세 단계에 고착되어 나타난 성격특성들은 성숙하지 못하다는 공통점(의존, 과시, 강박성 등)이 있었다. 지금 나타나는 성격은 용기 있으나 남근기적 무자비함이 없고, 자신에게 만족하나 남근기의 자만과 허영심이 없다. 또 이성을 사랑하나 구강기 의존심이 없고, 근면하고 효율적으로 일하나 항문기 강박성이 없고, 이타적이고 관대하나 항문기의 위선과 성자스러움(saintness)이 없다. 즉, 본능 충족을 극대화하면서도 처벌과 죄책은 최소이다. 앞에서 원초아·자아·초자아의 갈등이 규칙이며 조화와 일치가 예외라고 했지만, 이 성숙한 성격에서는 그 예외가 이루어지는 것으로 보인다. 이러한 성격은 왜 드물까? 이미 나온 답은 이전 단계에서 '일이 잘못되어' 고착이 일어났다는 것이다. 결정적인 단계는 *남근기*(외디푸스기)이다. 우리가 성숙한 사람으로 일과 사랑을 즐기며 행복하게 사느냐, 아니면 유아적·자기중심적인 사람으로, 신경증 환자로 사느냐 하는 것이 우리가 기억도 못하는 어린시절 경험들에 의해 결정된다는 것은 정신분석 이론의 비관론적 인간관을 잘 말해준다.

Freud의 심리성욕 발달이론은 많은 학자들에 의해 비판·확장되어 왔다. 핵심적 쟁점들은 성추동의 지나친 강조와 더불어 성격구조가 6, 7세경에 결정된다는 주장이었다. 우리는 다음 장에서 성추동이 아니라 권력추동이 중요하다고 한 Adler, 중년의 성격변화를 서술한 Jung의 견해를 보게 될 것이다. Freud를 비판하며 그의 노선을 벗어난 이 학자들과 달리 자아심리학자인 Erik Erikson(1902–94)은 Freud의 발달이론을 수용하는 가운데 확장하였다(Erikson, 1963; Rapaport, 1959).

발달의 더 넓은 조망: Erikson의 심리사회 발달 단계

Erikson은 Freud의 딸인 A. Freud의 제자였다(글상자 2-4 참조). 자아심리학자로서 그는 자아가 (원초아로부터 분화되는 것이 아니라) 그 자체의 뿌리를 가지며, 원초아와 초자아에 봉사하는 노예가 아니라 환경에 능동적·창조적으로 적응하는 주인이라고 보았다. 그는 우리 몸의 부분들이 (태내에서) 정해진 순서로 발달하듯이 우리의 자아와 심리적 특징들도 생물학적으로 정해진 '청사진'에 따라 발달한다고 보았다(Erikson, 1959, 1963). [이를 **후성원칙**(epigenesis)이라 한다.] 이론의 확장은 크게 세 가지 방향으로 나아갔다. Erikson은 우선 사회·문화의 영향력을 Freud보다 많이 강조하고, 자아의 기능을 강조하였으며, 노년기에 이를 때까지 성격이 계속 발달·변화한다고 보았다.

글상자 2-4

자아심리학과 대상관계 이론

무의식 탐색에 집중하던 Freud는 1920년대에야 자아와 성격구조들에 주의를 기울이기 시작하였다. 그의 딸 Anna는 이 새로운 방향을 따라가 자아심리학의 개척자가 되었다. 아버지가 주로 성인 환자들을 다룬 데 비해 A. Freud(1895–1982)는 유아원, 유치원 아이들을 관찰·연구·치료하였고, 아동심리학의 이론과 연구들을 이 작업에 통합시켰다(A. Freud, 1926/83, 1937/66). 아버지의 정신분석 이론을 자아의 탐색과 아동 정신분석 양면으로 확장시킨 것이다. [자아심리학의 '아버지'로 널리 인정받는 학자는 "자율적 자아" 기능들을 강조한 Heinz Hartmann(1894–1970)이다.]

자아심리학에서는 자아의 발달과 기능은 내적 과정들뿐 아니라 외적 사건들에도 기인하며, 아기가 엄마(또는 돌보는 어른)와 가지는 경험, 관계의 질이 이후의 발달에 중요한 역할을 한다고 주장했다. 사회학에서 "중요한 타인들"(significant others)이라 부르는 존재들을 정신분석 또는 자아심리학에서는 **대상**(object)이라 부른다. 그래서 자아심리학을 대상관계 이론이라 부르기도 한다. 아동들을 직접 연구하면서 A. Freud는 성과 공격행동에만 국한하지 않고 여러 다양한 발달노선들도 고려하였다. 일반적으로 아동은 의존과 자기중심성에서 출발하여 독립하고 타인들과 관계 맺는 방향으로 성숙해간다.

관계 능력에 근본적 결함이 있어 보이는 성격장애 환자들이 흔해지면서 1930년대와 40년대에 대상관계 이론들이 나타났다. 무의식적 (소망 충족적) *환상*(fantasy)에 초점 맞추는 정신분석 이론과 달리 여기서는 아주 어릴 때 *실제* 겪은 부정적 관계 경험들의 영향, "대상 표상"(자기 및 타인 표상)의 중요성을 강조한다. 대상관계 이론접근에는 매우 다양한 개념과 이론적 방향들이 혼합되어 있고 전통적 정신분석 이론을 받아들이는 정도도 다양하다. 기본이 되는 생각은 인간은 성·공격 추동들에 휘둘리기보다는 **관계**를 추구하는 존재이며, 대상·사건들의 객관적 특성보다는 개인의 주관적 지각과 생각이 결정적이고("내적 작업모델", 4장 참조), 어릴 때 중요한 사람들과 가진 경험이 自己의 부분이나 측면들이 되어버려 현재 맺는 관계들에 영향을 미친다는 것이다.

기본적 신뢰와 자율 같은 각각의 긍정적 **자아특질**(ego quality)은 출생 때부터 존재하기는 하지만, 특정한 시기가 되어야 두드러지게 나타난다. 이를테면, 갓난아기도 손을 꽉 쥐면 잡아 빼며 그런 점에서 자율성을 나타내지만, 둘째 단계가 되어야 진정으로 자기 의지를 주장할 줄 알게 된다. 잠재적 가능성들이 어떻게 나타나느냐 하는 것은 내적인 힘들뿐 아니라 사회·문화적 영향력들에 의해 결정된다. 그래서 그의 이론을 *심리사회적*(psychosocial)이라 부른다.

심리사회적 위기 Freud의 심리성욕 발달단계가 5개인 데 비해, Erikson의 심리사회적 발달단계는 모두 8개로서, 전자의 *성기기*가 후자에서는 사춘기에서 노년기로 이어지는 네 단계로 분화된다(표 2-2). 즉, 발달이 사춘기 무렵에 끝나는 게 아니라 노년기까지 이어진다는 것이다.

각 단계에서 중심 과제를 잘 해결하면 긍정적인 결과가, 잘못 해결하면 부정적인 결과가 자아특질로 남는다. '위기'라고 하는 것은, 각 단계마다 잠재력과 취약성 둘 다가 아주 커져서 일이 잘되거나 잘못되는 갈림길이 되기 때문이다. 예컨대, 초등학교에 들어간 아이들(단계 4)은 새로운 기술들을 금방금방 익히지만, 실패하면 열등감도 심하게 느낀다. 위기의 결과는 좋고 나쁜 특질의 대비로 나와 있지만 실제로는 양쪽이 섞이게 되며, 부정적 특질도 적응에 도움이 된다. 예컨대, 누구나 무엇이나 다 신뢰한다면(단계 1) 살아가면서 많은 위험에 처하게 될 것이며, 죄책감(단계 3)을 느낄 수 있어야 타인들에 대해 책임 있는 행동을 하기를 배울 수 있다. 중요한 것은 어느 쪽 특질이 더 *우세*하냐 하는 것이다. 한 단계에서 위기가 긍정적으로 해결되면 다음 단계의 위기도 잘 다룰 준비가 된다.

사회는 개인들의 과제 또는 위기의 해결을 돕는다. 개인의 추동 표현을 (억압만 하지 않고) 돕는 장치나 제도를 마련하는 것이다. 가정이라는 울타리를 법과 관습으로 보호하며, 학교라는 제도 장치로 부모·가정으로부터의 독립과 자아성장을 돕는다. 어린아이들에

표 2-2 Erikson의 심리사회 발달 단계

단계와 대략적 나이범위	심리성적 측면	심리사회적 위기	덕 성
Ⅰ. 유아기(0-1)	구강-감각적	신뢰 대 불신	희망
Ⅱ. 이른 아동기(1-3)	항문-근육적	자율 대 수치·회의	의지
Ⅲ. 놀이 나이(3-6)	유아 성기적, 운동적	솔선 대 죄책	목적
Ⅳ. 학교 나이(6-12)	"잠복기"	근면 대 열등	능력
Ⅴ. 청년기(12-20)	사춘기	정체 대 정체혼미	충성
Ⅵ. 젊은 성인기(20-30)	성기기	친밀 대 고립	사랑
Ⅶ. 성인기(30-65)		생성 대 정체	배려
Ⅷ. 성숙한 나이(65+)		통합 대 절망	지혜

게 부모의 보호와 사랑이 절실하게 필요한 시기에 부모의 과제는 다음 세대의 어린이, 젊은이를 보살피고 키우는 *생성*이다(7단계). 또, 인생의 마지막 단계를 잘 살아가는 지혜로운 노인들은 젊은 사람들에게 동일시할 모델이 되고 삶의 희망을 준다. 물론 이론과 현실은 다르다. 현실에서는 학교가 청소년들의 자아발전을 오히려 저해하고, 부모들이 생성욕구가 있기는커녕 자아정체도 확립되어 있지 않고, 노인들이 세상을 저주하며 비참한 말년을 보내는 일이 많다. 그럴 때는 개인과 사회가 성장과 발전을 서로 돕는 대신 서로 병들게 만든다.

표 2-2를 보면 Erikson의 처음 네 단계는 Freud의 네 단계와 유사하지만, 심리성욕역학이 순전히 생물학적인 것 이상으로 확대된다. 예컨대, 첫째 단계에서 그는 아기가 모든 종류의 감각적 자극을 향해 열려 있다고 논의하며 '구강적' 경험들에 한정하지 않는다. "잠복기"가 따옴표가 붙어 있어 Freud와의 견해차이가 암시되고, '성기기' 이전에 '사춘기'가 따로 들어가 있다. Erikson의 단계들을 하나씩 간략히 살펴보자.

신뢰 대 불신 갓난아기는 주로 먹고 자고 싸는 데 시간을 보낸다. 이런 일들이 긴장 없이 잘 이루어질 때 자신과 타인에 대한 그리고 세상에 대한 *기본적 신뢰*가 생겨난다. 젖 잘 먹고 잠 잘 자는 것 등이 그 자체로서 세상에 대한, 자신의 감각과 충동에 대한 기본적 신뢰의 표현이다. 엄마가 아이의 욕구들에 민감하고 일관성 있게 반응하여 엄마 행동이 예측 가능할 때 아기는 타인이, 세상이 안전과 충족을 준다고 믿게 되고, 엄마가 잠시 안 보여도 겁에 질리거나 화나지 않는다. 언젠가 젖을 떼야 하듯이 엄마와의 분리는 피할 수 없고, 떨어져 나왔다는, 낙원에서 쫓겨났다는 느낌이 *기본적 불신*의 원형이 된다. 신뢰가 있다면 삶에서 겪는 박탈, 분리, 배척 등의 느낌들을 잘 견디고 대처할 수 있지만, 불신이 우세한 채 인생을 시작하면 커서도 어려움이 생길 때 뒤로 물러나고 비관적이 된다. Erikson은 기본적 신뢰가 없으면 성인기에 정신분열증이나 우울증이 올 수 있다고 보았다.

자기 자신을, 부모를 믿을 수 있다는 것을 깨닫게 되면 **희망**(hope)이라는 덕성을 배우는 것이 된다. 희망을 자신감(confidence)이라고도 할 수 있지만, 삶을 지탱하려면 자신감이 상처받고 기본적 신뢰가 손상된다 해도 희망이 남아 있어야 한다고 Erikson(1964)은 말한다. 인생의 첫 단계에서 어두운 충동과 격한 분노들을 겪으면서도 강렬하게 원하면 소망들이 이루어질 수 있다고 지속적으로 믿는 것이 희망이다.

자율 대 수치·의심 말을 배우고 걸음마를 하게 되면서 아이는 무엇은 해도 좋고 무엇은 하면 안 되는지를 배운다. Freud의 항문기인 이 단계에서 Erikson도 변 가리기 훈련의 중요성을 인정한다. 아무 때나 아무 데나 대소변을 보면 안 된다는 규제는 내 안에 들어 있는 것이 나쁘고 더러운 것이라는 암시를 준다. 이렇게 아이와 부모의 의지가 충돌할 때, 자신과 타인에 대한 신뢰가 형성되어 있으면 이 시기의 발달과제를 더 잘 넘길 수 있다. '내보내기'(elimination, letting go)와 '쥐고 있기'(retention, holding on) 둘 다를 통제하기를 배울 때, 부모의 강제력에 휘둘리지 않고 스스로 행동을 통제할 수 있다고 느끼게 되면 자부심을 느낀다. 부모가 아예 무관심하거나 너무 엄하게 통제하거나 아니면 무조건 양보하면 아이는 자기통제를 배우지 못한다. 대신 수치와 의심이 생겨난다. 부모가 기대·요구하는 자기통제를 해낼 수 없다는 창피함은 독립과 자율의 문제들을 가져온다.

수치(shame)는 발가벗겨진다는, '바지 내린' 채로 남들 앞에 나서게 되었다는 자의식이다. 수치심이 너무 커서 내 몸, 내 욕구를 나쁘고 더러운 것으로 보게 되면, '땅 속으로 가라앉'아 버리고 싶거나 창피 주는 대상을 없애버리고 싶어진다. *의심*(doubt)은 '뒤에 숨겨진 것'이 있다는, 등 뒤에서 누가 공격할지 모른다는 불안이다. 이것은 망상적(paranoid) 공포로 이어질 수 있다. 수치와 의심의 경험을 피할 수 없지만 자유의지로 선택하고 자신에게 제약을 가하려는 불굴의 결단이 **의지**(will)라는 덕성이다. 살다보면 싫어도 받아들여야 할 필연성들이 있다. 가령 동생이 아무리 미워도 동생은 동생이다. 법질서 조항들도 공동생활을 위해 지켜야 한다. 법과 필연성을 수용하기 위한 토대가 의지라는 덕성이다.

솔선 대 죄책 3세 말이 되면 아이는 마음대로 돌아다니고 활기차게 뛰어다니며 호기심과 상상력도 왕성하다. 사내아이들은 다른 물체나 몸을 뚫고 들어가려 하고, 이는 공격적인 말과 싸움, 집요한 질문공세와 호기심으로 나타난다. 여자아이들에게는 받아들이기가 중요해져서 요구하고 붙잡기, 매달리고 의지하기가 많이 관찰된다. 아이는 정복과 경쟁, 끈질긴 목표추구와 자기주장에 즐거움을 느낄 수도 있고, 반대로 *죄책감*을 느낄 수도 있다. 성적 공상들도 죄책감을 불러일으키거니와, 초자아가 발달하면서 내적 충동들에도 갈등을 느끼게 된다. 동생을 볼 때 시기·질투에 불타는가 하면, 부모의 요구와 기대에 순종하면서도 부모가 올바르지 않게 행동할 때 분노하기도 한다. 초자아가 원시적이고 완고하기 때문이다.

이 시기 아이들의 주된 활동은 *놀이*이다. 성인이 생각하고 계획 세우는 것을 아이는 놀이에서 한다. 힘을 합쳐 무엇을 만들어내려고도 하고, 단순한 '시험우주' 속에서 과거를 돌이켜보고 미래를 예상하며 현실 다루기를 배운다. 부모뿐만 아니라 다른 어른들—특히 경찰관같이 제복 입은 어른들—과 동일시하기도 한다. 죄책감, 처벌공포에 억눌리지 않고 소중한 목표들을 구상하고 추구할 수 있는 용기가 **목적**(purpose)이란 덕성이다. '목적'이 있으면 우리가 하는 고생과 노력에 앞을 내다보는 방향과 초점이 생기는데, 그 기초가 아이의 공상과 놀이 속에서 발달한다.

근면 대 열등 Freud의 잠복기는 Erikson에게는 추동들이 잠자는 수동적인 삶의 단계가 아니라 자아가 성장하는 능동적인 삶의 단계로서, 무슨 일을 하며 살 것인지(workmanship)를 생각하는 때이다. 아이는 어제까지의 갈망과 욕구들을 잊고, 풍부한 상상력과 호기심을 사물세계로 돌려야 한다. 초자아 형성으로 자신에게 심리적으로 부모가 되었으므로 이제 가족과 가정 밖의 일(직업)세계에 적응할 준비를 하는 것이다. 아이는 가족의 좁은 울타리를 벗어나 학교에 들어가며, 자신이 살아갈 사회에서 중시하는 여러 가지 지식과 기술들을 배운다. 이에는 어른들과, 같은 또래들과 어울리고 협동하는 사회적 기술도 포함된다.

도구와 기술의 세계에서 아이는 자신이 어설프고 서투르고 못났다고 느끼게 될 수 있다. 학교 다니면서 부모의 배경(직업과 수입 등), 외모조건(작은 키, 뚱뚱함 등) 때문에 차별받을 때도 열등감이 생길 수 있다. **능력**(competence)이란 열등감에 손상되지 않고 솜씨와 지능을 자유롭게 행사하여 과제들을 완성하는 덕성이다.

정체 대 역할혼미 사춘기가 오면 '아동기'는 끝나고 '청소년'이 된다. 몸이 막 자라며 '이차적 성징'들이 나타나기 시작하고, 억압했었던 낯선 성·공격 충동들이 되살아나면서 '나는 누구인가'에 혼란이 생긴다. 나는 아직도 부모님의 어린 아들/딸, 착한 아이인가? 아니라면 나는 누구/무엇인가? 직업도, 결혼(배우자)도 부모가 정해주던 시대에는 개인 스스로 어떤 존재로 살지 선택할 여지가 별로 없었다. 그러나 이제는 "정신 빼게 다양한 가능한 커리어기회들과 잠재적 결혼상대 중에서 선택할 수 있고 또 선택해야 한다" (Baumeister, 1997, p. 684).

'나는 나'로, 나아가 어른으로 산다는 것은 커다란 자유의 기회이기도 하지만, 공포와 불안, 의무와 책임들을 가져오기도 한다. 더 이상 애가 아니지만 아직 어른이 아니므로, 성기능들이 성숙해도 부분 또는 전부를 정지시켜 두어야 한다. 이에 따라 충동발산과 강박적 제약이 교대로 나타나는 일이 많아서 주위사람들뿐 아니라 청소년들 자신도 혼란스러워진다. '착하기만 하던 아이'가 갑자기 반항이 심해지고 달라지면 부모나 교사는 '나쁜 친구들'의 영향을 탓하지만, 이러한 모습들은 '나'를 찾기 위한 방황과 실험이다. 관습들을 던져버리고 자신만의 정체를 만들어내야 하지만, 우리는 사랑하는 사람들과 떨어질 때 이들을 내면화한다. 의식적으로 부모의 나쁜 점만 강조하면서도, 심지어 부모를 안 보고 살아도, "도망가면서 부모를 데리고 가는"(Vaillant, 1977, p. 207) 것이다.

자아정체(ego identity)라 할 때 "identity"란 '똑같다'는 말이다. [인터넷에서 내가 누구임을 밝히는 ID를 생각해보라.] 현재의 '나'가 과거의 '나'와 연속되고, 내가 보는 '나'가 남들이 보는 '나'와 일치한다는 자신감이 자아정체(감)이다. 그럴 때 비로소 '나는 누구인가', '이 사회에서 나의 자리는 어디인가'가 확실해진다. 이 사회에서 — 학생, 청소년이 아니라 — 어른으로, '나는 나'로 살려면 남자/여자, 직업역할, 민주시민, 부/모 등 여러 가지 역할들을 수행해야 하므로, 마치 옷 살 때 이것저것 입어보듯이 여러 다양한 역할들을 시험해보아야 한다. 그 과정에서 부모와 교사 등 어른들이 무찔러야 할 적이나 '쓰레기'로 보이는가 하면, '말 안 되는 사람'과 사랑에 빠지기도 하고, 대중적인 스타나 집단(패거리) 리더와 지나친 동일시를 하면서 '다른 편' 사람들을 무자비하게 배척하기도 한다.

어떤 경우에든지 청소년들은 지속성 있는 가치들을 찾고 있으며, 여기서 **충성**(fidelity)이라는 덕성이 나타난다. 충성이란 가치체계들의 불가피한 모순들에도 불구하고 자유롭게 서약한 충성들을 유지할 수 있는 능력으로, 정체의 초석이다. 대부분의 문화, 사회, 집단, 하위집단들은 청소년 구성원들을 받아들이는 의식(ritual)들을 한다. 대학에서도 신입생 오리엔테이션을 한다. 이런 의식들을 통해 그 문화, 사회, 집단은 청소년들이 속하는 대가족(super-family)이 된다. 이 '가족' 내의 (하위)집단들 — 가족, 친구, 교회 등 — 이 중요시하는 가치들은 서로 모순될 수 있으므로, 어느 정도 갈등과 모순을 견딜 수 있어야 충성이라는 덕성을 발달시키고 '나'를 찾을 수 있다. 친구(집단), 연인, 동료를 선택하고 또 그들에게 선택받으면서 자아정체와 충성스타일이 나의 환경 속에서 내 자리를 정의한다.

자아정체는 Erikson의 성격이론에서 가장 연구가 많이 된 개념이다. 청소년기의 '질풍노도', 위기와 방황이 보편적이기보다는 예외적이라는 연구결과도 많이 있다(예컨대 Baumeister, 1997의 개관). 1940년경 대학 2학년이었던 남성들을 35년간 추적 연구한 '그랜트 연구'에서 보면, 사춘기는 그 당시보다 중년기에 회상할 때 더 격동기였다(Vaillant, 1977). 거기에는 여러 가지 이유가 있을 수 있다. 18세보다 50세에 부모와의 갈등과 투쟁을 더 쉽게 인정할 수 있고, 지나간 이후에야 인생주기의 단계들이 더 잘 보인다. 사춘기 격동의 상당 부분이 주인공들에게는 순전히 방어적 이유로 안 보일 수 있다(p. 213). 어떤 남성은 48세가 되어서야 어릴 때 아버지를 미워했음을 인정하였고, 다른 남성은 47세에야 어머니에 대한 경멸과 증오를 표현하였다(p. 329).

정체위기가 보편적이든 아니든, 자아정체는 앞으로의 삶에 큰 영향을 미친다. 청소년기에 위기를 겪었는가, 정체를 찾았는가 여부에 따라 **정체지위**(identity status)를 구분하려는 시도를 글상자 2-5에 소개하였다. 부모가 불어넣은 신념, 가치, 목표들을 수용한다면 '반항', '방황'을 모르고 정해진 길을 가는 착한 아들/딸이라 할 수 있다. 인생이 여기서 끝이라면 이 *정체유실*이 제일 현명한 길이겠지만, 인생단계는 앞으로 세 고개나 남아 있다. 옷 사기 비유를 다시 쓰자면, 내게 맞고 편한 옷을 찾는 것은 충분히 어려운 일이지만, 젊을 때 옷을—아무리 잘 맞고 멋있(었)다 해도— 평생 입고 살 수는 없다. 살아가면서, 특히 위기를 겪을 때면 '내가 누구인가'라는 물음을 또 다시 던지게 되고 탐색과 선택에 직면하게 된다.

글상자 2-5

네 가지 정체지위

Marcia(1994)는 정체형성 과정에 대한 연구에서 **탐색**을 하며 위기를 겪었는가, 선택하였고 **확신**(commitment)이 있는가 여부에 따라 네 가지 상태를 구분했다(Baumeister, 1997 참조).

- *정체성취*(identity achievement)는 탐색과 실험 후 정체감을 확립한, 즉 선택도 했고 확신도 있는 경우이다. 이들은 성숙하고 잘 적응한다.
- *정체유예*(identity moratorium)는 계속 탐색은 하나 확실한 선택은 못하는 상태이다. 혼란과 우울도 겪지만 새로운 경험들에 열려 있고, 다양한 생각과 생활양식들을 능동적으로 탐색한다.
- *정체유실*(identity foreclosure)이란 충분한 탐색과정을 겪지 않고 (주로 부모가 정해준) 정체를 선택해버린('미리 닫은') 상태를 말한다. 유실자들은 또래보다 일찍 성숙하는 것처럼 보이지만, 생활여건이 많이 변하거나 스트레스가 많으면 잘 적응하지 못한다.
- *정체혼미*(identity diffusion)란 정체감을 확립하지도 않았고 또 능동적으로 찾지도 않는 경우이다. 성인 생활의 책임과 결정을 가능한 한 뒤로 미루는 '영원한 소년'에 가까우며, 넷 중 가장 부적응자이다.

정체위기에는 두 가지 유형이 있다(Baumeister, 1997). 과거에 지녔던 생각과 행동양식들을 의문에 붙이고 거부하게 되면, *정체결손*이 생긴다. 내가 누구/무엇이 *아닌지*는 알겠는데 그럼 누구/무엇*인지*는 모르는 것이다. 청소년이 부모에게서 떨어져 나와 독립적으로 생각·행동하기를 배울 때, 또는 중년에 시간과 노력을 어디 바쳐야 할지를 다시 평가해야 한다고 생각할 때, 이런 정체결손이 와서 감정과 행동이 극단적으로 변할 수 있다.

다양한 신념들이 서로 충돌하게 되면, 가령 유교적 가족과 기독교 신앙을, 출세와 개인·가정생활을 양립할 수 없게 되면, *정체갈등*이 올 수 있다. 정체결손에서는 기분변화가 심한 데 비해, 여기서는 덫에 걸렸다는 답답함, 죄책감, 배신했다는 느낌이 든다. 또 탐색과 개방성이 나타나는 정체결손과 달리, 여기서는 (이미 발을 너무 깊이 들여놓았기 때문에) 새로운 정보나 대안을 원하기보다는 수동적 태도로 해결책이 나타나기를 기다린다.

친밀 대 고립 그랜트 연구에서 한 남성은 20대에는 아내와 잘 지내는 법을, 30대에는 일에서 성공하는 법을 배웠고, 40대에는 자신이 아니라 아이들에 대해 걱정했다고 썼다(Vaillant, 1977, p. 195). 부모에게서 독립하여 자아정체를 갖자마자 청춘남녀는 다른 사람들에게 또다시 의지하게 된다. 그러나 이제는 집단에 대한 충성 대신에, 자신과 비슷하거나 '이상형'인 친구들 대신에, *차이*를 존중하는 관계들이 필요하다. 대략 20대에 들어오면 젊은이들은 자신의 정체를 타인들의 정체와 결합시키고 싶어한다.

*친밀*이란 자신의 정체를 잃지 않으면서 관계(연인, 친구, 동료 등)에 헌신할 수 있는 능력이다. 정체감이 확실하지 않으면 '나'가 아주 없어질까봐 두렵기 때문에 타인과 안정된 가까운 관계를 맺기가 어렵다. 오래가지 못하고 자주 바뀌는 피상적 관계들, 고립·고독이 그 결과이다. 자기의 정체와 삶의 목표를 확실하게 정할 수 있을 때 이 단계의 덕성인 **사랑**(love)이 생긴다. 성격, 경험, 역할이 서로 다를 때 적대나 대립을 피할 수 없지만 극복하는 '상호 헌신'이 사랑이다. 인간관계들이 다시 공고해지고 나면 직업세계에서 인정받기 위해 열심히 일하고 가정에 헌신하는 시기가 온다.

생성 대 정체 성숙한 어른은 남들과 친밀한 관계를 맺을 줄 알 뿐 아니라 다음 세대의 어린 사람들을 보살피고 가르치고 싶어한다. 이 '생성'욕구는 일차적으로 가정을 이루어 자녀를 키우는 형태로 나타나지만, 다른 영역들에서 사회에 도움이 되도록 일(작품), 사상 등을 생산·창조하는 형태로도 나타난다. 생성을 체험하지 못하면 자신의 존재가 쓸모없고 인간관계가 무의미하고 메마르다는 느낌이 생겨나고, 고인 물(정체, stagnation)은 생명을 키우지 못하고 썩는다. 보살피고 가르치고 싶은 욕구에서 **배려**(care)의 덕성이 생긴다. 남들을 가르치면서 내가 중요한 존재라고 느끼고 동시에 나 자신에게만 관심 갖는 자기 도취도 피한다. 보살핌 대상은 가족의 범위를 벗어나 이 시대 청소년, 노인 등 다른 사람들, 나아가 이미 생성된 작품, 사상이나 이론, 제도(민주주의, 우리 학교 등), 자신이 하는 일 등도 포함할 수 있다.

사춘기가 아동기의 진실을 발견하는 시기인 것처럼, 40대는 사춘기와 젊은 성인기에 관한 진실을 다시 평가하고 정비하는 시기이다(Vaillant, 1977). '커리어 강화'를 위해 '회색 정장'의 개성 없는 동조주의자로, 또는 살림과 육아에 정신없는 '아줌마'로서 30대를 보냈다면 더욱 그렇다. 체력이 떨어지기 시작하고, 남자는 여자 같아지고 여자는 남자 같아지면서, 정신없이 바쁘던 30대를 뒤로 하고 다시 한 번 내면세계를 탐험하게 된다. 친밀의 능력과 사랑의 덕성을 키우지 못했으면 생성도 어려워진다. 그랜트 연구에서 보면, 상식적인 고정관념과는 반대로, 결혼생활이 안정되고 행복하며, 충실한 우정을 경험한 사람이 사업에서도 성공한 일이 많았다. 일만 하고 놀 줄 모르며, 직업에서 성공하고 사회활동도 열심히 하지만 가족이나 친구, 동료들과 친밀관계를 맺을 줄 모르면, 삶이 의미가 없어진다.

자아통합 대 절망 노년에 들어오면 이제 다음세대가 세상의 주인이 되어 있고 가까운 사람들이 하나씩 죽는다. 눈도 귀도 어두워지고 기억력과 체력도 떨어지며, 실패와 실수들을 후회해도 다시 시작할 수 있는 시간이 남아 있지 않다. 절망감을 피할 수 없지만, 이제는 큰 그림을 보고 정리할 때이다. 앞 단계들을 잘 넘긴 사람은 지나온 삶을 긍정하고 자기 인생에서 (좋건 나쁘건) 중요한 역할을 한 사람들을 이해할 수 있게 된다. *통합*(integrity)보다 절망이 더 크면 자신을 증오하고 세상과 타인들을 원망하며 헛살았다고 한탄한다. 이 사람들에게서 우리는 '요즘 세상', '젊은 것들'을 비난하는 소리를 많이 듣는다. 독자들은 그런 사람 옆에 가고 싶은가.

통합이 절망보다 클 때는 **지혜**(wisdom)의 덕성이 온다. 죽음을 앞두고 삶에 관심 갖되 거리를 두고(detached), 모든 지식과 진리는 상대적임을 잊지 않는 것이다. 인생순환이 처음으로 되돌아가 다시 어린애 같아진다고 해도, 지혜로운 노인들은 아이 같을(childlike)지언정 유치하지(childish) 않다. 젊은이들이 길을 잃거나 무력감을 느낄 때 지혜로운 노인들을 보면 삶이 의미가 있고 결국에는 마음의 평화가 올 수 있다는 희망을 갖게 된다. Vaillant(2002/10)는 긍정적 노화를 "사랑하고, 일하며, 어제까지 알지 못했던 사실을 배우고, 남아 있는 소중한 순간들을 사랑하는 이들과 함께 즐기는 것"으로 정의하였다(p. 53). 늙어서 몸과 마음이 건강하려면 가장 중요한 것은 "다른 사람들과의 관계"였다. 관계 맺기의 과제는 늦어도 젊은 성인기(친밀 대 고립)부터 중요한 인생과제들이고, 잘 살지 않고는 잘 늙고 잘 죽을 수도 없는 것이다.

불안과 자아방어 기제

앞에서 우리는 집행자 자아가 원초아, 초자아, 현실의 요구들을 감당하기 어려울 때 불안으로 반응한다고 하였다. 불안은 '나'에게 위험이 닥쳐온다는 신호이며, '나'가 상대적으로 약할 때 —발달적으로 보면 어릴 때— 는 그만큼 불안도 많이 느끼게 된다. 불안이 너무 커질 때 자아가 그 긴장을 감소시키기 위해 무의식적으로 작동시키는 정신과정들을 자아방어 기제라 한다.

불 안

Freud가 개념화한 세 가지 불안 중에서 **현실불안**은 외부 현실에 존재하는 위험을 지각 또는 예상할 때 나타나며, 현대심리학에서는 이를 공포(fear)라 부른다. 나머지 두 종류의 불안은 내면적 위험에 대한 반응이다. **신경증적 불안**에서는 원초아 추동들을 충족시킬 경우에 부모 또는 다른 권위인물들로부터 받을 처벌을 두려워한다. **도덕적 불안**은 우리 안에 내면화한 부모의 도덕적 표준을 어길 때 '양심의 가책'을 말하며 따라서 죄책감이라 할 수 있다. 현실불안은 공포이고, 도덕적 불안은 죄책감이며, 진정한 '불안'은 신경증적 불안인 것이다.

어릴 때 성·공격 욕구의 표현은 그 사회의 규범을 대표·전수하는 부모에게서 강한 제재를 받는다. 특히 남근기에 아이는 성적 욕망과 공격성이 얼마나 무서운 처벌을 불러올 수 있는지를 알게 되었다. 부모 형제에 대한 공격성은 (표현되면) 강한 제지도 받거니와, 또 부모 형제를 동시에 사랑도 하기 때문에 자신의 공격충동이 큰 불안을 준다. 부모도, 세상도 '나쁜 아이'를 다 미워하지 않는가. 성과 공격이 위험하다는 것은 이렇게 '나'의 경험의 결과이기도 하지만, 우리 속에 들어앉은 부모('윗나')의 판단이기도 하다. 만약 *초자아*가 없다면 성·공격 충동들은 훨씬 더 자유롭게 표현될 수 있을 것이고 자아방어도 없고 신경증도 없을 것이다. 어릴 때 충동표현을 심하게 통제 받은 사람들은 자유방임 속에 자란 사람들보다 방어적, 신경증적이 될 가능성이 더 크다.

자아방어 기제

공포, 죄책감, 불안은 위험이 존재하며 적절한 조처를 취하지 않으면 자아가 무너질지 모른다는 신호이다. 따라서 우리는 외적 위험을 피해 도망가거나, 성·공격 욕구를 억누르거나, 양심의 소리에 굴복한다. 그러나 신경증적 불안이란 '위험'이 무엇인지 모르는, 그래서 더 불안한 감정상태이다. 위험한 충동이 표현과 충족을 요구하며 의식의 표면으로 올라오려고 들썩거릴 때 관찰자인 '나'는 불안이라는 경보를 울리며 자아방어기제(ego defense mechanisms)를 작동시킨다(A. Freud, 1937/66).

방어의 유형들 '그것'에서 나온 추동들은 '나'가 나서야만 충족을 얻는다. '침입자'에 반대가 없을 때 '나'는 관찰자 역할에 머물며 추동의 시작, 긴장의 고조, 충족감을 감지한다. 그러나 일차과정을 따르는 '그것'의 끈질긴 추동충족 요구는 자아, 초자아, 현실의 비판과 거부를 당하기 쉽다. 자아가 이 요구에 맞서 자신의 경계선들을 지키기 위해 쓰는 방어책들은 다양하다.

- **억압(repression)** 억압이란 위험한 욕구들을 의식에서 밀어내는 기제를 말한다. 격동의 남근기 상처는 특히 남아들에게 억압으로 마무리되었다. 어머니에 대한 갈망, 아버지에 대한 공포와 증오는 그냥 '없다'. 히스테리(연극성 성격장애)의 기본은 성충동의 억압이라고 할 수 있다.
- **부정(denial)** 억압이 위험한 *내적* 욕망이나 충동, 생각을 '없다'고 눌러버리는 것이라면, 부정은 *외적* 위협을 '안 보인다'고 우기는 것이다. 의사는 어머니가 곧 돌아가실 것이라 말하는데 나의 눈에는 어머니가 건강해 보이고, 어머니가 돌아가시고 난 후에도 눈물이 나지 않는다. '불효자식'이 아니라, 어머니의 죽음을 '부정'하는 것이다.
- **반동형성(reaction formation)** 억압으로 안심이 안 될 때, 즉 억누르는데도 자꾸 '나쁜' 생각이나 욕망이 의식 속으로 뚫고 나오려 할 때, 그것의 정반대를 주장하는 것이다. 예컨대, 어머니에 대한 남근기적 애정이 사춘기 이후에 어머니에 대한, 나아가 모든 여성에 대한 경멸과 적대로 나타날 수 있다. 다른 예로, 자기 아이를 증오하는 어머니에게 억압보다 확실한 방어는 아이를 얼마나 *사랑*하는지를 자신에게 확신시키는 것이다. 이제 그 어머니는 잠시라도 아이가 안 보이면 불안해 견딜 수가 없다.
- **이지화(intellectualization)** (성, 공격) 충동들에 대하여 생각이나 이론화는 허용하지만 감정은 없다. 성에 대해 모르는 것이 없으며 외설적 농담도 잘 하는 사람이 실제 성경험이 없는 일이 많은데, 몸의 또는 내면의 충동들이 표현되지 않도록 자신을 지키기 위하여 '머리'로 성에 집착하는 것이기 때문이다. 감정을 생각에서

떼어버리므로 고립화(isolation)라 부르기도 한다.

- **투사(projection)** 자신의 충동, 증오, 불안이 다른 누구의 것이라고 하는 것이다. 가령 내가 동성애 성향을 가진 게 아니라 다른 사람이 그런 것이다. 의식하지 못하는("알고 싶지 않다") 나쁜 것을 밀어내어 바깥에서 다시 찾는다("내가 아니고 너/그다"). 우리의 불쌍한 어머니가 자신의 증오를 딸에게 투사하면 딸이 자기를 미워한다고 괴로워한다. 어떤 사람을 좋아하는 감정을 받아들일 수 없을 때 투사기제를 쓰면 그가 나를 죽도록 사랑하는 게 된다. 투사를 습관적으로 하면 망상증(paranoia)이 되어, 남을 못 믿고 특정인 또는 세상이 자기를 박해한다고 믿게 된다.
- **합리화(rationalization)** 위의 어머니는 이따금씩 아이를 학대하면서 "너무 잘해주면 아이를 망친다," "다 저 잘되라고"라는 등의 나무랄 데 없는 합리적 이유를 댈 수 있다. 이것은 의식적인 합리화가 아니라는 점에서 위선이나 둘러대기와 다르다. 이 어머니는 자신의 고결한 동기를 전혀 의심치 않는다.
- **전위(displacement)** 위험한 욕구나 충동을 표현하되 다른 대상으로 '자리'를 바꾸어 표현한다. 자기 아이에 대한 증오를 조카나 옆집 아이에게로 전위시켜 그 아이를 '주는 것 없이' 심하게 미워하면, 자기 자식을 미워한다는 사실이 감추어진다.
- **승화(sublimation)** 충동도 어느 정도 만족시키고 사회적으로 바람직한 결과도 가져오는 전위를 말한다. 예를 들면 어머니에 대한 남근기적 갈망이 문학작품이나 그림에서 '구원의 여성상' 창조로 대리 표현될 수 있다. 공격충동이 강한 사람이 수술전문의가 되면 합법적으로 칼을 쓰고 피를 보면서 남의 생명을 구할 수가 있다. Freud는 문명(과학과 예술)의 발전이 성·공격 추동들의 승화에서 온다고 보았다.

자아방어기제는 이것들 말고도 여러 가지가 있으며 분류하려는 시도들도 많았다. 그랜트 연구(Vaillant, 1977)에서는 방어기제들을 *정신병적*(망상적 투사, 부정, 왜곡), *미성숙*(투사, 분열적 환상 등), *신경증적*(이지화, 억압, 전위, 반동형성), *성숙*(유머, 억제, 승화) 기제들로 분류하였다. 적응을 잘하고 행복한 남성들은 '성숙한 기제'들을 더 많이 사용했다. 성숙한 기제의 하나인 **유머**는 나쁜 상황에서 자아가 주눅드는 대신 웃어버리는 것이다("나르시시즘의 승리," Freud, 1927/2000, p. 279). 초자아가 괜찮다며 따뜻한 위로의 말을 해주기 때문이다("이봐, 세상이 위험해 보이는데, 그까짓 것 어린애 장난이야. 웃어넘겨," p. 282). 실제의 (어릴 때) 부모도 감시·관찰하고 처벌을 위협할 뿐 아니라, 위로하고 지켜주는 자애로운 존재가 아닌가. 유머는 통상 자아방어기제에 들어가지 않지만 이렇게 자아를 지키는 기능을 한다. Freud는 유머가 '값지고 드문 재능'으로서, 많은 사람들이 유머를 알아듣고 즐기지조차 못한다고 보았다.

방어의 특성 자아방어를 하는 사람은 그것을 전혀 의식하지 못하면서, 방어가 완전히 성공하는 일은 없으므로 계속 방어태세를 늦추지 않는다. 그 잔재는 뻣뻣하고 경직된 몸 자세, 미소띤 굳은 표정, 빈정대고 거만떠는 행동 같은 특성들로 나타나기도 한다(A. Freud, 1937/66, p. 33). 자아가 방어에 집중하면 현실판단과 적응에 써야 할 에너지를 내면의 욕망과 충동을 감추거나 억누르기 위하여 쓰는 것이므로, 현실왜곡과 비논리성, 과장과 부자연스러움이 나온다. 그 '나쁜' 욕망과 충동이 강할수록 이런저런 방어기제를 닥치는 대로 쓰고, 관련된 주제들에 대해 감정적, 비합리적이 된다. 예컨대, 아버지에 대한 증오를 억압하는 사람이 아버지만 들어오면 방을 나가 버리고, 아들이 아버지를 폭행했다는 신문기사를 읽을 때 이성을 잃을 정도로 흥분할지 모른다. 그가 전위기제를 쓰면, 회사의 나이 많은 상사를 이유 없이 극렬하게 싫어하여 문제를 자초할 수 있다.

방어는 완전히 성공하는 일이 없을뿐더러 완전한 충족도 주지 않는다. 어머니에 대한 애정이 예술로 *승화*되든, 아버지에 대한 증오가 *억압*되거나 상사에게로 *전위*되든, 이는 모두 원래의 충동 목표를 비껴가는 대리 만족일 뿐이다. 대리 만족은 언제나 미진하기 마련이며, 역설적이지만 바로 그 때문에 그칠 수가 없다. 화가는 계속 성모 마리아를 그리고, 상사를 모함하여 큰 피해를 입은 사람이 '정신 못 차리'고 상징적 아버지들을 미워하고 모함하기를 그치지 않는다. 그러면서도 미진함과 불만은 없어지지 않으며, 원래의 '나쁜' 충동에 대한 죄책감도 남아 있다.

우리는 누구나 방어를 하며 산다. 단지 정도에 차이가 있을 뿐이다. 방어가 심한, 즉 *방어적*(defensive)인 사람은 무엇보다도 스스로 편안하고 행복하지가 않다. 어느 한 방어기제에 너무 크게 의지할 때는 그것이 (신경증적) *증상*으로 발전하여 일상적인 적응을 방해할 수 있다. 자식에게 무슨 일이 일어날까봐 밤낮없이 걱정하느라고 잠도 못 자고 아무 일도 못하는 어머니, 하루에도 수십 번씩 손을 씻어야 하기 때문에 일도 방해를 받거니와 손 피부가 다 헐어버린 회사원을 생각해보라. 표 2-3에 소망과 불안의 갈등에서 방어가 나오는 예를 몇 가지 실었다. 이 갈등이 심할 때 '방어기제의 행동결과들'이 병적, 신경증적이 될 수 있다.

신경증과 증상형성 Freud가 무의식을 '발견'하게 된 것은 히스테리 환자들을 이해·치료하려고 노력하면서였다. 이들은 기관(organic) 장애가 없는데도 기이한 신체적 증상(마비, 실명, 실어증 등 '전환 히스테리')들로 고통당하고 있었다. Freud는 차츰 성충동의 억압이 히스테리 증상, 나아가 모든 신경증 증상의 원인이라고 믿게 되었다. 구조로 볼 때 신경증은 '그것'과 '나'의 갈등의 결과이며, 과정을 볼 때는 충동들이 올라올 때 불안해지고 방어기제를 사용하는 결과이다. 원초아는 어느 발달단계에 고착된 충동들(예, 구강적 의존, 항문적 공격 등)을 충족시키고 싶어하지만, 초자아(내면의 부모)는 무조건 안 된

표 2-3 정신분석적 정신병리 이론(Pervin & John, 1997, p. 125, 표 4-2)

갈등 예		방어기제의 행동결과들
소 망	불 안	방 어
저 사람과 성관계를 갖고 싶다.	그런 감정은 나쁘고 벌 받을 것이다.	모든 성행동의 부인, 남들의 성행동에 대한 강박적 집착.
내게 열등감을 갖게 하는 모든 인간을 때려눕히고 싶다.	내가 적대적이 되면 그들은 보복할 것이다.	소망이나 공포의 부정: "나는 결코 화가 나지 않는다," "아무도, 아무것도 두렵지 않다."
사람들에게 다가가고 싶고 그들이 나를 보살펴주었으면 좋겠다.	그들은 나를 꼼짝 못하게 질식시키거나 또는 떠나 버릴 것이다.	과도한 독립심, 친밀관계 회피, 접근과 도피 사이의 갈등, 남들을 보살피려는 지나친 욕구.

다고 윽박지르고, 자아는 그러한 충동의 직접적 충족이 현실에서 불러올 위험을 예상한다. 이러한 갈등상황에서 '나'가 억압된 충동을 위장하여 표현함으로써 '그것'의 요구, '윗나'의 금지, 현실의 요구를 다 만족시키려는 타협결과가 바로 **증상**이다.

마음속에서 자식을 증오하는 어머니는 반동형성으로 '헌신적 모성애'라는 칭송을 받고 초자아의 도덕적 요구도 만족시키지만, 과잉보호로 아이를 질식시킴으로써 아이에 대한 분노와 증오를 위장 표현한다. 손 씻기는 '더러운' 짓을 하고 싶은 소망을 표현하지만, 동시에 지나친 청결함이 그 소망에 대한 방어도 된다. 자아는 이런 증상을 통하여 원초아의 요구와 초자아의 금지를 다 만족시킬 뿐 아니라 외부세계의 동정도 산다. 할 일을 못하는 데 대해 변명이 생긴 것인데('이차적 이득'), 본인들은 소망도 방어도 의식하지 못하므로 증상들만 문제라고 생각하며 괴로워한다.

치료는 이론적으로는 간단하다. 그 두려운 충동이나 욕구를 인정하면, 마음속 증오·분노와 위험한 소망·욕구를 깨달으면, 방어의 필요가 없어진다. "진리가 너희를 자유케 하리라." 실제에서는 치료가 그리 간단하지 않고 몇 년씩 걸리는 일이 흔하다. '성격의 발달'에서 본 것처럼, 추동의 억압 자체에 깊은 뿌리가 있기 때문이다.

정신분석 치료

'나쁜' 추동이나 욕구가 있음을 스스로 인정하는 것은 그것을 표출하는 것과 다르다.

어머니에 대한 애정을 인정한다고 해서 어머니와 결혼하는 것도, 아버지의 보복이 기다리는 것도 아니다. 아버지에 대한 증오를 인정한다고 해서 그를 죽이러 가는 것도 아니다. 우리 자신은 더 이상 약하고 힘없는 어린애가 아니며, 부모도 더 이상 막강한 권력자가 아니다. 우리는 부모의 사랑을 잃는다고 죽는 어린애가 아닌데도, 어릴 때 어느 단계에 고착이 되었기 때문에 무의식에서는 여전히 무력한 아이이다. 방어와 증상을 포기하려면 멈춘 발달이 이어져야 한다. 정신분석은 방어를 걷어내고 진실을 밝혀내어 자유를 얻는, 자기 자신이 되는 작업, 성장경험이라 할 수 있다.

치료의 기본규칙

원초아와 초자아의 요구들, 자아의 대처능력, 현실의 규범과 요구들이 서로 맞지 않을 때는 언제나 괴로움이 따르지만, 신경증적 증상들에는 특히 성충동과 아동기 경험들이 문제가 된다. 자아가 초자아의 엄한 금지들에 억눌리고 원초아 요구들을 방어하느라 바깥세계로 관심을 돌리지 못하므로, 일도 사랑도 즐기지 못한다. 자아가 상대적으로 약하기 때문에 방어적이 되지만, 또 방어하며 현실을 왜곡하기 때문에 자아가 강해지기가 힘들다. 이 악순환을 깨는 것이 치료의 과제이다.

내담자는 증상이나 괴로움을 벗어나기 위해 치료자를 찾아오지만, 정신분석 치료의 일차적 목표는 증상 제거도, 내담자의 위로와 고통 완화도 아니다. 목표는 *자아의 강화*, "원초아가 있던 곳에 자아가 있게 하라"이다. 의식하지 못하는 한 '그것'에 휘둘리므로, 무의식적 충동들을 의식하여 '나'가 조절·통제할 수 있어야 하는 것이다. 이를 위해 자아는 분석가와 동맹을 맺고 원초아의 추동요구, 초자아의 양심요구라는 적과 싸워야 한다. 이 공동작업에서 자아는 적의 공격에도 불구하고 버티는 힘, 현실의 요구들에 대한 어느 정도의 통찰을 가지고 있어야 한다. 그러므로 정신병의 경우에서처럼 자아가 아주 약하다면 정신분석이 불가능하다.

자유연상 내담자가 따라야 하는 기본규칙은, 아무리 말하기 불편하거나 시시해도 마음에 떠오르는 모든 생각·기억들을 이야기해야 한다는 것이다. 분석가는 어떤 특별한 것을 따라가지 말고, 들리고 보이는 것, 내면에서 떠오르는 느낌 등에 골고루 주의를 기울여야 한다("잔잔히 떠 있는 주의력"). 자유연상 과정에서 나오는 기억의 단편들은 서로 무관해 보이지만, 의식의 심층, 어린시절의 경험과 사건들로 내담자와 분석가를 데려가 주는 중요한 단서들이 된다.

꿈은 정신분석의 중요한 재료가 된다(글상자 2-3 참조). 증상들처럼 꿈도 위장된 소망

Freud의 치료실

충족이다. 꿈속의 인물, 사건, 장소 등에 대해 자유연상들이 나오면서 잠재적 꿈 생각이, 즉 무의식적 소망을 표현하는 숨은 의미가 점점 드러난다. Freud 시대에는 내담자가 장의자(카우치)에 눕고 분석가는 그 뒤에 앉았는데, 긴장이 풀려 있을 때 자아의 검열 없는 자유연상이 쉬워지기 때문이었다. 오늘날에는 분석가에 따라 또는 내담자의 장애 유형에 따라 치료자와 내담자가 마주 앉아서 이야기를 하기도 한다.

해 석 해석은 정신분석의 가장 특징적인 기법이다. 분석가는 여러 상황과 정보, '지금 여기'에서 일어나는 일들을 헤아려 짐작·유추한 것들을 내담자에게 말로 전한다. 보통 표면부터 심층으로, 또 방어나 저항을 무의식적 충동들보다 먼저 해석해 들어간다. 심층의 내용일수록 내담자가 받아들이기 힘들고, 받아들일 준비가 되지 않았을 때 무의식 내용을 해석하면 아무런 효과가 없거나 오히려 저항만 불러일으킨다. 의식하지 못했던 것들이 의식에 들어오면서 "원초아가 있던 곳에 자아가 있게" 되고, 추동들을 억누르기보다는 표현과 충족을 허용하는 쪽으로 변해간다.

해석의 시점과 방식이 적절하면 내담자는 지금까지 의식하지 못하던 증상이나 행동의 의미, 서로 무관하다고 여겼던 일들의 관련성 등을 깨달을 수 있다. 바로 **통찰**이다. 이는 머리로만 "그랬구나," "그렇겠구나" 하는 회상이나 이해가 아니라 통렬하게 가슴을 치는, 즉 강한 감정이 따르는 전 존재의 체험이다. 이런 정서적 통찰이라야 진정한 치유 효과가 있지만, 한 번에 되는 일은 아니다. 억압되었던 괴로운 경험들을 일단 의식화했을 때, (다시 억압하지 않고) 의식에 통합시키는 작업(Durcharbeiten, working-through)을 해 나가야 한다. 이를 통상 **훈습**(불법을 듣고 마음을 닦아 간다는 불교 용어)이라 번역한다.

분석가가 적절하게 해석해야 하는 것은 (무의식)내용뿐 아니라 분석가에 대한 태도와 행동도 포함한다. 바로 전이와 저항의 해석이다.

전이와 저항

지금까지 억압했던 성·공격 충동들에 마주치게 될 때 내담자의 태도는 이중적이다. 괴로운 증상들을 벗어나 일과 사랑을 즐기고 싶으면서도 위험한 충동들은 계속 덮어두고 싶은 것이다. 아버지는 훌륭한 사회인이었으며 가족을—표현은 안 해도—사랑했고, 그런 아버지를 존경하고 사랑한다고 믿어 온 사람이 있다. 그런데 무의식을 파고 들어갈수록 그리고 어린시절로 되돌아갈수록 아버지가 엄마와 자신에게 어떤 고통을 주었는지 그리고 자신이 아버지를 (사랑하기도 하지만) 사실 얼마나 증오하는지를 깨달아간다. 진실을 인정할 때 지금까지처럼 살 수 없다는 것이 분명해지면서 발밑의 땅이 흔들린다. 진실을 알고 싶으면서도 동시에 방어를 포기하고 싶지 않은, 치유를 (의식에서) 원하면서 동시에 (무의식에서) 원하지 않는 갈등 속에서 치료자와의 관계 또한 양면적이 된다.

전 이 분석과정에서 내담자는 부·모에게 절대적으로 의존했던 또는 부·모를 성적으로 갈망하거나 증오·질투했던 어린시절로 되돌아간다. 이 특수한 상황에서 그는 어릴 때 중요했던 인물(보통 아버지나 어머니)을 향했던 감정과 반응들을 분석가에게 옮길 수 있다. 그는 분석가를 사모하기도 하고 경멸·증오하기도 하는데, 이러한 감정들이 분석가의 어떤 행동에 대한 납득할 만한 반응이 아니라면 그 현상을 전이(transference)라 한다. 전이는 분석상황에서 일어나는 '전위' 방어기제라 할 수 있다.

학생이 부모에게 가진 (스스로 의식하지 못하는) 감정을 어떤 특정한 선생님에게 전이하여 그를 사모하거나 미워하는 일은 비교적 자주 일어나는 일이다. 인간관계 전체가 전이에 지배된다고도 볼 수 있으므로, 분석가는 자신을 향한 전이뿐 아니라 치료장면 밖에서의 전이들도 해석해주어야 한다. 분석가는 분석가대로 어떤 내담자가 '공연히' 싫거나 좋을 수 있는데, 이러한 감정은 **역전이**(counter-transference)일 수가 있다. Freud 시대에는 감정반응 없는 중립성이 분석가의 바람직한 자세였지만, 이제는 더 이상 역전이를 피해야 할 것으로 생각하지 않는다(Westen 등, 2008). 임상가가 한 특정 환자와 있을 때 생각하고 느끼고 행동하는 방식도 치료에 유용하다고 보는 것이다.

긍정적 감정이 전이되는 경우, 내담자는 분석가의 마음에 들고 사랑 받고 싶어하기 때문에 자유연상도 잘하고 증상도 빠르게 호전된다. 선물 공세를 하는가 하면 '섹스 어필'을 적극적으로 이용하기도 한다. 그러나 부모에 대한 감정은 보통 양면적이기 때문에, 그리고 좋은 분석가라면 내담자의 애정표현에 응답을 안 하기 때문에, 긍정적 태도가 갑자기 부정적· 적대적으로 바뀔 수 있다. 이때 지금까지의 치료효과는 없어지고, 모욕·무시당했다고 생각한 내담자는 분석을 집어치우기도 한다. 분석자는 내담자에게 그때마다 그런 반응들이 과거의 재연이라는 것을 보여주어야 한다. 자신의 강렬한 감정이 부·모(또는 다른 어떤 중요했던 인물)를 향한 어린아이의 감정이라는 것을 깨닫게 되면, 자신의 병과 불행의 깊은 원인에 대한 통찰이 올 수 있다. 과거의 사건을 자기 스스로 재연하며 재체험하는 것이기 때문에 전이의 올바른 해석은 설득력이 강하다.

저 항　치료과정에서 무의식이 의식되는 것을 방해하는 내담자의 모든 태도·행동을 저항이라 한다. '무조건 알고 싶지 않다'는 태도는 여러 가지로 나타난다. 내담자는 갑자기 아무 생각이 안 나거나 아니면 반대로 계속 신변잡담을 늘어놓고, 지각을 하거나 약속을 아예 잊어버린다. 전이가 '열애'나 적대감으로 바뀌면 자유연상이 안 되고 치료성공을 위협하면서 저항의 중요한 도구가 된다. 저항의 극복은 분석작업 중에서 가장 많은 시간과 노력을 요구한다. 분석가는 저항이 일어나고 있다는 그 자체를 알아차리고 그 이유를 이해해야 하며, 전이를 해석해준 것처럼 저항도 해석해주게 된다. 이는 위에 말한 훈습의 일부가 된다.

Freud는 저항의 원천이 되는 두 가지 큰 힘이 가혹한 초자아와 자기파괴 추동이라고 말한다. *가혹한 초자아*는 내담자가 건강해지거나 행복해질 자격이 없다고 일깨운다. 마치 내면의 부모가 '넌 나빠. 사랑받을 자격이 없어. 죽어버려'라고 심판을 내린 것처럼, 한 가지 증상이 없어지면 즉시 다른 증상이, 때로 신체적인 병이나 '불의의 사고'가 생기기도 한다. 가혹한 초자아를 무너뜨리는 것보다 어려운 일은 *자기파괴 추동*을 극복하는 것이다. 자기를 건강하고 행복하게 만들려는 모든 치료 노력에 저항하다가 결국은 자살까지 할 수 있다.

분석가가 내담자를 새로운 인간으로 다시 태어나게 할 수는 없다. 자아가 점점 강해지고 현실 적응에, 일과 사랑에 에너지를 돌릴 수 있도록 통찰하고 깨닫고 변하는 것은 내담자 자신이다. 그러므로 중요한 것은 *자기분석*의 태도이다. 이는 마음의 과정과 동기를 추리하여 자신의 감정반응들, 자신이 내린 판단, 결정 등의 무의식적 배경을 질문·통찰하려 하는 삶의 자세를 말한다. 오랜 습관을 한 번의 통찰로 바꾸기는 어려우므로 오랜 시간에 걸친 끈기 있는 노력이 필요하다.

이론의 평가

정신분석 이론에 대한 관심은 우리나라에서도 상당히 크다. Freud 총서가 번역 출판되어 있기도 하다. 물론 대중에게 인기가 있으니까 책들이 계속 나오는 것이다. 정신분석 이론의 어떤 특징들이 대중에게는 그리고 인문 사회과학 분야에서는 흥미와 관심을 끌면서 학문적(즉, 대학에서 가르치고 배우는) 심리학의 주류에는 속하지 못하게 하는 것일까? 성격이론으로서 정신분석학의 강점과 약점은 그것이 과학적 심리학의 틀 안에 집어 넣어지지 않는 것과 밀접한 관계가 있다.

강 점

과학적 심리학의 틀에 안 들어간다고 해서 정신분석 이론이 성격심리학과 심리학 전반에 영향을 미치지 않았다거나 중요한 공헌을 하지 않았다는 것은 아니다. 몇 가지 강점만 지적해본다.

현상들의 발견과 탐구 학문적(과학적) 성격심리학에서는 검사나 척도로 성격을 측정해서 파악할 수 있다고 믿지만, 정신분석학은 그 믿음이 환상일지 모른다고 말해준다. 나 자신이나 타인에 대한 '진실'은 오랜 기간에 걸친 심층적 탐색이 필요하기 때문이다. Freud가 발표한 사례연구들은 서로 관계가 없어 보이는 단편들을 퍼즐 맞추듯이 조합하여 의미 깊은 그림을 완성시키는 뛰어난 능력을, 추리의 집요함과 대담함을 보여주었다. 그가 보여준 것은 이차원적인 평면 그림이 아니라 피와 살이 있는 입체적 인간이었다. 이는 그의 철저한 학구적 탐구정신뿐만 아니라 뛰어난 문학적 재능에도 힘입은 성과이다.

한 환자와 수백 시간에 걸쳐 대화를 한다는 분석 관행은 집중적 사례연구를 가능하게 하였다. 그에게 우연이란 없었다. 환자들이 가지고 오는 증상들뿐만 아니라 꿈, 말 실수, 하찮은 습관들, 돌발적 사고 등 모든 일은 어떤 원인이 작용한 결과들이었다. 인간의 사고와 행위들에 숨어있는 의미들을 이해하려 애썼다는 점에서 정신분석학은 "의미들의 심리학"이다(Wachtel, 1997, p. 5). 어린시절 경험의 중요성, 무의식의 작용 방식, 성· 공격 충동의 중요성, 자아방어 기제 등 그가 발견한 결과들은 물론 인간의 성격과 행동을 이해하는 데 큰 도움이 되었지만, Freud가 모범을 보인 불굴의 탐구정신과 관찰력 자체가 사람 공부의 기본적 태도가 어떠해야 하는지를 보여준다.

인간 존재의 복잡성 Wachtel(같은 곳)은 정신분석학의 강점이 우리 행동의 인과 분석, 즉 결정론이 아니라, 우리 감정생활의 엄청난 복잡성을 드러내준 데 있다고 보았다. 인간이란 복잡한 존재이며 '겉만 보고는 모른다'는 진리를 가르쳐준 것이다. 같은 행동이 서로 다른 동기에서 비롯될 수 있으며, 같은 동기가 아주 다른 행동을 가져올 수 있다. 한 사람 속에 빛과 그림자가, 동물과 성자가 공존한다. 언제나 명랑하던 친구가 어느 날 자살 기도를 했을 때 늘 온화하고 친절한 선생님이 부인을 상습 폭행하여 경찰에 입건되었다는 소식을 들을 때 우리는 놀란다. 나에게 한없이 너그러운 사람이 나를 싫어하는 적대감에 방어하는 것일 수도 있다. 성을 더러운 것이라고 생각하는 사람이 이성에 대한 관심을 완전히 끊기도 하지만, 정반대로 아무하고나 성관계를 맺기도 한다. 금욕과 방탕함이 번갈아 나오기도 해서 더 혼란을 준다. 나 자신이라고 예외인가? 부모·형제, 친구·연인·배우자의 마음과 성격을 어떻게 다 안다고 자부할 것인가.

정신분석학은 이러한 복잡성에도 우리가 정신을 잃지 않게 해준다. 그리하여 우리는 누구에게나 비굴할 만큼 겸손한 사람을 볼 때 "저 사람의 공격성은 어디서/언제/어떻게/누구에게 표현되는 것일까?"를 묻고, 자신만만하다 못해 안하무인인 사람을 볼 때 기가 죽기보다는 "얼마나 열등감이 많으면 저렇게 반동형성을 해야 하나?"라고 혀를 차는 것이다. 나 자신 및 가까운 사람들에게서 생각지도 못했던 면을 볼 때도 절망과 공포에 사로잡히지 않고, 최상의 경우 겸손과 너그러움을 되찾거나 유지할 수 있다. 개인적 의미의 이해와 해석이 직업상 중요할수록 이 "의미들의 심리학"에 의지하게 되지만, 정신분석적 경청과 의미해석에는 많은 경험과 지도(supervision)가 필요하다.

결국 중요한 것은 한 사람의 특수한 행동과 특성들이 아니라 그 부분들의 조직(organization, configuration), 즉 전체 성격의 성숙 또는 건강의 수준, 원초아·자아·초자아의 역학관계, 가족 울타리를 벗어나 일과 사랑에 헌신할 수 있는가 하는 등이다. 전체적(holistic) 이해를 추구하면 실험으로 대표되는 좁은 의미의 과학적 연구가 어렵거나 불가능해진다. 그러나 '과학적 연구'가 목표가 아니라 인간 행동·성격과 삶의 이해가 목표라면, 실험실에서 나오는 객관적 행동 측정치들과 검사·척도 점수들만 '자료'가 아니라, 나 자신의 삶과 성격이, 인간의 모든 반응과 행동이 모두 중요한 자료가 된다. '주제 파악'을 올바르게 하면 과학적 탐구를 실험법과 실험실, 통계적 유의도 검증에 국한시키지 않고 더 넓게 이해하게 된다.

이론의 포괄성 Freud(나 Piaget)의 가장 중요한 공헌은 아마도 큰 질문들과 큰 해법들을 제기한 것이다(Westen 등, 2008, p. 87). 큰 그림을 그리고, 놀라운 범위의 현상들을 설명할 수 있는 넓은 단계와 구조들을 제안했기 때문이다. 인간 존재의 복잡성을 인정하기 때문에 Freud는 인간 행동의 거의 모든 측면들을 설명할 수 있었다. 자아방어기제만 공부해도 우리는 똑같은 충동(예, 공격성이나 적대감)이 억압, 투사, 반동형성, 이지화 등에서부터 승화에 이르기까지 수많은 방식들로 표현될 수 있다는 것을 알게 된다. 성·공격 충동의 억압과 방어기제, 원초아·자아·초자아의 개념들을 가지고 Freud는 정상 성격과 성도착과 신경증을, 천재(예, 레오나르도 다빈치, 미켈란젤로)와 광인을, 도덕·종교·

예술·문화의 생성과 작용을 설명할 수 있었다. 어떤 다른 성격이론도 그렇게 넓은 행동 범위를 포괄하지 못한다. (우리말로 번역되어 나온) '토템과 타부(1913/95)', '문명 속의 불만(1929/97)'을 읽어보면 그의 넓은 시야를 알 수 있다.

약 점

정신분석 이론의 약점들은 강점들을 이야기할 때 이미 시사되었다. 이론의 모든 강점들은 그것의 개념과 주장들을 과학적으로 검증하기 어렵게 만드는 특징들이다.

과학적 연구의 문제 정신분석 이론의 개념과 명제들은 경험적으로 검증하기가 힘들거나 불가능하다. 무엇보다 용어들이 분명하게 정의되어 있지 않다. Freud의 저서들은 건조한 과학서적이라기보다는 감동적인 문학작품, 때로는 흥미진진한 탐정소설 같다. 그의 문학적 재능의 일부는 은유적 언어에 있었다. 잠복기, 죽음충동, 외디푸스 컴플렉스, 거세불안 등은 모두 은유들이다. 개념들이 너무 모호해서 정확한 의미가 무엇인지 연구자들이 합의를 보기가 힘들다. 이를테면, 리비도를 어떻게 정의할 것인가? 구성개념들이 잘 정의되어 있는 경우에서조차 관찰 및 측정이 너무 어렵다. 원초아, 자아, 초자아는 상당한 기술력(descriptive power)을 가지지만, 그들을 행동적 관찰들과 연결짓기가 힘들다.

이론을 검증하기 어렵다는 문제가 더 복잡해지는 것은 정신분석학이 거의 모든 결과를—상반된 결과들도—설명할 수 있다는 것이다. 한 행동이 나타나면 충동의 표현이고, 그 반대가 나타나면 방어(반동형성)의 표현이며, 다른 행동이 나타나면 충동과 방어의 타협이다. 어떤 여건이 주어진다면 어떤 행동이 일어날 것인가를 예언하지 못하면, 이론이 맞는지 틀리는지 검증할 수가 없는 것이다. Freud는 과학적 이론으로서 정신분석학의 문제점들을 알고 있었지만, 과학적 활동 초기에는 현상들의 기술에 집중해야 한다고 믿었다. 그는 정신분석적 통찰들을 예언의 목적에 사용하기 힘들며 이론의 강점이 (미리) 예언하기보다 (나중에) 설명하기라는 것을 인정하였다. 가르치고 연구하는 교수가 아니라 매일 환자들을 분석하는 임상가로서, 그는 과학적 이론의 핵심인 예언과 그 검증의 중요성을 충분히 인식하지 못했다.

임상적 자료의 신뢰도 정신분석 이론의 토대는 임상적 관찰과 사례연구, 즉 관찰자의 주관적·이론적 지향에 의해 선택·해석된 자료였다. 그래서 환자가 하는 이야기에서 자기 이론에 맞는 부분들만 '들었'거나, 환자로 하여금 분석가가 듣고 싶은 이야기만 하도록 부지중에 유도했거나, 결과를 보고할 때 자기 이론에 맞지 않는 부분을 빼버리고 맞는 부분만 남겨 두드려 맞추었다는 혐의를 면할 수가 없다. 독립적인 다른 학자의 관찰·해석과 일치하는지 *검증*된 바가 없기 때문에 이론의 토대가 된 임상적 자료의 신뢰도는 의심받을 수밖에 없다.

정신분석학자들이 이론을 옹호하는 방식은 때로 억지에 가깝다. 이를테면, 성충동의 지나친 강조를 비판하는 사람에게 자신의 충동들을 억압·방어하는 것이라고 대응하는 것이다. Freud가 살아있을 때 이미 정신분석은 과학적 이론이라기보다 종교적 운동이 되었었다. 정신분석의 근본원칙들을 받아들이기를 거부한 학자들을 Freud가 추방하고 관계를 끊었듯이, 그의 사후에도 '정통'을 이탈하는 분석가들은 여전히 추방과 비방을 각오해야 했다. 이론을 종교 교리처럼 받들면 임상적 관찰과 해석에 편파가 생기고 자료의 신뢰도가 손상된다. 바로 뒤에 보게 되듯이 '정통' 자체가 흔들리면서 이러한 경향은 이제 거의 없어졌다.

결정론과 비관론 과학적 연구를 강조하는 학자들과 전혀 다른 각도에서 인본주의적, 실존주의적 학자들은 정신분석의 인간관을 비판해왔다. 인간을 긴장감소를 추구하는 에너지 체계로 보는 견해가 창조적·자기실현적 측면들을 무시한다는 것이다(5장 참조). 이들은 Freud의 결정론과 비관론에도 반대한다. 기억도 못하는 어린시절에 성격이 형성되고, 4, 5세경 외디푸스 갈등의 결말이 일생을 건강한 사람으로 살지, 신경증 환자로 살지를 결정한다는 견해는 자유의지를 부정하고 비관적 운명론으로 몰고 간다는 것이다. 죽음충동 개념은 Freud의 비관론을 극명하게 보여준다.

문화와 사회가 인간의 자연스러운 충동을 억압함으로써 존속·발전한다는 인간-사회 대립 견해도 "인간 행복은 창조의 프로그램에 없다"는 비관론을 반영한다. 이 사회비판적 견해는 인간해방을 부르짖는 사회주의 이론가들(프랑크푸르트 학파)에게 정신분석 이론을 받아들이기 쉽게 만들었지만, 사회가 (예를 들어, 가정과 학교라는 제도를 통해) 개인의 발달을 돕는(Erikson, 1963) 측면을 무시하게 만든다.

생물학주의와 남성적 편파 인간의 성격과 행동을 설명할 때 타고난 추동들만 강조하면 가족과 사회 내의 영향력들을 무시하게 된다. 정신분석에 대한 페미니즘적 비판은 주로 이 점에 집중된다. Freud는 여자들이 생물학적 이유(남근 부재)로 수용적·수동적이고 의존적·굴종적이라고 보았다. 이러한 '여성적' 특성들은 피학증(매저키즘)의 개념 아래 포괄된다. 여성 정신분석학자 Karen Horney는 이러한 피학증적 특성들이 Freud가 주로 상대한 부유한 신경증적 여성들의 특성이며, 보편적으로 여성들에게 피학증 경향이 있다 해도 그것은 해부학적인 사실 때문이 아니라 문화와 사회의 영향력 때문이라고 반박하였다. Horney(1967/84)는 *남근선망* 개념이 근본적으로 남성적 편파(male bias)의 결과라고 생각한다. 그녀는 저서 '여성심리학'에서 어린 남자아이들의 '여성관'과 정신분석적 여성관이 얼마나 일치하는지를 비교 제시한 바 있다.

Freud는 주로 여자환자들을 분석했으면서도 '여자는 도대체 모르겠다'고 고백한 바 있다. 이는 결국 그가 시대와 문화(종교 포함)의 벽을 넘지 못한 것처럼 성별의 벽을 넘지 못했다는 것을 말해준다. '토템과 타부'(Freud, 1913/95)를 읽어보면 역사의 주인공은 남자이고, 여자는 성적 대상으로 전리품 정도의 역할밖에 하지 못한다. 외디푸스 갈등은 근본적으로 막강한 아버지와 무력한 아들이 성적 대상인 어머니를 놓고 벌이는 싸움이다. 한편, 특히 대상관계 이론 지향의 학자들은 —Freud가 소홀히 한— 외디푸스 이전 단계에서 어머니와 자녀의 관계에 초점을 맞추고 성격발달에서 어머니의 중요성을 부각시켜 왔다.

물론 Freud만, 정신분석학만 남성 중심은 아니다. 현대까지도 심리학, 나아가 과학과 학문, 정치와 사회는 남성의 영역이다. 남자가 여자의 '본질'과 역할을 규정해 왔다. 여성적 시각에서 비로소 어머니의 주체적 역할이 '발견'(!)된 것같이, 여성적 시각을 가진 학자들이 정신분석적 자료와 이론의 범위를 확대해 가고 있다. 자료와 이론의 범위를 확대해 가는 것은 물론 성별에만 관계되지 않는다. 시대가 지나면서 생활환경과 조건이 달라지고 따라서 인간의 문제들도 달라지므로, 자료와 이론의 범위는 확대되어 갈 수밖에 없다.

Freud가 살던 시대 서유럽에서는 (특히 여자의) 성이 억압되었지만, 2차대전 후 '성개방' 풍조가 나오고 자본주의가 지배하게 되면서 억압의 정도는 약해졌으나 그 양상은 복잡해졌다. 오늘날 정신분석가를 찾는 내담자들은 충동 억압에서 나오는 '전형적 신경증'을 내놓기보다는 우울증, 허무감, 아무 의욕도 의미도 없는 삶 때문에 도움을 받으려 한다. 최근의 이론들에서 (성과 공격) 충동보다는 '나'라는 느낌(sense of self), 자기존중, 관계(맺는 능력)의 문제들이 중시되는 추세는 바로 이러한 시대 변화를 반영한다. 다른 예로, 아버지('가부장')가 아내와 자녀에게 거의 절대적 권력을 행사하던 가족구조가 붕괴하고 '아버지 부재 사회'를 걱정하는 시대에 외디푸스 갈등은 어떻게 나타나는가?

정신역동 이론의 현재

100여 년이 지나면서 정신분석 이론은 많은 변화를 겪었기 때문에 '정신분석학'이 정확하게 무엇인지를 정의하는 일이 '도전'이 되었다(Westen 등, 2008, p. 61). 무의식과 갈등, 방어 같은 것들은 받아들이지만 리비도 이론과 외디푸스 콤플렉스 등은 거부하면 정신분석학자가 아니라 '이단'이거나 정신*역동*학자로 분류되던 때도 있었다. 지난 30년간 정신역동과 정신분석 구분은 사라졌고, 정신분석과 심리학의 경계도 무너지기 시작하였다.

'주류' 정신분석 이론가 및 임상가들도 핵심명제들—외디푸스 콤플렉스와 성추동 또는 아예 추동 개념 자체—을 거부하게 되기도 하였고, 현대심리학(인지 및 사회심리학, 신경과학)이 무의식과정, 갈등 등을 연구하기 시작했기 때문이다(같은 곳; 뒤에 4장 참조).

Westen(1998; Westen 등, 2008)은 다음을 자명하게 받아들이면 성격에 대한 '정신분석적 접근'이라고 볼 수 있다고 본다.

1. **무의식 과정들의 존재와 중요성** 생각, 감정, 동기들을 포함하여 정신생활의 많은 부분은 의식되지 않는다.
2. **갈등과 양면감정** 감정 및 동기 과정들을 포함하여 여러 심리적 과정들이 동시에 작동한다. 같은 사람이나 상황에 대해 상반되는 감정들(예, 갈등과 공포)이 동시에 생겨서 갈등적 동기들(예, 접근과 회피)을 불러올 수 있으므로, 어떻게 타협을 보는가 하는 것이 중요해진다.
3. **성격의 연속성과 아동기 경험의 역할** 아동기 경험들이 성격 발달에서, 특히 후에 사회적 관계들을 맺는 방식들의 형성에 중요한 역할을 한다.
4. **자기, 타인, 관계들의 정신적 표상들의 역할** 자기, 타인, 관계들을 어떤 모습으로 그리느냐—'정신적 표상'—하는 것이 타인들과 맺는 관계와 상호작용들에 그리고 심리적 증상들에 영향을 미친다.
5. **발달의 궤도** 성격 발달은 성·공격 충동들을 조절하기를 학습하는 것뿐 아니라, 미성숙하고 의존적인 상태에서 성숙하고 독립·상호의존 상태로 옮겨가는 것도 포함한다.

구조모델(원초아, 자아, 초자아)도, 발달모델(심리성욕 단계)과 외디푸스 콤플렉스도 '정신분석적 접근'의 필수 요소들이 아닌 것이다. 마지막 두 가정은 대상관계 이론(글상자 2-4 참조) 발전의 영향을 특히 분명하게 반영한다. Freud 이래 정신분석학에서 중심이 된 이론 발달은 1930년대와 40년대에 나타난 대상관계 이론들이라 할 수 있다. **대상관계**란 "친밀관계들에서 지속적인 관계 맺기 패턴들과, 그 패턴들을 매개하는 인지 및 정서과정들"(Westen 등, 2008, p. 67)을 말한다. 만족을 주는 관계들을 유지하지 못하고, 친밀관계들의 위험에 대한 공포와 환상들에 시달리는 성격장애 환자들이 많아지기 시작하면서, 추동과 그 억압보다는 *관계*(욕구)가 치료와 이론화의 중심이 된 것이다.[4] 대상관계 학자들

---

4) '정신분석적 진단'에서 Mc Williams(1994/2000)는—대상관계 이론들을 소개한 후—성격이란 "초기 아동기에 경험한 대상들처럼 행동하거나, 혹은 타인을 그 대상처럼 행동하도록 무의식적으로 유도하는, 예측이 가능한 행동패턴"(p. 56)이라고 정의했다.

은 외디푸스 앞 단계, 특히 삶의 첫 해 엄마와의 관계에서 일어나는 일들과 그 영향을 자세히 고찰하였다.

Westen(1998)은 지난 수십 년간 학문적 심리학 내에서 계속 무시되어 온 정신역동적 관념들이 성격·사회·발달 심리학자들의 관심사들과 점점 일치해 왔다고 본다. 이러한 추세에는 대체로 다음 세 가지 변화가 작용하였다. 첫째, 인지혁명으로 무의식 과정들을 포함한 정신과정들이 다시 논의되기 시작하고 감정과 동기에 대한 관심도 새로워졌다. 둘째, 현대의 정신역동 이론가들은 성과 공격 충동 외에 다른 동기들에도, 특히 관계와 자기존중에 대한 욕구들에 초점을 맞춘다. 셋째, 정신분석학 '교리'를 지키려는 경향이 지속되어 온 가운데, 심리학자들이 정신분석학에 들어오면서 경험적 연구가 중시되고 임상적 효용성만 주장하지 않게 되었다. 다음 장(3장)에서 'Freud에 대한 도전과 이탈'(Adler와 Jung)을 보고, 4장에서 정신분석적 개념과 가정들을 학문적 심리학의 과학적·체계적 방법론을 가지고 연구한 Murray의 결론을 제시한 후 무의식 가정들과 애착에 대한 경험적 연구들을 보기로 한다.

요 약

01 정신분석 이론에서 인간은 닫힌 **에너지 체계**이다. 추동들은 '몸 속 흥분'으로서 에너지 방출, 즉 **긴장감소**를 요구한다. 추동들이 직접 표출되지 못하면 방향이나 대상이 바뀌어 표현된다.

02 우리가 의식하지 못하는 감정, 생각, 동기들은 (만약 의식한다면) 괴롭기 때문에 억압된 것이다. 특히 사회(를 대표하는 부모)가 자유로운 표현을 금지하는 **성·공격 충동**들이 억압된다.

03 성격은 원초아, 자아, 초자아 세 개의 구조로 이루어져 있다. 완전히 무의식의 영역에 있는 **원초아**('그것')는 모든 추동들의 저장소로서, 즐거움 원칙을 따르며 일차과정적으로 기능한다. **자아**('나')는 현실원칙을 따르고 이차과정적으로 기능한다. **초자아**('윗나')는 부모(가 대리·대표하는 사회·전통)의 도덕과 규범들을 내면화한 구조이다.

04 세 구조는 하나가 강해지면 다른 것이 약해지는 상호의존 관계에 있다. 원초아, 초자아, 현실이 서로 다른 것들을 요구할 때 그 갈등을 견디고 타협을 찾아내야 하는 **자아**가 탄력 있고 강해야 적응을 잘 해 나갈 수 있다.

05 초기 세 **심리성욕** 단계의 경험들이 성격형성에 중요하며, 어느 단계에서 충족이 너무 부족하거나 너무 많으면 거기에 **고착**되는 일이 일어난다. **구강기**에는 입에 무엇이든 집어넣고('구강적 성애') 깨물고 뱉는('구강적 가학') 즐거움이 지배한다. **항문기**에는 배설과 관계된 활동(내보내기와 지니고 있기)이 중요해진다.

06 **남근기**에 아이들은 성기(및 그것이 주는 즐거움)와 남녀 차이를 발견하고, 이성 부모를 사랑하고 갈망하게 된다. 남자아이가 어머니를 사랑하고 아버지의 보복을 겁내는 것을 **외디푸스 갈등**이라고 한다. 아이는 **거세공포** 때문에 어머니를 포기하고 아버지와 동일시하게 되며, 그 결과가 **초자아 형성**이다. 여자아이는 자신에게 고추가 없는 것이 엄마가 잘라 버렸기 때문이라고 믿고 엄마를 원망하면서 아빠를 사랑하게 된다(**남근선망**).

07 남근기의 성·공격 충동이 억압되고 **잠복기**가 시작된다. 이 시기에 아이들은 학교에 다니며 친구들과 어울리고 이 세상을 살아가는 지식과 기술을 익힌다. 마지막 단계인 **성기기**가 사춘기와 함께 시작되면 충동들이 다시 강해지지만, 앞의 어느 한 단계에 대한 고착이 너무 심하지 않았다면 이 단계에 **일과 사랑**을 즐길 수 있는 성숙한 성격이 발달한다.

08 자아심리학자인 Erikson은 심리성욕 이론을 수용하는 가운데 확장하였다. 그는 사회·문화의 영향력과 자아의 기능을 강조하고, 성기기를 노년까지 이어지는 네 단계로 나누어 모두 8개의

심리사회 발달단계를 가정하였다.

09 현실, 원초아, 초자아의 요구들을 감당하기 어려울 때 자아는 **불안**으로 반응하고 다양한 **방어기제**를 사용한다. 방어기제에 너무 크게 의지하면 **신경증적 증상**이 나오기도 한다. 자아가 억압된 충동을 위장하여 표현함으로써 원초아의 요구와 초자아의 금지를 다 만족시키려는 타협의 결과가 증상이다.

10 정신분석 치료는 억압된 감정이나 충동을 의식화하는 과정이며, **자유연상** 내용의 해석이 중요한 도구이다. 내담자는 어릴 때 부모에게 가졌던 감정들을 현재의 치료자에게 **전이**시키는 가운데 다시 체험하기도 하고, 치료와 변화에 **저항**하기도 한다.

11 Freud는 뛰어난 관찰력과 불굴의 탐구정신으로 무의식과 갈등을 발견하고 인간 행동의 복잡성을 설명해주었다. 정신분석 이론은 정상 성격과 신경증, 도덕·문화·예술의 현상들을 설명하는 포괄적인 이론이다. 그러나 바로 이러한 강점들이 이론의 개념과 주장들을 과학적으로 검증하기 어렵게 만든다. 이론의 토대가 된 임상적 관찰, 사례연구의 자료가 Freud 개인의 관찰과 해석의 결과이기 때문에 신뢰도를 검증할 길이 없다.

12 정신분석 이론은 Freud 사후에도 계속 발전하여 현대의 정신역동 이론은 그 창시자와 더 이상 동일시되지 않는다. 그러나 무의식 과정들의 존재와 중요성, 갈등과 양가감정, 성격의 연속성과 아동기 경험의 중요성, 자기·타인·관계들의 정신적 표상들의 역할, 발달의 궤도 등에 대한 가정들은 현대에도 계속 고수되고 있다.

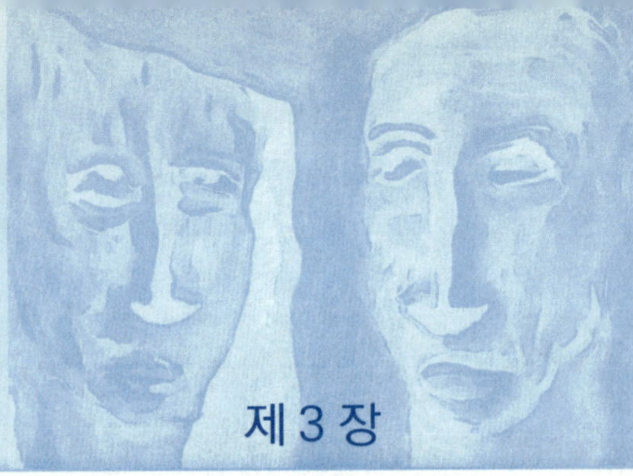

제 3 장

Freud에 대한 도전과 이탈: Adler와 Jung

Freud는 이론의 많은 측면들을 오랜 세월에 걸쳐 스스로 수정하였으나, 추종자들의 수정과 비판을 받아들이는 데는 한계를 보였다. Adler와 Jung은 초기부터 Freud의 추종자들이었고, 특히 Jung은 Freud의 후계자("왕세자")로까지 선택되었으나, 결국 둘 다 Freud 진영을 떠나고 말았다. 둘은 (성·공격) *추동*들의 지나친 강조도 비판했지만, 그의 *결정론*과 *비관론*에도 찬성하지 않았다. 결정론이란 우리의 모든 생각·감정·행동, 나아가 성격 특성, 직업 및 배우자 선택 등이 우연히 나오는 것이 아니라 원인이 있다는 신념이다. 우리는 Freud가 그 원인을 횡단적으로는 무의식으로 들어가서, 종단적으로는 먼 과거로 거슬러 올라가서 찾았다는 것을 보았다. 그러나 '왜'에 대한 답은 원인· 과거만 아니라 의도·목표·미래에서도 찾아진다.

학교 공포증을 보이는 아이는 남근기 때 엄마와의 관계에 문제가 있었을 수 있지만, 동시에 엄마를 '교육', '통제'하려는 (숨은) 의도가 있을 수 있다("엄마는 절대 나를 떼어 버리려고 해서는 안 돼"). 신경증이 생기는 이유도 충동 표출에 대한 불안일 수 있지만 (Freud), 가정이나 직장에서, 관계들에서 책임면제를 요구하는 의도가 숨어 있을 수 있고 (Adler), 전혀 다른 각도에서 보면, 현재 이끌어가는 삶이 잘못되었으므로 방향전환을 해야 한다는 내면의 요구일 수도 있다(Jung). Freud는 신경증의 '이차적 이득'을 인식했지만, 증상의 *목적*을 Adler처럼 강조하지는 않았다. Adler에게는 "정신생활의 모든 현상들은 하나의 목표를 앞둔 준비로 파악할 수 있다"(1927/87, p. 89). 우리 모두에게 궁극적인 목표는 강해지고 우월해지려는 것이며, 이 목표를 성취하기 위한 책략, 즉 생활양식만 사람마다 다를 뿐이다.

Adler의 개인심리학

Alfred Adler(1870–1937)는 Freud처럼 오스트리아의 유태인 가정에서 태어났다. 그는 1895년에 의학공부를 끝내고 안과의사로 개업하였다가 신경전문의로 바꾸었다. Freud와 만난 것은 1902년의 일이었다. 빈의 한 일간신문에 '꿈의 해석' 서평을 긍정적으로 쓴 것을 그가 읽고 엽서를 보내 자기 집에서 열리는 수요토론회에 초대하였다. 시간이 가면서 Adler의 생각은 Freud와 점점 멀어졌지만, 둘 다 조심하여 충돌을 피했다. 1910년 빈 정신분석학회 회장으로 뽑혔는데, 몇 개의 강연에서 결국 정신분석의 성역을 침범하고 말았다. 안전 추구가 성 만족보다 중요하고, 무의식은 원초아의 영역이 아니라 자아의 도구라는 등의 주장을 한 것이다. 그는 곧 회장직을 내놓고 몇 달 후 회원으로서도 탈퇴하였으며, 얼마 뒤 자신의 학회('개인심리학회')를 세웠다.

Jung(1943/72)은 Freud와 Adler의 견해 차이를 내·외향성 차이로 설명하였다. 내향적인 Freud가 모든 행동의 원인을 '안'에서, 생물학에서 찾았다면, 외향적인 Adler는 '밖'(사회, 문화)에 대한 관심을 강조했다는 것이다. 실제로 Adler는 현실참여 성향이 매우 강했다. 그에게는 건강한 성격이란 일과 사랑의 능력 이외에 타인들의 안녕에 적극적 관심을 가지는 태도(공동체감)도 의미한다. 그는 성격의 구조나 발달 단계에 대해 말하지 않았다. 삶이란 언제나 움직임이요, 흐름이기 때문에 구조를 논한다는 것은 추상적인 것을 구체화, 물화하려는 시도라고 보았기 때문이다. ['개인심리학'에서 '개인'이라는 단어도 사회·집단에 대비한 *개체*보다는 '나눌 수 없다'(in-dividuum)는 *전체성*을 의미한다.] 개인 성격을 이해한다는 것은 그 움직임의 방향과 목표를, 살아가는 스타일(life style, 생활양식)을 이해한다는 것이다.

열등감의 보상과 우월추구

의사로서 Adler는 약한 소화기, 약한 시력이나 청력 등을 타고난 사람들이 이 *기관 열등*(organ inferiority)을 보상하는 방식에 원래 관심이 있었다. 그는 그런 사람들이 남다른 노력으로 그 약한 기관을 훈련·강화시키거나, 아니면 약한 데를 놓아둔 채 다른 기관들을 개발한다는 것을 관찰하였다. 이를 **보상**(補償, compensation)이라 한다. 어릴 때 말을 더듬던 사람이 후에 빼어난 연설가나 작가가 된다면 '약한 기관' 자체를 훈련·강화시킨 것이다. 베토벤은 청년시절부터 귓병이 있어서 잘 듣지 못했다고 한다. 반면 시력이 극히 약한 사람이 뛰어난 청력을 발달시키거나, 신체장애로 평생 휠체어에 앉아 지내야 하는 사람이 뛰어난 물리학자가 되는 등은 '다른 기관'을 훈련시킨 예가 된다.

기관열등 개념은 그 범위가 점점 넓어져서 남보다 각별히 작거나 못생겼다거나 하는 신체적 약점들도 포괄하기에 이르렀다. 나아가 Adler는 신체적 약점이 심리적 열등감도 가져온다는 것을 알게 되었다. 말을 더듬거나 신체장애가 있거나 유난히 못생긴 것이 열등감을 줄 수 있는 것이다.

열 등 감 살아가면서 새롭고 낯선 과제들에 부딪칠 때마다 우리는 자신이 부족하고 무능하다고 느낀다. 이런 괴로운 느낌을 모른다면 잘 하려고 최선을 다하지 않을 것이며, 따라서 열등감이라는 추진력이 없다면 우리 삶에 발전이라고는 없을 것이다. 더욱이 열등감은 인간 존재 자체에서 비롯된다. 우리는 누구나 작고 약하고 무능한 존재로 인생을 출발한다. 갓 태어난 아기에게 세상은 자기보다 크고 강하고 유능한 사람들로 가득 차 있고, 그의 생존과 안녕은 이들 손에 달려 있다. 문명이 발전하면서 아동·청소년들의 의존기간은 점점 더 길어지고 있다.

아이들이 실제로 열등감을 느끼는지 아닌지를 어떻게 아는가? 두세 살 난 아이에게 물어본다고 대답을 할 것도 아니지만, 열등감은 행동관찰을 통해 추리되는 *심리적 사실*이다. "위로 올라가려고 하는 사람은 아래에 있다고 느끼는 것이다." 즉, 위로 올라가려고 애쓰는 행동을 보고 그 사람이 아래에 있다고 느낀다고 *추리*하는 것이다. 아이들은 넘어지고 다치면서 걸음마와 뜀박질을 배우고, 놀라운 속도로 말을 배우며, 이런저런 일에 성공할 때는 자랑스럽고 기뻐하지만 실패할 때는 눈물이 터진다. 여기서 우리는 "위로 올라가려는" 추구의 원형을 보며 그 밑에 깔린 추진력으로 (정상적) 열등감을 추리한다.

강해지고 독립하기 위한 노력과 훈련에는 실패가 따라오기 마련이다. 그때 어른들은 격려하며 용기를 북돋기도 하고, 모든 것을 대신해주거나 놀리고 깔봄으로써 용기를 꺾기도 한다. 아이 자신의 조건들(예, 기관열등) 때문에도 애당초 용기가 안 생기거나 실패에 쉽게 좌절하고 포기할 수 있다. 이러한 경험들은 (정상적) 열등감이 더 커지게 만든다.

열등감의 보상 어떤 사내아이가 유난히 작고 허약하다고 하자. 다른 아이들과 어울려 놀 때 그는 열등감을 느낄 것이다. *일반적 열등감이 별로 크지 않다면* 그는 쉬지 않고 운동하고 훈련해서 다른 아이들보다도 더 튼튼해지고 운동선수까지 되거나, 책벌레로 공부 우등생이 될 수 있다. 이 두 가지 길은 앞서 나온 기관열등 보상의 두 가지 길—약한 기관을 강화시키거나 다른 기관을 개발—에 상응한다. 둘 다 실제로 강하고 유능해짐으로써 긍정적으로 열등감을 보상하지만 그 스타일, 즉 **생활양식**이 다르다.

일반적 열등감이 원래 매우 크거나 자부심이 너무 큰 타격을 받으면 **과잉보상**(overcompensation)이 나타난다. 이제 아이는 자기는 왕/여왕, 공주/왕자라고, 신(神) 같다고 생각해 버린다. (크고 작은 실패들을 극복하여) '실력을 키우'려는 노력을 포기하고, 우회하여 우월 추구를 하는 것이다. 아이들이 흔히 나타내는 **불안** 증상은 "나를 혼자 내버려두면 안 돼"라는 경고로서, '약자의 무기'를 써서 부모를 지배하는 것이다. 위의 허약한 소년이 부모가 항상 근심하고 특별 대접을 하도록 만듦으로써 부모를 휘두르고 형제들에게 우월감을 느끼면, '약질', '문제아' 또는 '폭군'이 생활양식으로 굳어진다.

아이의 불안은 많은 경우 성인기 **신경증**으로 이어진다. 개인심리학적으로 보면 신경증환자는 *비겁한 욕심쟁이*로서, 삶의 모든 중요한 문제들에서 결정을 못 내리고 현실을 도피한다. 신경증환자의 특징은 '나'만 아는 개인주의, 어차피 소용없다는 비관주의, 운명주의이다. 공동체감이 발달하지 않기 때문이다.

공동체감 개인심리학에서 심리적 건강, 성숙의 지표는 공동체감의 정도이다. 즉 이것이 클수록 건강하고 성숙한 사람이다. 영어(social interest)로부터 보통 '사회적 관심'으로 번역되는 공동체감(Gemeinschaftsgefühl)은 '나'가 아니라 '우리', 공동체로 느끼고 생각하는, 남을 배려하고 이해할 수 있는 능력 또는 태도를 말한다. 이는 사회적 동물인 인간이 타고나는 보편적 성향이지만, 열등감이 커지면 그것이 잘 펼쳐지지 않는다. 자신감이 없으면 '나'만 생각하고 남을, 세상을 생각할 수 없기 때문이다. 열등감이 크면 바깥세상을 향하여 담을 쌓기 때문에, 남 생각만 못하는 것이 아니라 객관적, 논리적이지도 못하고, 책임감도 약하며, 자연과 예술의 아름다움을 즐기지도 못한다(Wexberg, 1931/74).

인간 최초의 공동체 체험은 엄마(또는 돌보는 이)와의 관계이다. 엄마가 자식을 무조건적으로, 즉 '내 새끼'이기 때문에 사랑할 때, 아이는 자기 존재가 타인에게 기쁨과 행복을 준다는 것을 느끼면서 자기 자신을 수용·존중할 수 있게 되고 그 사랑에 응답·보답하고 싶어진다. 이것이 공동체감의 시초라고 할 수 있다. 엄마에 대한 사랑과 관심은 다른 식구들에게 확대되고, 자신감과 독립심이 충분히 쌓이면 가족 밖으로 관심이 확대되면서 가족으로부터 심리적으로 독립하게 된다. 공동체감은 **사랑**(이성애, 결혼), **우정**(인간관계), **일**(직업)의 세 가지 영역에서 나타난다. '나'만 알면 '우리'를 생각하지 못하기 때문에 친구든 연인/배우자든 진정으로 사랑할 수 없고, 일과 성취에서도 보람을 느끼지 못한다. '나'만 알고 내세우면 오래가는 친구도 없고, 배우자를 찾아 가정을 이룬다 해도 좋은 남편/아내, 부/모가 되기 어렵다. 따라서 가까운 사람들도, 자기 자신도 외롭고 불행해진다.

'우리' 없이는 '나'도 없다는 것은 사실 상식에 속하는 진리이다. 개인심리학적으로 볼 때 건강하고 행복한 사람은 **용기와 상식**이 있는 사람이다. 건강한 사람들은 '우리'가 사는 이 세상을 더 나은 곳으로, 어울려 살며 사랑하고 일할 수 있는 곳으로 만들어가려고 노력한다. 자기 자신의 우월을 추구하면서 동시에 다른 사람들도 목표에 도달할 수 있도록 돕는 것이다. 가정의 평화, 사회의 건설적 발전이 구성원들의 공동체감 수준에 달려 있기 때문에, 이를 키우는 일은 (가정 및 학교)교육의 가장 중요한 목표라고 할 수 있다.

생활양식의 발달

생활양식(라이프 스타일)이란 우리가 처한 생활여건들 속에서 목표들을 설정하고 추구하는 개인적으로 독특한 방식을 말한다. 우리가 처한 생활여건들의 상당 부분은 우리 스스로 선택하지 않았다는 점에서 '운명'이다. 태어난 지역과 시대, 성별, 부모의 성격과 사회경제적 수준, 출생순위, 외모와 체격 등이 모두 '운명'이지만, 이 객관적 조건들은 우리의 성격, 생활양식의 *원료*가 될지언정 그것을 *결정*하지는 않는다. 중요한 것은 그 조건들을 어떻게 받아들이느냐 하는 것이고, 그에 따라 생활양식이 긍정적·건설적이 되기도 부정적·파괴적이 되기도 한다.

긍정적, 부정적 생활양식 Adler는 생활양식이 4, 5세경에 이미 정해져서 더 이상 변하지 않는다고 보았다. 이것이 긍정적이 되느냐 부정적이 되느냐 하는 것을 결정하는 것은 *일반적 열등감*의 크기이다. 건강한 아이들은 무수한 실패를 무릅쓰고 노력·훈련하여 강하고 유능하며 독립적인 존재가 되려고 애쓴다. 그들은 삶의 중요한 과제들에 용기를 가지고 도전하며 공동체에 쓸모있고 필요한 사람이 된다. 용기 상실, 깊은 열등감으로 인하여 생활양식이 잘못되면 삶의 중요한 과제들을 회피하고, 무작정 특별 대접을 기대·요구한다. 왕자/공주님이 어떻게 직접 어려움들을 헤쳐 나가는가? 비상식적, 비현실적인 우월목표는 여러 가지 다양한 방식들로 추구된다. 위에서 신체적 허약함이라는 기관열등이 깊은 열등감과 연결되면 부정적 생활양식을 가져올 수 있음을 보았지만, 외모, 부모의 부와 지위 등도 생활양식 '원료'가 된다.

어쩌다 한 번 다치거나 병이 났더니 부모가 놀라서 밤낮으로 곁을 떠나지 않고 관심과 애정을 쏟아주었다 하자. 일반적 열등감이 강한 상태라면, 사고나 병약함이 삶의 중요한 과제들—어릴 때는 자기 자신을 돌보기, 학교 공부, 집안 일 돕기 등, 커서는 사랑, 우정, 일—을 피해 가면서도 남들의 동정과 관심을 사고 우월감을 느끼는 방법으로 굳어진다. 깜찍하고 귀여운 행동으로 특별 대접을 받을 수 있었던 예쁜 소녀는 '귀여운 소녀'로 인생을 살아가기로 할 수 있다. 어릴 때 형성된 생활양식은 성격으로 굳어져서, 병약한 소년은 어른이 되어서도 병을 핑계로 삶의 의무들을 면제받으(려고 하)며, '귀여운 소녀'는 아줌마, 할머니가 되어서도 소녀 같은 옷차림과 표정, 행동(애교, 어리광 등)을 포기하지 못한다. 어떻게 해도 부모의 반응이 없다면, '문제아', '비행청소년'의 길을 갈 수도 있다.

부정적 생활양식에는 물론 부정적 성격 및 행동특성들이 따라온다. 게으름, 공격성, 교만함, 수줍음, 예민함, 시기심 등은 모두 나름대로 주변으로부터 특별 대접을 요구하는 수단들이 된다. 게을러터진 사람은 옆에서 챙겨주는 수밖에 없고 할 일을 제때 하는 법이 없어도 그러려니 해야 하며, 신경이 예민한 사람은 고급 사기그릇처럼 조심해 다루어야 한다. '문제아'나 '비행청소년'은 또 무슨 '사고를 칠'까봐 부모나 교사가 가슴 졸이고 눈치를 본다. 이러한 부정적 생활양식과 성격특성들은 무엇보다 자기 자신에게 피해를 주지만, '나는 특별하다'는 허구를 내던지지 못하면 남들의 '관심'이 진정한 존중이나 애정이 아니라는 사실에 눈감고 삶의 과제들을 계속 피하면서 겉도는 삶을 산다.

열등 콤플렉스 사람들은 자신의 독특한 생활양식을 의식하지 못하며, 부정적 생활양식의 경우에는 더욱 그러하다. 앞에서 열등감이 행동관찰을 통해 추리되는 *심리적 사실*—'가설적 구성개념'(1장 참조)이라고도 할 수 있다—이라고 했거니와, 이는 자기표현 능력이 부족한 아이들에게만 통하는 말이 아니다. 지나치게 게으르거나 예민한 사람에게 그 게으름이나 예민함이 남들을 휘두르려는 책략이라고 말한다면 그는 쉽게 수긍하지 않겠지만, 남들에게 느끼는 우월감과 승리감을 인정할 수도 있다. 그러나 그 우월감이 실은 깊은 열등감에서 나온다는 가정은 받아들이지 않을 것이다.

늘 자기는 못나고 못생기고 무능하다고 생각하는, 열등감에 찌든 사람은 어떤가? 이 열등 콤플렉스도 우월 추구의 한 방식인가? 개인심리학적으로 보면 그렇다. 가족과 친구들은 그가 무시당한다고 느끼지 않도록 특별히 조심해야 하며, 그에게 보통사람들처럼 삶의 과제들을 해결해 나갈 것을 기대하거나 요구하지 못한다. 그가 바로 이러한 방식으로 특별 대접을 요구하는 이유는 어린시절의 경험에서 비롯되는 *의식하지 못하는* 열등감 때문이고, 그가 지나칠 만큼 *의식하는* 열등감은 이 근원적 열등감을 보상하기 위해 (무의식적으로) 선택한 라이프 스타일이다. 이 근원적 열등감의 (과잉)보상으로서 '나는 특별하다', '나는 신(神) 같다'는 우월 콤플렉스가 나오고, 이 우월감을 표현하는 방식, 삶의 양식으로서 열등 콤플렉스가 선택되는 것이다.

이런 사람은 자신이 *원래* 소심하고 여리다고 말하며, 흔히 사소한 약점에 지나치게 큰 의미를 부여한다. 그에게는 작거나 큰 키, 마르거나 뚱뚱한 몸매, 손의 흉터, 부모 이혼이나 문제 많은 가정 등의 '악조건'이 열등감의 원인이 된다. 그러나 사실 이 '원인'은 그가 자신의 삶의 양식을 정당화하기 위해 갖다 붙인 핑계에 지나지 않는다. 문제의 (그가 모르는) 진정한 원인은 *근원적 열등감*이며, 이는 아무 '도움이 안 되'는 무력한 존재라는 느낌이 어릴 때 뼈에 새겨진 데서 비롯된다. '정공법'보다는 비겁한 술책을 써서 남들에게 인정받고 남들을 휘두르는 생활양식이 나왔다 해도, 이는 물론 의식적 결단이 아니다. [비겁해지고 싶어서 비겁해진 사람은 아무도 없다.]

자신의 노력으로 "마이너스에서 플러스로, 아래에서 위로" 가려는 도전의 용기가 어릴 때 어떤 이유에서든 꺾이면, 세상에 '도움이 되는' *생산적* 또는 *건설적* 성격이 나오지 못한다. 앞에서 예를 든 병약한 소년, 귀여운 소녀는 '비생산적'인 데 그치는 데 비해, 공동체에 적극적으로 피해를 준다는 점에서 *파괴적*이 되는 사람도 있다. 거부와 학대 속에 컸기 때문에 공동체감이 거의 발달하지 못한 사람은 비행·범죄의 길을 감으로써 세상과 사회에 적극적으로 해를 입힌다. 인정·사랑받지 못할 바에는 두려워 무시 못할 사람이 되는 것이다. 객관적 생활여건들의 긍정·부정적 의미는 생활양식에 달려있다. 어릴 때 가난*했지만* 자수성가하여 남을 돕고 사는가 하면, 가난 *때문에* 모든 것이 안 풀렸다며 세상을 저주하기도 하는 것이다.

공동체감 발달에 엄마와의 관계의 질이 결정적이라면, 일반적 열등감의 크기를 결정하는 가장 중요한 요인은 부모의 양육태도일 것이다.

부모의 양육태도 개인심리학적 관점에서 볼 때 교육은 *용기 주기*이며, 중요한 것은 교육자(부모, 돌보는 이, 교사)의 '프로그램'보다는 태도이다. 이 태도는 **우정적 호의**여야 한다. 아이를 위에서 내려다보지 않는 동료애, (자신감이 있어야 가능한) 끝없는 인내심, 명랑함, 감정이입이 이 태도의 특징들이다. 능력과 지식이 부족한 아이를 동등한 인격체로서 존중하는 것이다. 잘못된 양육태도는 아이로 하여금 어른보다 열등하고 약한 존재라고 느끼게 하며 용기를 꺾는다(Wexberg, 1931/74).

어른이 **권위**를 강조하고 독립심의 싹을 밟아버리면 아이는 열등감이 커지고 용기를 상실한다. 부모에게 순종하며 소위 '모범생'이 되는 결과가 나올 수도 있지만, 이는 대체로 자기보다 약한 사람들에게 순종을 요구함으로써 (부모에 대한) 열등감을 보상할 수 있는 경우에 한정된다. 흔히 *맏이*가 그런 위치에 있다. 자기 밑에 아무도 없으면서 부모 형제에게 순종을 강요당하는 *막내*는 권위주의에 반항으로 나가는 일이 많다. **지나친 애정** 또는 과잉보호도 열등감을 키워주어 실력 향상을 통해 인정받으려는 노력을 포기하게 만든다. 어리고 작다는 약함이 막강한 존재인 부모를 노예로 부리는 무기가 되어주기 때문이다. 흔히 *외동이*가 과잉보호의 제물이 된다. 부모가 **지나친 기대**를 걸 때 아이는 부모의 인정을 받기 위해 열심히 노력한다. 그러나 부모는 아이가 아무리 우수한 성취를 해도 점점 더 많은 것을 요구하고, 아이가 한 번만 실패를 해도 비난과 실망을 감추지 않는다. 다시 도전할 용기가 꺾이는 날이 오면 아이는 부모의 자랑이 아니라 수치가 되어 버린다.

권위주의, 과잉보호, 지나친 욕심의 세 가지 양육방식은—세 가지가 같이 가는 일도 많다—나름대로 자녀를 사랑하는 부모(돌보는 이)를 전제한다. 그러나 **거부**와 무관심 속에 크는 아이들도 있다. 부모의 결혼생활이 불행하거나, 자녀가 너무 많거나, 아이가 약하거나 장애가 있을 때 이런 가능성이 있다. 이들에게 세상은 편안하고 따뜻한 '집'이 아니라 무서운 '적지'이다. 이들은 독립심은 일찍 생기지만 공동체감이 전혀 발달하지 못하므로 자기를 거부하는 세상에 복수하려고 들게 된다. 이는 보통 행복하게 '잘 사는' 이들을 미워하고 괴롭히는 것으로 나타난다.

잘못된 교육은 아이의 열등감을 직·간접으로 상승시키고 그럼으로써 독립심, 용기, 공동체감이 발달하지 못하게 한다. 결과적으로 수줍음, 의지박약, 공격성 같은 부정적 성격특성들이 나오고, 또래들과 진정한 우정을 나누지 못하며, 배움과 성취에 대해 비정상적 태도(지나친 집착 또는 반대로 무관심과 거부)를 갖게 된다. 좋은 부모가 되고 싶다는 좋은 뜻에서 출발해도 결국 나쁜 부모가 되고 마는 예를 우리는 주위에서 너무 자주 본다. 그런 비극은 결국 부모들의 잘못된 생활양식에서 비롯된다. 스스로 열등감이 강하고 공동체감이 발달되지 않았으면 부모로서도 '나'(나의 욕심, "내가 너를 어떻게 키웠는데")만 알고 자녀를 자기 열등감을 보상해주는 수단으로 여기기 때문이다.

부모의 양육방식과 더불어 다른 여러 조건들도 열등감을 강화시킬 수 있다. 외모와 체격 조건들을 포함하는 *기관열등*, *경제형편*이 그러한 조건들에 속한다. 예쁜 아이는 못생긴 아이보다, 부잣집 아이는 가난한 집 아이보다 남들의 인정을 받고 우월감을 느끼기가 훨씬 쉽다. 못생겼거나 집이 가난하기 때문에, 즉 자기 잘못이 아닌 (운명적) 요인들의 결과로 어릴 때부터 수모와 무시를 당하면 당연히 열등감이 커지고 공동체감이 펼쳐지기 힘들다. 출생순위와 성별이라는 조건들이 가져오는 결과는 좀 복잡하다.

출생순위 출생순위가 성격형성에 영향을 미칠 수 있는 방식은 위에서 이미 시사하였다. 외동이, 맏이, 중간, 막내는 모두 다른 **위치**(position)에서 인생을 살아간다. *외동이*는 계속 가장 작고 어린 위치로 남아 부모의 관심을 독차지하며, *맏이*는 동생을 볼 때 외동이 자리를 내놓고 부모의 애정과 관심을 빼앗긴다. 그러나 맏이는 자기보다 더 작고 약한 존재 앞에서 우월감을 느낄 수도 있고 '큰 애'로서 책임감도 느낄 수도 있다. *막내*는 부모 형제가 모두 자기보다 크고 강하다는 현실을 견뎌야 한다. *중간*에 낀 사람은 맏이나 막내처럼 거저 생기는 특권이 없기 때문에 부모의 관심과 애정을 '쟁취'해야 한다.

표 3-1에 출생순위에 따른 성격특징들을 서술하였다. (외동이를 제외하고) 모든 위치에는 장·단점이 있다. [Hall 등은 Adler가 왜 외동이에게는 좋은 점이 없다고 보는지 모르겠다고 하면서, 외동이가 맏이보다 적응을 더 잘한다는 것을 보여주는 연구도 있다고 보고한다.] 장점이 주로 나타나느냐, 단점이 주로 나타나느냐 하는 것은 부모의 양육방식, 가정 분위기에 좌우된다. 부모가 자녀를 편애하거나 서로 비교하는 가정에서 자녀들이 서로 미워하고 경쟁하는 분위기가 나오게 되면, '위치'의 효과가 부정적으로 증폭될 수 있다. 가정 분위

표 3-1 출생순위에 따른 성격특징들(Hall 등, 1985, p. 154의 표 5-1)

맏이	둘째(중간)	막내	외동
기본 상황:			
· 부모의 애정을 독차지하다가 둘째가 태어나면 왕좌에서 물러나 애정을 나누어야 한다.	· 위의 형제(들)가 모델이 되어준다. · 처음부터 부모의 애정을 다른 형제들과 나눈다.	· 모델이 여럿이다. · 많은 애정을 받는다. · 도와주는 사람이 많다. · 나누기는 해도 밀려나지는 않는다. · 지나친 애정을 받는 일이 많다.	· 부모의 애정을 독차지한다. · 형제들이 없으므로 아버지와 경쟁하는 경향이 있다. · 지나친 애정을 받는 일이 많다.
긍정적 결과:			
· 책임감이 생긴다. · 남들을 보호하고 배려한다	· 야심적이다. · 공동체감이 있다. · 맏이나 막내보다 적응을 더 잘할 가능성이 크다.	· 자극을 많이 받고 경쟁의 기회도 많기 때문에, 다른 형제들을 앞지르는 일이 많다.	
부정적 결과:			
· 자신없고, 일이 갑자기 나빠질 것을 두려워한다. · 적대적이고 비관적이다. · 지나치게 보수적이고, 규칙과 법들에 신경을 쓴다. · 문제아, 부적응자가 될 가능성이 매우 크다.	· 반항적이고 질투가 많다. · 언제나 남들을 이기려고 노력하는 경향이 있다. · 추종자 역할을 하기 힘들어한다.	· 누구에게나 열등감을 느낀다. · 과잉보호로 인해 문제아, 부적응자가 될 가능성이 맏이 다음으로 크다.	· 관심의 중심이 되고 싶어하고, 남들과의 경쟁을 겁낸다. · 자기 자신의 위치가 옳으며 어떠한 도전도 불공평하다고 느낀다.

기가 조화롭다 해도 각 위치의 위험은 존재하지만, 부모가 적극적으로 대처할 수도 있다. 이를테면, 동생이 태어나기 전에 부모가 맏이에게 "너는 컸지만 동생은 아기니까 우리 도움이 많이 필요하다"고 일러주고 아기를 돌보는 일에 참여시키면 '왕좌'에서 밀려나는 참담함이 많이 줄어든다.

독자들은 전형적인 맏이, 전형적인 막내만큼이나 맏이답지 않은 맏이, 막내 같지 않은 막내도 많이 보았을 것이다. 경험적 연구에서도 출생순위의 효과가 잘 안 나타난다. 그 이유는 우선 앞에서 논의한 부모의 양육방식과 가정 분위기를 비롯하여, 출생순위 말고도 여러 다른 요인이 작용하기 때문이다. 어느 한 사람이 재능, 외모 등에서 너무 뛰어나면, 다른 자녀들의 열등감이 처음부터 커져서 잘할 수 있다는 용기가 없어질 수 있다. 형제들의 나이차가 매우 크면 각자가 모두 외동이처럼 클 수 있다. 성별의 효과도 출생순위 효과에 겹쳐질 수 있다. 극히 한국적인 예가 딸만 몇 명이다가 맨 끝으로 아들을 낳은 가정이다. 이 아들은 그냥 '막내'가 아니다. 이렇게 극단적인 경우가 아니라 해도 성별은 가정과 사회에서의 위치를 결정하는 데 큰 역할을 한다.

남성적 반항 정치, 경제, 언론 등 이 사회의 중심 영역들은 남자가 점령하고 있다. 만화, TV 등 대중문화도 '강한/씩씩한 남자, 약한/부드러운 여자', '남자는 직장/사회, 여자는 가정'이 올바른 질서라고 선전한다. 가정에서도 물론 이 질서가 지배한다. 남편/가장은 밖에서 돈벌고 성공해야 하고, 아내/엄마는—밖에서 일하든 안 하든 상관없이—밥하고 살림하고 남편과 그 집안에 복종해야 한다. 이런 현실은 남녀 모두에게 열등감을 강화시킨다.

'여자는 이등인생'이라는 것을 깨닫는 때부터 여자아이들은 일단 남자가 되기로 마음먹는다. 치마 입기, 인형놀이를 거부하고 사내아이같이, 사내아이보다 더 거칠게 놀면서 **남성적 반항**(masculine protest)을 하는 것이다. Freud가 *남근선망*의 징표로, 즉 남근이 없다는 (생물학적) 사실에 대한 반응으로 본 것을 Adler는 사회적 여성역할 내지 위치에 대한 반항으로 해석하였다. 남성적 반항이 성인기까지 이어지면 남자와 (옷차림, 음주/흡연, 직업, 취미 등에서) 같아지려는 생활양식이 굳어진다. Adler는 여자의 동성애도 여성역할을 거부하는 남성적 반항의 표현이라 보았다.

남자 되기가 불가능하다는 것을 깨달을 때 대부분의 소녀들은 체념하고 '단지 여자'임을 받아들인다. 그러나 약자의 무력한 처지에 만족하는 사람은 없다. 어린아이도 '약자의 설움'을 느끼면 어른을 휘두르거나 (커서는) '사회'에 복수하지 않는가. '단지 여자'임을 수용한다고 해서 이등인생에 만족하기는커녕, 음성적으로 남자를 쥐고 흔드는 수단들이 나온다. 흔한 방식은 아름다움과 애교, 눈물과 의존성, 변덕 등으로 남자를 무릎 꿇리고 지배하는 것이다. 약자의 무기를 동원하는 남성적 반항인 셈인데, 예쁜 외모, '청순가련형'같이 여성적 매력을 갖춘 사람이 더 쓰기 쉬운 책략이다.

'남자다움'의 중압감 여자는 예쁘고 착해야 사랑받고 드세거나 남자를 이기려고 들면 안 된다는 메시지만큼이나, 사내 대장부가 계집애같이 촐랑대거나 울면 안 되고 장차 돈 많이 벌고 훌륭한 사람이 되어야 한다는 압력도 용기를 꺾는다. 저자는 군대 가기 싫고 결혼하지 않겠다는 사내아이들을 보고 놀란 일이 꽤 있다. 어른들이 생각하는 것보다 아이들은 자신의 미래를 훨씬 더 많이 생각하고 걱정한다. 우리 사회에서 남자의 의무로 부과되는 것은 우선 군복무이지만, 예쁜 여자와 결혼하고 출세하여 유명해지고 돈 잘 버는 것도 남자가 해야 할 일로 통한다.

남자다워야 한다는, 남자임을 증명·과시해야 한다는 압력은 남자아이들에게 불안감을 심어주고 자신감을 꺾는다. Adler는 남근선망을 의문에 붙인 것처럼 *외디푸스 콤플렉스*도 의문에 붙였다. 엄마를 성적으로 갈망하고 아빠를 질투하는 태도가 나타난다 해도 그것은 강자인 아빠와 동일시함으로써 열등감을 보상하려는 것이라는 해석이다. 사춘기를 넘어서면서 여자를 정복·리드해야 한다는 압력은 커지고 이는 남자로서의 열등감, 여자에 대한 불안을 키운다. 이는 다시 과장된 남성다움, 모든 여성적인 것의 경멸로 보상되기도 하고, 남성다움의 거부, 동성애를 가져오기도 한다.

남녀의 권력투쟁 공동체감 정도가 나타나는 삶의 과제 하나는 *사랑*과 *결혼*이지만, 남녀는 서로 다른 이유로 이 과제가 부담스럽다. 여자에게 결혼은 남자(와 그의 가족) 밑에 들어가는 것이며, 주부와 어머니 역할(살림과 육아)은 중요한 일인데도 불구하고 사회적으로 인정받지 못한다. 남자도 가족을 부양하는 가장 노릇을 제대로 해낼 수 있을지 두렵다. 결혼하여 가정을 이룬 뒤에도, 여자는 약자의 무기를 휘두르고 남자는 남자임을 내세우면서 지배력을 행사하려고 드는 일이 많다. 약자의 무기는 하나부터 열까지 챙겨주는 '모성애'일 수도, 살림을 모르고 귀한 체만 하는 공주병일 수도 있다. 사나이 자존심 세우기도 집안일은 여자 일이라며 상관 안 하는 스타일, 여자를 무시하는 쇼비니즘, 폭력행사 등 다양하게 나타난다.

모든 인간관계에서 내가 잘하면, 내가 잘해야 상대방도 잘한다는 것은 상식에 속하는 진리이다. 열등감 때문에 자기가 특별한 존재라고 믿으면, 주지는 않고 받으려고만 들거나, 베푸는 만큼 받지 못한다고 억울해 한다. 부부가 서로 존중·사랑하기보다 서로 우월해지려고 싸우는 긴장관계가 되면 가정은 편안한 '집'이 아니라 권력투쟁의 싸움터가 되어버린다. 이 싸움의 가장 큰 피해자는 아이들이다. 상황이 나쁠 때 나오는 책략의 하나가 병이 나거나 '문제아'가 되어 부모의 관심을 집중시키는 것이다. 아이에게 문제가 생기면 부모는 '휴전'을 할 수밖에 없다.

자녀양육은 아직까지도 여자의 책임(이자 권리)으로 통한다. 아내/주부는 열등한 위치일지 모르지만, "여자는 약하다. 그러나 어머니는 강하다." 엄마가 열등감이 크고 공동체감이 없으면 자녀를 소유물로, 개인적 우월 추구의 수단으로 여기기 때문에 '잘못된 양육방식'이 나온다. 그런 엄마는 열등감 많고 공동체감 없는, 용기 없고 상식을 무시하는 사람들을 길러 사회에 내보낸다. 이 모든 불행이 남녀 불평등 현실에서 비롯되기 때문에 Adler는 여성운동을 적극 지지하였다.

개인심리학적 심리치료

어릴 때 자신감과 용기를 상실하면 커서도 삶의 중요한 과제들—일, 우정과 인간관계, 사랑과 결혼·가정—을 잘 해내려는, 즉 유능하고 공동체에 유익한 사람이 되려는 노력을 하지 못한다. 대신 억지를 부려서 가족과 주위사람들에게 특별 대접을 받으려고 든다. 그 억지 중의 하나가 *신경증 증상*이다. 밖에만 나가면 의식을 잃을 정도로 불안해지는 광장공포증 환자에게, 또는 우울증으로 자살 위험까지 있는 사람에게 누가 가정이나 직장에서 요구들을 할 수 있겠는가? 이런 사람들은 괴로운 증상을 벗어나려고 별 노력을 다 해 보지만 성공하지 못한다. '병'이 알리바이가 되어 주므로—무의식적으로—치유를 원하지 않는 것이다.

앞에서도 말한 것처럼, 개인심리학적 관점에서 볼 때 신경증환자는 *비겁한 욕심쟁이*이다. 욕심(우월 목표)은 터무니없이 큰데 용기는 없으므로, 정공법 대신 억지 또는 편법—잘못된 생활양식—을 쓰는 것이다. 개인심리학자는 내담자에게 그의 생활양식이 어떤 점에서 '잘못'인지를 인식시키고 삶의 과제들을 더 이상 회피하지 않고 도전할 수 있는 용기를 준다.

생활양식의 파악 Adler는 한 사람의 인생에서 점 두 개를 알면 선을 그어서 그의 삶이 움직이는 방향을 알 수 있다고 보았다. 하나의 점은 그 사람의 현재 상태나 증상이다. 다른 하나의 점으로 그가 즐겨 사용한 것은 **최초의 기억**, 즉 기억을 더듬을 때 생각나는 인생 최초의 사건이다. 실제로 있었던 일인지 여부보다 중요한 것은 그 개인이 가진 **삶의 각본**이다. Adler 자신이 회상하는 인생 최초의 사건 하나가 이를 보여준다. 그는 초등학교 가는 길에 공동묘지(유럽에서는 동네나 도시 안에 있고 조용한 공원 같다)를 지나가야 했는데 그게 아주 무서웠다. 이 공포를 극복하기 위해 그는 어느 날 공동묘지의 한 쪽 끝에서 다른 쪽 끝까지 열 번을 뛰었다. 그런데, 정작 학교 가는 길에 공동묘지가 있었던 것은 초등학교 때가 아니라 (13세부터 다닌) 김나지움 때였다(Pongratz, 1983). 어릴 때 겪은 죽음의 공포를 말해주기도 하는 이 일화는, '두려운 일을 피하지 말고 정면 도전하자'는 생활양식과 부합되기 때문에 기억의 단편들로부터 재구성 또는 창조된 것으로 보인다.

Adler가 보고하는 사례를 보자(Adler, 1927/87, p. 33). 한 청년이 약혼녀를 근거 없이 불신·질투한다. 그의 최초 기억은 네 살 때 어머니, 남동생과 같이 시장에 간 일이었다. 사람이 너무 많아서 어머니는 동생을 안는다는 게 그만 형을 안아 올렸고, 그를 금방 다시 내려놓고 동생을 안았다. 형은 풀이 죽어서 어머니 옆을 따라 걸었다. 이 현재와 과거의 두 점을 연결하면, 그가 택함을 받는다는 데 자신이 없다는 것을 알 수 있다. 자존심을 건지기 위한 그의 각본인즉, "남에게 밀리느니 차라리 먼저 밀어내자"는 것이 되었다. 과거와 현재의 두 점을 잇는다고 해서 과거 사건이 현재 상태의 *원인*이라는 것은 아니다. 기억은 어차피 선택적이며, 우리는 자신의 인생관, 생활양식에 일치하는 것들만 기억한다. 이 청년은 아마도 동생이 태어났을 때 왕좌에서 밀려나 자존심에 큰 상처를 입었고, 위의 사소한 사건은 "세상은 나를 이렇게 취급한다," "다시는 밀려날 수 없다"는 그의 인생관에 일치하기 때문에 기억에 남아 있는 것이다.

잘못된 생활양식의 교정 내담자의 잘못된 목표설정과 생활양식을 파악했으면 이제 그것을 고치도록 도와야 한다. 심리치료는 일종의 '교육'이고, 용기 주기, '우정적 호의'가 치료자가 지녀야 할 기본적 태도가 된다. 치료자는 내담자와 토론하는 분위기에서 일종의 '개인심리학 개론'을 전달한다. 지금까지 살아온 삶, 사랑·우정·일이라는 삶의 과제에 임하는 태도를 돌아보며 열등감과 우월 추구, 생활양식의 발달에 대해 알게 되면서, 내담자는 자신의 고통과 증상에 목적이 있(었)음을 점차 깨닫게 된다. 열등감 평가와 함께 치료에서 중요한 것이 *공동체감* 수준의 진단이다. 열등감이 강하면 '나'를 벗어나지 못하므로 '공동체'를 생각하지 못한다. 열등감이 줄면 공동체감이 커지지만 후자를 키워도 전자가 줄어든다.

정신분석 치료에서 나타나는 **전이**는 개인심리학적 치료과정에서도 나타난다. 특히 여자 내담자는 남자 치료자에게 연애감정을 느끼기가 쉽다. 그러나 Adler는 전이에서도 *목적*을 본다. 바로 치료자를 굴복시킴으로써 삶에 대한 개인심리학적 통찰을 벗어나고 싶은 목적이다. '병'은 괴롭지만, 삶의 과제들을 회피하기 위한 핑계로서 필요하기도 하고, 비겁한 욕심쟁이라는 암시를 받아들이기 싫은 것이다. 독자들도 심리치료에 간다면 (과거·부모·사회의) '피해자'로 동정받고 싶지, 잘못 살았다는 말을 듣고 싶지는 않을 것이다.

치료자가 굴복하지 않으면 내담자의 호감이 적대감으로 변하기 쉽다. 그는 이제 치료자의 사생활이나 성격의 약점을 찾아내서 "너나 잘해라"는 식의 공격을 하기도 한다. 이미 사라진 증상들을 시위하듯 다시 나타내 보임으로써 그의 무능을 입증하려 하기도 한다. 그런 와중에서 치료 자체를 중단해 버릴 수도 있다. 그렇게 치료가 실패한 뒤 몇 달이 지나 치유가 오는 일이 흔한데, 가시처럼 살에 박힌 개인심리학적 통찰을 벗어나지 못하기 때문이다. 자신의 신경증적 태도가 어떤 목표에 봉사하는지를 이해한 이상 그것을 계속 유지하기는 어렵다.

증상이 없어지는 것 자체는 별 의미가 없다. 삶의 과제들을 피하지 않고 적극적으로, 내적 확신을 가지고 덤벼들 때 비로소 치유가 된 것이다. 개인심리학 치료를 스스로 시도할 때, 열등감 줄이기, 자신감 키우기를 목표한다면 '나'에 집중하는 것이다. 물에 빠진 사람이 자기 머리털을 붙잡아서 자신을 끌어 올릴 수는 없다. 밖에 뿌리박고 있는 것을 붙잡고 빠져 나와야 한다. '나'를 벗어나 타인에게 관심 갖고, 공동체의 문제들(사회문제, 학교문제, 나아가 정치·경제 등)에 관심 가지며 삶의 과제들을 피하지 않고 직면하면, 공동체감이 커지면서 '나' 중심성과 열등감이 저절로 조금씩 극복된다.

이론의 평가

Adller의 성격이론은 Freud의 이론만큼 포괄적, 체계적이지 않지만, 후자가 소홀히 한 측면들을 조명해주었다. 사회적 요인들의 중요성과 행동의 목적성을 강조함으로써 생물학적 충동과 무의식적 갈등들을 강조한 Freud 노선에서 이탈한 것이다.

사회적 요인들의 강조 Freud가 사회적 요인들을 무시한 것은 아니지만, 부(富)나 가난, 성별, 출생순위 등 특수한 사회적 요인들의 영향을 고찰하지는 않았다. Adler의 이론에서 이 요인들은 개인들이 어떤 **위치**(position)에서 인생을 출발하느냐 하는 데 큰 영향을 미치며, 이 위치가 일반적 열등감의 수준을 정하게 된다. [성별이나 출생순위가 '사회적' 요인인 것은 개인이 가정과 사회에서 놓여지는 위치에 영향을 미치기 때문이며, 그런 의미에서 외모와 체격도 사회적 요인이다.] 그의 이론의 사회 지향성은 공동체감 수준을 성숙의 지표로 본 데서도 드러나지만, 남녀 성격차이의 설명에서 더욱 명백해진다. Freud에게 중요한 것은 음경의 존재 여부, 즉 생물학적 성별(sex)이지만, Adler에게 중요한 것은 사회적 위치의 차이, 즉 사회적 성별(gender)이다.

Adler의 '사회성'은 심리학에서 이례적이다. 어떤 다른 성격이론에서도 생산적으로 일하고 서로 사랑하고 존중하며 살아가는 공동체를 이만큼 강조하지 않는다. '생활양식'(라이프 스타일)이라는 말을 쓴 것도, 개인, 성격을 넘어서 공동체, 삶에 관심이 있었기 때문이다. 성격심리학이 Adler에게서 받아들일 가장 중요한 유산도 바로 이 넓은 시야, 현실에 대한 참여적 관심일 것이다.

낙 관 론 Adler가 그리는 인간상은 스스로 의식하지 못하는 성·공격 충동들에 지배되는(또는 방어하는) 존재가 아니라 끊임없이 개인적 우월의 목표를 추구하는, 남들에게 좋은 또는 강한 인상을 주고('존재감') 인정받고 싶은 존재이다. 우리가 일생을 통해 추구하는 *허구적*(fictional) 목표는 3, 4세경에 이미 결정되며, 그런 의미에서 Adler가 무의식과 결정론을 부정한 것은 아니다.

누구나 열등하고 무력한 존재로 인생을 출발하며 열등감이 발전의 추진력이 된다면, 그것은 갈등과 불행이 운명일 필요는 없다는 말이 된다. 아무리 불리한 (신체, 경제, 성별 등) 조건이라 할지라도 그 자체가 우리의 운명을 결정하지는 않는다. 타고난 조건들은 성격과 삶을 만들어 가는 재료일 뿐이다. 외모를 강조하는 사회에서 예쁘고 잘생긴 아이들은 유리한 위치에서 인생을 출발하지만, 바로 그 때문에 능력 키우기를 소홀히 하고 애교나 어리광으로 인생의 어려움들을 피해 가려고 할 수도 있다. 반면 못생긴 아이들은 외모로 승부할 수 없으므로—일반적 열등감이 너무 커지지 않는다면—다른 능력(공부, 운동, '인간성' 등)을 개발하여 더 성공한 인생을 살 수 있다.

개인심리학은 낙관주의를 밑에 깔고 있으면서 상대적으로 단순하기 때문에 일반인들이 이해하고 적용하기 쉽다. 대중이 쉽게 이해한다는 것은 가볍게 볼 수 없는 장점이다. Adler 자신이 교육 및 사회 '운동'을 중시한 '행동하는 지성인'이었다. 개인심리학적 통찰들을 통해 부모나 교사들이 아이들의 용기와 공동체감을 키워준다면, 인류 행복과 사회 발전에 큰 공헌을 하는 것이다. 개인심리학의 학문적 영향력이 정신분석이나 분석심리학의 영향력을 따라가지 못하는 것은 사실이지만, Adler가 목표한 것도 일차적으로 현실개혁이었다. 그런 점에서 그의 이론이 일반 대중에게 널리 전파되지 못한 것은 유감스러운 일이다.

Adler식의 우월 추구는 Freud나 Jung의 눈으로 보면 자아확장 또는 팽창일 것이다. Jung이 행동, 증상, 꿈 등에 내재한 목표라 본 것은 "자기 자신이 되기"(자기실현 또는 개성화)였다. *의식*의 중심인 자아(ego)보다 *전(全) 존재*의 중심 또는 핵이라 할 수 있는 자기(self)가 삶의 방향을 정한다는 것이다. 분열을 참지 못하고 통일과 전체성을 지향하는 自己의 작용이 여러 가지 행동과 감정, 증상과 꿈들을 만들어낸다. 그는 Freud와 Adler의 이론이 자아를 발달시키고 현실에 적응해야 하는 아동 및 청소년들을 설명하는 데는 적합하나, 자아가 어느 정도 확고하게 구축되었고 현실 적응에 성공한 중년 이후에는 삶의 의미, 자기의 실현이 중요한 문제가 된다고 보았다(Jung, 1943/1972).

Jung의 분석심리학

Carl Gustav Jung(1875-1961)은 스위스의 작은 마을에서 가난한 목사의 아들로 태어났다. 의대를 나와 1900년에 취리히 정신병원에 들어가 단어연상과 정신분열증을 연구하기 시작했다. 1906년에 나온 진단적 연상연구 책을 Freud에게 보내면서 그들은 정기적으로 편지를 교환하는 사이가 되었다. 6년간 지속된 두 사람의 개인적, 학문적 우정은 거의 아버지와 아들의 관계였다. Freud는 그를 '왕세자'로 보기 시작했고 1909년에 미국 클라크 대학 강연여행도 같이 하였다. 그러나 두 사람의 갈등은 이미 시작되어 점점 더 커지기만 하였다.

Jung에게는 누구의 계승자가 되고 한 집단의 리더가 된다는 것이 성격에 맞지도 않았거니와, 종교, 연금술, 심령과학 등 '비과학적'인 분야들에 깊은 관심을 가지면서 Freud의 결정론을 점점 거부하게 되었다. Freud에게는 종족의 기억(집단적 무의식), 영적 체험, 목적론 등이 이해되지 않는 비합리적인 주장들이었다. 결렬은 1913년에 왔고, 다음 해에 Jung은 정신분석학회 회장 자리를 내놓았다. Adler 이론이 단순한 만큼이나 그의 이론은 방대하고 복잡하며 Freud의 특징인 체계성도 부족하다. 여기서는 집단무의식과 유형론을 중심으로 그의 이론을 소개하기로 한다.

무의식과 원형

Jung도 *리비도* 개념을 사용했지만, 성적 에너지보다 훨씬 더 광범위한 생명 에너지로 이해하였다. 그러나 Freud와의 차이는 무의식에 대한 견해에서 가장 분명하게 드러난다. Jung에게 무의식은 억압된 충동들이 갇혀 있는, 방어 또는 승화되어야 하는 위험한 세력이기보다는 생명의 원천이며 창조적 가능성을 지닌다. 그의 독특한 개념은 집단적 무의식으로서, 이는 동물 조상으로까지 거슬러 올라가는, 유구한 세월에 걸친 인류의 경험이 침전된 결과이다. 그림 3-1에 Jung이 가정한 마음의 구조를 제시하였다. 입체(공)로 제시된 전체 성격의 중심에 집단적 무의식이, 그리고 그 중심에 '자기'라는 핵이 들어 있다.

자아와 자기 의식은 Freud에서처럼 '나'와 연관되는 모든 심리적 내용들로 이루어진다. 자아는 어떤 지각·생각·감정·기억 등이 의식에 들어올 수 있는가를 정하는 문지기이기도 하고 '성격의 집행자'이기도 하다. 자아가 없거나 너무 약하다면 성격의 일관성과

그림 3-1 마음의 구조(이부영, 1998, p. 59)

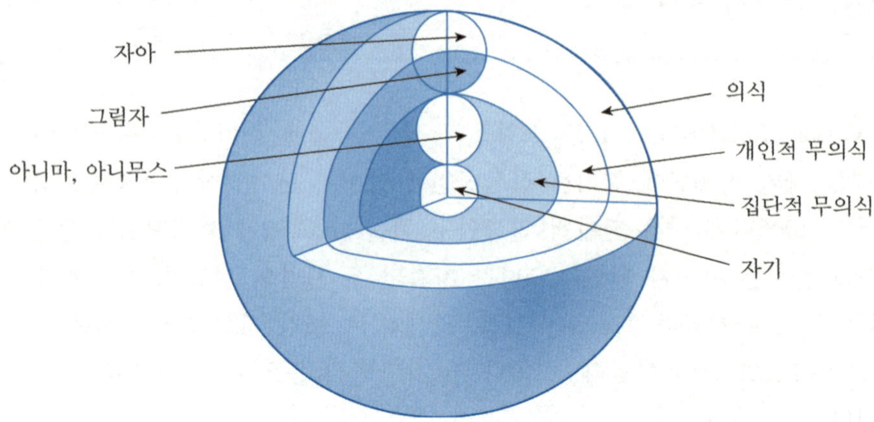

연속성이 없고 우리는 자신이 누구인지를 모를 것이다. 자기실현도 자아가 강해야 가능하다. 무의식의 넓고 넓은 바다에서 의식의 탐조등이 비추는 흔들리는 작은 섬이 '나'이다.

자아(Ich, ego)가 이 섬의 중심이라면, 자기(Selbst, self)는 의식과 무의식을 통틀어 전체 성격의 중심이라고 할 수 있다. 자기는 자아와 달리 주체('나')로 체험되지 않고 객체로 느껴지며, 투사를 통해서 간접적으로만 의식될 수 있다. 의식에서 워낙 멀리 떨어져 있기 때문에 인간상(아버지와 아들, 어머니와 딸, 왕과 여왕 등)들뿐 아니라 물건이나 추상적 상징들을 통해 표현된다. 용, 뱀, 코끼리, 사자, 곰 등 힘센 큰 동물들이나 거미, 게, 나비 등도, 꽃(특히, 연꽃과 장미)도 自己를 상징할 수 있고, 원, 공, 사각 같은 기하학적 형태들(예컨대 원형이나 사각형으로 둘러앉은 사람들)도 自己의 상징이 된다.

종교와 *예술*(특히 그림과 문학)의 세계에는 자기의 상징들이 자주 등장한다. 글상자 3-1에 소개한 시들에서 "내 안에 있는 이", "은밀한 내 꿈과 만나는 이"는 밖에 너무 멀리 있다. "그것은 무엇일까"를 알려면 "自己가 매일밤 우리에게 쓰는 편지", 즉 **꿈**을 읽어야 한다(Boa, 1988/2004, p. 43). 인생을 돌아보면 알 수 없는 어떤 존재가 "내 삶이 어디로 흘러가는지 알고" 있는 것처럼 느껴질 때가 있다. 내 안에 있는 이 존재가 自己이며, 그것이 밖으로 투사되면 神, 하느님/하나님이 된다.

개인적 무의식과 콤플렉스 Jung의 개인적 무의식은 Freud의 전의식과 무의식을 포괄하는 범위를 가진다고 할 수 있다. 즉, 억압된 욕망과 충동들뿐 아니라 단순히 잊어버리거나 지나쳐버린 개인적 경험의 내용들도 포함한다. 자아라는 문지기가 위험하다고 판단하기 때문에 또는 부주의해서 의식에 들여보내지 않은 개인 경험의 잔재인 것이다.

글상자 3-1

내 안에는 나만이 있는 것이 아니다

시인 류시화는 "곁에 있어도 그립다"는 역설적 표현으로 우리 안에 있는데도 멀고 낯선 존재들에 대한 느낌을 노래한다.

…
내 안에 있는 이여
내 안에서 나를 흔드는 이여
물처럼 하늘처럼 내 깊은 곳 흘러서
은밀한 내 꿈과 만나는 이여
그대가 곁에 있어도
나는 그대가 그립다

시 "그대가 곁에 있어도 나는 그대가 그립다" 일부.

겨울 숲에서 노려보는 여우의 눈처럼
잎 뒤에 숨은 붉은 열매처럼
여기
나를 응시하는 것이 있다
내 삶을 지켜보는 것이 있다.
…
나는 그것이 무엇인지 모른다
때로 그것은 내 안에 들어와서
내 눈으로 밖을 내다보기도 하고
내 눈으로 나를 들여다보기도 한다
그것은 무엇일까
내 삶이 어디로 흘러가는지 알고 있을까
…

시 "그것이 무엇인지 나는 모른다" 일부.

그 안에서 어떤 핵 또는 중심이 마치 자석처럼 작용하여 생각들을 끌어모은—전문용어로, 별들이 모여 별자리를 이룬다는 뜻의 *배열*(constellate)이라고 한다— 결과가 **콤플렉스**이다. 아동기에서 유래하는 억압과 외상, 현재 겪는 갈등 등 다양한 것들이 핵이 될 수 있다. 그것이 아버지라면, 즉 *아버지 콤플렉스*가 있다면, 많은 것들이 아버지를 생각나게 하고("아버지는 된장찌개를 좋아하셨지," "아버지는 저런 인간을 못참으셨어"), 그것이 강할수록 아버지와 연결되는 것들이 많아진다.

Jung이 콤플렉스를 발견한 것은 **단어연상검사**를 통해서였다. 응답자는 검사자가 부르는 단어들에 대해 연상되는 단어를 말한다(예, 꽃–나비, 겨울–눈 등). 검사자는 연상어만 기록할 뿐 아니라 반응시간(자극어를 듣고 반응이 나올 때까지 걸린 시간)도 재고, 특이한 연상어(가령 '꽃'에 대해 '칼,' '돼지'), 말더듬, 얼굴 붉힘 등의 현상들도 관찰한다. 연구에서는 심장박동, 피부전기반응 등 정서반응 지표들도 측정한다. 특정한 단어들에 대해 반응시간이 길거나 정서적이 되는 것을 관찰할 때 어떤 콤플렉스가 건드려졌음을 추측한다. 예컨대, 아버지 콤플렉스가 있으면 '아버지'(뿐만 아니라 그와 연결된 단어들)에 대해 너무 많은 것들이 연상되므로, 어느 하나를 대는 데 시간이 오래 걸리고 또 다양한 감정반응들을 나타낸다.

Jung은 "사람이 콤플렉스를 가지는 것이 아니라 콤플렉스가 그 사람을 가진다"고 한 적이 있다. 그것이 일상생활의 흐름을 훼방놓는 것인데, 이를테면 길을 가다가 갑자기, 밑도 끝도 없이, 돌아가신 아버지가 생각나서 눈물이 나고, 나이 많은 남자들을 보면 자기도 모르게 아버지 대하듯 친밀감이나 공포, 적대감을 느낀다. 스스로 꼭 아버지같이 행동하기도 하는데, 콤플렉스가 그를 장악하여 다른 사람이 되게 하는 것이다. 콤플렉스가 행사하는 힘은 아동기 경험들, 개인적 무의식에서 유래하기도 하지만, 마음의 더 깊은 층인 집단적 무의식의 요인들이 작용하기도 한다. 가령, 육친의 아버지와 가진 외상적 경험뿐만 아니라 인류가 태고 적부터 아버지라는 존재를 거듭거듭 겪으면서 '아버지'에 대해 가지게 된 생각과 감정(심상, 이미지)도 아버지 콤플렉스에 작용하는 것이다.

그 림 자 내가 알고 있는 나를 나의 전부라고 믿고 내세우면 바로 그 밑바닥에 있는 나의 부분이 안 보인다. 그림자란 무의식의 어둠 속에 있는 나의 분신이다. 정의와 도덕성을 부르짖는 사람이 자기도 모르게 불의를 저지르거나 성적 추문을 일으킬 때, 빛이 강할수록 더욱 어두운 그림자의 존재가 나오는 것이다. 아주 겸손하고 소극적인 사람이 자신의 명예욕을 인정 또는 의식하지 못한다면 그림자는 명예욕에 불탄다. 이 그림자가 밖으로 **투사**(投射, projection)되면, 남 앞에 나서기 좋아하는 사람이 극렬한 증오 또는 경멸의 대상이 된다. 보통 가까운 사람(가족, 친구 등), 성별, 나이 등이 비슷한 사람에게 투사되며, 그가 '괜히', '주는 것 없이' 싫다. 내면의 악을 부정하고 싶은 성직자라면 다른 사람들에게서 악을 보고 열정적으로 (설교에서) 단죄한다.

스승의 그림자도 밟지 말라는 말이 있듯이, 그림자는 존재의 일부라 여겨진다. 그림자 없는 사람은 죽은 사람이다. 그림자를 없애기(부정)보다 '나'의 일부로 받아들인다는 것은, 유치하고 나쁘다고 비난하던 타인의 특성들이 사실 나 자신의 일면들임을 인정하는 것이다. 이렇게 *의식에 통합*시키지 않으면 그림자는 점점 더 세력이 강해져서 우리 자신도 모르게 행동으로 나타나거나, 가까운 사람들에게 자꾸 투사되는 나머지 인간관계가 힘들어진다. 누군가 별 이유 없이 또는 유난히 극렬하게 싫어 죽겠다면 그 사람의 성격을 종이에 써보라(Boa, 1988/2004, p. 112). 이제 그걸 보고 "이게 나야"라고 말해보라.

그림자는 보통 개인적 무의식의 특징을 나타내지만, 집단적 무의식의 내용을 담기도 한다. **그림자 원형**은 인간의 동물적인 측면을 말한다. 이 원형이 투사되면, 그 대상은 괜히 싫은 정도가 아니라 인간이 아닌 짐승, 사악한 악마로 다가온다. 그림자가 원형과 관계될 때는 의식화가 더 어려울 수밖에 없다. *집단적 그림자 투사*도 있어서, 일본인과 한국인, 백인과 흑인은 스스로 인정하고 싶지 않은 부정적 특질들을 서로 뒤집어씌운다.

집단무의식과 원형들 집단적 무의식은 Jung의 가장 독창적인 업적이다. 그는 인간이 (동물 조상으로 거슬러 올라가는) 진화의 역사로 인해 똑같은 몸 구조를 가지고 태어날 뿐 아니라, 감정·생각·행동의 무의식적 성향들도 공통되게 가지고 태어난다고 믿었다. 집단무의식은 근원적 심상(primordial image), 즉 **원형**(archetype)들로 구성된다. 세대를 거듭하여 인간은 누구나 부·모가 있었고, 매일 해가 뜨고 지는 것을 보았으며, 출생과 죽음을 경험하였고, 그 결과 개인 경험과 별개로 부·모, 태양, 출생과 죽음 등에 대해 공통된 '근원적 심상'들을 가지고 태어나므로 보편적 생각과 기대, 감정 반응이 나온다. 일출을 볼 때 말할 수 없이 벅찬 감동, 어린 아기를 볼 때 눈물 날 듯 애틋한 감정을 모르는 사람은 거의 없을 것이다. '엄마/어머니'라는 말은 누구에게나 — 엄마품을 또는 '모성애'를 모르고 자란 사람에게도 — 비슷한 반응을 불러일으킨다.

다양한 문화적 배경의 수많은 사람들의 꿈, 정신병 환자의 환각과 망상, 여러 문화권의 신화와 동화들, 원시 종교와 문화에 관한 민족지 재료, 연금술 문헌, 천문학, 점성술 등 다양한 재료들에서 유사한 원형상징들이 나온다는 것을 발견하고 Jung은 인류 공통의 집단무의식에 대한 생각을 더 굳히게 되었다. 다양한 지역과 시대에서 *물*은 생명 또는 죽음, 정화를 상징하며, *나무*는 세계를, *새*는 정신('성령의 비둘기'), 천사를, *결혼*은 대극의 합일을 상징한다. 성격의 형성에 중요한 원형들은 페르조나, 아니마와 아니무스, 그리고 自己이다.

고대 그리스에서 배우들이 연기할 때 쓰는 가면을 뜻하는 **페르조나**(persona)는 우리가 바깥세상에서 하는 역할들을 의미한다. ["person," "personality"라는 단어가 이 그리스어에서 나왔다고 한다.] 우리말의 *얼굴*, *체면*, *낯* 등도 이와 비슷한 개념들로 쓰인다("뵐 낯이 없어서," "사람의 탈을 쓰고" 등). 회사 과장의 근엄한 얼굴이 집에 와서 어린 딸을 보면 자애로운 아버지의 얼굴로 변하고, 아내나 늙은 부모를 대할 때는 다시 다른 얼굴이 된다. 얼굴, 가면이 곧 거짓, 위선을 뜻하는 것은 아니다. 오히려 '나는 나'니까 '맨 얼굴'로 살겠다고 한다면 사회생활이 어려워진다. 위의 과장이 '나는 나'를 고집한다면 회사나 가정에서 본인뿐 아니라 동료나 가족도 어려움을 겪을 것이다. 정반대로 얼굴과 너무 *동일시*를 해도 위험하다. 예컨대, 교수가 동료, 친구, 가족을 대할 때도 근엄하게 가르치려고 들고 교수'답지' 않은 감정과 행동을 스스로 억누르고 산다면, 교수라는 역할을 자기 자신과 혼동하는 것이다. 지나친 동일시는 자기소외를 가져온다. 페르조나는 적응에 필요한 것이지만 어디까지나 '가면'인 것으로 *구별*해야 한다. 모든 원형에서 동일시는 위험하며 자아와 구별해야 한다.

아니마와 아니무스 인간은 조상 대대로 남녀가 어울려 살아왔기 때문에, 남자도 여자의 특질들을, 여자도 남자의 특질들을 지니고 있다. 아니마(Anima)는 남자의 영혼(Seele), 아니무스(Animus)는 여자의 정신(Geist)이라고 Jung은 말한다. 아니마는 남자의 감정과 정서성, 예감능력, 비합리적인 것에 대한 감수성을, 아니무스는 여자의 논리와 합리성을 반영한다. 아니마와 아니무스는 어머니나 아버지와의 관계가 어떠했느냐에 따라 긍정적일 수도 부정적일 수도 있다.

어머니와 관계가 좋지 않았던 남자의 **아니마**는 우울한 기분, 변덕, 끊임없는 불만, 예민함 등으로 나타난다. 반면, 어머니와 너무 밀착했을 때는 세상이 엄마처럼 한없이 베풀기를 기대하고, (특히 여자들에게) 어리광이나 억지를 부린다. 아니마는 에로틱한 공상으로 나타나는 일이 많다. 의식되지 않아 미분화 상태에 있으면 부정적 아니마가 원시적인 감정과 통하게 되어, 침착하고 이성적인 남자가 폭발적 분노를 터뜨리는가 하면 분방한 추측과 질투로 여자를 괴롭히기도 한다. 긍정적 아니마가 발달하면 감정을 체험·표현하고 남의(특히 여성의) 감정을 잘 이해한다.

아니무스는 에로틱한 공상이나 변덕스러운 기분보다는 예외를 믿지 않는 '거룩한' 확신으로 체험된다. 그런 확신을 말로 강력히 주장할 때는 남성적 측면이 쉽게 보이지만, 매우 조용하고 여성적인 여자가 예기치 않은 독선과 고집으로 아니무스 지배를 보여주기도 한다. 긍정적인 측면에서 여성의 남성성은 용기와 지성, 영성(spirituality) 능력으로 나타나지만, 아니무스가 미분화되면 따지는 버릇, '어떤 경우에나 내가 옳다'는 궤변과 독선이 나타나기도 한다. 아니마가 비합리적인 *감정*이라면 아니무스는 비합리적인 *의견*인 셈이다(이부영, 1998, p. 94).

아니마/아니무스는 남녀가 서로를 이해할 수 있게 해주기도 하고 사랑에 빠지게도 한다(Johnson, 1983/2008, 1989/2006a, b). 특히 첫눈에 반할 때 아니마/아니무스 투사가 일어난다. 처음 보는 사람이 씩씩하고 현명한 왕자님으로 또는 아름다운 천사나 공주님으로 보이는 것은, 각자가 깊은 내면에 지닌 심상이 현실의 대상에게 투사되기 때문이다. 사귀면서 또는 살면서 왕자님이 씩씩하지 않다거나 천사가 화내고 욕하는 것을 보게 되면 경악과 실망이 올 수밖에 없다. '사랑에 눈이 먼다'는 말을 쓰는데, 투사를 하는 만큼은 상대에게서 '이상형'을 구현하는 *대상*(Freud의 용어로 전이대상)을 보는 것이므로 '눈이 멀었다'고 할 수도 있다. 상대방 입장에서 보면, 내가 그에게서 어떤 허상을 보고 (눈 멀어서) 사랑하다가 그의 '본모습'을 보고는 변했다며 놀라는 것이다 — 변한 건 투사를 멈추고 이제야 (눈을 떠서) 그를 본 나 자신인데.

아니마와 아니무스가 종교나 예술 속의 인물들이나, 배우나 '스타', 사상이나 이념, 물질이나 물체에 투사되면 광신적 열광과 집착이 나타난다. 자동차를 거의 애인같이 보살피고 아끼는 남자는 아니마를 자동차에 투사하는 것일지 모른다. 돈과 술도 아니마의 손길이 닿으면 더 이상 평범한 물질이 아니라 마력이 생긴 나머지 '종교'가 된다. 회사나 대학, 심지어 국가 같은 조직에 아니마를 투사하여 단물을 빨아먹기도 한다(Boa, 1988/2004). 신흥종교에 들어가 '위대한 지도자'에 열광하는 여성들은 아니무스 원형, 즉 영웅 원형을 집단적으로 투사하는 것일 수 있다.

보상과 투사 갈등과 **대극**(opposition)은 삶의 본질이다. 높은 곳과 낮은 곳이 있어야 물이 흐르듯이, 대극이 있기 때문에 삶의 에너지가 생기는 것이다. 자아와 그림자, 남성과 여성, 어른과 아이, 아래에 논의할 외향성과 내향성, 합리적 기능과 비합리적 기능 등은 대극들이라서, 어느 한 편이 의식의 세계를 점유하면 다른 하나는 무의식의 어둠 속으로 가라앉게 된다. "나는 선하다"고 자아가 부르짖을수록 악한 그림자는 안 보이고, 사나이 중의 사나이는 자신의 여성적인 면을 억누른다. 부끄럽거나 위험한 성향들은 이제 의식의 빛이 닿지 않는 곳에서 유치하고 원시적, '고태적'(古態的, archaic)인 상태로 남아 백방으로 자기 존재를 주장한다. 의식의 일방성을 무의식이 **보상**(補償, compensate)하는 것이다. 매일 밤 꿈에서 일어나는 일이 바로 이러한 보상이다.

현실에서 매우 싫어하고 경멸하는 동료가 꿈에서는 아주 괜찮은 사람으로, 친한 친구로 나타날 때가 많다. 싫은 감정은 사실상 **투사** 때문이며, 무의식은 나에게 그 사람의 싫은 특성(가식, 허영심 등)이 바로 나 자신의 일면(권력욕)이라고 말해주는 것이다. 꿈에서 그와 친하다는 것은 '내겐 없다' 하는 그림자 측면을 인정하라는 自己의 요구로 볼 수 있다. 내 권력욕을 의식하고 인정하며 '배후공작', '뒷담화'만 하는 대신 남 앞에 나서기 시작하면, 그림자는 현실 적응을 도와주는 친구가 되기 시작한다. 즉, (지적) 통찰로는 부족하고 행동이 따라야 한다. 의식과 자아가 능동적 보상을 하면 투사도 멈추기 때문에 동료에 대한 미움도 줄어든다. 계속해서 권력욕을 억압하면("나는 절대 안 그래") 나는 투사를 그치지 않을 뿐 아니라, 권력 콤플렉스에 불시에 장악 당하여 나도 모르게 권력욕의 화신이 되어버린다.

보상과 투사는 의식하지 못하는 가운데 일어나기 때문에 자신이 언제 그러는지를 알기가 힘들다. 참고가 되는 하나의 징표는 강한 *감정* 상태이다. 위에서 그림자 투사 때의 증오·경멸—긍정적 측면을 투사할 때는 찬탄이나 시기·질투—이나 아니마/아니무스 투사 때의 불타는 사랑을 서술한 바 있다. 이런 감정들에 휩쓸리지 않고 '내가 왜 이러지?'라고 스스로 물으며 (뭔지 모르지만) 투사를 하고 있다는 사실만 깨달아도 도움이 된다. '깨달음'의 또다른 길은 가까운 사람들의 암시나 반응을 진지하게 받아들이는 것이다. 말과 행동의 모순, 지나친 과장이나 경직, 이중/다중인격이라 할 수 있을 정도의 극적 변신 등을 스스로 의식하기는 힘들기 때문이다.

선도 악도, 남자도 여자도, 아이도 노인도, 외향성도 내향성도 전부 우리 속에 들어앉은 성향들이므로, 대극의 한쪽 면만을 내놓고 살면 결국 분열이 온다. 비유컨대, 남한만 우리 땅이고, 북한은 사람이 못사는 어두운 땅인 것이다. 우리 속의 **자기원형**은 이 분열상태를 참지 못하며 통일과 전체성을 지향한다. 분단은 언제나 슬프고 '우리의 소원은 통일'이다. 의식의 일방성에 대한 무의식의 보상작용은 우리 내면의 통일 지향성에서 나온다. 자기실현이 되려면 자아가 이 보상을 주관하여 적극적으로 나서야 한다. 자기실현의 논의는 뒤로 미루고, 심리적 유형의 문제에서 나오는 대극과 보상을 보도록 하자.

유 형 론

Jung의 이론에서 성격심리학에 가장 큰 흔적을 남긴 것은 그의 심리학적 유형론이다(1921/88; 1943/72). 그는 의식의 일반적 태도를 외·내향으로 나누고 사고, 감정, 감각, 직관의 네 가지 기본기능을 구분하여 모두 8가지의 유형을 나눈다.

의식의 태도: 외·내향성 '내향적'(내성적), '외향적'은 많은 이들이 자기 자신이나 남들의 성격을 묘사할 때 자주 쓰는 범주이다. 사람들과 어울리기보다는 혼자 있기를 좋아하면 '내향적'이라 하고, 개방적·사교적이고 명랑하면 '외향적'이라고 한다. Jung의 유형론에서 두 유형을 가르는 결정적인 차이는 *객체*(타인, 환경)에 대한 태도이다. 이것이 부정적·방어적이면 내향적이고, 긍정적·순응적이면 외향적이다. 외향적인 사람에게는 자신의 주관적 견해보다 남들(가까운 사람들, 세상 사람들, '전문가' 등)의 의견, 객관적 조건이 판단과 행동에 더 큰 영향을 미치고, 내향적인 사람은 내면의 관념이나 개념들로 시작한다. 외향적인 사람은 주어진 여건들에 비교적 마찰 없이 순응하고 다른 요구가 없기 때문에 원만하고 적응 잘하는 사람으로 통한다. 반면 내향형은 객체에 관심이 없거나 회피·거부반응을 보이고, 표현(의사소통) 능력이나 의지도 적으므로, '부적응자'로 보이기 쉽다.

같은 가정에서도, 외향적인 아이는 어떤 일이든 직접 경험해야 하고, 경험하여 알고 난 뒤에야 다른 사람들의 생각을 행동의 바탕으로 삼지만, 내향적인 아이는 도덕적인 원칙(개념)을 추상적인 형태로도 곧잘 포착하고 받아들인다(가령 '약속은 꼭 지켜야 한다')(Myers, 1995/2008). Jung은 태도유형이 환경과 교육에 의해 정해지기보다는 타고나는 것이라고 생각했다. 같은 부모의 여러 자녀가 서로 다른 유형에 속하는 경우가 많고 또 유형 특성이 일찍부터 나타나기 때문이다. 물론 부모나 환경이 태도에 영향을 미치는 일이 일어난다. 예컨대, 외향적인 아버지가 내향적인 아들에게—계집애 같다고 비난하며—외향성을 강요하는 것이다. 타고난 모습과 반대로 살려면 피로와 탈진이 온다. 사람들과 어울리고 '세상'에 자기를 맞추는 일은 외향형에게는 신나고 쉬운 일이지만, 내향형에게는 본질적으로 힘든(에너지 소모가 큰) 일이다. 반대로, 혼자 있음은 내향형에게는 행복이지만 외향형에게는 고문일 수 있다. Jung은 유형 왜곡이 신경증을 가져오며, 본래의 태도를 끄집어내야만 치유된다고 보았다.

외향성과 내향성은 대극이 되는 태도들이기 때문에 자신을 비롯하여 주위사람들이 어느 유형인지 대체로 쉽게 알 수 있다. 그러나 판단하기 힘든 경우도 많고, 본인도 잘못 알고 있는 경우가 많다. 앞에서도 보았듯이, 대극이 되는 성향들은 우리 속에 모두 존재하지만 일반적으로 그중 어느 하나만 의식에서 인정된다. 일이 복잡해지는 것은 무의식의 태도가 의식의 태도를 **보상**하기 때문이다. 가령 내향적인 사람이 친한 친구들과 있을 때 또는 술이 취했을 때 못 말리게 외향적이 되어 기지와 재치로 사람들을 웃기고 울리는 일이 생긴다. 또는 내향적인 작가가 작품에서는 누구보다 외향적일 수 있다.

외향성이 누구나 갖고 싶은 '좋은 성격'으로 통하니까 내향적인 사람들의 장점을 찾아보자(Myers, 1995/2008). 그들의 장점 하나는 일관성과 (외부상황으로부터) 독립성이다. 이미 어릴 때부터 이들은 놀라운 '집중력', 외부자극들에 '신경을 끄는' 능력이 있다. 외향적인 사람들이 일의 범위를 넓히고, 결과물을 일찌감치 내세우고, 자신을 많은 사람들에게 알리고, 관계들과 활동들을 키워가려는 경향을 보이는 반면, 내향적인 사람들은 정반대로 자기 일에 깊이 빠져들면서 그것이 끝났다고 선언하거나 공개하기를 꺼린다. 공개할 때도 그 일을 세세하게 전달하기보다는 결과만 드러내는 경향이 있다. 따라서 남들이 알아주거나 말거나 별 상관없이 오랫동안 행복하게 일할 수 있다.

두 유형은 서로 이해 못하고 깔보는 경향이 있다. 외향형은 내향형에게 피상적이고 '주관이 없는' 사람으로, 내향형은 외향형에게 소심하고 자기중심적이고 오만한 고집쟁이로 보이곤 한다. 두 유형—일반적으로 대극들—사이에는 좋건 나쁘건 '감정'이 생기기 쉬워서, 두 유형이 서로 끌리기도 한다. 친구나 배우자 선택에서 이런 일이 자주 일어나, 서로 자신의 무의식적 태도를 상대방에게 투사하여 반하고 사랑에 빠지곤 한다. 투사가 멈추고 '매혹'과 행복한 "공생"(Jung, 1943/72, p. 555)이 사라지면, 친구/배우자는 다시 서로 '이해 못할 사람'이 된다. 빛나던 천재가 무책임하고 평범한 바보가 되어버리는가 하면, 왕자님이 다시 개구리가 되어 있는 것이다! 매혹과 환멸의 이러한 교차는 위에서 본 것처럼 아니마/아니무스 투사에서도 일어나고, 일반적으로 투사가 큰 역할을 하는 인간관계에 공통이 되는 현상이다(Jung, 1921/2001, 1943/72).

기본 기능: 사고, 감정, 감각, 직관 내·외향 태도에서처럼 네 가지 기본 기능도 보통 하나만 지배적이고 의식되며, 다른 것들은 무의식 속에 존재한다(그림 3-2).

사고와 감정은 **합리적 기능**들로서, 둘 다 이성적 판단을 요구한다. *사고*(thinking)가 맞나 틀리나를, *감정*(feeling)이 좋고 나쁨, 편하고 불편함을 판단할 때, 우연하고 비합리적인 것은 의식에서 배제된다. 합리적 판단으로서 '감정'(느낌)은 (흔히 비합리적이라고 여겨지는) 감정(affect)이나 정서(emotion)와 같지 않다. [정서를 체험하는 앞 단계가 좋다-나쁘다는 판단, '느낌'이라고 볼 수는 있다.] 감각과 직관은 이성적 판단이나 의도가 끼어들지 않는 **비합리적 기능**들이다. *감각*(sensation)은 감각기관들을 통하여 외적(바깥세계), 내적(몸) 자극들을 보거나 듣는 기능이며, *직관*(intuition)은 의식하지 못하는 가운데 보고 듣거나 느끼고, 가능성을 지각하는 것이라 할 수 있다. 눈에 보이지 않는 것을 감지하는 직관기능은 본인이나 남들 모두에게 가장 이해·설명하기 힘든 수수께끼이다.

누구나 네 기능을 전부 가지고 있지만, 네 가지가 고르게 발달되는 일은 없고 어느 하나가 **우월기능** 또는 주기능이 된다. 외·내향성처럼, 우월기능이 대극일 때도 서로 이해

그림 3-2 Jung의 유형론에서 네 가지 기본 기능(이부영, 1998, p. 144)

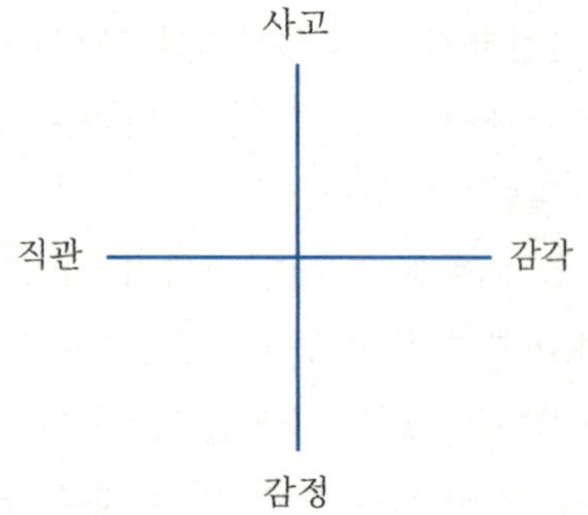

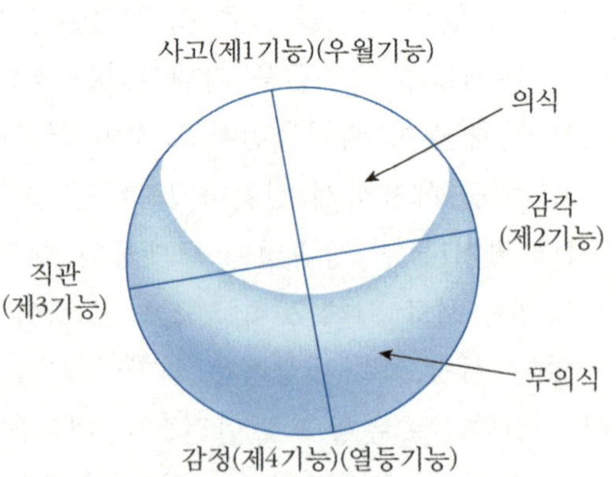

사고형에서 네 정신기능의 분화 정도

표 3-2 Jung의 심리적 유형들

	외향적	내향적
사고	사실들에 방향을 맞추며, '공식'에 맞는 것은 옳다고 여긴다. *자연과학자(찰스 다윈), 개혁가, 선전가 등.*	생각들에 방향을 맞추며 '내적 현실'에 몰두한다. 외적 사실들은 예(例)만 되어줄 뿐이다. *철학자(칸트, 니체), 상아탑 속의 학자.*
감정	가치평가가 객관적, 전통적, 보편적 기준들에 일치하고 상황에 따라 가치판단이 달라진다. 사교적이고 친절하다. *배우, 모임이나 단체의 회장, 사회사업가.*	밖으로는 차갑고 타인들이나 환경에 무관심한 것같이 보이지만, 안으로는 강렬한 감정체험을 한다("잔잔한 물이 깊다"). *작품에서만 강한 감정을 표현하는 작가, 예술가.*
감각	구체적 감각적 사실들, 만질 수 있는 현실을 중시하며, 이상이나 원칙들이 없는 것같이 보인다. 현실적, 실제적이고 감각적 즐거움들을 밝힌다. *사업가, 세련된 심미주의자(또는 천박한 향락주의자).*	물리적 세계의 표면보다는 배경들을 포착한다. 바깥세계에는 관심이 없이 주관적 내적 감각들에만 빠져 있는 것같이 보인다. *추상적 음악가, 화가.*
직관	미래가 약속된 것을 냄새맡을 줄 알며, 새로운 세계들을 정복하고 싶어하고, 시작은 많이 하지만 끝을 보고 열매를 거두지는 못한다. *외교관, 투기업자, 정치인.*	바깥 현실에 어둡고 자신도 잘 이해하지 못하는 원형들의 고태적 세계 속에 빠진다. 남들에게 몽상가로 보인다. *예언가('황야의 설교자'), 예술가.*

하지 못하는 일이 많다. 합리형에게는 비합리형이 우연에 좌우되는 '생각 없는' 사람인가 하면, 후자에게는 전자가 모든 살아 있는 것에 이성의 족쇄를 채우는 타산적이거나 답답한 사람이기 쉽다. 우월기능을 뺀 다른 세 가지는 **보조기능** 또는 **열등기능**이 되는데, 이에는 일정한 법칙성이 작용한다. 그림 3-2를 보면, 두 합리기능, 두 비합리기능은 각각 *대극* 관계에 있다. 가령, 사고가 우월하면 감정기능이 자동적으로 열등하며, 비합리기능들 중 하나가 보조기능이 된다. 대극 관계에 있는 사고와 감정은 서로의 활동을 방해한다. 진실이냐 거짓이냐를 판단하는 데 좋고 나쁨의 판단처럼 방해가 되는 것이 없기 때문에, 사고형은 감정기능을 능동적으로 억압한다. 감각과 직관도 서로를 배제한다. 표면에 드러나는 자극들의 감각을 무시해야 그 배후의 것들을 감지할 수 있고, 또 배후를 무시해야 표면에 머물 수 있기 때문이다. 직관형 눈에 감각형은 피상적이고 경박하며, 감각형

눈에 직관형은 대책 없는 몽상가이다.

Jung의 유형론과 독립적으로 개발되었다가 그의 체계를 받아들여 확장된 Myers 부부의 유형론은 '유형지표'(Myers–Briggs Type Indicator, MBTI, 1962년 매뉴얼 출간)라는 질문지 도구를 가지고 16개 유형을 나눈다(Myers, 1995/2008). 합리 대 비합리 구분은 **판단**(Judgment) 대 **인식**(Perception, 심리학에서는 보통 '지각'으로 번역한다)으로 대치된다. 후자 구분이 전자보다 간단하고 접근 가능한 반응들로 드러나기 때문이다. [또, '비합리'는 부정적으로 들리지만 '인식'은 그렇지 않다.] *판단*할(사고와 감정) 때는 인식을 차단하면서 증거를 이미 다 모았으므로 결론을 내리려 하고, 반대로 *인식*할(감각과 직관) 때는 판단을 차단하면서 증거를 다 모을 때까지는 결론을 내리거나 돌이킬 수 없는 행동을 하지 않으려 한다. 체계적 일 처리, 질서정연한 정돈, 계획적인 삶(꽉 짜인 프로그램과 스케줄), 한결같은 노력('토끼'보다 '거북이') 등이 판단형의 장점인 반면, 인식형의 재능은 즉흥성, 열린 마음, 이해와 관용, 호기심 등에 있다. 글상자 3-2에 Myers(1995/2008)가 서술하는 네 기능의 특징을 제시하였다.

8가지 유형 표 3-2에 Jung의 8가지 심리적 유형을 간략히 서술하고 각 유형을 대표하는 직업이나 부류도 몇 가지씩 언급하였다. 독자들이 이 표를 가지고 자기 자신을 비롯하여 가까운 사람들의 유형 분류를 하기는 쉽지 않을 것이다. 실제로도 '순수 유형'은 흔하지 않다. 한 유형에 속해도 여러 가지 요인들이 작용하여 성격과 행동이 다양하게 나타나기 때문이다. (내·외향적) 태도가 얼마나 과장 또는 왜곡되어 있느냐, 주기능이 얼마나 절대적 우위를 차지하느냐, 어떤 보조기능이 얼마나 잘 발달되어 있느냐 하는 등이 고려되어야 하는 요인들이다. Myers는 지배적 태도 및 기능에 더하여 보조기능까지 넣어서 16개 유형을 분류한다(1995/2008).

의식에서 어느 한 태도나 기능이 너무 큰 우위를 차지하면 장점이 어느덧 단점 또는 위험으로 변하고, 열등기능은 빛을 보지 못하기 때문에 유아적, 고태적인 상태로 남는다. 예컨대, 외향적인 사람이 객관적 여건에 순응하는 나머지 객관세계에 흡수되어 주체를 아예 잃어버리고, 내향적인 사람이 주관성만 강조하다가 자아중심적이 되어버리고 권력 콤플렉스가 생긴다. 어느 한 태도나 기능이 극단적으로 우세하다는 것은 다른 태도와 열등기능이 더 심하게 억압된다는 것을 뜻한다. 보조기능이 발달하지 않았을수록 이 편향이 심해진다. 가령 극단적 외향적 사고형은 내향성은 전혀 없이 외향성만 가지고 현실감각도 가능성도 무시한 채 사고기능만 가지고 산다.

의식의 일방성에는 무의식의 *보상*이 따라온다. 의식의 외향적 태도가 완전할수록 무의식의 내향성은 무자비한 이기주의가 되고, 의식에서 내향적 태도만 주장하며 객관 현실을 무시할수록 무의식은 이것에 무한한 권력을 부여하여 공포나 매혹에 빠진다. 마찬가지로 사고기능만 가지고 사는 사람은 감정생활을 억압하기 때문에 독선, 의심, 광신 등 부정적 감정들의 제물이 쉽게 된다. 바로 **대극의 반전**이다. 내향적 사고형의 남자가 외향적 감정형의 여자의 제물이 되는 일도 흔하다. 서로 자신이 살아내지 않는 무의식 성향

글상자 3-2

네 가지 기능

판단(Judgment, J) 기능들 중에서 *사고*(Thinking, T)는 객관성, 논리와 일관성, 진실과 거짓을 따지고, *감정*(Feeling, F)은 개인적 주관적 가치를 따진다. 사고가 본인이나 타인들의 성격이나 바람과 상관없는 '객관적 진실'(여하튼 본인에게는)을 내세울 때, 감정은 "내겐 이것이 소중해"라고 말한다. 성차가 뚜렷한 유일한 선호가 T-F 차원으로서, 여자들에게 F형이 훨씬 많다(Myers, 1995/2008; Jung, 1921/2001). 여자는 논리적, 분석적이지 않고, 정이 많고, 약삭빠르며, 사교적이고, 일들을 개인적으로 받아들인다는 성별 고정관념이 여기서 나온다. 물론 T형 여자, F형 남자도 있다.

인식(Perception, P) 기능들 중에서 *감각*(Sensing, S)은 현실에, *직관*(Intuition, N)은 가능성에 집중한다. S형들은 직접 보고 듣고 만지는 등의 감각을 믿고, N형들은 무의식에서 나오는 직관에 귀를 기울인다. 평균적으로 S형 아이들은 N형보다 공부에 관심이 적고 지능검사나 수능(SAT) 점수도 낮은데, 이 검사들 대부분이 N형의 언어(단어, 은유, 상징)로 표현되기 때문이다. 직관은 매우 빠르며 N형에게 지능은 "이해의 신속성"인 반면, 훨씬 더 조심성 있는 S형에게 지능은 "이해의 건전함," 즉 결론과 사실들의 확실한 일치이다(pp. 112-113).

> 현실 속의 정보를 수집하는 일에는 직관보다 감각이 더 바람직하고, 가능성을 보는 데는 직관이 더 유용하고, 일을 조직하는 데는 사고가 훨씬 더 적절하지만 인간관계를 다루는 데는 감정이 훨씬 더 뛰어나다는 점을 깨달은 사람은 자신의 재능 모두를 보다 효과적으로 이용하는 데 필요한 열쇠를 갖고 있는 것이다.(p. 317)

> 다양한 유형이 관여하는 집단 활동에서는, 각각의 정신작용이 공동 임무에 기여하는 것이 무엇인지를 확인하기가 더 쉽다. 예컨대, 감각 유형들은 그 상황에 대한 명확한 정보들을 알고 있으며 다른 유형들이 잊거나 간과할 수도 있는 사실들을 잘 기억하는 것 같다. 반면 직관 유형들은 어떠한 어려움이라도 우회할 수 있는 아이디어로 가득하며 새로운 처리절차를 제시하는 경우도 종종 있다. 사고 유형들은 원칙에 회의적인 태도를 보이고, 근거 없는 가설에 재빨리 도전하고, 어떤 계획에서 잘못될 수 있는 것들을 예측하고, 그 계획에서 결함이나 모순을 지적해내고, 그리하여 길을 잃은 그 지점으로 사람들을 다시 끌고 간다. 감정 유형들은 조화에 관심이 많다. 날카로운 의견대립이 생기면, 그들은 각 유형이 모두 체면을 구기지 않을 타협점을 추구한다.(pp. 322-323)

들을 밖으로 투사하기 때문이다. 반전은 모든 대극들에서 일어난다. 밖에서 남성적인 남자('무골호인')가 집에서는 예민하고 짜증 잘 내는 '소녀'가 되는 식이다.

두 태도와 네 기능이 골고루 발달하면 물론 가장 이상적이다. 객관 현실, 논리와 원칙뿐 아니라 다른 사람들의 감정들도 분명히 하고, 이성적인 판단들도 내리지만 동시에 순간순간의 감각과 예감들도 놓치지 않으면 되지 않겠는가(글상자 3-2의 인용문들을 보라). 이는 말같이 쉽지 않다. 자기객관화, 다른 태도나 기능들에 대한 존중이 필요하고 유익하지만, 완전한 '균형 발전'이 인간에게 가능한 일은 아니다. 오랜 세월에 걸친 자기실현 과정에서 이런 경지에 가까워질 수 있을 따름이다.

우월기능의 쇠진 어느 한 태도/기능이 태어날 때부터 조금이라도 더 우세하면 자꾸 더 쓰기 때문에 우위가 더 확고해진다. 젊을 때 우리는 각자가 잘하는 특기를 가지고 삶을 헤쳐 나간다. 외향적 감각이 발달한 사람은 외환투기로, 내향적 감각형은 추상파 화가로 성공할지 모른다. 그런데 이 특기가 닳아서 효력이 떨어지는 때가 온다. 투기 전문가의 예상이 번번이 크게 빗나가며 추상파 화가의 그림에 생명이 없어지는 것이다. 흔히 말하는 '중년의 위기', 슬럼프, 탈진(burn-out) 등은 분석심리학적으로 말하면 의식의 일방성을 무의식이 보상하는 것이다.

많은 동화들에서 이 고갈 상태는 왕이 늙고 병들거나 왕국에 몇 년 내리 기근이 들었다는 식으로 그려진다. 왕의 생명 또는 왕국을 구할 길이 있기는 한데, 그것은 아주 먼 곳에 가서 아주 귀하고 특별한 것을 가져와야 하는 아주 위험한 일이다. 이를테면 지구 끝에 사는 무서운 괴물을 찾아내서 샘물이나 보석을 훔쳐와야 한다. 우선 첫째 아들이 아버지/나라를 구하겠다고 모두의 축복을 받으며 길을 떠나지만 실패한다. 둘째 아들이 나서 보지만 역시 실패한다. 마지막으로, 바보 같은 막내아들이 아버지가 만류하고 형들이 비웃는 가운데 길을 떠난다. 그리고 성공한다. [독자들이 잘 알다시피 그는 꼭 공주를 덤으로 데리고 오고, 둘은 결혼하여 "오래오래 행복하게 살았습니다."]

이런 동화를 분석심리학적으로 읽어보면, 왕국을 이끌어온 우월기능이 이제 빛을 잃어 왕국이 망할 지경이 되었고, 보조기능도 별 도움이 안 되며, 못난 열등기능이 왕국을 살릴 길을 찾아내고 왕위를 이어 받는다고 풀이할 수 있다. 독자들이 잘 알듯이 막내 왕자는 많은 난관을 이겨내고 죽을 뻔한 위기를 몇 번씩 넘기고 나서야 보물과 공주를 구해온다. 자기실현은 이렇게 목숨을 걸 정도로 힘든 과정이다.

자기실현

위의 동화에서 두 형은 실패했는데 막내는 성공한 비결은 무엇인가. 잘난 두 형은 힘없고 비천한 존재들에게 도움을 받거나 베풀기를 교만하게 거절했다. 못난 막내는 위기에 처한 동물을 돕고 거지나 노인에게 먹을 것을 나누어 주었으며, 이 존재들은 그가 위기에 처할 때 그를 도왔다. 이들은 모두 **원형**이다. 우리의 내면에는 왕/왕비와 왕자/공주만 있는 것이 아니라 짐승과 거지와 노인과 도둑도 있으며, 우리는 물론 전자로 살고 싶고 후자들은 우리와 상관없다고 믿고 싶다. 그러나 이런 부정적 측면들을 인정하고 *의식에 통합*하지 않으면 왕국을 살릴 수 없다. 자아가 인정해주면 개구리나 거지가 왕자로 점차 변하기도 한다(동화에서처럼 한 번에 되는 것이 아니니 개구리를 벽에다 던지지 말 일이다!). 많은 동화의 끝을 장식하는 왕자–공주의 결혼식은 대극들의 합일로서 그 자체가 自己의 상징이다.

자기원형 무의식 성향들의 투사·보상에는 통일을 지향하는 자기원형이 작용한다. 즉, 우리가 꿈을 꾸고, 콤플렉스에 사로잡히고, 그림자, 아니마/아니무스를 투사하고, 열등기능을 보상하는 데는 모두 *목적*이 있다. 바로 의식과 무의식의 분열을 극복하고 통일과 전체성을 이룬다는 목적이다. 분열과 분단이 심해지면 마치 "더 이상 이렇게는 안 된다"는 것처럼 직장이나 결혼생활에서의 파탄, 큰 사고나 병 같은 위기를 겪기도 한다. "왜 하필 지금," "왜 내게 이런 일이"라고 울부짖기도 하지만, 이러한 위기와 고통은 지금까지의 삶의 태도를 점검하고 방향을 바꿀 수 있는 *기회*이다. 중년에 들어서 자기원형의 영향력이 커지는 이유는, 가정을 이루고 자녀도 어느 정도 컸고 직장에서도 자리를 잡고 나서 밖을 향하던 에너지가 안을 향하기 때문이다. 이제는 자신의 삶의 의미를 이해하고 '자기를 찾을' 때이다.

자기실현은 **개성화**(individuation)라고도 한다. '자기', '개성'은 물론 사람마다 다르며, 동화들에서도 왕 또는 왕국을 살리기 위해 구해 와야 하는 것(自己의 상징)은 아주 특별하고 귀한 것이다. 돈 주고 살 수도 없고 왕의 권력으로 빼앗아 올 수도 없으며, 많은 위험을 무릅쓰고 직접 구해 와야 한다. 자기실현은 결코 끝나지 않는 과정이지만 위험하기만 한 것은 아니다. 많은 동화들에서 우리의 막내 왕자 같은 '영웅'은 목숨이 위태로운 상황들에서도 어린애같이 태평하고 명랑하다. 글상자 3–1에 나온 표현들을 쓰자면, "그것이 무엇인지 나는 모르"지만 "내 삶이 어디로 흘러가는지 알고 있는" 존재—자기원형—가 있다고 믿기 때문일 것이다. 역경이나 시련이 닥칠 때, '무엇인지 모르지만' 이 고난에 의미와 목적이 있을 거라 믿으면 평온을 되찾고 심지어 명랑해지기도 한다.

자기실현의 과정 동화에서도 여러 원형(의 상징)들을 만난 다음에 마지막에 가서 자기원형을 만날 수 있듯이, 실제의 자기실현에서도 원형들을 만나고 의식에 통합하는 순서가 있는 것 같다. 대체로 먼저 개인 및 집단무의식적 그림자를 만나고 그 다음에 아니마/아니무스 원형과 씨름한다. **그림자**를 만난다는 것은 자신의 부끄럽고 못난 면을 인식하고 인정한다는 것을 말한다. 이 그림자가 어떤 모습인지는 외적 대상에게 *투사*할 때 그리고 *꿈*에서 알아볼 수 있다. 우리는 때로 자신의 긍정적인 면을 억압하기도 한다. 미국 만화 '찰리 브라운'의 주인공 소년은 극단적으로 내향적이고 친구(특히 여자)들의 웃음거리이지만, 그의 개 스누피는 매우 외향적이고 여자들에게 인기 있는 '멋진 사나이'이다. 찰리는 "왜 나는 남들처럼 정상적인 개를 가지지 못했을까"라며 한숨 쉰다. 세상 속으로, 삶 속으로 뛰어들 용기를 못내는 한 그런 사람은 자신의 그림자를 구현하는 친구를 경탄하고 짝사랑하거나 시기 질투하기를 그치지 않는다.

아니마/아니무스는 그림자가 감싸고 있어 그 모습을 뚜렷이 볼 수 없고, 많은 경우 이성에게 투사된다. 젊을 때는 이성과의 관계가 주로 신체적 결합을 목표하지만, 중년부터는 심리적 결합이, 즉 상대방(배우자)의 특성들을 자기 자신의 체험 속에서 인식하고 인정하는 것이 더 중요해진다. 투사했던 에너지를 거두어들이지 못하면, 즉 아니마/아니무스 상이 의식에 통합되지 못하면, 그것이 무의식으로부터 계속 영향력을 발휘한다. 영화나 소설에서 자주 그려지는, 중년 남자/여자가 젊은 여자/남자와 사랑에 빠지는 일은 바로 이런 경우에 벌어지는 아니마/아니무스 투사이다.

투사되었던 무의식 내용은 다시 의식에 통합되어야 한다. 예컨대, '미친 사랑'에 빠져 있을 때 자신이 사실은 내면의 아니마/아니무스를 투사하고 있는지를 질문하는 것이다. 그림자, 아니마/아니무스가 의식에 통합되면 의식의 범위가 상대적으로 확장된 것이기 때문에 전체의 중심인 **自己**가 멀지 않다. 남자는 늙은 현자(wise old man, der Alte Weise) 원형을, 여자는 태모(Great Mother, Grosse Mutter) 원형을 만나게 되고, 마지막 단계에서 자기원형과 만나게 된다. 자기라는 중심을 찾으면서 점차 '사람이 변하'고, 권태, 고갈 대신에 풍요한 삶이 펼쳐진다.

분석심리학적 심리치료

개성화와 성숙으로 밀고 가는 자기원형은 역설적으로 신경증을 가져오기도 한다. 무의식적 성향, 태도, 기능들이 억압되어 있을 때 꿈이나 소소한 변화와 증상들을 통해 보상의 길을 제시해도 자아가 움직이지 않으면, 자기원형이 자아를 딴지 걸어 거꾸러뜨림으로써 '계속 이대로' 가지 못하게 하는 것이다. 우울, 불안, 강박관념 등 심리적 증상들과 더불어 만성두통, 피로, 피부병 등 신체적 증상들은 그냥 닥치는 불운이 아니라 자기실현의 *기회*인 셈이다. '병'까지 가지 않는다 해도, 삶의 의미를 찾지 못하고 내적 공허감과 불만에 오래 시달리다가 분석심리학자를 찾아가기도 한다. 심리치료의 목표는 개성화로 가는 길을 안내하는 것이며, 치료자는 자기발견과 자기실현으로 가는 길의 동반자이다.

꿈의 진단·치유력 꿈은 Jung에게도 '무의식으로 가는 왕도'였다. 다만 무의식에 대한 견해가 Freud와 다른 만큼 그가 찾는 내용과 방식은 달랐다. 그는 검열 때문에 꿈 내용이 왜곡되는 것이 아니라 무의식 언어—그림과 상징—를 우리가 해독하지 못하는 것뿐이며, 꿈은 무의식 과정과 상태들을 숨기는 것이 아니라 *드러내*준다고 보았다. Freud도 동화와 신화, 속담과 시 등에서 꿈의 상징들을 해독하는 열쇠들을 발견했지만, Jung은 그보다 훨씬 더 멀리 나아가 종교, 중세 연금술, 점성술 등의 문헌들을 연구하여 무의식과 원형들의 언어를 발견하였다.

꿈의 가장 중요한 기능(목적이라고도 할 수 있다)은 **보상**(補償, compensation)이다. 의식이 한 방향으로 치우칠 때 전체의 균형을 (다시) 잡아주는 것이다. 따라서 같은 꿈이라도 꿈 꾼 사람의 성격과 삶의 상황에 따라 다르게 해석된다(글상자 3-3). 꿈은 의식의 일방성

글상자 3-3

똑같은 꿈의 상이한 해석

어떤 청년이 한 무리의 젊은이가 넓은 들판에서 말을 타고 달려가는 꿈을 꾸었다. 꿈꾸는 사람은 선두에서 달려가다가 물이 가득 찬 도랑을 뛰어넘는데, 다른 사람들은 물에 빠져버린다. Jung에게 이 꿈 이야기를 한 청년은 조심스럽고 신중한 내향형이었다. 그런데 Jung은 같은 꿈 이야기를 다른 사람에게서도 들었다. 활동적이고 모험적인 생활을 해온 용감한 성격의 노인이 같은 꿈을 꾼 것이다. 이 꿈을 꿀 당시 그는 병원에 입원중이었는데 의사와 간호사의 지시를 따르지 않아 큰 골칫거리였다(Jung, 1964/84, p. 66).

Jung은 두 경우에서 같은 꿈을 다르게 해석하였다. 같은 꿈이 내향적인 청년에게는 무엇을 해야 하는지를 격려조로 말해준 반면, 노인에게는 그가 무엇을 여전히 하고 있어서 어려움을 겪는지를 분명히 말해주었다는 것이다. 이 예는 꿈 해석이 꿈 꾼 사람의 개인 상황에 따라 달라진다는 것을 보여준다.

을 어떻게 극복해야 하며, 어떻게 '죽음의 골짜기'를 벗어나 생명을 찾을지를 가르쳐 준다. 그러나 꿈의 의미를 머리로 이해하고 말로 인정하는 일로 그치지 않고 현실에서 행동으로 옮겨야 한다. 자기원형은 불가능에 가까운 일을 요구하기도 하며 자아가 거절하고 버티면 다른 제안을 한다. 치료자의 격려도 도움이 되지만, 꿈도 나의 새로운 시도들에 그림과 상징들로 촌평을 하고 격려도 한다.

꿈의 이중적 해석 꿈을 이해하는 것은 '해몽사전'을 가지고 무의식의 상징들을 기계적으로 번역하는 작업이 아니다. 무의식은, 특히 집단무의식은 인간 속의 '자연'이다. 자연과학과 기술문명의 놀라운 발달로 인간이 자연 현상들을 '정복'할 수 있다고 자만할 때, 자연 재해들은 이 믿음이 얼마나 헛된 것인지를 보여준다. 무의식이라는 자연도 마찬가지로 궁극적으로 다 이해하거나 다스릴 수는 없다. 무의식 언어에는 근본적인 모호함이 있다. 예를 들면 *물*은 생명과 정화를 의미하지만 죽음도 가져다준다. 신화와 무의식의 세계에서, 생명을 주는 *어머니*는 생명을 빼앗아 가는 파괴적 권력도 가지고 있다. 어떤 그림이 위험을 경고하는지, 모험을 격려하는지도 분명히 알 수 없다. 그러나 꿈의 의미를 잘못 해석하는 일이 생겨도, 계속 진지하게 찾고 있으면 무의식은 다른 꿈들을 통해 이 오류를 지적해준다.

꿈은 개인적 무의식뿐 아니라 집단적 무의식 내용도 포함하므로, Jung은 꿈을 두 단계로 고찰할 것을 권한다. 꿈에 어머니가 나오면, 그 모상(母像)은 내 육친의 어머니 특성들, 나의 개인적 경험을 보여주기도 하지만(**객관단계**의 해석), 어머니 원형의 측면을 제시하기도 한다(**주관단계**의 해석). 꿈에 보는 어머니가 원형이기도 하므로, 내 어머니에 대한 감정과 관계도 돌아보아야 하지만, 어머니 원형과 어떤 관계를 맺고 있는지 또는 맺어야 하는지도 묻게 되는 것이다. 객관단계의 해석을 위해서는 개인의 과거 경험을 들어보아야 하지만, 주관단계에서는 원형들이 여러 신화나 동화, 종교 등에서 어떤 상징들로 나타나는지를 이해해야 한다. 개인의 문제를 이해하고 해결하는 데 그 자신의 무의식뿐 아니라 인간 조상의 경험과 지혜의 보물창고도 실마리를 주는 것이다.

꿈을 해석하는 태도에서 나타나듯이, 정신분석 치료가 *회고적*(retrospective), *분석적*(analytical)인 데 비해, 분석심리학 치료는 *전망적*(prospective), *종합적*(synthetical)이라고 할 수 있다. 현재의 문제와 갈등의 밑에는 분명히 과거의 개인적 경험이 깔려 있지만, 과거로 거슬러올라가 원인을 찾는 데 만족하지 않고 앞으로 어떻게 나아가야 하는지를 집단무의식의 지혜를 빌어 내다보는 것이다.

이론의 평가

Adler와 함께 바깥현실로 나갔던 우리는 Jung과 함께 다시 우리 내면 '심층'의 어둠 속으로 들어왔다. Jung의 무의식은 Freud의 무의식보다 훨씬 더 깊은 곳에 뿌리를 내리고 있다. 집단적 무의식은 우리를 종족 조상의 과거와 연결시키는, 따라서 (같은 진화 역사를 겪은) 우리를 서로 연결시키는 '근원적 심상'들을 담고 있다. 나아가 이 원형들이 결국 우리 각자가 '자기를 발견'하는 자기실현의 길고도 힘든 여행의 길잡이가 되어준다.

유형론을 개략적으로나마 소개했으니까 세 사람의 차이를 유형론으로 이야기해보자. Adler(의 이론)의 외향성이 심리학에서 이례적인 만큼이나 Jung(의 이론)의 내향성도 이례적일 만큼 극단적이다. 그의 제자이자 동료인 von Franz(1971)의 판단으로 Freud는 *내향적 감정형*,[1] Jung은 *내향적 직관형*이었다. 그 자신의 말로 내향적 직관형은 "물리적이 아니라 심리적인 현실"을, "의식의 모든 배경의 과정들을 마치 외향적 감각이 외적 객체들을 지각하듯 똑같이 분명하게 지각"(Jung, 1921/88, p. 274)하며, "신비한 몽상가 겸 예언자이거나 환상가(Phantast) 겸 예술가인 독특한 유형"(p. 276)이다. Jung의 성격이론, 특히 집단적 무의식과 원형 개념들은 내향적 직관의 성과라고 할 수 있다.

과학적 심리학이 관찰 및 수량화할 수 있는 행동들에 초점을 두는 경향은 분석심리학적으로 보면 (내향적 직관의 대극인) *외향적 감각*을 사용하는 것이다. 원형들이 개인 경험의 결과가 아니라 종족의 삶의 경험과 기억의 잔재라는 주장은 어떤 자료와 과학적 방법을 가지고도 경험적으로 검증할 길이 없다. Jung의 이론이 성격심리학에 미친 영향은 유형론이라 할 수 있다. 16개 유형을 분류하는 자기보고 질문지인 Myers-Briggs 유형지표(MBTI)는 임상 밖 현장에서 평가와 컨설팅에 널리 사용되고 있는 한편, 특히 외향성-내향성 차원은 학문적 성격심리학에서 계속 인기있는 변인으로 남아 있다. 이 책의 3부에서 나올 특질심리학에서 외·내향성을 개념화하고 측정한 다양한 시도들을 보게 될 것이다.

Freud나 Adler가 성격구조 또는 생활양식이 4, 5세경에 이미 형성된다고 주장한 데 비해, Jung은 어린시절의 성격발달을 별로 언급하지 않았다. 대신 그는 Freud나 Adler가 소홀히 한 *중년*의 성격변화에 주목하였다(Jung, 1931/2004, 1943/72). 그는 중년심리학을 이해하려고 노력한 최초의 성격이론가에 속한다(Hall 등, 1985). 그는 많은 사람들이 중년에 이르러 삶의 의미를 묻고 성격변화와 다양한 위기를 겪는 것을 자기실현의 시작이라고 본다. 완전한 자기실현을 이루는 사람은 없다고 해도, 성장과 성숙의 잠재력을 의미하

---

1) 그러나 Freud의 이론체계는 그의 열등기능인 외향적 사고를 나타낸다고 von Franz(1971, p. 49)는 주장한다. "소수의 관념들을 가지고 엄청난 양의 재료를 설명해내는" 특성이 그렇다는 것이다.

는 자기원형이 누구에게나 있다는 가정은 낙관주의적 인간관을 반영한다.

심리학자들이 Jung의 이론을 받아들이기 힘들어하는 것과 대조적으로 심리학 밖에서는 그의 영향력이 상당하다. 문학, 역사, 철학, 종교 등에서 많은 저자들이 그의 사상을 수용한다. 외디푸스 콤플렉스, 거세불안, 자아방어 등처럼 그림자, 아니마/아니무스, 우리 속의 아이(아이 원형, '영원한 소년', von Franz, 1970/87) 등은 인문학적 교양을 웬만큼 쌓은 지식인들에게는 친숙한 개념들이다. Hall 등이 썼듯이(1985, p. 138), "Jung의 사고의 독창성과 대담함은 최근의 과학사에서 거의 유례가 없으며, Freud 외의 어느 누구도 Jung이 '인간의 영혼'이라 부를 만한 것을 들여다보는 개념적 창문들을 더 많이 열어주지 않았다."

성격심리학의 큰 목표와 주제가 인간 이해, 인간 공부라고 한다면, 과학적 연구방법론만 주장하며 실험, 질문지에서 나온 수량적 자료에만 집중할 것이 아니라, Freud나 Jung이 한 것처럼 문학, 역사, 종교, 신화 등에서도 '자료'를 구할 수 있다. 다음 장을 시작할 때 나오는 Murray는 자연과학자로서 과학적 연구를 중시했지만 동시에 '백경'(모비딕)을 쓴 미국 작가 허먼 멜빌의 권위자였고, 사회학, 인류학, 정신의학 등 다양한 분야의 학자들과 같이 '성격의 탐색' 작업을 하였다.

요 약

01 Freud 진영을 이탈하여 독자적 이론들을 발달시킨 Adler와 Jung은 결정론과 추동 이론에 반대했을 뿐 아니라 인간 행동의 목적성을 강조하였다.

02 Adler의 개인심리학에서 볼 때 우리는 누구나 열등하고 무력한 존재로 인생을 출발하며 **열등감**을 보상하려 한다. 일반적 열등감이 너무 커지면 과잉보상이 나타나며 공동체감이 발달하지 못한다. **공동체감**은 '나'가 아니라 '우리'로 느끼고 생각하는 능력을 말하며, 개인심리학에서 심리적 건강과 성숙의 지표가 된다. 그것의 수준은 사랑(이성애, 결혼), 우정(인간관계), 일(직업)의 세 가지 **삶의 과제**에 직면하는 태도에서 반영된다.

03 인정받고 우월해지려는 목표를 추구하는 방식은 사람마다 다르다. Adler는 이 **생활양식**이 4, 5세경에 이미 정해진다고 보았다. 일반적 열등감이 너무 커지고 공동체감이 발달하지 못하면 **용기와 상식**을 가지고 삶의 과제들에 도전하는 긍정적 생활양식이 발달하지 못하고, 과제들을 회피하며 특별 대접을 요구하는 부정적 생활양식이 생겨난다.

04 일반적 열등감의 크기와 공동체감의 수준을 결정하는 가장 중요한 요인은 부모의 **양육태도**로, 아이를 동등한 인격체로 존중하는 **우정적 호의**가 이상적이다. 권위주의, 지나친 애정(과잉보호), 지나친 욕심 등은 아이의 용기를 꺾고 열등감을 강화시키는 잘못된 양육태도이다.

05 외동이, 맏이, 중간, 막내 등 **출생순위**와 **성별**은 가정과 사회에서의 위치에 차이를 가져와 생활양식에 영향을 미친다. 여자는 약자의 무기를 휘두르고(남성적 반항) 남자는 남성 권위를 주장하는 생활양식을 발달시키기 쉽다.

06 개인심리학에서 신경증환자란 일반적 열등감이 큰 나머지 자신감과 용기를 잃고 삶의 중요한 과제들을 회피하는 사람이다. 심리치료는 내담자의 부정적 생활양식을 파악하고 교정해주는 작업이 된다.

07 Adler는 사회적 요인들의 중요성과 행동의 목적성을 강조하였고, 아무리 불리한 생활 조건들 속에서도 열등감을 발전의 추진력으로 삼을 수 있다는 낙관주의자였다.

08 Jung의 분석심리학의 가장 특징적인 개념은 **집단적 무의식**이다. 개인적 무의식은 Freud의 무의식과 비슷하게 개인 경험을 반영하지만, 집단적 무의식은 진화의 역사를 거쳐온 종족의 경험 침전물이며 **원형**들로 구성된다. 성격 형성에 중요한 원형들은 페르조나, 아니마와 아니무스, 그림자, 그리고 자기이다.

09 의식과 무의식의 **대극**이 심해지면 억압된 무의식적 성향들이 유치하고 원시적인 상태로 남아 꿈과 신경증 증상들을 통하여 간접적으로, 즉 상징적으로 표현된다. 의식의 일방성을 무의식이 **보상**하는 것이다. 무의식적 성향들이 외적 대상에 **투사**되는 것도 이 보상에 속한다.

10 Jung의 심리학적 **유형론**은 의식의 일반적 태도(외향성과 내향성)와 기본 기능(사고, 감정, 감각, 직관)이 조합된 8가지 유형을 제시한다. 두 태도 중 하나가 우세하고 네 기능 중 하나가 우월기능이 되지만, 억압되는 다른 태도와 기능들이 여러 가지 방식으로 의식의 일방성을 보상한다.

11 무의식 성향들의 보상과 투사는 **자기원형**의 작용에서 나온다. 자기원형은 의식과 무의식의 분열을 극복하려고 한다. 밖으로 투사만 되던 콤플렉스와 원형들이 의식화, 수용되면서 **자기실현**으로 가게 된다.

12 무의식적 성향, 태도, 기능들이 의식에 통합되지 못하고 있으면, 이 분열 상태가 **신경증**을 가져올 수 있다. 분석심리학적 치료는 자기실현(개성화)을 돕는 것이며, 꿈 분석이 치료에서 중요한 역할을 한다.

13 Jung의 심리학적 통찰들은 내향적 직관의 성과이기 때문에 객관적 관찰과 측정을 통하여 검증하기가 힘들다. 그는 중년의 성격변화에 주목한 최초의 성격이론가이며, Freud와 더불어 인간 영혼의 심층을 탐색한 독창적 사상가에 속한다.

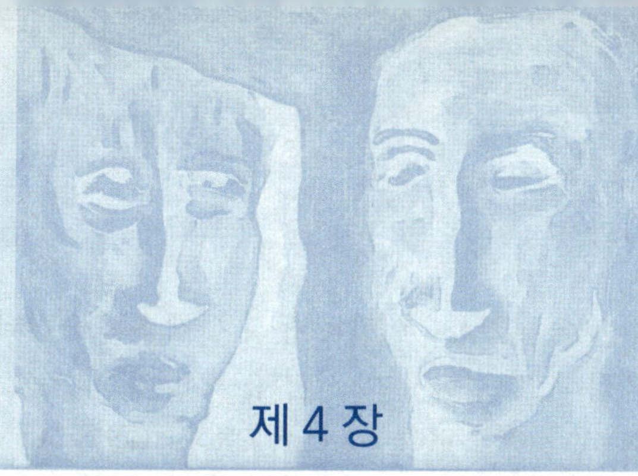

제 4 장

정신역동 이론: 경험적 연구

심층심리학은 무의식과 갈등, 아동기 경험의 영향 등을 발견하고 인간 행동의 복잡성을 설명해준 반면, 과학적 가설검증 연구가 어렵고 임상적 자료의 신뢰도가 검증되지 않는다는 문제점이 있다. 다른 한편, 학문적 심리학에서 정신역동적 가정들은 성격, 사회, 발달심리학 등 소위 '부드러운'(soft) 분야들에서도 점점 많이 인정되어 왔다(Westen, 1998). 이 장에서는 Freud의 정신분석 이론에 초점을 맞추되, 무의식과 아동기 경험의 역할이라는 두 가지 핵심 가정에 집중하게 된다. 그 전에, 이미 1930년대에 정신분석학의 '사색들'(speculations)과 학문적 심리학의 연구방법들을 결합시키려 했던 시도를 짧게나마 돌아보기로 한다. 큰 질문들을 던지고 자료 및 방법 다양성을 실천했다는 점에서 이 '탐색'은 여전히 성격연구의 기념비로 통한다(White, 1980; Levinson, 1980). 대학 심리학과 바깥에서 연구자들은 어떤 방법들을 동원하여 성격을 탐색하고, 이론적 출발점이었던 정신분석 이론에 대해 어떤 결론을 내렸는가?

Murray의 '성격 탐색'

연구 성과는 1938년 '성격의 탐색'(Explorations in Personality — "of"가 아니라 "in"이므로, '성

격(에서) 탐험'이 더 적절한 번역이긴 하다)이라는 두꺼운 책으로 출판되었다. 부제는 "50명의 대학생 연령 남자들의 임상적 및 실험적 연구"였다. ['실험적'이라는 말은 엄밀한 의미의 '실험법'을 지칭한다기보다 '경험적', '실증적'이라는 뜻으로 쓰였다.] Henry A. Murray(1893–1988)에 이어 "하버드 심리클리닉 연구원들" 27명이 공동 저자들로 등장한다. 이들의 학문 배경은 정신분석학, 분석심리학, 사회학, 인류학, 문학 등으로 다양했다. Murray는 하버드 의대를 나왔지만 기초의학을 전공하는 생화학자였고, 혼자 심층심리학 책을 찾아 읽다가 스위스에 가서 Jung도 만났으며, 1927년 하버드 심리클리닉 부소장으로 와서 2년 후 소장이 되었다.

연구 접근

하버드 의대생 시절 심리학 과목을 수강했을 때 Murray는 심리학이 사람과 아무 상관이 없다는 독일인 교수 말에 놀랐었다. 10여 년 뒤 돌아왔을 때도 하버드 심리학과에서 사람에 관심 없는 '과학주의'(scientism; "a mind without a history," Murray, 1959, p. 13)는 여전하였다. "정신분석학의 심층적이고, 의미 깊고, 비유적이고, 도발적이고, 의문의 여지가 있는 사색들과, 학문적 심리학의 정밀하고, 체계적이고, 통계적이고, 사소하고(trivial), 인위적인 방법들이 낳은 자식"(Murray, 1938, pp. 33–34)은 성격분야가 심리학에 자리잡던 시대에 태어났다.

성격분야의 출현 1930년대 당시 '성격심리학'이라는 분야는 아직 없었지만, 심리학에서 '정밀하고, 체계적이고, 통계적'인 방법들이 성격연구에 이미 널리 사용되고 있었다. 정신의학, 사회학 등 인접 분야들에서도, 학계뿐만 아니라 대중에게도 성격은 큰 흥미를 끄는 주제였다. 이 학문분과들이 주로 사례연구와 생활사연구 방법들을 사용하여 "독특한, 통합된 전체로서 개인들"을 탐구한 반면, 심리학은 "심리측정적 '분석'"의 무기들을 동원하여 성격은 심리학 주제라고 주장하였다(위의 글, p. 8).

과학으로서의 심리학을 발전시키기 위하여 미국심리학회(APA)가 1892년에 세워졌지만,1) 회원들은 곧 응용에 관심을 돌렸다. 산업심리학같이 실제적 목표들(pragmatic "cash value", Leahey, 2000, p. 424)을 추구하는 *응용심리학*(applied psychology)에 처음 중심이 된 것은 '정신검사'(mental test)였다. 1905년에 프랑스학자 Binet가 만든 지능검사는 정작 유럽에서는 별 관심을 못 끌었지만, 미국에서는 검사와 IQ 개념의 광범위한 응용 가능성을 즉시 알아보았고, 1916년 Stanford–Binet(스탠포드 대학에서 만든 Binet형 지능검사)가 제작되었다.

---

1) 독일에서 APA에 준하는 학회는 1904년에야 세워졌다. 즉, 독일보다 미국에서 훨씬 먼저 심리학이 전문직(profession)이 된 것이다. "좋건 나쁘건 현대 심리학은 일차적으로 미국심리학이다"(Leahey, 2000, p. 358).

심리측정적 개인차 연구의 목표는 행동을 예측, 수정, 통제한다는 실제적인 것이었다.

학문적 심리학자들에게 과학적 심리학의 문제들에 대한 유일한 합법적 접근은 *행동주의*였다(Leahey, 2000, p. 419). 대중의 관심도 1920년대에는 Freud 심리학에서 행동주의로 옮겨가고 있었다. 하버드 심리학과는 여전히 사람에 관심이 없었지만, 성격분야는 흥미롭게도 여기서, 정확히 말하면 심리학과의 '외곽'에서 확립되었다. 1924년 "아마도 미국대학에서 개설된 첫 성격 강의를 한" Allport는 사회윤리학과 교수였고(Barenbaum & Winter, 2008), 의사이자 미국 최초의 심리치료자 중 하나인 Morton Prince(1851-1929)는 1926년 하버드 심리학과의 격렬한 반대를 누르며 심리클리닉을 세우고 그 다음해에 Murray를 부소장으로 불러왔다.

Murray는 하버드 심리클리닉에 와서야 그 시대 학문적 심리학이 정신분석학과 공통점이 매우 적다는 것을 깨닫게 되었다. 정신분석학과 이상심리학에서 출발한 그는 "성격연구를 실험실, 심리측정실, 임상사무실 사이의 경계선"에 올려놓았다(Levinson, 1980, p. 48). '사람에 관심'있어서 심리학과에 왔을 학생들에게 이상심리학과 정신역동을 강의하던 카리스마 넘치는 Murray는 매우 인기있었고, 이는 물론 심리학과의 실험심리학자들에게 매우 거슬리는 일이었다. 연구팀의 젊은 심리학자들은 나중에 쟁쟁한 성격심리학자들이 되어 "심리측정적 '분석'접근"을 벗어날 용기를 갖고 "정신의학적 그리고 역사적 '해석'접근"으로 "독특한, 통합된 전체로서 개인들 연구"(Barenbaum & Winter, 2008, p. 8)를 이어갔다.

방법 다양성 심리학도 정신분석학도 정식으로 공부한 적이 없으면서 '심리학자'로 심리클리닉에 온 젊은 Murray는 보스턴 정신분석학회를 만들고 교육분석을 받기 시작한 한편, 정상적인(즉, 병리적이 아닌) 젊은이들을 연구하는 큰 프로젝트를 이끌었다. 어쩌면 정신분석학과 학문적 심리학 둘 다에 국외자(outsider)였기 때문에 그는 "임상가-인문학자-과학자"(Levinson, 1980, p. 46)로서 "인간의 본질을 탐구"한다는, "인간의 수태에서 죽음까지 복잡한 일들의 긴 과정에 관련되는 사실들의 조직적 수립"(p. 23)이라는, 양편 주류에서 순진하고 낭만적이라 비웃었을 목표를 세웠다. 새로운 방법들을 만들어 사용했으면서도, 그는 승인되는 이론과 주제들, 기성의 연구 방법들을 거부하지 않은 채 "인간 피험자들과 실험하는 이상적 방법"을 만들어냈다.

다양한 학문배경 출신자들이 모여 있었으므로 공동의 언어, 공동의 이론틀이 필요했다. Murray가 **'성격학'**(personology, '인간학'이라 번역할 수도 있겠다)이라 부른 이론체계의 중심은 **욕구**들(needs)로서, 최종 단계에서 모두 44개의 변인 중 28개가 욕구 변인들이었다. [뒤에 그의 성취(n Ach) 및 유친욕구(n Aff)에 대한 연구들이 논의된다.] 회기마다 약 13명의 피험자들에게 3, 4개월에 걸쳐 모두 25가지의 절차가 실시되었다. 처음 두 가지는 '회의'(conference)

(면접)와 '자서전'이었고, 20여 명의 30대 남녀 학자들이 질문지, 면접, 실험, 투사검사들을 포함한 다양한 검사들을 실시하였다. 최종 결과는 유아기 경험의 재구성에 토대를 두는 '심리지'(psychograph)와 44개 변인에 대한 최종 평정으로서, 대여섯 명으로 구성된 '진단의회'(Diagnostic Council)가 전 과정을 주도했다.

자신들의 연구접근을 평가하면서 Murray는 지능검사와 다양한 질문지들은 사람 이해에 별 도움이 되지 않았고, '회의'와 자서전, 투사검사들이 가장 도움이 되었다고 썼다. 셋 다 오늘까지 성격심리학에서 전혀 또는 거의 안 쓰는 절차들이다. 심층심리학에서 출발하여 이론틀을 만들고, 학문적 심리학에서 온 개념과 방법들을 충분히 채용하였으나 Murray는 "시간이 갈수록 … 무의식적 콤플렉스들의 탐색에 점점 더 빠지게 되었다"(p. 114). Murray가 '성격 탐색'의 마지막 장 '결론'에서 정신분석 이론에 대해 내린 결론을 보도록 하자.

정신분석 이론에 대한 평가

'성격 탐색'을 마치고 정신역동 이론, 특히 Freud 이론에 대해 내린 결산을 읽어보면, 이론들의 논의에 이어 측정평가와 경험적 연구로 넘어가는 데 도움이 될 것이다. Murray는 다음 몇 가지를 Freud의 공헌으로 인정하였다(pp. 723-724).

1. 무의식 과정들이 의식과 행동에 미치는 영향.
2. 유아기 주제들의 흔적이 무의식 과정들에서 발견됨.
3. 출생, 빨기, 젖 떼기, 변 가리기 훈련, 형제의 출생, 성(性)에 관한 무지, 부모로부터의 분리 등 고전적 유아기 주제들이 발달을 결정하는 데 미치는 큰 영향.
4. 성충동과 관계된 사실들(승화, 방어 등). 모든 명백한 신경증 증상의 뿌리에서 성적 요인이 발견되었다. "Freud 이론—과 용어!—이 세상의 관심을 쇼킹하게 사로잡지 않았다면, 몇 세대가 지나서야 학문적 심리학자가 성을 초연하고 겉치레가 아닌 식으로 고려할 만큼 진실하고 대담했을 것이다".(p. 723)
5. 개인과 문화 간의 영원한 갈등. 문화가 어떻게 내면화되어(초자아) 사람을 분열시키고 내면의 전쟁을 일으키는지를 보여준다.
6. 억압, 투사, 합리화의 개념들.

반면 다음과 같은 점들에서 Freud를 비판하였다(pp. 724-725).

1. 사실과 이론의 혼동(예컨대, "리비도의 양은 언제나 일정하다" 같은 진술은 무의미하다.)

2. 性 추동의 지나친 강조(예, 모든 불안을 거세불안과 관련짓는다.)
3. 팔다리를 움직이고 대상들을 다스려야 하는 필요성을, 그러한 즐거움을 무시하고 '몸통'(torso)에만 집중.
4. 성취·지배·인정 욕구들을 무시하고, 자아이상(성공의 표준)과 초자아(도덕의 표준)를 혼동하는 등 자아 구조화를, 의지 및 극기의 기쁨들을 설명하는 개념들이 없다. 성욕이나 공격성보다 공포(비겁함, '계집애 같음')가 더 수치스러우며 제일 절박하게 억제되어야 한다는 사실을 인정하지 않는다.
5. 공포와 그 행동 양식들을 성 및 공격성과 대등한 추동으로서가 아니라 단지 감정으로 개념화.
6. 자부심, 자기존중, 과묵함(딱딱한 '껍질'), 독립, 개성화, 명예를 위한 투쟁, 약함의 경멸 등, 불가침 욕구(n Inviolacy)에 포괄되는 감정과 반응들을 잘못 해석하거나 무시. 나르시시즘과 자아방어 개념들이 이 반응들을 전부 설명하지는 못한다.
7. 좌절을 겪을 수밖에 없고 '보다 높은' 대용물을 선택하는('승화') 가운데 정상 발달이 이루어진다는 생각. 누구나 '엄마 치마끈에 매달려' 인생을 사는 것도, 거절당했던 즐거움들을 돌아보는 것도 아니다. 아이들은 분명히 변화를 찾으며, 돌아다니고 탐색하고, 자기 능력을 시험하고, '어른'처럼 행동하고, 독립하고, 부모가 가르쳐준 어떤 것보다도 '더 높은' 것들을 창조적으로 생각해내는 경향을 보인다.
8. 특별한 것(the particular)으로부터 일반적인 것(the general)을 이끌어낸다. 모든 이끌림은 성적 이끌림에서, 사랑의 감정은 성감대 자극에서, 성격 특성들은 성감대가 지나치게 예민해진 데서, 권위의 증오는 외디푸스 콤플렉스에서 나온다는 것이다.
9. 과잉 단순화하려는 성향이 있어서 분석가들이 주의를 기울여야 하는 많은 반응체계들(획득, 거부, 존경, 보살핌, 의존 등)을 간과한다.
10. 능력과 무능, 취미들, 감정과 사회적 태도, 우정과 군집, 흥미와 종교적 목표들 등 보통사람이 자신의 심리학의 주 요인들이라 생각하는 것을 무시한다.
11. 시대와 지역의 규범들, 문화 패턴들, 집단 관심사, 용인된 사회적 지위 등 사회학적 요인들의 무시.

Freud 이론에서 비판한 사항들은 Murray가 자신의 성격학 체계와 경험적 연구에서 강조를 둔 사항들이기도 하였다. 가령 성·공격 추동에 집중하여 정상 발달과 병리, 낮은 것과 높은 것을 모두 그것들로 귀속시키는 과잉 단순화 경향을 피하고 28개나 되는 욕구들을 개념화하고 측정하였다. 신경증 환자가 아니라 정상적인 (남자)대학생들을 연구했으므로 정상 발달과 건강에 초점을 두었다. Freud가 사회적 요인들을 무시했다는 비판은 (아래에서 언급할) '압력'(press) 개념의 도입으로 이어졌다. Murray는 그의 결정론과 비관론에도 거리를 두었다. 위에서 성취 · 지배 · 인정 욕구들, 공포(비겁함), 불가침 욕구 등에 관계된 비판들(넷째부터 여섯째 사항)은 Adler의 주장들과 조화가 되는 주장들이다. [그는 피험자들의 약 68%가 과거나 현재에 열등감으로 고통받았다고 보고하였다(p. 733).]

앞에서 언급했듯이 Murray는 '성격 탐색'에 쓴 다양한 검사들 중에서 투사검사들이 성격과 삶 이해에 가장 큰 도움이 되었다고 평가하였다. 로샤하도 썼지만 그는 주제통각검사(TAT, Thematic Apperception Test)를 제작했다.

정신분석적 측정평가: 투사법

자아방어 기제로서 **투사**(projection)는 자신의 생각, 감정, 동기 등을 다른 사람에게 '뒤집어 씌우'는 기제이다. 밖에 보이는 것이 사실은 안에 있는 것이지만, 투사하는 본인은 그것을 모른다. 자극이나 대상이 분명하면 투사가 일어나지 않는다. 개를 보고 '개'라고 하는 것은 뭉게구름 덩어리를 '개'로 보는 것과 다르다. 또, 그냥 '개'냐, '배고픈 개', '미친 개'냐 하는 것도 다르다. 따라서 투사기제를 작동시키려면 이렇게도 저렇게도 볼 수 있는 자극들을 제시하여, 주관적 해석과 자유로운 반응을 허용 또는 요구해야 한다. 비교적 모호한 자극을 제시하여 자유롭게 반응하도록 해서 피험자들의 (무의식적) 생각 · 감정 · 동기들을 추리하는 심리검사를 투사적 검사라고 한다.[2)]

로샤하와 TAT

독자들이 아는 성격검사란 "나는 사람들과 어울리는 일을 좋아한다" 같은 문항들에 '예', '아니오'로 또는 (예컨대 1-4의) 척도 상에서 응답하는 **자기보고 질문지**이다. 많은 경우에 문항들은 무엇을 측정하는지가 분명하다. 위의 문항을 읽으면 "내가 사교적(또는 외향적)인지를 알아보는구나"라는 생각이 든다. **투사검사**들은 피험자들이 각자 독특한 방식으로 자극들을 해석하고 반응하게 허용한다는 점에서 정해진 구조가 없으며(unstructured), 검사의 목적을 알기 힘들다는 점에서 위장되어(disguised) 있다.

---

2) 사람그리기(Draw-A-Person) 검사같이 자유로운 *표현*을 요구하는 투사법도 임상에서 많이 쓰인다. Murray의 팀에서 Erikson은 사람과 동물 인형들, 가구, 자동차, 나무토막들을 써서 연극장면을 만들게 한 극연출(Dramatic Productions) 검사를 실시하였다.

정신분석 이론이 행동과 성격의 총체적(holistic) 이해를 강조하는 것처럼, 투사검사들도 검사반응들의 패턴과 조직화를 총체적으로 해석한다. 이러한 특징들 때문에 신뢰도와 타당도를 확립하기 힘들고, 그래서 '검사'(test)가 아니라 '기법'(technique)이라 부른다. 임상에서는 투사법이 검사보다는 면접기법으로 주로 사용되지만, 연구에 사용할 때는 물론 신뢰도와 타당도가 필요하다.

로샤하 잉크반점 검사 이 검사는 스위스 정신의학자 Hermann Rorschach(1884–1922)가 1921년 출판한 '심리진단'(부제: '지각에 기초한 진단검사')에서 소개되었다. 그는 잉크를 종이에 몇 방울 떨어뜨리고 접었다 폈을 때 나타나는 좌우대칭 형태들을 수천 장 제작하여 정신과에 입원한 환자들에게 보여주었다. 증상 내지 진단범주에 따라 반응들이 달라지는 카드들은 채택하고 그러한 판별을 해주지 못하는 카드들은 버리는 과정을 통하여 마지막으로 10장을 선정하였다. 카드들에는 흑백도 있고 여러 색이 들어간 것도 있다. Rorschach는 잉크반점 검사에서 나온 자료가 무의식을 이해하는 데 도움을 준다고 보았다.

피험자(환자, 내담자)는 카드를 한 장씩 보고 무엇이 보이는지를 이야기한다. 검사자는 그가 하는 말을 모두 적고, 검사에 임하는 태도, 특정한 카드에 대해 보이는 행동이나 반응(침묵, 화냄, 얼굴 붉힘, 웃음 등)도 기록한다. 결과를 해석할 때는 형태, 반응 이유, 내용에 주목하면서, 각각의 반응을 전체 반응들과의 관계 속에서 고찰한다. 하나의 반응은 그 개인의 성격기능에 관한 가설이나 가능한 해석들을 시사해주며, 다른 반응들에서, 전체 반응 패턴에서, 검사에 임하는 행동에서 나오는 해석들에 비추어 그러한 가설들이 검증된다.

1960년대에 급진적 행동주의가 퍼지면서 성격이란 것은 없고, 있다 해도 심리검사로 측정될 수 없다는 신념이 널리 퍼졌다. 특히 총체적 해석을 강조하는 투사검사들이 배척되었다. 자기보고 검사들과 달리 하나의 점수가 하나의 특성이나 성격의 병리 수준을 말해주지 않는다는 것도 문제이지만, 검사를 실시·채점하고 결과들을 해석하는 방식들에 너무 많은 접근들이 있다는 것이 비판의 화살을 받았다. 이에 Exner는 로샤하의 사용과 적용을 위한 표준 방법론을 만들어냈다(Comprehensive System). 이 체계는 20개가 넘는 점수들을 산출하며, 이 점수들은 서로 연관시켜 해석해야 하지만, 채점과 해석의 신뢰도, 타당도가 모두 만족스럽다고 알려져 있다(Exner, 1997; Weiner, 1997).

주제통각검사(TAT) Murray의 성격학 이론에서 핵심 개념은 **욕구**(needs)였지만, 욕구들이 공중에 떠있지 않고 특정한 상황이나 대상과 연결되어 있다는 사실이 점차 분명해졌다. 가령 공격욕구는 누가 나를 공격 또는 거부할 때 생겨나기 쉽다. 또 나이나 지위가 아래인 대상을 향할 수도, 더 우위에 있는 사람을 향할 수도 있다. 욕구가 행동을 결정하는 (뇌 영역 속의) 내적 힘이라면, **'압력'**(press)은 바깥의 힘이다. 어떤 대상이 내게 이렇게 나올지 모른다거나, 내가 그 대상을 이렇게 저렇게 이용할 수 있을 것이라 지각하는 것을 '압력 통각'(pressive apperception)이라 한다. '압력'(타인, 물체, 환경조건의 속성)의 의미를 지각하는 '통각'은 보통 의식되지 않고, 개체는 단지 반응할 뿐이다.

욕구와 '압력'의 결합을 **'주제**(thema)'라 하고, TAT는 바로 이것들을 알아내기 위하여 개발되었다. TAT 카드들은 주로 사람이 나오는 장면들의 흑백그림들이다. 인물들은 성별, 나이가 분명치 않으며, 표정도 보는 사람에 따라 다르고, 배경도 충분히 모호하다. 피험자는 각 카드에 그려진 장면에 대해 그림에서 무슨 일이 일어나고 있으며, 인물들은 무슨 생각을 하며, 어떻게 해서 이 장면에 오게 되었고, 앞으로 어떻게 될지를 이야기한다. Murray(1938)는 TAT 반응들을 해석하는 틀을 만들었지만, 실제에서는 이 틀을 사용하기보다는 직관적 해석을 하는 일이 더 많다. 피험자가 내놓는 공상적 이야기들에는 그가 어릴 때 노출되었던 압력들이, 그것들과 결합된 욕구들이 드러난다. 가령 어릴 때부터 아버지의 폭력과 학대에 시달렸던 '언스트'의 TAT 이야기들에는 '지배압력→공격욕구'(p 지배→n 공격)의 주제가 거듭거듭 나왔다(Murray, 1938).

투사법과 정신분석 이론 로샤하와 TAT의 카드들은 피험자를 그림 속으로 끌어들이는 힘을 가지고 있다. 피험자들은 자기가 어떻게 반응하면 어떻게 해석될지를 대부분 모를뿐더러 또 그러한 자의식이 생기지 않을 만큼 그림에 빠져들기 때문에, 자기보고형 성격검사에서 문제되는 '속임'(faking)이 투사법에서는 훨씬 덜 문제가 된다. Murray(1938)는 "시간이 갈수록 의식적·외현적 행동에 대한 관심이 적어지고 무의식적 콤플렉스들의 탐색에 점점 빠지게 되었다"(p. 114). 상상이 자유롭게 나오게 하면 비합리 세계가 드러나게 되는 것 같다. Freud는 이를 허용하였을 뿐만 아니라 실제로 격려하였고, 환자들은 이전에 의식하지 못했던 감정과 기억들을 보고하였다. 이러한 자료를 토대로 그는 환자들을 괴롭히는 문제들이 그 감정, 기억들과 관계가 있음을 추리할 수 있었다.

로샤하를 좋아하는 심리학자들은 그것이 개인 성격의 심층으로 뚫고 들어갈 수 있는 현미경 또는 엑스레이라고까지 말하기도 한다. 투사법이 성격의 풍부함을 포착해준다고 믿으면, 다른 검사들에서 나온 자료는 상대적으로 시시하거나 단편적이라고 여겨진다. 그러나, 전체 성격을 다차원적으로 그려내려는 노력은 경험적 연구에서 문제들을 만들어낸다. 임상적 자료는 풍부한 대신 체계적 연구의 과학적 요건들은 충족시키지 못하기 때문이다. 전체 성격이 아니라 성격의 변인들, 즉 부분 측면들을 연구할 때는 연구 목적에 맞는 재료와 신뢰롭고 타당한 채점체계를 개발하여 사용할 수 있다.

동기들의 연구

투사법은 임상적 사례연구뿐 아니라 더 전형적인 과학적·경험적 연구에도 사용되어 왔다. 임상가들은 개인 내에서 여러 욕구들이 어떻게 조직화되어 있는가를 알아보려고 하지만, 연구자들은 통상 한두 가지의 특수한 욕구들에 초점을 맞춘다. Murray의 욕구들 중에서 가장 많은 주목을 받은 성취동기와 유친동기에 대한 연구들을 보자.

성취동기와 유친동기 TAT는 원래 개인검사에 사용되었지만, McClelland 등이 객관성을 높이고 집단검사 상황들에 맞추기 위한 수정들을 도입하였다(이하 Winter, 1996). 가령 그림들을 슬라이드 프로젝터를 써서 또는 컴퓨터 화면에 제시하고 이야기들을 쓰게 하면 집단 실시가 가능하다. 그림 대신 문장을 사용할 수도 있다. 그림 4-1의 카드 대

표 4-1 성취, 유친, 권력 동기들의 특징들(Winter, 1996, p. 139)

특징 \ 동기	성취 (achievement)	유친 (affiliation)	권력 (power)
전형적 언어 이미지들	탁월; 수행의 질; 혁신	따뜻함, 우정, 합일	남들의 행동이나 정서들에 영향; 위신/특권
연관된 행동들	중간 정도의 모험; 수행을 수정할 정보를 찾고 이용; 사업 성공; 목표 도달에 필요할 때는 거짓말	'안전'한 조건들에서 협동적이고 친절; 위협 받을 때는 방어적이고 심지어 적대적	책임감이 강하면 리더십과 높은 사기; 책임감이 약하면 부정적으로 충동적
협상 스타일	협동적이고 '합리적'	'안전'한 조건들에서는 협동적; 위협 받을 때는 방어·적대적	착취, 공격
협상 파트너를 보는 눈	협동적	'친한 동료' 아니면 '기회주의자'	굴복자, 도박자, 경쟁자, 저항자
도움을 구하는 대상	전문기술자들	친구, 비슷한 타인들	정치 '전문가'들
정치심리학적 표현들	좌절	평화구축과 군비제한; 그러나 추문에 취약함	카리스마; 전쟁과 공격; 독립적 외교정책; 위대하다는 평정

신 "한 여자와 한 남자가 추운 날 강가 벤치에 앉아 있다"라는 문장을 제시하는 식이다.

McClelland 등은 실험적으로 유발한 동기가 이야기 내용에 미치는 효과들을 관찰하여 TAT 채점체계를 개발하였다(실험유도 기법, Winter, 1998 개관 참조). 배고픔, 성취 또는 권력 동기를 유발하는 경험이나 중립적 경험에 노출시키고 나서 산출된 TAT 이야기들을 비교해 보면, 어느 한 동기상태에 있을 때만 나오는 부분들이 있을 수 있다. 가령 배고플 때는 먹는 것과 관계있는 부분들이 많이 나올 것이다. 동기 개념들을 단순한 기본적 *요소*들로 쪼개어 이야기에서 그 요소들이 있거나 없다고 결정하는 '단순채점 원칙'(principle of simplified scoring)을 사용하면, 이야기들 *전체*에서 정도를 척도로 평정하지 않으므로 채점자간 신뢰도가 높아진다. 나아가 채점체계들을 노래가사, 연설, 면접 등 어떤 종류의 언어자료에나 사용할 수 있다. Winter는 이 방법들을 써서 "정치지도자들을 멀리서(at a distance) 연구"한 바 있다(2005). 그는 성취, 유친, 권력 동기들에 초점을 맞추었다(표 4-1 참조).

그림 4-1에 대한 이야기 하나를 보자(p. 140).

> 여자는 유명한 대학에 있는 *뛰어난* 과학자이다. 옆에 앉은 남자는 동료이다. 그들은 *탁월한 작업을 해내어* 암 치유라는 목표를 향해 나아가고 있다. 오늘 그들은 중대한 실험을 하는 중이다. 며칠 있으면 결과가 나온다. 예기치 않게 *장비가 고장이 나서 초조해*한다. 강가에서 점심을 먹고 *고칠 방법을 강구*하고 있다. 사실상 둘 다 흥분해서 *큰 발견을 예상*하지만 침착한 척하는 것이다. 둘 다 이 시점에서 *실수를 할까봐 걱정*한다.

그림 4-1 수정된 TAT에서 나온 그림 예(Winter, 1996, p. 134)

기울여 쓴 부분들 같은 이미지들이 많으면 **성취동기**가 높은 것이다. 장애물이 있을 때 탁월함이나 높은 목표, 장애물을 극복하려는 행동, 긍정적 및 부정적 예상들이 위의 이야기에서 거듭 언급된다. 이 동기가 높으면 사업에 성공할 가능성이 크지만, 농사든 작은 사업이든 성취목표들을 스스로 정의하고 나서 도달 방법들을 스스로 결정하는 상황들에서 그렇다. 즉, 성취동기는 특정한 상황들에서만 유발된다. 성취동기가 높은 고등학생들이 꼭 성적이 좋지는 않은데, 공부 목표와 방법·절차들을 선생이 정하며 학생들의 개인 책임의 여지가 없기 때문이다. 더욱이 좋은 성적을 따려고 하는 노력에는 다른 많은 동기들(가족을 기쁘게 하기, 남들에게 좋은 인상 주기, 교사의 따뜻함에 보답 등)이 작용할 수 있다.

그림 4-1에 대한 다른 이야기에서 두 사람은 연인이다(p. 144).

> 그들은 젊고 서로 *사랑*했다. 시간이 멎은 것 같았다. 몇 시간 동안 *같이 앉아*서 눈과 얼음의 *빛나는 아름다움을 감상*하며 속삭였다. 그들의 얼굴들에서 나오는 *만족*의 빛을 보면 누구나 그들이 완전히 사랑에 빠졌음을 알 수 있을 것이다. 그들은 혼자 미소짓고, 이해하는 눈빛을 교환하고, *같이 보낼 앞날*을 계획했다. 그러나 그들의 미래는 그들이 바랐을 안전이 아니었다. 전쟁의 기운이 감돌고 있었다. 내년 겨울의 시작을 볼 수 있을지조차 몰랐다. 그래서 그들은 아무도 올 수 없고, 그들이 꿈꾸고 계획할 수 있고, *안전하고 보호받는다*고 느끼고, 희망이 있는 *자기들 세계 안으로 들어갔다.*

유친-친밀 동기가 강하면 '사랑'이 강조된다. 관계 때문에 행복하고, 자연에 연결되고, 외부 위협들로부터 도피하며, 관계를 지속하려고 한다. Winter는 유친-친밀을 붙여서 말하지만 둘이 구별되기도 한다. *유친*이 한 사람의 관점에서 관심과 욕망, 걱정과 행동이 관계들을 향하는가를 말해주는 반면, *친밀*은 상호작용하는 사람들의 공동 관점에서 따뜻하고 가깝고 소통하는 상호작용의 주제들을 표현한다. 친밀은 '존재'(being), 관계들의 상호적 즐거움에, 유친은 '행동'(doing)에 초점이 있다(McAdams, 1985; Winter, 1996, p. 150 재인용). 유친동기에서 근본 관심은 "친구들을 사귀고 거절을 피하려면 무엇을 할 수 있나?"인 반면, 친밀동기에는 무엇을 얻기나 피하기보다는 즐기기 —지금 여기서, 무엇보다 *같이*— 가 관심이다.

동기의 공상 측정치와 자기보고 측정치 피험자들이 그림을 보고 글로 쓴 이야기들을 '내용분석'하는 절차는 자기보고 질문지를 사용하는 절차보다 더 성가실 뿐 아니라 신뢰도 문제도 있다. 이야기 전체를 놓고 평정하지 않는 '단순 채점'은 신뢰도를 높이기 위한 절차였다. 자기보고 질문지를 쓰면 일이 훨씬 간편해진다. 가령 "당신은 타인들과 따뜻하고 가까운 관계를 바랍니까?" "하루중 많은 시간을 다른 사람들을 생각하는 데 보냅니까?" 같은 문항들에 대해 '예'(2점), '아니오'(0점), '?'(1점) 중 하나로 대답하게 하고 점수를 낸다면 신뢰도 문제가 없다. 문제는 두 종류의 측정치가 일치하는 일이 드물다는 것이다. 예컨대, 그림 4-1의 카드를 보고 두 사람이 싸우고 헤어져서 각자의 길을 갈 것이라는 이야기를 지어내는 사람이 앞의 두 문항에 '예'라고 대답한다. 친밀과 관계된 실제 행동들과도 두 종류의 측정치가 서로 다른 관계를 보인다. 앞 피험자의 가족과 친구들에게 그 사람이 관계에서 얼마나 정이 많고 자연스러운지 물어본다면, 그 대답이 위의 두 측정치 중 어느 것과 더 일치할까?

똑같은 것을 측정하는데 서로 다른 결과가 나올 때, (정확한, 객관적인) 자기보고 측정치는 믿을 수 있고 (덜 정확한, 주관적인) 공상 측정치는 믿을 수 없다는 결론이 자주 내려졌다. 그러나, 둘이 서로 *다른* 것을 측정할 수도 있다(Winter, 1998). 투사법은 동기의 측면들을, 자기보고는 가치와 사회규범들을 더 반영해줄지 모른다. 그렇기 때문에 공상 측정치들은 제약이 없는(남을 의식하지 않는) 상황들에서 나오는 행동을, 자기보고 측정치들은 사람들이 표명하는 태도를 더 잘 예측해준다. 공상 측정치들은 긴 시기에 걸친 행동을 더 정확하게 예언해주는데, 동기 기능의 보다 기본적인 수준을 반영해주기 때문인 것 같다.

공상 측정치들은 개인들이 스스로 의식하지 못하는 충동, 동기, 갈등 등을 드러내주는 데 비해, 자기보고 측정치들은 스스로 의식하며 남에게(심리학자에게) 인정 또는 제시하는 성격측면들을 반영해준다고 할 수 있다. 여자들과 관계에 문제가 있음을 인정하지만 여자에 대한 가학적일 정도의 적대감은 의식(또는 인정)하지 못하고, 정력에 대해 걱정하지만 한편으로 성에 집착하면서 다른 한편 성을 더러운 것으로 보는 내적 갈등도 의식하지 못할 수 있는 것이다. 이런 (무의식적) 적대감이나 갈등을 모를 수도 있고, 막연히 짐작해도 솔직히 인정하지 못할 수도 있다.

학문적 심리학에서도 자기보고에 대한 불신은 새로운 것이 아니다. 독립 학문으로서 심리학은 지각과 감각에 대한 실험 연구로 시작했고, 피험자는 제시된 자극을 보거나 듣고 얼마나 밝은지(또는 큰 소리인지), 무슨 색인지 등을 말하였다. 훈련시킨 피험자들을 썼음에도 불구하고 이 *내성*(introspection) 절차의 신뢰도는 상당히 낮았다. 의식 자체를 심리학 주제로서 거부하는 행동주의가 득세하게 된 데는 내성법에 대한 실망도 작용하였다. 무의식 연구에서도 믿을 수 있는 것은 내성, 즉 자기보고(S자료)라기보다는 *행동*(의 직접 관찰)(T자료)이다. 투사법이 제공하는 자료도 T자료이다. '객관적 행동'이 우리의 감정과 동기들을 드러내주는 것이다.

무의식의 존재와 중요성

의식되지 않는 생각이나 감정들은 직접 관찰할 수 없고, 본인에게 물어보아(자기보고 자료) 알 수도 없으며, 행동으로부터 추리할 수 있을 뿐이다. 무의식 개념을 지지하는 증거는 무엇보다도 임상적 관찰이다. Freud는 치료과정에서 환자들이 억압했던 기억과 소망들을 의식하게 되는 순간들을 누차 경험하였다. 그러한 '의식화'에는 흔히 고통스러운 정서가 따른다. 잊었던(억압했던) 일을 회상하거나 금지되었던 감정을 다시 체험하면서 갑자기 엄청난 불안에 압도당하거나 흐느끼거나 분노를 터뜨리는 것이다. 이러한 경험들은 Freud에게 무의식이란 "고의로 파묻은"('동기화된 무의식') 기억과 소망들을 포함한다는 것을 암시해 주었다. 임상적 관찰들에 깊은 인상을 받은 Freud는 실험적 증거의 필요성을 보지 못했다.

1930년대에 무의식 과정들을 경험적으로 연구할 때, Murray는 주로 투사법과 상상력 검사에 의지하였다. 무의식 과정들에 대한 실험적 연구는 1950년대에 와서야 수행되기 시작하였다.[3]

무의식적 지각

무의식 과정을 실험적으로 연구하기 시작할 때 초점은 우선 무의식적 지각, 즉 의식 못하는 지각(perception without awareness) 현상을 입증하는 데 있었다. 전통적 심리학자들은 성격과정이나 동기가 지각과정에 영향을 미친다는 실험결과들을 방법론적 이유를 들어 받아들이려고 하지 않았다. 그런 가운데 '인지혁명'이 일어나 사고와 의식에 대한 관심이 돌아왔으나, 컴퓨터 과정이 모델이 되었기 때문에 의식하는 합리적 사고가 중심이었다. 오늘날에는 성격 및 사회심리학자들뿐 아니라 인지심리학자들도 무의식 과정들에 관심을 가지기 시작하였으나, 합리적 사고를 강조하면서 (무의식적) 감정이나 동기의 영향은 부정하는 경향이 여전하다.

정신역동적 관점에서 무의식적 지각을 입증하려고 한 초기 실험들을 소개하고, 무의식적 지각을 통해 정신역동적 갈등을 활성화하는 보다 최근의 실험연구들을 몇 가지 보기로 하자.

---

3) 무의식에 관한 연구들과 논의는 Pervin(1996, pp. 207–227)을 많이 참고하였다.

역하 지각 자극(모양, 소리, 냄새 등)을 지각하려면 물론 그것에 주의(attention)를 해야 한다. 그러나 그것이 너무 약하거나 너무 짧은 순간만 지속되고 사라지면, 아무리 주의를 집중해도 보이거나 들리지 않는다. 어떤 자극을 감지하는 데 요구되는 최소한의 강도, 제시시간 등을 '*역*'(閾, threshold, '문턱')이라고 한다. 과거에는 순간노출기라는 장치를 사용했지만 요즘은 컴퓨터로 자극들을 '문턱 아래'로 제시하여 '역하 지각'(subthreshold 또는 subliminal perception)이 일어나는가를 관찰한다. 피험자들이 아무것도 안 보인다고 하면서, 행동상으로는 자극을 지각했다는 징표들을 보인다면 **무의식적 지각**이 일어난 것이다.

오래된 한 연구에서, 연구자들은 순간노출기를 써서 피험자들에게 나뭇가지들이 만들어낸 오리 이미지를 보여주었다. 다른 피험자들에게는 이 이미지가 없는 비슷한 그림을 보여주었다. 제시된 시간이 너무 짧았기 때문에 그림이 '보이지'는 않았다. 그 다음 절차에서 피험자들은 눈을 감고 자연의 한 장면을 상상하며 머릿속 그림에 나오는 부분들의 이름을 대 보라고 요청받았다. 오리가 들어간 그림을 '본' 피험자들은 다른 집단보다 '오리', '물', '새', '깃털' 등 오리와 관련된 이미지들을 유의미하게 더 많이 보고하였다(Eagle, Wolitzky, & Klein, 1966).

의식하지 못하는 가운데 자극들을 지각하고 그 영향을 받는다는 사실 자체는 정신역동적 동기들이 작용한다는 것을 시사하지 않는다. 한편, 지각 방어(perceptual defense)와 역하 정신역동 활성화(subliminal psychodynamic activation)의 두 연구노선에서는 동기가 들어간 무의식 과정을 연구한다.

지각 방어 지각 방어는 위협적 자극을 (의식 못하는 채) 지각할 때 경험하는 불안에 대해 (역시 의식하지 못하는 채) 방어하는 것을 말한다. 순간노출기를 써서 '사과', '춤', '아이' 같은 중립적 단어들, 또는 '강간', '창녀', '성기' 같은 자극적(금지된, 위협적) 단어들을 보여준다 하자. 제시시간을 아주 짧게(역하) 했다가 점점 늘여가면서 어느 시점에서 피험자들이 단어들을 알아보는가와 각 단어에 대한 땀샘 활동(긴장의 정도)을 측정한다. 결과를 보면, 피험자들은 자극적 단어들을 알아보는 데 더 오래 걸렸고 또 지각 전에 정서적 반응이 나타났다(McGinnies, 1949).

지각 방어에 대한 연구는 방법론적 이유로 비판을 많이 받았다. 예컨대, 피험자들이 자극적 단어들을 금방 알아보았지만 실험자에게 말하기를 꺼렸을 수 있다. '강간'이라는 단어를 본 것 같지만 혹시 틀리게 말한다면 '사과'를 틀리게 말했을 경우보다 민망할 것이므로, 100% 확신이 들지 않는다면 앞 단어를 입에 올리지 않을 가능성이 크다. 이 비판은 다시 자기보고의 신뢰성 문제를 제기한다. 한편, '금기' 단어들을 실제로 더 늦게 지각한다 해도 지각 방어 때문이라기보다는 그 단어들이 일상에서 드물게 사용되기 때문일 수 있다. 잘 안 쓰이는 단어들은 잘 못 알아보거나 듣는다. 많은 연구를 개관하여, 사람들이 의식하지 못한 채 특수한 정서적 자극들에 선택적·거부적으로 반응할 수 있다는 것을 보여주는 상당한 증거가 있는 것 같다는 결론에 도달하는 학자도 있지만(Erdelyi, 1984), 방법론적 문제들 때문에 지각 방어 연구는 점차 쇠퇴하였다.

역하 정신역동 활성화 보다 최근에는 위협적이거나 아니면 불안을 완화시키리라 예상되는 (무의식적) 소망들과 관계된 재료를 극히 짧은 시간 보여주고 효과를 관찰한다. 충분히 오래, 즉 역 위로 제시하면 의식적 사고와 판단 때문에 '무의식적' 소망이나 갈등들의 효과가 나타나지 않는다고 가정된다. **외디푸스 갈등** 개념을 검증한 연구를 보자. Silverman 등은 이 무의식적 갈등을 활성화하되 그것을 강화 또는 완화시키는 자극들을 만들었다(Silverman, Ross, Adler, & Lustig, 1978). 갈등을 강화시키기 위해 선택한 자극은 '아빠를 때리면 나빠'(Beating Daddy Is Wrong)였고, 완화시키는 자극은 '아빠를 때려도 괜찮아'(Beating Daddy Is OK)였다. 다수의 다른 자극들도 제시되었는데, 이를테면 '사람들이 걸어다닌다'(People Are Walking) 같은 중립적 자극이었다.

피험자(정상적 남자대학생)들은 다트(dart) 던지기 시합에서 수행을 측정받았다. 화살을 던져 표적을 맞추는 다트는 '남근기적' 공격 및 경쟁이라 할 수 있다. '아빠를 때리면 나빠' 메시지는 외디푸스 갈등을 심화하여 수행이 나빠지게 만들고, '아빠를 때려도 괜찮아'는 그러한 갈등을 완화시켜 수행을 향상시킬 것이라고 예상되었다. 표 4-2에서 결과를 보면, 자극 제시 전에는 다트 던지기 수행이 비슷했는데, 자극 제시 뒤에는 수행이 크게 나빠지거나 좋아졌고, 중립조건에서는 변화가 거의 없었다. 자극들이 충분히 오래(즉, 역 위로) 제시되어 피험자들이 읽을 수 있었을 때는 이 결과들이 얻어지지 않았다. 정신역동 활성화 효과는 의식 아래에서 작용하는 것으로 보인다.

남근기 문제에 이어 **구강기** 문제를 보자. 먹기를 거부하거나 반대로 그치지 못하는 섭식장애(eating disorders)는 정신분석적으로 보면 구강기 고착을 추측하게 한다. Patton(1992)

표 4-2 외디푸스 갈등과 경쟁 수행(Silverman 등, 1978; Pervin, 1996, p. 211에서 재인용)

다트점수	'아빠를 때리면 나빠'	'아빠를 때려도 괜찮아'	'사람들이 걸어다닌다'
세 자극의 순간노출기 제시			
자극 제시 전 평균	443.7	443.3	439.0
자극 제시 후 평균	349.0	533.3	442.3
차 이	−94.7	+90.0	+3.3

은 섭식장애를 가진 사람들이 보살핌에 관계된 상실감과 싸우기 때문에 그 갈등을 건드리면 크래커 먹기 형태로 대리충족을 찾는다는 가설을 검증하였다. 정상적 여대생들과 섭식장애가 있는 여대생들에게 다음 세 메시지를 역하 제시하였다(4ms, 1000분의 4초): "엄마가 나를 떠난다"(Mama Is Leaving Me), "엄마가 그것을 빌린다"(Mama Is Loaning It), "모나가 그것을 빌린다"(Mona Is Loaning It). 원어를 보면, 메시지들이 시각적으로 매우 유사하다('Mama'와 'Mona', 'Leaving'과 'Loaning').

결과가 표 4-3에 제시되어 있다. 섭식장애 피험자들은 '엄마가 떠난다'는 메시지를 무의식적으로 지각한 후 많은 양의 크래커를 먹었으나(평균 19.40개), 메시지가 충분히 긴 시간(200ms) 제시되었을 때에는 정상적 피험자들보다 별로 많이 먹지 않았다(9.60 대 8.60). 다른 두 메시지에 대해서도 두 집단 간에 차이가 없었다. 그림 재료를 추가로 사용한 반복연구(replication)에서도 이 가설이 지지되었다. '엄마가 나를 떠난다'는 메시지와 더불어 우는 아기와 걸어가는 여자의 그림을 제시하고, '엄마가 걸어간다'는 중립적 메시지를 여자가 걸어가는 그림과 같이 제시했을 때, 섭식장애 여성들은 떠남의 말과 그림에 역하 노출되었을 때 더 많이 먹었다(Gerard, Kupper, & Nguyen, 1993). 이 실험에서도 자극들이 역하 제시되었을 때만 무의식적 소망과 갈등들이 활성화되었다.

표 4-3 메시지에 노출된 후 먹은 크래커 수의 평균(표준편차)
(Patton, 1992; Pervin, 1996, p. 212에서 재인용)

	'엄마가 나를 떠난다'	'엄마가 그것을 빌린다'	'모나가 그것을 빌린다'
섭식장애			
4ms	19.40(5.48)	8.20(2.56)	7.80(3.34)
200ms	9.60(3.47)	9.56(3.30)	9.00(3.41)
섭식장애 없음			
4ms	8.50(1.57)	8.20(2.91)	
200ms	8.60(3.10)	8.60(2.84)	

역동적 무의식과 인지적 무의식

앞서 소개한 연구들에서 다룬 외디푸스 갈등, 버림받는다는 공포 등은 위험하고 고통스럽기 때문에 억압된 '동기화된 무의식'이다. 정신분석과 차별화하기 위해 학문적 심리학은 억압, 무의식 같은 말보다는 *역하*(subliminal), *내현적*(implicit), *자동적*(automatic) 같은 중립적, 기술적(descriptive) 개념들을 선호한다.

역동적 대 인지적 무의식 1980년대까지는 심리학적 이론 가운데 정신분석학만이 무의식적 정신과정들을 가정했지만, 오늘날에는 실험심리학자들도 많은 인지과정들이 무의식적으로 수행된다는 것을 인정한다. 인지적 무의식의 대표적 연구자 중 한 사람인 Kihlstrom은 "비합리적, 환각적이고 원시적 감정과 충동들로 가득 차" 있는 Freud 무의식과 반대로 현대심리학의 심리적 무의식은 "인지적, 합리적, 명제적"이라고 강조한다. "욕망과 분노로 끓"는 정신분석적 무의식은 "뜨겁고 축축"(hot and wet)한 데 비해, 현대심리학의 무의식은 "아주 차갑고 건조하지는 않다 해도," "더 친절하고 온화"(kinder and gentler)하다는 것이다(Pervin, 1996, p. 221에서 재인용).[4]

우리는—누가 묻는다면—왜 특정 상표의 치약을 사는지, 왜 친구 A는 좋고 B는 싫은지 설명하지만, 우리가 아는 이유가 꼭 '진짜 이유'는 아니다. 예컨대 광고의 영향을 받았거나 그 상품이 진열된 위치에 반응하지만 그것을 의식하지 못하고, 친구가 과거 어떤 인물과 유사하다는 것이 (무의식적으로) 호감에 결정적 영향을 미칠 수 있다('전이'). 현대적 심리학자들은 이러한 현상들을 "인지적, 합리적, 명제적"으로 설명한다. 인간이라는 정보처리체계(컴퓨터)는 용량이 제한되어 있다든지, 내현적 성격이론(1장 참조)이 있는 것처럼 내현적 인과이론이 있기 때문에 불충분한 관찰들을 가지고도 척척 '왜'를 설명해낸다는 것이다.

역동적 무의식은 억압될 동기가 있었으며 비합리적, 비논리적('일차과정')이고 주로 성·공격 충동을 포함한다. 이에 반해, 인지적 견해에서는 무의식과 의식 과정들 사이에 근본적 차이가 없다. 무의식 과정들도 논리적·합리적일 수 있으며, 성·공격 내용이 특별히 중요하지도 않다. 인지 내용들이 의식되지 않는 이유도 의식 수준에서 처리될 수 없다거나 자동화되었기 때문이다. 예컨대 우리는 구두끈 매기를 자동적으로 하기 때문에 어떻게 하는지를 의식하거나 설명하지 못한다('절차기억'). 많은 문화적 신념들도 부지중에 우리에게 영향을 미친다. 표 4-4에 두 견해의 차이를 정리하였다.

정신분석학자들이 역동적 무의식 존재를 입증한다고 보는 현상들(예, 꿈, 말 실수 등의 해석)은 인지심리학자들에게는 거부된다. 다른 한편 인지심리학자들이 강조하는 현상들은 상당 부분이 정신분석에서 '전의식'(주의를 기울이면 의식되는 층)이라고 보는 것에 속한다. "100년 동안의 무시, 의심, 좌절 뒤에 무의식 과정들은 이제 심리학자들의 집단 정신에 확고한 자리를 잡았다"는 Bargh(1992)의 말처럼 학문적 (실험)심리학자들이 무의식 과정을 받아들인다는 것이 큰 발전인지 모른다(Pervin, 1996, p. 224).

역동적 무의식은 '억압'개념과 떼어서 생각할 수 없는데, (고통스럽기 때문에) 기억하

---

4) 이런 말을 Freud가 들었으면 어떤 "뜨겁고 축축한" 욕망이 왜 그리도 큰 불안과 방어를 일으키는지 분석하고 싶어했을 것이다— 물론 Kihlstrom은 절대로 Freud의 장의자에 눕지 않았겠지만.

표 4-4 무의식의 두 가지 견해: 역동적 대 인지적 무의식(Pervin, 1996, p. 223에서 인용함)

역동적(정신분석적) 견해	인지적(정보처리) 견해
1. 동기와 소망의 내용 강조	1. 생각들의 내용 강조
2. 방어적 기능의 강조	2. 비방어적 기능들에 초점
3. 비논리적, 비합리적 무의식 과정들의 강조	3. 의식 과정과 무의식 과정들 사이에 근본적 차이가 없음
4. 무의식 내용이 의식되려면 특별한 조건들이 필요함	4. 정상적인 지각 및 기억 법칙들이 적용됨

지 않으려 하는 (무의식적) 능동적 노력을 인지적 이론가들은 인정하지 않는다. 의식 못하는 생각이나 감정에 무의식적으로 방어하는 *억압*과 달리, 의식적, 의도적으로 어떤 생각을 안 하려고 애쓰는 *억제*(suppression)는 실험 연구할 수 있다. Daniel Wegner가 사고억제 실험들에서 보여준 결과들은 억압의 효과를 유추할 수 있게 해준다.

사고억제의 역설적 효과 초기 연구에서 Wegner는 피험자들에게 흰 곰에 대해 생각하지 말라고 요청하고, 5분 동안 생각나는 모든 것("의식 흐름")을 녹음기에 대고 말하되, '흰 곰'이라는 말이나 생각을 하면 벨을 울려 달라고 하였다. 이 '억제 단계' 다음에는 '표현 단계'가 있었다. 여기서도 피험자는 녹음기에 의식 흐름을 보고하면서 '흰 곰'을 언급하거나 생각할 때마다 벨을 울렸으나, 앞 단계에서와는 반대로 "흰 곰을 생각하려고 노력"해야 했다('억제 후 표현'). 다른 피험자들에게도 똑같은 지시를 주었지만, 그들은 표현 단계를 먼저 거친 후 억제 순서로 넘어갔다('표현 후 억제').

'흰 곰' 생각과 언급을 한 빈도가 표현 단계와 억제 단계에서 차이가 있을까? 또, 어느 단계를 먼저 경험했는지가 차이를 가져왔을까? 그림 4-2에 1분 간격으로 5분 동안 피험자들이 벨을 누른 횟수('흰 곰' 생각 빈도)가 제시되어 있다(Wegner 등, 1987). 먼저, 피험자들은 억제 단계("생각하지 말라")보다 표현 단계("생각하라")에서 '흰 곰' 생각과 언급을 더 많이 하였다. 이는 놀랄 것이 없는 결과이다. 놀랍다면, '흰 곰' 생각을 억제하는 일이 힘들었다는 것이다. 생각하지 않으려고 애쓰는데 1분에 한 번 이상 생각이 난 것이다. 더욱 놀라운 것은, 사고억제를 먼저 한 경험이 가져온 결과였다. 억제 뒤에 표현을 한 피험자들은 처음에 표현 단계에 들어간 피험자들보다 '흰 곰' 생각을 훨씬 더 많이 하였다(맨 위의 선).

'억제 후 표현' 조건의 결과를 '표현 후 억제' 조건의 결과와 비교하면 억제하려는 노력이 가져온 리바운드 효과가 엄청나다는 것을 알 수 있다. 표현을 자유롭게 하고 나면

그림 4-2 억제와 표현의 순서에 따른 '흰 곰' 생각의 빈도
(Wegner, Schneider, Carter, & White, 1987; Pervin, 1996, p. 333에서 재인용)

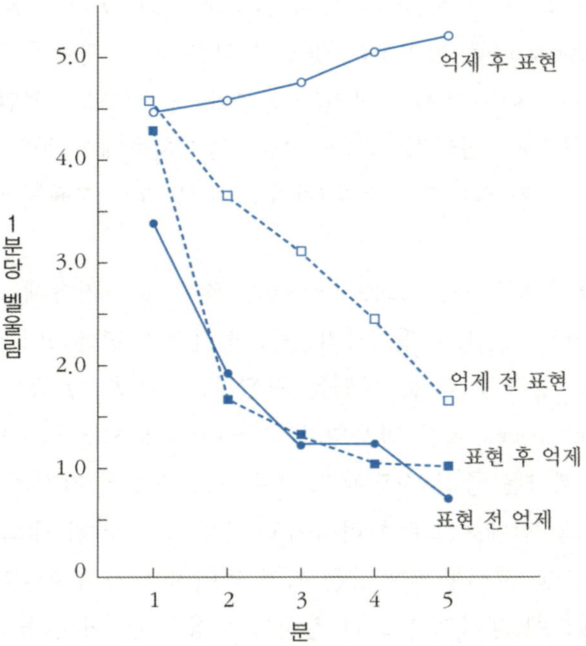

억제가 잘 되는데(표현 후 억제), 억제를 하고 난 후 표현이 허용되면 금지되었던 생각이 (상대적으로) 쏟아져 나오는 것이다. 다이어트 중에 먹을 것을 생각하지 않으려고 노력해 본 사람은 사고억제의 이 역설적 효과를 보고 놀라지 않을 것이다. 어떤 생각을 떨쳐 버리지 못해 괴로워하는 사람에게 '잊어버려'라고 조언하는 것이 역효과를 가져온다는 것을 알 수 있다.

Wegner는 *억제*(의도적, 의식적)와 *억압*(비의도적, 무의식적)의 차이를 강조하고 사고억제 노력 효과를 정상적 인지과정들의 결과라고 시사한다("ironic process theory"). 생각과 행동을 의도적으로 통제하려면 그 원치 않는 상태가 존재하는지를 자동적(무의식적)으로 살펴보게 되지만, 검색과 억제는 충분한 주의용량(attentional capacity)을 요구한다. '아이러니'인즉, 이런 와중에서 통제해야 하는 생각이나 반응이 그런 노력을 안 할 때보다 더 접근 가능해져서 더 쉽게 튀어나온다는 것이다. 억압 효과를 직접 검증하지 않았다 해도 이 연구결과는 임상장면에서 관찰된 억압 효과, 즉 감정이 실린 생각들이 의식에서 추방되어도 그 영향력이 없어지기는커녕 오히려 강해진다는 관찰과 일치한다.

억압 성향의 개인차 억압을 실험 연구할 수 없으므로, 몇몇 학자들은 억압성향—일종의 성격특성—의 개인차를 측정하려고 노력하였다. 불쾌하거나 괴로운 경험들에 억압으로 대처하는 정도에는 개인차가 있다. Weinberger(1990)는 불안과 방어성을 따로 측정하여, '억압자'(repressor)를 방어성은 높고 불안은 낮은 사람들로 정의하였다. **억압적 대처양식**(repressive coping style)에서는 불안과 고통을 습관적으로 억압하므로 괴로운 상황에서도 평온을 유지하지만, 심리적 상태의 여러 측정치들에서 불일치가 나타난다. 예컨대, 거의 또는 전혀 괴롭지 않다고 하는데(자기보고), 생리적 지표들에서는 긴장과 고통의 증거를 보이는 것이다.

Weinberger는 후에 억압자를 고통(distress)은 적으나 자기통제 또는 제약(restraint)이 강한 사람으로 정의하고, 불안, 우울, 자기존중, 정서적 안녕을 포괄하는 *고통 척도*와 충동통제, 남들의 고려, 공격성 억제, 책임을 포괄하는 *제약 척도*로 구성된 적응질문지(Weinberger Adjustment Inventory)를 만들었다(Weinberger & Schwartz, 1990). 건강한 사람들은 고통이 적으면서 제약은 중간 정도에 그친다. 억압자들은 자신의 상태에 대한 괴로움이 없으며, 강박적이고, 전체적으로 합리적이고 감정 없는 삶의 태도를 보인다. 명랑하고 감정동요가 별로 없지만, 그러한 평온함은 거저 얻어지는 것이 아니다. 그들은 혈압과 맥박이 더 높고 스트레스에 생리적으로 더 강하게 반응할 뿐 아니라 심장병, 암 등을 비롯하여 다양한 질병들에 더 잘 걸린다고 한다.

억압이 불안과 공포를 일으키는 생각과 욕구들을 의식에서 추방하는 방어기제라면, 억압자들은 특히 부정적 기억들을 지워 버린 사람들이다. Davis와 Schwartz(1987)는 억압자와 비억압자들의 감정기억을 비교하기 위해 피험자들에게 어린시절의 어떤 경험이나 상황이든 회상하라고 요청하였다. 아울러 *행복, 슬픔, 분노, 공포, 경이* 다섯 가지 정서 각각과 연관된 아동기 경험들도 회상하고 각 정서범주에서 가장 어릴 때 있었던 일을 표시하게 하였다. 피험자는 우선 억압자(높은 방어, 낮은 불안)와 비억압자(낮은 방어)로 나누고, 후자는 다시 불안이 높거나 낮은 집단으로 나누었다. 그림 4-3의 왼편 그래프에는 보고된 기억들 숫자가, 오른편 그래프에는 최초기억 나이가 세로축에 표시되어 있다.

그림의 왼편 그래프를 보면, 억압자들이 회상한 과거 기억들이 전체적으로 적은데, 특히 부정적 기억들이 더 적다. 오른편 그래프에서 최초기억 나이를 보면, '일반적' 기억(4세 전후)에 비해 '정서적' 기억들(5세 이후)은 좀더 늦다. 정서적 기억들 중에서도 행복한 경험과 상황들이 제일 어릴 때부터 기억나고, 부정적 경험들은 좀더 나중 것들이다. 이 경향은 특히 억압자들에게 두드러져서, 어린시절이, 특히 부정적 기억들이 더 어둠 속에 파묻혀 있다. "결과 패턴은 억압이 부정적 정서적 기억들에 접근하지 못하는 것이라는 가설과 일치하고, 나아가 억압이 정서적 경험들 일반의 억제와 연관된다는 것을 보여준

그림 4-3 억압과 감정기억들(Davis & Schwartz, 1987, p. 158)
낮거나 높은 불안 피험자, 억압자들에서 각 회상조건별 기억들의 평균 숫자(왼편)와 최초기억의 평균 나이(오른편)

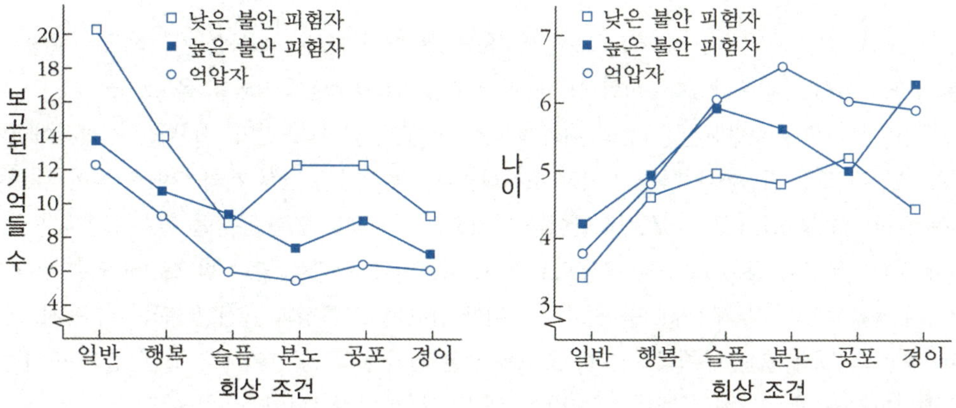

다. 부정적 정서적 기억들의 접근을 제한하는 과정이라는 억압 개념은 타당한 것같이 보인다"(Davis & Schwartz, 1987, p. 155).

부정적 기억들의 수가 적고 또 그러한 기억들을 꺼내 오는('인출') 데 시간이 걸린다는 결과는 아동기에 나쁜 경험이 많아서 억압된 결과라고 볼 수도 있지만, 반대로 나쁜 경험이 없어서 나오는 현상이라고 해석할 수도 있다. Myers와 Brewin(1994)은 역시 여대생들을 대상으로 Davis와 Schwartz 결과들을 반복 검증함과 동시에 바로 이 가능성을 검증하였다. 억압자들은 이 연구에서도 부정적 기억 수가 가장 적고 나이도 가장 늦었다. 어릴 때(14세 전) 가정생활경험을 조사한 결과 억압자들이 특히 아버지와의 관계가 좋지 않았음이 드러났다. 그들은 아버지에 대해 가장 많은 반감이 있었고, 가장 거리가 있었다(어머니와의 관계들에 대해 나온 예는 너무 적어서 연구할 수 없었다).

무의식 과정과 현대심리학

의식하지 못하는 정신과정들과 환경 단서들이 행동에 지대한 영향을 미친다는 것은 이제 현대심리학에서 부정할 수 없는 사실이 되었다. 동기, 자유의지, 행동통제 등의 이해는 근본적 변혁을 맞게 되었으며, 이 쟁점이 순수·응용할 것 없이 모든 심리학자들에게 중요하기 때문에, 미국심리학회(APA) 학회지 *American Psychologist*는 1999년 7월호 거의 전부를 "의지의 행위들?"(Acts of will?)이라는 큰 제목 아래 이 주제를 다루었다. 무의식 과정에 대한 연구를 많이 한 사회심리학자 Bargh는 이 특집에 "참을 수 없는 존재의

글상자 4-1

참을 수 없는 존재의 자동성

Bargh, Chen, 및 Burrows(1996)는 세 개의 실험에서 사회적 행동을 자동적으로 활성화할 수 있다는 가설을 검증하였다. 실험 1("성격특성 개념 점화의 행동적 결과들")을 보자.

심리학 개론을 수강하는 34명의 대학생들을 세 가지 '점화' 조건의 하나에 무선할당하였다. 점화 조건은 문장 만들기 검사를 가지고 조작하였다. 각 문항은 다섯 개의 단어로 되어 있고(예, he it hides finds instantly), 그중 네 단어를 가지고 문법적으로 맞는 문장을 될수록 빨리 만들어 내야 한다. 30문항 중 15문항은 공통으로 하고 나머지 15문항을 달리 함으로써 모두 세 가지 검사가 제작되었다. '무례'(rude)를 점화하기 위한 검사는 그 특성과 관계된 형용사나 동사 15개(예, '공격적', '방해' 등)를, '예의'(polite) 조건을 위한 검사는 '존경', '이해', '조심' 같은 단어들을 포함하였다. 중립 조건에는 '운동', '빨리', '성공', '시계' 같은 단어들이 들어갔다.

피험자가 실험실에 들어오면, 실험은 언어능력에 관한 두 가지 짧은 연구로 구성되며, 첫 과제는 문법에 맞는 영어문장을 구성하는 것이라고 설명되었다. 검사 봉투에 세 형태(무례, 예의, 중립) 중 어느 것이 들었는지는 다른 실험자가 무선적으로 정했기 때문에 실험자도 실험협조자도 모른다. [이를 실험자 '맹목'(blind)이라고 말한다. 피험자도 모르므로 '이중맹목'이라 할 수 있다.] 문제풀이 방법을 설명해주고 나서 실험자는 피험자에게 끝나면 복도를 지나 모퉁이를 돌아서 첫째 방으로 오면 거기서 둘째 과제를 주겠다고 말하고 나갔다. 피험자는 대부분 5분가량 걸려 과제를 끝냈다.

실험자가 기다리는 방에는 실험협조자(가짜 피험자)도 앉아 있었다. 실험자는 반쯤 열린 문에서 있고 협조자는 힘들어하면서 문장 만들기 검사를 하며 이런저런 질문을 하였다. 피험자가 모퉁이를 돌아오면 실험자 신호에 협조자가 스톱 워치를 누르고, 그가 다가와서 기다리는 동안 두 사람은 계속 이야기를 나누었다. 종속변인 측정치는 피험자가 그 대화를 중단시킬 때까지 기다린 시간이었다. 그가 중단시키면, 또는 10분(미리 정한 제한시간)이 지나도록 기다리고 있으면, 실험자는 그를 옆방에 데리고 가서 2분 정도 걸리는 단어 맞추기 과제를 주었다. 실험이 끝나고 피험자가 엘리베이터를 향해 걸어가면 두 번째 실험협조자가 기다리고 있다가 '실험 피험자 조사'에 응해 달라며 6개의 질문을 하였다. 결정적인 문항은 실험자가 친절했느냐는 질문이었다.

가설은 중립 조건 피험자보다 '무례' 피험자들은 더 빨리, '예의' 피험자들은 더 늦게 대화를 중단시키리라는 것이었다. 결과를 보면, 무례 피험자들(평균 326초)은 중립(519초) 또는 예의 조건(558초)보다 유의미하게 더 빨리 중단시켰으나, 중립-예의 차이는 유의하지 않았다. 34명 중 21명이 10분이 지나도록 기다렸기 때문에 시간 변인은 심한 천정(ceiling) 효과가 있었다. [예의 조건과 중립 조건 피험자들이 기다린 시간 평균은 9분(540초)이 넘거나 그에 가깝다.] 10분이 지나는 동안 대화를 중단시킨 사람의 숫자를 조건별로 비교해보았더니, 이 숫자는 무례 조건에서 제일 많았고 예의 조건에서 제일 적었다. 제한시간 10분이 다 갈 때까지 대화를 중단시키지 않고 참을성 있게 기다린 사람이 예의 조건에서 제일 많았던 것이다.

예의 조건 피험자들이 실험자를 더 친절한 사람으로 보았기 때문에 더 오래 기다린 걸까? '실험 피험자 조사' 결과를 보면 그렇지 않았다. 무례 피험자들이 실험자를 더 무례한 사람으로 지각한 것은 아니었다.

실험 2에서는 *노인*에 대한 고정관념을 활성화하기 위해 문장 만들기 검사에 '근심', '늙은', '외로운', '현명한' 등의 단어들(노인 점화 조건)이나 중립적 단어들을 포함시켰다. 여기서 종속변인으로 측정한 것은 제 2의 실험실로 걸어오는 속도였다. 노인 점화 피험자들(평균 8.20초)이 중립적 피험자들(7.23초)보다 더 느리게 걸었다.

자동성"이라는 제목의 논문을 실었다(Bargh & Chartrand, 1999).

자동적 정신과정 '의식적 정신과정'이란 우리가 의식·의도하는, 노력을 들이고 통제할 수 있는 정신적 행위들을 말한다. 의식하지 못하는 '자동적 정신과정'에는 두 형태가 있다. 하나는 자동차 운전이나 악기 연주처럼 노력해서 기술을 익히지만 시간이 가면서 점점 자동으로 하게 되는 과정들이다. 다른 하나는 앞에서 논의한 '지각 방어'같이 노력뿐 아니라 의도도 들어가지 않는 것이다. 의식적 정신과정들에 집중하던 심리학은 이제 '의지의 행위들'에 큰 물음표를 달게 되었다.

1장에서 실험사례로 소개한 Baumeister 등(1998)의 '자아고갈' 연구는 의식적 정신과정이 에너지를 요하며, 이 에너지는 매우 제한된 자원이라는 것을 보여주었다. 이들은 행동의 약 95%가 자동적 과정들에서 나오며 약 5%만이 능동적, 의식적으로 수행된다고 추정하였다. 그렇다고 심리학이 이 5%를 무시해도 된다는 말은 아니다. "비교적 소수의 능동적이고 통제하는 선택들이 自己의 목표성취 기회를 크게 증가시키기"(p. 1252) 때문이다.

무의식 과정에 대한 현대심리학적 견해는 '자동적'이라는 말의 대중적 의미에 기대어 요약할 수 있을 것이다(Bargh & Chartrand, 1999). *자동* 장치들은 신경 쓸 필요 없는 과제들에서 우리를 해방시켜 정말 신경 써야 하는 것들에 집중할 수 있게 해준다. 또한 이 장치들은 인간처럼 피로, 부주의 등 때문에 실수하지 않는다.

무의식 대 전의식 현대심리학은 무의식적 정신과정을 인정하지만, 이 무의식은 의식의 제한된 용량 또는 '에너지', '자원'을 중요한 결정과 선택에 쓸 수 있도록 도와주는 "정신적 시종"(mental butlers)(Bargh & Chartrand, 1999, p. 476)이다. 의식에서 밀려나 호

시탐탐 다시 침투하려 하는, 즉 충직한 '시종'이 아니라 두려운 폭군인 '뜨거운' 역동적 무의식은 여전히 무시되고 있다. 이론과 연구가 Freud 이론의 무의식이 아니라 전의식에 집중하는 것이다. Wegner가 '흰 곰' 생각을 억제하라는 지시를 준 반면, Bargh 등(1996)은 '무례' 또는 '예의'에 대한 생각을 피험자들 모르게 머릿속에 집어넣었다('점화', 글상자 4-1). 피험자들은 문장 만들기 검사를 통해 자신들의 특정한 일면(예의바른 또는 무례한, 노인 같은)에 '불이 켜졌다'는 것을, 자신들이 무례하거나 예의바른지(실험 1), 천천히 걸어가는지(실험 2) 하는 것도 의식하지 못한다.

예의바름과 무례함, 노인 같음 등은 누구에게나 잠재하는 특질들이다. 우리 대부분은 예의바르게도 무례하게도 행동할 줄 알지만, 실제 행동은 상황에 따라 다르다. 이런 특질들이 행동으로 나타나지 않는다면 '억압'되기 때문이 아니라 특별히 '점화' 또는 '활성화'되지 않기 때문이다. 그러나 우리가 정신역동적으로 억제·억압하는 생각이나 감정, 행동 경향들은—'흰 곰'처럼 밖에서 임의로 주어지는 것이 아니라—우리가 모르는 내면의 깊은 뿌리에서 나온다. 정신분석 이론은 이 뿌리가 역동적 무의식 안으로, 잊어버린 어린시절로 깊게 뻗어 있다고 말한다. 이미 여러 번 시사한 것처럼 무의식의 이 역동적 과정은 전의식의 인지적 과정과 달리 실험실 연구가 어렵다.

앞에서 본 것처럼(그림 4-3) 대부분의 사람들에게 4세 이전 일들은 기억이 나지 않고, 특히 중요한 의미를 가진, 감정들과 연결된 경험과 상황들이 그렇다. 그런데 정신분석 이론은 바로 4, 5세 이전의 기억나지 않는 경험과 사건들이 우리의 성격을 형성했다고 본다. 관계경험에 초점을 맞추는 **대상관계**(object relations) 이론들은 아기 때 중요한 사람들과 가진 경험이 자기의 부분이나 측면들로서 새겨져서('내적 작업모델') 어른이 되어 다른 사람들과 관계 맺는 양식에 영향을 미친다고 가정한다(글상자 2-4 참조; Fornagy, Gergely, & Target, 2008). 영국 정신분석학자 John Bowlby(1907-90)는 "아주 어린 아이가 엄마와 함께 있을 때 그리고 특히 엄마가 옆에 없을 때 행동하는 방식을 관찰하여 성격 발달에 대해 이해"(1982/2006, p. 28)하고자 하였다.

유아기 경험의 역할: 애착

인간관계 문제는 어차피 모든 상담치료에서 중심이 되고, Freud가 그 문제들에 이론적 관심이 없었던 것은 아니다. 그의 **전이** 개념을 보면 된다. 전이는 인간관계에서 늘 일어나는 현상으로서, 예컨대 지배하려 드는 상사나 배우자에게 느끼는 격한 분노와 불안, 늘 남들 눈치를 보고 비위를 맞추어야 한다는 강박감 등은 어릴 때 관계경험을 반영하는 전이 결과들일 수 있다. Bowlby가 시작한 애착(attachment) 이론은 아기가 돌보는 이(물론 대부분의 경우 엄마)와 맺는 관계의 질이 이후에 인간관계를 맺는 태도와 양식에 결정적 영향을 미친다고 주장한다.

2차대전중 영국에서 도시들이 폭격을 당하자 부모들이 아이들을 안전한 시골로 보내는 일이 많았고, Bowlby는 어릴 때 부모와 떨어져 지내면 어떤 일이 생기는가에 관심을 가지게 되었다. 그래서 1–4세에 부모와 떨어졌던 사람들의 회상들을 수집하는가 하면, 부모가 건강상 이유로 시설에 들어가고 집에 혼자 남은 아이들을 오랜 기간 연구하기도 하였다. 1950년 세계보건기구(WHO)는 집 없는 아동들의 정신건강에 대해 조언해달라고 요청했고, 그 다음해 제출한 보고서에서 Bowlby가 애착 이론을 처음 공식화하였다. 바로 "유아와 어린 아동이, 엄마(혹은 일정한 대리모)와, 양자가 만족스럽고 즐거움을 경험하는 따뜻하고 친밀하며 지속적인 관계"(Bowlby, 1982/2006,[5] p. 10에서 재인용)를 경험하는 것이 정신건강의 핵심이라는 것이다.

지금은 이 결론이 당연하게 들리기 때문에 당시 Bowlby가 주류 정신분석학에서 얼마나 물의를 일으켰나 하는 것을 상상하기가 힘들다. 무의식적 충동이나 공상(fantasy), '내면세계'(inner world)가 아니라 *현실*세계에서의 *관계*경험이 성격형성과 정신병리 발달에 중요하다는 주장이 결정적이었다(cf. A. Freud, 1937/66).

애착의 이론

Bowly는 정신분석 관행을 이탈하여 심리과정에 *직접* 접근하는 길을 택하였다. 분석 중에 얻는 임상적 자료는 자유연상, 과거사건 진술, 현재상황 기술, 환자의 행동 등이 복잡하게 얽혀있으므로, 분석가가 선호하는 도식에 따라 자료를 선택·배열한다는 것이었다(p. 30). 불안이나 고통을 주는 상황에서 어린아이들을 직접 관찰할 때 "정신분석의 중심 원리가 되는 많은 개념들—사랑, 미움, 양가감정; 안정감, 불안, 애도; 전위, 분열, 억압 등—을 기술하는 데 타당한 관찰자료를 수집할 수 있다"(p. 31). Freud가 성인들을 관찰·분석하여 아동기 경험과 발달단계들을 재구성하는 '*회고적*'(retrospective) 방법을 주로

---

5) 원서와 역서 출판연도를, 또는 원서의 첫 출판과 후기(가령 전집이나 총서에) 출판연도를 나란히 쓰는 이 책의 참고문헌 인용 관행을 따르자면 Bowlby의 이 저서에는 네 개의 연도가 붙어야 한다(1969/82/99/2006). 초판을 1969년에 낸 Bowlby는 1982년 "지난 15년간 인간 이외의 종의 사회적 행동을 연구하는 생물학자들의 사상에 중요한 발전"(p. 17)이 있었기 때문에 개정판을 냈다. 한글번역판(2006년)에 사용된 판본은 A. Schore의 해제를 붙인 1999년도 판이다.

쓴 것과 달리, 어릴 때 행동관찰을 토대로 성격기능을 서술하고 그 이후의 시기를 추정·추적하는 '*전망적*'(prospective) 방법을 사용한 것이다. 정신분석학이 이론 작업을 이끌었지만 Bowlby는 "통제 이론과 진화 이론의 관점에서 조망함으로써 정신분석을 현대생물학의 주요 핵심에 연결"(p. 51)하고자 하였다.

애착과 분리 (병원이나 시설에 들어간) 엄마와 떨어질 때 아기들은 일정한 순서의 행동을 나타낸다. 엄마가 사라진 직후에 시작하여 몇 시간부터 한 주일 이상까지 지속되는 첫 단계(**저항**)에서 아이는 큰 소리로 울고 몸부림치며, 엄마가 오나 하고 열심히 주위를 돌아본다. **절망** 단계에서 아이는 점점 무기력해지고 혼자 있으려 하며 가끔씩만 운다. 아이는 조용해지고 분리(separation)의 고통에서 회복했다는 착각을 불러일으킨다. **초연**(detachment)[6] 단계에서 아이는 주변 환경에 관심을 나타내고 때로 웃기도 하며 남들에게도 접근하기 때문에 아주 좋아진 것같이 보인다. 그러나 엄마가 (다시) 찾아와도 반기지 않고 무감각하다.

아기가 엄마에게 애착을 형성했다는 징표는 엄마가 없어질 때 나타나는 '저항' 반응과 아울러 '낯가림'(stranger anxiety)이다. 6–12개월쯤 되면 아기는 엄마와 타인을 구별하고, 낯선 타인을 무서워한다. 반면 자신의 상태를 나타내는 신호행동—주로 울음과 웃음—에 일관성 있고 적절하게 반응하는 사람(대부분의 경우에 엄마)에게 애착을 형성한다. (보육원 같은) 시설 아동들이 생리적 욕구들이 제대로 충족되어도 심리·신체적 발육부진을 보인다면, 그러한 돌봄이 아기의 욕구에 대한 반응이라기보다는 정해진 스케줄을 따르는 일이 많기 때문이다.

아기가 왜 그토록 엄마를 '밝히는가' 하는 데 대한 설명은 학습심리학 진영에서도 나왔다. 글상자 4-2에 Harry Harlow(1905–1981)가 1950년대 아기원숭이를 대상으로 한 고전적 애착 실험을 소개하였다. 그는 애착형성에서 결정적인 것은 생리적 욕구의 충족이 아니라 '**접촉편안**'(contact comfort)이라는 것을 인상 깊게 보여주었다.[7] 아기에게 엄마는 일차적으로 '젖 주는' 사람이라기보다는 포근하고 따뜻하고 부드러운 존재인 것이다. 아이들은 포대기나 (엄마)옷에 '애착'을 형성하여 잘 때나 혼자 있거나 무서울 때 그것을 찾기도 한다. 이러한 물건(거의 언제나 포근하고 부드럽다는 특징이 있다)은 아이에게 '안전담요'(security blanket)인 것이다.

---

6) Bowlby 역자는 애착을 벗어난다는 의미에서 이를 '탈착'이라는 말로 번역한다.

7) 동물행동학자 동료에게서 이 실험 이야기를 듣고 Bowlby는 1957년 Harlow에게 편지를 쓰며 자신의 논문 초안을 동봉했다(Blum, 2002/5, p. 280f.). 바로 '어머니에 대한 아이의 결속의 본질'(The nature of the child's ties to his mother)이었다. Harlow는 즉시 답장하여 Bowlby를 실험실로 초대하였다. Bowlby가 영국에서 주류 정신분석학자들에게 공격·배척당한 만큼이나, Harlow도 미국 주류(행동주의) 심리학에 고립당하고 있던 시절이었다.

글상자 4-2

새끼는 왜 어미를 사랑하는가?

아기가 엄마와 떨어지지 않으려 하는 이유는 고전적 학습심리학의 견해에서 보면 엄마가 아기의 생리적 욕구들을 충족시켜주기 때문이다. 한 고전적인 실험에서 Harlow(1959)는 바로 이 가정을 검증하기 위해 갓 태어난 새끼 원숭이들을 어미에게서 떼어내어 두 '대리모'와 같이 지내게 하였다(그림 4-4). 한 '엄마'는 굵은 철사로 되어 있고, 다른 엄마는 그 철사통을 폭신폭신한 천으로 싸준 것이었다. 젖병은 조건에 따라 '철사 어미'(wire mother)나 '천 어미'(cloth mother)에 달려 있다.

연구자들이 측정한 변인의 하나는 원숭이들이 165일 기간 동안 각 대리모와 보낸 시간이다. 젖병이 어느 '엄마'에게 달려 있든 원숭이는 하루의 대부분을 '천 엄마'에게서 보냈다. 즉, 젖이 나오든 안 나오든 상관없이 부드러운 '천 엄마'가 '엄마'였다. 그림 4-4는 원숭이가 '천 엄마'에게 머물면서 곡예하듯 몸을 뻗쳐 '철사 엄마'에 매달린 젖병을 입에 넣는 모습을 보여준다. 불빛을 번쩍거리며 요란하게 걸어가는 기계 거미 같은 무서운 자극을 우리에 집어넣었을 때, 원숭이는 '천 엄마'에게 달려가서 매달렸다.[8)]

접촉에 대한 욕구는 음식에 대한 욕구만큼이나 일차적인 것이어서, 음식 섭취를 못하면 죽는 것처럼 포근한 접촉을 박탈당해도 죽을 수 있다. '천 엄마'를 만든 계기는 새끼 원숭이들이 우리 안쪽에 깔아둔 부드러운 기저귀 천에 집착하는 모습을 관찰한 것이었다(Blum, 2002/5, p. 2475). 위생상의 이유로 새끼들은 태어난지 몇 시간만에 어미에게서 떼어다 각자 우리 안에 따로 따로 집어넣고—실험실은 꼭 병원 같았다—사람이 젖병으로 분유를 먹이며 키웠다.

애착과 탐색 Bowlby는 문명이 발전하면서 아기가 엄마에게 의존하는 기간이 길어지기 때문에 생존 기회를 높이기 위한 행동기제들이 진화했다고 주장하였다. 그는 **애착행동 체계**(attachment behavior system, ABS)라는 말을 썼다. 엄마가 예뻐하고 곁에 있어줘야 엄마의 보살핌을, 따라서 아기 자신의 생존을 보장할 수 있기 때문에 ABS의 적응적 가치는 명백하다. 체온, 혈압 등을 일정 수준으로 유지하는 *생리*통제 체계와 비슷하게 이 *행동*통제 체계는 애착관계를 일정 거리의 범위에서 유지하게 한다.

어떤 사람에게 애착되어 있다(attached)고 해서 그에게 언제나 애착행동(attachment behavior)을 하는 것은 아니다. 애착인물이 안 보일 때, 또 아기가 놀라거나 피곤하거나 아

8) 겁에 질린 새끼가 어미에게 달려가 부둥켜 안으며 안도하는 게 '어미를 사랑'하는 거라고 Harlow처럼 아마 독자들도 말하겠지만, 1950년대 (학문적, 즉 실험)심리학에서 '사랑'은 '금기' 단어이고 '근접성'(proximity)이 더 '올바른' 용어였다(Blum, 2002/5, p. 26ff.). 이 책의 뒤에 가서(제 11장) 행동주의에 대해 배우게 될 것이다.

그림 4-4 새끼 원숭이와 두 '대리모'

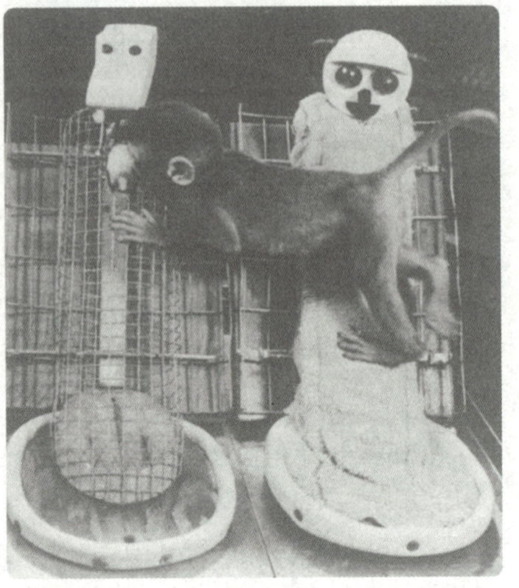

플 때, 이 체계가 활성화되어 애착행동이 나타난다. 아이는 그 대상을 찾거나 그에게 다가가거나 붙어 있기 위해 다양한 행동을 하고, 일단 안정을 찾으면 애착대상을 떠나 환경 탐색에 나선다. 그러다 놀라거나 무서워지거나 지치면 다시 '안전기지'(secure base)를 찾고 애착행동을 한다.

'Harlow의 원숭이'(그림 4-4)는 위험이 닥쳤을 때 어미('천 엄마'!)에게 달려가 부둥켜안고('애착행동') 마음을 진정시키지만, 곧 어미에게서 떨어져 '탐색'(exploration)과 놀이에 나섰다. 심지어 죽을 듯 겁을 주었던 기계 거미에 다가가 살펴보거나 건드려 보기까지 했다. '철사 엄마' 새끼는 충격적일 만큼 달라서, 위험이 닥쳤을 때 쏜살같이 구석으로 달려가 계속 바들바들 떨고 서있었다. Harlow는 천 엄마가 "포근하고 따뜻하고 부드러운 엄마, 아이가 잘못해도 결코 때리거나 매질을 하지 않는 엄마"(Blum, 2002/5, p. 264), 즉 '이상적 엄마'라고 생각했다. 그러나 이 '엄마'에게는 치명적 결함이 있었으니, 반응해주지도, 바깥세상으로 나가라고 밀쳐내지도 않는 것이었다. 이 엄마에게서 자란 원숭이들은 외계인처럼 다른 원숭이들과 어울리지 못하고 짝짓기에도 뛰어들지 못했다(Blum, 2002/4). [원숭이들을 몇 년 후 다시 관찰하지 않았다면, 즉 종단연구를 하지 않았다면, 이런 행동장애를 알 수 없었을 것이다.]

생후 1년쯤 되면 아기는 돌아다니며 환경을 탐색하기 시작하지만, 언제라도 위로가 필요하면 엄마 곁으로 돌아올 수 있다고 또는 엄마가 곁에 와줄 것이라고 믿어야 엄마 곁을 떠난다. 이 믿음이 얼마나 쉽게 그리고 확고하게 생기느냐 하는 것은 물론 아이와 엄마 양편에 달려 있다. 아이에게 문제(예컨대 자폐증)가 있을 수도 있고, 엄마가 우울증으로 자식에게 아무 관심이 없거나 '천 엄마' 같을 수도 있다. 엄마와 상호작용 경험을 토대로 아이는 자신과 엄마(나아가 타인 일반)에 대한 '내적 작업모델'(internal working model)을 만들어낸다.

내적 작업모델 애착행동 체계(ABS)는 아이 성격의 영속적인 중심특성들로 여겨지며, 애착인물, 환경(타인 포함), 자기 자신에 대한 내적 작업모델이 그 안에 들어가 있다. *작업모델*이란 연구를 설계·실시하는 연구자가 머릿속에서 소규모 실험들을 실시할 때 만드는 모델/표상체계를 말한다. 인간관계 '작업'에서도 우리는 자신과 타인에 대한 가정이나 가설을 일종의 '인지도'(cognitive map)로서 머릿속에 갖고 있다. 상호작용과 대화들을—경험들을 토대로—상상·실행하고 결과를 해석하는 것이다. 연구자가 작업모델이나 가설을 가지고 하듯이, 사람들도 관계맺기에서 작업모델을 세우고, 수정 또는 확장하고, 내적 일관성을 검증하는가 하면, 모델을 써서 설정목표를 달성할 계획을 세운다(Bowlby, 1982/2006, p. 135; Bretherton & Munholland, 2008).

놀라거나 겁에 질리거나 상처받았을 때, 누구를 찾아갈 수 있을까? 그는 나를 따뜻하게 품어줄까? 차갑게 밀쳐낼까? 애착인물들이 누구이고, 어디서 찾을 수 있으며, 어떻게 반응할 것 같은가 하는 생각이 *타인*들에 대한 작업모델 내지는 표상이라면, *자기*에 대한 작업모델에서 핵심은 자기 자신이 애착인물들의 눈에 얼마나 괜찮은 사람인가 하는 생각이다. 부/모나 타인이 따뜻하고 보호해준다고 본다면 자기 또한 사랑받고 안전하다고 표상하는 것이므로, 타인모델과 자기모델은 상보적(complementary)이다. 자기 욕구와 감정에 예민하게 반응해주는 사람에게서 자란 아이는 자기가 사랑받을 만한 가치가 있는 소중한 사람이라고 믿게 되므로, 커서도 자기와 타인에 대해 긍정적 생각과 기대를 가지고 자기 감정도 있는 그대로 받아들이게 된다. 거부하는 환경에서 자라났다면 자기와 타인에 대해 긍정적으로 생각할 수 없을 뿐만 아니라 부정적 감정들도 억제·억압하기 쉽다. 아래에서 내적 작업모델을 더 자세히 분류한 연구를 보게 될 것이다.

애착에 대한 경험적 연구

미국 발달 및 성격심리학자 Mary Ainsworth(1913–1999)는 1950년대 런던에서 Bowlby 팀에 합류하여 같이 연구를 시작하였다. 그녀가 미국에 돌아와 **낯선 상황** 절차(Strange Situation procedure)를 개발하여 애착의 유형을 분류하면서 애착에 대한 경험적 연구는 큰 전환점을 맞았다.

애착유형 절차에는 몇 단계가 있다. 돌보는 이(주로 엄마)가 아기—대체로 만 한 살 무렵—를 실험실에 데리고 오면, 아기는 거기 있는 장난감들을 가지고 놀며, 엄마는 미리 정해진 간격으로 방을 나갔다가 다시 돌아오는 일을 반복한다. 낯선 어른이 방에 들어오기도 하고, 때로 아기는 그와 둘만 있게 된다. 이런 다양한 상황에서 엄마와 떨어지고 다시 만날 때 관찰한 행동들을 토대로 아기의 애착유형을 분류한다. 실험실에서 확인한 유형 차이가 어디서 나오는가를 알아보기 위해 가정방문을 통해 아기-엄마 상호작용을 관찰하기도 하였다.

안심 애착(securely attached) 아기는 엄마가 있을 때는 쉽게 낯선 환경을 탐색하고 낯선 이를 수용하지만, 엄마가 나갈 때는 울거나 찾는다. 엄마가 돌아오면 기뻐하며 반기며, 쉽게 진정하고 탐색과 놀이로 돌아간다. 그런 아기의 엄마들은 아기 행동에 빨리 그리고 적절하게 반응한다. 아기가 두려워하면 달래주고 기분이 좋으면 같이 즐겁게 놀아주면서 "둘 다 즐겁고 만족스럽다." 이 아이들은 필요할 때 엄마가 곁에 있으며 믿을 수 있다는 것을 학습했다고 할 수 있다.

같은 상황에서 불안(insecure) 애착 아기들은 아주 다른 식으로 행동하는데, 두 유형이 있다. **회피적**(avoidant) 아기는 낯선 환경에서 쉽게 탐색에 들어가며, 엄마가 나갈 때 별 저항을 보이지 않고, 엄마가 없을 때도 낯선 사람을 비교적 잘 받아들인다. 나갔던 엄마가 돌아오면 이 아기는 고개를 돌리거나 시선을 피한다. 엄마들은 무관심하고 초연하다는 인상을 주고 아기를 거부하거나 무시하기도 한다. 아기들은 돌보는 이가 필요할 때 곁에 없으며 믿을 수 없다는 것을 배운 것 같다. **양면적**(ambivalent) 아이들은 엄마가 나가면 울기 시작하여 계속 울지만, 엄마가 돌아왔을 때 한편으로는 안아 달라고 하면서 다른 한편으로는 몸부림치며 내려 달라고 고집 피운다. 즉, 접근과 회피 사이를 왔다갔다 하는 것이다. 엄마의 행동에서 눈에 띄는 것은 반응에 일관성이 없다는 것이다. 엄마는 아기의 신호들에 때로는 적절하게 반응하고 때로는 부적절하게 반응하거나 아예 반응하지 않는다. 자기 기분 내키는 대로 야단치거나 예뻐하고, 때로는 불러도 대답도 안 하는 것이다.

애착패턴이 이렇게 세 유형으로 깨끗하게 분류되는 것은 아니다. 같은 유형 안에서도 차이(예컨대, 안심애착이나 회피의 정도 차이)가 있으며, 세 유형 어디에도 들어가지 않는 아이들도 있다. Main은 '분류할 수 없는'(unclassifiable) 불안애착 아기들이 어떤 공통점을 보인다는 것을 발견하고 **'혼란'**(disorganized 또는 disoriented)이라는 이름을 붙였다(Main & Cassidy, 1988). 회피형과 양면형 특성들을 같이 나타낸다고 할 수 있기 때문이다. 엄마가 돌아오면 아기는 엄마에게 다가가다가 돌아서기도 하고, 엄마가 돌아온 것이 이상하다는 듯 어리둥절해 한다. 즉, 엄마가 온 것을 분명히 알아챘는데도 전혀 반응을 보이지 않는 것이다. 이들은 안심이든 불안이든 애착 자체를 형성하지 않은 것으로 보인다(Rutter, 2008 참조).

Bartholomew와 Horowitz(1991)는 대학생들을 대상으로 자기와 타인에 대한 긍정·부정의 표상을 구분하여 성인 애착의 4가지 유형을 나누었다(그림 4-5). *긍정적 자기*(positive self)란 자기가 가치 있고 사랑 받을 만하다고 느끼고 남들의 긍정적 반응을 예상하는 것을 말하며, *긍정적 타인*(positive other)이란 타인들이 지지를 보내고 가까이 있어줄 것이라는 기대를 말한다. 자기상이 부정적일수록 의존성이 높고, 남들에게 수용 받아야 자기를 수용할 수 있으며, 타인상이 부정적일수록 남들과 친밀해지는 것을 피하게 된다. 그림 4-5를 보면, 자기와 타인이 모두 긍정적인 경우에 **안심**(secure) 애착이 되고, 자기는 부정

그림 4-5 성인 애착 모델(Bartholomew & Horowitz, 1991, p. 227, 그림 1)

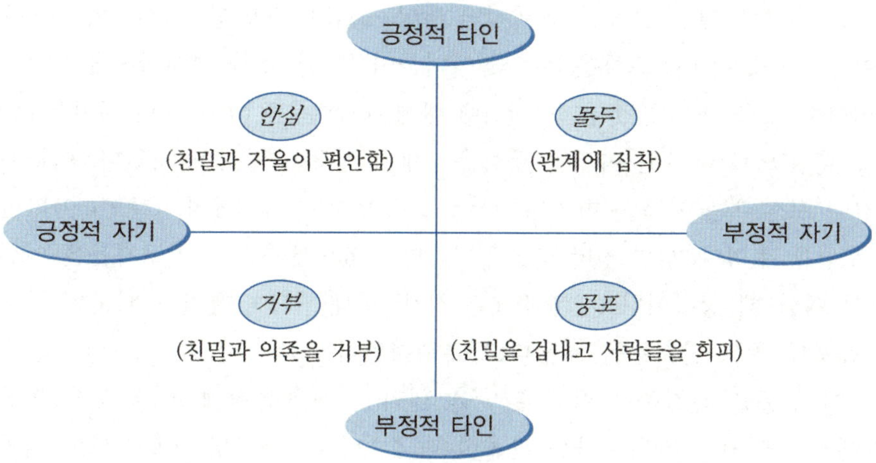

적인데 타인은 긍정적이면 **몰두** 또는 집착(preoccupied)이 나오며, 자기와 타인 모두 부정적이면 **공포**(fearful)가 나온다. 이 모델에서는 넷째 유형인 **거부**(dismissing)가 나온다. 가까운 관계를 불편해하고 남들에게 의존하기 싫어하지만, 긍정적 자기상을 유지하는 패턴이다. '몰두'는 여자들에게, '거부'는 남자들에게 많았다.

'몰두'는 전통적 분류의 양면적 애착이라 할 수 있고, 회피형은 거부형(거부-회피)과 공포형(공포-회피)으로 세분되었다고 할 수 있다. 즉, 불안애착이 두 가지가 아니라 세 가지로 나뉜 것이다. 몰두 또는 양면형은 중요한 타인(주로 엄마)과 맺은 관계경험이 부정적이었음에도 불구하고 타인을 여전히 안전감의 토대로 생각한다. 자기는 무가치하다고 느끼면서 중요한 타인에게 지나치게 의존하는 것이다. 거부-회피형은 아기 때 엄마와 관계가 부정적이었기 때문에 타인 이미지는 부정적이지만, 일종의 자기보호로서 자기에 대해서는 긍정적으로 생각한다. 반면 공포-회피형은—아마도 엄마와의 관계가 거의 외상적(外傷的)이었기 때문에— 자기와 타인 모두를 부정적으로 생각하며 친밀관계를 회피한다.

정신과의사인 Brisch(1999)는 '정상'이 아닌 임상표본들에서는 이 유형분류로 충분치 않음을 지적하고, 무애착, 무차별애착, 역할 전도 등 다양한 임상적 애착유형들을 구분하였다(cf. Rutter, 2008). 돌보는 이가 아기 욕구에 민감하게 반응해주었느냐 안 그랬느냐에 따라 자기상과 인간관, 인간관계 양식, 감정을 처리하는 양식 등이 정해진다는 가정은 결국 유아기 애착이 성격과 인생을 결정한다는 말이 된다. 실제로, 성인, 노인들도 애착대상이 없어지거나 아예(원래) 없으면 고통받는다(Brisch, 1999). 아기 때 애착패턴이 얼마나 연속성이 있으며 성격과 삶에 어떤 영향을 미치는지를 알아본 연구 몇 가지를 보자.

애착유형의 안정성 Main과 Cassidy(1988)는 만 한 살경에 평가되었던 아이들이 여섯 살이 되어서도 같은 애착행동을 보인다는 것을 발견하였다. 겉으로 나타나는 행동은 달라져도 부모에 대한 반응의 전체적인 방향—회피, 양면성, 안심, 혼란—은 변하지 않는 것이다. 한 표본에서 그들은 84%의 아이들이 한 살 때와 여섯 살 때에 같은 애착패턴을 보인다는 것을 발견하였다. [아버지에 대한 애착패턴은 61%에서만 일치를 보였다.] 흥미롭게도, '혼란'으로 분류된 아이들 행동은 6세에 새로운 양상을 띠었다. 이들은 엄마에게 부모같이 보살피는 행동을 하거나("나랑 놀까, 엄마?… 재미있지, 그치?") 아니면 처벌하려는 듯 무안을 주었다("엄만 정말 멍청해," "가만히 있으랬잖아!"). 연구자들은 이런 아이들의 부/모가 어릴 때 상실이나 (신체적 또는 성적) 학대를 경험했었기 때문에 자녀에게 혼란 또는 공포를 주는 단서들을 보냈다고 추측하였다.

아기 때 행동을 관찰하여 유형 판단을 내리고, 애착유형에 따라 성장 후에 실제로 인간관계에서 차이가 나타나는가를 관찰한 미네소타 부모-자녀 프로젝트의 결과를 보도록 하자.9) 이 종단연구는 1974-75년에 임신 후반기에 있는 여성 267명을 모집하는 것으로 시작되었다. 첫해에는 아기와 돌보는 이들을 다양한 맥락들에서 일곱 번 만나고 다음 3년 동안은 매년 두 번씩, 그 다음 13세까지는 매년 한 번씩 만났다. 기질, 지능, 부모-자녀 상호작용, 또래 관계 등에 대한 다양한 정보가 수집되고, 가정, 실험실, 학교 등에서 관찰들이 수행되었다.

'낯선 상황'에서 나타난 애착유형에 따라 나중에 사회적 및 정서적 행동이 달라질까? 이 프로젝트 결과들은 실제로 그렇다고 시사한다. 불안하거나 저항(양면)적인 아기들보다 안심애착 아기들은 유치원 교사들과 독립적 관찰자들에게 덜 의존적이라고 평정되고, 더 큰 자아탄력성을 나타냈다. 유치원에서 또래들에게도 더 능동적, 긍정적이었다. 또래관계의 질을 독립적 관찰자들이 평정하든, 교사들이 평정하든, 아이들 스스로 서로를 평정하든, 같은 결과가 얻어졌다. 안심애착 아이들은 감정이입을 더 잘하고 좌절도 더 쉽게 다루었다.

교사들이 아이들을 어떻게 대하느냐 하는 데도 세 집단 간에 차이가 있었다. 이들은 안심애착 아이들을 따뜻하게 대하는 반면, 양면적 아이들에게는 지나치게 보호하고 돌보는 행동을 보였다. 회피애착 아이들에게는 통제를 많이 하고 때로 화를 냈다. 붙임성 있고 독립적이고 다른 애들과 잘 노는 아이들을 교사들이 좋아하고, 의존적이고 사람을 회피하는 아이들에게는 짜증나며, 낯가리고 '저항적', '양면적'인 아이들은 과잉보호를 하는 것이다. 어찌 보면 당연한 이런 현상은 아이들이 스스로 (성장 및 교육) 환경을 창조한다

---

9) Pervin(1996, pp. 184-187)에서 가져왔다.

는 이야기가 된다. 물론 교사 행동은 아이 행동에 그리고 자기·타인의 '내적 작업모델'에 영향을 미칠 것이다.

새로운 생활환경(유치원, 초등학교 등)에 들어가 다양한 사람들을 만나고 다양한 경험들을 하게 되면서 아이들이 욕구와 두려움들을 표현하는 방식도 달라진다. 따라서 유아기 애착패턴 영향이 강력하다 해도 발달 후기로 갈수록 변할 여지는 커진다고 할 수 있다. 그러나 아동기 중기(10–11세)에 가서도 안심애착자들은 다른 두 집단에 비해 자신감과 자기존중이 더 높고, 더 높은 목표를 세우며 더 끈기있게 목표들을 추구하고, 덜 의존적이며, 집단 활동에 더 많은 시간을 보내고, 가까운 친구들을 잘 사귀었다. 이러한 결과 패턴은 청소년기(14–15세)에도 유지되었다.

애착유형과 사랑 스타일 낯선 상황 절차를 써서 어린아이들의 애착유형을 (불연속적) 범주화했지만, 행동차원들의 (연속적) 측정도 처음부터 시도되어 왔다. 애착의 세대 간 전이(어머니의 애착유형이 자녀에게 이어짐)도 초기부터 관심의 대상이었다. 성인 애착유형은 Main 등의 성인애착면접(Adult Attachment Interview, AAI; Hesse, 2008)에 의해 시도되었지만, 청소년과 성인들을 위한 Q분류(이 책 5장 참조)나 질문지 측정도 시도되고 있다. 다양한 애착안전 측정치들 간의 상관은 별로 높지 않다(Rutter, 2008, 개관 참조). 관계유형(친구/타인, 동성/이성, 가족/동료 등)에 따라 애착유형이 달라진다는 결과도 있다. 이러한 결과를 종합하면 성인 애착유형은 안정된 성향이라기보다 관계의 목적이나 맥락에 따라 달라지는 관계 변인일지 모른다(김동직·한성열, 1997 개관 참조; Rutter, 2008).

부모는 일생 동안 애착인물로 남지만, 초등학교 때부터 애착행동과 관심들은 점차 또래에게 쏠리다가 성인기에 들어서면 사랑하는 사람이나 배우자가 주요 애착인물로 바뀐다. 대학생과 성인들을 대상으로 한 많은 연구에서 나온 결과를 종합해보면, 안심애착자들은 자신감 있고, 사회적 기술이 있으며, 비교적 안정되고 만족스러운 장기적 관계를 맺을 확률이 높다. 불안애착 성인들은 자신감이 부족하고 거부당할까봐 걱정하며, 사랑에 쉽게 빠지고 잦은 파탄과 재결합을 경험한다. 회피적인 사람은 가까운 관계를 불편해하며 장기적 사랑관계에 빠지기를 꺼려하고 사회적 기술이 부족하다.

Hazan과 Shaver(1987)는 유아기에 관찰되는 같은 애착패턴들이 청년기와 성인기의 낭만적 사랑과 부부관계에서도 나타난다는 것을 시사하였다. 그들은 Ainsworth가 서술한 유형기술을 토대로 성인 애착유형을 평가하는 단순한 질문지 방법을 개발하였다. 사랑 척도들에서 세 집단 평균점수들을 비교한 결과는 예상한 바와 일치하였다. **안심**애착 양식(56%)에서는 사랑, 우정, 신뢰 경험이 두드러지고, **회피** 양식(25%)에서는 가까움에 대한 공포, 감정적 극단성과 질투가, **양면** 양식(19%)에서는 강박적 몰두, 결합의 욕구, 극단적

성적 이끌림, 감정적 극단성, 그리고 질투가 두드러졌다. 안심애착자들은 다른 두 집단 피험자들에 비해 부모와의 관계, 그리고 부모의 부부관계가 더 따뜻했다고 보고했다. 대학생들을 대상으로 한 비슷한 연구에서도 유사한 결과가 얻어졌다.

애착스타일은 인간관계와 자기존중에 보편적 영향을 미칠 뿐 아니라, 일에 대한 태도와도 관계가 있다. 안심애착자들은 자신감을 가지고 일에 접근하며 실패를 덜 겁내고, 일에 개인적 관계들이 방해받지 않게 한다. 양면애착자들은 일터에서 칭찬과 거부에 매우 큰 영향을 받고, 애정문제가 일 수행을 방해하는 때가 있다. 회피애착자는 사회적 상호작용 회피에 일을 이용하며, 돈을 잘 버는데도 직장에 대한 만족이 안심애착자들보다 적었다(Hazan & Shaver, 1990). 독자들은 Freud가 성숙하고 건강한 성격을 일과 사랑의 능력으로 규정한 것을 기억할 것이다. 엄마와 아기의 관계의 질이 성인이 되어서까지 인간관계, 사랑, 일의 만족과 행복을 좌우한다고 주장함으로써 Bowlby와 Harlow는 어머니의 역할을 지나치게 강조하며 여성들을 가정에 붙들어두려 한다는 비판을 받기도 하였다(Blum, 2002/5, p. 380f.).

잠정적 결론 애착유형의 안정성을 보여주는 종단연구들이 있지만, 특정 유형에 특정한 성격과 삶이 자동적으로 따라오는 것은 물론 아니다. 어릴 때부터 또래들과 능동적, 긍정적으로 관계 맺을 줄 알고 선생님들에게서 다정함을 불러일으킨다면, 자신감과 자기존중을 발달시킬 토대와 환경을 스스로 마련하는 것이다. 반면, 저항(양면)적 아이들이 또래들과 친해지지 못하고 선생님들에게 과잉보호를 받으면 원래 저항과 양면성이 더 강화되기 쉽고, 회피애착 아이들이 선생님들에게 통제와 짜증을 더 많이 불러일으키면 회피가 더 심해지고 자신감과 자기존중은 더 낮아질 것이다. 따라서 우리는 세 유형 차이가 성인기는 물론 그 이후까지 이어질 것이라고 조심스럽게 예상할 수 있지만, 변화의 여지는 언제나 존재한다.

저자는 대학생들에게서 초·중·고등학교 때 어느 한 선생님이나 친구가 관심과 애정을 보여주었기 때문에 "성격이 바뀌었다"—예컨대 자신 없고 '비뚤어진' 사람이 자신있고 긍정적·적극적인 사람으로—는 이야기를 가끔 듣는다. 회피형이 안심형 파트너를 만나 자기와 타인을 긍정적으로 보게 되는 변화도 가끔 관찰된다. Harlow 실험에서 무표정, 무반응 '천 엄마'에게서 자라는 '자폐증 환자' 같은 새끼원숭이들은 하루에 30분씩만 친구들과 놀게 해도 거의 '정상'이 되었다(Blum, 2002/5, p. 363). 원숭이들을 갖가지 방법으로 '절망의 구렁텅이'에 밀어넣어본 Harlow 팀은 또한 다양한 치료법도 시도해보았다. Harlow의 결론은 돌이킬 수 없는 상처는 없다는 것이었지만, 원숭이들의 복원력에는 큰 개인차가 있었다(Blum, 2002/3, p. 369).

한 살 무렵 애착패턴이 운명을 결정하지는 않는다는 것과 아울러 어머니 역할을 다시 생각해볼 필요가 있다. 엄마가 안심애착자라면 '민감한 반응성'(sensitive responsiveness)이 자연스럽게 나오겠지만, 돌보는 이의 애착유형과 함께 아기의 기질 및 행동특성도 크게 작용한다. 태어날 때부터 순하고 건강한 아기가 있는가 하면, 잘 울고 보채며, 보살피기 힘든 아기가 있다(8장 참조). 또, 엄마가 '가까운 관계'를 불편해하는 회피형이라면 아기도 (감정적으로) 밀어내기 쉽다. 그러나 어떤 엄마도 아기에게 언제나 따뜻하고 민감하지는 못하며 때때로 아기를 거부한다.

대상관계 이론에서 말하는 **'충분히 좋은 어머니'**(good enough mother)는 '좋은 엄마', '완벽한 엄마'의 이상형을 상대화한다. '좋은 엄마'가 되려고 애쓰면, 아이의 감정·욕구를 읽고('민감성') 반응하기보다는 자신이 잘하고 있나, 아이가 착하고 예쁘고 똑똑한가('아이 성적은 엄마 성적'!) 등에 집중하기 쉽다.[10] 완벽한 엄마가 되어 완벽한 아이를 만들려고 하면 '둘 다 만족스럽고 즐거운 관계'는 힘들어진다. Erikson도 심리사회 발달이론에서 각 단계 위기의 '부정적 결과'도 적응에 도움이 됨을 강조한 바 있다. 좌절과 상처가 너무 많으면 심리적 건강이 손상되겠지만, 찬바람이라고는 전혀 모르고 완벽하게 따뜻한 품안('천 엄마'!)에서 자란 사람이 건강한 성인이 될 수도 없다(cf. Cyrulnik, 1999/2006).

아이가 심리적으로 건강한 성인으로 성장하고 자기·타인의 긍정적 '내적 작업모델'을 발달시키게 되는 데 어릴 때 애착관계가 중요한 역할을 하는 것은 분명하다. 그러나, 지금까지 연구결과를 종합할 때, 이 '돌보는 이'는 꼭 친모일 필요도 없고, 돌봄이 좌절과 상처를 주지 않는다는 의미에서 완벽할 필요도 없으며, 아동기와 청년기를 거치면서 아기 때 애착유형이 변할 여지가 충분히 있다.

---

10) Bowlby는 아기에 대한 엄마의 양면성(ambivalence), 모성애의 조건성을 충분히 인정하지 않았다(Hrdy, 1999/2010; Cyrulnik, 1989/2009). Cyrulnik는 Bowlby가 엄마의 양면성뿐만 아니라 아기의 '태내인생', 아버지 존재의 중요성도 인정하지 않았다고 본다.

요 약

01 Murray의 **'성격의 탐색'**(1938) 연구팀은 정신분석학의 임상적·직관적 통찰들을 학문적 심리학의 과학적·통계적 방법들을 써서 연구하였다. 그의 **성격학** 이론체계의 중심은 28개의 욕구들이었다.

02 연구의 결론을 내리면서 Murray는 Freud 이론에서 무의식 과정들, 유아기 경험, 성추동의 중요성, 개인과 사회의 갈등 등에 대한 주장들을 지지하였다. 반면 그는 Freud가 성과 공격 추동을 지나치게 강조하면서 정상 발달과 병리를 모두 그 기본 추동들로 귀속시키는 과잉단순화를 했다고 비판하였다.

03 정신분석적 측정평가 도구로서 **로샤하 잉크반점 검사**와 **주제통각검사**(TAT)를 소개하였다. 투사법들은 전체 성격을 이해하는 데만 아니라 성취, 권력, 친밀 등 개별적 동기들을 연구하는 데도 사용되었다.

04 피험자들의 **공상**을 얻어내어 욕구와 동기를 측정하는 투사법에서 나온 측정치들은 같은 변인들의 **자기보고** 측정치들과 불일치하는 일이 많다. 후자는 동기보다는 가치와 사회규범들을 더 반영하는 것 같다.

05 무의식의 존재와 중요성에 대한 과학적 연구들은 자극을 지각하는 데 요구되는 최소한의 강도 또는 제시시간 아래로 제시하는 **'역하 지각'** 절차를 주로 사용한다. 최근에는 갈등을 일으키거나 완화시키는 자극을 제시하는 **역하 정신역동 활성화** 연구가 많이 행해졌다.

06 학문적 심리학에서도 무의식적 정신과정들을 많이 연구하지만, **역동적 무의식**과 **인지적 무의식**을 구분하며 '무의식'보다는 '내현적', '자동적'이라는 말을 더 잘 쓴다. 역동적 무의식이 "비합리적, 원시적"인 데 비해, 인지적 무의식은 "합리적, 명제적"이라고 주장된다.

07 Wegner는 '흰 곰' 실험 시리즈를 통해 **사고 억제**의 역설적 효과—억제하려 할수록 더 생각난다—를 보여주었다. Weinberger는 **억압적 대처양식**을 측정하는 질문지를 만들었다. 억압자들은 방어를 많이 하며 (그 때문에) 불안이 낮지만, 생리적 지표들에서는 긴장과 고통을 나타낸다.

08 사고 억제, 자동적 정신과정에 대한 연구들은 Freud의 '전의식'의 정신과정들에 집중한다. 그의 무의식은 아직도 실험실에서 연구하기 어려운 영역으로 남아 있다. 그러나 이제 무의식 과정을 인정한다는 점에서 현대심리학은 정신역동 심리학에 가까워졌다.

09 Bowlby의 **애착** 이론은 생후 6–12개월에 엄마(돌보는 이)와 맺는 관계의 질이 이후에 자기와

타인에 대해 생각하는 방식('내적 작업모델'), 인간관계를 맺는 태도와 양식에 결정적 영향을 미친다고 주장한다.

10 애착 유형을 분류하는 고전적 방법은 Ainsworth가 개발한 **'낯선 상황 절차'**에서 아기와 엄마의 상호작용을 관찰하여 안심, 회피, 저항(양면)으로 분류하는 것이다. 질문지를 사용하여 **성인 애착유형**을 측정하기도 한다. 자기와 타인에 대한 긍정·부정의 표상을 나누어 구분하면, 안심(자기 긍정, 타인 긍정), 몰두 또는 양면(자기 부정, 타인 긍정), 공포(자기 부정, 타인 부정), 거부(자기 긍정, 타인 부정) 유형이 나온다.

11 아기 때 확인된 애착유형이 십여 년이 지나도록 비교적 변하지 않는다는 것을 보여주는 연구결과도 있지만, 성인 애착유형은 그리 안정적인 것 같지 않고 또 관계 유형에 따라 다르다는 것을 연구가 보여주기도 한다. 애착유형과 내적 작업모델이 어릴 때 상당 부분 형성된다 해도 자라면서 여러 중요한 타인들과의 경험을 통해 변할 여지가 충분히 있다.

제 2 부

인본주의-현상학 접근

2부에서는 Abraham Maslow의 인본주의 심리학, Carl Rogers의 사람 중심 이론과 관련 연구를 소개하게 된다. 이론들이 발표된 1940년대와 1950년대는 행동주의가 여전히 학문적 심리학을 지배하고 있었고, 임상 · 상담 분야에서는 정신분석 이론이 여전히 큰 영향력을 가지고 있었다. Maslow는 두 주류 모두에 반대하는 자신의 견해를 심리학의 '제 3 세력'이라고 불렀는데, 이는 Rogers 심리학에도 붙일 수 있는 말이다. Maslow 이론의 중심이 되는 것은 결핍 및 존재(또는 자기실현) 욕구의 구분이다. 상담심리학자였던 Rogers는 성격이론에서도 주관적 체험과 성장 잠재력을 강조하였다. 두 사람은 모두 '좋은 관계'의 치유력을 믿었지만, 그러한 관계의 특성을 구체화한 사람은 Rogers였다.

6장의 경험적 연구에서는 현상학적 측정평가를 다룬 후 긍정적 체험(사랑, 행복)과 자기존중에 대한 연구들을 소개하게 된다.

제 5 장　인본주의와 현상학: Maslow와 Rogers

Maslow의 인본주의 심리학
Rogers의 사람 중심 이론
이론들의 평가

제 6 장　인본주의와 현상학: 경험적 연구

현상학적 측정평가
긍정적 체험의 연구
자기존중

제 5 장

인본주의와 현상학: Maslow와 Rogers

Abraham Maslow와 Carl Rogers는 현대심리학에서 인본주의 전통을 대표한다고 할 수 있다. **인본주의**(humanism)는 인간의 존엄성과 가치, 자기실현과 성장의 역량을 강조하는 견해를 말한다. Maslow는 인본주의 조망을 (미국)심리학의 '제 3 세력'(third force)이라고 불렀다. 정신분석학의 비관론과 행동주의의 기계적(로봇) 인간관 둘 다를 반대하는 조망으로서 인본주의는 두 주류 접근에서 무시되는 성장, 자기실현, 창의성, 사랑 같은 주제들에 관심을 둔다.

인본주의가 Maslow와 더 동일시되는 반면, Rogers 이론에는 통상 **현상학**(phenomenology)이라는 이름이 붙는다. 철학의 한 조류로서 현상학은 '지금 여기'의 주관적 체험, 의식현상(지각, 사고 등)을 강조하는 조망을 말한다. 심리학에서는 무의식, 객관적 환경, 자극-반응의 중요성을 부정하고 개인의 의식적 선택, 경험과 환경의 주관적 해석을 강조하는 견해에 이 이름을 붙인다. 현상학적 견해에서 인간은 과거경험, 무의식적 충동들, 객관적 환경의 노예가 아니다. 중요한 것은 '지금 여기'서 의식하는 경험들이며, 주관적(지각된) 환경이다.

Rogers는 임상심리학자로서 출발하여 먼저 치료이론을, 그리고 나서 성격이론을 제시하였다. 반면, Maslow는 실험심리학자로서 출발하여 동물들의 행동을 실험 연구하였고, 후에 심리적으로 건강한 사람들('자기실현자')을 찾아 사례연구를 하였다. Rogers 이론이 상당히 포괄적, 체계적인 데 비하여, Maslow 이론은 '성격이론'이라는 이름을 붙이기 힘들 정도로 인간 동기에 집중한다.

Maslow의 인본주의 심리학

Abraham Maslow(1908-70)는 뉴욕 브루클린에서 태어나 성장하였다. J. B. Watson의 행동주의와 멋진 실험에 이끌려 심리학을 하게 되어 위스콘신 대학에서 공부하였는데, 거기서 Harry Harlow(앞 장 글상자 4-2에서 그의 애착 실험을 소개한 바 있다)가 키워낸 첫 박사이기도 하였다. Harlow와 같이 실험을 하면서 '관계'(애착)라는 현상에 깊은 인상을 받았지만(Blum, 2002/5, p. 143f.), 행동주의에 등을 돌리게 된 중요한 계기는 첫 딸을 보았을 때였다. 생명과 존재의 신비에 감동한 그는 "아기가 있는 사람은 누구도 행동주의자가 될 수 없을 것"이라고 말했다 한다. 이렇게 그의 사상을 형성한 경험들은 추상적인 이론적 사고나 과학적 발견이라기보다는 개인적 경험들이었다. 그가 특히 강조한 세 가지 인생경험은 결혼하고, 아버지가 되었다는 사실, 그리고 훌륭한 스승들에 대한 존경과 사랑이었다.

Maslow는 1968년에 나온 저서 '존재의 심리학' 서문에서 자신의 인본주의 심리학이 "Goldstein(과 형태심리학)과 Freud(와 다양한 역동 심리학), 그리고 위스콘신 대학교에서 나의 스승들로부터 배운 여러 가지 과학적인 정신의 통합"(1968/81, p. 14)이라고 쓴 바 있다. 심리학이 인간의 병적이고 약한 면에 너무 집중한다고 본 그는 고통, 갈등, 적대뿐 아니라 기쁨, 사랑, 행복 등도 연구하는 심리학을 하고자 하였다.

인간의 동기: 욕구서열

Maslow 동기 이론의 특성은 *서열성*(hierarchy)을 가정한다는 것이다. '아래' 또는 '낮은' 욕구가 충족되어야 비로소 '위' 또는 '높은' 욕구가 생겨나며, 더 높은 욕구는 계통발생이나 개인 발달에서도 더 늦게 나타난다. 서열 사다리에서 높은 데 있을수록 그 욕구가 생존 자체에 덜 중요하고, 충족이 오래 지연되어도 참을 수 있으며, 욕구가 영구히 사라지기도 쉽다. 아래로 갈수록 욕구충족이 생존에 더 중요하기 때문에 충족과 좌절에 더 광적, 필사적이 되기가 쉽다. 그림 5-1에 욕구서열의 사다리가 나와 있다. 사다리의 맨 아래층에는 생리적 욕구들이, 맨 위층에는 자기실현욕구가 있다.

결핍(D-)과 존재(B-)욕구 결핍(D-)욕구는 **'결핍'**(deficiency)에 의해 생겨나며 남에 의해 또는 밖에 있는 것들에 의해 충족되어야 한다. 오래 굶은 사람은 먹고 싶은 욕망밖에는 없으며, 사랑과 인정을 못 받는다고 느끼면 사랑과 인정을 받기 위해서 못할 짓이 없다. 이러한 충족들은 밖으로부터 온다. 누군가 또는 '세상'이 나를 인정해주어야 하는 것이다. 결핍욕구의 작용은 *'긴장감소'* 모델을 따른다고 할 수 있다. 결핍은 (불쾌한) 긴장을 유발하지만, 충족은 긴장을 감소시키고 만족을 가져온다. 결핍 상태가 너무 오래 가거나 극단적이면 몸과 마음에 병이 든다.

맨 위 두 층의 욕구들은 그 아래 욕구들이 전부 충족되어야 그 영향력을 발휘한다. 그러나 자기실현욕구 자체는 결핍 상태에서 생겨나기보다는 **존재**(being) 자체에서 나오며, 긴장의 감소보다는 *증가*를 추구한다. 이것은 *즐거운 긴장*(pleasure tension)이다. '낮은' 욕구의 충족은 '낮은' 기쁨, 만족과 현상유지, 질병 없는 상태를 가져오지만, '높은' 욕구의 충족은 '높은' 기쁨, 행복과 성장, 긍정적 건강을 가져온다. 결핍과 존재욕구의 예로서 안전과 인지욕구를 비교해보자.

안전이 위협받는다고 느끼면 불안해진다. (일시적으로라도) 다시 안전을 느끼면 안도하지만, 그것은 마이너스에서 제로로 돌아온 상태라 할 수 있다. 알고 이해하고 싶은 욕구는 다르다. 사물의 이치를 깨닫지 못한다고 그야말로 '죽는' 것은 아니며, 깨닫게 된다고 '밥이 나오는' 것은 아니다. 더욱이 이 욕구가 생겨나면 긴장은 증가할 뿐이다. 알면 알수록 모르는 것과 알고 싶은 것이 많아지고, 공부가 끝이 없기 때문이다. 모르던 것을 깨달을 때 기쁨은 안전욕구가 채워질 때 안도나 만족과 비교할 수 없이 강렬하다. 그것은 이

그림 5-1 Maslow의 욕구서열

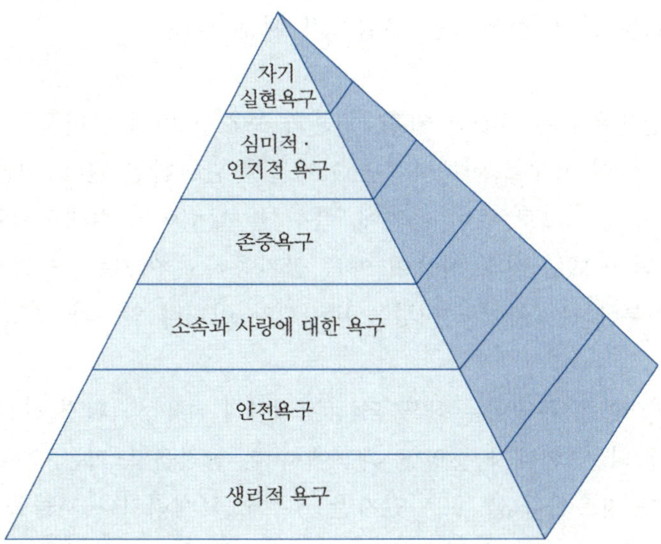

완이 아니라 팽팽한 즐거운 긴장이며, 제로에서 플러스로 가는, 존재가 자라는 기쁨이다.

Maslow는 더 높은 욕구 수준에서 산다는 것이 더 큰 생물학적 효율성, 즉 장수, 더 적은 질병, 더 나은 잠, 식욕 등을 의미한다는 것을 발견하기도 하였다. '낮은' 욕구들이 충족되지 않으면 앞에서 말한 것처럼 병이 생기고, '높은' 욕구들이 충족되지 않으면 '존재의 병', 즉 권태, 허무감, 절망 같은 '상위병리'(metapathology)가 나온다. 그림 5-1의 욕구들을 하나씩 살펴보기로 하자.

생리적 욕구들 생리적 욕구들은 대부분 동질정체적이다. 즉, 양분과 물, 잠 등이 결핍되면 우리는 자동적으로 배고픔, 갈증, 피로를 느끼며 무엇을 먹거나 마시고 잠을 잔다. 욕구의 긴장감소 모델은 바로 생리적 욕구의 발생과 충족에서 나왔다. 그러나 모든 생리적 욕구가 동질정체적이고 긴장감소 모델을 따르는 것은 아니다. 성과 활동성에 대한 욕구는 긴장*증가*를 추구한다.

생리적 욕구들이 지배할 때 다른 욕구들은 존재하지 않는다. 굶주리는 사람에게는 안전도, 존중도 중요하지 않다. 그러나 우리 사회에서는 생리적 욕구들이 더 이상 문제되지 않는다. '배고프다' 할 때 사실은 죽고 사는 배고픔이 아니라 식욕에 '시달리는' 것이며, 또한 심리적 욕구가 생리적 욕구로 대리 표현되기도 한다. 예컨대, 사랑의 결핍에서 허기와 게걸병이 나올 수 있다.

배고파 죽겠을 때는 라면 한 그릇만 먹으면 '소원이 없을' 것 같지만, 일단 배를 채우면 다른 소원이 생긴다. 욕구서열성은 우리에게 진정한 만족은 없고 일시적 만족만 가능하다는 의미를 함축한다. 하나의 절박한 욕구가 충족되어 만족이 와도, 곧 다른 욕구가 긴장—주관적으로는 불만·불행—을 유발하기 때문이다.

안 전 안전욕구는 안전과 안정, 의존과 보호를 바라는 마음·구조·질서·법·한계에 대한 욕구이다. 이 욕구를 이해하려면 아기들을 관찰하면 된다. 이들은 스스로 이 욕구를 충족할 능력이 없으므로 주변 환경에, 특히 돌보는 이에 절대적으로 의존한다. 애착 연구에서 본 것처럼 돌보는 이의 반응이 예측 불가능하면 아기는 큰 불안과 공포를 나타낸다. 부모에게 거부당하는 아이도 사랑을 바라서가 아니라 안전과 보호를 바라서 부모가 밀쳐내도 매달린다.

일반적으로 아이들은 무엇이든 해도 되는('무제한의 허용성') 환경보다는 어디까지는 되지만 그 이상은 안 되는, 한계가 분명한 환경에서 더 안전을 느끼는 것 같다. 가령 아무리 화가 나도—소리를 지르거나 울 수는 있지만— 누구를 때리거나 기물을 파손하거나 자해를 하면 안 된다. 이렇게 규칙과 한계가 분명할 때 아이는 그 환경에서 안전감을 느낀다.

정상적인 성인들도 예측 불허의 혼돈은 거의 누구나 싫어한다. 성인들에게 안전욕구는 안정된 직장을 선호하고, 저축하고, 각종 보험에 가입하는 등에서 나타난다.

소속과 사랑 생리적 및 안전욕구가 잘 채워지면 타인들과 관계 맺고 사랑하고 사랑받고 싶은 마음이 강해진다. 친구나 애인, 배우자, 자녀 등이 필요해지고 이웃, 직장 동료 집단에 속하고 싶어진다. 현대화, 도시화가 급속하게 진행되면서 소속과 사랑의 욕구는 충족되기가 점점 힘들어진다. 대도시에서는 옆집에 누가 사는지 관심조차 없고, 확대가족과의 관계도 점점 희박해져가고 있다(그리 멀지 않은 옛날에는 "팔촌까지 한 마당"이었다). 가족과 친구관계들도 약해지고 있다. 그 결과는 외로움과 소외감이고, 비틀즈 노래 제목처럼 "All you need is love"가 된다. Maslow는 소속과 사랑의 욕구 좌절이 대부분의 정신병리 형태들에서 핵심이 된다고 보았다.

내가 속하는 공동체, '뿌리'가 있고 내가 사랑하고 또 나를 사랑하는 가족과 친구가 있다면, 이제 더 바랄 것이 없나? 유감스럽게도 그렇지 않다. 소속과 사랑을 얻고서도 '결핍'을 느끼고 더 바라는 것이 생기기 때문이다.

존 중 존중욕구는 이중으로 나타난다. 우리는 자기 스스로를 존중하기를 원하며 또 남들에게 존중과 인정을 받고 싶다. 자기존중욕구는 강해지고 유능해지려는 노력, 자유와 독립 추구로 나타나고, 남들에게 존중과 인정을 받고 싶은 마음은 흔히 명예와 지위 추구로 나타난다. 존중욕구가 충족되면 우리는 자신감이 생기고 자신이 소중하고 세상에 쓸모 있고 필요한 존재라는 느낌을 가진다. 반면 이 욕구가 좌절되면 열등감, 무력감이 생긴다. 아무도 나를 알아주지 않을 때 자신감이 생길 수는 없다. 그러나 남들이 알아준다고 해서, 유명하고 인기 있다고 해서 자기존중이 자동적으로 생기는 것은 아니다.

Maslow는 가장 안정되고 건강한 자기존중은 자기 스스로의 행동과 성취, 능력과 자질로 인해 남들의 인정과 존경을 받을 때 오는 것이라고 보았다(*deserved* respect). 자기존중이 낮으면 필사적으로 남들에게 인정받고 좋은 인상을 주려고 애쓰며, 자신의 부정적이거나 약한 면을 숨기기도 한다. 그러나 노력의 결과로 남들의 인정을 받아도 자기존중이 높아지지 못한다. "그 사람(들)이 나를 *모르니까* 좋아하는 것이지, 내가 정말 어떤 사람인지를 *알게* 되면 싫어할(경멸할) 것"이라고 생각하기 때문이다. 명예와 지위를 얻고도 열등감에 시달리며 더 많은 명예, 더 높은 자리를 탐하는 사람의 역설이 여기에 있다. 이 사람의 욕구서열은 '존중'에서 멎었고, 이는 존중이 영원한 '결핍'이며 그 위의 욕구는 거의 없다는 뜻도 된다. 다른 결핍욕구들에 대해서도 할 수 있는 말이다.

자기실현 생리적 및 안전욕구들은 '기본'이라고 치더라도, 사랑하는 가족과 친구들이 있으며 직업에서도 성공하여 남들에게 인정받고 명예도 누린다면 누가 보아도 성공한 인생, 행복한 사람이라고 할 수 있다. 대부분의 경우 중년이 되어야 그리고 중년 나이에도 소수만이 이러한 성공과 행복을 누린다. 그러나 정작 본인에게는 새로운 불만과 초조감이 나타난다 — 그가 독특한 재능과 잠재력을 가지고 있는 것을 하지 않는다면. 그 결과는 앞에 말한 권태, 삶의 의욕 상실 같은 '존재의 병', '상위병리'이다. 저속하고 유치해지고 돈만 밝히는 등 문자 그대로 속물이 되기도 한다.

"음악가는 음악을 해야 하고, 화가는 그려야 하고, 시인은 써야 한다"는 말에 이어 Maslow(1954/70, p. 46)는 "What a man *can* be, he *must* be"라고 썼다. 잠재력을 실현해야 한다, 잘 할 수 있는 것을 하고 살아야 한다는 말이 될 것이다. 음악가, 화가, 시인도 이미 그 길을 가는 이들이 아니라 — 그들이 음악을 하고 그림을 그리고 글을 쓰는 것은 당연하다 — 음악, 그림, 문학에 잠재적 재능이 있는 사람을 뜻할 것이다. 음식솜씨, 사업수완, 남을 따뜻하게 배려하고 돌보기 등도 소중한 재능들이며 얼마든지 창의적일 수 있다.

Maslow는 자기실현욕구에 17가지 상위 또는 존재(B-)욕구들을 포함시켰다. 알고 이해하고 싶은, 즉 진실, 정의, 의미에 대한 *인지적* 욕구들도, 아름다움, 질서, 단순함, 완성을 추구하는 *심미적* 욕구들도 이에 포함된다. 이것들은 기본적 (결핍)욕구들만큼이나 강할 수 있다. 우리는 가끔 직장과 가족, 생명까지 잃을 위험을 무릅쓰고 진실과 정의를 위해 싸우는 사람을 본다. 거기까지 가지 않는다 해도, 많은 이들이 자기 돈과 시간을 써가면서 갖가지 (시민)운동과 봉사를 하고 있다. 이들에게는 진실, 정의, 아름다움 등이 개인적 부와 성공보다 더 중요한 것이다. 자기실현욕구가 강할 수 있는 만큼이나, 그것의 좌절도 결핍욕구 좌절만큼 괴로울 수가 있다. 부와 사랑과 명예 등 모든 것을 가졌고 도대체 부족한 것이 없는데도 불만과 불행을 느끼면, 주위 사람들은 물론 본인도 — '이유'가 없기 때문에 — 이해하기 힘들다. 이러한 위기(존재의 병, 실존의 병)는 중년에 닥치는 경우가 많다.

Maslow는 보통사람들의 경우에 자기실현욕구는 10% 정도만 만족된다고 보았다. [이는 1950년대에 미국 이야기이고 현대 우리 사회에서는 이 비율이 어느 정도나 될지 모르는 일이다.] 그는 그 이유를 무엇보다도 기본적 욕구들의 충족을 어렵게 만드는 *사회조건*들에서 찾았다. 결핍욕구들이 충족될 수 있으려면 표현의 자유가 있고 집단들 속에 정의, 공정함, 정직, 질서 등이 있어야 하는데, 이 가치들이 무너진 '지옥'이 있지 않은가. 상위욕구를 추구하는 사람이 많을수록 살기 좋은 세상이 되어가지만, 반대로 사회가 병이 들어 개인들의 기본적 욕구충족을 막으면 불행하고 '병든' 사람이 많아진다. 개인들이 사회를 병들게 만들고 사회가 개인들을 병들게 만드는 악순환이 생겨나면, 그야말로 '헬조선'이 된다.

Maslow는 **기쁨을 통한 성장**(growth-through-delight)이라는 말을 쓴 적이 있다. 기쁨을 주는 것만 하고 살면 성장과 자기실현이 온다는 것이다. 독특한 잠재력을 타고난 일들을 할 때 우리는 남들보다 잘 하면서도 힘이 안 들며 오히려 기쁨을 느낀다. 그러나 자신의 '기쁨'과 부모의 '기쁨'이 충돌할 때 대부분의 아이들은 안전욕구 충족을 위해 후자를 따른다. 그러다 보면 대체 자신에게 기쁨을 주는 것이 무엇인지를 모르게 되고, 대학 학과를 선택할 때 적성을 고려하라고 해도 "내가 잘 하고 좋아하는 것이 무엇인지 모르겠다"고 말하게 된다.

어릴 때부터 '기쁨의 준거'를 무시하며 살다가 가정도 이루고 안정된 직업도 찾았는데, 즉 인생에서 나름대로 자리를 잡았는데, 행복해지기는커녕 '살 맛'을 잃는 경우가 꽤 있다. 다른 일, 다른 길이 진정한 기쁨을 줄 것 같은데도, 힘들게 얻은 것들을 버리고 '새 출발'하기에는 그 느낌이 충분히 강하지 않을 수 있다. 더 이상 젊지도 않고, 모험을 감행하기가 두렵다. 삶의 의미를 잃고 '존재의 병'이 심해지면, 앞서 말한 대로 점점 천박한 속물로 변하기 쉽다. 자기실현은 이론적으로 쉬운 만큼이나 현실적으로 어려울뿐더러, 그것을 포기하면 개인과 사회에 심각한 결과가 오는 것이다.

욕구서열의 실제 Maslow는 그림 5-1의 욕구서열이 통하지 않는 예외를 많이 관찰하였다. 매우 흔한 역전은 *자기존중*이 사랑보다 중요해지는 것이다. 그가 추측컨대, 사랑받으려면 사람들에게 존경이나 두려움을 불러일으키고 자신감이 있어야 한다는 생각이 퍼져 있기 때문인 것 같다. 욕구서열이 역전되는 다른 경우는 *자기실현*이 무엇보다 중요해지는 것이다. 선천적으로 창조적인 사람들은 기본적 욕구충족이 부족한데도 창작욕에 불타고, 진실규명, 정의실현에 목숨을 바치는 사람도 있다.

발달단계를 가정하지는 않았지만, Maslow는 기본적 욕구들이 충족되는 데는 '때'(결정적 시기)가 있다고 본 것 같다. 어릴 때 사랑을 못 받으면 그 욕구도, (사랑을 하고 받는) 능력도 없어지고, 반면 기본적 욕구들이 어릴 때 충족되면 건강한 성격구조가 형성되어 높은 이상이나 가치들을 위해 모든 것을 버릴 수가 있다. 욕구서열이 나타나도, 한 가지가 100% 채워져야 다음 욕구가 나타나는 것은 아니다. 사다리에서 위로 올라갈수록 충족 비율은 감소한다. Maslow는 평균적 (미국)시민은 생리적 욕구는 85%, 안전욕구는 70%, 사랑욕구는 50%, 자기존중은 40% 정도 만족되고, 자기실현욕구는 10% 정도만 만족된다고 추정하였다. 새 욕구의 나타남은 점진적이어서, 욕구 A가 10% 만족이면 욕구 B는 전혀 보이지 않지만, A가 25% 만족이면 B는 5% 가량, A가 75% 만족이면 B가 50% 가량 나타난다. [이 숫자들은 직관적으로 추정한 값들이다.]

자기실현자의 특성

자기실현욕구는 존재의 건강하고 긍정적인 측면들을 강조한 Maslow에게 연구의 중심이 되었다. 정신분석 이론이 신경증 환자들을 연구하여 정상 성격에 대한 이론을 내놓고, 행동주의 심리학자들이 동물(주로 쥐) 행동의 실험실 관찰에서 인간 행동 이론을 내놓기 때문에 비관적이거나 왜곡된 인간상을 제시한다고 보고, 그는 건강한 사람들을 연구하기로 결정하였다.

연구방법과 피험자 Maslow의 연구는 호기심이 동기가 되었고, 남들에게 증명하거나 시위하기보다는 스스로 확신을 얻고 배우려는 것이 목적이었다. 그러나 결과가 예기치 않게 흥미 있었기 때문에 방법론적 결함들에도 불구하고 —그는 실험심리학 출신으로 과학적 방법론에 친숙했다— 남들에게 보고하기로 마음먹었다. 심리적 건강 문제가 너무 중요하므로 신뢰도 높은 자료를 무한정 —그의 표현으로 "영원히"— 기다리기보다는 논란의 여지가 있는 자료라도 발견적 가치가 크다고 보았기 때문이다.

피험자는 개인적으로 친분 있는 사람과 친구들, 공적 및 역사적 인물들 중에서 선발하였다. 그 외에 대학생 3,000명을 선별했는데, 단 한 명만 '즉시 사용 가능'하였고, 10명 내지 20명이 '가능한'("잘 성장 중인") 미래 피험자들이었다. 이런 결과를 놓고 Maslow는 나이 든 피험자들에게 발견했던 종류의 자기실현이 아직 젊은 이들에게는 가능하지 않다고 결론 내렸다. '피험자'들은 우선 심리적 장애가 없어야 하고, 과거나 현재에 기본적 욕구들이 충족되고 "재능, 능력, 잠재력 등을 남김없이 이용"해야 한다. 이 기준에 맞는 자기실현자들은 "아주 확실한," "아주 가능성이 큰" 동시대인 7명, 2명의 아주 확실한 역사적 인물(말년의 링컨, 토마스 제퍼슨), 7명의 아주 가능성이 큰 공적·역사적 인물(알버트 아인슈타인, 슈바이처 등)이다. '부분적 사례들'과 '잠재적 또는 가능한 사례들'을 포함하면 피험자는 모두 60명이었다.

동시대인들에게는 면접과 다양한 검사들에서, 역사적 인물들의 경우 전기적 기록들에서 자료가 나왔다. 동시대인들 중에서도 연구 목적을 알려주면 "자의식이 생기거나, 얼어붙거나, 전체를 웃음으로 넘기거나, 관계를 끊어버렸기" 때문에, 젊은 사람들만 직접 연구하였다. 나이 든 피험자는 모두 간접적으로, 거의 몰래 연구하였다. 이들에게서 '연구'는 통상적 '자료수집'이 아니라, 우리가 친구, 아는 이에 대해 형성하는 종류의 총체적 인상들이었다. 가능하면 피험자 친구와 친척들에게도 질문을 하였다. 이러한 이유 때문에 그리고 피험자 수도 적기 때문에 자료는 불완전하고 어떤 수량적 제시도 불가능하다.

자기실현자의 특성 이러한 자료를 토대로 Maslow는 자기실현자들의 15가지 중심 특성들을 확인하였다(표 5-1). 표의 항목들은 그가 서술에서 사용한 제목들이다.

자기실현자들은 가짜, 부정직함을 탐지할 수 있고 일반적으로 사람을 옳게 판단하는 능력이 비상할뿐더러, 이 효율성이 다른 영역들로도 확장이 된다. 예술, 과학, 정치, 시사 등에서 이들은 감추어진 현실들을 남보다 더 빨리, 정확하게 볼 수 있다. 또, 자기 자신을 있는 그대로 불평 없이 수용하므로 죄책감, 수치, 불안이 별로 없다. '수용'(acceptance)의 가장 분명한 수준은 소위 *동물적* 수준으로서, 이들은 식욕이 좋고 후회나 수치나 변명 없이 삶을 즐기는 '좋은 동물'(good animal)이다. 이들은 방어성, 보호색, 허세가 없고 남들에게서도 그런 꾸밈들을 싫어한다.

자기실현자들은 행동이 자연스럽고 단순하지만, 표면이 아니라 내면에서 인습을 벗어난다. 인습을 무시하는 이유가 멋 부리고 '튀'거나 권위에 반항하기 위해서가 아니므로, 별로 가치를 두지 않는 사소한 일에서는 인습적 예식들을 따라간다. 옷도 남들처럼 입고, 상을 준다면—부질없다고 생각하면서도—받으러 간다. 또, 이들은 자아 중심적이라기보다 문제 중심적이지만, '문제'는 꼭 스스로 좋아하거나 선택하는 과제가 아니라 책임, 의무일 수도 있다(선생의 경우 가르치는 일, 주부의 경우 살림과 애 기르기 등). '나'(예컨대 '나'의 명예) 중심이 아니므로 평온하고 욕심과 걱정이 없기 때문에, 자신들의 삶이 쉬워질 뿐 아니라 연관된 모든 이들의 삶도 쉬워진다.

표 5-1 자기실현자의 특성(Maslow, 1954/70, pp. 153-174)

1. 현실의 효율적 지각, 현실과 편안한 관계
2. 수용(자기, 타인, 자연)
3. 자연스러움, 단순함
4. 문제 중심
5. 초연함, 혼자 있고 싶은 욕구
6. 자율, 문화와 환경에 독립, 의지(意志), 능동적 행위자
7. 감상이 계속 신선함
8. 신비 체험, 절정 체험
9. 공동체감
10. 자기실현적 대인관계
11. 민주적 인격구조
12. 수단과 목적 구별, 선과 악 구별
13. 철학적인, 적대적이 아닌 유머 감각
14. 자기실현적 창의성
15. 문화 동화에 저항, 문화 초월

이들은 모두 혼자 잘 있을 뿐만 아니라 혼자 있기를 매우 좋아했다. 문제 중심적이므로 일에 대한 집중력이 뛰어나고, 그 결과 다른 일에 신경 못쓰고 바깥 환경들을 잊어버릴 수 있다. 집착과 요구, 의존과 독점욕이 없기 때문에 남들과의 관계에서 초연하다. 이들은 삶의 기본적인 것들을 거듭거듭, 신선하고 순진하게, 어린애처럼 경외심과 기쁨을 가지고 감상할 수 있는 놀라운 능력이 있다. 이를테면, 노을은 언제나 감동적으로 아름답다. 감상의 대상은 자연일 수도, 아이들일 수도, 음악일 수도 있다. Maslow는 우리가 받은 복(福)들에 익숙해지는 것이 인간의 악과 비극과 고통의 가장 중요한 원인 중의 하나라고 믿게 되었다. 가정의 행복, 친구, 건강 등 '거저 누리는 복'들을 당연히 여기다가, 잃고 난 후에야 그 가치를 아는 것이다.

'공동체감'은 3장에서 나온 Adler의 개념으로서, '나' 대신 '우리'로 생각하는 능력을 말한다. '우리'는 인류로 확대되어, 인간 일반에게 —때로 분노하고 참을성을 잃을지라도— 연민과 애정을 느낀다. 이는 형이 아우에게 느끼는 것 같은 애정이라고 할 수 있다. "자기실현적 대인관계"는 비교적 소수와 깊은 우정과 애정을 나누는 것이 특징이다. 혼자 있는 것이 좋을 뿐 아니라 필요하고 (안전, 사랑, 존중의) 결핍이 없으므로 타인들이 '필요'하지 않기 때문이다.

이들은 수단과 목적, 선과 악을 분명히 구별하지만, 옳고 그름에 대한 혼란과 갈등은 거의 겪지 않는다. 일반적으로 수단보다 목적에 집중하지만, 이들은 목적지에 도달하는 것만큼이나 가는 길 자체를 즐기기도 한다. 일반인들에게는 수단에 지나지 않는 경험과 활동들이 그 자체로서 목적이 되는 것이다. 철학적 유머 감각이란, 누구를 상처 줌으로써 남을 웃기거나 다른 이의 열등함을 비웃는 유머가 아니라, 인간 일반의 어리석음을 재미있어 하는 태도를 말한다. 자기실현적 창의성은 망쳐지지 않은 어린아이들의 순진한 창의성에 가깝다.

표 5-1에 언급된 항목들을 거의 전부 논의했으니 —여덟째 항목 '신비체험, 절정체험'은 아래에서 따로 다룬다— 몇 가지 사항을 분명히 할 필요가 있다. 특성들에는 중복이 있고, 어느 피험자도 이 특성들을 전부 나타내지는 않았다. 가장 중요한 것은 피험자들이 완벽한 인간 또는 인격자, 이른 바 성인(聖人)은 아니라는 것이다. 그들은 인간의 약점들을 많이 보이며, 허영, 자만심도 있고, 분노 발작도 드물지 않다. 이들은 매우 강한 사람들이기 때문에 필요하면 소름끼치게 냉혹할 수도 있다. 어떤 사람은 오래 믿던 친구가 부정직하다는 것을 발견하자 관계를 갑작스럽게 잘라 버리고 아무런 고통도 느끼지 않았다. 이들은 강할 뿐 아니라 남의 눈치를 보지 않기 때문에, 인습을 무시하는 언동을 서슴없이 하기도 하며, 일의 세계에 몰두할 때는 유머 감각도 없고 통상적 사회적 예의를 망각하기도 한다.

자기실현은 과정이며 최종 결과가 아니다. 이 과정의 본질적 특성은 욕구, 인지, 사랑 등이 더 '높은' 영역에서 나타난다는 것이다. 표 5-1에 나온 많은 특성들, 특히 타인을 수용하고 자연스럽고 문제 중심적이며 '우리'를 생각하고(공동체감) 민주적이라는 등의 특성들을 생각하면, 자기실현자 한 명이 많은 이들의 삶을 편안하고 존엄하게 만든다는 것을 알 수 있다. 불행하게도 우리는 (결핍욕구들에 지배되기 때문에) 자녀나 학생들에게 요구가 많고 억압적인, 스스로 불만에 가득찬 부모, 교사, '지도층'을 훨씬 많이 알고 있다.

존재와 성숙 Maslow는 '존재의 심리학'(1968/81) 서문에서 '자기실현'이라는 용어가 예상하지 못했던 결점들을 가지고 있다는 사실을 인정하였다. 앞에서 보았듯이 자기실현자는 제멋에 사는 이기주의자가 아니라, 열심히 일하면서 공동체와 사회에 큰 공헌을 한다. 그러나 흔히 '자기실현'이란 자기의 만족과 즐거움을 앞세우고, 삶의 과제들에 대한 의무와 헌신, 타인 및 사회와의 결속을 우습게 아는 것으로 오해된다. 나아가 자기초월(self-transcendence), 수동성, '무위'(無爲), 수용보다는 능동성이 강조된다.

자기실현에 대한 이런 일반적 고정관념들이 쉽게 없어지지 않아서 Maslow는 더 나은 대안을 찾다가 존재(being)와 성숙(becoming)이 더 적당한 용어라고 생각하게 되었다. 자기실현자들은 그냥 자기 자신으로 *존재*하고(be) 무엇이 —자기 자신이— *된다*(become). 반면 '정상인'들은 타인으로부터, 바깥 환경으로부터 늘 무엇을 원하고 요구한다. Maslow는 존재와 성숙이라는 용어들이 널리 사용되지 않는 것을 매우 유감스러워 하였다.

앞에서 결핍(D-)과 성장 또는 존재(B-)욕구를 구별한 바, 이 구별은 *존재*의 두 영역 또는 양식을 나타낸다. 인지와 사랑에서도 두 차원이 구별된다. 자기실현자들이 더 높은 영역에서 *주로*—'전적으로' 또는 '언제나'가 아니다— 기능한다는 것은 더 높은 차원의 욕구, 인지, 사랑이 그들의 삶을 더 많이 지배한다는 것을 뜻한다. 인지의 두 수준을 비교해보자.

D-인지는 결핍에 좌우된다. 빵을 먹으며 지나가는 아이를 배고픈 사람이 본다 하자. 그의 눈에는 빵만 보이고("맛있겠다!") 아이가 예쁜지 미운지, 우는지 웃는지 등은 보이지 않을 것이다. 소속과 사랑이 결핍되어 있으면, 배우자나 친구가 나를 사랑하나, 얼마나 사랑하나, 혹시 다른 사람을 더 사랑하는 건 아닌가 하는 등에 온통 신경을 쓰느라고 상대방이 행복한가, 걱정이 있는가 등은 보지 못한다. 대상들의 일부 측면들에만 주의를 집중하며, 개인적 관심사와 관련지어서만 보고, 다른 어떤 것들을 위한 수단으로 보는 등 D-인지 특성들은 여기서 나온다.

B-인지는 결핍이 동기가 아니기 때문에 *전체*를 보는 것이 특징이다. 내가 배고프지 않다면 아이 전체를 볼 것이고, 사랑에 굶주리지 않았다면 배우자나 친구의 존재 전체를 지각할 것이다. 이 인지의 특성은 대상들을 전체로, (개인적 관심사와 관계없이) 그 자체로서 보고, 또 볼수록 새롭고 풍요로워진다는 것이다. 이를테면 아이가 볼 때마다, 볼수록

사랑스럽고, 친구가 한결같이 정겨운 것이다. 낮고 높은 인지의 서술에서 독자들은 이미 낮고 높은 사랑의 차이를 짐작할 수 있을 것이다. 자기실현자의 사랑(B-사랑)에 대한 연구 결과는 다음 장에서 다루기로 한다.

Maslow가 거듭거듭 강조한 것은 자기실현자가 '평균인'과 질적으로 다른 동기/욕구에 의해 움직이며, 질적으로 다른 방식으로 자신과 인간과 세상을 본다는 것이다. 욕구와 인지의 D와 B 영역은 '차원'이 다르다. 이를테면 심장과 머리가, 이성과 본능이 서로 다른 것을 원하는 갈등을 평균인들은 너무 잘 아는데, 자기실현자들에서는 이 대극이 없어진다. 나아가 의무와 즐거움도, 일과 놀이도 이것이냐 저것이냐의 이분법이 아니다. 의무가 즐거움이고, 일이 놀이이기 때문이다. Maslow는 이들에게서는 원초아, 자아, 초자아도 서로 갈등·대극하지 않고 협동한다고까지 말한다. 즉, 평균인 심리학은 자아실현자 심리학과 다르다는 것이다.

절정체험 Maslow는 표 5-1에 여덟째 항목으로 언급한 절정체험(peak experience)을 특히 강조한 나머지 대학생, 성인 등 일반 피험자들을 대상으로 이 체험 특성을 조사하기도 하였다. 그가 피험자들에게 질문한 내용이 그 특성을 잘 기술해준다.

> 당신 인생에서 가장 경이로웠던 체험을 생각해보십시오. 가장 행복했던 순간, 무아지경의 순간, 환희의 순간—사랑에 빠졌을 때, 음악을 들을 때, 책이나 그림 등이 갑자기 '가슴을 칠' 때, 또는 창조적인 영감의 순간 등에서 나오는 것 같은 체험을 말입니다.

피험자들의 서술에서 절정체험은 끝없는 지평선이 눈앞에 펼쳐지는, 과거 어느 때보다도 강해지면서 동시에 한없이 약하고 작아지는 느낌, 존재를 절대적으로 긍정하는, 자기를 잊거나 초월하고 (자연, 사랑하는 사람, 우주와) 하나라고 느끼는 매우 강렬한 행복체험이다. 이러한 행복감, 신비체험은 의지로 만들어낼 수 없고 그냥 마주치는 선물이다. 예컨대, 어떤 음악을 들을 때 한 번 이러한 강렬한 체험을 하면 이제 그것은 내게 특별한 음악이 되지만, 내가 다음번에 기대를 가지고 그것을 듣는다고 해서 그 체험이 똑같이 반복되지는 않는다.

자기실현자 중에도 절정체험을 별로 안 하는 사람("non-peakers")이 있다고 한다. 이들은 정치인, 사회개혁자 같이 사회세계 향상에 헌신하는 실제적인 사람들로서 예술, 철학, 종교 지향적인 부류("peakers")와 구별이 된다. 절정체험을 연구하고 나서 Maslow(1968/81)는 자기실현은 극소수만이 나이 60이 되어서야 들어갈 수 있는 성전(聖殿)이 아니라 "에피소드 또는 분출"(p. 155)이라고 정의하기도 하였다. 그러한 상태나 에피소드는 누구에게나 또 어느 때에나 다가올 수 있으며, 자기실현자들은 보통사람들보다 이러한 에피소드를 더 자주 더 강렬하고 완벽하게 겪는다는 것이다.

절정체험은 존재(B-)인지가 되는 순간이라고도 할 수 있다. 상대방에게, 보는 것이나 하는 일에 완전히 집중하기 때문에 세상도 자기도 사라져버리는, 비교·판단하지 않는 인지이다. 몇 초, 잘해야 몇 분밖에 지속되지 않지만, 체험하는 본인에게는 그것이 영원인("시간이 멈춘") 듯 느껴질 때가 많다. 그러나 일종의 성장체험이기 때문에 그 효과가 지속적일 수 있다. Maslow가 강조하는 "잔여효과"는 신경증 증상들이 없어지고, 자신과 남들을 다른 눈으로 보게 되고, 세계관이 변하고, 삶을 일반적으로 더 가치 있다고 보게 되는 등이다.

자기실현의 길 자기실현자란 자기가 잘 하고 좋아하는 일을 열심히 하는, 행복하고 건강하며 창의적인 사람이라는 것을 생각하면, 누구나 자기실현을 하고 싶다. 이는 낮은 욕구들이 충족되지 않으면 그냥 포기해야 하는 목표인가? Maslow는 다음과 같은 방법들을 제안한다.

1. 사물들을 충실히, 생생하게, 자기를 떠나서(selflessly) 체험해라. 무엇을 체험할 때 그 속으로 자신을 던지고, 완전히 집중하고, 완전히 흡수당해라.
2. 삶은 (공포와 방어욕구에서 나오는) 안전과 (발전과 성장의) 위험(risk) 사이에서 선택하는 끊임없는 과정이다. '하루에 열두 번씩' 성장 선택을 해라.
3. 자기가 나타나게 해라. 무엇을 생각하고 느끼고 말해야 할지에 대해 외부 단서들을 막아버리고, 너의 체험에 의지해 네가 진정하게 느끼는 것이 무엇인지를 말할 수 있도록 해라.
4. 의심이 들 때에는 정직해져라. 너 자신을 들여다보고 정직하다면 책임을 질 것이며, 책임지기는 자기실현을 돕는다.
5. 너 자신의 취향들에 귀 기울여라. 인기 없을 각오를 해라.
6. 네 지능을 사용해라. 하고 싶은 일을 잘 하도록 해라—그것이 피아노 치기 위해 손가락 연습을 하는 일이든, 인체의 각각의 뼈, 근육, 호르몬 등의 이름을 외우는 일이든, 아니면 나무가 비단처럼 보이고 만져지도록 작업하는 법을 배우는 일이든.
7. 절정체험이 일어날 가능성을 높여라. 착각과 잘못된 생각들을 없애고, 무엇을 잘 못하며 무엇이 네 잠재력이 아닌지를 알려고 해라.
8. 네가 누구이고 무엇이며, 무엇을 좋아하고 안 좋아하는지, 무엇이 너에게 좋고 나쁜지, 어디로 가고 있으며 무엇이 해야 할 일인지를 알아내라. 이런 식으로 너를 너 자신에게 연다면, 방어들을 찾아내고, 그리고 나서는 그것들을 포기할 용기를 찾게 된다.(Hall 등, 1985, p. 221에서 재인용)

삶이 안전과 (성장의) 위험 사이의 끊임없는 선택이라는 것을 알게 된 것부터 도움이 되지 않는가? 안전을 택하면 성장을 포기하는 것이다. "외부 단서들을 막아버리고," "너 자신을 들여다보고"라는 말을 읽으면 (TV도 핸드폰도 없이) 혼자 있는 정적과 고독이 필요함을 느끼지 않는가? 성숙과 자기실현이란 결국 (긍정적인 쪽으로) 성격변화이다. Maslow는 심리치료 결과로 일어나는 변화—생각과 행동, 동기와 정서만 달라질 뿐 아니라 신체건강까지 좋아지는 포괄적 변화—에 깊은 인상을 받았지만, 그것이 치료자-내담자 관계가 아닌 다른 인간관계들에서도 드물지 않게 일어남을 관찰하였다. 짧은 심리치료들에 경험이 국한되었으나, 그는 자신의 경험과 이론을 토대로 심리치료에 대한 확고한 견해를 가지고 있었다.

심리치료: 욕구충족과 통찰

충족되지 않으면 사람이 병이 든다는 것이 결핍욕구의 특징이라면, 심리적으로 병이 든 사람은 충분한 안전감, 사랑, 존중 등을 받지 못한 사람이다. 결핍욕구들의 충족이 밖에서, 타인에게서 온다는 점을 생각하면, 마음의 병이 든 사람은 타인들과 좋은 관계를 가진 적이 없는 사람이다(Maslow, 1954/70). 이러한 사람이 지금까지 충족받지 못한 기본적 욕구들을 충족받으면 긍정적인 쪽으로 변하게 된다.

좋은 인간관계로서의 심리치료 모든 치료의 궁극적 목표는 자기실현이며, 그 길에서 중요한(아마도 가장 중요한) 단계는 기본적 욕구들의 충족이다. 이러한 치료는 치료자-내담자 관계뿐만 아니라 모든 인간관계에서 일어난다. Maslow는 뛰어난 교수와 저술가인 정신분석학자들이 환자 치료에는 자주 실패하는가 하면, 좋은 교수도 학자도 아니지만 치료자로서는 훌륭한 분석가가 있다는 사실을 주목하였다. 더구나 치료자가 아무것도 하지 않아도 치유가 일어난다. 한 여학생이 개인 문제에 대해 상담하고 싶다고 찾아와 한 시간 동안 이야기를 하는 동안 Maslow는 한 마디도 하지 않았는데, 그 학생은 만족스러운 해결을 찾았다면서 그의 '조언'에 깊이 감사한다고 말하고 돌아갔다.

Maslow는 이러한 현상들을 욕구 이론으로 설명하였다. 위 경우들과 유사한 모든 경우에서 치료자는 관심을 보이고 도우려고 노력함으로써 내담자에게 자기가 최소한 한 사람의 눈에는 소중한 존재라는 것을 증명해주었다. 모든 경우에서 치료자가 더 현명하거나 나이가 들었거나 더 강하다고 지각되었으므로, 내담자는 안전하다고 느끼고 덜 불안할 수 있었다. 치료자가 기꺼이 경청하고, 야단치지 않고, 솔직해지도록 격려하고, 나쁜 이야기를 듣고도 수용해주고, 내담자 편이라는 느낌을 주는 것 등이 위 요인들과 합해져서, 내담자는 의식하지 못하는 가운데 상대방이 자기를 좋아하고 보호해주고 존중해준다는 것을 깨달았다.

치유를 가져온 것은 안전, 사랑, 소속감, 소중하다는 느낌, 자기존중을 준 것이었다. 이러한 기본적 욕구들은 *관계* 속에서만 충족된다. 심리치료에서 일어나는 변화는 모든 좋은 관계에서 일어난다. 하나의 관계는 소속감과 안전, 자기존중을 어느 만큼 지지 또는 향상시키느냐에 따라 좋거나 나쁘다고 할 수 있다. 진실한 우정을 좋은 인간관계의 모범으로 본다면, 치료는 바로 *우정*과 비슷한 건강하고 바람직한 관계가 된다. 부부 사이든, 부모-자녀 사이든, 동성·이성 친구 사이든, 우정이란 서로 믿는 정직하고 편안한 관계이다. 허세를 부리거나 어떤 역할을 하기 때문이 아니라 *존재* 자체로 사랑과 존중을 받으면, 자기 자신일 수 있고, 약함을 보일 수 있고, 혼란스러울 때 보호받을 수 있고, 어른의 책임을 떨쳐버리고 싶을 때 어린애 같아질 수 있다.

치료의 본질이 관계라면, 전문 심리치료자가 될 사람은 인간관계 훈련을 받고 좋은 관계가 얼마나 즐겁고 생산적인지를 배워야 한다. 치료란 내담자가 스스로 좋은 인간관계를 맺도록 그를 준비시키는 일이다. Maslow는 모든 좋은 인간은 잠재적으로 치료자이므로, '공중보건' 견지에서 모든 교사, 모든 부모, 나아가 모든 인간에게 인간관계 교육을 시켜야 한다고 보았다.

> 누구를 위협하거나, 다른 사람을 모욕하거나 불필요하게 상처주거나, 지배하거나 거부할 때마다 정신병리를 창조하는 세력 —작은 세력일지라도— 이 된다는 것을 사람들이 분명히 깨닫게 하라. 또한, 친절하고 도우려 하고 예의를 지키며 심리적으로 민주적이고 애정 있고 따뜻한 사람은 누구나 심리치료적 세력 —작다 해도— 이라는 것을 깨닫게 하라.(Maslow, 1954/70, p. 254)

통찰 치료 신경증이 심하지 않다면 따뜻하고 우정적· 민주적인 관계에서 긍정적 변화가 일어나지만, 좀더 심각한 만성적 신경증에서는 이것이 안 통할 수 있다. 병이 심해지면, 욕구충족에서 오는 이익이 적어진다. 내담자는 기본적 욕구충족들을 찾거나 원하지 않고 대신에 신경증적 욕구충족을 원한다. 애정과 존중을 보여도 두려워 불신하고 잘못 해석하며 결국 거절하기 때문에 소용이 없는 것이다. 깊은 죄책감 때문에 파괴적으로 나가기도 한다(자기처벌). 이때는 전문적 치료가 필요하게 된다. Maslow는 전문 치료기법 중 가장 중요한 것이 *정신역동적 통찰 치료*라고 보았다. 즉, 자유연상, 꿈 해석, 저항과 전이 분석 등을 통하여 무의식적 욕망과 추동들을 의식하게 해야 한다는 것이다.

Maslow는 욕구서열 이론에서 출발하여 심리치료의 인간관계 이론을 내놓았고, 관계를 통한 기본적 욕구충족으로 치유가 안 되는 사례들은 정신분석 치료가 도움이 된다고 보았다. 그가 전문치료자가 아니었던 것에 비해 Rogers는 상담가로서 심리학자 경력을 시작하였고, 심리치료 이론을 먼저 내놓은 다음 성격이론을 내놓았다. 둘 다 인간의 잠재력을 깊이 확신한 학자들이었지만, 아마도 두 사람의 성장 배경과 성격의 차이 때문에 이론의 색채는 상당히 다르다.

Rogers의 사람 중심 이론

Carl Rogers(1902–87)는 종교적이며 엄격하지만 사랑이 있는 미국 가정에서 태어나 성장하였다. 컬럼비아 대학 사범대학에서 임상 및 교육심리학으로 1931년에 박사학위를 받은 그는 Freud의 역동적 견해들과 과학적이고 객관적인 견해들을 둘 다 받아들였다. 그는 상담 (녹음 또는 녹화)테이프를 (물론 내담자의 허락을 받고) 공개하여 치료 과정이 과학적·객관적으로 연구될 수 있도록 기여한 최초의 심리치료자였다.

그는 당시 유행하던 심리치료의 두 주류, 즉 정신분석(주로 의사들이 하였다)과 지시적 상담이 아닌 '비지시적 상담' 기법을 제시하였다. 시카고 대학교수 시절에 미국심리학회장도 지냈고(1946–47), "내담자 중심 치료"(1951)라는 책을 내기도 하였다. Harlow가 있던 위스콘신 대학교에 7년 있다가 1968년에 '사람연구소'(Center for Studies of the Person)를 세워서 정상인들과 집단 워크숍을 열고, 현상학적 사람 연구도 하였다. 저술에서도 결혼 및 다른 인간관계들, 집단, 사회 등의 주제들을 다루었고, 인종긴장 완화와 세계 평화를 위해 큰 노력을 기울이기도 하였다. 일차적으로 상담치료자로서 Rogers는 상담에서처럼 성격이론에서도 사람 자신이 자신의 세계를 제일 잘 알며 스스로의 힘으로 성장과 치유로 향해 간다는 것을 강조하였다.

체험의 세계

Rogers는 성격과 행동을 이해하려면 의식하는 주체에게 '나타나는' 직접적 사실(철학 용어로 '현상'), 즉 체험을 파악, 기술해야 한다고 보았다. 체험이란 "어느 한 순간에 잠재적으로 인식할 수 있는, 유기체 안에서 진행되는 모든 것"(Rogers, 1959, p. 197)이다. '잠재적'으로 인식할 수 있다는 말은 일부가 의식되지 않을 수 있다는 뜻이다. 일에 팔렸을 때 배고픔을 잊어버릴 수 있지만, 그렇다 해도 배고픔은 체험의 일부이다. 체험의 주체는 유기체(organism)이다. 이 생물학 용어는 생명체 또는 '몸'으로 이해해도 된다. 유기체와 자기(self)는 Rogers의 성격이론에서 근본이 되는 개념들이다.

Jung이 '자아'(ego)와 '자기'(self)를 구별하기는 했지만, 정신역학적 이론들에서는 주로 느끼고 생각하고 판단·행위하는 집행자(executive)로서 '자아'를 이야기한다. 현상학적 이론들에서는 정신역동이론을 비판하는 의미에서도 '자기'를 주로 쓴다.[1)]

유 기 체 유기체는 현상적 장(phenomenal field)과 자기 둘 다를 포함한다. 체험은 몸 안이나 바깥 세계에서 일어나는 일들을 지각한 것들이며, 의식하거나 못하는 체험들의 전체가 **현상적 장**을 구성한다.[2)] 그때그때 의식에 나타나는 감각과 지각, 생각, 느낌의 총체인 현상적 장이—'객관적' 현실이 아니라—그 사람의 행동에 영향을 미친다. 제삼자가 그 행동을 이해하려면 그 사람의 '지금 여기', 즉 주관적 현실을 이해해야 한다. 타인의 현상적 장을 완전히 알 수는 없다. 다만 그의 입장이 되어 그의 심정을 이해할 뿐이다(감정이입, empathy; '공감'이라고도 번역한다).

한 귀여운 서너 살짜리 소녀가 엄마만 좋아하고 아빠나 할머니 할아버지는 옆에만 가도 소리지르며 밀쳐냈다. 아빠는 거실에서 자고 딸이 부부침대에서 엄마와 같이 잤다. 엄마는 한 TV 방송사 '달라졌어요' 프로에 '사람을 싫어하는' 딸의 사례를 가지고 나왔다. 전문가가 발견한 사실은, 아이가 아빠도 할머니 할아버지도 좋아하고, '이 집에서 대장'인 엄마를 무서워한다는 것이었다. 엄마(전문가의 말로 "전형적인 controlling mother")는 '바른 아이'로 키우고 싶었을 뿐인데, '다른 사람과 접촉하면 엄마에게 혼난다'고 믿게 된 아이는 이 '주관적 현실'에 따라 행동했다. 전문가의 도움으로 엄마 아빠, 할머니 할아버지가 전부 달라져서 결과는 '행복한 가정'(할아버지 말로 '기적')이 되었지만, 그대로 갔다면 아이와 이 가정은 어떻게 되었을까? 아이는 엄마에 대한 분노와 공포, 아빠에 대한 사랑을 계속 억압하고, 아빠는 언젠가 딸에게 접근하기를 포기하고 집에 들어오기도 싫어지지 않았을까. 주관적 현실이 객관적 현실과 너무 동떨어지면 적응에 문제가 생기게 된다.

Rogers의 이론체계에서 가정되는 유일한 동기는 (유기체) **실현경향**, 즉 "유기체가 자신을 유지 또는 고양시켜주는 방식들로 그것의 모든 역량들을 발달시키려는 선천적 경향"이다. 인간은, 사실상 모든 생명체는 성숙의 잠재력을 타고난다고 그는 확신하였다.

---

1) "주체로서의 '나'"(I)와 "객체로서의 '나'"(Me)를 구별할 때 대체로 전자는 '자아'(ego), 후자는 '자기'(self)라 한다(Robins, Tracy, & Trzesniewski, 2008, 자기인식 대 자기표상). 가령 Block(2002)은 평가객체로서 '나'를 의식하는 경우는 '자기'라고 쓰고, 주체 또는 집행자는 '자아'라고 쓰자고 제안한다. 그렇다면 '자기조절'(self-regulation)이 아니라 '자아조절'(ego regulation)이 더 적절하다.

2) 장(場)이란 원래 물리학 개념으로, 형태심리학자들이 지각현상의 전체성을 설명하기 위해 가져다 썼다. 성격 및 사회심리학에서는 (역시 형태심리학자였던) Kurt Lewin이 객관적 상황에 대비되는 주관적·심리적 상황을 의미하는 개념으로 썼다(13장 참조).

악조건에서, 예컨대 흙먼지가 한 줌도 안 되게 쌓인 기왓장에서 풀이 자라고 꽃을 피우는 것도 유기체(생명체)의 실현경향을 말해준다. Maslow의 '자기실현'이 여기서는 '유기체 실현'인 것이다. 순간순간의 체험들은 실현경향을 준거로 좋고 나쁨이 평가된다. 이 **유기체 평가과정**(organismic valuing process)에서 "유기체를 유지 또는 고양"시키는 것으로 지각되는 체험들은 좋고, 그에 역행하는 것으로 지각되는 체험들은 나쁘다고 평가된다. 어렵게 들리지만, 생명체 차원에서 우리가 자신의 (몸과 마음의) 건강과 성장에 도움이 되는 것들을 좋아하고, 나쁜 것은 싫어한다는 말이다. 그 결과는 Maslow 이론에서 나온 '기쁨을 통한 성장'이 될 것이다.

몸에 좋은 것을 좋아하고, 나쁜 것은 싫어서도 안 먹는다면, 그 사람은 좋은 건강을 유지할 것이다. 기계가 좋아서 자꾸 만지고 다루다 보면 그 사람은 점점 '도사'가 되어 갈 것이다. 그러나 우리 대부분은 좋은 것만 하며 살지 못한다. 고기가 몸에 나쁘다 하여 채소만 먹거나, 기계를 좋아하지만 입시, 고시 준비한다고 책만 보는 식이다. 유기체 평가과정이 행동조절의 토대가 되어주지 못하면 악순환이 일어난다. 내 건강이 상했기 때문에 몸에 좋은 것 대신 몸에 나쁜 것이 좋아지고, 그래서 더 건강이 상한다. 기계 다룰 사람이 책만 들여다보며 대학입학이나 판검사 되기를 인생목표로 알면, 공부가 능률이 안 오르기 때문에 계속 자기를 닦달하며 목표에 매달린다. 그는 기계 만지는 직업을 점점 더 경멸하게 되며 전체적으로 점점 불행해진다.

건강과 행복의 선순환으로 들어가느냐 아니면 병과 불행의 악순환으로 들어가느냐 하는 것은 유기체와 自己가 일치하느냐 불일치하느냐에 달려 있다. 생명체에 좋은 것을 '나'도 좋아한다면 일치가 있는 것이고, 그렇지 않으면 일치가 없는 것이다. 自己가 어떻게 발달하는가를 보자.

自 己 유아기에는 주로 유기체 차원에서 산다. 아기들은 배고프면 울고, 배부르면 먹기를 중단 또는 거부한다. 아기에게는 자신의 체험이 곧 현실이지만, 시간이 가면서 엄마와 '나'가 분리되고 체험, 즉 현상적 장의 일부가 '나'와 연결된다. '나는 배가 고프다', '나는 엄마가 좋다' 같은 느낌 또는 생각을 자기체험(self-experience), 즉 '나'체험이라 한다. 이러한 자기체험 내지 지각들이 조직화되어 결국 자기를 구성한다. 자기표상, **자기개념**(self-concept)인 셈이다. 아이는 '나는 어떻다'는 (실제)자기 외에 '나는 어떻게 되고 싶다'는 **이상적 자기**(ideal self)도 발달시킨다.

'자기'나 '자기개념'은 개인의 자기관(自己觀)을 의미하고, 제삼자 입장에서는 **자기구조**(self-structure)라는 말을 쓰기도 한다. 구조라는 말은 自己가 "조직화된, 일관성 있는 개념적 형태(gestalt)"라는 특성을 말한다. 조직, 일관성, 형태(게슈탈트)의 구조 특성들은 '나'

의 특징들을 스스로 지각한 것(예, 나는 키가 작다), 이에 붙인 가치들(예, 키가 작기 때문에 창피하다)이 서로 관계를 맺으며 통합된 전체를 이룬다는 의미를 내포한다. 형태심리학의 기본 전제 중 하나는 "전체는 부분의 합 이상"이라는 것이다. 부분들은 같아도 그들이 어떻게 서로 관계·조직되느냐에 따라 전체는 달라진다. 한 번 형성된 자기개념은 시간과 상황에 따라 쉽게 변하지 않는 성격구조이지만, 어느 한 부분이 변하면 전체가 변하고 또 전체가 변하면 부분이 변하는 것이 형태 또는 구조의 특성이다.

Rogers의 自己는 우리 속에 들어앉아 있는 작은 사람, 'I'가 아니라, 지각되고 의식에 나타나는 '나'(Me), 즉 **현상적 자기**(phenomenal self)이다. 따라서 객관적 특성이 비슷하다고 해서 자기개념도 꼭 비슷하지는 않다. 같이 키가 작다 해도, 영수는 그것을 '나'의 중요 특성으로 지각하지만, 철호는 그러지 않을 수 있다. 또 같이 '키 작음'을 '나'의 특성으로 지각한다 해도, 영수는 그 때문에 열등감이 있지만 철수는 그렇지 않을 수 있다. 키처럼 객관화가 가능하지 않은 특성들에서는 자기(개념)의 주관성이 더 뚜렷하다. 남 보기에는 못생겼거나 바보 같은데 자신이 잘생겼거나 똑똑하다고 믿는 경우도, 그 반대의 경우도 심심치 않게 볼 수 있다. 이런 지각과 가치들은 서로 무관하지 않고 조직과 통합의 특성을 나타내므로, 자신이 뚱뚱해서 매력 없다고 느끼는 사람은 다른 면에서도 자신의 부정적 특징들을 많이 지각한다.

의식되지 않는 자기체험 또는 지각들도 있지만, 자기개념의 내용과 패턴은 본인에게 대부분 의식된다고 가정된다. 다음 장에서 보게 되듯이 이 가정은 자기개념 측정에 중요한 함의를 가진다.

성격의 발달

Rogers의 이론에서 성숙, 적응, 정신건강의 지표는 **자기와 유기체의 일치**(congruence) 정도이다. 유기체 체험상 격한 운동이 좋은데, 즉 격한 운동을 할 때, 하고나서 행복한데, 자기개념상으로는 '나는 운동을 싫어한다'면, 성욕이 강한 사람의 자기개념에 '성은 더럽다'가 들어가 있다면, 自己와 유기체가 불일치하는 것이다. 앞에 나왔던 어린 소녀는 엄마를 무서워하고 아빠, 할머니 할아버지를 좋아하지만 '나는 엄마만 좋다', '나는 아빠가 싫다'가 자기개념 속에 들어가 있었다. 불일치는 어떻게 해서 생기며, 어떻게 일치가 올 수 있을까? 이와 관계된 문제들은, 주관적 현실(현상적 장)과 객관적 현실 사이의, 있는 그대로의 자기와 이상적 자기 사이의 일치 정도이다. 자기와 유기체가 일치할수록 주관적 현실이 객관적 현실과, 실제자기가 이상자기와 일치하는 것이다.

긍정적 존중 욕구 유기체로부터 분화되어 나온 구조인 自己가 그것과 불일치하게 되는 이유는, '나'를 인식하면서 사랑받고 인정받고 싶다는 욕구가 생기기 때문이다. 남들에게 사랑과 인정을 받고 싶은 욕구를 Rogers는 긍정적 존중 욕구(need for positive regard)라 불렀다. 이것은 인간에게 보편적인 욕구이며, 어릴 때는 돌보는 이(주로 엄마)의 사랑이 물론 가장 중요하다. 이 욕구는 매우 강력하기 때문에, 엄마의 사랑·인정 표현이 유기체 평가과정보다 더 중요해질 수 있다. 나는 뛰어 노는 것이 좋은데 엄마는 내가 책상에 앉아 공부할 때만 나를 예뻐한다면, 나는 엄마의 사랑을 잃지 않기 위해서 운동보다는 공부를 하려 한다. 엄마의 '긍정적 존중'에 조건이 붙는(다고 내가 느끼는) 것이다. 가령 내가 아빠와 친하면 엄마는 나를 미워하고 엄마만 좋아해야 나를 예뻐할 것이(라고 느낀)다.

자기체험들이 긍정적 존중 욕구의 충족 또는 좌절과 연결되면서 **자기존중**(self-regard)의 욕구가 발달한다. 밖에서 뛰어 노는 것을 엄마가 싫어하면, 나가 놀고 싶어질 때마다 자기 자신이 싫어지게 된다. 자기 자신을 사랑하고 인정하고 싶기 때문에, 아이는 억지로라도 책상에 붙어 앉아 있으려고 한다. 이렇게 자기체험이 자기존중 가치가 덜하기 때문에 회피되고, 그 가치를 높이기 때문에 추구된다면 **가치 조건**(conditions of worth)이 생긴 것이다. 그는 자기 자신을 마치 남이(엄마가) 보듯이 보며, 자신의 가치를 매길 때 조건을 붙인다. 돌보는 이의 입장에서 보면, 아이는 이제 일일이 간섭하고 잔소리할 필요가 없는 '착한 아이'가 되었다. 그러나 아이는 자기 스스로에게 타인이 되었고(자기소외), 그의 自己는 유기체와 불일치한다.

무조건적 긍정적 존중 아이가 언제나 사랑과 존중을 받는다고 느끼면, *행동*은 제지를 받아도 *감정*은 언제나 수용된다면, 가치조건이 나타나지 않는다. 예를 들어보자. 형이 동생을 때리거나 못 살게 구는 것을 좋아하는 엄마는 없다. 그래서 엄마 안 볼 때 때리는데, 어느 날 엄마가 그것을 보고 "너는 못된 아이이므로 나는 너를 사랑하지 않는다"는 메시지를 (말로든 표정으로든 때려서든) 전달한다. 반면 동생을 예뻐하거나 잘 데리고 놀면 "너는 착한 아이"라는 메시지가 온다. 이렇게 엄마가 아이를 사랑하고 수용하는데 조건이 붙으면(조건적 긍정적 존중), 아이는 자신을 사랑하고 수용하는 데 조건을 달게 된다(조건적 자기존중, 가치조건). 즉, 동생을 잘 데리고 놀면 자기를 좋아하지만, 미워하거나 때리면 자기 자신이 싫어진다.

무조건적 긍정적 존중이란 '오냐 오냐'하는 *무조건적 허용성*이 아니다. *행동*을 무조건 수용하지는 않기 때문이다. 위의 예에서 형이 동생을 질투하고 미워하는 *감정*을 엄마가 수용할 때 대화는 이런 식으로 진행될 수 있다: "○○가 그렇게 밉니?" "응, 미워." "엄마는 너도 예쁘고 ○○도 예쁘니까, 네가 때려서 ○○가 울면 속상하다." 아이 생각을 읽어

보자. "나는 동생이 얄밉고, 동생을 때리면 기분이 좋다. 그러나 내가 동생을 때리면 엄마가 속이 상하고, 나는 엄마가 속상한 것은 싫다." 동생 때리는 행동을 엄마가 싫어하기는 하지만 내 *감정*을 이해하고 그 때문에 나를 미워하지 않는다면, 엄마는 나를 조건 없이 사랑하는 것이다.

엄마에게 무조건적 긍정적 존중을 받으면 나도 나를 소중히 알고 사랑하는 데 조건을 달지 않는다('나는 나'). 따라서 동생이 미워지는 마음도, 동생을 예뻐하는 엄마가 미워지는 마음도 부인할 필요가 없다. [이런 경우 사실상 동생을 덜 미워하게 된다.] 때로는 동생을 때리기도 하고 때로는 엄마를 기쁘게도 하지만, 내 감정을 나 자신에게나 엄마에게 부정할 필요가 없다. 동생을 미워하거나 때린다고 해서 자기존중이 흔들리지도 않는다. 동생을 예뻐해야 엄마가 나를 사랑하고 인정해준다고 느낀다면 나는 동생을 예뻐하려고 노력할 것이다. 그러나 동생이 정말로 죽이고 싶게 얄미워서 한 번 밀치거나 때린다 하자. 엄마에게 안 들키면 물론 다행이지만, 그래도 나는 자신이 싫어진다('나는 나쁜 아이').

아이가 해달라는 대로 해주는 어머니들은 '애 기죽이면 안 된다'고 하지만, 사실상 다른 영역들에서 아이를 휘두른다. 아이는 가령 싫어도 여러 학원에 다녀야 하며 책상에 붙어 앉아 있어야 한다. 아이가 '엄마 말을 듣는다'면, 그것이 엄마가 사랑해주는 조건이자 아이 스스로 자기존중을 하는 (가치)조건이기 때문이다. Rogers는 무조건적 긍정적 존중이 현실에서는 발생하지 않는 것 같다고 말한다. 그러나, "한 개체가 무조건적 존중만을 체험한다면, 아무런 가치조건도 발달하지 않고, 자기존중은 무조건적이고, 긍정적 존중과 자기존중에 대한 욕구들이 결코 유기체 평가와 어긋나지 않고, 개체는 심리적으로 계속 적응되고 충분히 기능할 것이다"(1959, p. 224)라는 연쇄는 이론적으로 중요하다. ['충분한 기능'은 뒤에 가서 설명된다.] 이것은 바로 내담자 중심 또는 사람 중심 상담의 핵심 원리가 된다.

자기-체험 불일치 무조건적 존중에서 심리적 적응과 충분한 기능으로 이어지는 연쇄는 自己와 유기체(또는 체험)의 일치를 전제하였다. 그런 경우 아이는 어떤 감정이든 인정할 수 있다. 그러나, 자기와 유기체가 불일치하면 자신의 체험을 *선택적*으로 지각한다. 가치조건들에 맞는 것만 제대로 인식하며, 맞지 않는 것들은 부분 또는 전체를 의식하지 못하거나 왜곡하여 지각하는 것이다. "동생을 미워하면 나쁜 아이," "동생을 예뻐해야 착한 아이"라는 가치조건이 생기면, 자기존중욕구 때문에 "나는 동생이 예쁘다"가 자기개념에 들어간다. 동생이 미워지면 자기가 싫어지기 때문에 미움이 아예 의식되지 않거나 아니면 왜곡되어 버린다.

자기와 체험이 불일치하면 행동에도 불일치가 생겨나 위에서 말한 선택적 지각이 일어난다. 아이가 어쩌다 동생을 때렸다면, 자기개념("나는 동생을 예뻐한다")과 맞지 않게 행동한 내가 싫어질까봐 '내' 행동으로 인정하지 않거나 自己와 일치하는 식으로 왜곡하게 된다. 이를테면, 나는 가만히 있는데 동생이 먼저 때렸기 때문에 그러지 말라고 살짝 쳤거나 '정당방위'를 한 것이다. 아니면 좀더 원시적으로, '내'가 아니라 '손'이 때렸다. 이러한 불일치가 여러 다른 영역들로 전파되면 그 사람의 자기구조의 한 특성이 되고 그는 전체적으로 방어적이 된다.

불안과 방어 自己와 불일치하는 체험은 위협적인 것으로 느껴져 불안을 가져온다. 그 체험을 인정한다면 자기개념에 금이 가고 자기를 더 이상 좋아할 수가 없는 것이 위협과 불안의 핵심이다. 이런 일들이 생기지 않도록 예방하는 선택적 지각 또는 왜곡이 바로 방어이다. 정신분석 이론에서와 달리 방어는 무의식적 충동들의 억압이 아니라, 자기구조에 맞지 않는 체험들이 의식되지 않거나 잘못 지각되는 것이다. 동생을 때려 놓고는 때리지 않았다고 잡아떼는 *부정*(denial)이 '방어'라고 할 수 있으려면 본인이 고의로 잡아떼는 것이 아니라 정말로 그런 일이 없었다고 믿어야 한다. 다른 예로, "내가 실수를 한 것이 아니라 사실은…"이라는 *합리화*는 '실수하지 않는 사람'이라는 자기개념과 일치하는 쪽으로 자신의 행동을 왜곡하여 지각하는 것이다.

방어과정으로 자기-체험 일관성은 지켜지지만, 지각을 왜곡해야 하기 때문에 사고에 경직이 오고 현실이 부정확하게 지각된다. Rogers는 "자료의 왜곡 및 생략"이라는 말을 쓴다. 동생을 때린 일, 실수 저지른 일을 자기체험("나는 …")에서 틀리게 지각하거나 빼 버리는 것이다. 방어적 행동은 자기개념을 지키고 자기존중욕구를 충족시키기 위한 행동들로서, 통상 '신경증' 범주에 들어간다. 자기와 체험의 불일치가 너무 큰 데다 그 체험이 갑자기 또는 매우 명백하게 발생하면 방어과정이 성공할 수 없다. 결과는 "붕괴와 와해"(breakdown and disorganization)로서 통상 '정신병' 범주에 들어간다.

自己가 무너지면 지금까지 왜곡했던 또는 의식하기를 거부했던 체험들과 일치하는 행동들이 이제 막 나온다. 예컨대, 성충동을 부정하던 사람이 남들의 방종을 심하게 비난하는 투사를 일삼다가 어느 날부터 이 사람 저 사람에게 성충동을 표출하는 것이다. 그는 이제 '막 나가'고 '미쳤다.' 일단 정신병적 행동들이 나타나면 다시 방어과정이 시작되어 불일치의 너무 괴로운 인식이 차단되기도 하지만(예, "그때 나는 (술이 취해서 등등) 제 정신이 아니었다"), 自己 자체가 행동과 일치하는 쪽으로 변하기도 한다(예, "나는 미친 사람," "나는 나쁜 놈").

방어와 와해의 Rogers식 심리치료란 자기와 체험이 일치하도록 자기를 변화시키는 과정이 된다. Maslow처럼 Rogers도 치료자와 내담자의 관계가 긍정적 변화를 가져오는 결정적 요인이라고 가정하였다.

사람 중심의 치료

앞에서도 말한 것처럼, Rogers의 성격이론은 치료경험을 토대로 나왔으며, 그의 주된 관심사는 치료과정 자체에 있었다. 그가 상담치료를 시작하던 1930년대에는 상담자가 "네 근본적 문제는 무엇이니, 어떻게 하라"고 훈계, 조언하곤 했다. 학교 상담실에 가본 독자들은 이런 *지시적*(directive) 상담법에 친숙할 것이다. *비지시적*(non-directive) 접근에서 Rogers는 내담자가 하는 말의 내용이 아니라 그가 느끼는 *감정*에 반응해주는("화가 나시는군요" 등) 반사기법을 강조하였다. 상대가 반사(reflection)를 해주면 거울로 보듯이 내 감정을 보게 된다. 비지시적 치료자가 수동적 역할에 머문다는 비판이 많았기 때문에, 내담자의 체험들을 이해하려고 능동적으로 노력하는 태도를 강조하는 *내담자 중심* 이론이 나오게 되었다.

Rogers가 말년에 상담치료실을 벗어나 집단, 사회, 정치 영역에서의 관계 문제들에 집중하면서 '내담자 중심'은 '사람 중심'이 되었다. *사람 중심* 접근에서는 이론이나 기법보다, 즉 전문성보다 치료자(리더)의 태도, 치료자-내담자(리더-구성원) 관계, '치료적 분위기(집단분위기)'를 중시한다. 내담자를 인간 대 인간으로 존중하고 수용하면, 그가 (自己와 불일치하기 때문에) 수용하거나 의식하지 못했던 공포, 분노, 불안 등의 감정들을 느끼고 표현하면서 자기-체험 일치의 방향으로 나아간다는 것이다.

치료자의 태도 자기와 체험이 일치하려면 방어과정이 역전되어야 한다. 위협적인 체험이 정확하게 의식되고 자기구조 속에 들어가야 하는 것이다. 그러려면 가치조건들이 없어지고 무조건적 자기존중이 커져야 한다. 즉, 나를 인정하고 좋아하는 데 조건이 붙지 않아야 한다. 동생을 예뻐해야 나를 좋아할 수 있고 동생을 미워하면 '나쁜 아이'인 것이 아니라, 공부 잘해야 자랑스럽고 공부 못하면 내가 형편없는 사람인 것이 아니라, 동생을 예뻐하든 미워하든, 공부를 잘하든 못하든 나를 수용할 수 있게 되는 것이다. 사태가 이렇게 진전하려면, 한 '중요한 타인'이 무조건적 긍정적 존중을 표현(communicate)해야 한다. 이 '중요한 타인'은 친구나 가족일 수도 있지만—그래서 *내담자* 중심이 아니라 *사람* 중심이다—치료 장면에서는 물론 치료자 또는 상담자이다. Rogers는 치료자의 태도로서 무조건적 존중 외에 일치 또는 진실함, 감정이입적 이해를 강조한다.

일치(congruence) 또는 **진실함**(genuineness)이란 가식 없이 열려 있고 투명하다는 것을 말한다. 치료자 자신에게서 자기와 체험이 일치해야 하는 것이다. 그는 내담자에 대한 자신의 느낌을—부정적인 것이라 해도—숨기지 않는다. 이를테면, 내담자가 하는 이야기가 지루할 때, 그에게 자꾸 화가 날 때, 관심이나 호감을 가장하지 않고 자신의 느낌을 있는 그대로 표현하는 것이다. 물론 하품을 하거나 화를 내기보다는 "집중이 안 되네요" 나 "화가 나네요" 같은 반응이 더 적절할 것이다. 내담자에게 관심과 호감이 없으면 나쁜 상담자이며 자기는 좋은 상담자라고 생각한다면 그렇게 할 수가 없다. 일시적으로 상처 받더라도 내담자는 진실한 치료자를 신뢰하며, 진실하지 않은 치료자는 믿지 못하게 된다. 치료의 목적이 내담자의 자기-체험 일치의 증가인데, 치료자 자신이 불일치를 보이면 되겠는가. [상담자가 '부정적 반응'을 할 때 내담자는 뭐가 자신의 문제인지를 깨달을 수 있다. 자신이 어떻게 할 때 사람들이 지루하거나 화나는지를 인식하게 되는 것이다. 이 통찰은 물론 괴로울 것이다.]

무조건적 긍정적 존중은 내담자가 어떤 말이나 행동을 하든 그를 사람으로서 수용하고 존중한다는 것을 뜻한다. "죄는 미워해도 사람은 미워하지 말라"는 말이 이런 태도를 반영한다. 내가 '부도덕'한 감정이나 생각을 표현해도 치료자가 나를 거부하거나 경멸하지 않는다고 믿어져야 나 스스로도 어떤 체험이든 내 것으로 받아들일 수 있다. 동생을 미워하든 때리든 상관없이 엄마가 나를 사랑한다는 느낌을 받을 때 내가 자신의 부정적 감정과 체험을 스스로 그리고 남에게도 인정할 수 있는 것과 마찬가지이다. 내가 어떤 끔찍한 얘기를 해도 치료자가 나를 인간으로서 수용하고 존중한다는 느낌을 받아야 나는 자신에게 그리고 치료자에게 솔직하고 진실할 수 있다.

무조건적 존중은 어떤 방식으로든 표현, 전달되어야 하며 그러려면 **감정이입**이 필요하다. 상대의 감정에 빠져들지 않으면서도 그의 감정을 자신의 것인 듯 느끼는 것이다. 위의 예에서 큰아이의 입장이 되어보면 아기 동생에 대한 그의 감정을 이해할 수 있는 것처럼, 대부분의 상황에서 감정이입은 완전히는 아니라 해도 상당 부분 가능하다. 물론 가능하다고 해서 이것이 언제나 일어난다는 말은 아니다. 상황에 따라 사람에 따라 상대방 입장에 서지 못할 수 있다. 전문 상담자가 보통 가족이나 친구를 상담하지는 않는데, 배우자, 부모, 친구로서 상담자 자신의 입장을 떠나기가 힘들기 때문이다.

이렇게 진실하고 투명한 치료자가 내담자의 감정을 이해하면서 그를 조건 없이 수용·존중할 때, 내담자는 지금까지 의식하기를 거부했거나 왜곡하여 지각하던 체험들을 자기체험으로 받아들이게 된다. 자기와 체험이 점점 일치하면서 자기존중도, 타인들에 대한 존중도 증가한다. 그 결과 유기체 평가과정이 점점 더 행동을 조절하는 토대가 되며, 개체는 충분히 기능하게 된다.[3] 실제로 Rogers는 이러한 태도 특성들이 친구, 부부 등 모든 인간관계의 개선에 도움이 된다고 보았을 뿐 아니라, 나아가 기업, 정치, 교육, 집단갈등, 국제분쟁 등에도 같은 원리가 적용된다고 보았다. Rogers가 위스콘신 대학교

---

3) Rogers의 제자인 V. M. Axeline(1965/89)이 정신박약아로 오인되던 소년을 치료한 사례연구 '딥스, 자아를 찾은 아이'를 읽어볼 것을 권한다. [이 책의 용법에서는 '자아'(ego)가 아니라 '자기'(self)가 맞다.]

에 있을 때 (아마도 그에게서) 1961년 임상심리학 박사학위를 받았고 Rogers와 대인관계 연구도 같이 한 바 있는 Rosenberg는 **비폭력 대화**(Nonviolent Communication, NVC)라는 이름의 교육 프로그램을 만들어 교육자, 심리치료사, 부모, 기업경영자 등 다양한 집단들에게 워크숍을 열고 있다. 글상자 5-1에 이 소통법을 소개하였다.

글상자 5-1

비폭력 대화

비폭력 대화(Nonviolent Communication, NVC)의 요소는 다음 네 가지이다(Rosenberg, 2003/4).

1. **관찰** 좋다, 나쁘다는 판단 없이 '있는 그대로' 관찰한다. 가령 아이는 '게으름뱅이', '산수를 못한다'가 아니라 "아침에 9시에 일어난다," "산수가 4등급"이다.
2. **느낌** 상대의 말과 행동을 보고 느낀 바를 전달하는데, 느낌과 생각을 구별한다. "넌 나를 피곤하게 해," "나를 무시해"에는 해석이 들어가지만, "난 피곤해," "겁이 나"는 느낌이다.
3. **욕구** 내가 원하는 바를 분명히 하면서 내 욕구가—상대의 말과 행동이 아니라— 내 감정과 느낌의 원인임을 인정한다. 아이가 방을 어질러서 화나는 엄마가 정리 정돈을 바라는 자신의 욕구 때문에 화남을 인정한다면 아이에게 화가 안 날 것이다. [아이에게는 그 자신의 욕구들이 있다.]
4. **부탁** 상대에게 원하는 행동을 부탁하는 것은 명령·강요와 다르다. 무엇을 하지 말라("게임하지 마")는 말보다 무엇을 하라는 말이 효과적이지만, "좀 부지런해져라" 같은 막연한 말보다 "8시까지는 일어나면 좋겠다"같이 구체적인 부탁이 낫다. 부모, 선생, 선배는 "내가 언제 강요했냐, 부탁했지"라는 말을 자주 한다. 가슴에 손을 얹고 생각할 때 상대가 거절해도 되면 '부탁'이었지만, 거절을 용납하지 못하면 '강요'였다.

누가 고민을 이야기할 때 우리는 조언을 하거나 안심시키고 싶어하는데, 그보다는 상대방의 말을 잘 듣는 게 우선이다. 선입관과 판단을 떨쳐버리고 상대방의 느낌과 욕구에 귀 기울이는 것이다. 바로 공감(감정이입)이다. NVC 워크숍에 온 부부를 보자(2003/4, pp. 151-152). 아내는 남편이 자기 말을 듣지 않는 것이 불만이었다. 남편이 자기는 아내 말을 듣는다고 주장하자 Rosenberg는 남편역할을 해보겠다며 아내의 불만에 다음과 같이 반응했다. "우리가 대화할 때 좀더 가까운 느낌이 들기를 원하기 때문에 불만스러워?" 자신의 느낌과 욕구를 이해받는다고 느끼자 아내는 눈물을 글썽이며 고개를 끄덕였다. 남편의 놀란 반응은 "아내가 원하는 게 그게 전부라고요?"였다.

Rosenberg는 해결방안을 찾거나 행동을 부탁하는 단계로 너무 빨리 넘어가지 말라고 조언한다. 어떤 어머니와의 대화를 살펴보자(pp. 152-153).

어머니: 내 아이는 어떻게 할 수가 없어요. 무슨 말을 해도 듣지 않네요.

전문가: 아이 때문에 정말로 힘드신 것 같네요. 그래서 어떻게 해서라도 아들과 좀 통할 수 있는 방법을 찾으시는군요.

어머니: 어쩌면, 내 잘못인지도 몰라요. 나는 아이에게 항상 소리를 지르거든요.

전문가: 간혹 아이를 꾸중하지 말고 좀더 이해해줄 걸 싶어서 죄책감을 느끼시나요?

어머니: 나는 엄마로서 완전히 실패작이예요.

전문가: 그래서 많이 낙심되고, 좀 다르게 아이를 대하고 싶으신 거죠?

느낌과 욕구를 짚어주면('반사') 어머니는 다른, 더 깊은 느낌과 욕구를 스스로 인정하게 된다. 실패한 엄마라는 말에 부정하고("그렇지 않아요!") 위로를 하기가 쉬운데 —그러면 아마 이 어머니는 말을 멈출 것이다— 전문가라면 여기서도 상대가 표현하는 느낌과 욕구에 머문다.

충분히 기능하는 사람 심리치료의 궁극적 목적은 '치료', '문제해결'이라기보다는 성숙과 성장, 즉 성격의 긍정적 변화이다. Rogers(1961)는 심리적으로 건강한 사람을 충분히 기능하는 사람(fully functioning person)이라고 불렀다.[4] 그가 제시한 *체험 개방성*, *실존적 삶*, *유기체 신뢰*, *자유의 느낌*, *창의성*의 다섯 가지 특징은 모두 자기와 체험의 일치라는 근원에서 나온다. 체험에 열려 있다는 것은 어떤 감정과 태도도 방어 없이 인지·인정함을 말하고, 실존적 삶이란 체험을 기존의 자기구조에 맞도록 변형 또는 왜곡하지 않고 언제나 신선하고 새롭게 지각하는 것이다. 이 두 특징을 비롯하여 자유와 창의성은 Maslow의 자기실현자 서술에서 나온 바 있으므로, 여기서는 Rogers의 독특함을 나타내는 **유기체 신뢰**를 설명하기로 한다.

Rogers는 충분히 기능하는 사람을 '거대한 컴퓨터'에 비유하였다. 앞에서 방어를 설명할 때 "자료의 왜곡·생략"이라는 Rogers의 말을 인용했거니와, 컴퓨터 용량이 크면 어느 자료도 왜곡·생략될 필요가 없다. 상황 속의 모든 자료가 '입력'되어 판단과 행동이 즉시 '출력'된다. 사회적 요구들, 자기 자신의 복잡하고 갈등적일 수 있는 욕구들, 유사한 상황의 기억들, 현재 상황의 독특함 등등을 모두 고려하여 그 상황에서 가장 적절하고

---

4) '충분'이 'full'(꽉 찬/채운)의 번역어로서 '충분'하지 않지만, '완전'이라는 대안도 적절치 않다. 더 좋은 말을 찾지 못했다.

만족스러운 행동을 찾아내는 것이다. 이 상황에 속하지 않는 정보가 들어가지도 않으며, 속하는 정보가 제외되지도 않는다. 많은 자료와 복잡한 계산과정이 의식되지 않으므로 선택이나 결정이 즉시 '튀어나오'는 것처럼 보인다. 결정을 내리는 토대가 분명하지 않아도 이런 사람은 그 직관 또는 직감을 믿고 행동에 옮긴다.

이론들의 평가

정신분석학과 행동주의가 세력을 떨치던 심리학계에서 Maslow와 Rogers는 '제 3 세력'으로 나서서 균형을 잡는 데 공헌하였다. Rogers가 이론을 명제 형태로 체계적으로 제시한 데 비하여, Maslow는 이론의 체계화, 개념들의 정확한 정의와 구별에 별 관심이 없었다. 이러한 차이는 경험적 연구에 대한 태도 차이에서도 나타난다. 두 이론을 평가하는 이 마지막 절에서는 인본주의, 현상학, 자기와 관계, 과학적 연구라는 네 가지 큰 주제를 중심으로 논의를 하기로 한다. 이 중 인본주의는 두 이론 모두의 특징이지만, 현상학과 자기는 주로 Rogers와, 과학적 연구 문제는 주로 Maslow와 연관이 있다.

인본주의

건강과 성숙의 잠재력을 강조한 인본주의적 견해는 정신분석학의 비관론과 행동주의의 '로봇 인간관'에 염증을 느낀 사람들에게 큰 환영과 지지를 받았다. 거의 비공식적(informal) 연구이기는 하지만 자기실현자들에 대한 연구 결과는 인간성의 다른—더 높은—측면들을 우리에게 열어 보여주었다. 그러한 연구가 아니라면, 우리는 여전히 자기실현자는 우리가 도저히 따라갈 수 없는 완벽한 인격자라고 믿을 것이다. 자기실현자가 심신이 건강한 '좋은 동물'이라는 사실도 모를 것이다. 내담자 자신의 성장 잠재력('실현경향')을 신뢰하는, 전문성과 기법보다는 태도와 관계를 강조하는 Rogers의 상담치료 방법도 지속적인 영향력을 행사하고 있다.

인본주의적 견해가 환영과 지지만 받은 것은 아니다. 순진한 낙관론, (과학적 심리학이라기보다) 종교 대용물, 이론과 이데올로기의 혼동이라는 비판의 소리도 많았다. 인간이 근본적으로 선한가 하는 것은 결국 믿음의 문제이며 과학적 연구를 통해 검증될 수 없다. 그러나 '분위기'만 마련되면 내담자 스스로 성장과 성숙의 길을 찾아 나서는가 하는 것은 경험적 연구를 통한 확인이 필요한 문제이다. 열심히 듣고 무조건 지지를 해주는 것이 치료적 관계의 전제 조건이기는 하지만 치료 자체는 아닐 수 있다.

Maslow와 Rogers가 인간의 악과 심연을 보지 못하거나 부정한 순진한 낙관론자들은 아니었다. 건강과 성장을 강조하는 제 3 세력은 다른 두 주류 세력의 편향성을 *교정*해주었으나 그 두 주류를 *대치*한 것은 아니다. 과학에서도 다양한 인간관과 세계관이 얼마든지 나란히 존재할 수 있다. 인본주의적 견해가 결국 과학적으로 검증될 수 없는 세계관, 인간관 차원의 문제인 데 비해, 체험과 감정, '지금 여기', 주관적 현실을 강조하는 현상학적 견해는 성격과 심리학의 *내용*에 대한 더 많은 함의를 가진다.

현 상 학

순수한 현상학적 견해는 '지금 여기'와 의식을 강조하고, 과거나 무의식, '객관적', 사회적 환경의 영향은 인정하지 않는다. 두 학자가 과거와 무의식의 중요성을 아주 부정한 것은 아니다. Maslow는 어릴 때 욕구충족이 뒤에 욕구서열의 어느 단계에서 머물고 마느냐(Freud의 용어로는 '고착') 하는 것을 결정한다고 보았고, Rogers도 어릴 때 돌보는 이의 사랑과 인정('긍정적 존중')이 조건적이냐 무조건적이냐 하는 것이 자기개념 형성, 자기-체험 일치도에 결정적 영향을 미친다고 보았다. 또, 두 사람 모두 무의식 과정도 부정하지 않는다. Maslow는 어떤 욕구들은 본인에게 의식되지 않는다고 인정하였고, Rogers는 '역하 인지'(subceive, "의식되지 않는 변별")라는 말을 만들어서 썼다. 이를테면 자기구조와 불일치하는 (유기체)체험은 위협적인 것으로 '역하 인지'되고, 방어도 의식의 문턱 아래에서 진행된다.

객관적 환경, 사회현실에 대한 관심은 현상학적 견해에서 거의 완전히 결여된다고 할 수 있다. Maslow는 기본적 욕구들을 충족시키기 —자기실현의 전제 조건— 위해서는 자기를 표현할 자유, 집단들 속의 정의·질서 등이 있어야 하며, 비밀, 검열, 의사소통 차단은 모든 기본적 욕구들을 위협한다고 역설한 바 있다(1954/70). 그러나 '현상학'에 분류되는 Rogers는 사회 현실의 중요성을 적어도 이론에서는 별로 언급하지 않았다. Schultz(1977/82)는 지각된 세계를 유일한 현실로 취급하는 Rogers 견해가 혼란스럽다고 하면서, "왜 자신과 세계를 객관적으로 보려 해서는 안 된다는 말인가?"(p. 63) 하는 의문을 던진다. 이와 연관된 것이 '반(反)지성 편견'이다. "논리적 타당성이나 정확함이 아니라 옳다고 개인이 느끼는 그 느낌에 의해서 결정이 내려진다"(같은 곳)는 것이다.

상담치료자이자 성격이론가로서 Rogers가 주관적 진실을 강조한 것은 결국 그것이 우리의 마음과 행동에 영향을 미친다고 보았기 때문이다. 나에게 객관적 사실이거나 절대적 진리인 것도 '객관적으로 보면' 나의 선택적 지각과 주관적 해석이다. 각자가 이 가능성을 인정한다면 Rogers가 말년에 추구한 인종긴장 완화와 세계 평화를, 양성평등을 이룰 수 있을 것이다. 그러나 아무리 객관성을 유지하려 애써도 '제 눈의 안경'을 의식하기는 힘들다. 자기개념을, 자신의 권력 및 이해관계를 유지·강화하려는 동기가 지배적이기 때문이다.

내담자 중심 또는 사람 중심 상담치료는 기법이나 전문성이 아니라 태도와 관계, '지금 여기'의 체험을 강조하며, 전문가의 개인상담과 집단상담뿐 아니라 다양한 세팅들에서 참만남 집단(encounter group), 인간관계 또는 감수성 훈련 등에서도 널리 사용된다. 미국이나 서유럽 나라들에서 많은 다양한 자조(self-help) 집단—가장 잘 알려진 것은 알코올 중독자 모임(Alcoholics Anonymous)이다—에서도 비슷한 처지의 사람끼리 서로 느낌과 감정을 공유하는 것이 주요 내용이 된다. 기법과 전문성을 힘들게 익히지 않고도 누구나 *태도*만 갖추면 치료자 역할을 할 수 있다는 원칙을 고수하면, 상담은 아무나 하는 게 되어 사이비가 날뛸 여지가 있다. 자원봉사자가 한 주일 '교육' 받고는 위기상담에 투입되기도 한다.

치료 문제에 머물자면, 감정과 체험, 자기-유기체 일치만 중시하고 객관 현실을 무시하면 진정한 문제해결이 될까? 극단적 예로, 폭력을 휘두르는 실직자 남편, 치매 시어머니와 사는 주부의 우울증이 객관적 여건 변화 없이 치유될 수 있을까? Rogers의 입장에서 보면 객관 현실과 상황변화가 중요하지 않다는 것이 아니라, 내담자가 '지금 여기'서 무조건적 긍정적 존중을 경험하면 스스로 '길을 찾아' 간다는 것이다. 가령 폭력남편의 아내는 이혼과 독립이 살 길이라는 것을 스스로 깨달을 수 있다.

自己와 관계

Rogers의 自己는 현상적 자기, 즉 '지각된 나'이고, Jung과 Maslow의 '자기실현'이 그에게는 '유기체실현'이다. Jung이나 Maslow의, '본연의 나', '참 나'를 의미하는 '자기' 개념과 달리 Rogers의 '자기'는 측정이 가능하므로 실제로 많은 경험적 연구를 가져왔다. 自己(자기개념, 자기존중 등)에 대한 연구가 모두 그의 덕은 아니라 해도 그가 연구를 크게 자극한 공헌은 부정할 수 없다.

Rogers는 자기개념, 자기구조가 시간이 가도 또 상황이 달라져도 비교적 변하지 않는 것이라고 가정하였다. 이에 대해 여러 개의 '나'가 있다고 주장하는 사람도 있다. 사회적 역할에 따라, 예컨대 딸로서(가난한 집안 장녀), 직장인으로서(일에 철저하여 동료와 부하들이 존경하는 과장), 엄마로서(아이들에게 늘 미안한 엄마), 며느리로서(부엌데기이자 동네북) '나'는 각각 다를 수 있는 것이다. 한편, 언제 어디서나 '나는 나'인가, 상황이나 사회적 역할에 따라 달라지는 '여러 나'인가 하는 것은 문화에 따라 다른지도 모른다(조긍호, 1999). 우리나라를 포함한 동아시아와 남미의 *집단주의*(collectivism) 문화에서는 사회 구성의 기본 단위를 관계 또는 집단으로 보고, 북미와 북유럽 *개인주의*(individualism) 문화에서는 그 단위를 독립적이고 자율적인 개인으로 본다. 따라서 전자에서는 "상황 의존적이고 관계 중심적 인간관"이, 후자에서는 "상황 유리적이고 개체 중심적인 인간관"(p. 237)이 지배하게 된다는 것이다(이 책 6장 참조). 전자에서는 상황·관계에 따라 여러 '나'가 있고, 후자에서는 '나는 나'가 될 것이다.

자기를 어떻게 정의하게 되느냐 하는 것은 문화의 영향을 받기도 하지만, 근본적으로 관계 맺기 경험들이 결정적 영향을 미친다. 앞 장에서 애착을 공부할 때 배웠듯이 인간은 관계를 추구하는 존재이며, 어릴 때 관계경험들에서 자기와 타인에 대한 내적 작업 모델들이 나온다. 심층심리학에서도 대상관계 접근들은 추동생활보다는 관계욕구 및 경험들이 인간 존재의 본질이라고 강조한다. 살아가면서 우리의 행복과 불행은, 나아가 우리의 건강과 병리는 우리가 맺는 인간관계들의 질과 밀접한 관계가 있다. Maslow는 좋은 관계가 얼마나 즐겁고 생산적이며 또한 치유를 가져오는지를 강조하면서 자기실현자의 (사랑)관계체험들도 연구하였다. 치유를 가져오는 좋은 관계의 특징들을 더 상세하게 분석한 사람은 Rogers였다.

1990년대 이후 퍼스널 컴퓨터와 인터넷이 보편화되고, 이제 스마트폰이 모든 이의 손에 컴퓨터를 쥐어준 세상에서 관계 맺기 또한 아주 큰 변화를 겪고 있다. 부모-자식, 형제자매, 친구 할 것 없이 모든 유대 내지 관계들이 약해지는 한편, 가상세계에서는 얼굴도 모르는 무수히 많은 타인들이 '친구'이다. 모르는 사람들이 우리가 남긴 기록들에 공감과 반응을 해주지만, 어느 대학생이 말했듯 "얼굴 표정도 없고 목소리도 들리지 않는 어항 속에서 글자들만 둥둥 떠다닌다." 이러한 관계 맺기 양상들이 '스마트폰 중독'을 넘어서서 우리의 자기개념과 행복·불행, 건강·병리에 어떤 영향을 미칠지는 앞으로 많은 연구가 필요하다. 가령 기계(스마트폰과 로봇)가 우리에게 진실하고, 무조건적 존중과 감정이입을 할 수 있을까(cf. '엘리자 효과', Turkle, 2010/12, p. 260f.).

과학적 연구

과학적·경험적 연구를 강조한 Rogers는 상담치료 기록을 공개하여 상담과정에 대한 연구를 수행할 수 있게 하였을 뿐 아니라 自己에 대한 연구도 많이 자극하였다. 과학적 연구는 일반적으로 측정과 수량화를 전제한다. Rogers의 自己는 곧 '현상적 자기'이므로 그것을 측정할 때 피험자들이 하는 말(연구에서는 자기보고)에 의지하게 된다. 따라서 앞

장들에서 여러 번 논의한 "자기보고를 얼마나 믿을 수 있는가" 하는 의문은 여기서도 피할 수 없는 문제이다. 피험자들은 자기 자신을 어떻게 지각하는지를 모를 수도 있고 또 알지만 솔직하지 않을 수도 있다. 더 좁혀서 **자기존중**을 보면, 질문지에서는 자기를 사랑하고 존중하는 것으로 응답하지만 (인간관계 속에서) 행동으로는 자기를 비하하는 일이 많이 있다. 자기개념 측정과 자기존중 역설은 다음 장에서 경험적 연구를 다룰 때 더 구체적으로 논의될 것이다.

自己 측정과 연관된 문제가 *적응* 정도를 측정하는 문제이다. Rogers 이론에서 건강과 적응의 지표는 자기-체험 일치 정도이다. 그러나 체험을 측정할 수가 없기 때문에 연구에서는 자기와 이상적 자기의, 즉 현실/실제와 이상의 일치가 적응의 지표로 많이 사용된다. 건강한 사람은 '현실'과 '이상'이 근접하고, 적응을 잘 못하는 사람은 '이상'이 비현실적으로 높거나 '현실'을 극히 부정적으로 평가하여 둘 사이의 격차가 벌어진다는 것은 직관적으로 타당한 추론이다. 그러나 여기서도 측정의 타당도 문제는 피할 수 없다. 건강하고 적응을 잘하기 때문이 아니라 방어적이기 때문에 자기와 이상적 자기의 일치가 높을 수도 있기 때문이다.

두 사람은 실험과 통계·수학을 절대적으로 강조하던 행동주의적 심리학을 거부하였다. Rogers 자신도 말년으로 가면서 과학적 방법론에 대한 회의가 점점 강해졌거니와, Maslow는 실험심리학자로서 출발했으면서도 실험과 통상적 과학적 방법론을 거부하였다. 우리는 자기실현자 연구에서 그가 심리학의 공식적 방법론을 많이 이탈한 것을 보았다. Maslow 자신은 "넓은 의미의 과학적 방법"이 결국 진리를 파악하는 유일한 방법이라는 것을 확신했지만, 19세기 과학주의를 극복하고 과학의 방법과 영역을 넓혀야 한다고 보았다.

Maslow가 말하듯이 사랑, 창의성, 성숙과 건강 같은 문제들을 문학과 예술, 종교 등에 맡길 수는 없다. "단지 과학만이 보고 믿는 일의 개인차를 극복할 수 있고 또 과학에서만 비로소 진전이 가능"하기 때문이다(1968/81, p. 19). 그러나, 그 자신이 말한 것처럼, 좁은 의미의 과학관을 고집한다면 자기실현자 특성에 대한 연구는 영원히 기다려도 안 나올 것이다. 그는 자신이 도달한 결론들이 시험 연구, 단편적 증거, 개인 관찰 등에 토대를 두었으며 따라서 최종적 신념이라기보다는 더 검토되어야 할 가설이라는 것을 의식하고 있었다. 실제로 그의 비공식적, 임상적-서술적 연구는 후배 학자들에게 풍요한 아이디어의 산실이 되었다. 학문에, 성격심리학에 기여하는 길이 단 한 가지는 아니다. 우리는 앞에서 자기개념, 자기존중, 적응 등에 대한 과학적 연구들이 측정 문제들 때문에 최종적 답을 주지는 않는다는 것을 본 바 있다. Maslow는 '비과학적'이라고 비판받기도 하지만, 우리에게 정통을 이탈하는 용기를 보여준 모범이기도 하다.

요 약

01 Maslow와 Rogers는 당시 큰 영향력을 행사하던 정신분석학과 행동주의에 대한 대안('제 3 세력')을 제시하였다. 그들은 성장, 자기실현, 창의성, 사랑 같은 인간성의 건강한 측면들을 강조하였고, 무의식과 과거 경험, 객관적 환경보다는 의식하는 '지금 여기'의 주관적 현실이 행동에 영향을 미친다고 보았다.

02 Maslow 동기 이론은 생리적 욕구, 안전욕구, 소속과 사랑에 대한 욕구, 존중욕구, 자기실현욕구가 **서열**을 이룬다고 가정한다. 맨 위의 자기실현욕구는 성장 또는 **존재**(B–)**욕구**라고 부르고, 그 아래의 네 욕구는 **결핍**(D–)**욕구**라고 부른다. *아래* 욕구들은 결핍에 의해 생겨나며, 밖(외부 환경, 타인)으로부터 충족되어야 하고, 충족되지 않으면 몸과 마음에 병이 든다. 반면 *위*에 있는 존재욕구는 존재 자체에서 나오며, 질병 없는 상태를 넘어서 긍정적 건강을 가져온다.

03 '정상인'들과 비교할 때 **자기실현자**들은 현실과 타인들을 정확하게 지각하며, 자신을 있는 그대로 수용하며 방어나 꾸밈이 없고, 인습에 얽매이지 않고, 자아 중심적이 아니라 문제 중심적이고 일에 대한 집중력이 뛰어나다. 자기실현자와 정상인의 차이는 동기뿐만 아니라 인지, 사랑 등 모든 영역에서 나타난다. 예컨대, 존재(B–)인지는 결핍이 동기가 아니기 때문에 대상 전체를 보는 것이 특징이다.

04 Rogers의 사람 중심 이론을 현상학적이라고 부르는 이유는 그가 의식현상, 즉 '지금 여기'의 체험을 강조했기 때문이다. 체험의 주체는 **유기체**이다. 의식하거나 의식하지 못하는 체험들의 전체는 **현상적 장**(場)을 형성하며, 그 개인에게는 '객관적' 현실이 아니라 이 현상적 장이 (주관적) '현실'이 되어 생각과 행동에 영향을 미친다.

05 Rogers가 가정하는 유일한 동기는 **실현경향**이다. 순간순간의 체험들은 실현경향을 준거로 좋고 나쁨이 평가되는데 이를 **유기체 평가과정**이라고 한다.

06 체험, 즉 현상적 장의 일부가 '나'와 연결되는 **자기체험**들이 조직화되어 결국 **自己**(자기개념, 자기구조)를 구성한다. Rogers 이론에서 성숙과 적응의 지표는 自己와 유기체가 일치하는 정도이다. 중요한 타인들(일차적으로 엄마)에게 사랑받고 인정받고 싶다는 욕구가 생기며, 이 **긍정적 존중 욕구**가 유기체 평가과정보다 더 중요해질 수 있다.

07 自己가 발달하면서 자기 스스로를 사랑·인정하고 싶다는 **자기존중욕구**가 생긴다. (중요한 타인이 주는 사랑과 인정에 조건이 붙기 때문에) 자신을 인정하는 데 조건을 붙이게 되면 **가치조건**이 생겨난다. 반면, 무조건적 긍정적 존중만 받는다면 조건 없이 자기를 수용하게 된다.

08 자기와 불일치하는 체험은 위협으로 받아들여져서 **불안**을 가져온다. 자기개념에 맞지 않는 체험들은 의식되지 않거나 왜곡되게 지각되고, 자기-체험 일관성을 유지하기 위해 **방어**를 하게 된다.

09 Rogers식 심리치료는 이론이나 기법보다 치료자의 태도, 치료자-내담자 관계를 중시한다. 치료자가 자기-체험이 일치하여 진실하고, 내담자를 무조건적으로 수용·존중하며 감정이입적으로 이해하면, 그런 관계 또는 분위기 속에서 내담자는 스스로 문제해결의 길을 찾고 충분히 기능하게 된다.

10 Rogers는 심리적으로 건강한 사람을 **충분히 기능하는 사람**이라고 부르고 체험 개방성, 실존적 삶, 유기체 신뢰, 자유롭다는 느낌, 창의성의 다섯 가지 특징을 서술하였다.

11 Maslow와 Rogers의 이론이 인본주의, 현상학, 自己와 관계, 과학적 연구라는 네 주제를 중심으로 평가·비판되었다.

제 6 장

인본주의와 현상학: 경험적 연구

인본주의에 대한 경험적 연구에서 핵심이 되는 것은 인간성의 건강하고 긍정적인 측면이다. 심리학이 경험의 부정적인 측면들에 초점을 맞추는 경향은 여전하지만, 사랑, 행복, 강함 등에 대한 관심은 많이 높아졌다('긍정적 심리학', positive psychology). 이 장에서는 Maslow가 주로 사례연구법에 의지하여 자기실현자의 사랑을 연구한 내용을 소개한 후, 보다 최근에 인습적인 과학적 방법을 써서 수행된 행복체험의 연구를 제시한다. Rogers는 자기 연구에 많은 공헌을 했는데, 여기서는 자기존중 연구들에 초점을 맞추기로 한다. 구체적 연구들을 소개하기에 앞서 현상학적 견해에서 자기를 연구할 때 많이 사용하는 측정평가 방법을 먼저 알아보기로 하자.

현상학적 측정평가

현상학적 접근의 연구들에서 중요한 것은 사람이 자기를 어떻게 지각하고 정의하느냐 하는 **자기개념**이다. 자기개념 측정은 피험자의 자기보고에 의지한다. 연구를 위해 적응과 건강의 객관적 지표도 필요한데, 이론적으로는 자기-체험 일치 정도가 중요하지만 *체험*, 즉 현상적 장은 늘 변화하는 흐름 속에 있기 때문에 측정하기가 어렵다. 따라서 경험적 연구에서는 자기와 이상적 자기의, 스스로 보는 '나'와 가까운 사람들이 보는 '나'의 일치가 중시된다.

현상학적 견해에서는 사람이 자신의 생각과 느낌들을, 따라서 자기개념과 이상적 자기도 상당 부분 의식한다고 가정하기 때문에 측정에서도 자기보고, 자기평정에 크게 의지한다. 여기서는 통상적인 자기보고 질문지나 자기평정에서 벗어나는 Q분류(Q-sort) 기법을 소개하기로 한다.

Q분류 기법

이 기법에서 피험자는 카드들(독서카드 크기로, 대부분 100장 이내)을 여러 무더기로 분류한다. 카드에는 "친구를 쉽게 사귄다," "분노 표현에 문제가 있다" 같은 자기진술 내지 성격특징이 적혀 있다. 기술하는 것은 연구 목적에 따라 '나'(자기개념)의 특징이기도, '되고 싶은 나'(이상적 자기)이기도 하다. 아는 사람(예, 친구나 배우자)이 피험자의 성격을 기술하기도 한다.

Q분류는 매우 신축성 있는 방법으로서, 진술들은 연구 목적에 따라 얼마든지 달라질 수 있다. 예컨대, 교사들이 생각하는 훌륭한 교수법이 무엇인지를 연구한다면, "남을 배려하도록 가르친다," "교사가 세운 규칙들을 지킨다" 같은 진술들을 교사 행동으로서 바람직한 정도에 따라 분류하게 할 수 있다. "이상적 직장동료," "이상적 직장상사"를 평가하게 할 수도 있다. 우선 분류 절차를 알아본 다음에 이 기법을 사용한 연구 예를 제시하기로 한다.

분류 절차 피험자는 카드에 적힌 문구를 읽고 그 말이 자기 자신을 얼마나 잘 기술해준다고 보이느냐에 따라 카드들을 분류한다. 통상 연구자는 카드들이 몇 개의 더미(pile)에 몇 장씩 들어가는지를 정해준다. 예컨대 카드가 100장인 경우에 각 카드에 적힌 말이 "자신을 매우 잘 기술해준다"(1)부터 "자신을 전혀 기술해주지 않는다"(11)에 이르기까지 어디 속하느냐에 따라 11개 더미로 나누게 하되, 각 더미에 들어가는 카드의 숫자를 정해준다(예컨대, 2, 4, 8, 11, 16, 18, 16, 11, 8, 4, 2). 괄호 안의 숫자들을 보면 제일 가운데 들어가는 수가 제일 많고(18), 양끝으로 갈수록 수가 적어지며, 그 숫자들이 맨 가운데 범주를 중심으로 대칭을 이룬다는 것을 알 수 있다. 이러한 분포를 그림으로 그려보면 종을 엎어놓은 모양의 *정상분포*가 된다. 연구 목적에 따라 각 더미에 같은 숫자의 카드들을(가령 1-10까지에 10장씩) 넣으라고 지시하기도 하며, 그럴 때는 분포가 종 모양이 아니라 직사각형이 된다.

자기와 이상자기의 일치도를 연구할 때 피험자는 같은 카드들을 가지고 일단 자신을 어느 정도 잘 기술해주느냐에 따라 분류하고, 이상적 '나'에 대해서도 같은 절차를 따른다. 상담치료 연구에서는 이러한 분류가 치료를 시작하기 전, 치료에 들어가서 한 달 뒤, 두 달 뒤 등으로 여러 차례 반복된다. 독자들이 생각할 수 있듯이, 치료가 성공적이라면 자기개념이 점점 긍정적인 방향으로 바뀌면서 이상자기에 점점 근접해 갈 것이다. 종단연구에서도 Q분류 절차가 많이 사용된다. 이를테면 10세, 15세, 20세 때 자기와 이상자기의 모습이 다르게 기술되는가. 피험자들이 어린아이 때부터 종단연구에 참가하는 경우에는 (피험자들을 본 적이 없는) 연구자들이 관찰, 면담, 심리검사 등의 자료를 토대로 Q분류를 하기도 한다.

원래 Q분류는 전문 학자나 임상가들이 피험자나 내담자들의 성격을 평가하기 위한 도구로 만들어졌다. 즉, 자기보고(S자료)가 아니라 전문가평정(O자료)을 위해 만들어진 것이다. Block(1961/78)의 **캘리포니아 Q 세트**(California Q-set, **CQ 세트**, 아동용은 따로 있다)가 그러한 도구이다. 이 도구는 형용사형으로도 나와 있다. CQ 세트는 개별 피험자나 내담자 성격 기술에만 쓰이지 않고 심리장애 유형의 특징을 기술하는 데도 쓰인다. 가령 이 세트를 가지고 남성 망상증 환자(paranoid), 여성 히스테리 환자와 더불어 최상적응 성격이 기술되기도 하였다.

최상적응 성격의 Q분류 정의 이론방향도, 일하는 세팅도 다양하며 상당한 임상경험을 가진 9명의 임상심리학자들이 CQ 세트를 가지고 '최상적응 성격'(optimally adjusted personality)을 기술하였다(Block, 1961/78, 부록 D, pp. 144-145). 100장의 카드는 9개 더미로 분류되는데, "극히 특징적이거나 두드러진"(척도치 9)과 정반대(1) 범주들에 5장씩, "비교적 중립적이거나 안 중요한"(척도치 5) 중앙 범주에 18장이 들어간다. 평정자간 일치도는 .78로서, 같은 전문가들이 남성 망상증 환자와 여성 히스테리 환자를 기술했을 때 일치도(각각 .55와 .51)보다 높았다.

최상적응 성격의 "극히 특징적이거나 두드러진" 5개 측면은 다음과 같다(괄호 안의 값들은 9명의 평정치 평균이다).

35. 따뜻하다. 가까운 관계를 맺을 수 있는 역량이 있다. (8.9)
2. 진정으로 믿을 수 있고 책임감 있는 사람이다. (8.8)
60. 자신의 동기와 행동을 잘 이해한다. (8.4)
26. 생산적이다. 맡은 일들을 잘 해낸다. (8.3)
64. 아주 다양한 인간관계 단서들을 잘 감지한다. (7.9)

최상적응자들이 가장 '아닌' 면들은 다음과 같다. 즉, 아래와 같을수록 *부적응자*이다.

45. 자아방어체계가 깨지기 쉽다. 통합을 잘 못해낸다. 스트레스나 외상을 당하면 무너지고 적응 못할 것이다. (1.0)
78. 삶이 자기를 속이고 피해 입힌다고 느낀다. 자기연민이 있다. (1.4)
86. 불안·갈등들이 존재함을 인정하지 않으려 드는 식으로 불안·갈등들을 다룬다. 억압이나 해리경향들이 있다. (1.9)
22. 삶에서 개인적 의미를 찾지 못한다. (1.9)
55. 패배를 자초한다(self-defeating). (2.0)

임상심리학자들이 보기에, 적응 잘하고 건강한 사람은 따뜻하고 관계 역량이 있으며 책임질 줄 아는, 일과 인간관계를 즐길 줄 아는 사람이다. 그 반대편에는 자아방어체계가 약하여 스트레스에 쉽게 무너지고 '피해의식'과 자기연민이 많은 사람이 있다. 100개 문항 각각에 대해 9명의 평정을 합친 평균값인, 문항 끝 괄호 안에 있는 점수를 최상적응 성격의 정의로 인정한다면, 100개 문항에 걸쳐 이 전문가 정의와 일치하는 정도(상관)를 적응 성격의 지표로 사용할 수 있다. 독자를 잘 아는 전문가가 독자의 성격을 'Q분류'한 결과가 이 전문가패널 판정과 일치할수록(높은 상관) 독자는 적응을 잘하는 성격인 것이다. 물론 피험자들이 자기 성격을 기술한 결과를 전문가 판정과 비교해 볼 수도 있을 것이다.

연구 예: 자기평가와 타인평가 '나'와 '이상적 나'의 일치도 중요하지만, '내가 보는 나'와 '남이 보는 나'의 일치도 중요하다. 우선 남이 나를 어떻게 보느냐에 따라 나에 대한 행동이 달라진다. 사장이 나를 무능하다고 보면 나를 채용하지 않을 것이며, 친구가 나를 부정직하다고 본다면 내게 돈을 꾸어주지 않을 것이다. 심리학적으로 더욱 중요한 것은 남이 나를 어떻게 보느냐 하는 것이 나의 자기개념에 영향을 미친다는 것이다. 예컨대 부모도, 학교 선생님들도 나를 무능하다고 본다면 나도 자신이 무능하다고 생각하게 되기가 쉽다.

Q분류는 자기평가와 타인평가의 일치도를 연구하는 유용한 도구가 된다. Funder와 Colvin(1997)은 157명의 학부생들로 하여금 Q분류로 자기 자신을 서술하도록 시키고, 아울러 각자 두 명의 친구가 피험자들을 서술하도록 하였다. 결과를 보면, "관심범위가 넓다," "철학적 문제들에 관심이 있다," "남이 와서 조언을 구한다" 같은 긍정적 문항들에서는 자기평가가 타인평가보다 높고, "적대감을 표현한다," "자기주장이 강하다" 같은 문항들에서는 자기평가가 더 낮았다. 이를 **자기고양**(self-enhancement)의 경향, 즉 자기를 긍정적으로 보려는 경향이라 할 수 있을 것이다.

연구자들은 결과의 다른 측면에도 주목하였다. 성격특성들의 *관찰 가능성*에는 차이가 있다. 관심범위가 넓은지 철학적 문제들에 관심이 많은지 하는 것은 내면적이고 사적인 체험들인 데 비해, 적대감 표현, 자기주장 등은 밖에서 더 잘 보이는 행동특성들이다. 내적이고 정신적인 활동들이 주관적으로는 우리 존재의 더 중요하며 특징적인 부분일 수 있지만, 남들과의 관계에서 내보이는 성격특성들은 남들에게 더 중요할 것이다. 비슷하게, 관심범위가 넓은지, 철학적 문제들에 관심이 있는지는 본인이 가장 잘 알고, 적대감을 표현하는지, 자기주장이 강한지는 남이 더 잘 관찰하는 사항들이다. 같은 연구에서 "자기를 남들과 비교한다," "죄책감을 잘 느낀다"는 본인이 더 인정하고, "개인적 매력," "재미있는 사람"은 타인이 더 인정해주는 문항들이었다. 전자는 별로 긍정적이지 않지만 남이 알기 힘든 특성들이고, 후자는 긍정적 특성들이지만 남이 더 잘 아는 측면들이다.

자기고양 때문이든, 관찰가능성 때문이든 자기 자신을 잘 모를 수 있다는 것은 자기보고를 신뢰하는 현상학적 연구 전통의 측정에 문제를 제기한다. 자기보고의 신뢰성 문제는 다음에서 다루기로 한다.

긍정적 체험의 연구

심리학 연구와 이론이 부적응과 장애·병리에 치우쳤다는 반성에서 최근 **긍정적 심리학**(positive psychology)이 등장하였다(Seligman, 2002; 권석만, 2008). 그 창시자라 할 수 있는 Seligman은 자신감, 희망, 신뢰 등 *긍정적 정서*, 강점(strength), 덕성 등 *긍정적 특질*, 민주주의, 강한 가정, 사상의 자유 등 *긍정적 제도*가 "긍정적 심리학의 세 기둥"이라 말한다(2002, p. xi). 정서와 특질과 제도가 맞아야 긍정적 심리가 나오는 것이다. 이 절에서는 사랑과 행복체험에 대한 연구들을 소개하기로 한다.

자기실현자들의 사랑

Maslow는 사랑을 이해하는 것이 심리학자의 특별한 의무라고 믿었다. "우리는 사랑을 가르치고 창조하고 예측할 수 있어야 하며, 그렇지 않으면 세상이 적대감과 의심에 휩쓸려 버린다"(Maslow, 1954/70, p. 181). 사랑에 대한 심리학적 개념화와 연구는 많이 있다(홍대식, 1996 참조). 연구방법으로 자기보고 질문지가 주로 사용되고, 개념화 방향은 사랑의 유형분류(예, 열정애와 동반자애)와 '성분분석'(예, 필요, 관심, 신뢰, 관용의 네 요소; 친밀성, 열정, 개입의 세 요소)이 대부분이다. Maslow의 관심은 그가 "보편-원자론"이라 부른 이러한 분석적 연구가 아니라 "전체-역동" 연구에 있었다. 정상인의 심리학과 자기실현자의 심리학이 다르다고 본 그는 사랑에서도 큰 차이를 발견하였다. 인류의 평화와 생존을 염려한 그가 가르치고 창조하고 싶었던 사랑은 물론 성숙한 사랑이었다. 이야기의 초점은 남녀의 낭만적 사랑에 있지만 '사랑 이야기'는 동성애, 우정, 가족애 등에도 똑같이 잘 적용할 수 있다. 우선 그가 서술한 사랑의 "더 잘 알려진 특징들" 몇 가지를 보자.

결핍(D-)사랑의 특징들 앞 장에서 본 대로, '정상인'은 욕구서열의 기본적 욕구들—특히 사랑과 소속 그리고 존중— 이 충분히 만족되지 못하여 '결핍'의 특징들을 보이지만, 자기실현자들에게는 '존재와 성숙'이 중요해진다. 대중문화에서, 특히 TV 드라마와 연예프로들에서 연애와 사랑은 가장 중요한 메뉴인데, 대중이 잘 아는 사랑은 주로 다음과 같은 D-사랑이다.

사랑의 감정에는 큰 기쁨, 행복, 만족, 흥분, 심지어 황홀감이 있다—모든 것이 잘 된다면. 그 사람과 같이 있고 싶고, 만지고 안고 싶고, 안 보면 죽을 것 같다. 그는 아름답거나 선한, 아무튼 잘난 사람으로 이상화된다. 그 사람 생각만 나며 그가 삶의 중심이 되고, 언제나 같이 있고 싶다. 그 사람에게는 무엇이든 주고 싶고 기쁘게 해주고 싶다. 물론 사랑에는 특별한 성적(性的) 흥분도 있어서 상대방을 성적으로 갈망하게 한다. Maslow는 주로 긍정적 특징들을 서술했지만 소유 내지 독점욕과 질투("질투는 사랑한다는 표시"), 대중가요나 드라마에서 지겹도록 나오는 "고통과 슬픔"도 D-사랑의 (부정적) 특징들이다.

D-차원 욕구/인지의 특성들을 잘 알므로 우리는 사랑의 이러한 절박한 '뜨거움'이 어디서 나오는지를 이해할 수 있다. 바로 결핍된 그 무엇(안전, 사랑과 소속, 존중)을 충족받으려고 하기 때문에 "너 없이는 못 살아"가 되는 것이다. [이 불타는 사랑이 "너 때문에 못 살아"로 변하는 것은 시간문제이다.] 이러한 결핍사랑에 비해 존재(B-)사랑은 상대방의 *존재*를—그가 내게 필요한 무엇을 주기 때문이 아니라— 사랑하는 것이다.

존재(B-)사랑의 특징들 Maslow는 자기실현자들을 대상으로 실시한 면접, 대화, 관찰 등에서 그들의 사랑과 성의 특징들도 알아보았다. 욕구와 인지처럼 사랑도 물론 존재의 표현이므로 앞 장에서 서술한 자기실현자 특성들은 사랑에서도 관찰된다. Maslow는 순수한 B-사랑이 조부모들에서 발견된다는 '의혹'을 언급하였다. 그가 서술한 내용을 보자.

1. **방어가 없어짐** 점점 더 완전하게 자연스러워지고, 방어와 역할을 떨쳐버리고, 노력과 추구가 없어진다. 사귈수록 점점 친밀해지고 정직해진다. 이 정직성은 자신의 약점, 신체적·심리적 결함들을 스스럼없이 내보이는 것을 포함한다.
2. **사랑하고 사랑받는 능력** 과거에 사랑했고 또 사랑받았으며, 현재에도 그렇다. 이들은 사랑이라는 단어를 잘 안 썼다. 그 말을 소수에게만 쓰고, 사랑함과 좋아함을 분명히 구분하는 경향이 있었다.
3. **성 생활** 사랑과 성이 보다 완전한 하나이고, 성의 즐거움이 매우 강렬하다("좋은 동물"). 성은 평균인에게보다 더 중요하기도 하고 덜 중요하기도 하다. 성은 깊은, 거의 신비적인 하나 됨의 체험이지만, 다른 한편 그들은 집착이 없고 오랜 금욕을 더 잘 참는다. 이는 음식에 대한 태도와 비슷해서, 매우 즐기지만 전체 삶의 틀과 인생철학에서 그 즐김이 아무런 중심 역할을 하지 않는다. 이들은 평균인보다 외도는 덜 하지만, 다른 이성에게 끌린다면 그것을 훨씬 잘 인정한다. 또 성과 사랑에서든, 다른 어디서든 남녀를 별로 구분하지(예, 여자는 수동적, 남자는 능동적) 않는다.
4. **배려, 책임, 욕구 융합** 두 사람이 하나의 자아인 듯 상대방의 욕구를 자기 자신의 욕구로 느끼고 상대방의 기쁨을 똑같이 느낀다. 욕구 융합 또는 동일시는 책임과 배려의 형태로 나타난다. 가령 한 사람이 병이 나면 그 사람만 운이 나쁘거나 고생하는 것이 아니라 그 커플이 같이 아프다. 관계가 아주 좋다면, 아픈 사람은 부모 품안에서 잠드는 아이처럼 배우자의 보살핌과 보호에 자신을 맡길 수 있다.
5. **재미와 즐거움** 성숙한 사랑에는 책임, 배려, 존중 등 '엄숙한' 특징들만 있는 것이 아니다. 성 생활은 "헐떡거림만큼이나 웃음이 많은 일종의 놀이"이다. 사랑이 노력과 추구라기보다는 기본적으로 즐김과 기쁨이기 때문이다.
6. **상대방의 개성 용인, 상대방의 존중** 배우자의 성공에 위협을 느끼기보다는 기뻐한다. 사랑과 존경이 같이 가므로, 이용하거나 통제하려고 하지 않고 상대방을 독립된 개체로서 인정한다.
7. **사랑, 존경, 경이** 좋은 그림을 볼 때 체험하는 것 같은, 그냥 수용하고 요구가 없는 자연스러운 존경과 경이, 아무것도 요구하지도 얻지도 않는 존경이 있다. 이 존경에는 목적이 없다. 기본적인 욕구들이 이미 충족되었으므로 상대방에게 바라는 것이 없고, 그저 "사랑하기 때문에 사랑하는" 것이다. 따라서 자기실현자의 사랑에는 평균인 쌍들이 하는 것 같은 노력이나 추구, 구속이 거의 없다.
8. **초연함과 개성** 이들은 가장 개인주의적이면서 동시에 가장 이타적이다. 건강한 이기심이 있고 자기 자신을 존중하며 이유 없이 희생하기 싫어한다. 그래서 통상

적 의미에서 서로 필요로 한다고 말할 수 없다. 아주 가까울 수 있지만, 필요하면 떨어져 있으면서도(오랜 분리나 별거) 관계가 무너지지 않는다.

9. **높은 눈과 민감성** 자기실현자의 가까운 친구, 배우자들은 평균보다 훨씬 더 훌륭한 사람들이다. 사랑이 눈멀게 한다지만, 존재사랑에서는 그렇지 않다. Maslow는 이 '높은 눈'(good taste)의 발달을 비교적 건강한 대학생 남녀에서 관찰할 기회가 있었다. 성숙해질수록 이 젊은이들은 겉모습, 체격, 춤, 농담실력 등에 덜 끌리고, 서로 맞는지 여부, 선함, 따뜻함 등에 대해 이야기했다.

앞 장의 표 5-1로 돌아가서 자기실현자의 특성들을 다시 보면, 그들이 맺는 친밀관계, 사랑하는 방식은 그들의 존재만큼이나 특별할 수밖에 없다. 가령 그들은 혼자 잘 지내며 '필요'에 따라 사람을 사귀지 않기 때문에, 소수의 타인들과 깊은(관계 자체가 목적인) 우정과 애정을 나눌 수 있다. 방어와 허세가 없을뿐더러 남들의 거짓됨도 금방 알아차리고 인습과 문화 환경에 초연·저항하므로, '사람 보는 눈'이 있고 '눈이 높다'.

누구나 "완전한 즐거움," "끝없는 즐거움"(Maslow, 1968/81, p. 83)을 주는 성숙한 사랑을 하고 싶을 것이다. 유감스럽게도 이런 행복은 노력과 추구로 되지 않는다. 존재와 성숙의 표현이기 때문이다. 슬프지만 희망은 있다는 말은 자기실현자 연구 전체의 결론이기도 하다(Maslow, 1968/81, p. 237).

> 우리는 인간에 대해 희망적인데, 왜냐하면 근본적으로 어떤 사람이라도 훌륭하고 건강한 사람이 *될 수 있기* 때문이다. 그러나 우리는 또한 슬픈 감정을 느껴야 하는데, 왜냐하면 실제로 훌륭한 사람이 *되는* 사람은 거의 없기 때문이다.

일과 여가에서의 흐름체험

Maslow는 **절정체험**의 강도와 빈도를 자기실현 정도의 지표로 볼 정도로 그것을 중시했다. 절정체험은 보통사람들에게도 오기는 하지만 그의 이론에서는 자기실현의 맥락에서 사례연구를 통해 기술되었다. Csikszentmihalyi('칙센트미할리'라고 읽는다)는 이런 체험을 **흐름**(flow) 또는 **최상체험**(optimal experience)이라 불렀다. '최상'인즉, "한 활동에 너무 몰두해서 다른 아무것도 상관이 없는 상태"(1990, p. 4), "이름 모를 세력들에 휘둘리지 않고 자신의 행위를 통제한다는, 자신이 운명의 주인이라는 느낌"(p. 3)이다. 일상어로는 그냥 행복감 또는 행복체험이라고 부르면 될 것이다. 그는 흐름체험을 자기실현 또는 성숙과 연결짓기보다는 그것이 어떤 사람, 어떤 상황들에서 발생하는가를 탐구하는 데 집중하였다. 방법론적으로도 사례연구뿐만 아니라 질문지 같은 인습적 방법들과 체험표집법이라는 독특한 방법을 사용하여 체계적·과학적 연구를 수행하였다.

흐름의 특성 Csikszentmihalyi는 최상체험보다 흐름이라는 말을 더 즐겨 쓴다. 많은 이들이 이런 체험 후에 "공중에 떠다니는 것 같았다," "물결에 실려 떠가는 것 같았다"고 말하기 때문이다. [우리나라 사람들은 "구름 위에 탄 것 같다," "산 정상에서 시내를 내려다보는데 다 내 것 같은 느낌" 같은 표현들을 쓰기도 한다.] 흐름체험에는 새로움(novelty), 발견·성취한다는 느낌이 있는데, 이것이 가능하려면 한편으로는 집중력, 몰두·몰아 능력이, 다른 한편으로는 기술 발휘를 요구하는 도전적 과제 또는 활동이 있어야 한다.

대부분의 최상체험은 목표나 규칙들이 확실한 활동들(예, 암벽등반, 외과수술)에 몰두할 때 일어난다. 과제의 성격뿐 아니라 과제에 임하는 태도도 중요하다. 어떤 일 또는 활동이든—돈을 벌거나 사회적으로 인정받기 위한 *수단*이 아니라—그 자체가 *목적*이어야 완전한 집중과 몰두, 몰아(자기초월)가 가능하다. 따라서 흐름체험은 편안한 이완상태보다는 도전적 과제, 능동적 활동, 높은 긴장—Maslow의 '즐거운 긴장'과 비슷한—을 요구한다. '활동'은 신체적 운동일 수도 있지만 독서 같은 정신적 활동일 수도 있다.

흐름을 위와 같이 정의할 때 그것은 권태, 불안처럼 체험의 한 특질이다. Csikszentmihalyi는 어떤 사람들이 어떤 과제 또는 상황에서 흐름체험을 하는가를 탐색하였다. 그가 체험의 질을 연구하는 데 쓴 방법은 질문지와 일기(일지)같이 회상에 의지하는 전통적 방법들이 아니라 체험표집법이었다.

체험표집법 심리학 연구에서 표집(sampling)이라는 말은 일차적으로 전집(population)으로부터 *피험자* 표본(sample)들을 뽑는 절차에 사용된다. 그러나 연구를 할 때 우리는 피험자들만 뽑지 않고, *장소*(예컨대, 잠재적으로 가능한 수많은 장소 중에서 유독 어느 한 특정한 대학의 실험실)와 *시간*(어느 한 특정한 시점)도 선택한다. 사람이든 장소든 시간이든 연구를 위해 표집을 할 때는 언제나 일반화 가능성을 생각해야 한다. 어느 한 피험자 표본을 대상으로 어느 한 장소 및 시간 표본에서 관찰한 행동 결과를 사람·시간·장소의 전집들에 일반화할 수 있어야 하기 때문이다('외적 타당도', 1장 참조).

체험표집법은 일상생활 *체험*들의 무선표본을 얻는 방법이다. 연구자는 피험자들에게 자동호출기와 응답지 노트(묶음)를 주고(체험표집지, experience sampling form, ESF), 통상 1주일 기간 동안 하루 평균 2시간 간격으로 호출신호를 보낸다(평균 8회). [요즘이라면 이동전화(핸드폰) 문자를 쓰게 될 것이다.] 신호음이 들리면 피험자는 어디 있건 무엇을 하는 중이건 1–2분 시간을 내어 ESF에 응답을 한다. ESF에는 자유반응을 하는 문항도 있고 평정 척도들도 있다. **흐름**은 정의상 *도전과 기술* 수준 둘 다 높을 때 그 순간을 즐길 뿐 아니라 자신의 역량들을 펼쳐서 새로운 기술들을 배우고, 자기존중과 개인복합도(personal complexity)가 커지는 체험이다(Csikszentmihalyi & LeFevre, 1989). 따라서 흐름을 연구하려면 사람들이 하고 있는 일의 종류, 그 일의 도전과 기술 수준, 체험의 질을 측정해야 한다.

문항들은 크게 세 가지 범주로 나뉜다. '도전과 기술'에서 피험자는 호출음이 울리는 순간에 하고 있던 일이 얼마나 도전적이며 또 기술을 요구하느냐 하는 것을 평정한다. 아래에서 보게 되듯이 도전과 기술 평정 결과를 토대로 그때 체험이 흐름이냐 아니냐를 결정하게 된다. 이 밖에 *체험의 질*도 12개 문항들로 평정하고, *현재 활동*("무엇을 하고 계셨습니까?")은 자유 반응하게 되어 있다.

연구 피험자와 방법 '여가'(leisure)는 문자 그대로 "남는 시간," "자유시간"을 의미하기도 하지만, "즐거운 시간"을 의미하기도 한다. 그런데 '남는 시간'은 정말 '즐거운 시간'인가? Csikszentmihalyi와 LeFevre(1989)는 체험표집법을 써서 일할 때와 여가 때의 체험 특질을 비교하였다.

피험자들은 시카고 지역의 5개 큰 회사에서 뽑은 139명의 (자원한) 근로자들이었다(19–63세, 연구를 끝낸 사람은 107명). 직업분포는 관리직(27%), 사무직(29%), 노동직(44%)으로 다양했다(남자 37%, 여자 63%). 연구자들은 1주일 동안 자동호출기를 통해 피험자들에게 오전 7시 반부터 오후 10시 반 사이에 평균 2시간 간격으로 무선적으로 호출음을 보냈다(한 주에 약 56회). 방해받기를 원하지 않는 상황에서는 호출기를 꺼놓았기 때문에, 얻어진 반응은 피험자당 평균 44개였다. 반응들의 99%는 신호가 간 뒤 20분 만에 나왔다. 사후면접에서 피험자의 2/3는 연구 참여가 생활에 방해가 되거나 성가시지 않았다고 말했다.

측정치들 호출음이 울릴 때마다 피험자들은 체험표집지(ESF)의 한 장에 응답을 하였다. ESF에 포함된 문항들은 아래와 같다.

1. **도전과 기술** 일 또는 활동의 도전과 자신들의 기술을 10점 척도('없다'부터 '매우 높다'까지) 상에서 평정하였다. *반응편파*(response bias)를 극소화하기 위하여 각 피험자의 점수들을 z점수로 바꾸었다. 도전과 기술에 대해 (해당 문항에서 전 회기에 걸친, 예컨대 56회에 걸친 각 피험자의) 평균을 0으로 놓고 평균에서 위·아래로 이탈하는 정도에 따라 *흐름*(도전과 기술이 둘 다 피험자 자신의 평균값보다 큼), *불안*(도전은 크고, 기술은 작음), *권태*(도전은 작고, 기술은 큼), *무감각*(도전과 기술이 둘

다 평균 아래)의 네 가지 맥락으로 분류하였다. 결과분석에서는 주로 흐름 맥락을 非흐름 맥락(나머지 세 개)과 비교하였다. 주된 관심은 일과 여가의 어느 편에서 흐름 맥락이 더 많았는가 하는 데 있었다.

2. **체험의 질** 더 전통적인 변인들을 통하여 체험의 질을 평가하기 위해, Osgood 등(1957)의 의미미분척도 세 요인 중 평가 또는 감정(쾌–불쾌)요인과 강함(또는 각성) 요인이 측정되었다. *감정*요인은 "행복하다–슬프다," "유쾌하다–짜증난다," "우호적–적대적," "사교적–외롭다"의 네 문항으로, *강함* 요인은 "깨어있다–졸리다," "강하다–약하다," "능동적–수동적," "흥분–지루"의 네 문항으로 측정되었다.
동기, 집중, 창의성, 만족, 이완도 측정되었다. 그중 *동기*는 "호출음이 울렸을 때 다른 어떤 것을 하고 있었더라면 하고 바랐습니까?"라는 문항으로 측정되었다. 10점 척도("전혀 아니다"부터 "매우 그렇다"까지)에서 점수가 낮을수록 하고 있는 일에 동기가 높은(즉, 좋아서 하는) 것이었다.

3. **현재 활동** "무엇을 하고 계셨습니까?"라는 물음에 대한 자유 반응을 몇 단계로 범주화하여 마지막 단계에서 일과 여가 범주를 나누었다. *일*은 업무를 하고 있다고 보고한 모든 사례들을 포함하였다(예, 보고서 작성, 회의 등). 업무시간이지만 일하고 있지 않다고(예, 동료들과 잡담) 한 경우의 반응들은 포함되지 않았다. *여가*는 TV시청, 독서, 게임과 스포츠 등 업무중이 아닐 때 활동들을 포함하였다. 전체 반응의 약 절반이 일과 여가의 두 범주에 들어갔고, 나머지 절반은 운전, 먹기, 기타 다양한 잡일이었다.

결 과 관리직과 노동직 근로자들은 하루의 약 30%를, 사무직은 약 23%를 '일'에 보냈고, '여가' 시간은 세 집단이 거의 같았다(20%). 여가에 가장 많이 하는 것은 TV 시청이었고 그 다음으로는 사람들과 어울림(사교)과 독서였다. 이 세 활동이 모든 여가 활동의 2/3 이상을 차지하였다.

연구자들이 제기한 물음들은 다음과 같았다. 흐름을 가져오는 조건들(도전과 기술 둘 다 높음)이 발생할 확률이 여가에서 더 큰가 아니면 일할 때 더 큰가? 행복, 유쾌 등등으로 측정되는 체험의 질이 흐름 맥락에서 더 높은가 아니면 非흐름 맥락에서 더 높은가? 전체적인 체험의 질이 일과 여가에서 다른가? 직업 종류가 체험의 질에 영향을 미치는가 하는 마지막 물음은 연구결과를 보고 나서 제기되었다. 피험자들의 약 절반은 흐름 때에 동기가 평균 이상이었고, 다른 절반은 그렇지가 않았다. 이 차이가 흐름 상황들(고 도전, 고 기술)을 선호하는 성격 차이를 반영한다고 보고, 연구자들은 흐름에서 동기가 높은(즉, 그 순간 다른 어떤 것을 하고 있었기를 바라지 않은) 사람이 일을 다르게 체험하는가를 물었다. 연구결과가 이 물음들에 어떤 답을 주는지를 보자.

*흐름체험*은 여가보다 일에서 세 배 이상이나 더 많았고, 관리직 종사자들(64%)이 일할 때 더 자주 흐름 상태에 있었다(사무직 51%, 노동직 47%). 흥미 있게도, 업무중이 아닐 때 흐름의 가장 큰 출처는 세 직업 집단 모두에게 '운전'(여가 활동에 포함되지 않음)이었다. *체험의 질*은 일/여가에 상관없이 흐름이냐 아니냐에 큰 영향을 받았다. 감정, 힘, 집중, 창의성, 만족, 동기가 모두 非흐름보다 흐름에 있을 때 더 높았다.

예외적으로 *동기*와 *이완*의 두 변인은 흐름/非흐름보다는 일/여가에 따라 달랐다. 여가에서 이완 수준이 높다는 것은 어찌 보면 당연하지만, 흐름/非흐름 차이가 더 크리라고 예상되었었다. 흐름은 도전적이고 기술을 요구하는, 즉 힘들고 어려운 과제에 몰두할 때의 상태이기 때문이다. 그러나 동기 변인의 결과는 더욱 예상 밖이었다. 非흐름보다는 흐름 때 동기 수준이 더 높기는 했지만, 일/여가 차이가 훨씬 더 컸다. 여가 때 동기가 언제나 일할 때보다 더 높았다. 즉, "다른 어떤 것을 하고 있었더라면" 하는 생각이 일할 때 더 많은 것이다.

흐름 상황들에서 동기가 더 높았던 사람들은 무감각 상황들에서 동기가 더 높았던 사람들과 비교하면 일할 때 체험의 질이 아주 달랐다. 일하는 데 보낸 시간은 비슷하지만, 전자는 일할 때 더 행복하고 더 강하다고 느끼고 더 큰 만족과 이완을 느낀 데 비해, 후자는 일할 때 감정, 만족, 이완이 평균 아래로 떨어졌다. 인구학적 변인들에서는 두 집단 간에 차이가 없었다. 노동자나 고령이라고 해서 무감각 상황에서 "다른 어떤 것을 하고 있기"를 바라지 않은 것이다. 따라서 이들의 차이는 성격 성향의, Csikszentmihalyi가 말하는 '자목적(autotelic) 성격'의 차이라고 할 수 있을 것이다.

논 의 연구결과는 여가는 즐겁고 일은 괴롭다는 일반인들의 고정관념을 뒤집는다. 긍정적인 체험들은 일에서 더 많이 나온다. 가장 긍정적인 자유시간 체험인 *차 운전*은 엄밀히 말해서 여가 활동은 아니다. 다만 도전적 상황에서 자신의 기술을 발휘한다는 느낌을 자유시간에는 운전할 때나 가질 수 있는 것이다. 이러한 결과는 일반적 통념과는 모순되지만 Csikszentmihalyi의 이론과는 일치한다. 직무들에는 목표, 피드백, 규칙, 도전들이 있어서 집중과 몰두를 돕는 반면, 자유시간은 "구조화되지 않아서, 즐길 수 있는 것으로 만들기에 훨씬 더 많은 노력을 요구"(1990, p. 162)하는 것이다.

일과 여가를 어떻게 체험하느냐 하는 것은 흐름 조건들 속에 있느냐 여부에 따라 극적으로 달라진다. 중요한 예외는 *동기*로서, 여기서는 흐름 조건들보다 일/여가 구분이 훨씬 더 중요하다. 여가 때 더 동기가 높은 것이다. 일에서 긍정적 느낌들이 훨씬 더 많은데도 일할 때 "다른 어떤 것을 하고 있었더라면" 하고 바란다는 것은 역설이다. 일(직무)의 강제성이 그것이 주는 긍정적 느낌들을 가려 버리는 것이다.[1] 연구자들은 그러한 맹목성이 개인 안녕은 물론 사회 건강에도 불행한 결과를 가져온다고 논의한다. 사람들은 재미없고 따분한 것들을 더 많이 하려고 들고, 긍정적이고 강렬한 느낌들을 주는 활동들을 피한다. 공부나 독서보다는 TV시청을 하고, 수준 높은 작품(책, 영화 등)을 읽거나 볼 때 더 집중하고 즐겁지만 쓰레기들을 더 많이 찾는다. 그 결과는 권태(지루함, 지겨움)이다. 나아가, 사회 전체의 생산성 악화와 퇴폐·향락산업 번창 등으로 사회가 불건강해진다.

연구자들은 사태 개선을 위한 두 가지 방안을 제시한다. 여가를 더 의식적, 능동적으로 사용함으로써 삶의 전체적 질을 높이며, 또 일은 싫은데 억지로 한다는 생각을 버리고 일이 매우 즐거울 수 있음을 스스로 인정하자는 것이다. 그러면 더 효과적으로 일하고, 더 큰 물질적 성공을 이루면서도 삶의 질을 높여갈 수 있다는 것이다. 학생들에게는 공부가 일이며, 어려운 과제를 노력해서 잘 해낼 때, 어려운 책이나 논문을 붙들고 씨름하여 드디어 이해할 때 '높은 기쁨'을 모르는 학생은 거의 없을 것이다. 이런 즐거운 공부에는 우수한 성적이 따라올 확률이 높지만, 점수나 성적을 따기 위한 수단으로 (억지로) 공부한다면 재미도 없고 성과도 좋기 힘들다. 그러나 대부분의 학생들이 놀 때보다는 공부할 때 '다른 어떤 것을 하고 있기'를 더 바랄 것이다.

흐름체험을 증가시킬 수 있는 또 하나의 방법은 기술 발휘를 요구하는 도전적 상황들을 좋아하기를 배우는 것이다. Csikszentmihalyi는 흐름을 그 자체(auto)가 목적(telos)인 **자목적**(自目的, autotelic) 체험이라고 부르고, 흐름체험을 자주 하는 사람을 자목적 성격이라고 불렀다. 이는 Maslow의 '자기실현자'의 다른 이름이라 할 수 있다. Maslow의 이론에서 자기실현자는 소속과 사랑이든 존경이든 더 이상 "바라는" 게 없으므로 무엇을 하든 그것이 존재의 표현이며 "그 자체가 목적"이다.

무엇을 하든 그 자체를 목적으로 여기는 성향은 아마도 Maslow가 시사하는 것처럼 성숙의 (방법이라기보다는) 결과일 것이다. 또 성숙과 성격형성에는 사회적 조건들도 중요하다. 학교라는 곳에 발 들여놓자마자, 심지어는 그 전부터 점수와 등급/석차가 모든 활동의 목표가 되는 사회에서는 '재미있는', '행복한' 공부가 쉽지 않다. 마찬가지로 돈이 절대적 가치를 지닐 때 일은 돈벌고 인정과 존중을 얻는 수단이 될 수밖에 없다. 사회가 병들었을 때 의지(意志), 방법, 훈련과 기술로 이룰 수 있는 성장·발전('긍정적 사고', '하면 된다'!)에는 한계가 있다 해도, 자기 자신과 자신의 결함들에 무심해지고 "외적 대상들에,

1) 높은 기쁨(힘들고 어려운 일에 몰두)을 마다하고 낮은 기쁨(예, TV시청)을 추구하는, 편안함을 얻는 대신 즐거움을 잃는 역설은 다르게도 설명할 수 있다(홍숙기, 1994). 우리가 살고 일하는 환경이 스트레스가 많기 때문에 대부분의 사람들이 지쳐 있고('헬조선'!), 그래서 자극보다는 편안함을 찾는다는 것이다. 그렇다면, 생활환경과 일환경을 좀더 편안하고 공정하고 인간적인 쪽으로 바꾸어나가는 사회운동이 바로 뒤에 나오는 Csikszentmihalyi의 제안보다 더 현실적이고 근본적인 개선책이 될 것이다.

즉 세계의 상태, 지식의 여러 분파들, 좋아하는 사람들에" 관심 기울이라는 조언은 의미깊다(Csikszentmihalyi, 1999, p. 93). 성장과 자기실현은 '나' 밖의 것들에 '참여적 관심'을 가지고 살아갈 때 따라오는 부산물인 것이다.

자기존중

자기존중은 내가("I") 나를("Me") 평가하는 표상들이라 할 수 있다(Robins 등, 2008). 존중욕구는 Maslow의 욕구서열에서 소속과 사랑에 대한 욕구들을 충족시킨 다음에 나온다. 우리는 타인에게 인정과 존경을 받고 싶은가 하면 자기 스스로를 인정, 존경하고 싶기도 하다. Rogers도 '나'가 발달하면서 먼저 (중요한 타인들, 특히 돌보는 이로부터) '긍정적 존중 욕구'가, 그리고 자기존중욕구가 생긴다고 가정하였다. 즉, 둘 다 누구나 자기존중 욕구가 있으며, 또 (중요한) 타인들에게 받는 존중과 인정이 자기 스스로를 존중하는 마음의 토대가 된다고 가정한다. 남들이 우리를 좋게 볼 때 우리 자신도 스스로를 인정하고 존중할 수 있다는 것이다.

다른 한편 Rogers는 자기와 체험/유기체 *일치*를 심리적 적응과 건강의 지표로 본다. 일치란, 그때그때의 생각과 느낌들을 여과 없이 '나'의 생각과 느낌들로 받아들일 수 있음을 뜻한다. 반면 자기와 체험이 불일치하면, 즉 '나'의 것으로 받아들일 수 없는 생각이나 감정이 생기면, 불안해지고 방어를 하게 된다. *자기개념*이 부정적이고(예, 나는 못났다, 무능하다) *체험*이 긍정적인 경우(예, 남에게 칭찬받음)에도, 이 불일치가 불안과 방어를 가져온다고 가정된다(무슨 저의가 있어서 나를 띄우는 것이다). 자기개념의 *구조*성격을 생각할 때도 일치와 일관성이 중요하다. '나'를 구성하는 지각과 가치들이 서로 관계를 맺으며 통합된 구조를 이루려면 일관성이 필요하기 때문이다. 앞 절에서 자기와 이상적 자기의 일치가 연구들에서 적응의 지표로 사용된다는 것을 보았거니와, 일치 또는 일관성은 그의 이론에서 가정하는 중요한 동기이다.

자기를 긍정적으로 보고 싶은 존중욕구는 **자기고양**(self-enhancement)으로, 즉 자기존중을 유지하거나 높이는 정보를 찾는 시도로 나타난다. 반면, 일관성 동기는 **자기확인**(self-verification)으로, 즉 자기지각들 간의 그리고 자기지각과 (들어오는) 정보 간의 일치를 찾는 시도로 나타난다. 여기서는 '나'의 *가치* 인정보다는 '나'를 *옳게* 보고 있다는 확인이 더 중요해진다. 경험적 연구는 두 동기가 모두 존재함을 보여주지만, 때로 두 동기는 서로 충돌할 수가 있다.

자기확인 대 자기고양

우리는 진실을 원하는가 아니면 '기분 좋음'을 원하는가? 자기확인의 정직함을 원하는가 아니면 자기고양의 흐뭇함을 원하는가? 두 동기가 서로 충돌하면 어떤 일이 일어날까? 괴롭지만 진실을 받아들일까 아니면 긍정적 자기상을 지키기 위해 진실을 부정할까? 이런 '인지-감정 충돌'(cognitive-affective crossfire)(Swann, Stein-Seroussi, & Giesler, 1992)에서 '머리'는 진실을 알거나 원하는데, '가슴'은 진실을 부정하고 싶다.

상반된 동기와 그 결과 일관성이 질서와 통합의 느낌을 주는 데 비해, 일관성 부족은 갈등과 스트레스를 준다. '나'(나는 착한 딸이다)와 어긋나는 생각·감정(예, 부모에 대한 원망)이 들거나 행동을 하게 되면, 불안해지고 내가 싫어지는 것이다. 또 일관성이 있어야 나 자신의 생각과 행동을 예측할 수가 있다. 내적 일관성 욕구는 **자기확인** 욕구로 이어져서, 내가 나를 쿨하다고 볼 때 남들도 나를 그렇게 봐주기를 바라게 된다. 내적·사적인 '나'가 외적·공적인 '나'와 일치하기를 바라기 때문에, 우리는 자기개념을 확인시켜주는 상황들을 고른다. 만일 자기개념이 부정적이라면, 가령 '나는 무능하다'면, 내 무능함을 확인시켜주는 상황들(예, 성공할 가능성이 극히 희박한 과제)을 찾아 나서는 것이다. 반면, 나의 유능함을 시사해주는 결과들은 외면하거나 아니면 왜곡시켜서 지각한다. 이를테면, 나의 능력이 뛰어나서가 아니라 운이 좋아서 아니면 남들이 못해서 내게 좋은 결과가 나왔다고 해석하는 것이다.

긍정적 존중과 **자기고양**을 추구한다면, 우리는 자신을 괜찮은 사람, 잘난 사람으로 볼 수 있게 해주는 상황들을 선호한다. 실패는 잊어버리고 성공을 주로 기억하며, '잘되면 내 탓, 안되면 조상 탓'이다. 우리에게 일어나는 일들을 자신을 높여주는 식으로 해석하는 것은 당연하다고 여겨질 정도로 직관적으로 타당해 보인다. 칭찬이나 성공은 좋은 것 아닌가. 그러나, 자기존중욕구 때문에 성공이나 칭찬을 추구하기도 하지만, 아예 노력을 포기하기도 한다. 예컨대, 스스로에게 장애물을 만듦으로써 —"self-handicapping"이라고 한다— 실패하면 그 장애물에 핑계를 대는 것이다. 중요한 면접에 늦게 가서, 그 자리를 못 얻으면 (인상이 나쁘거나 실력이 없어서가 아니라) 지각했기 때문이라고 믿어버린다. 자기존중 손상이 괴롭기 때문에 자신의 모습을 직시하기보다는 술, 약물, 심지어 자살로 도피하기도 한다.

같은 행동이 완전히 다른 동기들에서 나오는 일도 많다. 예컨대, 자신에 대한 부정적 정보('나는 무능하다')를 선호하는 행동이 자기확인 동기에서 나올 수도 있지만, 자기존중욕구에서 나올 수도 있다. 긍정적인 평가 뒤에 실망이 오면 결국 더 큰 타격을 받기 때문에 아예 기대를 낮추어 버리는 것이다. 성공할 줄 알았다가 실패했을 때는 비참하지만, 실패할 줄 알았는데 정말로 실패했을 때는 "안 될 줄 알았다니까"라고 위안할 수 있지 않은가("그래도 나는 나 자신을 모르는 바보는 아니야").

부정적 자기개념의 결과 매력 있고 지성적인 여자가 자기를 좋아하는 괜찮은 남자들을 마다하고 못났거나 '나쁜 남자'를 선택해서 불행을 자초하는 일들은 TV드라마에만 나오지 않는다. 부정적 자기개념 때문에 불행을 선택하는 것이다. 이러한 자기확인 동기에 깊은 인상을 받은 Swann은 일련의 실험연구들을 수행하였다. 그중 한 연구에서 그는 자기평가가 긍정적이거나 부정적인 피험자들에게 두 명의 '평가자'(실제로는 가상인물) 중 하나를 선택할 기회를 주었다(Swann 등, 1992). 평가자 서술은 좋거나 나쁜 평가들을 담고 있었다. *자기고양* 동기가 작용한다면, 피험자들은 모두 좋은 평가를 해주는 사람을 만나기를 원해야 하고, *자기확인*이 중요하다면 자기평가가 긍정적이냐 부정적이냐에 따라 선택이 다를 것이다. 자기개념이 긍정적일 때는 확인과 고양 동기가 같은 결과를 가져오지만(긍정적 평가 선호), 그것이 부정적일 때는 확인이 중요하다면 나쁜 평가를, 고양이 중요하다면 좋은 평가를 선호할 것이다.

결과는 자기확인 가설을 분명하게 지지해주었다. 자기개념이 긍정적이면 좋은 평가를 해주는 사람을 만나기를 더 원한 반면, 부정적 자기개념을 가진 사람들은 나쁜 평가를 더 원한 것이다. 실험은 평가자 선택으로 끝났지만, 만일 부정적 평가자를 실제로 만나서 좋지 않은 이야기를 들었다면, 부정적 자기개념이 맞음을 확인받았을 것이다. 부정적 자기개념을 바꾸기가 왜 그렇게 어려운가를 이해할 수 있다.

부정적 자기개념을 확인받고 싶어할 때도, 우리는 완전히 부정적인 정보(예, 나는 살가치가 없는 바보천치다)를 선호하기보다는 스스로 낮게 평가하는 특수한 영역에서만 부정적 정보를 원한다. 예컨대 외모에 자신이 없을 때 외모에 대해서 좋은 얘기를 듣고 싶지 않은 것이다. 같은 원리로, 전체적인 자기평가가 부정적인 사람도 힘(체력)과 관련해서는 긍정적 피드백을 원할 수 있으며 실제로 그러했다. '인지-감정 충돌' 속에서 자기개념과 일치하는 부정적 피드백을 원하면서도, 동시에 자기존중을 높여줄 긍정적 피드백을 원하는 것이다. 자기평가 동기들은 다양해서, 처음에는 좋은 말이 듣고 싶지만, 그 다음에는 나 자신을 '맞게' 보고 있다는 확인을 받고 싶고, 거기서 그치는 게 아니라 그 다음 단계에서는 평가가 정확한가, 내게 이로운가를 따지게 될 수 있다(Robins 등, 2008).

자기고양욕구에 개인차와 상황차이가 있다는 연구도 있다. 개인차로 말하자면, 자기도취(나르시시즘)가 심한 사람들은 자기수행을 남들의 수행보다 더 긍정적으로 평가하는 경향이 강하다. 상황에 따라 자기고양욕구가 달라질 가능성을 시사해주는 연구도 있다. 한 연구에 따르면 사람들이 데이트할 때는 상대방에게 좋게 평가받고 싶어하지만(자기고양), 결혼하고 나면 자기확인을 더 바란다. 즉 내가 나를 보는 대로 배우자도 나를 봐주기를 바라는 것이다. 한편, 문화심리학자들은 일관성(즉, 자기확인) 동기와 자기고양 동기에 문화에 따른 차이가 있다는 주장을 펼치고 있다.

자기개념의 동서양 차이 앞 장 말미에서 "상황 의존적이고 관계 중심적 인간관"을 가진 동양의 **집단주의**(collectivism) 문화에서는 "개체 중심적인 인간관"의 서구 **개인주의**(individualism) 문화에서보다 사람들이 自己의 구조적 일관성을 덜 추구한다고 말한 바 있다. 내집단(內集團, in-group) 목표를 위에 놓는 집단주의에서는 내집단의 조화와 상호의존성을 중시하고 공개적 갈등을 피하며, 개인의 목표를 위에 놓는 개인주의에서는 내집단으로부터의 독립과 분리가 중요하다(이훈구, 2003).

집단주의가 강할수록 *내가* 무엇을 원하거나 잘하느냐, 풍족 또는 부족하냐 하는 것보다 *남들에 비해* 어떠한가가 중요하다(조긍호, 1999, p. 254. 표 2 참조). 집단에 속하려면 자기주장이 강하거나 '튀면' 안 된다(결과는 소외, '집단 따돌림'이다). 마지막으로, 집단주의 문화에서는 행위의 (상황적) 가변성을 강조하므로 일관성 동기가 약한 반면, 상황이 달라져도 '나는 나'라는 개인주의 문화에서는 일관성이 중요하다. 따라서 자기고양과 자기확인의 동기들이 충돌할 때에도, 북미와 북유럽 피험자들은 일관성을 추구하므로 위의 실험에서 본 것처럼 자기확인 동기가 이기지만, 우리나라 피험자들은 다를 수 있다.

개인주의 문화에서는 일관성뿐만 아니라 자기고양 동기도 강하다. 미국 성인의 자기개념을 구성하는 긍정적 특성은 부정적 특성의 4-5배나 되지만, 한·중·일에게서는 부정적 특성으로 자기를 기술하는 경향이 더 높다고 한다(조긍호, 1999, p. 250의 개관). 긍정적 피드백도 원하고 자기확인도 바라는 '인지-감정 충돌'이 동서양을 막론하고 일어난다면, 우리는 긍정적 피드백과 자기고양을 원하는 욕구도 약하고 또 자기확인과 일관성을 추구하는 동기도 약하므로 충돌 자체가 심하지 않을지 모른다.

'남의 눈'을 의식하지만 남을 배려하지는 않는 경향은 어떻게 이해해야 할까? Triandis(1990)는 **공동체감**이라는 차원을 집어넣어서 개인주의와 집단주의를 더 구분한 바 있다. 공동체감이 없을 때, 개인주의는 개인의 목표만 중시하는 *자기애적*(나르시시즘) *개인주의*가, 집단주의는 가족의 목표들만 중요한 *가족주의*(familism)가 된다(강신표, 1988; 최재석, 1994; 조혜정, 1994). Triandis가 말하듯 서구의, 특히 미국의 개인주의가 자기애적이라면, 한국의 집단주의는 가족주의라 할 수 있다. 우리에게는 학교도, 회사도, 국가도 '가족'이고, 가족관계에만 쓰던 호칭들이 (심지어 '아버님' '어머님'까지도) 일반적 호칭들이 되어버렸다.

한국의 가족주의에는 상하, 중심-주변 차원이 더 들어간다. **'중심 지향적 가족주의'**(조혜정, 1994; 홍숙기, 1995b 참조)에서는 자기를 어떤 중심에 비추어 주변적 존재로 파악하고, 옆사람들과 동일시하기보다는 항상 *위*로 올라가 중심에 속하려고 애쓰는 삶의 자세가 나온다. '함께 사는 세상'을 바꾸려 들기보다는 자신의 욕구를 다스리고 자신을 낮추면서 더 높이 올라가 '중심'에 들어가려고 하기 때문에, 자기비판과 자기개선, 즉 반성과 노력이 중요한 동기가 된다. 집단의 기대에 비추어보아 자기에게 부족한 것을 찾아내어 이를 수정하려고 노력하는 것이다("열심히 하겠습니다," "시정하겠습니다"). 누구나 일등, 일류를 추구하는 사회 분위기가 여기서 나오는지 모른다. 일등은 단 한 사람만 할 수 있으므로 우리 문화에서 대다수는 자기존중이 낮을 수밖에 없다.

최근에 자주 불거지는 '갑질' 논란이 이 중심 지향성의 이면인 것 같다. '갑'은 위/중심에 있고, '을'은 아래/주변에 있지만, '사람 위에 사람 있고, 사람 밑에 사람 있다.' 과장인 나에게 '갑'인 국장도 그 윗사람에게는 '을'이고, 나는 나대로 내 아랫사람들에게 '갑'이 된다. 맨 밑바닥에 있다 해도 배우자나 자녀, 홈쇼핑 콜센터 젊은 여직원 등 '갑질'할 대상이 없지 않다. 그래서 '상류층'의 '엽기적 갑질'에 흥분하면서도 갑질의 '먹이사슬'은 없어지지 않는다. 위/중심만 바라보며 '나는 나'가 아닐 때 '자기존중'은 어떻게 되는 것일까?

자기존중

자기존중은 정신건강에 필수적인 요소로 여겨진다. Bednar, Wells, 및 Peterson(1989)은 대학원생 특별 세미나에서 "대부분의 정서 및 행동 문제들에 공통된 심리적 요소들이 있는가?"라는 물음을 놓고 토론하다가 결국 자기존중의 주제에 봉착하였다. 일단 그 주제가 나오자 낮은 자기존중이 정서 및 행동 문제들의 모든 유형과 연관이 있는 것으로 거의 언제나 생각되었다. 분명치 않은 것은 그것이 심리적 문제들의 원인이냐 결과냐 하는 것이었다. 즉, 자기존중이 낮으면 심리적 문제들이 생기나, 아니면 문제들이 있어서 그 결과 자기존중이 낮아지나?

자기존중의 정의는 다양하지만, 대체로 자기에 대한 전체적 평가(global evaluation)의 긍정성, 자기를 좋아함을 말한다(Heine, Lehman, Markus, & Kitayama, 1999). Bednar 등(1989)은 자기존중을 "주관적이고 지속적인 현실적 자기수용감," "정확한 자기지각들에 토대를 둔 지속적이고 감정적인 개인 가치감"(p. 4)이라고 정의했다. "현실적(realistic)" 자기수용, "정확한 자기지각"이라는 말이 들어간 것이 특이하다. 자기를 정확하게 보면서 수용하고 존중하는 것이 '자기존중'이라는 것이다. 그러나 이 정의는 '소수의견'이고, 대부분의 심리학자들은 자기를 소중하게 여기며 좋아하면 자기존중이 높다고 말한다. 자기존중의 측정치로서 가장 많이 쓰이는 Rosenberg 척도의 10문항 중 몇 개를 보라.

- 나는 내가 많은 좋은 자질을 가졌다고 느낀다.
- 전반적으로, 나는 실패자라고 느끼는 경향이 있다. (부정할수록 높은 점수)
- 나는 내가 자랑할 만한 것이 별로 없다고 느낀다. (부정할수록 높은 점수)
- 대체로 나는 나 자신에 대해 만족한다.

자기존중이 기본적인 인간욕구이자 정신건강의 필수적 요소라면, 낮은 자기존중은 '수수께끼'이며—도대체 왜 가장 소중한 존재인 자기를 싫어한단 말인가?—비합리적이고 부적응적이다(Baumeister, 1997). Heine 등(1999)은 이러한 견해가 주로 북미 문화권 심리학자들에게서 나왔음을 상기시키면서 "긍정적 자기존중에 대한 욕구가 보편적인가(universal)?"라는 물음을 제기하였다.

자기존중의 동서양 차이 북미(미국과 캐나다) 문화권에서 자기존중은 심리학에서 가장 많이 연구되는 개념의 하나이다. 앞에서 본 Bednar 등(1989)도 같은 결론에 도달했지만, "서구(특히 북미) 문화에서 하나의 중요한 맥은 자기존중을 충분히 투여해서 고칠 수 없을 만큼 깊은 심리적 상처는 없다는 믿음인 것으로 보인다"(Heine 등, 1999, p. 778). 대중들 관심도 대단하다. 구글에 들어가 "자신을 사랑하는 법"(How to love yourself)을 치면 검색 결과가 2,100만 개가 나온다 한다(Twenge & Campbell, 2009/10, p. 143). 자기존중의 병적인 형태는 *나르시시즘*이라고 할 수 있는바, Twenge와 Campbell은 전 세계에 퍼진 '나르시시즘 전염병'의 '숙주'가 미국(특히 1970년대)이라고 본다. 미국에서 자기존중과 나르시시즘 연구는 1970년대부터 계속 증가하고 있다(같은 책, p. 208ff.).

일본에서는 자기존중에 해당하는 '자신(감)', '자존심' 같은 말이 '거만하다', '잘난 척하다' 같은 부정적 함축을 띠고, 심리학적 연구도 북미에 비해 적다(Heine 등, 1999). 우리말에도 '자신만만하다', '자존심이 강하다', (최근에 쓰는 속어로) '자뻑' 같은 표현에 비슷한 부정적 함축이 들어가 있다. 북미-일본 차이는 같은 도구(Rosenberg 자기존중 척도)를 사용하여 나온 점수 평균에서도 되풀이된다. 유럽계 캐나다인들의 자기존중 점수들을 메타분석한 결과를 보면, 이론적 중간점이 30점(범위 10–50)인 이 척도에서 1,402명의 평균은 39.6이었다(Heine 등, 1999, p. 776, 그림 1). 일본을 떠나 살아 본 적이 없는 일본인 1,657명의 평균은 중간점에 가까운 31.1점이었다(같은 곳, p. 777, 그림 2). 일본인이라도 캐나다에서 오래 살았을수록 점수가 높고, 제 3 세대 동양인들은 유럽계 캐나다 사람들 평균이 같았다(p. 777, 그림 3). 한편, 일본에 간 캐나다 사람 영어교사들 자기존중은 일본에 도착한

7개월 후에 유의미하게 떨어졌다.

Heine 등은 *개인주의–집단주의* 차이로 북미–일본 차이를 설명한다. 북미 문화권에서는 독립, 자유, 선택, 능력, 개인 통제, 개인 책임, 개인적 표현, 성공, 행복 등의 개념들이 일상적 사회생활의 크고 작은 순간들을 물들이는데, 일본에서는 자기비판('반성'), 자기단련, 노력, 지구력, 타인들의 중요성, 수치와 사과, 균형과 정서적 제약이 일상생활을 지배한다는 것이다. 우리나라는 일본보다 더 집단주의적인 나라이다(Hofstede, 1991/95). Hofstede가 계산한 개인주의 지수를 보면(p. 87), 50개국 중 미국이 가장 개인주의적(91점)이고, 일본은 중간이며(46점, 22/23위), 한국은 개인주의가 매우 낮다(18점, 43위). 그렇게 본다면 우리나라 사람들은 일본인들보다 자기존중이 더 낮아야 하지만, 한국과 일본 문화는 Hofstede의 다른 차원들—특히 남성적–여성적— 에서도 많이 다르다. 따라서, 경험적 검증이 없이 일본 실태를 우리나라로 일반화하는 데는 문제가 있다.

문화가 일상적인 사회생활에 영향 미치고, '나'와 '남'에 대해, '나'의 가치에 대해 생각하는 방식에 영향을 미친다는 것은 부정할 수 없는 사실이다. 그러나 문화는 늘 변하고 있으며, 한 사회 안에도 여러 하위문화가 존재한다. 세계화 시대에 일본도 우리도, 특히 젊은 세대는 급속하게 서구화(미국화)되어 가고 있으며 미국의 생활양식과 나르시시즘이 전 세계에 전염병처럼 퍼져 있다(Twenge & Campbell, 2009/10). 개성과 자기표현, '나는 나'를 강조하는 것 같지만 우리나라의 '신세대 개성'은 상당 부분 소비생활의 개성이고, '타인 지향성'도 여전히 극단적이다. '글로벌' 시대에도 가족주의, '엉겨붙어 사는 가족'에서 자유롭지 못한 채 '내집단'이 무섭게 확장되는 것뿐이다.

하위문화들 중 대표적인 것이 *남자의 문화, 여자의 문화*이다. 많은 연구들과 임상적 관찰에서 여자는 남자보다 자기존중이 낮은 것으로 나와 있다. 흥미롭게도 여자의 문화는 조긍호(1999), Heine 등(1999)이 서술한 동양권 문화와 유사한 점이 많다. 가령 낮은 자존감이나 자신감, '나는 나'라는 자의식을 발달시키지 못하는 것이 '여성 문제'라면, 자만심, 애착형성과 분리의 어려움은 '남성 문제'이다(Tavris, 1992/99, pp. 25–26). 남녀가 원래 다른 것이 아니라, 대부분의 여성적 특성들이 종속된 지위, 낮은 권력을 가진 사람들의 특성이라면(Tavris, 1992/99; Secord, 1982), 동양의 문화적 특성들도 서양에 종속된 지위, 낮은 권력의 특성이라고 할 수 있을까? [Hofstede 연구에서 한국은 상당히 '여성적'인 나라이다.]

Hofstede의 국가별 개인주의 지수를 보면, 부유한 나라는 거의 모두 점수가 높은 반면, 가난한 나라는 거의 모두 점수가 낮다. Hofstede는 개인주의가 부를 가져오기보다는 부가 개인주의를 가져온다고 보는 것이 더 타당하다고 본다. 즉, 문화가 경제활동과 생산성에 영향을 미치는 것이 아니라 그 반대라는 것이다. Tavris의 주장을 상기한다면, 집단주의와 연관된 심리적 특성들이 (경제적, 정치적) 종속의 특징일 가능성도 배제할 수 없다. 여하튼 문화 변화, 하위문화별 차이, 그리고 개인차이 등을 고려할 때 동서양 문화에 따른 자기개념, 자기존중 차이를 절대시할 필요는 없다.

자기존중과 대처양식: 비공식적 실험 Bednar 등(1989)은 자기존중 개발을 위한 전문인 수련 워크숍에서 자주 사용한다는 연습을 소개하였다. 이것은 동일 집단을 두 개의 서로 다른 처치 조건에서 관찰한 비공식적 실험이라 할 수 있다. 1회 연습에 8-12명이 참여하는데, 먼저 방바닥에 누워서 편안한 눈가리개를 하고 이완 수준을 높이기 위해 최소한 5분 동안 심호흡 연습을 하게 한다. 그 다음 절차를 보자(pp. 59-61).

단계 1 **회피(avoidance)** 직면하기를 회피하는 하나의 구체적인 만성적 문제를 회상하라고 한다. 문제를 일단 분명히 확인하면, 그 문제상황을 마음 속에서 가능한 한 분명하고 생생하게 다시 만들어내라고 요청한다. 이에는 관련 인물들, 표현된 감정들, 나오는 주장들, 참여자의 회피행동과 표현 안 한 모든 생각과 감정들이 포함된다. 한 구체적 문제사건의 전체를 다시 만들어낸 다음에, 마치 영화를 보고 있는 것처럼 이 사건을 머릿속에서 다시 체험하라고 요청한다. 그 사건에서 모든 이들의 행동을 주의 깊게 관찰하되, 특히 자기 자신의 행동을 잘 관찰하라고 말한다.

이 예비단계들이 끝난 다음에, 이 구체적 사건에서 자신이 하는 행동을 놓고 *자기 자신*에 대해 느끼는 감정을 매우 정확하게 서술해주는 세 개의 형용사를 생각해내라고 요청한다. 그 사건에 대해 느끼는 감정이 *아니라* 거기서 하는 행동을 놓고 *자기 자신에 대해* 어떤 생각과 감정이 생기는지를 알아내는 것임을 강조한다. 질문에 대해 2, 3분 생각한 후, 참가자들은 독서카드에 그 형용사들을 적었다.

단계 2 **대처(coping)** 참가자들은 연습에 대해 토론하지 않고 다시 눈가리개를 쓰고 바닥에 누워서 심호흡 연습을 하였다. 그리고 나서 같은 문제상황을 다시 만들어내되, 이번에는 이 구체적 상황에서 자기가 되고 싶은 그런 종류의 사람인 것처럼 반응하라고 한다. 그리고 나서 아까처럼 그 사건을 다시 만들어내어, 관련된 다른 모든 이들의 행동과 아울러 자기 자신의 행동을 주의 깊게 관찰하라고 말한다. 이것이 끝나면, 이 구체적 문제상황에서 자신이 한 행동을 놓고 자기 자신에 대해 느끼는 감정을 가장 잘 서술해주는 형용사들을 생각해낸다. 선택한 형용사들을 적고 참가자들은 모두 워크숍 리더들에게 돌아간다.

결과와 논의 참여자들이 '회피'와 '대처' 단계에서 자신에 대한 생각과 감정을 서술하기 위해 고른 단어들은 아주 비슷하였다. 단어들의 개념적 유사성을 고려하면 참여자들의 일치도는 더 높아진다. 회피 단계에서 가장 자주 나온 단어들은 *무기력*(wimp), *약하다*(weak), *비겁한*(coward)이었다. 이들이 약 70% 나온다. 다양한 다른 형용사들도 나오지만, 의미를 보면 대부분이 약함이라는 일반적 주제의 반복이었다. 대처 단계에서 가장 자주 나온 형용사들은 *강하다*(strong), *용기*(courageous, brave)였다. 여기서도 자주 나온 다른 말들이 강함 또는 적절함의 일반적 주제와 일치한다. 회피 단계에서 긍정적 자기평가를 한다든가 대처 단계에서 부정적 자기평가를 하는 일은 매우 드물었다.

이 연습을 20회 이상의 수련 워크숍에서 해본 연구자들은 결과의 일관성에 놀랐다. 물론 이 '연습'이 수련 워크숍이라는 특수한 상황에서 수행되었으므로 요구특성과 기대들이 지각과 행동에 영향을 미쳤을 가능성을 배제하지 않았다. 그들은 이 연습을 과학적 실험자료라기보다는 임상적 관찰로 제시하면서, 자신들이 관찰한 결과가 자기존중의 발달에 중심이 되는 역학을 반영한다고 보았다.

문제상황을 회피하는 것이 가치 있다고 인정한 참가자는 거의 없었다. 그러나 많은 문제는 실제로 해결 불가능하며 그럴 때는 회피가 매우 적응적이고 적절한 반응이다. 회피하는 자신을 부정적으로 본다는 결과를 볼 때, 어떤 상황에서는 장점이 있다고 해도 회피는 심리적으로 불만스러운 반응이다. 통상 회피하는 문제상황에 한 번 대처해본다면 자신이 강하고 용기 있다고 생각하게 되는 현상도 흥미 있는 역설을 내포한다. 어려운 문제상황을 피하지 않고 직면하면 공포, 불안, 위험, 불확실성도, 때로는 실패도 따라오지 않는가. 따라서 '용감하다'가 다른 많은(긍정적, 부정적) 형용사들을 물리치고 가장 자주 나옴은 놀라운 것이다.

부정적 자기평가의 밑에는 회피가 깔려 있으며, 자기수용에는 대처가 기초가 된다는 추측을 Bednar 등(1989)은 평소 임상적 실제에서도 해왔다. 병적으로 의존적인 사람이 독립적이 되면서 자부심과 기쁨을 경험하는 것은 흔히 관찰할 수 있는 현상이다. 새로 얻은 독립이 더 큰 책임의 부담을 가져올 때도 그렇다. 기본적으로 회피는 사고와 지각의 왜곡을 요구하는 부정과 도피의 한 형태이다. 갈등상황에서 '척함'(pretending)으로써 남들의 기분만 맞추어주려고 하면, 인상관리(impression management) 기술이 늘고 자기가 누구인지를 모르게 된다. 그 결과 남들의 진실한 칭찬이나 인정도 믿지를 못하여, "네가 나라는 사람을 정말 알게 되면 내가 그렇게 좋은 친구였다고 생각하지 않을 거야" 같은 잘 아는 대사가 나오게 되는 것이다.

회피, 대처, 자기존중 Bednar 등은 자기존중을 정의할 때 "현실적 자기수용," "정확한 자기지각"이라는 말을 넣었다. 자기를 정확하게 알면서 자기를 수용하고 소중하게 여기는 것이 자기존중이라는 것이다. 회피-대처와 자기존중 사이의 관계를 생각해보면, 회피하지 말고 도전, 정면 대결한다는 상상만 해도 더 이상 자신이 비겁자가 아니라는 생각이 들고, 그래서 더 적극적인 대처를 하게 될 수 있다. 갈등상황을 피하고 싶을 때는 자신이 비겁한 못난이라는 생각이 든다. 불안을 억누르지 않고 스스로 인정하면서 갈등을 (방어 없이) 직면·해결하는 편을 선택한다면, 자기에 대한 강력한 학습 체험을 하게 된다. 이 배움에는 위험 부담이 있어서, 불쾌한 충동과 감정들, 남들의 거부 등을 직면·인정하게 되면 자기존중을 잃을 수도 있고, 평판이 나빠질 수도 있으며, 불안과 고통이 커질 수 있다. 자기 자신을 아는 것도, 남들이 자기를 아는 것도 피하고 싶은 위험이 된다. 그러나 위험이 클수록 더 중요한 배움이 나온다.

자기에 대해 알아간다는 것은 위험 감수뿐 아니라 '책임지기'도 포함한다. 책임지기란 자기에게 일어나는 일의 원인이 자기 자신에게 있음을 받아들이는 것, 자기를 정확하게 지각하는 것이다. 자신의 충동, 감정, 생각들을 방어 없이 인정하게 되면 "내 삶이 달라지려면 내가 무엇을 다르게 해야 하는가?"를 묻게 된다. 가족 모두에게 좋은 친구였고, 출세보다 가정생활 참여를 더 중요시한 아버지를 둔 26세 기혼 남자가 있다(Bednar 등, 1989, pp. 86-87). 그는 연휴 주말에 아내와 같이 여행가고 싶지만, 아버지가 제안한 가족 피크닉에 안 갈 수 없다고 느낀다. 이런 맥락에서 아버지의 지배욕에 대한 숨어 있던 분노가 드러나고, 일단 분노를 인정하자 자기 자신이 어떻게 했기에 아버지에게 해방되기가 힘들었는가를 탐색하기 시작할 수 있었다. 아버지에게 화가 난다는 생각은 아직도 불편하지만, 이제는 이 현실을 스스로에게 부인하려는 시도를 하지 않는 것이다.

대처의 이러한 측면들을 생각해보면 왜 회피가 훨씬 쉬우며 또 실제로 많은 이들이 왜 문제상황에서 대처보다는 회피를 하는지를 이해할 수 있다. 회피한 덕에 아버지와 잘 지내왔던 위의 남자는 분노를 인정하고 아버지와 충돌하는 것이 두렵다. 계속 회피하고 살면 자기존중은 점점 더 내려가서 자기가 점점 싫어진다. 회피하며 산다고 해도, 즉 좋은 것을 못하며 살아도 얼마든지 성공·출세할 수 있다. 화가가 되고 싶었던 사람이 사업가로 성공할 수도 있다. 그러나 문제를 회피할 때 우리는 자신이 약하고 비겁하다고 생각하게 된다. 자기존중의 발달에 중요한 것은 *무엇*을 하는지 하는 내용과 성취들이라기보다는 삶을 *어떻게* 이끌어 가는지 하는 과정과 스타일이다(Bednar 등, 1989). 성취와 성공을 위해서 내적인 원칙을 굽혀야 하는 일이 많으면, 결과적으로 성공은 했지만 그 과정 때문에 자기존중은 낮아지는 일이 생긴다.

'자기존중 개발을 위한 전문인 수련 워크숍'에서 하는 연습이면 몰라도, 자기가 약하고 비겁하다고 느껴질 때 이를 자신과 남들에게 인정하는 것은 일반적으로 쉽지 않은 일이다. 위의 남성은 아버지에 대해 쌓인 분노를 직면하기 어려운 만큼이나 자기가 비겁한 겁쟁이라는 느낌도 인정하기 힘들 것이다. 자기개념(가령 '독립적인 성숙한 직장인/가장')과 불일치가 클수록 그렇다. 자기존중 질문지에서 이 미국남자는 '실패자라고 느끼는 경향'에 부정하고 '나 자신에 대해 만족한다'에 긍정할 가능성이 크다.

자기보고 결과의 신뢰성 Heine 등(1999)이 제시하는 유럽계 캐나다인의 자기존중 점수 분포를 보면, 대다수가 이론적 척도 중간점(가령 1–7의 척도에서 '4') 위에 있고, 중간점 아래에 있는 사람은 10%도 안 된다. 앞에서 자기존중 척도의 문항들을 몇 개 보았지만, 적어도 북미에서는 대다수가 자신이 많은 좋은 자질을 가졌다고 느끼고, 자기 자신에 만족한다고 말하는 것이다. 한편, 같은 북미에서 Bednar 등(1989)은 성공한 삶을 사는/산 많은 이들이 낮은 자기존중을 가지고 있음을 보고한다.

예컨대, "내 인생은 전체가 실망의 연속이었다. 내가 한 일 어느 것에서든 성공한 예가 단 하나도 생각나지 않는다"고 말한 70세 노인은 뛰어난 업적을 인정받는 미국 6대 대통령 존 퀸시 애덤스였다(pp. 4–5). 한 대학생은 음악, 심리학, 영어, 물리에 관심이 있었지만, "친구들에게 좋은 인상을 주기 위해," 그리고 돈 많이 버는 회계사가 되기 위해 회계학과에 갔다(pp. 5–7). 그는 "내가 나 자신을 싫어하는 것처럼 남들도 나를 알고 싫어하기를 바라지 않기" 때문에 좋아하는 여자와 관계에서도 큰 어려움을 겪었다.

북미 사람들은 자기존중이 부러울 만큼 높은가 아니면 불쌍할 정도로 낮은가? 전자('높다')의 결론은 자기보고 측정결과에 토대를 두는 데 비해, 후자('낮다')는 전기기록이나 면접자료에 토대를 둔다. 이는 다시금 자기보고의 신뢰성 문제를 제기한다. 4장에서 이 문제를 논의할 때 우리는 사람이 자기를 모를 수 있으며, 알지만 솔직하지 않을 수 있다는 두 가능성을 언급하였다. 사람은 우선 자기 자신을 모를 수 있다. Rogers도 방어현상을 논의하였고 Maslow도 사람이 자신의 진정한 동기를 모를 수 있음을 인정하였다. 사람들은 물론 솔직하지 않을 수도 있지만, 방어가 원래 의식하지 못하는 가운데 일어나듯이 속임도 그럴 수 있다.

북미 개인주의 문화에서는 '나'의 성취와 성공, 자기존중이 매우 중요하다. 성공하여 훌륭한 사람이 되고 싶지만, 대처는 위험 부담이 크고 불편한 책임지기를 요구하기 때문에 많은 이들이 그런 위험과 책임을 회피하는 편을 택하는지 모른다. 자신이 약하고 비겁하다는 느낌이 들어도 (의식하는) 자기개념이 긍정적이라면 "내가 많은 좋은 자질을 가졌다고 느낀다," "나 자신에 만족한다" 같은 문항들에 '동의'할 수 있다. '인지–감정 충돌'이 일어나면 머리로는 자신에 만족하여 질문지에도 그렇게 응답하지만, 감정('유기체' 차원)으로는 불만과 낮은 자기존중이 없어지지 않는다. '나'보다 '우리(가족, 집안)'가 중요하며 겸손을 강조하는 우리 가족주의 문화에서는 남들에게 자기를 낮추어야 '튀지' 않듯이, 높은 자기존중을 요구하는 문화에서는 자기를 긍정적으로 제시하게 되는 것이다.

그 배경이 어떤 것이든 심리학자에게 또는 성격 질문지에서 "대체로 나 자신에 만족한다"고 말하는 사람이 진실을 말한다는 보장은 없다. 진실일 수도 있으나, 거짓말('인상관리')일 수도, 정신역학적 방어일 수도, 문화의 영향을 의식하지 못한 채 하는 '자동적 반응'일 수도 있다. 질문지 척도에 응답한 결과는 이 중 어떤 추측이 맞는지 알 수 있는 단서를 주지 않는다. 어느 한 주제에 대해 자기보고, 실험, 사례연구와 임상적 관찰 등 다양한 방법을 사용하는 것이 얼마나 중요한지를 다시 깨닫게 된다.

1, 2부에서 임상 전통의 성격 이론들을 공부한 후 앞으로 만나게 되는 이론들은 상관 및 실험 전통의 본격적인 '성격심리학'이다(cf. Pervin, 1996). 1920년대부터 심리학을 지배한 행동주의 분위기가 이미 여러 차례 언급되었지만, 행동주의-학습 접근의 실험 전통 이론들은 뒤로 미루고 당장 3부에서는 성향-생물학 접근을 다루게 된다. 성격분야가 생기기 전부터 심리학에서 한 성격연구는 자기보고 자료를 가지고 특질·성향을 측정하는 상관연구였다.

요 약

01 자기와 이상적 자기, 자기가 보는 '나'와 남이 보는 '나'의 현상학적 측정평가에 많이 사용되는 방법으로서 **Q분류** 기법을 소개하였다.

02 Maslow가 연구한 자기실현자들은 사랑과 성의 경험(B-사랑)에서도 평균인들의 결핍(D-)사랑과 큰 차이를 보였다.

03 Csikszentmihalyi는 Maslow의 절정체험과 비슷한 "한 활동에 너무 몰두해서 다른 아무것도 상관이 없는 상태"를 '**흐름**'이라고 부른다. 일할 때와 여가 때의 체험의 질을 비교한 연구에 따르면 여가보다 일에서 흐름체험이 세 배 이상 더 많았다. 이 결과는 여가는 즐겁고 일은 괴롭다는 고정관념을 거스른다.

04 **자기존중**은 Maslow와 Rogers 둘 다의 이론에서 인간의 기본적인 욕구로 가정된다. 그러나 Rogers는 동시에 (자기와 체험, 실제자기와 이상자기, '내가 보는 나'와 '남이 보는 나') 일치 또는 일관성을 추구하는 욕구도 가정한다. 자기존중(자기고양)욕구와 일관성(자기확인)욕구는 서로 갈등을 일으킬 수 있다. 자기개념이 부정적일 때는 이 '**인지-감정충돌**'에서 자기고양보다는 자기확인을 추구하게 되는 것 같다.

05 북미 문화에서 자기존중은 기본적인 인간욕구이자 정신건강의 필수적인 요소로 여겨진다. 다른 한편 일본에서는 자기를 높이 평가하기보다는 비하하는 겸손, 반성, 자기개선 등이 더 큰 미덕으로 통한다. 이러한 차이는 자기존중 척도 점수 평균에도 반영되어, 일본인들 평균이 북미인들 평균보다 훨씬 낮다. 문화심리학자들은 이런 차이를 북미 **개인주의** 문화와 동양 **집단주의** 문화의 차이로 설명한다. 우리나라의 집단주의는 **가족주의**에 가깝다.

06 문제들에 직면하기를 **회피**하면 자기존중이 낮아지고, 문제에 직면하여 **대처**하면 자기존중이 높아진다는 (비공식적) 실험 결과가 제시되었다. 회피하면서 남들의 인정을 받기 위해 자신의 진정한 생각과 감정을 억누르게 되면 자기가 누구인지를 모르게 되고, 남의 칭찬과 인정도 믿지 못하며, 자기를 좋아할 수가 없다. 자기를 정확하게 알고 좋아할 수 있으려면 자신을 현실 상황들에서 검증해야 한다.

07 질문지 결과에 토대를 둔 연구들은 (북미)피험자들의 자기존중이 매우 높다는 것을 보여주는 반면, 전기 기록이나 면접 자료에 토대를 둔 연구들은 성공적인 삶을 사는 사람도 자기존중이 매우 낮을 수 있음을 보여준다. 자기보고 결과를 믿을 수 있는가 하는 문제를 논의하였다.

제3부

성향-생물학 접근

성향 접근에서는 비교적 변하지 않는 행동성향 또는 특질들로 성격을 기술한다. 7장에서는 특질의 개념과 방법론을 고찰하고 나서 고전적 특질심리학을 소개한다. 개성과 개별기술 방법을 강조한 Allport에 비해, 이론과 방법에서 성향 접근을 더 잘 대표한 학자들은 Cattell과 Eysenck였다. 고전적 특질이론들은 80년대에 "Big Five" 또는 5요인 모델로 '대통일'되었다. Cattell이 성격 기술에 최소한 16개의 요인 또는 차원이 필요하며, Eysenck가 외향성(E), 신경증성향(N), 정신병성향(P)의 세 요인이 필요하다고 주장한 데 비해, 이 모델에서는 외향성(E), 신경증성향(N), 호의성(A), 양심성(C), 체험개방성(O) 다섯 개가 성격 기술에 필요 충분하다고 본다. 8장에서 5요인 모델을 소개한 후, 이를 중심으로 특질심리학을 평가·비판한다.

성격과 지능 개인차의 유전-환경 논쟁은 해묵은 것이지만, 1990년대 이후 생명과학이 눈부신 발전을 하면서 성격 또는 능력특질들의 생물학적 토대를 찾으려는 경주가 시작되었다. 9장에서는 먼저 유전과 진화에 대한 기초지식을 공부한 후, 진화한 영역별 심리기제들로 인간 본성을 설명하는 진화심리학을 보게 된다. 이어 10장 '행동유전학'에서는 지능과 성격특질의 유전에 대한 연구방법 및 결과들을 제시하고 논의한다.

제 7 장

특질이론들: Allport, Cattell, Eysenck

작가 김영현은 스스로 자기 성격이 "단순 소박하며, 양명하고, 밝고, 낙천적이며, 조금은 경박스럽기도 하지만 아름다운 품성을 지니고 있다"고 묘사하였다(1장 글상자 1-1). 대부분의 사람들이 자기나 타인의 성격을 기술할 때 이런 식으로 한다. 대체로 6~7개의 형용사(trait adjectives) 또는 짧은 구(句)가 사용된다. 날카롭고 공격적, 냉소적일 때도 있지만, 작가는 대체로 그리고 남들에 비해 자신이 밝고 낙천적이라고 보는 것이다. 특질 판단은 이렇게 항상 상대적이고 매우 일반적이다.

대학에서 가르치고 연구하는 과학적 성격심리학은 특질심리학으로 출발했다고 할 수 있다. 행동주의가 지배하는 미국 심리학에서 뒤늦게 출범한 후에도 성격심리학은 오랫동안 주변 분야에 머물렀다. 1970년대까지도 '정체위기'가 논의되다가 성격분야는 1980년대 특질심리학이 '뜨'면서 활기를 되찾기 시작했다. 다음 장에서 다룰 5요인 모델이 그것이다. 이 장에서는 그것의 이론적, 방법론적 배경을 소개하기로 한다.

특질 개념과 측정

심리학 연구에서 특질 판단은 주로 본인들의 성격 기술, 즉 자기보고(self-report)에 의지한다. 성격심리학이 특질심리학으로 출발했다는 말은 곧 자기보고 질문지 자료와 상관연구법을 주로 썼다는 말이 된다.

특질 개념의 의미

몇 개의 특질들로 성격을 기술할 때 성격심리학자들은 여러 측면을 고려한다(Mc Adams, 2001). 첫째, 특질들은 시간이 지나도 그리고 상황이 달라져도 비교적 변하지 않는 **내적 성향들**이라고 생각된다. 행동들 자체는 성격특질만큼이나 그 사람이 처한 상황특성들로 설명된다. 둘째, 특질들은 밝다-어둡다, 내향성-외향성같이 주로 **양극적**(bipolar)인 차원들로 제시된다. 셋째, 한 사람이 가진 여러 다른 특질들은 **가산적, 독립적**이라고 생각된다. 밝고, 성실하고, *내향적*인 '특질 프로파일'(trait profile)과 밝고 성실하지만 *외향적*인 프로파일은 2/3가 같다(가산성). 다른 두 특질이 외·내향성에 따라 질적으로 달라질 가능성은 인정되지 않는다(독립성). 어느 한 특질에 대해 판단할 때도 가산성과 독립성을 전제한다. 외향성을 구성하는 20개 행동지표(문항)들이 있다고 할 때, 그중 10가지에 대한 반응이 같으면 그 10개가 어떤 것들이건 상관없이 두 사람은 똑같이 외향적이다.

마지막으로, 성격특질들은 보통 *사회·정서적*(socioemotional)인 측면의 *넓은* 개인차들을 의미하므로, 주로 사회적 맥락들에서 잘 나타난다. 이런 점에서 가치, 태도 같은 덜 사회·정서적이고 더 인지적인 변인들도, '지능'(및 관련개념들)도 성격 자체의 부분이 아니다. '밝다-어둡다'와 달리 '잘 웃는다-안 웃는다'는 충분히 넓지 않고, 마찬가지로 '근면'은 성격특질일 수 있지만, '일을 좋아한다'는 태도나 가치의 특성이다.

결론적으로, 성격특질이란 주로 사회·정서적인 특징적 생각·감정·행동들을 가져오는 성향을 말한다. 심리학자들은 행동성향 개인차의 (시간적) 안정성과 (상황적) 일관성을 설명하기 위해 특질 개념을 사용한다. "*pre*disposition"이라고 쓰면 눈에 보이는 행동들 자체가 아니라 행동을 하게 하는 성향, '잠재적 특질'(latent trait)이라는 의미가 더 분명해진다. '성향특질'(dispositional trait), '특질성향'이라고도 쓰듯이 '성향'과 '특질'이 구별 없이 사용되는 경향이 있고, 이 책에서도 그 관행을 따른다.

특질들로 기술되는 성격은 세밀화가 아니라 큰 붓으로 윤곽(outline)을 그린 스케치이다. 성향 접근에서 중심이 되는 물음은 *몇 개*의 그리고/또는 *어떤* 성향이나 특질들을 가지고 행동·감정·생각의 안정적, 일관적인 개인차를 서술할 것이냐 하는 것이다. 이들은 복잡한 측정절차를 통해 일상어들로부터 정제된다. 측정은 특질심리학에서 매우 중심에 자리잡고 있으며, 이는 성향 접근을 다른 접근들과 차별화하는 특성이기도 하다.

특질의 측정

'측정'이라고 할 때 우리는 저울이나 자를 가지고 무게나 길이를 재는 일을 떠올린다. 지능, 성격 같은 특성을 측정할 때는 "타당한 특질지표들"을 찾아내어 눈에 보이지 않는 것들을 재는 자를 만들어내야 한다. 심리측정, 심리검사의 특성을 우선 알아보고, 성향 측정에 주로 사용되는 객관적 검사들을 제작하는 문제에 집중하기로 한다.

심리검사 지능, 공격성이나 외·내향성 등은 직접 관찰되는 실체들이 아니라, 다양한 행동 단편들을 관찰하여 추리하는 구성개념, 즉 심리학자가 지어낸('구성') 가설들("hypothetical construct")이다. **심리측정**이란 구성개념을 조작적으로 정의하고, 심리검사를 제작하고, 그것을 통해 측정하고, 그 결과를 해석하는 일련의 과정을 말한다(박영숙, 1994, p. 24). **심리검사**는 "두 사람 이상의 행동을 비교하는 체계적 과정," "행동의 표본을 표준화된 방식으로 측정하는 기법" 등으로 정의된다. 즉, 관심 가진 구성개념에 관련된 행동들('전집')의 일부('표본')를 관찰·측정하여 개인들을 비교하는 것이다. 이를 위해 검사를 시행하고 채점하는 과정이 *표준화*되어야 한다. 자기보고 검사에서는 이 관찰과 비교를 본인들이 한다(Meyer & Kurtz, 2006, '객관적' 대 '투사적' 검사).

임상장면에서 성격을 평가할 때는 검사(보통 여러 검사의 바테리)뿐 아니라 면접, 조사, 행동관찰 등 다양한 방법을 써서 '사례연구'를 하지만, 연구목적을 위해서는 대부분 검사를 사용하여 점수를 얻는 것으로 그치게 된다.[1] 점수로 결과가 나오므로 주관적 판단이 배제되고, 개인간, 개인내(예컨대 상담 전과 후) 비교를 할 수 있다. 오랜 기간 여러 차례 만나지 않고 한 번에 개인을 전체적으로 평가한다는 것도 장점이다. 그러나 어느 한 구성개념을 표현 또는 반영하는 수많은 행동·경험 지표들 중에서 몇 가지만 뽑아서 검사문항들을 만들므로, 어떤 심리특성에 대해서도 보편적으로 인정되는 어느 한 가지 검사가 없다. 지능검사, 성격검사가 수십, 수백 개씩인 것은 그 때문이다.

성격검사를 투사적 검사와 객관적 검사로 크게 나눌 때, 특질심리학에서는 주로 **객관적 심리검사**, 특히 자기보고 질문지를 사용한다. 글상자 7-1에 "특정한 심리적 구성개념에 대해서 하나의 양적 연속차원 상에서 사람들의 위치를 정하는…피험자 중심의 측정"(박동건, 1992, p. 4)을 위한 검사 제작과정을 제시하였다. 여기서 검사는 객관적 자기보

1) '측정'(measurement)의 결과는 *점수*이지만, '평가'(assessment)의 결과는 *보고서*(case report)이다. 이런 맥락이 주어지지 않는 경우, '평가'가 좋다, 나쁘다는 "evaluation"과 혼동될 수 있기 때문에, 어색하게 들리지만 이 책에서는 assessment를 '측정평가'라는 말로 쓰고 있다.

글상자 7-1

심리검사의 제작과정

심리검사의 개발은 다음과 같이 여러 단계의 절차를 밟는, 많은 시간과 인력과 노력이 들어가는 작업이다(박동건, 1992, p. 4).

1. 검사점수의 주요 용도를 정한다.
2. 측정될 구성개념을 대표하거나 검사 영역을 정의하는 행동을 찾아낸다.
3. 2단계에서 밝혀낸 행동의 각 유형을 측정하는 문항의 구성 비율을 구체적으로 정하는 등의 소위 검사의 규격을 마련한다.
4. 문항을 작성한다.
5. 작성된 문항을 검토하고 필요하다면 수정을 가한다.
6. 예비적 문항분석을 실시하고 필요하다면 문항을 수정한다.
7. 제작중인 검사를 실제로 사용할 모집단의 대표적 표본으로 문항에 대한 현장 연구를 행한다.
8. 문항 점수들의 통계적 특성을 결정하고 미리 결정한 기준에 부합되지 않는 문항을 제거한다.
9. 최종적으로 결정된 검사에 대해 신뢰도와 타당도 연구를 실시한다.
10. 검사시행과 채점과 검사점수의 해석을 위한 지침을 마련한다.

고 질문지를 말하며, '주요 용도'는 물론 성격평가이다(1단계). 최선을 다해야 하는 *능력*(적성, 성취)검사와 달리, 여기서는 *전형적 행동*을 알아보므로 있는 그대로 보고하는 솔직함이 중요하다. 심리검사들은 '검사'(test)라고도 '척도'(scale)라고도 불린다. 보통 다양한 영역을 포함하면 *검사*(예, 지능검사, 성격검사), 단일 영역을 측정하면 *척도*라고 한다(예, 불안척도).

자기보고 질문지 자기보고(self-report)란 자신의 행동, 감정, 생각에 대해 스스로 보고함을 말한다. 이때 질문지를 쓰면 정해진 문항들에 대해 정해진 형식(예컨대, 예/아니오; 전혀 아니다/아니다/중간이다/그렇다/아주 그렇다)에 따라 응답하게 한다. 결과는 점수로 나온다. 한 검사에 여러 척도가 들어있으면 여러 개의 점수가 나온다. 질문지는 실시와 채점이 간편하고 신뢰도가 높다는 장점이 있고, 집단 실시를 할 경우 짧은 시간에 많은 연구 자료를 얻을 수 있다.

질문지에 장점만 있는 것은 아니다. 우선 문항의 내용이 사회적으로 바람직한 내용인가에 따라 — 응답자들은 대부분 똑똑하거나 정상이라고 보이고 싶으므로 — 응답이 영향을 받을 수 있다. 또, 문항들에 처음부터 끝까지 '예', '아니오', 또는 '보통이다'라고 하는 식의 **반응경향**(response tendency) — 반응양식(response style)이라고도 한다 — 이 작용할 수 있다. 이러한 반응양식들은 타당도를 손상시키므로 다양한 방책들('타당도 척도')이 개발되어 사용되기도 한다.

'행동의 표본'(구체적으로 문항들)은 전집을 대표해야 하는데, 어떤 성격차원 또는 특질을 구성하는 행동 및 경험들의 '전집'은 규정하기가 어렵다. [지능검사 또는 학업적성검사를 제작할 때는 학교에서 가르치고 배우는 것에 집중하므로 일이 훨씬 쉽다.] 그래서 '성격', '외·내향성' 등 제목이 같아도 학자마다 서로 다른 것들을 집어넣는 일이 생긴다. 또 상황이 고려되지 않고, '자기보고'하기 쉬운 행동들에 집중하며 주관적 감정이나 생각은 상대적으로 무시한다. 이러한 문제들은 검사타당도에, 즉 검사들이 정말로 '성격'이나 '외·내향성'을 측정하는가에 의문을 제기한다.

수렴타당도와 변별타당도 이 책 1장에서 독자들은 '타당도'라는 말을 여러 번 접했다. 목표한 *바로 그* 변인을 측정(또는 조작)하는가를 묻는 타당도에는 여러 종류가 있다. 성격의 측정에서 중요한 것은 **구성타당도**(construct validity)이다.[2] 성격 일반 또는 성격특질들은 모두 직접 관찰되지 않는 구성개념들이며, 성격검사는 실제로 '성격'을 측정한다는, 외향성 척도는 실제로 '외향성'을 측정한다는 *경험적 증거*를 제시해야 한다. 문항들에서 질문되는 행동·경험패턴들이 타당한 특질지표들이라야 거기서 나온 점수를 가지고 그 구성개념(성격, 외향성 등)에 대해 무슨 말을 할 수가 있다. 구성타당도는 한 번에 입증되기보다는 많은 다양한 연구를 거치며 점점 높아지고, 증거가 수렴 및 변별타당도로 제시된다.

어느 검사의 점수들이 같은 것을 재는 다른 검사의 점수들과 상관이 높을 때 **수렴타당도**가 있다고 말한다. 점수들이 일치 또는 수렴할수록, 즉 이 검사에서 점수가 높으면 저 검사에서도 점수가 높은 사람이 많을수록, 이 타당도가 높은 것이다. 어느 학자가 외·내향성 검사를 새로 개발하여 그 타당도를 알아보려고 한다. 응답자들에게 검사도 실시하고, 실험실에서 낯선 사람에게 말을 거는가, 혼자 하는 일보다 여럿이 같이 하는 일을 더 좋아하는가 하는 등도 관찰하여 점수를 매긴다 하자. 검사점수와 실험실 행동 점수들이 서

2) 연구가 아니라 실제적 목적의, 예컨대 임상적 성격평가에서는 *준거관련 타당도*(예언타당도가 여기 속한다)가 중요하다. 불안척도나 우울척도 점수가 높은 사람들이 실제로 불안이나 우울 증상들을 나타낸다면, 그 척도들이 준거관련 타당도가 있는 것이다. 이때 우리는 척도 점수들을 가지고 자신있게 진단을 내리거나 예측을 할 수 있다.

로 상관이 높으면 이 검사가 정말 '외향성'을 측정한다는 믿음이 커진다. 좀더 일반적인 절차에서는 외향성을 잰다는 두 가지 서로 다른 검사(새로 만든 검사와 기존의 검사) 점수들의 상관을 계산한다.

서로 다른 구성개념을 재는 도구들에서 나온 점수들은 너무 높은 상관을 보이면 안 된다. 우리의 외향성 점수가 정서적 안정성을 측정한 결과와 매우 높은 상관을 보인다 하자. 두 구성개념이 개념적으로 연관이 있다면 점수들 간에 어느 정도 높은 상관을 기대할 수 있지만, 그 값이 너무 크면 외향성이 정서적 안정성과 구별되는 의미 있는 독자적 성격차원인지 확신할 수가 없다. 그 검사가 외향성 측정치로서 **변별타당도**가 낮은 것이다.

수렴 및 변별타당도를 연구하기 위해 고안된 방법이 **중다특질-중다방법**(multitrait-multimethod) 연구이다(Campbell & Fiske, 1959). 몇 가지 특질을 다양한 방법을 써서 측정하기 때문에 이런 이름이 붙었다. 두 타당도가 다 높으면 행복한 상황이다. 그러나 같은 방법(예, 자기보고 척도)을 써서 측정한 여러 구성개념들(예, 외향성, 호의성, 개방성 등)의 측정치들이 서로 높게 상관되고(낮은 변별타당도), 같은 구성개념을 서로 다른 방법(예, 자기보고와 타인평정, 생리적 지표)으로 측정한 결과들이 낮은 상관이 보이는(낮은 수렴타당도) 일이 많다.

글상자 7-1로 다시 돌아가 심리검사의 제작과정을 보자. 신뢰도와 타당도 연구는 9단계에서 최종적으로 결정된 검사에 대해 실시한다고 되어 있다. 검사를 완성하려면, '모집단의 대표적 표본'에 예비검사를 실시하여 문항분석을 하고, 문항점수들의 통계적 특성을 결정하고, 미리 결정한 기준에 부합되지 않는 문항을 제거한다(8단계). 이 단계에서 쓰는 중요한 통계적 기법이 요인분석이다. 이러한 용도를 떠나 특질심리학에서 요인분석은 이론적 가설을 검증하는 핵심적 통계기법이기도 하다.

요인분석

성격검사를 만들려면 성격의 여러 영역 또는 단면을 정의하고 각각을 측정하는 문항들을 만든다. 문항들을 수백 개 만들어서 예비검사를 해 보았을 때, 문항들은 위에서 말한 수렴 및 변별타당도가 높아야 한다. 즉, 하나의 영역/단면을 측정하는 문항들끼리는 상관이 높고, 서로 다른 영역/단면을 측정하는 문항들끼리는 상관이 그리 높지 않아야 하는 것이다. [검사 문항에 대해서는 수렴 및 변별타당도라는 용어를 쓰지 않고 (문항)**변별력**이라고 한다.] 사태가 이렇게 된다면, 문항들이 몇 개씩 모인 포도송이(cluster, '집락')들이 몇 개 나올 것이다. 5요인 모델이 맞다면, 5개의 집락('요인')이 나와야 한다.

김영현 성격 기술에서 '양명하다', '밝다', '낙천적'은 아마 하나의 '잠재적 특질'의 반영일 것이다. 세 가지가 조금씩 다른 측면들을 말해주지만 하나의 공통요인에 귀속된다면, 그의 성격은 6개가 아니라 두 개의 특질로 기술되어 다른 사람들의 성격들과 비교될 수 있다. 과학이 좋아하는 '간편함'이다.

상관행렬과 요인행렬 요인분석을 하는 '원료'는 많은 피험자들에게서 얻은 측정치들의 상관행렬이다. 표 7-1에 6개의 측정치에서 나온 **상관행렬표**(correlation matrix)를 제시하였다. 표에는 대각선을 사이에 두고 위 아래로 같은 값인 15개의 상관계수가 나와 있다.[3] 어휘력(V), 독해(R), 유사어(S), 숫자(N), 산수 학력검사(AS), 산수 시험성적(AT)의 6개 변인에서 V, R, S는 서로 상관이 높고, N, AS, AT도 마찬가지이다. 앞의 세 검사도, 뒤의 세 검사도 공통된 그 무엇을 측정해주는 것 같다. '그 무엇'이 **요인**, 잠재적 특질(latent trait)이다. V, R, S와 N, AS, AT 간에는 어떻게 금을 그어 봐도 상관이 매우 낮으므로(.00~.16), 두 요인은 *독립적, 직교적*인 것으로 보인다.

'요인'들을 찾아냈으니 이제 다 되었나? 실제에서는 결과가 이렇게 분명하게 나오는 일이 없고, 복잡한 계산은 이제부터이다. 표 7-2에 표 7-1의 상관자료를 처리한 **요인행렬표**가 나와 있다. 앞에서 눈으로 읽은 대로 두 개의 요인(A, B)이 나왔으며, 각각의 검사가 해당 요인에 실린 무게—통계 용어로, 짐을 싣는다는 뜻의 **'부하'**(負荷, loading)라고 부른다—도 나와 있다. V, R, S는 요인 A에, N, AS, AT는 요인 B에 무겁게 실려 있다. '부하량'은 요인과 검사 사이의 상관계수로 해석할 수 있다. 그렇게 보면 검사 V는 두 요인과 각각 .83, .01의 상관이 있고, 검사 R과 S보다 요인 A와 상관이 약간 높다. 이렇게 한 요인에 무

표 7-1 상관행렬표: 여섯 개 검사 간의 상관계수(Kerlinger, 1986/88, p. 786)

	V	R	S	N	AS	AT
V		.72	.63	.09	.09	.00
R	.72		.57	.15	.16	.09
S	.63	.57		.14	.15	.09
N	.09	.15	.14		.57	.63
AS	.09	.16	.15	.57		.72
AT	.00	.09	.09	.63	.72	

3) 대각선에 있는 값들은—표 7-1에서는 비어 있다—같은 검사끼리의 상관이므로 1.00을 적어 넣을 때가 있지만, 검사들을 시간 간격을 두고 두 번 실시하여 얻은 *검사-재검사 신뢰도* 값들을 적어 넣을 때도 있다. 후자의 경우는 상관계수들이 물론 1.00에 못 미친다. 경우에 따라 대각선 위 아래에 서로 다른 하위집단(가령 남자와 여자, 대학생과 일반인)에서 얻어진 상관계수들을 넣기도 한다. 그럴 경우 대각선 위 아래의 값들이 흥미로운 차이를 보일 때가 많다.

표 7-2 요인행렬표(표 7-1의 상관행렬을 회전시킨 결과)

검사	A	B	h^2
V	.83	.01	.70
R	.79	.10	.63
S	.70	.10	.50
N	.10	.70	.50
AS	.10	.79	.63
AT	.01	.83	.70

겁게 실리고 다른 요인들과의 상관은 높지 않은 검사 또는 측정치를 '요인적으로 순수하다'고 말한다(검사 V와 AT). 이런 검사가 있으면 R, S 점수를 모르고 V(어휘력) 점수만 알아도 요인 A의 특성을 이야기할 수 있고, AT(산수 성적) 점수만 알아도 요인 B를 알 수 있다.

표 7-2에서 마지막 열의 h^2을 **커뮤낼리티**(communality)라고 부른다. 검사 R의 커뮤낼리티는 $.63=(.79^2+.10^2)$이다. 이 값은 검사 R의 변량, 즉 검사 R의 점수에서 나타나는 개인차 중에서 63%가 두 공통요인—6개 검사의 공통분모—A와 B에 의해 설명된다는 것을 뜻한다. 표 7-2의 요인행렬은 표 7-1의 자료를 가지고 '주성분 분석'법에 의해 축을 회전시킨 결과이다.[4] 자료축을 회전시키는 방식은 이외에도 많다. 자료에서 요인을 '뽑아내는' 과정은 수학적으로 매우 복잡하지만, 수학공식들만으로 요인들이 튀어나오는 것은 아니다. 똑같은 피험자들에게서 얻은 똑같은 자료에서 얼마든지 다른 요인들이 얻어질 수 있다. 또, 똑같은 검사들을 쓰고 똑같은 요인분석 절차를 거쳐도 피험자 집단(가령 남자/여자, 서울/지방)에 따라 결과가 다를 수 있다. 여러 다양한 집단에서 같은 또는 비슷한 요인들이 나올 때 그 요인구조가 튼튼하다(robust)고 말한다.

요인 이름 요인분석의 마지막 단계에서 요인들에 이름(label)을 붙일 때, 연구자는 각 요인에 무겁게 실린, 즉 그것과 높게 상관되는 검사 또는 측정치들의 내용을 살펴본다. 우리의 예에서 요인 A와 가장 상관이 높은 검사는 어휘력(V)이고, 독해력(R)과 유사어(S)도 높은 상관을 보였다. 요인 B와 상관이 높은 검사들은 모두 숫자 내지 산수 과제들이다. 따라서 '언어 능력'과 '수 능력'이 각각 알맞은 이름이 될 것 같다. 이제 우리는 어휘력, 독해력, 유사어 점수를 따로따로 언급할 필요 없이 '언어 능력'을 이야기할 수 있

4) 우리의 경우 A와 B가 직교(90도로 교차하는)축인 좌표 위에 6개 검사 각각의 (A, B 두 요인에 대한) '부하량'을 표시하여 요인구조를 그림으로 나타낸다. [요인이 두 개가 넘으면 요인구조를 종이(이차원 공간)에 그릴 수가 없다.]

고, 마찬가지로 '수 능력'을 이야기할 수 있다.

연구의 실제에서 사태가 이렇게 분명한 일은 드물다. 측정치가 수십, 수백 개이고, 여러 요인과 동시에 높은 상관을 보이는 측정치가 많으면, 각각의 요인이 무엇을 의미하는지 확정짓기가 아주 힘들다. 결과적으로, 비슷한 내용인데 요인 이름이 다르거나, 같은 이름인데 내용이 같지 않은 일이 많다. 예컨대, 5요인 모델에서 한 학자가 '체험개방성'이라 부르는 것을 다른 학자는 '지성'이라 부르고, 또 다른 학자는 '문화'(Culture)라 부르는 것이다. 그 요인에 어떤 문항 또는 척도들이 실렸는지를 모르면, 사람마다 요인 이름만 듣고 나름으로 내용을 추측하게 된다. 이름이 같다고 내용이 같은 것도 아니다. 이 장에 나오는 Eysenck의 외향성과 다음 장에 나올 5요인 모델의 외향성을 구성하는 단면들을 살펴보면 알 것이다.

요인분석 절차의 임의성 위의 예에서 공간지각·추리 검사들이 들어갔다면 '공간능력' 요인도 나왔을 것이다. 어떤 문항 또는 검사들을 넣느냐 하는 것은 연구자의 이론적 관점에 따라 달라진다. 가령 지능이 성격에 속하지 않는다고 믿으면 지능 문항들을 넣지 않으므로 당연히 해당 요인도 '발견'하지 못한다. 연구자가 Eysenck같이 임상장면에 친숙한 사람이라면 병리와 연관된 내용을 묻는 문항들을 많이 넣고, 요인 이름도 임상장면에 맞게 붙인다(신경증/정신병성향 등).

연구자의 기본 가정들에 따라 아주 다른 결과가 나온다는 것을 확실히 알고 있어야 앞으로 보게 될 다양한 이론들에 놀라지 않는다. 가장 눈에 띄는 차이는 *요인 수*에서 나온다. 이 숫자가 Cattell에서는 16개, Eysenck에서는 세 개이고, 5요인 모델은 그 이름이 말해주듯이 5개를 본다. 성격의 기본 차원이 6개 또는 7개라고 주장하는 학자들도 있다. 요인 수가 그렇게 다른 이유 중의 하나는 요인들 서로의 상관을 허용하느냐 또는 허용하지 않느냐 하는 결정이다. 전자를 **사각**(斜角, oblique) 회전, 후자를 **직교**(直交, orthogonal) 회전이라 한다. 자료 축들이 후자에서는 서로 90도로 교차하지만 전자에서는 그렇지 않기 때문에 이런 이름들이 붙었다. 표 7-2에서 두 요인은 직교하는 독립적 요인들이었지만, 학자에 따라 상관된 요인을 허용하기도 한다. 뒤에 가서 보듯이, Cattell은 16개 (일차)요인들의 상관 행렬을 가지고 다시 요인분석을 하여 더 적은 숫자의 (이차)요인들을 얻었다.

다음에 소개할 Allport는 1924년 미국에서 최초로 성격 강의를 한 심리학자로 알려져 있고, "성격분야를 정의, 체계화, 분리"하는 데 주도적 역할을 하였다(Barenbaum & Winter, 2008, p. 8). 그는 1937년 저서에서 성격심리학이라는 "새 연구분야"는 "성격을 형성하는 (shape) 요인들"이 아니라 "성격 자체"에 초점을 맞춘다고 규정하면서 이 분야를 사회심리학 및 사회학에서 떼어내려 하였다(같은 곳). 그는 성격이 특질들로 구성된다고 보았지만, 그의 특질심리학에는 공통된 특질들의 목록이 없고, 당연히 특질들을 측정하기 위한 표준적 심리검사도 없다.

Allport의 특질심리학

Gordon Allport(1897-1967)는 1922년에 성격특질들에 대한 논문으로 하버드에서 박사학위를 했다. 하버드 사회윤리학과에서 1924년에 성격 강의를 하였고, 2년 뒤 다른 대학으로 갔다가 1930년에 다시 하버드로 옮겨 죽을 때까지 거기 머물렀다. 그의 1937년도 저서 '성격: 심리학적 해석'은 Henry Murray의 '성격의 탐색'(1938)과 더불어 "성격분야 확립의 신호"가 되었다(Barenbaum & Winter, 2008, p. 3). 정신분석학에서도 과학적 심리학에서도 주류에 속하지 않았던 Murray(4장)처럼, Allport도 1920, 30년대에 심리학을 지배하던 행동주의와 정신분석학 둘 다를 거부하였다. 그는 단편적 행동들이 아니라 개성, 전인(全人)을 연구하고, 의식하는 동기에 초점을 맞추어야 한다고 줄기차게 강조하였다. 성격을 구성하는 기본 단위로서 특질을 말할 때도 그는 언제나 성격의 역학을, 즉 행동에 동기를 부여하는 힘을 이야기한다.

특질 개념

Allport는 성격과 특질이 심리학자의 머릿속의 가설 또는 개념일 뿐이 아니라고 생각했고, 이 점에서도 역시 '주류'를 벗어난다. "환경에 대한 독특한 적응을 결정하는 개인 내의 심리·신체적 체계들의 역동적 조직화"로서, "성격은 무엇*이고* 무엇을 *한다*"(1937, p. 48). 성격은 행동을 결정하는 힘이며 심리신체적 체계들의 역동적 조직이다. 부분체계들이 서로 관계를 맺으면서 하나의 패턴을 이루는데('조직'), 이 전체 패턴이 변하고 움직인다('역동'). 이 부분체계들이 바로 특질들이며, 눈에 안 보인다 해도 관찰자가 머릿속에서 그냥 지어낸 개념들은 아니라는 것이다.

신경심리 구조 특질은 "많은 자극들을 기능적 가치가 같아지게 만들고, 기능적으로 가치가 같은 적응 및 표현행동의 형태들을 시발하고(initiate) 이끌(guide) 수 있는 역량을 가진 신경심리적 구조이다"(Allport, 1961, p. 347). 그는 신경생리학이 더 발전하면 성격과 특질의 신경적 구성요소들을 발견할 것이라고 믿었다. **적응**과 **표현** 요소는 각각 행동의 목적·기능과 스타일을 말한다. 교실에서 선생은 앞에 서서 강의하고 학생은 앉아서 경청할 때, 이는 모두 (역할과 상황이 요구하는) 적응행동이다. 선생의 목소리(크기, 높이, 음색 등), 강의 스타일, 학생들의 자세 등은 표현행동들이다. 강의하기나 앉아 있기 같은 적응행동들보다 목소리와 강의 스타일, 좌석 선택 같은 표현행동들이 성격을 더 잘 드러내준다.

특질이라는 신경심리 구조가 존재하면 서로 무관한 자극들이 기능적으로 같은 것으로 받아들여지고 또 의미상 유사한 적응·표현 행동이 나오게 된다. 친구가 밥을 혼자 또는 다른 친구들과 먹거나, 내 새 옷을 알아채지 못하거나, 내 말을 건성으로 듣는 등 다양한 행동이나 표현이 나를 무시하는 자극들로 받아들여질 수 있다. 나의 성격특질, 가령 지배성이나 열등감 때문에 이들 자극이 기능적으로 유사해지는 것이다. 나는 아무 말이나 행동을 안 할 수도, 그에게 오히려 더 친절할 수도, 다른 사람과 과장되게 친한 척할 수도 있다. 이 다양한 행동들은 친구에 대한 공격이라는 점에서 의미가 비슷하다. 서로 다른 반응과 행동들의 기능이 같아지기도 하는 반면, 같은 행동, 예컨대 웃음이 사교성, 공격성, 비굴함 등 아주 다른 것들을 표현할 수 있다.

위의 정의에서 특질은 행동들을 '시발하고 이끈다'. 같은 상황(예, 불친절한 가게주인)에서 행동이 다를 때(예, 거친 항의 또는 공손함) '이끄는' 특질(예, 높거나 낮은 공격성)을 볼 수 있다. '시발하는' 측면을 보려면, 상황을 정해놓고 행동을 관찰하기보다 그 사람이 어떤 상황에 잘 들어가는지를 관찰해야 한다. 사교적인 사람은 모임에서 처음 보는 사람과 쉽게 대화를 시작할 뿐 아니라, 사람들과 어울리는 자리를 스스로 찾아 나서거나 주선한다. 지배욕이 강하면 자신이 휘두를 수 있는 의존적인 사람을 친구나 배우자로 선택하는 경향이 있다. 막상 사람이 모인 자리에서 보면, '사교적'인 사람이 조용히 앉아있고, 지배욕 강한 사람도 겸손 그 자체일 수 있다. 이렇게 상황(실험으로 치면 독립변인)을 정해놓고 행동(종속변인)을 관찰하면 특질이 행동에 별로 영향을 미치지 않는다는 결론이 자주 나온다. 순수하게 표현적인 특질(예, 우아함이나 천박함)은 어느 상황에서나 나타날 수 있지만, 대다수의 사회·정서적 특질들은 행동 자체만큼이나 상황선택에도 영향을 미친다.

특질들의 조직 우리 각자는 하나가 아니라 여러 개의 특질을 가지고 있다. 같은 특질이라 해도 어떤 것들과 같이 있느냐에 따라 아주 다르게 나타날 수 있다. 같은 정도의 공격성향이 있다 해도, 사교성이나 외·내향성이 동시에 강하냐 약하냐에 따라 그 공격성이 아주 다른 행동들로 표현되는 것이다. 성격 정의에서 "역동적 조직"이라는 말을 쓴 Allport는 여러 특질이 독특한 조직을 이루어 개성을 만들어낸다고 보았다("patterned individuality"). 부분들은 같아도 전체는 다를 수 있으며, 전체가 다르면 부분들도 달라진다는 형태심리학의 중요한 명제를 성격의 이해에 적용한 것이다(13장 참조). [앞에서 말한 '가산성 원리'에서는 (독립적) 부분들의 합이 전체이다.]

특질들의 조직을 강조함은 곧 **개성**을 강조하는 것이다. 철수의 지능 또는 지배성이 남들과 비교할 때 높은가 낮은가가 아니라, 철수의 지능이 자신의 지배성, 가치, 양심 등 다른 특질들과 어떻게 관련되느냐 하는 것이 중요해진다. 같이 지능이 높다고 해도 지배욕 강하고 돈을 좋아하는 사람과 지배욕 없고 예술을 좋아하는 사람은 지능이 다른 양상으로 나타날 것이다(후자는 전자보다 훨씬 바보같이 보이기 쉽다.). 작은 부분 하나만 달라져도 전체가 달라지고, 전체가 어떤 조직과 패턴을 이루느냐에 따라 부분들도 달라진다면, 부분들의 독립성과 가산성이 무너지므로 특질점수들을 내고 거기서 개인들을 비교한다는 것이 의미가 없어진다.

일반-개인 특질 철호와 재식의 공격성은 일반적 측면도 있지만, 같은 차원에 놓고 비교할 수 없는 독특함도 있다. 개인적 측면을 이해하려면 행동을 오랜 기간 자세히 관찰하여 각자의 공격성이 표현되는 상황, 대상, 방식 등을 알아내야 한다. **일반**(common) 특질에서 사람을 비교할 때는 한 마디로 족하다. 철호는 재식보다 공격성이 높다거나, 1~7의 척도에서 철호는 '1', 재식은 '4'라고 하면 된다. **개인**(personal 또는 individual) 특질 기술에는 더 많은 말이 필요하다. 철호는 자기주장과 경쟁심이 강하지만 놀 때만 그렇고, 재식은 화가 났다 하면 말보다 주먹이 먼저 나가지만 교실에서만 그런다는 식이다. 후에 Allport는 개인특질은 *개인성향*이라 부르고, 일반특질만 *특질*이라 불렀다.

일반-개인 구별은 특질과 성격을 연구하는 접근의 차이로 이어진다. **법칙정립** 접근에서는 변인들을 정해놓고 일군의 사람들을 연구한다. 여러 피험자를 관찰·측정하여 가령 깔끔함과 공격성 간에 관계가 있다거나 여자가 남자보다 더 깔끔하고 덜 공격적이라는 등의 '법칙'을 '정립'한다. **개별기술** 접근에서는 한 사람 한 사람의 '독특한 개성패턴'을 기술한다. 상관 및 실험 접근은 연구자가 변인을 정하고 들어가는 법칙정립 연구법들이며, 사례연구는 개별기술 연구법이다. 사례연구가 거의 실행되지 않고 있는 성격분야의 현실을 보면 Allport의 일반-개인특질 구분이 별 영향력을 가지지 못했다는 것을 알 수 있다. 성격연구는 대부분 객관적 척도, 특히 자기보고 질문지를 사용한다.

기본, 중심, 이차 특질 특질들의 '개성적 패턴'은 각각의 작용 범위에서도 나타날 수 있다. **기본**(cardinal) 특질은 한 사람의 거의 모든 행동을 지배할 정도로 중요한 특질을 말하며, 집념 또는 열정으로 나타나기 쉽다. 정치인들 중에는 모든 행동, 결정이 그 밑에 깔린 권력욕('대권병')의 표현인 사람이 꽤 있다. 대부분의 사람들은 단 하나의 성향에 지배되기보다는 몇 개의 **중심**(central) 성향들만 가진다. 우리가 자신이나 가까운 사람의 성격을 기술할 때 쓰는 단어나 문장들은 대체로 중심특질의 범주에 속한다. 각각의 특질은 한정된 범위의 상황들에서 작용하며, 또 각 개인 내에서 독특하게 조직되어 있다. **이차**(secondary) 성향들은 태도나 취미라 할 수 있는 좁은 범위의 성향들이다. 여자를 무시하는 태도, 무슨무슨 광(mania)이 그 예가 된다.

기본, 중심, 이차의 구분은 특질들의 서열적 조직화의 예로 볼 수 있다. 세 가지 특질 유형이 작용 범위의 면에서는 서열을 이루지만, Allport는 Eysenck나 5요인 모델에서 나오는 것 같은 조직화는 언급한 적이 없다. 여기서는 이를테면 외·내향성이라는 유형 또는 특질의 밑에 들어가는 하위특질들이 나와 있고, 이러한 특질구조는 모두 요인분석을 통해 발견되었다. Allport는 일반적 특질범주들을 발견하기 위해 요인분석법을 사용하지 않았다.

개별기술 연구: 제니의 사례 개인을 집중적으로 연구하여 독특한 개성을 탐구하느냐, 보편적 법칙성을 발견하느냐 하는 개별기술 대 법칙정립 쟁점은 Allport의 이름과 연결이 된다. 성격분야가 심리측정 도구들을 사용하는 '과학'으로서 정체를 세우는 데 주도적 역할을 했지만, 그는 성격연구자들이 법칙정립에 몰두하는 추세를 비판하고 개성의 이해, 개별기술 접근의 중요성을 역설하였다. "보편적인 것은 과학에, 독특한 것은 예술에 돌리는 안이한 해결책"에 찬성하지 않은 것이다(Allport, 1961, p. 242). "많은 차원들에서 개인이 평균적 인간과 또는 그의 문화집단과 비교될 수 있을지라도, 여전히 그 자신이 이 모든 속성들을 하나의 독특한 체계 안으로 짜 넣는다"(p. 243).

Allport는 개별기술도 법칙정립에서 요구하는 관찰자 신뢰도 같은 특성들을 갖추어야 하며, 검증 가능한 예측을 할 수 있어야 한다고 보았다. 그가 발표한 개별기술 연구는 '제니의 편지'이다. 그는 대학시절 룸메이트 로스(Ross)의 어머니 제니(Jenny)에게서 10여 년(1926-1937년)에 걸쳐 약 300통의 편지를 받았다. 제니는 아들만을 위해 살았지만, 로스는 착한 아들이 아니었고 1929년 예상치 않은 죽음을 맞았다. 성격연구에 일기, 편지 등 개인 기록(personal document)이 유용하다고 확신했던 Allport는 제니에게서 받은 편지들을 성격 강의에서 수년간 사용하였고 출판하기도 하였다.

36명의 판단자들에게 편지들을 읽고 제니의 특질들을 묘사하게 했을 때 언급된 특질은 모두 198개였다(Allport, 1965; Hall 등, 1985, Winter, 1996에서 재인용). Allport는 이들을 '공격적', '감상적', '독립-자율적', '심미-예술적', '자기중심적' 등의 8개의 **중심특질** 범주로 묶었다. 흥미롭게도, 처음 몇 장의 편지를 읽으면 제니의 성격이 분명해져서 다음에 무슨 일이 일어날지를 내다 볼 수 있었다. 이 예측 가능성은 성격특질들과 그 구조의 안정성을 말해주는 증거로 받아들여졌다.

위의 특질 판단들에는 (Allport 자신을 포함한) 관찰자들의 *주관적* 판단과 편파가 들어갔다고 주장할 수도 있을 것이다. 제니는 아들친구인 Allport(와 아내)에게서 많은 시간과 관심을 요구하였고 죄책감도 불러일으켰다. 편지들을 읽고 평가한 사람들도 '소유욕 강한 어머니', '나이든 여자'에 대한 나름의 경험과 감정, 편견을 가지고 있었을 수 있다. 컴퓨터로 내용분석을 한다면 이런 주관성을 피할 수 있다. 1966년 내용 분석한 결과(글상자 7-2)는 Allport의 '상식적' 분석과 거의 일치하였다(Winter, 1996, p. 414, 표 10-1 참조).

공격적, 감상적, 자기중심적 등등의 특질들은 제니의 **개인특질**들이다. *자기중심성*을 보자. 우리는 여러 가지 방식으로 자기중심적일 수 있다. 단순히 남들의 존재를 잊어버릴 수도 있고, 자기는 특별한 사람(공주/왕자)이므로 특별대접을 받아야 한다고 요구할 수도

글상자 7-2

제니의 편지들 — 컴퓨터 내용분석

Paige는 General Inquirer 시스템을 이용하여 편지들에서 83개 단어범주 또는 태그(tag)들이 나오는 빈도를 세었다(이하 Winter, 1996, p. 414f.). 가령 POSSESS라는 태그는 "belong," "occupy," "lock" 같은 37개 단어를, ATTEMPT는 "aim," "effort" 같은 33개 단어를 포함한다. 다음 단계에서는 편지들 전체에서 범주들이 같이 발생하는 빈도를 계산하였다. 가령 '소유' 태그에서 한 단어를 사용했을 때 같은 문장(또는 문단, 편지)에서 어떤 다른 태그들을 사용하였는가?

태그빈도들 간의 상관계수들을 요인분석하여 Paige는 제니의 편지에서 같이 발생하는 태그들의 9개 요인 또는 집락을 찾아냈다. '소유욕'이라는 요인을 보자. '소유', '시도', '로스'(아들 이름)는 편지들에서 자주 같이 나왔는데, '경제'(돈에 대한 언급들), '메시지 형태'(보통 돈 문제들에 대한 언급)와 함께였다. Paige는 이 집락이 "로스를 법적 및 재정적 수단에 의해 구속하려는 시도들"을 반영한다고 보아 '소유욕'이라고 이름 붙였다.

컴퓨터 기법에서는 Allport와 관찰자들의 성격 기술에 나오지 않는 요인인 "sexuality"가 나왔다. 관찰자들이 놓칠 수 있는 주제들을 탐지해내는 객관적 기법들의 가치를 보여주는 흥미로운 예라 하겠다. 이 태그는 로스와 같이 한 활동들을 기술한 것(흔히 매우 "낭만적"인 말들로), 로스의 "부도덕한" (아내 포함) 여자관계에 대한 집착, 그리고 편지들을 통해 Allport 가족과의 애정을 대리 공유한 것의 세 가지 요소를 포함했다. 이 주제들이 정말 성애적이거나 성적이라면, 방어기제와 승화들에 의해 크게 수정된 것들이었다. Allport를 비롯한 대다수 관찰자들은 그 주제들을 탐지해내지 못했다.

있다. 제니의 자기중심성 요인 속에 들어가는 형용사들을 살펴보면 이 개인특질은 순교자 콤플렉스의 형태로 나타났다. 고약한 아들을 위해 줄곧 희생했다는 주장이 되풀이되었다. 진정한 순교자들은 자기중심적이지 않겠지만, 제니의 자기희생은 아들에 대한 소유욕과 합쳐진 것이었다.

특질들 사이의 관계, 즉 전체 *패턴*에서도 개성을 엿볼 수 있다. '공격적', '독립-자율적'이라는 두 가지는 같이 잘 어울리는 것 같다. 독립심이 강하면 쉽게 공격적이고 또 그 반대이기 쉬울 것이다. 그러나 '감상적'(sentimental), '심미-예술적'이라는 특질들이 추가되면 그림이 확 달라진다. 공격적, 독립적이면서도 예술적, 감상적이라는 것이 제니의 *개성*이다. 공격적이면서 아름다움과 예술을 알며, 독립적이면서 감상적이 아니면 제니가 아니다(Winter, 1996, p. 419). 마지막으로 제니의 개성은 다른 모든 특질들을 지배하는 하나의 **기본특질**에서도 나타난다. '원형적 모성', '로스에 대한 소유욕', '자기정당화' 등이 제안되었지만, Allport 자신은 *원한*(resentment)과 *자멸*(self-defeat)을 선택했다. 제니의 특질들 전부가 자신을 불행으로 몰아가는 원한 표현들을 중심으로 조직되어 있다고 본 것이다.

이론의 평가

Allport는 특질 또는 성향 외에도 자아기능과 발달, 성숙한 성격 등의 문제들에도 관심을 기울인 학자였다. 자아기능들, 특히 자기상과 목표추구 때문에 성격은 개별 특질들의 조합이 아니라 *통일된 전체*로 기능하고, 기본 및 중심특질들에 역동적(행동에 동기를 부여하는) 속성이 생긴다. Allport는 자연과학의 방법들을 가지고 연구하기에는 인간이 너무 복잡하다고 믿었고, 성격심리학자들이 집단평균 비교에 집중하는 경향을 비판하였다. '평균인'에 대한 자료가 아무리 많이 쌓여도 개별 인간에 대해, 그의 무한한 복잡성과 그 밑에 깔려 있는 일관성에 대해 말해주는 것은 없다는 것이다. 측정과 통계에만 신경을 쓰는 변인 중심 연구가 대부분인 현실에서 "성격연구에 사람이 어디 있는가?"(Carlson, 1971, 1984) 하는 물음이 생길 때 Allport가 했던 이야기가 의미를 가진다.

이 장을 시작할 때 제시한 성향 접근의 일반적 특성은 그의 견해와는 거리가 멀다. 개인차 측정에 집중하면서 개성의 패턴은 무시하는 경향을 비판한 그가 요인분석법을 거부한 것은 당연한 일이었다. 일반특질들에서 사람들을 서로 비교하는 것보다 개인에게 독특한 특질들, 그리고 이들의 조직 패턴을 아는 것이 더 중요하다고 보았기 때문에 그는 성격을 연구·평가하기 위한 차원들을 정하지 않았다. 그는 요인분석을 통해 발견된 단위들이 "순수한 음식 및 건강 검사를 통과하지 못한 소시지 고기를 닮았다"(Pervin, 2003, p. 40에서 재인용)고 보았다.

Allport는 단 하나의 사례연구('제니의 편지')만 발표하였으나 교수로서 그리고 (학회지)편집자로서 *개별기술* 연구를 많이 고무하였다(Barenbaum & Winter, 2008). 성격연구의 두 과제가 개인차연구와 독특한 전인(全人) 또는 개성 연구라고 할 때, 그는 소망과는 달리 심리학은 "심리측정적 '분석' 접근"을 선택하였다. 분석은 통합("사람을 다시 조립하기," p. 17f.)의 과제를 남겨놓는데, 1980년대 이후 개별기술 연구에 대한 관심이 부활하고 있다(p. 7). 법칙정립 연구에서는 주로 상황을 정해놓고 행동을 관찰하며, 특질심리학에서 이는 특질이 행동을 '이끄는'(guide) 측면에 집중한다는 것을 뜻한다. 개별기술 연구를 하게 되면 행동을 '시발하는'(initiate), 상황을 선택·창조하는 측면도 조명하게 될뿐더러 나아가 피험자들이 자기 삶에 대해 하는 이야기도 듣게 될 것이다(14장 참조).

심리학이 '적응행동'(과 부적응 행동)에 집중하는 데 비해, Allport는 '표현행동'의 중요성을 지적하였다. 수량화와 심리측정적 분석이 어렵기 때문에 개별기술 연구가 포기되었듯이, 같은 이유로 *표현행동*도 성격심리학자들의 주목을 받지 못한다. '첫인상'은 놀라울 만큼 정확해서 오래 사귄 뒤에 '타당화'(validate)되는 경우가 많은데, 처음 만났을 때 웃는 모습, 시선(눈을 맞추는가 피하는가 등), 목소리(속삭이는가 우렁찬가 등) 같은 표현행동들이 인상 형성에 결정적이다. 성격의 표현적 측면의 중요성을 인지한다면 컴퓨터 영상 기술 발전이 과학적 연구의 길을 열어줄 수 있을지 모른다.

특질심리학자로서 요인분석 접근을 비판한 Allport는 뒤에 가서 보듯이 심리사전을 통해 5요인 연구에 선구적 업적을 세웠다는 점에서 "5요인 모델의 아버지이자 비판자"였다(Barenbaum & Winter, 2008, p. 10). 그러나 Allport의 심리사전을 토대로 특질들을 찾아냄으로써 5요인 모델에 직접적 '선배'가 된 학자는 Cattell이었다. 그는 미국에서 학문적 활동을 하였지만 Eysenck와 더불어 영국 런던학파의 전통을 대표한다.

Cattell의 요인이론

Raymond B. Cattell(1905-1998)은 15세에 런던 대학 화학과에 들어가 19세에 졸업하고, Galton에 대한 Burt의 강의를 듣고 나서 심리학 공부를 시작하여 1929년에 런던 대학에서 심리학으로 박사학위를 받았다. 대학원 시절에 Spearman과 같이 일한 경험으로 그는 "구조와 인과관계의 유일한 증거는 공변"(covariation, 상관)이며 요인분석 기법으로 "행동의 역동적 뿌리들"을 찾을 수 있을 것이라 믿게 되었다(Hall 등, 1985, p. 423에서 재인용). 요인분석의 토대가 되는 상관계수는 Galton에서 시작해 Spearman이 중심이 된 *런던학파*에서 만들어냈다. 요인분석에 의지하는 현대 특질심리학은 이 토양에서 태어났다고 할 수 있다.

Galton의 유산

Francis Galton(1822-1911)은 진화생물학자 Charles Darwin(1809-1882)과 친척이었다. 후자가 명망 있는 과학자였던 할아버지의 아들쪽 손자였던 반면, Galton은 딸쪽 손자였다. 그는 2년에 걸친 서남 아프리카 탐험으로 왕립 지리학회 금메달을 받았고, 지도 제작, 기상학 연구 등으로 왕립 학사원(Royal Society) 회원으로 선출되어 Sir Galton, 즉 Galton경이 되기도 하였다.

개인차심리학 Pervin(2003)은 성격심리학적 연구법을 임상(사례연구), 상관, 실험의 세 가지로 나누어 고찰하였다. 이 책의 1부(정신역동적 접근)와 2부(인본주의-현상학)에 소개한 이론들이 임상 전통이었다면, 3부 성향 접근에서 다루는 내용은 상관연구 전통에 뿌리를 둔다.

독립학문으로서 심리학이 1879년 Wundt가 심리학 실험실을 세운 해에 출범했다고 말할 때, 이 심리학은 *물리학*을 모범 삼아 *실험*을 주된 방법론으로 선택하였다. 정신과정의 일반 법칙들을 발견하려 하는 실험심리학에서 개인차는 성가신 '오차'에 지나지 않았다. Galton은 처음부터 개인차의 측정과 설명에 관심을 가졌고, 따라서 Wundt는 최초의 실험심리학자, Galton은 최초의 개인차심리학자라고 할 수 있다. Wundt가 제도로서의 심리학을 창설했다면, 미국의 *기능주의*(또는 '적응심리학')에서 출범한 현대심리학(Leahey, 2000)의 모습을 결정한 사람은 Galton이었다고 할 수 있다.

개인차심리학(psychology of individual differences) — 차이심리학(differential psychology)이라고도 한다 — 은 학문적(과학적) 성격심리학보다 먼저 존재했다. 모든 개체/개인들에 공통되고 일반화될 수 있으며 평균적, 추상적 개체에 적용되는 법칙성들을 다루는 '일반심리학'(general psychology)과 달리, '차이심리학'은 개체/개인간 또는 집단간 차이를, 일반심리학의 법칙성들로부터의 이탈을 다루는 분야라고 할 수 있다. 일반심리학과 차이심리학을 Cronbach(1957, 1981)은 각각 '실험심리학'과 '상관심리학'이라 불렀다.

'개인차심리학'이 '성격심리학'으로 점점 더 대치되고 있으므로 둘이 유사어라고 할 수 있지만, 후자가 전자의 하위영역이라고 볼 수도 있다. 성격심리학은 생각·행동·감정의 개인차를 다루는 데 그치고 능력과 성취의 개인차는 통상 다루지 않기 때문이다. 지능 또는 '능력특질'을 이론에 포함시키는 Cattell 같은 학자는 성격심리학에서 예외에 속한다. 다른 한편, 성격심리학의 중요한 주제가 개인차인 것은 확실하지만, 모든 개인들에 공통되는 일반적 법칙성들도 똑같이 중요하다. 따라서 성격심리학은 차이심리학이면서 동시에 일반심리학이다. 정신분석학(2장)과 진화심리학(9장)은 일반심리학적 성격이론들이라 할 수 있다.

무엇이든지 헤아리고 재는 측정광이었던 Galton은 30년 이상 신체적 및 정신적 능력들의 개인차를 측정하고, 그 특성들이 *정상분포*를 이룬다는 것을 입증하였다. 그는 엄청난 양의 개인차 측정자료를 처리하기 위한 통계 방법론을 개발하면서 우리가 현재 사용하는 **상관계수**의 개념을 생각해냈다. [계산 공식을 만들어낸 사람은 런던 대학의 수학자이자 통계학자인 Karl Pearson(1857-1936)으로, 상관계수의 공식 명칭(피어슨 적률상관)에 이름이 남아있다.] Galton은 평정척도와 질문지, 자유연상 등도 연구에 사용하였고, 지적(知的) 능력들뿐 아니라 성격과 기질도 측정하였다. 어느 모로 보나 '검사운동'의 시조인 것이다.

Spearman과 런던학파 Charles Spearman(1863-1945)은 독일 라이프치히 대학 Wundt에게서 공부하여 1906년에 박사학위를 받았고, 런던 대학에서 심리학과 교수가 되어 정년까지 머물렀다. 심리학도들은 그의 이름을 **2요인**(two-factor) 지능이론을 내놓은 사람으로 알고 있다. 아직 학생이던 1904년에 발표한 이론에서 그는 지능이 일반능력(일반지능, general intelligence, **g요인**)과 특수능력(specific abilities, **s요인**)으로 구성된다고 주장하였다. 몇 년 뒤 학교아동들의 다양한 정신능력 검사들에서 나온 점수들을 토대로 한 상관패턴(상관행렬)에서 그는 충분히 큰 공통요인('g요인')을 발견하였다. 그가 사용한 방법은 요인분석 기법의 토대가 되었다. 그의 노력과 평판 덕분으로 생겨난 '런던학파'(London school)에서는 개인차 측정과 요인분석법에 더하여 생물학적 사고, 유전도 강조한다. 그의 후임으로 런던 대학 심리학과 교수가 된 Cyril Burt(1883-1971)는 Cattell과 Eysenck의 스승이었다.

행동예측을 위한 요인들

1937년 미국에 가서 Cattell은 계속 미국에 머물렀다. 그는 성격을 공부하려면 우선 16개 근원특질들의 이름과 성질을 배워야 한다고 확신하였다. "의대생들은 수백 개의 새 이름을 배우고, 화학도들은 100개 이상의 원소를 알며, 천문학도들은 무수한 은하계를 발견"했는데, 16개가 뭐가 많으냐는 것이었다(Cattell, 1990, p. 102).

실험법, 임상적 대 요인분석 방법 Cattell은 "성격이란 한 사람이 한 주어진 상황에서 무엇을 할지를 예측할 수 있게 해주는 것"(1965, p. 25)이라고만 정의하고, 구성요소

글상자 7-3

심리사전

Allport와 Odbert(1936)는 "특질 이름들. 심리사전적 연구"(Trait names. A psycholexical study)라는 제목의 논문에서 1925년판 웹스터 국제사전에서 뽑아낸 약 18,000개의 '특질 이름'들을 수록하였다. 네 개 범주로 나누어 단어들(주로 형용사)을 알파벳 순서로 나열했을 뿐이고 '낱말의 뜻'도, 어원도 없으므로, 엄밀히 말해 '사전'(lexicon)은 아니다. 네 개의 범주는 아래와 같다.

범주 1: 개인적 특질들, 즉 일관성 있고 안정된 심리 성향들('공격적', '내향적', '사교적' 따위)

범주 2: 진행중인 행동, 일시적 생각, 감정, 의도 상태를 나타내는 단어들('겸연쩍은', '기뻐하는', '광적인' 따위)

범주 3: 윤리적 평가, 인격('착하다', '나쁘다' 따위)

범주 4: 기타 물리적, 사회적, 심리적 특징들('작다', '약하다', '재능있다' 따위)

Bromley(1977)는 이 '사전'이 특질 이름들에 성격 기술의 중추적, 심지어 배타적 역할을 부여한다고 비판하였다. 아울러, 자연언어 용법의 다양성을 고려하지 않고 개별적 단어들을 특질 이름으로 정할 수 있다고, 각 특질 이름이 분명하고 고정된 의미를 가진다고 가정한 사실도 비판하였다. 한 단어가 아니라 구(句, phrase)(예, 욕심 없음, 외모에 무심)가 더 적절한 분석단위일 때가 많으며, 언어적 및 상황적 맥락에 따라 단어들의 의미와 효과가 달라진다는 것이다.

Bromley는 일반인들에게 '나 자신', 좋아하는/싫어하는 남자/여자 등 여러 자극인물의 성격을 글로 기술하게 하여 30개의 내용범주를 구분하였다. 피험자들은 성격의 *내적 측면*들(일반 특질, 특수 특질 또는 습관, 능력과 성취, 동기, 태도 등), *외적 측면*들('인적 사항', 외모 등), *사회적 관계*들(가족과 친척, 글쓰는 이와의 관계 등) 등 다양한 측면들을 언급하였으며, *일반 특질*(general traits)은 성격의 내적 측면들 중에서도 일부에 지나지 않았다.

들을 다 알아야 성격을 정의할 수 있다고 믿었다. 성격요인, 특질들의 체계를 완성해야 '성격'이라는 모호한 전체를 파악하고 적응, 정신병리 등 성격영역들을 과학적으로 연구할 수 있다는 것이다. 이 체계를 구성하는 요인들은 요인분석법에 의해 발견되었다.

Cattell은 이변인(bivariate) 실험, 임상적(clinical) 방법과 비교하여 요인분석법의 강점을 부각시켰다. 여러 변인들을 한꺼번에 고찰한다는 점에서 임상적 연구도 **다변인**(multivariate) 방법으로서, 둘 다 고립된 과정들이나 행동 단편들보다는 전체 성격을 이해하려고 한다

(Westen & Weinberger, 2004, 임상적 대 통계적 예측). 그러나 두 방법에는 결정적 차이가 있으니, 임상적 방법은 직관을 사용하여 변인들을 측정평가하고 기억을 사용하여 추리하는 데 비해, 요인분석법은 "체계적 연구절차와 통계적 분석"을 사용하여 '자연발생'한, 즉 삶이 실행한 실험들에서 의미 있는 차원들과 인과관계들을 뽑아낸다.

앞에서 보았듯이 요인분석에서 기본이 되는 것은 많은 변인들을 측정한 자료이며, 이는 성격연구에서 통상 자기보고 질문지를 통해 얻어진다. 뒤에 보게 되듯이 Cattell은 요인분석에 질문지뿐 아니라 타인평정, 실험실 수행 같은 다양한 자료출처들이 사용되어야 한다고 믿었지만, 그가 요인들을 발견한 출발선은 *일상어*였다. 일반인들이 성격 기술에 쓰는 단어(주로 형용사)들에서 요인들을 찾아낸 후, 더 인습적인 측정자료에서 같은 요인들이 나오는가를 알아본 것이다.

사전적 접근 Allport는 성격의 일반특질들의 목록을 발표하지는 않았지만, 성격 기술 형용사들을 수집·분류해놓기는 하였다(Allport & Odbert, 1936; 글상자 7-3 참조). 그중 개인적 특질을 나타내는 비교적 중립적인 낱말들(범주 1, 약 4,500개)이 후에 Cattell의 '사전접근'(lexical approach)의 원자료가 되었다.

Cattell은 이 특질 단어들에 '상태'(state)[5]를 나타내는 약 100개의 어휘를 추가하였다. 유사어, 반대어들을 묶어서 160개의 양극적(bipolar) 단어 모음을 남기고, 여기에 당시의 성격 문헌을 개관하여 11개의 새 변인들을 추가하였는데, 주로 능력(일반 지능과 여러 특수 능력) 및 흥미특질들이었다. 171개는 1940년대의 요인분석 기법으로 다루기에 여전히 너무 많아서 더 줄일 필요가 있었다. 이를 위해 그는 100명의 성인을 한두 명의 아는 사람으로 하여금 이 171개 변인 위에서 평정하도록 하였다. 거기서 나온 상관행렬 — 계산해보면 모두 합해서 14,535개의 상관계수가 들어간다 — 을 검토해 찾아낸 35개의 요인들이 '표면특질'들이다.

표면특질(surface traits)이란 '같이 가는' 일련의 행동들로 나타나지만, 그 '공변'(covariation)이 꼭 공통의 원인 때문은 아니다. 예컨대, 작은 일에 신경 쓰지 않고, 남들에게 용기를 주고, 일을 계획할 때 좋은 결과를 예상하는 등의 행동들은 통상 '같이 간다'. 즉, 이중 어느 하나를 많이 하는 사람은 다른 행동들도 많이 한다. 이런 사람을 '명랑하다' 또는 '밝다'고 기술할 때 우리는 하나의 특질을 추리하는 것이지만, 이는 일련의 행동들이 상관된다는 관찰에 지나지 않는다. 행동을 설명하는 것은 **근원특질**(source traits)이며, 이들이 상

---

5) 상태는 성향/특질과 대비되는 개념이다. *특질*불안과 *상태*불안을 예로 들면, 전자는 일반적, 평균적인 불안수준인 데 비해 후자는 개인이 일시적으로 처하게 되는 불안상태이다. 특질불안이 낮지만 시험 때는 몹시 불안해질 수 있고, 특질불안이 높아서 가령 사람 만나는 게 무섭지만 공부는 좋아해서 시험불안은 낮을 수 있다.

표 7-3 성격요인검사(16PF)의 16개 요인들(염태호 · 김정규, 1990, p. 5)

요인명	낮은 점수 명칭	높은 점수 명칭
A 요인	냉정성(Coolness)	온정성(Warmth)
B 요인	낮은 지능(Low Intelligence)	높은 지능(High Intelligence)
C 요인	약한 자아강도(Unstableness)	강한 자아강도(Stableness)
E 요인	복종성(Submissiveness)	지배성(Dominance)
F 요인	신중성(Desurgency)	정열성(Surgency)
G 요인	약한 도덕성(Low Superego)	강한 도덕성(High Superego)
H 요인	소심성(Shyness)	대담성(Boldness)
I 요인	강인성(Tough-mindedness)	민감성(Tender-mindedness)
L 요인	신뢰감(Trustfulness)	불신감(Suspiciousness)
M 요인	실제성(Praxernia)	사변성(Autia)
N 요인	순진성(Naivete)	실리성(Shrewdness)
O 요인	편안감(Untroubled adequacy)	죄책감(Guilt-proneness)
Q_1 요인	보수성(Conservatism)	진보성(Liberalism)
Q_2 요인	집단의존성(Group-dependence)	자기충족성(Self-sufficiency)
Q_3 요인	약한 통제력(Self-conflict)	강한 통제력(Self-control)
Q_4 요인	이완감(Relaxation)	불안감(Tension, Anxiety)

호작용하여 표면특질들을 만들어 낸다. 표면특질들은 임상적 탐색에 의해 또는 사람들에게 어떤 특징들이 같이 가느냐고 물어서 확인할 수 있지만, 근원특질은 다변인 통계기법을 사용해서만 발견할 수 있다.

16PF Cattell은 35개의 '특질변인'들을 가지고 요인분석해서 12개의 요인을 얻었다. 이 12개가 그의 성격측정 및 이론체계의 기초가 되는 *근원특질*들이다. 타인평정 자료에서 얻어진 이 특질들을 자기보고 질문지로 측정하려는 시도에서 나온 결과가 "16PF"(16 Personality Factor Questionnaire)이다. 1949년에 미국에서 처음 나온 16PF는 1990년 우리나라 판으로 제작되었다(염태호·김정규, 1990). 표 7-3에 16개 요인의 이름을 제시하였다. 맨 아래 4개는 질문지에서만 나왔기 때문에 요인이름에 'Q'를 달고 있다. 타인평정 자료와 자기보고 자료에서 나온 요인들이 일치하지 않음은 Cattell의 기대 또는 가정에 어긋나는 것이었다. 16개 요인이 성격을 구성하는 '근원특질'들이라면, 이들이 타인평정, 자기보고 질문지, 그리고 객관적 검사(주로 실험실 행동관찰) 자료 모두에서 똑같이 나와야 했기 때문이다.

Cattell은 16개 성격요인이 원소주기율표에 나오는 원소들만큼이나 확고부동한 보편성을 가진다고 믿었다. 여러 상이한 종류의 자료의 요인분석 결과들이 일치하고, 여러 문화에서 나온 결과가 유사하며, 연령집단별로도 결과가 유사하고, 많은 특질들에 생물학적(유전적) 토대가 있다는 것이 그러한 믿음을 뒷받침해주었다. 16개 요인은 문항들의 상관행렬에서 나온 *일차요인*들로서, 이들은 '사각 회전'의 결과이기 때문에 서로 독립적이 아니었다. 이들의 상관행렬을 다시 분석하여 Cattell은 8개의 *이차요인*을 얻었지만, 한국판 성격요인 검사에서는 다음 6개가 나왔다.

1. 내향성(Introversion)-외향성(Extraversion)
2. 약한 불안(Low Anxiety)-강한 불안(High Anxiety)
3. 유약성(Emotional Sensitivity)-강정성(Tough Poise)
4. 종속성(Subduedness)-자립성(Independence)
5. 약한 초자아(Low Superego)-강한 초자아(High Superego)
6. 낮은 창의력(Low Creativity)-높은 창의력(High Creativity)

내향성-외향성은 바로 다음에 소개할 Eysenck의 이론에서 가장 중요한 성격차원이다. Cattell의 이차요인 내·외향성에는 (표 7-3의) 일차요인들 A, F, H, Q_2가 실린다. 온정, 정열, 대담, 집단의존 쪽이 *외향성*이고, 냉정, 신중, 소심, 자기충족 쪽이 *내향성*이다. 문항점수들을 가지고 계산되는 일차요인 점수들과 달리, 이차요인 점수들은 그 요인에 실린(부하된) 일차요인들의 점수를 가지고 계산하게 된다.

표면-근원 특질 이외에도 Cattell은 다른 여러 기준으로 특질들을 분류하였다. 런던학파 학자로서 유전-환경 문제에 관심이 많았던 그는 성격요인들이 어느 정도 생물학적, 유전적이며 어느 정도 환경과 경험에 의해 결정되는가 하는 것을 알아내려고 하였다. 또한 성격이란 "한 사람이 한 주어진 상황에서 무엇을 할지를 예측할 수 있게 해주는 것"이었으므로, 주어진 상황에서의 행동을 예측하는 데 필요한 것은 아무것도 빼놓으려고 하지 않았다. 궁극적으로 Cattell이 추구한 것은 이 모든 특질 및 상황 변인들을 가지고 인간 행동을 설명하는 *수학공식*(또는 컴퓨터 프로그램)을 만들어내는 것이었다.

능력-기질-역동 특질들을 가지고 어떤 행동측면을 예측하려고 하느냐에 따라 세 가지 종류가 구별된다. **능력**(ability) 특질은 복잡한 상황에 어떻게 반응하는가, 목표 추구를 얼마나 효과적으로 하는가에 관련된 특질이다. 지능이 대표적이고, 집중력도 거기 넣을 수 있다. **기질**(temperament) 특질은 행동과 반응의 *스타일*, 즉 속도, 강도, 끈기 등을 말한다. 표 7-3에 나오는 요인들이 둘째 요인 '지능'을 빼고는 모두 기질특질들이다. 표의 아랫부분에 'Q'자가 붙은 네 특질은 역동적인 측면을 좀더 가지고 있다. 능력과 기질특질들이 타인평정과 질문지자료에서 주로 나타나는 데 비해 역동적 특질은 실험(T-)자료에서 주로 나온다.

역동적(dynamic) 특질은 *동기*와 *흥미*에 관련된 변인으로, 태도, 견해, 추동의 세 기본 유형이 있다. 우선 **태도**(attitude)는 어떤 구체적 대상에 대해 하고 싶은 구체적 행동에서 나타나는 흥미를 말하고, 그 밑에 깔린 (눈에 보이지 않는) 견해와 추동들의 역동적 구조가 겉으로 표현된 구체적 결과이다. "영희와 결혼하고 싶다"에는 결혼에 대한 견해, 성추동이 밑에 깔려 있을 수 있으며, 이는 뒤집어 말하면 태도에서 추동과 견해들을 추리한다는 것을 뜻한다. **견해**(sentiments, 줄여서 sem)[6]는 태도들이 조직화된 구조로서, 사회·문화적 맥락에서 학습되는 근원특질이다. **추동**(erg)[7]은 체질적 근원특질로 행동에 에너지를 부여한다. 어떤 추동을 가지고 있으면 특정한 종류의 대상들에 쉽사리 반응하고, 특수한 정서를 체험하며, 나아가 어떤 행동반응을 통하여 특정 목표를 추구하게 된다. 배고픔, 성, 군거성(사교성), 호기심, 안전(공포), 호전성(공격성), 자기주장, 자기도취 등등 수많은 추동들이 행동 예측에 동원되었다. 이 세 가지 유형의 역동적 특질들은 서로 복잡하게 얽혀 있고, 추동에서 견해로 그리고 태도로 가면서 동기과정이 점점 더 구체적이 된다.

행동의 과학적 설명 독자들이 Cattell의 이론체계에 나오는 변인 숫자에 이미 압도되었다면, 이게 겨우 시작이라는 데 더 놀랄 것이다. 그는 '8가지 상태 질문지'(Eight State Questionnaire, 8SQ)를 개발하여 불안, 스트레스, 우울 등의 8가지 **상태**를 측정하였고, 일시적 기분이나 정서상태와 더불어 **역할**도 중요하다고 보았다. 우리에겐 다행스럽게도 그의 이론은 이제 역사적 가치만 인정되며, 상세한 소개를 하지 않아도 저자를 비난할 사람은 없을 것이다.

요인분석법에 대한 신념에서 나타나듯이 수학에 대한 Cattell의 기대는 대단하였다. 그는 "한 사람이 한 상황에서 무엇을 할지를 예측할 수 있게 해주는" 성격을 수학 등식으로 표현할 수 있기를 바랐다. 한 사람의 **행동반응**(R)을 알려면 그가 놓여지는 **자극상황**(S)과 그의 **성격**(P)을 알면 된다. R = f(S, P).[8] 나아가 Cattell은 38개 가량의 방정식을 포괄하는 '**역동적 미적분**'(dynamic calculus)을 만들었다. '학교성취(성적)'를 설명하는 방정식을

---

6) 'sentiment'는 '감정'이라고 통상 번역되지만, 여기서는 (감정적 색채가 있는) 의견, 생각을 말한다.

7) 'erg'(에르그)는 물리학에서 일의 단위를 나타내는 개념으로, 정해진 크기의 힘이 작용하여 물체를 정해진 만큼 이동시키는 일의 양을 말한다.

8) 이 방정식은 원래 Kurt Lewin에게서 나온 것이다. Lewin은 B=f(P, E)라고 써서 행동(Behavior)은 사람(Person)과 환경(Environment)에 의해 결정된다(함수, function)는 생각을 나타냈다(13장 참조).

보자(Cattell, 1990, p. 106).

성취 = .44 초자아 − .23 자기주장 + .35 자기견해 − .15 성 − .24 공포 + .21 호전성 −.33 자기도취 + .36 건설추동

가중치 크기들을 볼 때, 학교성취 예언에 중요한 특질들은 초자아(도덕성), 건설추동, 자기견해(자기존중)라는 것을 알 수 있다. 가중치 부호로 판단할 때, 초자아, 자기견해, 호전성(공격성), 건설추동은 성취에 도움을 주는 요인들이지만, 자기주장, 성, 공포, 자기도취의 추동들은 방해가 되며, 그런 점에서 앞의 특질들은 뒤의 특질들과 *갈등*이 된다.

임상장면에서, 알코올 문제가 있는 환자의 증상의 뿌리를 설명하는 방정식을 보자(같은 곳, p. 107).

증상 = .29 공포 + .23 자기견해 − .46 아내에 대한 견해 − .61 자기도취 − .23 초자아

환자의 음주를 촉발(동기화)하는 것은 공포와 자기견해(자기존중) 모욕이고, 아내생각, 자기도취(나르시시즘), 초자아는 음주를 억제한다. 증상의 뿌리를 확실히 파악하면 치료전략도 세울 수 있다. Cattell은 이 토대 위에서 치료를 진행하여 성공했다고 보고한다. 이런 방정식들은 수학에 대한 그의 믿음을 희화화하지만, 측정과 (고급!)통계방법론에 매달리는 과학적 심리학의 기본 태도는 그리 달라지지 않았다. 행동을 예언하려면 16개 성격요인들에 더하여 무수한 다른 변인들이 필요하다는 Cattell의 통찰은 5요인으로 충분하다는 현대적 태도(8장)와 날카로운 대조를 보인다.

이론의 평가

Cattell은 매우 생산적인 학자로서 엄청난 양의 저서와 논문을 발표하였다. 여기서는 그의 이론과 연구의 작은 부분만을 소개하였는데도 성격구조의 전체 영역을 포괄하고자 한 그의 야심을 엿볼 수 있었다. 성격의 발달(학습)에 대한 견해는 여기서 다루지 않았다. 그의 이론적 입장은 절충주의로서, 학습이론, 정신분석학 등 당시 영향력 있던 이론들에서 개념들을 빌려 왔다. 그의 강점은 이론이라기보다는 측정과 경험적 연구였다. 그가 만들어 낸 검사만 해도 일반성격검사(아동용부터 노인용까지), 지능검사, 동기검사, 임상용 검사 등 수를 헤아릴 수가 없다.

Hall 등(1985, p. 449)은 Cattell이 Allport의 접근방식을 뒤집었다고 본다.

Allport는 우리가 무의미할 수 있는 많은 자료 수집에 들어가기 전에 분명한 이론적 개요(outline)를 가지고 있어야 한다고 말했다. Cattell은 우리가 한 이론을 정직하게 만들어 낼 수 있으려면 먼저 많은 자료를 수집하고 경험적 방법들을 만들어내야 한다고 말한다.

Cattell이 의지한 '경험적 방법들'은 **요인분석**이다. 말년에 발표한 한 논문(1990)에서 그는 자신의 "중다변인 실험적 성격이론"(multivariate experimental personality theory)이 '주류'에서 고립된 현실에 분통을 터뜨렸다. 현재 성격심리학에서 Raymond Cattell이라는 이름은 요인분석법을 써서 무수히 많은 종류와 숫자의 변인들을 내놓고 5요인 모델에 (요인분석) 방법론과 원자료를 제공해준 역사적 인물로 기억된다. 자기를 고립시킨 '주류'학자들이 "요인분석의 복잡미묘함을 배우지 못한" "야만인들의 떼거리"(1990, p. 101)라는 비난에 귀 기울인 학자는 없을 테지만, 다음 장에서 우리는 5요인 학자들의 '믿음'이 Cattell만큼이나 확고하다는 것을 보게 될 것이다.

임상적 자료에 기초를 둔 주관적 추론이 오랫동안 성격연구를 지배했었기 때문에, 심리측정과 요인분석 기법들은 과학적 성격심리학에서 큰 환영을 받았다. 다른 한편 너무 기법 중심이고 단편들에 집중하는 경향을 비판하며 인간 성격의 문제들이 수학 공식으로만 설명될 수는 없다는 목소리도 있었다. Cattell과 같이 런던학파에 속하는 영국학자로서 Eysenck도 측정과 실험, 요인분석법에 크게 의지하였지만, 그가 내놓은 이론은 Cattell의 것과 아주 달랐다.

Eysenck의 성격모델

독일 베를린에서 태어난 Hans J. Eysenck(1916–1997)는 18세에 영국으로 건너가 런던대학에서 심리학을 공부하였다. 1940년에 박사학위를 받은 후 이상심리학 공부를 위해 영국 제일의 정신병원인 모슬리 병원에서 수련을 받았다. 1946년에 모슬리 병원 안에 있는 런던대학 정신의학연구소에 심리학과를 만들고, 영국에서 처음으로 임상심리학자 수련프로그램을 만들었다. 그에게 '성격을 위한 모델'(A model for personality, 공저, 1981)의 목표는 "성격의 차원 및 인과 분석"이었다. 성격연구자로서 그는 "끝없이 많은 관찰된 사건들을 규칙이나 법칙들에 의해 서로 연결된 소수의 변인들로 줄이도록 돕는 개념들"(1981, p. 2)을 찾았다. 이 차원분석은 물론 요인분석에 의지하였다. '인과분석'은 성격의 생물학적 토대를 발견함으로써 가능해졌다.

성격의 차원들

Eysenck의 연구와 이론에 중심이 되는 세 성격차원은 **초요인**(superfactors) — 또는 Big Three — 이라 불리기도 한다. 외·내향성(E) 차원이 제일 먼저 나왔고, 신경증성향(N) 차원이 그 다음으로 들어왔다. E와 N의 이차원 모델에 정신병성향(P)이라는 셋째 차원이 도입된 것은 한참 뒤의 일이다.

E, N, P 세 초요인 각각을 '정의'하는 9개씩의 하위요인 또는 특질들을 소개하면 세 요인의 의미를 빠르고 정확하게 파악할 수 있을 것이다.

외·내향성(Extraversion-Introversion, E): 사교성, 활발, 능동성, 주장성, 감각추구, 걱정없음(태평함), 지배, 쾌활, 모험심
신경증성향(Neuroticism, N): 불안, 우울, 죄책감, 낮은 자기존중, 긴장, 비합리성, 수줍음, 변덕, 감정적
정신병성향(Psychoticism, P): 공격성, 차가움, 자아중심성, 냉정, 충동적, 반사회성, 감정이입 없음, 창조성, 강인성

정상인들을 대상으로 얻은 요인들에 '신경증', '정신병'이라는 말이 잘못된 연상들을 불러일으킬 수 있기 때문에, Eysenck는 신경증성향 대신에 *정서성*(emotionality) 대 *정서적 안정성*(emotional stability), 정신병성향 대신에 *강인성*(tough-mindedness) 대 *초자아 통제*(superego control)라는 말을 쓸 것을 권하기도 하였다. 이에 따라 '외향성-내향성'처럼 다른 두 차원도 '신경증성향-(정서)안정성', '정신병성향-초자아(통제)'라고 양극화할 수 있다. **Eysenck 성격질문지**(Eysenck Personality Questionnaire, EPQ— 우리나라에서는 이현수가 표준화하였다)로 측정한 세 요인이 여러 연령층, 많은 문화권(35개 나라)에서 거듭 발견되자 Eysenck는 이들이 보편적 '기본'차원임을 확신하게 되었다.

세 요인은 서로 직교적, 즉 독립적이라고 가정된다. [즉, 요인분석 과정에서 서로 독립적인 요인들을 뽑아낸 것인데, 실제에서는 표본에 따라 요인들이 유의미한 상관을 보이는 일이 많다.] 따라서 외향성의 정도가 같다 해도 다른 두 요인에서 어떠하냐에 따라, 그리고 능력(지능) 같은 다른 개인차들에 따라 행동(성향)이 다를 수밖에 없다. 외향적이면서 정서적으로 안정된(높은 E와 낮은 N) 사람은 사교적이고 활발하겠으나, 외향적이면서 정서적

으로 불안정한(높은 E와 높은 N) 사람은 상대적으로 더 파괴적일 것이다. 예컨대, 사고를 많이 내는 운전자들은 외향적이면서 신경증적이고, 안전운전을 하는 사람들은 내향적이면서 안정된 경향이 있었다(Wilson, 1981).

사회적 행동과 적응 Wilson(1981)의 개관을 보면, 외향적인 사람들은 활발하고 사교적이고 스포츠를 즐기고 모험심이 있으며, 내향적인 사람들은 조심스럽고 조용하고 혼자 있으려 든다. N이 높으면 불안이 높고, 성적(性的)으로도 문제가 있다. 스스로 치료하려고 해보다가 약물남용 문제를 겪기도 하고, 높은 불안 때문에 공부와 성적도 나빠질 수 있다. N이 낮으면 이 모든 면에서 비교적 좋은 편이지만, 맥락에 따라 의욕이 없고 둔감하게 보이기도 한다. P가 높으면 강하고 짜릿한 자극들을 찾아다니고(감각추구), 위험하고 야심적이고 때로 반사회적이거나 괴이한 행동들을 많이 하며, 결과적으로 범죄, 비행, 마약 문제가 생기기도 한다. 그러나 좋은 쪽을 보면, 높은 P는 창의성과 추진력을 의미하기도 한다. 이에 비해 P가 낮으면 협동적, 공감적, 인습적이기도 하지만, 겁내며 꾸물대는 것으로 보이기도 한다.

전체적으로 볼 때, N과 P는 낮고 E는 높은 것이 유리한 것 같다. 병리적 경향을 시사하는 N과 P와 달리 E는 중립적이지만, 연구결과들은 외향적인 사람들이 정신적으로 더 건강하며, 자살기도도 덜하고, 또래들이 더 좋아한다는 것을 보여준다. E와 좋은 적응의 상관은 우리나라에서도 발견되는데, 아마 외향성이 '좋은' 성격으로 통하는 문화적 배경을 무시할 수 없을 것이다. 미국과 호주 같은 나라들만큼 외향성을 높게 평가하지 않는 영국과 일본 같은 나라들에서는 정신건강과 E의 상관이 더 낮다(Wilson, 1981). E, N과 상관되는 행동특성들은 다음 장에서 더 논의된다.

외향성이 더 좋은 것이라 해도 본인에게나 그렇고, 그의 행동(예컨대, 시끄러움, 무책임)을 참아야 하는 남들에게는, 특히 내향적인 사람들에게는 그렇지 않을 수 있다. '나는 즐겁고 남은 괴로운' 가능성은 E보다 P에서 더 심하다. 그 최고봉은 아마도 남들의 감정을 배려하지 않는 반사회적 성격장애자(psychopath)일 것이다. 이에 비해 신경증적인 사람은 남들보다 자기 자신에게 더 많은 고통을 준다.

세 성격차원의 생물학적 토대 Eysenck는 외·내향성의 차이가 실험실에서 잘 나타나지 않는 것이 행동관찰을 한 시간대와 관계가 있을지 모른다고 시사하였다. 하루 여러 시간대에 체온, 주의력, 수행 등을 측정해 볼 때, 내향적인 사람은 오전에 집중력과 수행이 더 좋은 '종달새'들이고, 반대로 외향적인 사람은 오전에 훨씬 저조하고 오후에 살아나는 '올빼미'라고 할 수 있었다. 이는 '깨어 있음'의 **대뇌 각성** 패턴에서 차이가 있음을 시사한다. 망상활성체(reticular activation system, RAS)가 일반적 각성(general arousal)을 책임진다고 알려져 있다. 대뇌가 깨어 있어야 환경자극에 효율적으로 반응·대처할 수 있는데, 즐겁게 느껴지고 원활한 기능을 가져오는 *최상*(optimal) 각성수준은 중간 정도인 것 같다. 이 수준이 아주 낮아도(졸립고 지루함), 아주 높아도(극도의 흥분) 즐겁기보다는 불쾌하거나 괴롭고, 효율적 과제수행도 힘들어진다.

Eysenck는 내·외향성 차이를 습관적 각성수준 개인차로 설명하였다. 외향적인 사람은 대뇌 흥분수준이 일반적으로 낮고 최상수준에 도달하기 위해 자극을 찾는 반면, 내향적인 사람은 원래 흥분수준이 높기 때문에 약한 자극을 받아도 힘들어진다. 다른 차이는, 후자가 *처벌*(의 위협)에 더 예민한 반면, 전자는 *보상*(의 전망)에 더 잘 반응한다는 것이다. 외향성의 다양한 특징들(사교성, 모험심 등)은 최상수준에 도달하고 보상을 얻기 위해 흥분을 높이려는 것으로 설명된다. 반면 내향적일수록 자극을, 특히 처벌을 피하려고 한다. 흡연자 중에 외향적인 사람이 많다는 발견(Wilson, 1981)을 이 틀 안에서 설명할 때, 담배(또는 니코틴)는 자극제 — 적은 양에서 그렇고, 양이 많으면 진정작용 — 이며 흡연은 건강을 해치는 '모험'(risk taking)이라는 것이 강조된다.

인지적 과제수행에서, 외향적인 사람들은 주의분산과 방해가 있는 과제들을, 내향적인 사람들은 세부에 주의를 기울여야 하는 과제들을 더 잘 한다. 전자는 속도가, 후자는 정확성이 강점이라고 말하기도 한다. 외향적일수록 일반적 각성수준이 낮으므로 주위 여건들 때문에 각성이 높아져도 수행에 방해를 받지 않는 것 같고, 내향적인 사람들은 일반적 각성이 최상수준에 가깝기 때문에 집중력은 강하지만 주의분산을 못 견디는 것으로 보인다. 외향적일수록 높은 수준의 자극을 추구한다는 가정은 많은 연구들에서 지지되지만, 그것이 RAS에 의해 매개되는 각성수준과 연관 있다는 제안은 그렇지 못하였다. 외·내향성에 따른 대뇌 흥분수준에 정말로 차이가 있는가를 직접 확인하려는 연구들이 많이 수행되어 왔지만 결과는 분명치 않다(Eysenck, 1990). 아마도, '일반적' 각성수준이 있다기보다는 여러 종류의 각성이 있는 것 같다.

다른 두 성격차원의 생리학적 토대도 가정이 되어 왔지만, 경험적 연구는 E에 대해서보다 훨씬 부족하다. 걱정과 불안이 많으며 두통, 소화장애 등 신체적 증상들도 자주 호소되는 N은 **자율신경계**(내지는 자율신경계를 조절하는 시상하부 및 변연계)기능과 연결되어 설명된다. N이 높으면 자율신경계가 더 잘 흥분하며 그 여파도 길기 때문에, 스트레스에 더 빨리 더 심하게 반응하며 위험상황이 지나간 다음에도 쉽게 진정하지 못한다는 것이다. P차원은 남자들이 점수가 높다는 사실에서 출발하여 '남성다움'과 연결되며, 지배욕, 경쟁심, 공격성 등의 특질들과 상관되는 남성호르몬 **테스토스테론**이 이 차원의 생리학적 토대라고 가정된다.

생물학적 극단성에 환경적 경험이 겹쳐지면 신경증이나 비행·범죄 같은 정신병리들이 나타날 수 있다. 신경증 환자들 다수는 N이 높으면서 E가 낮은 사람들이라 하며, 반면 N, E, P가 모두 높으면 사회적 규범들을 잘 배우지 못하기 때문에 범죄·비행 같은 반사회적 행동을 하기가 쉽다. 신경증적 장애들과 반사회적 행동들이 시작되고 이어지는데 생물학적, 유전적 요인들이 큰 역할을 한다고 해서 그런 장애들을 치료할 수 없다는 것은 아니다. Eysenck는 한편으로 생물학과 유전의 역할을 강조하면서 다른 한편으로는 행동치료, 즉 학습이론의 원칙들에 따라 이상행동을 체계적으로 고치는 치료법을 지지하였다. 유전적, 생물학적 구조와 기능이 작용했다 해도 부적응적 반응과 행동들은 학습된 것이며, 탈학습 또는 소거시키면 된다는 것이다. 행동치료의 원칙들은 이 책의 4부에서 학습이론을 다룰 때 설명하게 될 것이다.

이론의 평가

Eysenck는 매우 다양한 영역들에서 매우 왕성한 활동을 하여, 쓰거나 편집한 책들이 60권이 넘고, 600편이 넘는 논문 또는 장(章)들을 발표하였다. 그의 성격검사들은 많은 나라들에서 번역되어 연구에 사용되고 있다. 그가 정신의학 세팅에서 활동한 배경은 성격차원들에 붙인 이름들에서도 드러난다. 그는 신경증이나 정신병 취약성이 중요한 성격차원들을 나타낸다고 믿었고, 임상적 관찰을 토대로 질문지 문항들을 만들었다. 가령 정신병성향(P)을 알아보는 문항들은 동물과 아이들의 고통에 무심한지, 괴이한 생각과 감정들을 경험하는지, 특이하거나 반사회적 활동들을 좋아하는지 등을 묻는다. N과 P에서 극단적으로 높은 점수를 받은 사람들은 많은 상관연구와 실험연구를 통해 신경증이나 정신병(정신분열증과 정신병질 등) 환자들과 비교되기도 하였다. E와 N은 대부분의 특질 모델들에서 가장 큰 요인들로 등장하므로("Big Two"), Eysenck의 독특한 차원은 정신병성향(P)이다.

Eysenck는 "심리학은 언제나 사람들을 다루고, 사람들은 다른 무엇보다도 개인들로서, 동일 상황들에서도 다르게 행동"하므로 성격이 심리학에서 근본이 되는 개념이라고 믿었다. 따라서 질문지뿐만 아니라 실험심리학의 개념과 방법들을 씀으로써 "검증 가능한 예언들을 만들 수 있고 성격의 올바른 인과적 이론을 확립"할 수 있다(Eysenck, 1981, p. xii)는 것이었다. 그는 생물학적 성격이론을 뒷받침하기 위하여 동물들에게 전기자극과 특정 뇌부위 손상(lesion placements) 방법들을 사용하여 어떤 신경회로들이 불안·각성 차이들과 관계있는지를 확인하려고 하였고, 약물실험으로 이 회로들의 밑에 깔려있는 신경

글상자 7-4

Gray의 대안

Jeffrey Gray(1981)는 Eysenck가 쓴 것과 비슷한 자료를 요인분석해서 외향성(E)과 신경증성향(N) 대신 **충동성**(impulsivity)과 **불안**(anxiety)의 두 요인 해법이 더 의미 깊다고 보았다. Gray의 두 차원은 Eysenck의 두 직교 차원을 45도 각도로 기울어뜨린 것이다. 결과적으로, 충동성은 높은 E와 낮은 N을, 불안은 낮은 E와 높은 N이 된다. Gray의 차원들로 정의하자면, Eysenck의 E는 높은 충동성과 낮은 불안, N은 낮은 충동성과 높은 불안이라 할 수 있다. Gray도 Eysenck와 마찬가지로 자신의 특질차원들의 생리적 토대를 가정하였다. **행동접근체계**(behavioral approach system, BAS)와 **행동억제체계**(behavioral inhibition system, BIS)가 그것이다.

BAS는 목표를 성취하고 긍정적 정서적 보상들을 얻기 위한 행동을 유발한다고 가정되며, 변연계 부위의 신경전달물질 도파민 방출과 관계가 있다고 추측된다. Gray는 억제를 모르고 전진하는 충동적 행동의 밑에는 BAS의 활동이 깔려 있다고 가정하였다. 반면, BIS는 위협에 대한, 위험, 처벌, 극단적 새로움 신호들에 대한 반응을 매개하며, 경계와 주의집중을 유발하고, 위협적 상황에서 물러나는 방어적 반응을 가져온다고 가정된다. BAS가 보상을 약속하는 유인들에 (충동적으로) 다가가도록 이끈다면, BIS는 처벌을 예상하여 불안해지고 경계하도록 조장한다는 것이다. BIS에는 편도핵(amygdala)이 중요한 역할을 하는 것 같다. 그러나 두 체계는 분명히 밝혀진 뇌영역이 아니라 가설적 기능체계이다.

화학과정을 알아보기도 하였다(Canli, 2008).[9] 성격차원들에 생물학적 토대가 있다고 가정하고 그것을 적극적으로 탐색함으로써 그는 외향성은 어떻고 내향성은 어떻다는 기술(記述)에 머물지 않고 *왜* 외향성 또는 내향성이 나오는지를 설명한다. 외·내향성이라는 성격변인들이 학습(조건화)과 어떻게 연결되는지를 예언하고 검증하기도 하였다.

(Cattell만큼이나) 자신의 모델의 타당성을 믿어 의심치 않는 Eysenck의 자세와 연관지어 Pervin과 John(2001)은 두 가지 사항을 언급한다. 우선, Eysenck가 강조하는 자료를 받아들이고, 그가 한 것처럼 성격변인들을 생물학적 기능들에 연결시키면서 다른 모델이 제안되었다는 것이다. 예컨대, Gray(1981)는 외·내향성과 신경증성향 대신에 **충동성**과 **불안**이라고 이름 붙인 두 요인 해법을 선택하고 역시 생물학적 설명을 제안하였다(글상자 7-4).

---

9) 이 방법들은 당시에는 최첨단이었지만, 최근에는 뇌파기록(EEG), 뇌영상(PET, fMRI) 등을 사용하여 건강한 사람들(뇌손상환자나 동물이 아니라)에서 성격특질들이 어떤 뇌구조 및 기능 개인차들과 연관 있는지를 연구한다.

둘째, 많은 심리학자들은 개인차를 두세 개 차원만 가지고 설명하는 일이 불가능하다고 느낀다. Cattell같이 많은 수의 특질들이 필요하며 또 유형 또는 초요인으로 넘어가지 말고 특질 수준에 머물러야 한다는 의견이 있는가 하면, 특질심리학 자체를 부정하는 학자도 있다. 특질심리학 비판은 다음 장에서 시도될 것이다.

특질심리학은 1960년대 말에 행동주의와 사회학습 진영으로부터 큰 공격을 받았다. 공격의 핵심은 성격특질이 안정성과 일관성이 없다는, 즉 행동을 예언해주지 못한다는 것이었다. 행동을 예언해주지 못하는 구성개념은 과학적 심리학에서 존재사유가 없어진다. 따라서 성격특질이 존재하지 않는다는 주장이 나오고 이는 '성격'이 필요가 없다는— '상황'만 알면 행동을 예언할 수 있다는—과격한 견해로 곧장 이어졌다(홍숙기, 1985a, 1985b 참조). 1970년대 **개인-상황 논쟁**(person-situation controversy)의 큰 부분은 성격연구 방법론에 대한 반성이었다. 전통적으로 성격연구는 질문지자료(예컨대, 외향성 점수와 불안 점수) 간의 상관, 질문지점수와 실험실행동(예컨대, 스트레스가 높거나 낮을 때 행동 측정)의 상관을 보는 연구였다. 행동주의 진영의 사회학습이론가 Mischel(1968)은 이 상관들이 통계적으로 유의미하더라도 매우 낮음(통상 .30을 넘지 않음)을 지적하고 이에 '성격계수'(personality coefficient)라는 딱지를 붙였다(13장 참조).

'정체위기'(홍숙기, 1985a, 1985b)를 겪으며 성격심리학에서는 한편으로는 (주로 저학년 대학생 대상의) 자기보고 질문지 사용이 줄어들었고, 다른 한편으로는 실험실실험이 성격연구에 적합한가라는 의문도 제기되었다. 방법론적, 개념적 발전들로 '회생'한 성격심리학에서 특질심리학 역시 새로운 자신감을 가지고 새 간판 아래 다시 세력을 얻었다. 이 간판의 이름은 "Big Five" 또는 '5요인 모델'이었다. 다음 장에서 이를 소개하기로 한다.

요 약

01 **특질**은 일관적 방식들로 행동, 생각하거나 느끼는 내적 경향들로서, 보통 사회·정서적인 측면의 넓은 개인차들을 서술해준다.

02 성격특질들은 많은 피험자들에게 실시한 객관적 성격검사들에서 나온 자료를 **요인분석**하여 얻어지는 '요인'들이다. 요인분석 절차는 객관적, 수학적 방법이라고 생각되지만, 연구자의 주관적 판단을 많이 요구한다.

03 성격분야를 독자적 심리학 분야로 확립하는 데 기여한 Allport는 성격이 특질로 구성된다고 보았지만, 특질을 행동성향을 나타내는 구성개념으로 보는 일반적 관행에서 벗어났다. 그에게 특질은 행동을 일으키고 이끄는 **신경심리적 구조**였다.

04 Allport는 **일반특질**과 **개인특질**을 구분하여, 전자에서는 사람들을 서로 수량적으로 비교할 수 있지만, 후자는 개인마다 독특하므로 질적 연구를 요구한다고 보았다. 이는 각각 **법칙정립**, **개별기술** 연구가 된다. 전자에서는 동일 특질(들)에서 개인집단들을 연구하고, 후자에서는 한 사람 한 사람의 '독특한 개성패턴'을 탐구한다. 그는 성격심리학이 법칙정립 연구에만 집중하는 경향을 비판하였다.

05 특질심리학, 나아가 **개인차심리학**을 세운 사람은 Galton이었다고 할 수 있다. Cattell과 Eysenck는 Galton의 전통에서 개인차 측정과 요인분석법, 개인차 유전을 강조한 '런던학파'에 속한다.

06 Cattell은 사전에서 뽑은 성격 기술 형용사들을 토대로('사전적 접근') 요인분석하여 35개의 **표면특질**을 얻고, 더 분석하여 거기서 16개의 **근원특질**을 찾아냈다. 그의 성격요인검사(16PF)는 이 근원특질들을 검사하는 자기보고 질문지이다. 이 요인들은 서로 상관되므로, 그 상관행렬을 토대로 '내향성-외향성', '약한 불안-강한 불안' 등 6개의 **이차요인**이 얻어졌다.

07 Cattell은 특질들을 여러 다른 기준에서 분류하였다. 어떤 행동측면을 예측하려고 하느냐에 따라 능력, 기질, 역동적 특질을 구분하였는데, 목표추구의 효율성을 예측한다는 **능력특질**에는 지능이 들어간다. **기질특질**은 행동과 반응의 스타일(속도, 강도 등)에 관계되며, 16PF에서 측정되는 대부분의 요인들이 이 범주에 속한다. **역동적 특질**은 동기와 흥미에 관련되며, 그 안에서 태도, 견해, 추동의 세 가지가 구분된다. 이 외의 여러 변인들을 측정한 자료를 가지고 그는 한 사람의 행동을 수학적 공식으로 예언해낼 수 있다고 믿었다('역동적 미적분').

08 Eysenck도 요인분석법에 의지하여 **외·내향성**(E), **신경증성향**(N)(대 정서적 안정), **정신병성향**(P)(대 초자아 통제)의 세 요인을 중심으로 하는 성격모델을 제안하였다. 이 세 '초요인' 밑에는 각각 9개씩의 하위요인 또는 특질들이 들어간다.

09 Eysenck는 세 성격차원들에 생물학적 토대를 가정하였다. 내향적인 사람은 **대뇌 각성수준**이 원래 높기 때문에 자극을 피하고, 외향적인 사람은 반대로 각성수준이 낮으므로 자극을 찾아 나선다. N수준은 **자율신경계 흥분**과, P수준은 **테스토스테론**(남성 호르몬) 수준과 관계 있다고 가정된다. E의 생리적 토대가 가장 많이 연구되었으나 아직까지 확실하고 일관된 증거가 없고, 다른 두 차원의 생리적 토대에 관해서는 증거가 더욱 불확실하다.

10 자기보고 질문지 자료를 사용한 상관연구들에 주로 의지하던 특질심리학은 1960년대 말에 행동주의와 사회학습 진영에서 큰 공격을 받았다. 특질-행동 상관이 낮으므로, 행동을 예측할 때 상황만 알면 된다는 주장은 **개인-상황 논쟁**으로 이어졌다.

제 8 장

5요인 모델

앞 장에서 소개한 세 학자는 모두 특질이 성격의 근본적 단위로서, 특정한 방식들로 행동하는 넓은 성향을 나타낸다고 보았다. 그러나 요인분석의 사용에 대해 그리고 적절한 성격 기술에 필요한 특질 차원들(의 종류와 숫자)에 대해서는 견해들이 아주 달랐다. 세 사람에게 추천장을 부탁한다면, Eysenck는 — 바라건대 — 우리가 쾌활하고 외향적이며, 정서적으로 안정되어 있고, 착하다고 써주겠으나, Cattell은 매우 많은 특질들을 언급할 것이고, Allport는 고정 메뉴 없이 우리의 독특한 면들을 제시해줄 것이다. 이러한 혼란을 John(1990)은 "개념과 척도들의 바벨탑"(p. 66)이라고 불렀다.

> 성격개념들의, 그리고 그들을 측정하기 위해 만들어진 척도들의 수는 계속 늘어났고 끝이 보이지 않는다. 연구자들도, 실제 장면에서 일하는 사람들도, 어느 척도를 골라야 할지 모른다. 더욱 나쁜 것은, 같은 이름의 척도들이라도 같지 않은 개념들을 측정하는 일이 많고, 아주 다른 이름을 가진 척도들이 문항 내용에서 상당히 겹친다.

5요인 모델은 이 혼란을 끝내고, 문화와 시대를 초월하여 5개 특질 차원을 가지고 성격을 기술할 수 있다고 주장한다. 역사적 배경을 알아보고 모델을 소개한 다음, 비판과 평가를 정리해보기로 한다.

역사적 배경

5요인은 애초에 사전(lexical) 접근에서 발견되었고, 나중에 질문지접근이 들어왔다. 사전접근에서 완성된 것이 Goldberg의 Big Five이고, 5요인을 측정하는 질문지(NEO-PI)를 만든 사람은 Costa와 McCrae이다. '5요인 모델'이라고 할 때는 둘 다를 포함하기도 하지만, 후자만을 의미하기도 한다.

사전접근

성격 기술의 자연언어, 즉 일상생활에서 자신이나 남들의 성격을 기술할 때 쓰는 언어를 분석하는 출발점은 Allport와 Odbert가 만든 '심리사전'이었다. Cattell이 4,500여 개의 형용사들을 171개의 집락(cluster)으로 줄이고, 거기서 35개의 '특질변인'을 얻은 과정은 앞 장에서 서술하였다. 그는 나중에 '불가피한' 몇 개를 보태고, 더 편집하고, 양극적 형용사를 제목으로 달았다. 16개 요인이 나오기까지 모든 절차가 "전적으로 맹목적으로, 수학적 근거들 위에서만" 수행되었다고 주장하였지만, 결국 그의 변인 및 요인 목록들은 그 자신이 가장 중요하다고 본 특질들이었다. 더욱이 그가 이 작업을 하던 40년대는 엄청난 자료를 순식간에 처리해주는 컴퓨터를 꿈도 못 꾸던 시대였다. 5요인 모델은 이미 컴퓨터 자료처리가 보편화된 80년대에 나왔다.

5요인의 첫 발견 5요인은 Cattell의 35개 변인목록을 토대로 특질 평정의 차원구조를 알아보는 연구에서 나왔다. "Big Five"라는 말을 처음 쓴 학자는 Goldberg(1981)였지만, 그것을 발견한 영광은 미 공군 인사선발 심리학자였던 Tupes와 Christal(1961)에게 돌아간다. 그들은 Cattell의 변인들을 토대로 한 8개의 표본들 — 모두 또래나 상사가 한 타인평정 — 에서 나온 상관행렬을 재분석하여 "5개의 비교적 강하고 반복적인 요인들"을 얻었다. 그들이 붙인 이름은 *외향성*(Surgency 또는 Extraversion), *호의성*(Agreeableness), *신뢰성*(Dependability), *정서적 안정성*(Emotional Stability), *문화*(Culture)였고, 이들이 본질적으로 변하지 않은 채 오늘날의 5요인 모델의 '원조'가 되었다.

이 미발표 논문의 바톤을 이어받아 Norman(1963)은 새로 나온 영어사전을 보고 Allport와 Odbert의 목록에 170여 개를 추가한 후 다시 Cattell의 절차를 밟았다. 그는 이중 '안정된 특질'을 나타낸다고 생각되는 2,800개 단어를 추려서 대학생들에게 적합도 평정을 시켜 1,400여 개로 줄이고, 이들을 Tupes와 Christal의 5개 차원에 맞느냐에 따라 분류하였다. Norman은 '특질사전'을 구조화하여 다음과 같은 번호(로마자)와 이름을 붙였다.

Ⅰ. 외향성(Extraversion or Surgency)
Ⅱ. 호의성(Agreeableness)
Ⅲ. 양심성(Conscientiousness)
Ⅳ. 정서적 안정성(Emotional Stability)
Ⅴ. 문화(Culture)

번호가 앞일수록 그 범주에 들어간 특질단어들이 많았다는 것이 된다. 즉, 아래로 갈수록 요인이 상대적으로 작아지는 것이다. 사회성과 관련 있는 '외향성'과 '호의성'이 가장 큰 요인들이다. '양심성'은 과제활동, 충동통제를 말한다. 가장 작은 두 요인 중 '정서적 안정성'은 침착하고 편안한 자신감과 긴장·불안 성향을 대비시키고, '문화'('교양'으로 번역되기도 한다)는 정신생활의 깊이, 복합성, 질을 서술한다(John, 1989). 1980년대에 Goldberg는 Norman 1,400여 개 단일어 형용사들 위에서 대학생들로 하여금 자기 성격을 기술하게 하였다. 이 자료를 가지고 역시 5개 요인구조를 발견한 그는 다섯째 요인에 '문화' 대신 '지성'(Intellect)이라는 이름을 붙였다. 그의 "Big Five"는 사전접근에서 나온 현대 5요인 모델을 대표한다.

질문지접근

성격을 기술하는 기본 차원들을 발견하려는 더 '성격심리학적'인 시도는 질문지들을 사용한 것이다. 전통적 성격질문지들은 임상 전문가들에게서 진술들을 가져오며, 형용사 쌍들 대신 문장 형태의 문항들을 사용한다. 요인분석법을 적용할 때 여러 다양한 성격질문지들에서 공통되게 나오는 두 요인은 **외향성**과 **신경증성향**(병리의 암시를 피하기 위해 '부적 정서성' 또는 '정서불안정'이라고 이름 붙이기도 한다)이다. 앞 장에서 보았듯이 두 요인은 Eysenck의 성격모델에서도, Cattell의 16PF의 이차요인에서도 나온다. 셋째 차원부터는 연구자마다 의견이 분분하다.

질문지접근에서 시작한 Costa와 McCrae는 사전접근에서 나온 연구들을 접하고 두 접근을 접목시켰다. Goldberg의 Big Five가 고전적 형태의 질문지로도 측정된다는 것을 보여주고 난 후 그들은 5요인 모델의 유용성과 보편성을 다양한 방식으로 입증하였다.

3요인 Costa와 McCrae는 3개 피험자 집단에서 나온 16PF 결과를 분석하여 세 개의 집락을 얻었다. 가장 큰 집락(변량의 21% 설명)은 Eysenck의 신경증성향(N)과 비슷했고, 둘째 집락(14%)은 외·내향성(E)과 비슷했다. 가장 작은 셋째 집락(6%)은 정체가 불분명하고 신뢰도가 낮았으며, Cattell의 '상상력' 변인하고만 일관된 상관을 보였다. 두 학자는 이 제 3집락에 흥미를 느꼈고, 이후의 연구에서 **'체험개방성'**(Openness to Experience, O)의 특징을 보강하여 'NEO 특질모델'을 발표하였고, 질문지(NEO Personality Inventory, 줄여서 NEO-PI)를 제작할 때 세 요인 각각에 6개의 **'단면'**(斷面, facet)을 집어넣었다. 세 차원의 점수는 각각에 속하는 단면 점수들을 합한 것이다. 형용사 평정들에서 나온 "Big Five"를 자신들의 (질문지 진술들을 쓰는) 3차원 구조와 연결시키는 작업을 하면서 '5요인 모델'이 나오게 된다.

5요인 Goldberg가 사용한 양극적 형용사쌍 40개(5요인에 각 8개씩)에 "폭과 신뢰도를 증가시키기 위해" 40개 쌍을 더 집어넣고 분석하여 얻은 5개 중 넷은 사전접근의 네 개와 아주 유사하였다. Tupes와 Christal, Norman이 '문화'라 이름 붙이고, Goldberg가 '지성'이라 이름 붙인 다섯째 요인은 Costa와 McCrae가 '적절한' 형용사들을 첨가했기 때문에 '체험개방성'에 가까워졌다. **호의성**(Agreeableness, A)과 **양심성**(Conscientiousness, C)을 합하여 5개 요인이 나오고, 1992년도에 나온 수정판 검사(NEO-PI-R, "R"은 "Revised")에서는 A와 C에도 단면 척도들이 들어갔다. 이 검사에는 자기보고용과 타인평정용이 있는데, 자기평정과 타인평정의 일치도는 요인에 따라 0.3에서 0.5에 이른다. MMPI 같은 다른 성격질문지들에는 사회적으로 바람직하게 또는 일관성 없게 반응하는 경향을 확인하기 위한 '타당도척도'들이 따로 있지만, 5요인 성격검사들에는 그런 척도들이 없다.

다른 학자들이 '문화'나 '지성'으로 정의한 요인을 '체험개방성'으로 바꾸기 위해서 그것을 반영하는 문항들을 의도적으로 집어넣었다는 사실은 Costa와 McCrae가 5요인을 '발견'한 것이 아니라 '만들었다'는 것을 보여준다. 이론적 견해를 관철시키려는 의도는 문항 선택에서 끝나지 않고 요인들의 수, 요인들의 회전 방법 등의 절차들까지 이어진다. 그러나, Cattell에서도 보았듯이, 요인분석적 특질심리학자들은 자신들의 차원구조가 순전히 수학적 공식에 의해 발견되었다고 주장한다. Costa와 McCrae에게는 5개 요인이 있다는 것이 지구에는 7개 대륙이 있다는 것처럼 명백한 사실이다(Block, 1995, p. 187에서 재인용).

5요인의 특성

다섯 개 성격요인이 높고 낮음에 따라 행동, 생각, 나아가 삶이 달라지나? 여러 심리학 분야 및 주제들에서 연구가 엄청나게 쏟아져 나왔지만, E와 N의 차원들이 Eysenck 때부터 큰 주목을 받았으므로 경험적 연구도 상대적으로 많이 쌓여 있다. 다섯 개 요인과 상관되는 행동 및 심리 특성들에 대한 연구 결과들을 살펴보기로 하자.[1] 단면들의 서술은 Costa와 Widiger(2002, 부록 D)에서 가져왔다.

E: 외향성(Extraversion)

Jung의 유형론(3장)에서 우리는 "객체(타인, 환경)에 대한 태도"(긍정 · 순응 대 거부 · 방어)가 외 · 내향성을 가르는 기준이라는 것을 배웠다. 우월기능과 열등기능, 대극의 반전 등 때문에 각각의 유형은 아주 다양한 행동과 경험으로 나타날 수 있다. Jung의 접근이 주관적, 비과학적이라고 비판하면서 Eysenck는 외 · 내향성을 불연속적인 유형범주가 아니라 하나의 연속적 차원의 두 극으로 보았다. 대뇌 각성 패턴 차이 때문에 에너지 또는 활동 수준의 차이가 나타난다고 가정하면서 그는 에너지가 밖을 향하느냐 안을 향하느냐 하는 방향성 대신에 에너지 수준의 차이를 부각시켰다. NEO-PI-R에서 외향성의 6개 단면은 아래와 같다.

따뜻함(Warmth): 정이 많고 친절하다. 사람을 정말 좋아하고 남들과 쉽게 가까운 애착을 형성한다. 낮은 점수를 받는 사람들은 적대적이지도 않고 꼭 인정이 없는 것도 아니며, 다만 더 형식적이고 거리를 둔다. 따뜻함은 호의성(A)에 아주 가까운 단면이지만, E의 특징이 되는 진심과 따뜻함은 A의 일부가 아니다.

군집성(Gregariousness): 다른 사람들과 같이 있는 것을 좋아한다. 낮은 점수를 받는 사람들은 사회적 자극을 찾지 않거나 심지어 능동적으로 피하는 경향이 있다.

주장성(Assertiveness): 지배 · 강제를 한다. 말할 때 거리낌이 없고 종종 집단 리더가 된다. 낮은 점수를 받는 사람들은 뒤에 머물며 남들이 떠들게 내버려두기를 더 좋아한다.

활동성(Activity): 템포가 빠르고 움직임이 활발하며, 정력적이고, 바쁘게 살려고 한다.

---

1) McAdams(2001)의 5장을 많이 참고하였다.

낮은 점수의 사람들은 더 여유가 있지만, 꼭 굼뜨거나 게으르지는 않다.

흥분추구(Excitement Seeking): 흥분과 자극을 강렬하게 원한다. 밝은 색과 시끄러운 환경을 좋아한다. 점수가 낮은 사람들은 스릴에 대한 욕구가 거의 없고, 흥분 추구자들이 지루하다고 여길 삶을 더 좋아한다.

긍정적 정서(Positive Emotions): 기쁨, 행복, 사랑, 흥분 같은 정적 정서들을 경험하는 경향을 측정한다. 점수가 높은 사람들은 쉽게 그리고 자주 웃는다. 명랑하고 낙천적이다. 낮은 점수를 받는 사람들이 꼭 불행하진 않고, 단지 덜 명랑 쾌활하다.

전문가평정[2]: Active, Assertive, Energetic, Enthusiastic, Outgoing, Talkative

사 회 성 6개 단면 중 세 가지는 사회성 또는 사교성(sociability)과 관계가 있다(따뜻함, 군집성, 주장성). 외향적인 경우 사람을 만날 때 더 많이, 더 먼저 말을 하고, 눈을 더 많이 맞춘다. 외향적인 대학생들은 사회적 상호작용 기회가 많은 장소들에서 공부하고, 내향적인 대학생들은 좀더 격리된 곳들을 찾는다. 직업 영역에서, 외향적인 사람은 영업, 인사관리, 학교 선생같이 사람을 직접 만나고 다루는 직업들에 끌리며 그런 일들에서 더 성공하는 데 비해, 내향적인 사람들은 연구, 창작같이 혼자 하는 일을 더 좋아하는 경향이 있다.

사회성의 반대인 *수줍음*(shyness)은 낮은 E보다는 높은 N의 결과이다. 내향적인 사람은 그저 사람들과 잘 어울리지 않을 뿐이다. 높은 E를 좋은 인간관계와 혼동해서도 안 된다(Nettle, 2007/9). E가 높으면 사람을 쉽게 사귀지만, A도 같이 높지 않으면 좋은 관계를 유지하기가 어렵다. 사교적인 것이 더 '좋은 성격'으로 통하지만, 외향성과 내향성은 어느 편이 더 좋다기보다는 다를 뿐이다. 외향성이 기쁨, 행복 등 정적 감정을 체험하는 경향이라면 얘기는 좀 달라진다.

좋은 기분 정적(positive), 부적(negative) 감정/기분은 한 연속선의 양끝이 아니라 서로 독립적인 차원들인 것 같다. 즉, 좋은 감정/기분이 적다고 해서 나쁜 감정/기분이 많아지는 것이 아니라, 둘 다 같이 많을 수도 적을 수도 있는 것이다. 정서체계를 동기체계로 볼 때, 좋고 나쁜 정서는 접근·회피동기에 상응한다. 앞 장 글상자 7-4에서 우리는 Gray가 행동접근체계(BAS)와 회피체계(BIS)를 나눈 것을 보았다. 정적 감정은 가치 있는

---

2) '전문가평정' 형용사들은 10명의 심리학자가 280명의 남녀를 관찰하고 형용사 체크리스트(Adjective Check List)를 써서 평정한 결과에서 나온 것이다(McCrae & John, 1992/98). 독자들이 적절한 번역어들을 찾아보기 바란다. 가령 "active"는 '적극적'인가, '능동적'인가, '활발', '활동적'인가. [네 개 형용사의 의미가 똑같은가?]

(보상을 주는) 어떤 것에 접근하려는 상태이고, 부적 감정은 고통스럽거나 위험한 것을 회피하려는 상태인데, 5요인 모델에서 전자는 E와, 후자는 N과 관계가 깊다.

주관적 안녕(subjective well-being)의 측정에서, Costa와 McCrae는 남녀 모두 E가 높을수록 좋은 기분을 많이 보고하지만, 나쁜 기분을 적게 보고하지는 않는다는 것을 일관되게 발견하였다. 즉, E 수준은 좋은 기분과는 정적 상관이 있지만, 나쁜 기분과는 상관이 없다. 외향적인 사람들이 좋은 감정과 기분을 더 많이 보고하는 이유는 그들이 *보상*에 민감하기 때문일지 모른다. 이들이 도전하고 보상을 얻는 데 큰 흥분을 느끼는 데 비해, 내향적인 사람들은 사교, 성공, 칭찬, 로맨스 등 세상이 주는 보상에 상대적으로 무관심하다(Nettle, 2007/9).

Barrett(1997)는 자기보고 질문지로 대학생들 56명의 E를 측정한 후, 90일에 걸쳐 하루에 세 번 정서상태에 대한 보고를 하게 하였다. 예상한 것처럼 외향적일수록 긍정적 정서상태가 더 많이 나왔다. 나중에 지난 90일 동안 어땠었는지도 (회고하여) 평정하게 하였을 때, 외향적인 사람들은 정적 기분을 실제보다도 더 많이 회상하는 경향이 있었다. 즉, 외향적일수록 일상에서 정적 감정을 더 많이 보고할 뿐 아니라, 나중에 당시보다 더 많은 정적 감정을 회상하는 것이다.

전체 E점수와 긍정적 정서는 통계적으로 유의미한 정적 상관이 있지만, 그 상관이 그리 높지는 않다. '긍정적 정서'는 5요인 모델에서 E의 6개 단면 중 하나일 뿐이다. 나아가, 상황에 따라 E가 높을수록 정적 감정이 오히려 더 적을 수도 있다. 예컨대, 사람들과 같이 있는 상황들에서 기분 평정을 할 때는 E가 높을수록 좋은 기분/감정이 더 많지만, 혼자 있을 때는 외향적일수록 오히려 더 적은 긍정적 정서를 보고하는 것이다. '상황'은 일시적이 아니라 직업세팅같이 지속적일 수 있다. 혼자 앉아 일하는 직무를 하는 사람이 E가 높다면 별로 행복하지 않지만, 반대라면 행복할 것이다.

감각추구 사회성과 좋은 기분 다음으로 외향성의 중요한 측면은 흥분과 자극의 추구인 것으로 보인다. 외향성일수록 도박을 더 많이 하고 성적으로 더 활동적(이를테면 더 많은 파트너)이다. 더 높은 자극수준을 찾는 경향은 감각추구(sensation seeking)로 직접 나타날 수 있다(Zuckerman, 1978). 다양하고 신기하고 복잡한 감각과 체험들을 찾아 나서고, 그런 경험들을 위하여 신체적, 사회적으로 위험도 감수하려는 것이다. Zuckerman의 '감각추구 척도'를 보면, 스릴과 모험추구, 체험추구(음악, 예술, 여행, 기이한 사람들 만나기, 기분을 변화시키는 약물 등을 통하여 새로운 체험들을 하고 싶은 욕망), 탈 억제(파티, 술자리, 여러 섹스파트너, 도박 등을 통한 쾌락 추구), 잘 지루해짐(변화 없는 환경들에서 안절부절못함, 둔한 사람들을 싫어함) 등의 요인들이 이 특질에 포함된다.

외향성이 높은 사람들은 용기 있게 도전하고, 도전이 성공하면 부와 지위를 얻는다. 섹스파트너도 더 많다. 그러나 도전 정신으로 쉽게 그리고/또는 큰 성공을 거둘 수 있는 만큼이나 얻은 것을 쉽게 잃기도 한다. 바람을 피우거나 여러 번 결혼할 가능성이 크다는 것도 자신과 가족에게 꼭 행복한 일은 아니다. "항상 여기저기 기웃거리며" 위험한 행동을 하기 때문에 사고도 더 많이 당한다(Nettle, 2007/9, p. 125). 우리 사회에서 외향성이 좋은 성격으로 통하는 것은 '서구화'의 결과일 수도 있지만, 우리의 생활환경 때문일 수도 있다. 환경이 황폐해지거나 급격히 변할 때는 가능한 보상을 찾고 추구하는 외향성이 유리하지만,

글상자 8-1

내향적이고 '호의' 없는 남자

E가 낮다고 낙오자는 아니고 A가 낮다고 '나쁜 사람'은 아니라는 예로서 Nettle(2007/9)이 제시한 데이비드의 사례를 보자.

데이비드는 첨단 생화학 연구원인데, 최근 연구소가 연구비 조달에 실패해서 그는 어쩔 수 없이 강의도 하고 밥벌이도 해야 했다. 곧 연구소를 그만둬야 할 것으로 보이는데 그의 반응은 다음과 같았다(p. 117).

> 나는 곧 실업자가 될 거예요. 나는 이것을 하나의 기회로 보지요. 실업자가 되면 자유를 얻게 되고, 돈과 지위—난 이 둘 모두에 관심 없어요—를 얻기 위해 억지로 흥미 없는 일을 해야 하는 치열한 경쟁에서 벗어날 수 있지요.

돈과 지위, 직업적 야망과 물질적 성공 대신 그는 관찰하고 생각하고 배우고 정원 가꾸는 일에 행복을 느꼈다. 호의성(A)도 낮았지만 그는 착실한 남편이자 아버지였고, 능력 있는 선생이자 동료였다. 다만 철학, 과학, 시골마을을 즐기고, 사람에게는 관심이 없었다.

> 사람과 어울리는 시간이 지루해요. 차라리 혼자 있고 싶어요. 혼자 있으면서 생각이 흘러가는 대로 이것저것 자유롭게 생각하고 싶어요.
>
> 대체로 나는 불필요하게 복잡한 일에 연루되는 걸 싫어합니다. 그런데 인간관계는 종종 불필요하게 복잡해요. 인간관계에는 지위를 두고 서로 경쟁하는 행동과 동기들로 가득 숨겨져 있어요. 나는 그런 게 싫고 그런 경쟁에 참여하고 싶지 않아요.(p. 202)

그는 비호감도 아니고 불행하지도 않다. 대화에서 상대방의 마음상태를 헤아리는 일을 잘 못하고 사람에 별 관심이 없는 것뿐이다.

자원이 풍부하고 환경이 안정된 곳에서는 활동성이 불필요하고 위험한 것이 된다는 이야기를 생각해보면(p. 126), '무한경쟁' 사회가 외향성을 요구하는 것인지 모른다. 글상자 8-1에 내향적인 데다 호의성(A)도 낮은 한 남자의 이야기를 실었다. 이 사람은 신경증성향(N)도 낮은 것으로 보인다. 외향성을 강요받지 않고 '생긴 대로 살' 수 있기 때문일까.

N: 신경증성향(Neuroticism)

외향적일수록 좋은 기분과 감정을 더 많이 보고하지만, 나쁜 기분과 감정에서는 외·내향성에 따른 차이가 없다고 알려져 있다. 부정적 정서, 나쁜 기분, 그리고 그것들의 조절 및 통제(실패)는 신경증성향의 문제인 것 같다. 따라서 행복과 생활만족은 E와 N 둘 다와 관계 있다. N의 여섯 개 단면을 보자.

불안(Anxiety): 걱정과 두려움이 많고 초조하고 긴장되어 있다. 척도가 특수한 공포나 공포증을 측정하지는 않지만, 점수가 높으면 그런 공포들과 일반적 불안을 가질 가능성이 크다. 점수가 낮은 사람들은 침착하고 편안하며, 일이 잘못될까 하는 생각이 많지 않다.

적대감(Angry Hostility): 분노, 좌절을 경험하는 경향을 나타낸다. 분노가 표현되는지 여부는 호의성(A) 수준에 달려있다. 낮은 점수를 받는 사람들은 태평하고 좀처럼 화내지 않는다.

우울(Depression): 죄책감, 슬픔, 절망감, 고독감을 느끼기 쉽고 쉽게 기가 죽는다. 점수가 낮은 사람들은 그런 정서들을 잘 경험하지 않지만, 꼭 명랑하지는 않다. 명랑함은 E와 연관 있다.

자의식(Self-Consciousness): 수치와 당혹의 정서들이 핵심을 이룬다. 자의식이 높으면 남들과 있을 때 편치 않고, 조소에 예민하며, 열등감이 있는 경향이 있다. 자의식은 수줍음, 사회적 불안에 가깝다. 낮은 점수를 받는다고 꼭 흔들림이 없거나 사회적 기술이 좋은 것은 아니고, 단지 어색한 사회적 상황들에 방해를 덜 받는다.

충동성(Impulsiveness): 강하게 원하는 것들을 통제할 수 없음을 말한다. 욕망들(예, 음식, 담배, 소유에 대한)이 저항할 수 없을 만큼 강하다고 지각되지만, 나중에는 그 행동을 후회할지 모른다. 낮은 점수를 받는 사람들은 그러한 유혹에 저항하기 쉽다고 여기고 좌절을 잘 견딘다. 거침없음이나 모험심(risk taking)이나 빨리 결정내림과 혼동하면 안 된다.

스트레스 취약성(Vulnerability): 스트레스에 대처할 수 없다고 느끼고 비상상황들을 맞을 때 의존적이 되거나 절망하거나 공포에 질린다. 낮은 점수를 받는 사람들은 어려운 상황들에서 잘 처신할 수 있다고 스스로 느낀다.

전문가평정: Anxious, Self-pitying, Tense, Touchy, Unstable, Worrying

고통은 어디서 오는가 단면들을 보면 N이 높을수록 삶이 괴롭다. 우선, N 때문에 나쁜 사건/상황들에 더 많이 노출될 수 있다. 또는, N 때문에 악조건들에 더 심하게 반응하거나 대처를 잘 못할 수 있다. 마지막으로, 환경적 사건들과도, 반응성이나 대처방식과도 상관없이 성격 *자체*가 직접 불만과 고통을 가져올 수 있다. 스트레스 연구자들은 전통적으로 성격을 둘째 방식으로, 즉 스트레스가 정신건강에 미치는 효과를 수정 또는 조정(moderate)하는 변인으로 개념화하였다. 그러나 최근에는 개인들이 들어가는(노출되는) 생활상황들이 성격에 따라 달라진다는 측면이 점점 더 많은 관심을 끌고 있다.

Bolger와 Shilling(1991)은 N이 높으면 왜 괴로운지를 알아보기 위해 '일기쓰기 접근'을 사용하였다. 339명의 기혼자들(166쌍의 부부와 7명의 개인)이 6주 동안 매일 그 날 겪은 사건과 감정들을 보고하였다. 가정/직장에서 배우자, 자녀, 업무, 동료들과 겪는 22가지의 흔한 사건들을 나열한 체크리스트에 그 날 겪은 사건들을 매일 표시하고, 지난 24시간 동안 겪은 정서(불안, 적대감, 우울의 세 범주)도 4점 척도상에 표시하였다. 부부들이 참여했기 때문에, '부부싸움' 같은 경우 실제 발생에 대한 일치도를 알아볼 수 있었다. 피험자들의 N은 이 연구가 시작되기 1년 전에 측정되었다.

결과를 보면, N이 높을수록 평균적으로 괴로움이 더 많았는데, 그것은 다음 세 가지 출처에서 비롯되었다. 첫째, N이 높을수록 더 많은 스트레스 요인들을 보고하는 경향이 있었다. 더 예민하기 때문에 남들은 지나쳐버릴 작은 일들도 보고한다고 생각할 수 있지만, 배우자들과의 일치를 볼 때 그런 것 같지는 않았다. 높은 N 때문에 나쁜 일들을 실제로 더 많이 겪는 것으로 보이는데, 특히 중요한 것은 인간관계 문제들이었다. 9개 범주 중에 '배우자와 싸움', '타인과 싸움'의 두 영역에서 N이 높고 낮음에 따른 차이가 가장 컸다.

둘째, 높은 N 피험자들은 더 많은 수의 사건들을 보고했을 뿐 아니라, 스트레스 사건들에 대해 더 강한 부정적 정서반응을 보였다. 이 반응성이 그 사건들의 숫자보다 두 배 더 중요하였다. N이 높은 사람들이 겪는 고통의 셋째 출처는 스트레스 사건들과 관계가 없었다. N과 괴로움 간의 관계의 60%는 나쁜 일들과도, 이 일들에 대한 반응과도 상관이 없었다. N이 높으면 부정적인 태도를 가지고 살아가고, 딱히 나쁜 일이 없어도 괴로움이 오는 것으로 보인다. '그냥' 불안하고 우울한 것이다.

신경증성향과 정신건강 내지 심리적 고통의 관계를 보여주는 연구들은 무수히 많지만, 대부분의 연구들은 피험자들 자신이 생활 스트레스를 보고하고 심리적 고통도 평정하는 *횡단연구*이다. N이 크면 같은 고통도 더 심하다고 보고할 수 있기 때문에, 이런 연구들에서는 N과 고통의 관계가 실제보다 과장되게 나타날 가능성이 있다. Bolger와

Shilling은 생활 스트레스를 회고하여 요약 평가하기보다 그날그날의 경험을 일기 쓰듯 보고하게 함으로써 통상적인 접근을 벗어났다. Ormel과 Wohlfarth(1991)는 7년에 걸친 종단연구에서 실업, 가정불화 같은 장기적 문제들(long-term difficulties, LTD)에 초점을 맞추고, 이들을 다시 스스로 유발한 '내생적'(endogenous) 문제들과 다른 사람들 때문에 또는 우연히 발생한 '외생적'(exogenous) 문제들(예, 질병, 사고)로 나누었다.

장기적 생활문제와 심리적 고통: 종단연구 Ormel과 Wohlfarth는 질병행동을 연구하기 위한 목적으로 네덜란드 전체 성인인구에서 뽑은 무선표본 — 그 연구중에 N이 측정되었다 — 에서 6년 뒤 다시 384명을 무선적으로 뽑았다. 이들은 1년 간격으로 두 번(T_1, T_2) 전문가들(임상심리학자와 사회사업가)을 만났다. 면접을 통해 심리적 고통, 장기적 문제들(LTD), 생활상황 변화가 측정평가되었다. [이사, 사망 등 여러 이유로 1년 뒤(T_2) 표본 크기는 296명으로 줄었다.]

각 *장기적 문제*(LTD)가 심한 정도는 3~4명의 평정자가 면접자료를 토대로 같이 평정하였다. 이를 위해 그들은 인구통계적 자료와 맥락 정보를 포함하는 LTD의 짧은 기술문(주관적 측면들과 심리적 고통에 대한 정보는 주지 않았다)을 읽고 7점 척도상에 심한 정도를 표시하였다. 의견이 엇갈린 경우는 토론 후 다시 평정하여 다수의견을 채택하였지만, 처음의 독립적 평정에서 만족스러운 평정자간 일치도가 보고되었다. LTD의 외생·내생 여부도 비슷한 절차로 평가되었다. *심리적 고통*은 면접 4주 전에 자기보고(부정적 감정)와 반(半)구조화된 면접(14가지 흔한 심리적 증상의 빈도, 정도)에 의지하여 측정하였다. 지난 12개월 동안(즉, T_1에 비하여 T_2에서) 생활상황이 나아졌는가, 나빠졌는가, 변하지 않았는가는 전문가들이 평정하였다. 절차를 요약하자면, 신경증성향(N)을 측정한(T_0) 후, 6년 뒤(T_1) 장기적 문제들(외생, 내생)과 심리적 고통(증상과 감정)을 측정하고, 다음 해(T_2)에 심리적 고통을 다시 측정하고 생활상황 변화도 평정하였다(그림 8-1의 3층 구도).

단순 상관계수들을 볼 때, 1년을 사이에 두고 심리적 고통(T_1과 T_2)은 상당히 안정적이었다(.59). 괴로움에 가장 큰 영향을 미친 것은 6, 7년 전의 N수준이었다(T_1, T_2에서 각각 .54, .55). 변인들 간의 인과적 통로(직접, 간접)를 알아보기 위해서 '구조방정식 모델링'을 적용한 결과의 일부를 그림 8-1에 제시하였다. [제시된 숫자들은 회귀계수들이지만 상관계수처럼 해석해도 된다.] 심리적 고통에 대한 N의 직접 효과가 가장 컸다(.56과 .41). T_0의 N은 T_1의 내생적 문제들을 통하여(.44) T_1과 T_2의 괴로움에 영향을 미치기도 한다(.25와 .11). N을 통제해도(즉, N을 같게 놓을 때) 내생 문제와 외생 문제가 고통에 얼마간 영향을 미친다(T_1에서 각각 .25와 .20, T_2에서 .11과 .12).

결론적으로, N이 높으면 그 자체로 부정적 감정들과 심리적 증상들을 더 많이 겪고,

그림 8-1 신경증성향(N, T_0)과 6년 후(T_1) 심리적 고통, 장기적 문제들(LTD), 7년 후(T_2) 심리적 고통(Ormel & Wohlfarth, 1991, p. 752, 그림 3의 일부)

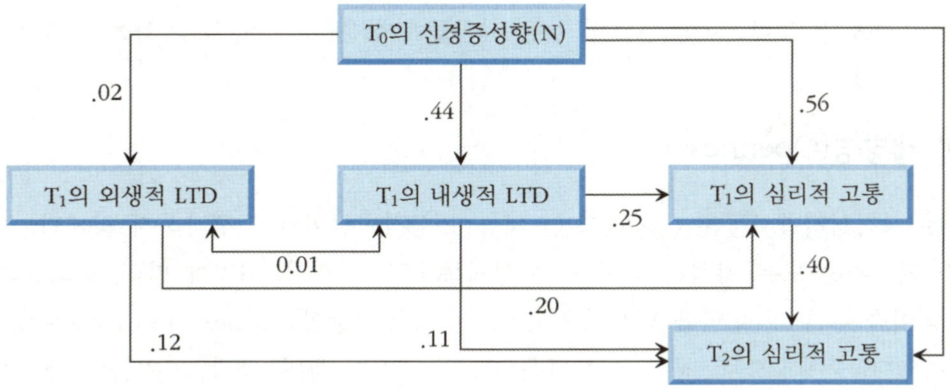

장기적으로 여러 가지 문제들을 자초하기 때문에도 삶이 괴로운 것 같다. 같은 시기의 장기적 문제들보다 6, 7년 전에 측정된 N수준이 심리적 고통을 훨씬 잘 예언해준다는 것은, 힘든 일이 많아서 N이 높아지기보다는 신경증적이기 때문에 힘든 일과 괴로움을 많이 겪게 된다는 것을 말해준다. 앞에서 E가 *정적* 정서성과 관계된다는 것을 보았는데, 신경증성향이 스트레스 취약성과 괴로움을 가져오는 만큼이나 외향성은 건설적 대처와 긍정적 결과를 가져오는 것 같다(McCrae와 Costa, 1986).

높은 N은 항상 나쁜가 N은 낮을수록 좋고, 높은 N은 장점이라고는 없는 것일까? N과 직업성공은 부적일 것 같지만, (약하지만) 정적 상관을 보인다(Nettle, 2007/9, p. 157). 실패확률이 높고 실패의 결과가 치명적인 어려운 일일수록 높은 N의 '부정적 성향'이 유리할 수 있다. "동기 이점"(motivational advantages)과 더불어 "인지 이점"(cognitive advantages)도 있다(p. 155). 계획을 세울 때 좋은 결과만 생각하고 다른 가능한 결과들을 고려하고 대비하지 않으면 성공하기 어렵다. 우울증 환자들은 아주 왜곡된 부정적 믿음을 가지고 있지만, 자신과 세상의 문제를 있는 그대로 보기도 한다("우울한 현실주의"). McCrae와 Costa(1986)도 만족과 행복이 전부는 아니라고 본다. "스트레스 사건 후 행복/불행한가보다 그 경험에서 무엇을 배웠는가, 가까운 관계들을 유지했는가, 중요한 과제를 성취했는가 하는 것이 더 중요할 수도 있다"(p. 401).

Nettle(2007/9)은 "인간에 대해 가장 훌륭한 통찰력을 가졌던 사람들이 불행한 인물이었다는 사실에 항상 깊은 인상을 받는다"(p. 157)고 쓴다. 심하게 우울하거나 불안한 사람들은 자기 자신, 인간과 세상에 대해 남이 못 보는 진실들을 볼 수 있으며, 치유 차원에서 창작을 하기도 한다. 따라서 E를 적응·성숙과, N을 부적응·신경증과 동일시하는 것은 과잉단순화이다. "feel good"이 언제나 좋은 것도, "feel bad"가 언제나 나쁜 것도 아니지만, 어쨌든 나쁜 기분이 좋을 건 없다. Nettle은 N이 높은 사람들에게 운동, 요가, 명상 등을 권한다.

O: 개방성(Openness)

많은 성격심리학자들은 (심리측정적) 지능이 성격변인이라고 생각하지 않지만, 스스로 평가하는 지능 또는 지성은 흥미 있는 성격특질일 수 있다. 학자에 따라 '문화', (탐구적) '지성'이라 부른 이 요인을 McCrae와 Costa는 '체험개방성'(Openness to Experience)으로 재정의하였다. 구체적으로, 공상, 아름다움과 예술, 감정, 행위, 생각, 가치들에 개방적일수록 이 특질이 높은 것이다.

상상력(Fantasy): 상상력이 생생하고 자신을 위해 흥미로운 내면세계를 창조한다. 점수가 낮은 사람들은 더 단조롭고 당면과제들에 집중한다.

심미안(Esthetics): 예술과 아름다움을 깊이 감상할 줄 안다. 예술적 재능이 있을 필요도, 안목이 우수할 필요도 없지만, 예술들에 흥미가 있으므로 더 많이 알고 감상하려 하게 된다. 점수가 낮은 사람들은 예술과 아름다움에 민감하지 않고 흥미도 없다.

감정(Feelings): 감정들에 개방적이면 내면 감정들을 받아들이고 감정이 삶의 중요한 부분이라고 평가한다. 더 깊고 더 다양한 정서상태들을 경험하고, 행복도 불행도 더 강하게 느낀다. 점수가 낮은 사람들은 감정이 둔하고, 감정상태들이 중요하다고 믿지 않는다.

행위(Actions): 여러 다른 활동들을 해보거나 새로운 곳들에 가거나 특이한 음식을 먹어보려고 한다. 익숙하고 습관적인 것보다 새롭고 다양한 것을 더 좋아한다. 시간이 가면서 여러 다른 취미들을 가지기도 한다. 점수가 낮은 사람들은 변화가 어렵다고 여기고 이미 유효성이 입증된 것에 집착하려 한다.

지적 호기심(Ideas): 지적 관심사들을 그 자체로 능동적으로 추구하고, 마음이 열려 있어서 새롭거나 인습을 벗어난 생각들을 고려하려고 한다. 철학적 논쟁과 어려운 문제(퍼즐 같은)를 즐긴다. 꼭 지능이 높지는 않지만, 지적 잠재력을 발달시키기가 쉽다. 점수가 낮은 사람들은 지능이 높다 해도 제한된 주제들에 좁게 집중한다.

가치들(Values): 가치들에 대한 개방성은 사회적, 정치적, 종교적 가치들을 재검토하려는 자세를 뜻한다. 닫힌 사람들은 권위와 명예 전통들을 수용하려는 경향이 있어서 정당 선호와 무관하게 일반적으로 보수적이다.

전문가평정: Artistic, Curious, Imaginative, Insightful, Original, Wide interests

McCrae와 Costa에게 O는 감각, 생각, 느낌이 더 풍부해지도록 의식체험의 깊이와 넓이를 확대하려는 욕망을 말한다. O가 높으면 자신이나 주변 사람들에 의해 독창적이고 상상력이 풍부하고 창의적이고 용감하고, 독립적, 분석적, 예술적, 진보적이라고 기술된다. 반면, O가 낮은 사람은 인습적, 실제적, 보수적 등등이라 보인다. '개방적'이면 지성적이고 세련되었다 할 수도 있지만, 달리 보면 '기발'하고 '괴짜'일 수도, 심하면 '미치광이'일 수도 있다(Nettle, 2007/9).

열린 사람들 '문화', '지성'은, 즉 촌스러운가 교양있고 세련되었는가 하는 것은 상당 부분 사회경제적 기회의 산물이지만, 돈 있고 기회가 있다고 문화/교양에 관심 있지는 않다. 레저활동 연구에서 O점수는 예술 및 문화활동 참여도를 예측해준다. O가 높으면 독서, 그림, 음악, 연극 등을 다 좋아하고, O가 낮으면 그 어느 것에도 관심이 없다(Nettle, 2007/9, p. 216). O가 낮을수록 드라마 시청과 연애소설 읽기는 많이 한다.

O수준은 IQ검사의 어휘 점수와 정적 상관이 있고, 교육수준과도 그렇다. Nettle(2007/9)은 O척도가 "나는 어휘력이 풍부하다," "나는 복잡한 개념을 이해할 수 있다" 같은 문항들로 오염되어 있다고 비판한다(p. 226). 어휘력, 추상적 사고력보다는 '독창적 예술'과 관련 있는 독특한 언어구사력(기발한 은유와 연상), 사회규범에 대한 도전이 진정한 개방성이라는 것이다. 지능/지성과 문화/교양 자체는 사실 '사회 · 정서적' 성향들이 아니라는 점에서 성격특질이라 생각하기 어려우므로, 기발함, 도발 같은 측면들에 초점을 맞출 필요가 있다.

McCrae와 Costa(1986)의 스트레스 대처 연구에서 O점수와 유의미한 상관이 있는 대처기제는 두 가지였다. 그중 **신앙**(faith)은 O와 부적 상관이 있었고, **유머**는 정적 상관이 있었다. '신앙'(문항 예: 하느님이나 다른 사람들이나 제도들을 그냥 믿었다)은 '닫힌' 사람이 많이 사용하고, '유머'(문항 예: 그 상황 속에서 유머를 보았다)는 '열린' 사람들이 많이 사용하는 기제였다. 흥미 있는 것은, 대처 효율성의 평정에서 유머와 신앙이 모두 문제해결과 고통감소에 매우 도움이 된다고 평가되었다는 것이다. 특히 '신앙'은 27개 기제 중에서 가장 효과적인 방법이었다. ['열린' 사람들은 규범과 전통을 거부하는 성향이 있기 때문에 제도권 종교는 거부해도, 초자연적 또는 영적인 것을 믿는 경향은 강하다(Nettle, 2007/9).]

보수와 진보 과학, 예술, 종교에서 선구자들(예컨대, Freud, 물리학자 아인슈타인, 화가 피카소, 간디 등)은 흔히 상상력이 풍부하고 혁신적인 인물들로, 그들의 통찰들은 각자의 분야에 엄청난 영향을 미쳤다. 5개 요인 중에서 O는 정치적 신념 및 태도와 직접 관계있는 특질인 것으로 보인다. O의 높고 낮음이 전통과 권위의 편이냐 도전과 변화의 편이냐를 말해주기 때문이다. O수준이 높을수록 진보와 개혁을 찬성하고, 전통적 권위를 인정하지 않으며, 견해 차이에 대한 관용을 강조하는 반면, 그것이 낮을수록 안정을 좋아하고 전통적 권위에 순종하며 의견통일을 강조한다. 따라서 서구 사회들에서 높은 O는 중도 내지 진보, 낮은 O는 중도 내지 보수의 입장이 되기 쉽다.

McAdams(2001)는 O요인에서 대조적인 미국의 두 대통령 로날드 레이건과 빌 클린턴을 비교하였다. 전자는 생활과 정치에서 소수의 단순한 원칙들을 고수한 보수적 정치인으로 많은 미국인에게 훌륭한 대통령으로 기억되었다. 그러나 반대자들에게 그는 경직되고 단순한 사람이었다. 역시 훌륭한 대통령으로 기억되는 클린턴은 진보적 정치가로서, 반대자들에게조차 창의성, 상상력, 호기심이 풍부하고 관심범위가 매우 넓은 사람으로 보였으나, 동시에 교활하고 신념과 중심이 없다는 비판도 많이 받았다.

C와 A: 양심성(Conscientiousness)과 호의성(Agreeableness)

양심성(C)의 특질 영역은 추동통제와 상관이 있는 다음 여섯 가지 단면을 가진다.

유능성(Competence): 자기가 유능하고 분별 있다고 본다. 낮은 점수를 받는 사람들은 자기 능력을 더 낮게 평가하며 자신들이 서툴고 바보 같다고 한다. 모든 C 단면들 중에서 유능함이 자기존중과 가장 관계있다.

질서(Order): 깔끔하고 생각과 행동이 조직적이다. 물건들을 제자리에 둔다. 낮은 점수를 받는 사람들은 계획성이 없고 자기가 조직적이지 않다고 본다. 높은 질서가 극단적이 되면 강박적 성격장애로 갈 수 있다.

의무감(Dutifulness): 윤리적 원칙들을 엄격하게 지키며 도덕적 의무들을 다한다. 반대편에는 그런 것들에 덜 신경 쓰는, 믿을 수 없는 사람들이 있다.

성취욕(Achievement Striving): 포부수준이 높고 목표성취를 위해 열심히 일한다. 근면하고 목적의식이 있다. 그러나 매우 점수가 높은 사람들은 커리어에 너무 투자하고 일중독이 될 수 있다. 낮은 점수를 받는 사람들은 활기 없고 심지어 게으르다. 성공하겠다는 의지가 없다. 야심이 없으며, 목표도 없는 것처럼 보일지 모르지만, 낮은 성취수준에 아주 만족할 때가 많다.

자제(Self-Discipline): 과제들을 시작해서, 지루하고 방해받을지라도 완성시키는 능력을 말한다. 일을 해낼 동기를 스스로 부여할 줄 안다. 낮은 점수를 받는 사람들은 일 시작을 미루고, 쉽게 의욕을 잃으며, 그만두려 한다. 낮은 자제는 충동성과 쉽게 혼동되지만—둘

다 자기통제가 낮은 것이다 — 경험적으로는 다르다. 충동성이 높으면 스스로 원치 않는데도(가령, 음주, 도박) 하지 않을 수 없고, 자제가 낮으면 스스로 원하는데도(가령 공부) 할 수가 없다. 전자는 정서적 안정을, 후자는 동기를 요구한다.

숙고(Deliberation): 행동하기 전에 주의 깊게 생각한다. 신중하고 조심스럽다. 낮은 점수를 받는 사람들은 성급하고 종종 결과를 생각하지 않은 채 말하거나 행동한다. 자연스럽고, 필요할 때 빠른 결정을 잘 내리기도 한다.

전문가평정: Efficient, Organized, Planful, Reliable, Responsible, Thorough

C의 단면들을 보면, 가정과 학교에서, 즉 사회화와 교육에서 강조하는, 나아가 자기 계발 책들에서 성공에 필요하다고 떠드는 특성들임을 알 수 있다. C가 높은 사람은 과제들에 체계적으로 접근하며 문제들을 논리적으로 분석한다. 모임에 늦는 일이 드물고 학교에 결석도 안 하며, 원칙과 목표들에 따라 삶을 면밀히 계획한다. C가 낮으면 산만하고 부주의하며 믿을 수 없고, 행동에 일관성이 없으며 생활에 계획과 목표가 없다. 게으르고 나태하며 흐리멍덩하고, 일이나 도덕의 표준들을 존중하지 않는다. 높은 C의 빡빡하고 고지식함에 비해 낮은 C의 거침없음은 매력적이기도 하지만, 사람이나 일에 대해 책임감이 없으면 좋은 친구, 배우자가 되기 힘들다.

'좋은 친구/배우자'는 C보다는 A의 문제이다. **호의성**(A)이 사랑과 우정, 협동, 보살핌의 특질들을 포함하기 때문이다. 높은 C가 부모와 교사가 칭찬하는 '범생이' 근성이라면, 높은 A는 좋은 친구·동료의 덕성들에 가깝다.

신뢰(Trust): 남들이 정직하고 좋은 의도를 가진다고 믿는다. 신뢰가 낮으면 냉소적, 회의적이고, 남들이 정직하지 않거나 위험하다고 가정하는 경향이 있다.

솔직성(Straightforwardness): 솔직하고 진실하고 꾸밈없다. 솔직성이 낮은 사람들은 아부, 교활함, 기만을 통해 남들을 조종하려 든다. 이들은 이 전술들을 필요한 사회적 기술이라고 보며, 솔직한 사람들을 순진하다고 여길 수 있다. 거짓말을 하거나 진짜 감정들을 표현하지 않기 쉽지만, 그렇다고 정직하지 않거나 남을 조종하는 사람이라는 것은 아니다.

이타성(Altruism): 관대하고 타인을 배려하거나, 도움이 필요한 타인들에게 도움을 주려고 한다. 점수가 낮은 사람들은 좀더 자기중심적이고 남들 문제에 개입하기를 꺼린다.

순종성(Compliance): 인간관계 갈등을 겪을 때 남의 의견을 따르고, 공격을 억제하고, 용서하고 잊는 경향이 있다. 온순하고 부드럽다. 점수가 낮은 사람들은 공격적이고, 협동보다 경쟁을 좋아하고, 필요할 때 분노 표현을 거리끼지 않는다.

겸손함(Modesty): 겸손하지만, 꼭 자신감이나 자기존중이 부족하지는 않다. 점수가 낮은 사람들은 자신이 우월하다고 믿고, 남들에게 거만한 사람들로 보일 수 있다.

민감성(Tender-Mindedness): 동정과 배려의 태도가 있어서 남들의 곤경에 마음이 움직이며 사회정책들의 인간적인 면을 강조한다. 낮은 점수를 받는 사람들은 더 냉정하고, 연민에 호소할 때 마음이 덜 움직인다. 그들은 자신들이 차가운 논리에 토대를 두고 합리적 결정을 내리는 현실주의자라고 본다.

전문가평정: Appreciative, Forgiving, Generous, Kind, Sympathetic, Trusting

A가 높은 사람들은 따뜻하고 협동적이며, 이해심 많고 예절 바르고 자연스럽다고 기술된다. 한마디로 좋은 사람, 착한 사람인 것이다. 반대편 극에 있는 낮은 A의 사람들에게는 5요인 사전 전체에서 가장 나쁜 단어들이 동원된다. 적대적, 호전적이고, 거칠고 잔인하다! C가 낮은 사람이 믿을 수 없다면, A가 낮은 사람은 악의적이다. 그러나 글상자 8-1의 사례에서도 보았듯이 A가 낮아도 얼마든지 좋은 배우자, 부모, 동료일 수 있다. A가 낮으면 남의 마음상태 읽기(mentalizing), 감정이입을 잘 못하는 것뿐이다(Nettle, 2007/9).

근면 성실하고 착하냐 아니면 불성실하고 믿을 수 없으며 못됐느냐 하는 것은 실제적 중요성(이를테면 신입사원이나 배우자를 고를 때)에 비해 이론적으로 중요해 보이지는 않는다. 그러나 Freud는 심리적 건강이란 일과 사랑의 능력이라고 말한 바 있고, C와 A의 특질 영역들은 일과 사랑의 세계에서의 기능 및 적응에 관련되어 있다. Eysenck의 정신병성향(P) 차원은 5요인 틀에서 보면 C와 A가 다 낮은 결과이다.

일의 세계 C의 단면들을 새겨 보면 이 특질 영역이 일의 세계와 관계가 깊다는 것을 알 수 있다. 5요인 중에서 C는 매우 다양한 업무들(전문직, 경찰, 관리직, 영업직, 숙련 및 반숙련 노동 등)에서의 직업성공을 예측해준다. C와 직무평정 간의 상관은 .25 정도로 그리 높지 않다. C 말고도 직업성공에서 중요한 요인들이 있기 때문이다. 능력과 적성이 물론 중요하겠지만, 성격특질 중에서도 직무의 종류에 따라 서로 다른 특질들이 직업성공에 영향을 미칠 수도 있다. 예컨대, 영업·관리 같은 일에서는 높은 E가 도움이 되고, 고객서비스 업무들에서는 낮은 N과 높은 A가 중요하다고 알려져 있다.

C가 높은 사람들은 우선 열심히 일하며, 조직적, 효율적이다. 규칙들을 존중하기 때문에, 사회 일반이, 그리고 여러 구체적 사회제도들(학교, 회사, 교회 등)이 정한 규범, 가치, 표준들을 잘 지킨다. 높은 C의 '준법정신'은 여러 면에서 입증되었다. 예를 들어, C가 높을수록 자동차 사고를 덜 낸다고 한다. C의 강점은 결혼생활과 수명에서도 나타난다.

술 담배를 삼가고, 규칙적으로 생활하고 운동하면 암과 심장병에 걸릴 확률이 낮아지고, 남자는 C가 높을수록 이혼도 덜 한다(Nettle, 2007/9). [E와 A가 높을수록 불행한 관계를 유지하기보다 이혼을 한다.] C요인에 **'성취의지'**라는 이름을 붙인 Digman(1990)은 많은 연구들을 개관하고 나서 이 성격차원이 능력 측정치들로 설명되지 않는 수행변량(개인차)의 상당 부분을 설명해준다고 시사하였다. 지능이 높아도 '학습 태도'가 나쁘면 성적이 좋을 수 없다는 것은 학생과 교사들에게 새로운 사실이 아니다. 대학생들에 대한 연구에서 C가 높을수록 평균학점도 높았다(Paunonen, 2003).

C가 극단적으로 높으면 규칙, 원칙에 사로잡히는 **강박적 성격장애**에 가까워진다. 여성의 경우 C가 너무 높아 나타나는 증상으로 섭식장애가 있다(Nettle, 2007/9). 거식증(음식 거부)은 강박성격장애와 같이 나타나는 경우가 많다. 꼭 병적이 아니라 해도, 높은 C가 불리한 상황과 환경도 있다. 학교같이 목표가 분명하고 예측 가능한 환경에서는 높은 C가 성공을 약속하지만, 졸업 후 세상에 나갔을 때 예측 불가능한 환경에 들어가면 즉흥적, 충동적 반응이 더 유리할 수 있다.

앞에서도 언급한 것처럼 높은 A는 고객을 상대하는 일에서 긍정적 효과가 있다. 또 A가 높으면 동료들과 잘 협동하고 의견 일치에 도달하려고 애쓴다. 아무래도 높은 A의 강점은 업무 자체보다 인간관계에 있다. 사람들은 친절하고 호의적인 '착한 사람'을 좋아하지만, A가 높으면 스스로 사랑과 보살핌을 더 잘 베푼다. 따라서 A의 특질 영역은 '친사회적 행동', '이타행동' 같은 주제들도 포함하지만, 좋은 부모, 특히 좋은 어머니의 자질과 뗄 수 없는 관계가 있는 것으로 보인다.

사랑의 세계 Belsky, Crnic, 및 Woodworth(1995)는 많은 성인들이 일상생활에서 하는 중심적 역할의 하나인 자녀 돌보기가 당연히 성격과 관계가 깊을 텐데 이에 대한 성격심리학적 연구가 드물다는 사실에 주목하였다. 발달심리학에서는 이러한 연구가 많지만, 심리적 장애(특히 우울증)가 있는 여성들의 자녀 돌보기에 초점이 주어졌다. Belsky 등은 어린 자녀 돌보기와 가장 관계가 깊은 세 성격특질(A, N, E)을[3] 중심으로 성격과 부·모 역할수행의 관계를 연구하면서, 기분(mood)과 스트레스의 매개효과를 가정했다(성격→기분/스트레스→양육행동). N은 *부적* 기분과, E는 *정적 기분*과 관계가 있으며, N이 높을 때 스트레스도 많이 겪게 된다고 예상되었다.

첫아들을 키우는 중류 및 노동 계급의 백인 부부 69쌍이 연구에 참여하였다.[4] 아이

---

3) 이 매우 훌륭한 연구에서 연구자들은 물론 사려깊게 변인 종류와 수를 정했겠지만, 육아는 '사랑'만큼이나 '일'의 세계에 속하기도 한다. 육아가 '사랑으로 하는 중노동'이라면, A만큼이나 C도 부모(특히 엄마) 역할수행과 밀접한 관계가 있을 법하다.

가 10개월 때 처음 가정 방문하여 부·모에게 성격검사(NEO-PI)를 실시하였고, 15개월, 21개월 때에 두 번씩 방문하여 나머지 변인들을 측정하였다. *기분*은 정·부적 감정으로 나누어 측정하였다. 육아 스트레스와 일반적 스트레스를 따로 측정했으나 서로 상관이 컸으므로 둘의 합계를 점수로 사용하였다. 자녀에 대한 행동은 훈련받은 관찰자가 가정 방문하여 기록·평정하였다.[5] 평정된 *부모행동* 차원들은 자녀에게 표현한 정·부적 감정, 자녀의 욕구와 목표에 대한 감수성, 자녀에게 관심과 반응을 보이지 않는 냉담함(detachment), 자녀에 대한 간섭(intrusiveness), 책을 읽어주고 사물을 설명해주는 등의 인지적 자극(cognitive stimulation)이었다.

결과가 표 8-1과 8-2에 제시되어 있다. 연구의 주제와는 관계가 없지만, 5요인의 독립성 가정을 의문에 붙이는 결과가 N, E, A의 상관들이다. N이 E, A와 상당히 높은 부적 상관을 나타내고,[6] E와 A도 특히 남성들에서 높은 정적 상관을 보인다. 맨 아래 두 줄에 각 변인의 평균과 표준편차가 나와 있는데, 여성들의 N, E가 남성들의 N, E보다 상당히 높음이 눈에 띈다.[7] 성격과 기분/스트레스, 부모행동 변인들의 상관을 보면 세 가지가 눈에 띈다. 성격변인들은 아버지보다 어머니의 행동을 더 잘 예언해주고, N은 부·모역할 수행에 똑같이 중요하지만 A는 엄마역할에, E는 아빠역할에 더 중요하다는 것이다. N은 나쁜 감정/기분과, E는 좋은 감정/기분과 상관된다는 가설은 지지되지 않았다.

(특히 자녀가 어릴 때는) 엄마가 자녀를 돌보는 일차적 보호자라서 A특질이 중요한 반면, 아이와 '놀아 주는' 아빠역할에는 사교적, 능동적이고 재미와 감각을 추구하는 외향적 특성들이 더 중요할지 모른다. 기분과 스트레스의 매개효과를 고려하면, A가 높은 엄마는 더 많은 긍정적 기분을 경험하고, 그럼으로써 자녀에게 더 많은 자극을 주고, 덜 냉담하고, 부정적 감정을 더 적게 표현한다. [이 연구는 첫아들 키우는 부모를 대상으로 했으므로, 각주 4에 시사한 것처럼 결과들을 가령 딸 있는 가족이나 둘째를 키우는 가족에도 일반화할 수 있을지는 알 수 없는 일이다.] 부모 차이에 겹쳐지는 것이 남녀 차이이다. 남자보다 여자에게 대부분

---

4) 이 연구는 문제행동 발달에 대한 더 큰 연구의 일부인데, 문제행동이 남자아이들에게 발생률이 훨씬 높기 때문에 아들 있는 가정들이 모집되었다. 이러한 통제는 변인들의 잠재적 관계들을 더 분명히 드러내 준다는 장점이 있지만, 일반화 가능성을 제한하기도 한다.

5) 관찰자는 부모들에게 연구목적이 일상적 가정생활에서 아이의 행동과 경험들을 기록하는 것이라고 말해주었다. 관찰자 훈련 및 구체적 관찰절차, 특히 측정 신뢰도를 높이기 위한 방책에 대해서는 원 논문을 참고하기 바란다.

6) 표 8-2에서 N과 A의 상관계수는 원문에는 마이너스가 아니지만, 오타일 것으로 추측되어 마이너스를 집어넣었다. 남녀에게서 두 변인의 상관계수의 부호가 반대로 나왔다면 연구자들이 언급을 안 했을 리가 없다. 감수성과 냉담함의 상관계수도 원문에는 플러스로 나와 있다.

7) 연구자들은 변인들에서의 남녀 차이를 언급하지도, 따라서 통계적 유의도를 검증하지도 않았다. 표들에 나와 있는 평균과 표준편차들을 가지고 (독립표본을 위한) t검증을 하면 N, E, A에 대해서 남녀 차이가 통계적으로 매우 유의미하다($p<.001$). 남녀 모두에서 N, E, A의 상관계수들도 모두 유의미하다($p<.001$).

표 8-1 어머니들에서 성격, 기분/스트레스, 부모역할 행동들의 상호상관과 기술통계들(Belsky 등 1995, p. 914)

	성격			기분/스트레스			부모역할					
	신경증 성향(N)	외향성(E)	호의성(A)	정적 기분	부적 기분	전체 스트레스	긍정적 감정	감수성	인지적 자극	냉담함	부정적 감정	간섭
외향성	−.54***											
호의성	−.44***	.39***										
정적 기분	−.33**	.07	.29*									
부적 기분	.37**	−.14	−.26*	−.09								
전체스트레스	.38**	−.22	−.21	−.19	.42***							
긍정적 감정	−.32**	.26*	.43**	.20	.06	−.19						
감수성	−.30*	.27*	.37**	.21	−.10	−.27*	.76**					
인지적 자극	−.35**	.36**	.39**	.33**	.07	−.20	.62**	.62*				
냉담함	.09	−.02	−.29*	−.26*	−.01	.10	−.68**	−.68**	−.54**			
부정적 감정	.41**	−.08	−.43**	−.30*	.14	.28*	−.41**	−.51*	−.45**	.33*		
간섭	.24*	−.05	−.05	.09	.08	.23	.09	−.24*	−.02	−.22	.44**	
평균	76.6	76.2	57.9	30.3	15.4	3.5	2.9	3.0	1.9	1.7	1.6	1.8
표준편차(SD)	17.6	9.6	5.7	5.1	4.1	0.5	0.5	0.6	0.4	0.5	0.5	0.4

*$p < .05$
**$p < .01$
***$p < .001$

표 8-2 아버지들에서 성격, 기분/스트레스, 부모역할 행동들의 상호상관과 기술통계들(Belsky 등 1995, p. 916)

	성격			기분/스트레스			부모역할					
	신경증 성향(N)	외향성(E)	호의성(A)	정적 기분	부적 기분	전체 스트레스	긍정적 감정	감수성	인지적 자극	냉담함	부정적 감정	간섭
외향성	-.45**											
호의성	-.48***	.52***										
정적 기분	-.16	.42***	.08									
부적 기분	.64***	-.51**	-.38**	-.18								
전체스트레스	.49***	-.29*	-.32**	.03	.62**							
긍정적 감정	-.31**	.29*	.06	.22	-.26*	.01						
감수성	-.26*	.31**	.19	.14	-.21	-.06	.80**					
인지적 자극	-.38**	.37**	.28*	.28*	-.23	.15	.68**	.75*				
냉담함	.24*	-.19	-.14	-.04	.09	-.03	-.70**	-.81**	-.70**			
부정적 감정	.26*	-.14	-.20	.03	.20	.12	-.34**	-.35**	-.37**	.15		
간섭	-.04	.05	.02	.11	.16	.22	.08	-.03	.12	-.28*	.33*	
평균	67.0	67.2	53.1	31.4	14.8	3.4	2.5	2.5	1.6	2.2	1.5	1.7
표준편차(SD)	19.7	13.7	7.6	6.2	3.4	0.6	0.5	0.6	0.4	0.7	0.4	0.3

*$p<.05$

**$p<.01$

***$p<.001$

의 A 단면들이 훨씬 더 요구된다.

높은 A는 항상 좋은가 A가 높으면 자기 이익보다는 타인의 이익을 챙기는 '착한 사람', '좋은 사람'이지만, '착하다'가 꼭 칭찬은 아니다. ['나쁜 여자', '나쁜 남자'가 훨씬 매력 있다!] 어떤 남편을 원하느냐고 물으면 대부분의 문화권에서 여성들은 친절함과 공감, 즉 높은 A를 강조하지만, 동시에 높은 사회적 지위와 경제능력도 원한다. 문제는 여성에게 화려한 삶을 가져다 줄 수 있는 사람은 착한 남자가 아닐 가능성이 크다는 것이다(Nettle, 2007/9)!

A가 극단적으로 낮으면 **'사이코패스'**(반사회적 성격장애, antisocial personality disorder), 극단적으로 높으면 **의존성 성격장애**(dependent personality disorder)라 할 수 있다(Costa & Widiger, 2002, 부록 C 참조). 전자는 자신의 욕구충족을 위해서 타인의 감정 따위는 무시하며, 후자는 타인의 욕구를 충족시키기 위해 자신의 욕구를 희생시킨다. A수준을 마음상태 읽기 및 감정이입 능력과 연결시키면(Nettle, 2007/9) 사이코패스를 *자폐증*과 구별할 수 있다. 전자는 마음읽기에 능해서 남을 잘 속이지만 감정이입을 못 해서 타인의 고통에 둔감하고 냉담한 데 비해, 자폐증환자는 마음읽기는 못해도 고통의 표현에는 반응한다.

사이코패스는 대개 남자, 의존성 성격장애는 대개 여자인데, 정상 범위에서도 남자보다 여자의 A점수가 평균적으로 더 높다(각주 7 참조). Belsky 등(1995) 연구에서도 어머니들의 A점수가 더 높았을 뿐더러, 아버지의 A수준은 부모역할과 별 상관이 없지만 엄마의 경우는 달랐다. 남자는 성공과 출세에 '사랑'이 따라오기 때문에 A를 발달시킬 필요가 적은 것인지 모르고, 가정과 직장에서 '감정노동'은 아직도 여자의 몫이다.

5요인 구조의 안정성과 보편성

'안정성'(stability)이란 시간이 가도 변하지 않음을 말한다. 시간이 가면 상황도 달라지기 마련이지만, 상황에 따른(예, 가정 대 직장) 차이가 없을 때는 보통 '일관성'(consistency)이라고 부른다. 내가 '내성적'이라고 본 학생이 한 달 후 그리고/또는 학교 아닌 상황에서 전혀 다른 모습을 보인다면, 나는 나의 특질 판단이 옳았나를 의심하게 될 것이다. 이와 비슷한 일이 연구에서는 특질점수가 (실험실이나 현실상황의) 실제행동과 일치하지 않거나(낮은 일관성) 시간이 지나며 변하는(낮은 안정성) 결과로 나타난다. 특질 개념뿐 아니라 어떤 (구성)개념이라도 행동의 이해와 예측에 도움이 되지 않으면 심리학에서 설 자리를 잃게 된다.

앞 장 말미에서 우리는 행동주의 진영에서 행동 안정성과 — 특히 — 일관성에 의문을 제기하였으며, 그 공격이 특질심리학, 나아가 성격심리학에 심각한 정체위기를 가져왔음을 보았다. 그런 만큼 특질들의 안정성과 일관성을 입증하는 일이 중요하였다. 한편, 서로 다른 문화들에서 같은 요인들이 나올 때 5요인 구조가 '보편성'(universality)이 있는 것이다. 이 보편성은 5요인이 생물학적 토대가 있다는 주장을 가져온다.

발달적 변화와 안정성

성격이 변하는가, 어느 정도 변하는가를 질문할 때 우리는 정확하게 무엇의 변화를 의미하는가? 표 8-3에 성격 연속성의 네 가지 유형이 나와 있다. 각 유형마다 다른 물음을 제기하므로 답의 종류도 달라지게 된다.

연속성의 여러 의미 우선 **절대적 연속성**은 어느 한 특질이나 태도가 시간이 지나도 변하지 않음을 말한다. *성격발달*을 논의할 때 이 측면이 중요해진다. 가령, 청년기는 불안과 혼란의 시기이며 성인기에 들어가면서 안정이 온다고 하는 가설을 검증하기 위해, 10년 간격으로 '불안'과 '반항심'을 측정하여 비교해볼 수 있다.

차이연속성은 개인차의 안정성을 말하며, 어느 한 차원에서 개인들의 상대적 위치가 시간이 가면서 얼마만큼 달라지느냐 하는 문제이다. 불안의 차이연속성이 높다면, 이 특질에서 집단 구성원 대다수의 상대적 위치가 변하지 않았다는 것이다. 즉, 10대에 남들에 비해 불안했던 사람이 20대, 30대에도 그러한 것이다. 차이연속성 정도는 보통 *상관계수*로 계산된다. 절대적 연속성과 차이연속성은 서로 아무 관계가 없다. 18세에서 28세 사이에 사회적 불안이 평균적으로 많이 줄었다고 할 때(낮은 절대적 연속성), 모두 균일하게 점수가 줄어 상대적 위치가 변하지 않을 수도 있지만, 집단 내에서 상대적 위치가 많이 뒤바뀌었을 수도 있다.

개인내 연속성은 개인 집단들의 특징들이 아니라 한 개인 내에서의 특질 패턴에 초점을 맞춘다. 변인들에서 사람들의 상대적 위치를 보는 차이연속성과 반대로 여기서는 한 사람 안에서 변인들의 상대적 위치를 본다. 우리는 이제 같은 변인들 상에서 한 사람의 18세 때와 28세 때를 비교한다. 18세에는 지배성이 제일 두드러졌지만 28세에 가서는 호의성이 더 두드러질지 모른다. 개인내 연속성 연구는 개별기술적 접근을 요구하기 때문에 잘 수행되지 않는다. 글상자 8-2에 Q분류(6장 참조)를 사용하여 성격변화와 연속성을 연구한 예를 소개하였다.

표 8-3 연속성의 네 유형(Caspi, 1998, McAdams, 2001, p. 371에서 재인용)

유형	정의	가설적 예
절대적 (absolute)	어느 특징의 양 또는 정도가 시간이 지나도 변하지 않음. 보통 집단평균으로 계산됨.	'정확성'특질의 집단평균점수가 시간이 지나도 안 변한다: 20세 때 대학생들의 정확성 평균점수는 5년 뒤 같은 집단이 젊은 성인이 되었을 때 평균점수와 유의미하게 다르지 않다.
차이 (differential)	사람들의 한 표본에서 개인차들이 시간이 지나도 일관적임.	지능검사 점수들의 개인차는 시간이 지나도 안정적이다: 한 집단의 개인들에게서 35세와 40세의 IQ점수 간 상관이 높아서, 35세에 점수가 높았던 사람이 40세에도 높은 경향이 있고, 낮았던 사람들은 여전히 낮음을 보여준다.
개인내적 (ipsative)	개인 내에서 변인들의 패턴이 시간이 지나도 변하지 않음.	한 사람이 일군의 목표들에 '가장 중요한'부터 '가장 중요하지 않은'으로 매긴 순위들이 50세 때와 60세 때에 변화가 없다.
일관성 (coherence)	변인들의 한 무리가 한 이론에서 나오는 예측과 일치되게 변인들의 다른 무리를 가져올 때, 개념적 또는 이론적 연속성이 나타난다고 함.	시점 1에서 나타난 행동들의 한 패턴이 시점 2에 가서 다르지만 이론적으로 예측할 수 있는 행동패턴을 가져왔다: 어릴 때 부모에게 많은 처벌을 당하고 다른 아이들을 괴롭혔던 것이 성인기에 범죄행동을 가져온다.

위의 세 연속성이 변인 중심인 데 비해, **일관성** — '법칙성'(lawfulness)이라고도 할 수 있다 — 은 개념 또는 이론차원에서의 연속성이다. 아기 때에 엄마와 안심애착이 형성되면 성인기에 인간관계에서 친밀과 자율 둘 다를 편안해 한다고 할 때, 어느 한 특별한 행동이나 특질이 아니라 밑에 깔린 현상이나 구조가 연속되는 것이다. 같은 행동이 아이들과 어른들에서 아주 다른 의미를 가질 수 있으므로, 이를테면 어릴 때 많이 울던 아이들이 어른이 되어서도 많이 우는가(울음 행동의 차이연속성)를 연구하는 것은 별 의미가 없다. 늘 울며 떼쓰던 아이가 어른이 되어서는 *같은* 양면적 (또는 몰두) 애착패턴 또는 '내적 작업모델'을 아주 *다른* (관계 맺기)행동들로 표현하기 때문이다.

네 가지 중에서 심리학자들이 가장 많이 연구한 유형이 *차이*연속성이다. 성격특질 개인차는 성인기에 걸쳐 상당한 안정성을 보인다(McAdams, 2001, p. 378의 표 참조). 5요인 중에서 특히 E와 N 개인차가 안정적이다(6년 간격을 두고 .80 이상). 검사와 재검사 사이의 기간이 길수록 상관계수가 줄어들지만, 10년 이상의 간격을 두고도 상관계수들은 여전히 상

글상자 8-2

성격발달의 유형들

Jack Block(1980)은 1960년대 후기에 버클리 인간발달 연구소에 가서 "오래 수집되었으나 거의 사용되지 않은"(p. 31) 종단연구자료(1929년에 수집 시작)를 통합하기 위하여 Q분류 절차를 사용하였다. 그가 개발한 **캘리포니아 Q세트**는 100개의 문항카드로 구성된다(예, "진정으로 믿을 수 있고 책임감 있는 사람이다," "관심 범위가 넓다" 등)(1961/78). 이미 수집되어 있는 자료를 토대로 각각 세 명의 임상심리학자가 어느 한 연령대의 피험자를 서로 독립적으로 평정하였다. 171명 피험자의 중학교 때부터 40대에 이르는 자료를 평정한 결과는 1971년에 "Lives through Time"이라는 제목의 책으로 출판되었다.

요인분석 결과 남녀별로 몇 가지 성격발달 유형이 발견되었다. 중학생 때와 40대 중반만 비교해보면, 남자 중 '취약한 과잉통제자'(vulnerable over-controllers)는 예민하고, 생각이 많고, 불확실성에 불편해하고, 불신하고, 역할을 안 바꾸고, 굴종적인 중학생이었다가, 중년에는 좌절받을 때 뒤로 물러서고, 역할을 안 바꾸고, 자기연민이 있고, 겁이 많은 남자가 되었다. 이 집단에는 독신자가 유난히 많았다(Block, 1980, p. 39). 여성집단에서 '여자 원형'(female prototypes)은 중학생 때나 중년에나 상냥하고, 침착하고, 명랑하고, 믿을 수 있고, 매력적이고, 베푸는 사람이었다. 이들은 다른 여자피험자들보다 자녀수가 많다는 특징이 있었다.

성격연속성이 큰 유형들은 이밖에도 남자들에서 '자아탄력자'(ego resilients), '안정되지 않은 과소통제자'(unsettled under-controllers), 여자들에서 '취약한 과소통제자'(vulnerable under-controllers), '초여성적인 억압자'(hyperfeminine repressives) 등이 있었다. 반면, 30여 년에 걸쳐 많이 변한 유형들도 있었다. '뒤늦은 적응자'(belated adjusters)인 남자유형은 소년 시절에는 반항적, 호전적으로 보였지만, 어른이 되어서는 책임감 강하고 호의적이라고 판단되었다. 많은 경우 이들은 낮은 사회경제적 계층 출신이었지만 성인기에 계층이 높아졌다. 또, '인지적 대처자'(cognitive copers)인 여자유형은 중학교 때는 지나치게 예민하고 자신감이 없었지만, 세월이 가면서 점차 적응을 잘 하게 되어 따뜻하고, 솔직하고, 지적이고, 독립심 강한 성인이 되었다.

당한 크기를 보인다(.50 이상). 그러나 나이에 따른 변화도 있다(절대적 안정성). McCrae와 Costa는 여러 다양한 문화에서 청소년기와 후기 성인기 사이에 N은 낮아지고 A와 C는 높아지는 경향이 있다고 보고한 바 있다(Pervin, 2003, p. 37의 개관; Clark & Watson, 2008).

성인기 안에서 비교하지 않고 아동성격에서 성인성격을 예측하는 연구들은 더 적다. Caspi(2000)는 대규모 종단연구에서 3세 때 행동스타일을 토대로 18세 때 성격을 예언할 수 있음을 보여주었다. 아이들이 어른들보다 더 빨리 그리고 더 유동적으로 변화·발달하기 때문에 아이들의 성격특질을 성인기 특질들과 똑같은 것으로 보는 데는 문제가 있다. 아동기 성격은 특질보다는 **기질**(temperament)차원들로 평정되는 일이 많다. 성격에 비해 기질에서는 생물학적 토대, 정서표현과 조절이 더 강조된다(Allport, 1937; Clark & Watson, 2008). McCrae 등(2000)은 "성격특질들이 기질들처럼 내생적 성향들로서 환경영향들과 본질적으로 무관한 내재적 발달통로를 따라 간다"(p. 173)고 주장하였지만, 아동기 기질특성들은 환경과 복잡하게 상호작용하여 성인기 성격특질로 이어진다(Kagan, 2010/11 참고).

아동기 기질특성들 우리는 잘 아는 사람의 성격을 기술할 때 '성질'을 자주 언급하며, 부모들은 자녀가 '태어날 때부터' 어떠했다는 말을 잘한다. 타고난 '성질'은 5요인(과 단면들)처럼 구체적이지 않고 '순하다', '불같다', '급하다'같이 모호하다. 기질유형론은 고대부터 있어왔지만, 현대적 기질연구는 소아정신과 의사들인 Thomas와 Chess가 1950년대에 시작한 뉴욕 종단연구로 시작했다고 할 수 있다(Plomin & Dunn, 1986; Kagan, 1989; Thomas & Chess, 1986). '다루기 힘든' 아이들과 그 부모들을 많이 접했던 두 학자는 2~6개월 유아들을 대상으로 주로 부모면접을 하였다. 활동수준, 규칙성(배변습관, 수면, 먹기 등의), 새로운 상황들에 대한 반응(접근 또는 물러섬), 자극 민감성, 반응강도, 기분/정서, 주의집중 범위와 지속 등이 기질 차이를 정의해주었다. 이 유형분류는 지금까지도 가장 널리 알려져 있다.

순한(easy) 아이들은 대체로 명랑하고, 정서적 반응이 강하지 않으며, 먹고 자는 리듬이 규칙적이다. **까다로운**(difficult) 아이들은 잘 울고 보채며, 정서적으로 강하게 반응하고, 먹고 자는 일들이 불규칙하다. **느린**(slow-to-warm-up) 유형은 이 두 유형의 혼합으로서, 새로운 것들 앞에서 일단 움츠러들다가 나중에 접근한다. Caspi(2000)도 *좋은 적응*(Thomas와 Chess의 순한 유형), *과소통제*(까다로움), *억제*(느림)로 기질유형을 나누었다.[8] 근래에는 방법론적으로 많이 개선된 종단연구들이 수행되어 왔다(Caspi, 2000; Eisenberg, Fabes, Guthrie, & Reiser, 2000; Rothbart, Ahadi & Evans, 2000 등). 가령 표본크기도 커졌을 뿐 아니라, 부모면접 외에 가정방문 행동관찰, 실험실 관찰 등도 사용되고 있다.

지금까지의 기질연구들을 통합하여 Rothbart 등(2000)은 기질을 "체질적 토대를 가졌다고 가정되는 반응성 및 자기조절의 개인차"(p. 123)라고 정의한다. "체질"(constitution)이란 기질이 유전, 성숙, 경험의 영향을 받는 비교적 지속적인 생물학적 구조임을 말한다.

---

8) 이들 각각의 비율은 각각 39.6%, 10.4%, 7.8%였다. '자신 있는' 유형(27.5%)과 '내성적' 유형(14.8%)도 '좋은 적응'으로 분류하면 그 비율은 81.8%에 이른다. 과소통제에는 남자아이가(62%), 억제 유형에는 여자아이(60%)가 많았다고 하며, 나머지 세 범주에서의 성차는 미미한 수준이다.

"반응성"(reactivity)은 행동 및 생리체계들이 얼마나 쉽게 흥분·반응하는가를, "자기조절"(self-regulation)은 이 반응성을 조절하는 신경 및 행동과정들(주의집중이나 전환, 접근-물러남, 공격, 억제 등)을 말한다. 새로운 유형분류에서는 *돌보는 이* 입장에서 기술하는 순함(쉬움)-까다로움 대신에 *아이 행동*에서 관찰되는 정서적 반응성과 자기조절(내지 통제)이라는 두 측면이 중심이 되고 있다(Eisenberg 등, 2000).

기질이 행동·정서·생리 측면들을 종합하는 **심리생물적 프로파일**이라고 하는 Kagan(2000, 2003; Kagan, Reznick, & Snidman, 1986)은 주의와 자기조절보다 반응성과 활동성에 주목하였다. 생후 4개월경 친숙하지 않은 감각자극들에 대해(예, 묽은 알코올이 묻은 면봉을 코 끝에 댐) 몸을 막 움직이거나 울면 *고 반응성*(high-reactive)이다(건강한 중류계급 백인 표본들의 약 20%). 1-2세가 되면 이들은 친숙하지 않은 것들에 겁먹는 반응을 하는 경향이 있고, 1/3은 매우 겁 많은 *억제*(inhibited) 아동이 된다. 반면 *저 반응성* 아기들(약 40%)은 1-2세에 사교적이고 비교적 겁이 없으며, 이들 중 1/3은 겁 없는 *비억제*(uninhibited) 아동이 된다. 11세가 되었을 때에도 이 경향이 이어졌지만, 반응성이 높다고 전부 수줍고 회피적이 되거나 반응성이 낮다고 전부 사교적이고 대담해지지는 않았다.

기질은 유전적 소질에서 나오고, 경험에 영향을 미치면서 또 경험의 영향을 받으며 성격발달의 핵을 형성한다(Rothbart 등, 2000, p. 122). 그러나, 신생아나 아주 어린 아기의 기질차원들을 쉽게 확인하여 성격의 원초상태(initial state)를 알아낼 수 있는 것은 아니다. 유아가 기질특징들을 한꺼번에 다 가지고 태어나지 않으며, 기질 자체도 발달하기 때문이다(Rothbart 등, 2000). 따라서 기질이 성인성격으로 이어진다는 주장도 할 수가 없지만 아동기에 나타난 기질차원들은 성인 성격차원들에 상당히 접근한다.

아동기 기질에서 성인기 성격특질로 아동기질 연구에 이어 Rothbart 등(2000)은 성인기질 질문지를 만들어 대학생들에게 실시하였다. 요인분석 결과 *주의예민성*(Orienting Sensitivity, 내적·외적·정동적 지각 예민성과 연합·인지 예민성), *외향성*(사교성, 강도 높은 즐거움, 활동 수준, 즐거움 반응성), *주의노력*(Effortful Attention, 보상과 처벌로부터 주의 전환과 집중), *부적 정동성*(공포, 좌절, 불안, 슬픔)의 네 차원이 확인되었다. 이 기질과정들은 Big Five 요인들과 의미깊은 관계를 보였다. *외향성*(E)끼리 상관이 높았고(.59), 주의노력은 *양심성*(C)과, 부적 정동성은 *신경증성향*(N)과, 주의예민성은 *체험개방성*(O)과 상관이 있었다(.43, .49, .54). *호의성*(A)은 (기질)외향성, 주의예민성과 낮은 상관을 보였다(.30, .20). 구체적 기질특징들이 어떤 경험들을 거쳐서 사회적 및 성격적 결과들로 발달해가는 것일까?

기질은 양육환경과 상호작용하면서 성격을 형성해간다. 어릴 때 기질특성들이 성인기 성격으로 이어지는 과정을 Caspi(1998)는 **발달 정교화**(developmental elaboration)라고 부르며

표 8-4 발달 정교화의 6가지 기제: 기질차원에서 성격특질로(Caspi, 1998; McAdams, 2001, p. 386에서 재인용)

학습과정	아이들이 무엇을 어떻게 배우느냐에 기질 차이들이 영향을 미쳐서 성격특질들의 형성에 공헌한다.
환경유발	기질 차이들이 환경으로부터 서로 다른 반응들을 유발하여 이 반응들이 애초의 차이들을 강화시킨다.
환경해석	아이들이 환경에 관한 정보를 어떻게 이해, 처리하느냐에 기질 차이들이 영향을 미쳐서 환경에 대한 경험들을 결정한다.
사회적 및 시간적 비교	아이들이 어떻게 자신을 타인들과 비교하고 시간 흐름에 따른 자신의 변화를 비교하는가에 기질 차이들이 영향을 미치고, 이 비교들이 자기개념 발달을 결정한다.
환경선택	아이들이 어떻게 환경들을 선택하는가에 기질 차이들이 영향을 미치며, 이 선택이 다시 성격특질들의 발달에 영향을 미친다. 아이들은 처음부터 자기 기질과 일치하는 환경들을 선택하여 이미 존재하는 성향들을 강화시킬 수 있다.
환경조작	아이들의 자기개념이 일단 확고해지면, 그들은 자신들이 이미 가지고 있는 기질 성향들에 걸맞거나 그 성향들을 확인시켜주거나 정교화해주도록 환경을 바꾸거나 만들어낸다.

6가지 기제를 구분한다(표 8-4). 우선 강화, 소거, 변별 같은 기본적 *학습과정*(11장 참조)들이 기질의 영향을 받을 수 있다. 집중력과 지구력이 부족하면 친사회적 행동과 긍정적 보상의 관계(즉, 착하게 행동하면 엄마가 상냥해진다)를 학습하기 힘들고, 결과적으로 양심성(C), 사회적 책임감이 낮아질 수 있다. 같은 상황이나 자극에도 기질에 따라 다르게 반응하기 때문에 (양육) 환경이 달라지기도 한다. 잘 안 울고 (안아주면) 금방 울음을 그치는 아이에게는 부모가 울음에 즉시 반응하지만, 아이가 잘 울고 아무리 달래도 잘 그치지 않으면 언젠가는 아무리 울어도 부모가 좀처럼 와주지 않는다(부모가 오면 적지 않은 경우 울지 말라며 때린다). 부모뿐 아니라 친구, 다른 어른들도 기질 차이에 따라 아이들에게 서로 다르게 반응한다. 이렇게 아이는 (사회적) 환경을 *유발*하며, 동시에 그 환경의 영향을 받는다.

기질 차이에 따라 환경을 다르게 *해석*하게 되기도 한다. 손님이 와서 또는 동생이 아파서 엄마가 내게 신경 써주지 않을 때 나를(나만) 미워하기 때문이라고 믿는 아이를 생각해보라. 지적으로 성숙해가면서 아이들은 자신을 남들과, 현재를 과거와 *비교*하기 시작한다. 이때 부정적, 소극적인 아이는 자신의 부족함만 보기 쉬운 반면, 밝고 명랑한 아이는 자신의 명백한 결함(예, 신체장애)도 결점으로 지각하지 않는다. 또, 지구력, 집중력이 좋으면 과거·미래와 비교할 때 현재가 어떤지를 파악하고 오랜 시간범위에 주의를 쏟을 수 있기 때문에, 열심히 끈질기게 노력하여 자신에게 중요한 영역들에서 잘 해낼 수 있다.

아이들이 커갈수록 놀이친구들이 점점 중요한 사회적 환경이 된다. 부모들은 흔히 청소년 자녀의 성격 문제를 '친구 잘못 사귀어서'라고 설명하지만, 친구는 아이들이 스스로 *선택*하며 결과적으로 "똑같은 놈들이 어울리는" 것이다. 그러나 아이들은 기질과 성향에 맞는 환경을 선택하는 것으로 그치지 않고, 그 환경을 자기 성질에 맞게 고치기도 한다(*조작*). 처음에는 공부하기 싫어하던 아이들 몇 명이 같이 어울리다가 그중 어느 한 명의 영향으로 다른 아이들을 괴롭히는 비행소년 집단으로 변질되는 것이 환경조작의 예가 된다.

누가적 연속성과 상호작용적 연속성 대규모 종단연구에서 Caspi(2000)는 3세 때 기질특성들이 21세 때 우울(억제유형에서 가장 많음), 반사회적 성격장애와 범죄행위, 알코올 의존, 자살기도(모두 과소통제유형에서 가장 많음)를 예언함을 보여주었다. 급하고 충동적인 소년이 학교생활에 적응하지 못하여 퇴학당하고, 그래서 괜찮은 직장을 얻지 못하고 여러 가지 좌절을 겪게 되며, 결과적으로 급함과 충동성이 점점 악화된다면, 행동의 결과들이 쌓여가면서 기질성향이 이어지기 쉽다(누가적 연속성, cumulative continuity)(Caspi, Elder, & Bem, 1988). 그 사람의 상호작용 패턴 때문에 연속성이 생기기도 한다. 급하고 충동적인 아이는 원하는 것을 즉시 얻지 못하면 난리를 부리니까 가족이나 친구가 즉시 소원대로 해주게 되고, 이에 따라 자제하고 기다리기를 배우지 못한다(상호작용적 연속성, interactional continuity). 두 가지 종류의 연속성 때문에, 처음에 문제되지 않던 조그만 차이가 시간이 지나면서 큰 차이를 가져온다.

Caspi 등(1988)은 어릴 때 *수줍음*, 즉 '행동억제'가 어떻게 성인기 성격과 삶으로 이어지는지를 보여주었다. 수줍은(친숙한 일상어로 '내성적'인) 아이들은 사람 만나는 상황을 두려워 피하므로, 사람 상대하는 기술을 배울 기회를 놓치고(학습과정), 필요한 사회적 기술을 익힌다 해도 불안 때문에 써먹지 못하고, 결과적으로 점점 고립된다(환경 선택). 이 누가적 연속성 외에, 자기표현과 주장을 못하기 때문에 남들에게 무시당하고(환경 유발) 그 때문에 더 수동적이 되는 상호작용적 연속성도 생긴다. 내성적인 사람들은 인간관계나 역할상의 요구들이 달라질 때(예, 이사나 전학, 취직) 특히 힘들어한다.

Caspi 등은 어릴 때 수줍었던 사람들과 그렇지 않았던 사람들이 성인기에 새로운 사회적 역할들을 맡게 될 때 어떤 차이를 보이는가를 알아보았다. 수줍음은 아이들이 8~10세에 어머니들과의 임상적 면접에서 나온 자료를 가지고 평정되었다. 피험자들은 30세, 40세 때 연구팀과 교육, 직장, 결혼, 자녀 등에 대해 이야기하였다. 아동기 수줍음은 성인기 수줍음과 통계적으로 유의미한 상관이 있었으나 상관계수가 높지는 않았다(.30 내외). 즉, (차이)연속성이 별로 높지 않다. 아이들에게 수줍음 말고 동시에 다른 특성들이 있고

— 예컨대, 내성적이면서 순할 수도, 까다로울 수도 있다 — 기질성향에 맞게 환경을 유발, 선택, 조작한다는 등도 무제한 가능할 수는 없다. 부모 자신의 기질과 성격이 있을뿐더러 부모가 자녀기질에 따라 달라지는 정도에도 차이와 한계가 있다.

이 연구에서 가장 놀라운 결과는 남자들의 경우(에만) 어릴 때 수줍었던 사람들이 그렇지 않았던 사람들에 비해 결혼, 아버지 됨, (안정된) 첫 직장의 시기가 모두 3, 4년씩 늦었다는 것이다. 과잉단순화가 되겠지만, 어릴 때 수줍음은 적어도 40이 될 때까지는 남자의 인생에는 장애물이, 여자의 인생에는 도움이 되었다고 할 수 있다. Stevenson-Hinde와 Hinde(1986)는 남녀의 수줍음이 가정과 학교(교사, 또래)에서 서로 다른 결과를 가져올 수 있음을 보여주었다. 가령 어머니들은 수줍은 아들에게는 부정적으로, 수줍은 딸에게는 긍정적으로 반응하는 경향이 있다. 똑같이 낯가리고 소심해도 사내아이들이 여자아이들보다 또래들에게 놀림과 따돌림을 당할 가능성이 더 크다(Kagan, 2010/11). 어릴 때 기질특성은 이렇게 환경과 복잡하게 상호작용하여 성인기 성격과 삶에 영향을 미친다.

5요인 구조의 보편성

5요인 모델 지지자들은 5요인이 미국뿐 아니라 다른 문화권에서도 "Big Five"이며, 다른 특질이론들도 이 요인구조로 통합된다는 것을 보여주는 데 열을 올렸다.

문화적 보편성 Costa와 McCrae의 주장처럼 5개 성격요인이 생물학적 토대를 가지고 있는 보편적 요인들이라면, 여러 문화권에서 같은 구조가 발견되어야 한다. 실제로 1990년대에 성격특질들에 대한 비교문화연구가 폭발하였다(Pervin & John, 2001). 이러한 연구들에서는 원래의 (미국)검사에 있는 문항들을 다른 나라 말로 번역하여 그 나라 사람들에게 실시해서 같은 요인구조가 나오는가를 알아본다. 이때 일단 문제가 되는 것은 번역이다. 특히 '사전접근'에서 나온 형용사들을 쓸 경우 영어 개념들과 일 대 일로 대응하는 말을 찾기 어려운 것이다.[9] A요인은 우리나라 학자들에게 '호의성', '호감성', '순응성', '원만성' 등으로 다양하게 번역된다. 어느 말이 정확한가? C요인은 우리말로 '양심적', '통제적'이라고 번역되는데, 그것의 단면들과 관찰자평정 형용사들을 보면 '양심', '통제'와 거리가 있다는 것을 알 수 있다. 문항이 단일 형용사들이 아니라 문장으로 되어 있는 질문지(NEO-PI 같은)에서는 맞는 단어 하나를 찾아야 한다는 부담은 줄지만 번역의 어려움은 마찬가지이다.

---

9) Pervin과 John(2001, p. 260)도 번역이 가장 큰 문제임을 지적한다. 가령, "aggressive"라는 말이 영어, 독일어에 다 있지만, 뜻은 약간 다르다(영어에서는 '강하고 주장적'(당당함), 독일어에서는 '적대적', '공격적').

동·서 유럽과 동양의 여러 나라들에서 나온 연구들은 대체로 5개 요인과 유사한 요인들을 발견했으나, 유독 *개방성*(O) 요인은 어디에서도 잘 나오지 않았다(John & Srivastava, 1999; Pervin & John, 2001). Norman이 사용한 것 같은 형용사 쌍들을 실시할 때, 미국에서 쓴 문항들을 번역해서 쓰지 않고 그 나라 사전을 가지고 특질단어를 찾아내는 단계부터 시작하면 요인 수도, 종류도 달라지는 일이 생긴다(McCrae & John, 1992/98).

McCrae 등(2000)은 5요인 구조가 여러 문화들에서 나타날 뿐 아니라, 성격발달의 추세도 문화·역사와 상관없이 보편적이라고 주장하였다. 나이 들면서 호의적, 내향적이 되고 책임감이 커지는 것은 생물학적 경향이므로 문화와 역사에 따른 차이가 없다는 것이다. 어느 시대, 문화에서나 대다수 사람들이 나이 들면서 가정을 이루고 배우자, 가장/주부, 부모로서, 직장인으로서 '호의성'과 '양심성' 행동들을 많이 하다 보니 성격특질들도 변하는 것은 아닐까.

Eysenck, Cattell 요인들과의 통합 5요인 구조의 보편성을 확신한 Costa와 McCrae는 다른 특질이론들도 5요인 모델로 설명될 수 있는가를 입증하려고 했다. 연구결과를 보면, 이른바 "Big Two"인 외향성(E)과 신경증성향(N)은 5요인 모델과 Eysenck가 서로 일치하고, Eysenck의 정신병성향(P)요인은 낮은 호의성(A)과 낮은 양심성(C)을 합한 것이었다.

Cattell의 16PF 척도들과 NEO-PI를 같이 실시해서 요인분석했을 때, 두 검사에서 나온 요인들은 다음과 같은 관계를 보였다. Cattell의 온정성(A), 지배성(E), 대담성(H)은 NEO-PI의 *외향성*(E)과 연결되고, 신뢰감(L)과 민감성(I)은 *호의성*(A)과, 도덕성(G), 통제력(Q_3), 신중성(F)은 *양심성*(C)과, 약한 자아강도(C), 불안감(Q_4), 죄책감(O)은 *신경증성향*(N)과, 사변성(M)과 진보성(Q_1)은 *개방성*(O)과 연결된다. 결론적으로 Eysenck의 세 요인은 5요인만큼 넓으며, Cattell의 16개 요인은 5요인 모델의 *단면*들과 같은 서열적 수준이라고 할 수 있다(Pervin & John, 2001).

NEO-PI는 다른 성격측정치들(예컨대, Q분류, MMPI, MBTI 등)과도 의미 깊은 연계를 보였다. 이러한 결과들을 토대로 Costa와 McCrae는 자신들의 5개 요인이 성격의 기본차원들을 기술하는 데 필요하고도 충분하며, "어떤 다른 체계도 이만큼 완전하면서도 절약적이지 않다"(McCrae & Costa, 1990; Pervin & John, 2001, p. 264에서 재인용)고 본다.

모델의 평가

Big Five와 5요인 모델은 일차적으로 '분류학' 모델로서 "기본적 성격특성들의 초기단계적 넓은 개요"(initial broad outline)(Epstein, 1996, p. 437)를 해준다. McCrae와 John(1992/98)은 5요인이 다양한 성격 구성개념들을 통합하여 여러 다른 이론 방향의 연구자들 사이에 의사소통을 촉진하며, 성격과 타 현상들 간의 관계들을 체계적으로 탐색하기 위한 토대가 되어 준다고 평가한다.

Block(1995)은 5요인 '모델'이 아니라 '접근'(approach)이라고 불렀다. 심리학에서 통상 '모델'이라고 하면 이론에 토대를 두고 있는데, 이론이 없는(atheoretical) 변인 중심 요인구조가 성격구조를 나타낼 수는 없으므로 "성격 기술에 대한 5요인 변인 중심적 접근"이 더 맞는 이름이라는 것이다. 실제로 5요인 모델에는 방법이 중심이 되어 있다("method-bound," McAdams, 1992). 그 방법의 핵심은 (자기 및 관찰자) 평정자료에 요인분석을 적용한다는 것이다.

요인분석법의 사용

5요인이 요인분석이라는 수학적 방법을 통하여 '발견'된 기본차원들이라고 주장되기 때문에, Block(1995)의 5요인 접근 비판은 요인분석법에 대한 논의로 시작한다. 그는 요인분석이 "비상하게 유용한 방법"이지만, 이론적 사고에 보조가 될지언정 유일한 또는 일차적 준거는 될 수 없다고 본다. 성격의 타인평정이나 자기보고 자료에서 요인들을 찾아낸다는 기본 방법론이 정당화 되려면 자료도 적절해야 한다.

탐색과 가설검증 권위 있는 방법론 책의 저자 Kerlinger(1986)는 "요인분석은 강력하고 우아하기 때문에, 그리고 과학적 목적의 핵심에 가깝기 때문에 분석방법들의 여왕이라 부를 수 있다"(p. 569)고 말한다. 여기서 말하는 '목적'이란 과학적 절약(scientific parsimony)을, 즉 과학자가 다루어야 하는 변인의 수를 감소시켜 줌을 말한다. 요인분석의 기본 목적은 두 가지로서, 하나는 변인들 밑에 깔려있다고 가정되는 요인들을 알아내기 위해 변인 영역들(variable areas)을 탐색하는 것이고, 다른 하나는 변인들 사이의 관계에 관한 가설들을 검증하는 것이다. 탐색 또는 축소의 목적은 잘 알려져 있고 또 잘 수용되지만, 가설검증 목적은 그렇지 않다.

가설검증의 한 가지 측면은 검사나 측정치들을 의도적으로 집어넣어 요인들을 확인하고 알아보는 것이다. 그 단계는 다음과 같다.

> 먼저 요인들이 '발견'된다. 그것들에 실린 검사들을 살펴보고 그 성질이 추리된다. 이 '성질'(nature)이 가설로 설정된다. 새로운 검사들을 만들어서 새로운 피험자 표본에 실시한다. 그 자료를 요인분석한다. 요인들이 *예측한 바대로* 나타나면 가설은 그만큼 확증되는 것이며, 요인들은 '실재'(reality)인 것으로 보일 것이다.(같은 책, p. 591)

5개 요인을 발견한 단계가 바로 이러했다고 할 수 있다.[10] Kerlinger는 "요인들에 이름을 붙이고는 그 이름 뒤에 실재가 있다고 믿어버리기"(같은 곳)가 쉽다고 경고하는바, 5요인 학자들이 받는 비판도 '이름을 붙이고는 실재가 있다고 믿어버린다'는 것이 핵심이라 할 수 있다. 사실상 그들은 탐색 또는 축소에 의해 요인들을 '발견'하고, 요인들의 '성질'을 추리하고, 검사를 재편집(적절치 않은 문항들을 빼고 필요해 보이는 것들을 넣음)하여 새로 자료를 얻어서 분석하는 일을 요인들이 *예측한 바대로* 나올 때까지 한 것이다. 이 절차에 잘못된 것은 없다—'발견'이 아니라 '구성'임을 인정한다면.

최종 결과(요인구조와 요인이름 등)에 도달할 때까지 여러 단계에서 연구자의 (주관적 또는 이론적) 결정과 선택이 작용한다는 점은 앞 장에서 요인분석 절차를 소개할 때 지적한 바 있다. 임의성이 작용하는 처음 지점은 *변인들을 어떻게 섞느냐* 하는 것이다. Costa와 McCrae가 '체험개방성'을 넣기 위해 변인들을 '선 구조화'(prestructuring)했음을 본 바 있다. 같은 5요인이 여러 다른 문화권, 여러 다른 피험자 집단에서 거듭 발견된다면, 그것은 사용된 변인군들이 같기 때문일 수 있다(cf. John & Srivastava, 1999). *요인들의 수*와 *회전*에서도 임의성이 작용한다. 본질적으로 같은 자료를 요인분석하여 Gray는 Eysenck의 외향성(E)과 신경증성향(N) 대신 불안(Anxiety)과 충동성(Impulsivity)의 두 요인을 얻었다(앞 장 글상자 7-3 참조). 마지막으로, 얻어진 요인들에 이름 붙이기도 '엿장수 마음'이다. Eysenck는 '신경증'이나 '정신병' 같은 개념들을 요인이름에 붙임으로써 임상심리학 배경을 드러냈고, 우리는 이 장에서 같은 또는 비슷한 요인들에 상이한 이름들이 붙은 예를 많이 보았다.

상관계수 자료의 한계 요인분석은 변인들 사이의 상관행렬을 토대로 하므로, 사용된 측정치들의 신뢰도와 타당도, 각 변인에서 점수범위와 분포형태, 관계의 선형성 등등 상관계수들의 모든 심리측정적 문제들이 결과에 영향을 준다.[11] Block(1995)이 지적하

10) 가설검증 방법으로서 요인분석은 실험가설의 검증에도 쓰인다. 예컨대, 어떤 독서지도법(실험처치)을 쓰기 전과 그 후에 피험자들의 (언어)지능의 요인구조를 비교한다.

11) 각 측정치의 점수분포가 정상분포를 너무 이탈하거나, 상관을 내는 두 변인의 관계가 선형성을 너무 벗어나면

는 더 깊은, 개념적 수준의 문제는 상관계수가 본질상 성격기능의 중심특성들을 나타내 줄 수 있느냐 하는 것이다. 상관계수는 두 변인이 '상관이 있다'('공변')는 사실만 알려 주고, '어떤 관계'인지는 알려주지 않는다. 관계는 *불균형*일 수 있다. '재치'(wit)와 '지능'(intelligence)은 보통 상관이 있다. 그러나 재치 있으면 지능도 높은 편이지만, 지능이 높다고 재치 있지는 않다. '말 많은'(talkative) 사람은 '군집성'(gregarious)이 있지만, 군집성이 있다고 해서 꼭 말이 많지는 않다. 관계들에는 *조건성*도 있다. '호의성'은 상대방의 지위가 동일하거나 또는 더 높을 때만 나타날지 모른다.

5요인 연구의 상관계수 자료는 안정성이 높지 않다. 같은 전집에서 뽑은 두 표본에서 상관패턴이 큰 차이를 보이고, 전체 피험자에 대한 상관패턴과 성별에 따라 나눈 집단들의 상관패턴이 다른 일도 매우 흔하다(예, McCrae와 Costa, 1986). E, N, A와 부모역할의 관계에 대한 Belsky 등(1995)의 결과(표 8-1과 8-2)가 그러한 남녀차이를 보여준다. 남녀 *평균*차이(각주 7 참조)보다 의미 깊은 것은 세 요인 사이 *상관*들의 남녀차이, 그리고 무엇보다도 부모역할 행동에서 나타나는 세 요인의 결과(consequences)의 차이이다. 성별에 따라 요인 구성과 구조가 다를 수 있음(Block, 2002 참조)은 5요인 모델 학자들에게 당혹스러운 것이다.

요인분석의 재료인 상관행렬은 많은 피험자들에게 실시된 척도나 검사점수들을 토대로 계산된다. 따라서 이 원자료의 적절성은 요인분석 결과의 타당성과 밀접한 관련이 있다.

타인평정 5요인을 맨 처음 '발견'했던 Tupes와 Christal(1961)이 분석한 8개 표본— 그중 넷이 공군표본, 모두 남성, 거의 모두 백인 — 에서 평정자들이 동기가 충분히 높았고 피평정자들을 잘 알고 있었는가는 분명치 않다. 연구자들이 공군에 있었으므로 공군표본들이 분석의 중심이 되었는데, 한 표본에서는 피험자들이 서로 안 지 사흘밖에 안 되었고, 다른 표본들에서는 2, 3, 8, 26주였다. 약 두 시간(한 표본에서는 1시간) 동안에 30~35개 특질들 위에서 25~30명을 평정해야(모두 약 1,000번) 했는데, 제대로 하려면 대단한 지구력과 동기가 필요했을 것이다.

Block(1995)은 이에 대해 다음과 같은 질문을 제기한다.

> 그렇게 짧은 기간 동안 아는 12~30명의 동료들에 관하여, 공적으로 요구되는 연구프로그램에서, 30개 가량의 3점 척도들상의 평정들에 의해 급하게 표현된바 공군장교 및 장교후보들의 심리학적

(예컨대 U자 모양이면), 계산된 상관계수가 두 변인의 관계를 나타내주지 못한다. 그러나 점수분포와 관계형태를 확인하지 않고 상관계수를 내는 것이 상례이다.

> 통찰력이, 과학적으로 충분한 성격 기술을 위한 본질적 차원들을 식별해내기 위한 근본 자료토대를 제공할 수 있는가?(p. 193)

이런 종류의 자료수집은 '공적으로 요구되는' 상황에서 단체로 이루어진다. 군인이나 대학생들이 평정대상들을 얼마나 잘, 정확하게 알고 또 성실하게 평정했을까? 대학생 피험자가 주로 동원되는 현실에서 Block처럼 "대학생들이, 또는 충분한 수의 대학생들이 성격변별단어들의 궁극적 선발을 위한 준거판단자로 기능하고 성격을 전문적으로 평가 및 기술할 수 있는 그 성숙한 발달단계에 도달했는가?"(같은 곳, p. 196)도 물어야 할 것이다.

자기보고 질문지 어떤 사람이 성격질문지에서 "나는 모르는 사람에게 먼저 말을 건다," "나는 복잡한 개념을 이해할 수 있다"에 '매우 그렇다'라고 응답한다면, 우리는 그 사람이 실제로 모르는 사람에게 먼저 말을 거는지, 복잡한 개념을 이해하는지 알 길이 없다. 그 사람이 그렇게 말한다는 사실만 확실할 뿐이다. 자기보고 자료의 문제점은 정신역동적 접근에서도(4장) 현상학적 접근에서도(6장) 논의한 바 있다.

성격검사는 통상 '객관적'(objective), '투사적'(projective) 두 종류로 구분되며 전자는 주로 자기보고 질문지들이다. '객관적'이라는 것은 "응답자의 반응을 분류 또는 해석하기 위해 판단에 의지할 필요가 없다는 것"(Meyer & Kurtz, 2006, p. 223)이다. 판단은 *응답자*가 한다.

> 그는 질문을 해석하고, 자신의 개인적 특징들을 고려하고, 남들에 비하여 할 수 있는 한 자신을 잘 평가하고, 그 특징들이 자기 성격에 얼마만큼 들어맞는지를 결정내리고, 그리고 나서 응답에서 이 정보를 정직하게 전달할지를 선택해야 한다.(같은 곳)

Pervin(1996, p. 315)은 자신의 연구 전부에서 자기보고 측정치들을 사용해왔지만 마음이 편한 적이 없었고, 최근 문헌을 볼 때 자기보고 측정치들에 대한 느낌이 좋아지게 만드는 빌미가 별로 없다고 고백하였다. 이 측정치들은 다수의 목적에 유용할 수 있지만 "바로 언제 정확하고 언제 왜곡되는지를 구별하기가 때로 어렵다"(같은 곳)는 것이다.

자기보고에는 명백한 장점이 있다(Westen & Weinberger, 2004). 많은 물음들에 대해 우리 자신이 가장 정확한 자료를 가지고 있다. 자살 생각을 얼마나 많이 하는지, 사람 만나기를 좋아하는지 등은 자기 자신이 가장 잘 안다. 여러 가지에 대한 신념이나 기억들도 자기보고가 믿을 만한 출처이다. 무엇보다, 많은 자료를 쉽게 얻을 수 있다. 자기보고에는 제약들도 있다(같은 곳). 비전문가 관찰이, 초등학교 6학년 수준이면 이해할 수 있는 문항내용이 진단과 예측에 필요한 관찰들에 언제나 충분할 수는 없다. 또 기억, 정서, 태도, 동기 등 인간 행동의 많은 부분이 말로 보고할 수 있는 외현적 과정들보다는 의식하지 못하는 내현적 과정들을 반영한다. 방어 및 자기제시 편파들도 흔히 작용한다.

Pervin처럼 자기보고 측정치들을 연구에 사용하면서 마음이 편치 않다면, 자료수집을 빠르고 쉽게 한다는 실용적 관점이 앞서므로 자기보고가 언제 정확하고 언제 왜곡되는지를 묻지 않기 때문이다. 자기보고에서 타당한 자료가 나올 수 있으려면 응답자들이 기술하는 행동이나 정신과정들이 전문성을 별로 요구하지 않으며, 쉽게 관찰되거나 일반화될 수 있고(예, 규칙적으로 만나는 친구가 몇 명인가, 얼마나 자주 가족과 시간을 보내는가, 자살기도를 한 적이 있는가), 자기평가(방어와 자기제시)와 관계없어야 한다(Westen & Weinberger, 2004, p. 602).

5요인 모델과 특질심리학 비판

성격의 기본차원의 숫자는 Eysenck에서는 셋이었고, Cattell에서는 공식적 숫자가 16이었다. 학자에 따라 4개, 6개, 7개 등이라는 주장도 있다. 이런 혼란 속에서 '딱 5개!'라는 단언은 오래 끌던 소모전이 이제 평정되었나 하는 안도의 한숨이 나오게 한다. 실제로 '대 통일 이론'(grand unified theory)이라는 말이 나오기도 한다(Digman, 1990). Costa와 McCrae의 주장대로 5요인은 "선천적이고 보편적인 요인들"이고, 독립적 기본차원들 상에서 어디 자리하는지를 표시하면 개인들의 성격이해는 끝나나? 즉, 성격심리학이 차이심리학으로 끝날 수 있나? 사전가설(lexical hypothesis)의 방법론적, 이론적 배경부터 생각해보고 나서 독립성과 보편성 문제를 논의하기로 한다.

사전가설 사전접근의 기본가정은 성격의 기술에 필요하고 중요한 모든 것이 자연언어들에 들어 있는 단일어 형용사들(single-word descriptors)을 통하여 표현된다는 것이다. Big Five의 기수 Goldberg(1982, Block, 1995, p. 196에서 재인용)의 말이 이 가설의 진수를 잘 표현해준다.

> 사람들 서로의 일상적 교류에서 가장 중요한 개인차들은 결국에 그들의 언어 속으로 부호화될 것이다. 그러한 차이가 중요할수록 사람들은 그것을 주목하고 그것에 대해 말하려 할 것이고 결과적으로 그것에 대한 하나의 단어를 발명할 것이다.

일상적 교류에서 중요한 개인차들이 시대와 문화 및 하위문화(가령 성별, 세대별, 계층과 지역별)에 따라 다르면 "발명"되는 단어들도 다를 것인데, 이 차이는 별로 주목되지 않는다. Winter(1996)는 성격강의를 시작할 때 학생들이 쓰는 성격 형용사들을 수집하는

데, 이 단어들의 압도적 다수가 '문화' 또는 '개방성'(O)요인을 반영한다고 한다(p. 476). 요인분석 연구들 다수에서 가장 작은 것으로 나오는 O요인이 대학생들에게 이렇게 중요하다는 현상을 그는 대학사회의 특성으로 설명해본다. 본 저자가 교실에서 대학생들에게 비슷한 비공식적 조사를 해보았을 때 많이 나온 말들은 '재미있다', '예의/매너있다', '솔직하다', '활발하다', '융통성있다', '소심하다', '개념있다' 등이었다. 우리나라 학생들에게는 O의 측면들('재미', '융통성', '활발' 등)과 아울러 A의 측면들('예의/매너', '솔직', '개념' 등)도 중요한 듯하다.

이론적으로 의미 깊지만 전통적 5요인과 높게 상관되지 않기 때문에 삭제된 요인의 예로 Paunonen과 Jackson(2000)은 '*남성적-여성적*'을 언급하였다. '남성적', '여성적'과 비슷한 말, 반대말이 적기 때문에 이 차원이 독자적 요인을 규정하지 못하는 것이다. Westen(1996)도 "놀랍게도, 성애는 5요인 모델에 없다"(p. 410)고 지적한 바 있다. 발달심리학자 Kagan(2003)은 성 흥분의 강도와 특성이 중요하지만 질문지들로 쉽게 측정되지 않는 것들에 속한다고 보았다. MMPI 같은 성격검사에는 남성-여성 차원이 들어가 있다.

'자연언어'에서 거르고 또 걸러낸 추상적 특질차원들과 통계분석에 집중하게 되면, 성격의 역동성과 다면성을 면밀히 관찰하고 정확하게 묘사하려는 노력을 하지 않게 된다. 미국심리학을 수입하는 우리는 양심성, 호의성, 개방성 같은 요인이름들, 군집성, 주장성, 질서 같은 단면이름들을 제대로 사용하고 있는 것일까? 성격과 심리 기술은 결국 말로 하는 것이며, 언어매체를 예민하고도 책임 있게 사용하지 않는다면 성격이라는 과학이 성립할 수가 없다.

모르는 타인의 심리학 McAdams(1992)는 Big Five가 관찰자 입장에서 행위자들을 기술할 때 쓰는 어휘의 구조를 밝히는 것이며, 그런 의미에서 '모르는 타인의 심리학'(psychology of the stranger)이라고 본다. 앞서 인용한 것처럼 Goldberg도 Big Five가 "모르는 타인에 관해 묻는 질문들"이라고 한 바 있다. "왜 다섯 개인가"의 논쟁에서 Digman(1990)은 5(±2)라는 숫자가 성격분류법에서 효과적인 이유는 인간 정보처리능력의 제한 때문이라고 추측한다. McAdams는 이 숫자가 낯선 타인이 성격 기술을 할 때 쓰는 단어 수이고, Big Five가 자기평정에서도 나타나는 것도 타인 입장에서 자기 자신을 보는 결과라고 여긴다.

> [Big Five는] 우리가 *한 사람에 관해 다른 아무것도 모를 때* 하고 싶은 가장 일반적이고 포괄적인 귀인들 — 단순하고 비교적이고 전혀 비(非)조건적 — 을 캡슐에 집어넣는다. 우리는 한 특질심리학자가 그렇게 하도록 요청할 때만, 또는 그 주체를 정말 모르는 누구를 위해 매우 빠르고 단순한 그림을 그리려고 할 때만 우리 자신에 관해 그리고 우리가 잘 아는 사람들에 관해

그런 귀인들을 한다.(McAdams, 1992, p. 353)

친구나 자기의 성격을 묘사할 때 우리는 뉘앙스와 맥락을 고려하며, 단일어 몇 개를 나열하는 대신에 '이야기'를 한다(스틸사진과 영화를 비교해보라). 가령, 나는/그는 친한 친구들 사이에서는 명랑하지만 낯선 사람들 사이에서는 침울하다. 언제부터 또는 왜 그러냐 하면 …. 정신역동적 임상심리학자인 Westen(1996)은 3시간 임상면접을 하고 성격구조를 평정하는 방법(일종의 Q분류)을 개발하였다. 그는 "자신에 대해 이야기를 좀 해달라"는 요청에 내담자가 5분간 하는 진술을 채점하면 쉽사리 5요인 프로파일이 나오는데, "나머지 2시간 55분 동안 개체로서 그 사람의 모습이 나타나기 시작할 때 그 풍요함을 무시해야 하는가"(p. 411)라고 묻는다.

요인과 단면 Costa와 McCrae는 질문지에서 나온 3요인(NEO) 모델에 Big Five 도식을 채용하여 5요인 모델을 내놓았다. '5'가 거의 "magic number"가 되어버린 것 같지만, Big Five와 5요인 모델 사이에, 그리고 5요인 모델 진영 안에서도 "어떤 다섯이냐"(Which five?)에서는 견해차이가 상당하다. 가장 작은 요인, 즉 가장 적은 변량을 설명하는 다섯째 요인은 '문화', '지성', '개방성' 등으로 학자마다 다른 이름을 붙이는 데서도 드러나듯이 가장 큰 불일치를 보이며, 비교문화 연구에서도 가장 복제(replicate)가 안 되는 요인이다. Costa와 McCrae의 5개 요인 중 어느 요인들은 받아들이지만 다른 요인들에서는 의견을 달리하는 5요인을 내놓는 학자들도 있다.

5요인은 성격을 포괄적으로 기술할 때 주목해야 하는 커다란 영역들(global domains)을 알려 준다. 하위차원 또는 단면들로 내려가면 요인수준에서보다 그림이 훨씬 복잡해지고, 이름이 같다고 요인들이 실제로 같은 내용인가 하는 의문이 생긴다. 예컨대 Costa와 McCrae는 '따뜻함'을 E의 단면으로 집어넣는데, Goldberg는 A에 집어넣는다. 충동성은 Costa와 McCrae에서는 통상 N의 단면이지만, 때로 낮은 C의 주 속성으로 생각되기도 하는데, Goldberg에서는 E의 특성이다(Eysenck에서는 P의 하위요인이었다). 앞에서 여러 경험적 연구들을 고찰할 때 보았듯이 보통 연구자들은 높거나 낮은 N, E, O 등을 이야기하고 단면들은 언급하지 않는다. 5요인 모델에서 N의 6개 단면은 불안, 적대감, 우울, 자의식, 충동성, 스트레스 취약성인데, 그중 어떤 것(들)이 높은지는 관심 밖이고 합계(총점)만 관심 있는 것이다.

요인 독립성을 줄기차게 주장하며 요인(및 단면)들 사이의 큰 상관들을 대범하게 무시해버리지 말고 자세히 들여다보면, 요인/단면들 사이의 개념적 관계가 드러날 수 있다. 가령 N과 A의 부적 상관은 상당히 높아서 N이 높으면 A가 낮은 경향이 있는데, Caspi,

Roberts, 및 Shiner(2005)는 둘 다 분노성향의 측면들을 측정하기 때문일지 모른다고 본다. A가 빈약한 분노통제와, N이 분노정서 경험들과 관계있고, 분노가 클수록 통제가 힘들어진다는 것이다. N과 A의 *단면*들이 어떤 관계를 보이는지를 살펴보면 성격, 정서, 행동의 이해가 더 깊어질 것이다. 공장에서 찍어내듯 '연구업적'이 나오려면, Murray(1938)의 '성격탐색'이 가르쳐준 "성격을 보는 것, 새로운 지식에 도달했다고 단정하기 전에 주의 깊게 오래 보는 것"(White, 1980, p. 18; Block, 1993)의 필요성은 생각조차 안하게 되는 듯하다.

5요인의 독립성과 보편성　Big Five에서나 5요인 모델에서나 요인들은 직교적 또는 '거의 직교적'이라고 주장되어 왔지만, 실제에서는 요인들의 상호상관이 상당한 크기에 달한다. John과 Srivastava(1999)는 5요인간 상관이 어느 것도 .40이 넘지 않으므로 낮다고 볼 수 있다고 하지만, 실제에서는 .40이 넘는 상관들도 많이 나온다. Belsky 등(1995)의 연구에서 N, E, A 간의 3개 상관들(남녀 합하면 6개) 절대값이 하나만 .39였을 뿐 모두 .44-.54의 범위였다(표 8-1와 표 8-2).

Digman(1997)이 메타분석한 14개 연구에서 나온 5개 요인간 상호상관들(모두 합해서 140개, p. 1256 부록 B 참조)을 보면 .40(절대값) 이상이 39개였고, 그중 절반이 .50 이상이었다. 이 상관계수들을 토대로 Digman은 두 개의 상위요인(알파와 베타)을 얻었다. *알파*에는 A, C, N이, *베타*에는 E와 O가 높게 실렸다. 호의성(대 적대적), 양심성(대 경솔), 정서적 안정성(대 신경증성향)이 '알파'("안정성," Stability)를, 외향성과 지성이 '베타'("가소성," Plasticity)를 규정하였다. 같은 이차요인에 들어가는 요인들의 유사점과 차이점을 고찰할 때 단면들의 상관패턴들을 살펴보면 개념적 분석에 도움이 될 것이다. 그러나 5요인 학자들은 5요인이 마치 독립적, 보편적인 것처럼 취급하는 편을 택한다.

특질이라는 '보편적 원자'들의 가산성, 독립성을 가정하면 "외향성은 외향성이고 외향성이다 — 미국 흑인에서든 독일 여성에서든, 19세기 런던에서든 지난 주 호주 원주민에서든"(McAdams, 1992, p. 343; Kagan, 2003 참조). 외향성이라는 '원자'가 어떤 맥락에서나 똑같다(보편적)는 것인데, 요인독립성이 흔들리면 원자들이 떨어져 있는 것이 아니므로 보편-원자론을 밀고 나갈 수 없다. 독립성 주장처럼 보편성 주장에도 경험적 근거가 충분치 않다. Block(1995)은 5요인 구조가 표본에 따라 달라지며, 동질적인 전집들 안에서만 얻어지는 것 같다고 언급한 바 있다. 다음 장에서 공부하게 될 진화심리학은 성별의 중요성을 보여주는바, 성별에 따라 성격구조가 다를 가능성도 진지하게 탐구해 볼 만하다(cf. Costa, Terrachino, & McCrae, 2001).

성격심리학인가 차이심리학인가　특질이론들은 행동에 안정적이고 일관성 있는 행동 및 성격 개인차가 존재한다는 가정에서 출발한다. Murray(1938)는 일찍이 특질심리학은 "반복되는 것들에, 분명히 나타나는 것(성격의 표면)에, 의식되고 질서 있고 합리적인 것에 지나치게 주의한다"(p. 715)고 비판한 바 있다. '표면'(의 개인차)에 초점을 맞추므로, 심층(비합리적인 충동과 신념들, 무의식 등)도, 발달(어린시절 어떤 경험이 어떤 성격을 가져오는가)도 보지 않는다는 것이다. 16PF나 NEO-PI에서 신경증성향이 평균 이상으로 높게 나온다면, 그걸로 끝이다. 무엇에 대해 불안하고 무엇 때문에 좌절인지, 왜 외향적이면서 소심한지 등은 관심이 없다. 개인차 기술은 해주지만 해석도 역동도 없고, 점수패턴만 있고 전체로서의 개인은 없으며, "심리학이 필요한 바로 그 지점에서, 무슨 일인지 이해하기 어려워지는 그 지점에서 중단한다"(같은 곳).

개인차에 집중한다 해도, 특질은 성격차이를 구성하는 하나의 측면일 뿐이다. 앞 장에서 나온 Cattell은 16개 성격요인을 '발견'했지만, 행동을 예측·설명하기 위한 그의 '역동적 미적분'에는 상태, 태도, 추동, 역할 등 무수히 많은 요인(종류)들이 들어갔다. "우리가 어떤 사람을 안다고 할 때 무엇을 아는 것이냐"라는 질문을 던지면서 McAdams(2001)은 우리가 먼저 윤곽(outline)을 스케치하고(수준 1), 세부들을 채우며(수준 2), '나'에 대해 지어내는 이야기를 들어야 한다(수준 3)고 보았다. 성격특질들은 첫 수준에서 그리는 윤곽으로서, "처음 본 사람들을 의미있는 범주들로 분류하려 할 때, 또 상황들에 걸쳐 그리고 시간이 지나면서 행동에서 지각하거나 기대하는 일관성들을 설명하려 할 때, 사람들에게 귀속시키는 일반적, 내적, 비교적 성향들"(p. 6)이다. 성격심리학이 여러 수준들에서 한 사람을 이해하려고 시도해야 한다고 본다면, 첫 수준에 머무는 5요인 모델은 '아직' 성격이론이 아니다.

성격은 고정불변인가 McCrae와 Costa는 5요인이 선천적, 보편적이며, 시간이 지나도 변하지 않는다고 주장하면서 변화 가능성을 아예 봉쇄한다. 요인들 사이의 상관계수들 다수가 0.4가 넘어도 요인독립성을 줄기차게 주장하는 것과 반대로, 안정성 계수가 0.4가 안 되어도 '변하지 않는다'고 결론 내리는 것이다. 안정성 계수가 주로 자기보고질문지 점수들 사이의 상관계수('차이연속성', 표 8-3 참조)라는 것을 생각하면, 더 본질적인 문제가 있다. 바로 *무엇*이 변하지 않는 것이냐 하는 물음이다. '나는 혼자 있는 게 싫다'고 말했던(척도에 표시했던) 많은 응답자들이 1년, 10년, 20년 뒤에도 똑같이 또는 비슷하게 반응했다면, 변하지 않는 것은 일차적으로 자기표상 또는 자기개념이다.

바로 뒤에 나올 성격체계 모델(그림 8-2)을 보면, '생물학적 토대들'만 '기본 경향들'에 영향을 미치고, 이 경향들이 '특징적 적응들'과 '행동'과 '상황'을 가져온다. 5요인 모델은 이 '기본 경향들'을 다섯 가지로 분류하는 체계이다. McCrae와 Costa는 '7개 대륙'에 비유했지만, '생물학적 토대'가 있는 동물 분류에 빗대자면 5개 범주는 어류, 조류, 파충류,

포유류 등이 되고, 우리에게 친숙한 동물들에 머물자면 개, 고양이, 소, 돼지 등이 될 것이다. 사람들이 어느 정도 어류'적'(的), 파충류'적' 등등이냐, 또는 개, 돼지 등의 성향을 어느 정도 갖추고 있느냐를 측정하여 개개인의 '특질 프로파일'을 만든다 하자. 사람들은 '기본 경향들'대로 '특징적 적응들'을 하며 사는 것이고, 나이에 따라 조금씩 변해도 역시 생활경험이나 환경의 탓이 아니라 "내재적 발달통로"를 따라가는 것뿐일까?

우리는 어떤 사람과 5분만 이야기를 나누어도, 그가 다른 사람들에게 하는 행동을 잠시만 관찰하고도, 그의 '성격'을 추리하여 행동 예측들을 한다. 가령 별로 친절하지 않다면 N이 높고 A와 C는 낮은 '이상'하거나 '힘든' 사람이고, '원래' 그런 사람이니까 상대를 안 할 수 있으면 제일 좋을 것이다. 다른 예로, 어떤 학생이 룸메이트의 '배려할 줄 모르는' 행동(낮은 A!) 때문에 두세 달을 고생했다. 불평하면 오히려 '비호감'으로 찍히고 말 것 같아서 참고 지내다가, 어느 날 (심리학 과제를 위해!) 그에게 힘든 사정을 털어놓았다. 그런데 그가 즉시 "몰랐어. 미안해. 진작 말하지"라고 하는 것 아닌가(상황 끝!). 부모와 친구도 '원래' 그런 사람들이면 내가 순응하는 수밖에 없듯이, 나 자신도 '원래' 어떤 성격이라면 달라지려는 시도를 안 하기 쉽다. 성격의 감옥을 만들어서 포로로 사는 것이다.

어릴 때 기질이 성격으로 이어진다 해도 '고정불변'과는 거리가 멀다는 것을 우리는 이미 보았다. 5요인 학자들은 '기본 경향들'이 어떤 특징적 적응들을 가져오는가를 알아보는 데 집중하며, 생물학적 토대, 특히 유전자 찾기에 나선다(10장 참조). 성격과 심리학에 대한 대중의 관심이 높은 시대에 성격심리학자가 불충분한 경험적 근거를 가지고 성격이 고정불변이라고 역설할 수는 없다. 낙인찍기나 포로되기의 위험을 지적하고, 자기나 타인의 행동과 상황을 바꿀 수 있는 방법을 알려주는 것이 전문가의 책임이다.

전체-역동적 관점 Westen(1996)의 5요인 모델 비판은 *사람 이해는 훈련을 요구한다*는 전제로 시작한다. 원소주기율표는 일반인들이 물리적 대상들을 평정한 결과를 요인분석해서 나오지 않았다. 그가 보기에 5요인 모델이 성격모델도 아니고 모든 성격이론들의 토대는 더더욱 아닌 한 가지 이유는 그것이 집산된(aggregated) 행동경향들만 기술해주고 성격*과정*들에 대한 통찰을 제공하지 않기 때문이다. 가령 한 사람이 일반적으로 '양심적'으로 행동한다고 알려주는 것으로 그친다. 보편-원자론 대신에 전체-역동적(holistic-dynamic) 관점을 택하면, "전체는 부분의 합계 이상이다." 원자들을 합친다고 '전체 그림'이 나오지 않으며, 조직복합체(organized complex)인 '전체'가 달라지면 원자들도 달라진다. 앞 장에서 본 제니는 공격적, 독립-자율적인 데다 감상적, 심미-예술적인 여성이었다. '원한과 자멸'이라는 기본특질 밑에는 아들에 대한 집착과 독점욕이 깔려 있고, 이 독특한 조합이 입체감 있는 전체를 만든다.

'대륙' 은유가 시사하듯이 5요인은 '원자'(atom)들이라 하기에는 덩어리가 너무 크다. 그 아래 '단면'들은 통상 논의에서 조명받지 않는다. 앞서 본 Belsky 등(1995)의 사려깊은 연구에서도 N, E, A의 단면들은 언급조차 되지 않았다. N의 6개 단면 중 불안, 우울, 자의식이 유달리 높은 사람과 적대감, 충동성이 유달리 높은 사람은 N총점이 같다면 똑같이 '높은 N'이다. 다른 요인, 예를 들면 E가 동시에 매우 높거나 매우 낮을 때 그들의 N이 질적으로 다를 가능성도 고려되지 않는다. 개별 *문항*들에 대한 응답들을 들여다보지 않는 것은 말할 것도 없다. 따라서 "나는 곁에 사람이 많은 것이 좋다"에 '찬성'하면서 "나는 보통 혼자 무엇을 하기를 좋아한다"에 '강하게 찬성'하는 사람의 '모순'에 주목하지 않는다(Westen, 1996). 이렇게 반응한 23세 미혼여성은 시간 나면 버스 타고 돌아다니면서 사람들 사이에 있되 아무런 연결도 안 만든다고 이야기했다. ['곁에 사람이 많은' 게 버스 안이다!] 사람들과 연결을 맺고 싶지만 가까워짐을 피하고 싶은 동기 갈등이 여성의 문제인 것이다.

Maslow(1954/70)는 **증후군**(syndrome) 개념을 제안한다. 증후군은 "다양해 보이는 특수성들(행동, 사고, 행위충동, 지각 등)의 구조화되고 조직된 복합"(p. 303)으로서, 그것을 이루는 부분들에는 통일성(unity)이 있다. 역동적 전체이기 때문에 어느 부분이든 전체를 드러낼 수 있다. 웃음소리에서 불안함이, 옷 입은 모습에서 자기존중 수준이 나타나는 것이다. 이 통일성을 역동적 의미, "flavor"(우리말로는 '향'보다 '색깔'이 더 적절할 것이다) 등으로 부르며 그는 동기, 목표, 목적, 대처목표 같은 기능적 개념들을 도입해야 한다고 본다. 서로 다른 행동들이 동일 목표를 가진다면, 목표는 예언해도 행동은 정확하게 예언할 수 없다. 행복하고 만족한 사람은 친절이나 공동체감의 어떤 표현을 보이겠지만, 그것이 급진주의, 이웃사랑, 자선행위 중에서 정확히 무엇일지는 예측할 수 없다. 이러한 불확실성을 참을 수 있다면, 전체-역동 관점은 성격이라는 '조직·복합체'의 그림을 그려준다.

과학은 곧 보편-원자론으로 이해되기 때문에 심리학이 과학이고자 하는 한 이 조망의 극복은 사실상 힘들다. 1장에서 논의한 '변량분석 패러다임'도 이 조망을 토대로 하고 있으며 이어지는 장들에서 나오는 이론과 연구들도 그 패러다임을 따른다.

기술 대 설명 Eysenck(1997) 말대로 기술(記述)이 필수적 첫 단계이긴 하지만 기술만 하는 모델은 과학적 성격심리학이 될 수 없다. 요인분석에서 나오는 요인들은 불가피하게 주관적, 임의적이므로, 인과적 관계들과 법칙들(nomological network)이 없으면 요인들이 심리학적으로 의미가 없다는 것이다. 그 자신이 내놓은 '가설-연역적 모델'은 다음 다섯 단계로 성격을 설명한다(p. 1227의 그림 2 참조).

1) 먼 선행요인들(Distal Antecedents): 유전적 결정요인들(DNA)
2) 가까운 선행요인들(Proximal Antecedents): 생물학적 매개요인들(예, 대뇌각성)

그림 8-2 McCrae와 Costa의 성격체계 모델(McCrae 등 2000, p. 174)

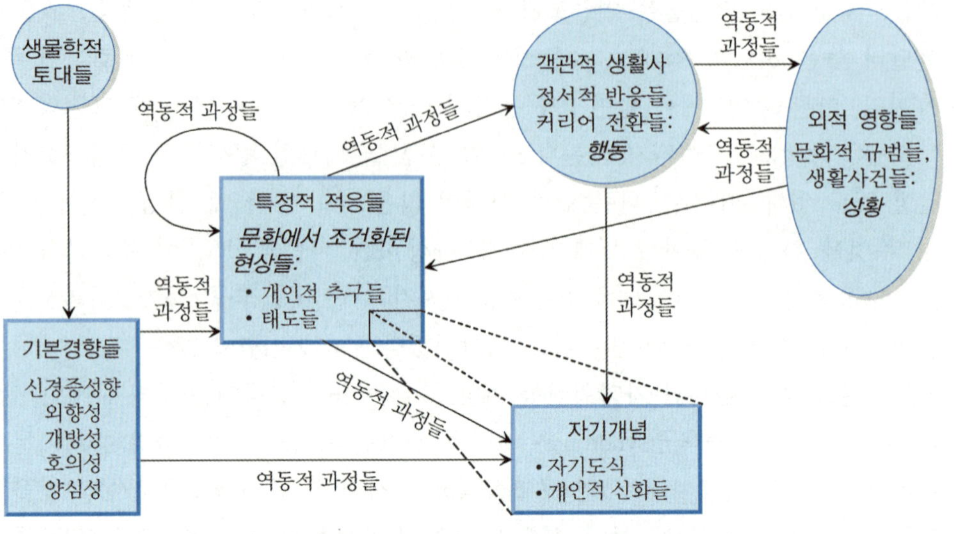

3) 심리측정적 특질 구성: Eysenck의 세 차원 또는 "Big Five"

4) 가까운 결과들(Proximal Consequences): 실험적 결과들(조건화, 지각, 기억 등)

5) 먼 결과들(Distal Consequences): 사회적 행동(사교성, 창의성, 정신병리, 성행동 등)

자신의 정신병성향(P)요인이 5요인 모델 학자들이 설명하듯 호의성(A)과 양심성(C)의 조합(둘 다 낮을 때 높은 P)이 아니라고 주장하면서 Eysenck가 내놓는 증거가 바로 P의 유전적, 생물학적 토대, 창의성, 정신병리(특히 중독과 정신분열증)와의 관계에 관한 것들이다. '생물학의 시대'에 5요인 학자들도 5요인의 멀고 가까운 선행요인들, 즉 유전적, 생물학적 토대를 밝히려고 애쓰고 있다.

McCrae 등(2000)의 모델을 그림 8-2에서 보면, 맨 앞 '기본 경향들'에 나와 있는 5요인은 '생물학적 토대들'의 영향만 받는다. '외적 영향들'(상황)은 '기본 경향들'의 영향을 받지만 이들에 영향을 미치지는 않는다. 성격특질들은 '내생적'(endogenous) 성향들이고, 논문 제목("Nature over Nurture")이 말해주듯이 자연·본성이 환경·경험의 위에 있는 것이다. 5요인이 '역동적 과정들'을 통해—'외적 영향들'과 더불어—'특징적 적응들'을 결정하고, 그 적응들이 '객관적 생활사'(행동)와 '자기개념'을 가져온다.

'생물학적 토대들'은 멀고 가까운 생물학적 요인들을 모두 포함한다. 5요인에서의 개인차는 부모로부터 유전될 뿐 아니라, 왜 바로 이 개인차들이 중요해졌는가 하는 것이 진화사적으로 결정되기도 한 것이다. 성격발달도 문화·역사 맥락과 상관없고, 노화의 자연적 결과로 N, E, O는 줄고, A, C는 커진다. 역할요구들이 (학생에서 직장인/가장/주부로, 부모에서 조부모로) 변하면서 행동이 변하기보다는, 성격의 내생적 (생물학적) 성숙추세들에 맞도록 사회규범들이 만들어졌다고 주장된다. 가령 나이가 들면 (생물학적으로) A, C가 증가하게 되어 있으므로 직장과 가정에서 책임들이 맡겨지도록 문화가 만들어졌다는 것이다.

성격심리학에서는 개인들의 '특징적 적응들', '객관적 생활사', '자기개념' 등이 어떠한지를 *기술*하고 또 왜 그런지를 *설명*하려고 한다. 기술하는 과제도 충분히 어렵지만, 그림 8-2에 '역동적 과정들'이라는 표현이 모두 여덟 번 나오듯이 설명과제는 더욱 정신을 뺀다. 세 가지 범주의 성격현상들이 서로 영향 미치고, 또 '기본 경향들', '외적 영향들'과도 복잡한 관계를 맺기 때문이다. McCrae 등(2000)은 이론과 연구에서 그림 8-2의 모델의 맨 왼쪽 두 요인에만 주력하고, 따라 나오는 요인과 과정들은 장래 연구과제로 남겨둔다.

그림 8-2의 오른쪽 부분은 이 책의 4부와 5부의 주제들이 된다. 4부(행동주의-학습 접근)에서는 '외적 영향들'(상황)이 '객관적 생활사'(행동)를 결정하는 '역동적 과정들'에, 5부(인지-정보처리 접근)에서는 '특징적 적응'과 '자기개념'에 집중하게 된다. 우선 3부 성향-생물학 접근에서 이어지는 다음 두 장에서는 행동의 멀고 가까운 생물학적 선행요인들에 집중하는 진화심리학과 행동유전학을 공부하게 된다.

요 약

01 Costa와 McCrae는 전통적인 질문지 방법을 사용하여 처음에 **신경증성향**(N), **외·내향성**(E), **체험개방성**(O)의 세 요인을 발견하였으나, 사전접근에서 나온 "Big Five"를 자신들의 틀과 연결시켜 **호의성**(A)과 **양심성**(C)을 추가한 5요인 해법을 선택하였다. 성격질문지(NEO-PI)에서 각각의 요인은 6개씩의 단면을 가지고 있다.

02 **외향성**(E)의 단면들은 따뜻함, 군집성, 주장성, 활동성, 흥분추구, 긍정적 정서이다. 외향적인 사람은 사회성이 높을 뿐 아니라 정적 감정/기분을 더 많이 느끼는 것 같다. 또 외향적일수록 도박도 많이 하고 성적으로 활발하며 모험을 좋아하는 등 더 강한 자극을 추구하는 것으로 보인다.

03 **신경증성향**(N)의 6개 단면은 불안, 적대감, 우울, 자의식, 충동성, 스트레스 취약성이다. N이 높을수록 더 많은 스트레스를 겪고, 같은 스트레스에도 잘 대처하지 못하기 때문에 더 강하게 반응하지만, 스트레스와 상관 없이 N 자체가 괴로움을 가져오는 일이 더 많은 것 같다.

04 상상력, 심미안, 감정, 행위, 지적 호기심, 가치들의 6개 단면을 갖는 **체험개방성**(O)은 다양한 삶의 영역들에서 독창적, 진보적인가, 아니면 인습적, 보수적인가 하는 것을 말해준다. O가 높으면 다양한 생각, 감정, 가치들에 개방적이다.

05 **양심성**(C)과 **호의성**(A)은 각각 일과 사랑 영역에서의 기능과 관계가 있다. 충동통제와 상관있는 C는 유능성, 질서, 의무감, 성취욕, 자제, 숙고의 6개 단면을 가진다. A의 단면은 신뢰, 솔직성, 이타성, 순종성, 겸손함, 민감성이다. C가 높은 사람은 열심히 조직적, 효율적으로 일하기 때문에 다양한 직무분야들에서 성공할 확률이 크다.

06 N, E, A가 어린 자녀 돌보기에 미치는 영향을 알아본 종단연구에서, N은 부·모 양편에서 자녀에 대한 부정적 행동들을 예언해주는 반면, A와 E에서는 흥미 있는 차이가 있었다. 어린 아들들에게 A가 높은 엄마, E가 높은 아빠가 좋은 부모였다.

07 행동의 **안정성**, 즉 연속성에는 네 가지 유형(절대적, 차이, 개인내적 연속성, 일관성)이 있다. 외현적 행동은 달라져도 개인내 특질패턴이나 그 밑에 깔린 구조는 변하지 않을 수 있다. 특질이론들에서 연구된 안정성은 주로 상대적('차이') 연속성, 즉 집단내 개인들의 상대적 위치의 연속성이다.

08 아동기 **기질**이 자동적으로 성인기 성격으로 이어지지는 않는다. **발달 정교화** 과정에서 기질이 학습과정에 영향을 미치기도 하고, 기질에 따라 환경을 유발하거나 해석, 선택하는 데 차이가

생기며, 과거-현재, 자기-타인 비교에 차이가 생긴다. 이러한 기제들로 인해 행동의 결과들이 쌓여 가면 또는 주변 사람들과 상호작용하는 패턴이 굳어지면(각각 누가적, 상호작용적 연속성) 기질성향이 유지·강화될 가능성이 크다.

09 5요인 모델, 나아가 특질심리학 전체는 **요인분석법**에 크게 의지한다. 5요인 모델 학자들은 '**발견**'(자료축소)의 측면을 강조하면서 '**구성**'(가설검증)의 사실을 인정하지 않는다는 비판을 받는다.

10 5요인 모델은 **모르는 타인의 심리학**이라는 비판을 받는다. 5개 요인들을 가지고 큰 그림만 그려주고, 성격의 역동, 발달 등에 대해서는 말해주는 바가 없다.

11 5요인은 서로 직교적인 요인들로 제시되었지만, 실제에서는 요인들 간의 상관이 상당히 높다. 이는 5요인의 독립성에, '꼭 다섯 개인가'에 의문을 제기한다. 특질요인들이 서로 독립적이지 않으면 성격 기술에서 보편적 원자들이 될 수 없다. (하위)문화에 따라 요인구성과 구조가 달라질 가능성도 보편성을 위협한다. 보편-원자론 대신 **전체-역동적 접근**을 택할 때 단지 부분의 합계가 아니라 구조화되고 조직된 전체를 볼 수 있다.

제 9 장

진화심리학

이 책에서 지금까지 논의한 이론들은 대부분 인간 심리와 행동의 생물학적 토대를 가정하였다. Freud(2장)의 성·공격 추동에는 생물학적 뿌리가 있으며, Allport(7장)에게 특질은 '신경심리적' 구조이다. Eysenck(7장)는 한 걸음 더 나아가 성격차원들의 토대가 되는 생리적 구조와 과정에 대한 가설들을 세우고 검증하였다. 복잡한 인간 행동이 구조·기능적으로 *어떤* 생물학적 과정에서 비롯되는지를 설명하려고 하는 태도가 '강한 생물학주의'라면, 성격과 행동에 생물학적 토대가 *있다*고 보는 데 그치면 '약한 생물학주의'이다(Turkheimer, 1998). 성격심리학에서 마주치는 유전/생물학 대 환경/경험 논쟁은 지금까지 주로 '약한' 수준이었다. '생물학 시대'에 심리학자들도 '강한' 수준에 대해 더 큰 포부를 가지게 되었고, 이런 분위기 속에서 진화심리학과 행동유전학이 1980년대부터 성격심리학에서 큰 주목을 받기 시작하였다.

성격심리학이 곧 개인차심리학은 아니다. 한 사람을 이해하려 할 때 우리는 '인간 본성'(human nature)이라 할 수 있는 보편적 심리 및 행동특성들도 알아야 한다. 인간 본성을 탐구하는 **진화심리학**은 인류 조상이 어떤 적응문제들에 거듭거듭 부딪쳤기에 어떤 심리기제들이 발달했는가 하는 질문을 한다. 이 '적응문제'들은 수십, 수백만 년 전으로 거슬러 올라가지만, 진화 과정은 결국 부모가 다음 세대에게 신체적 및 심리적 특질들을 전달하는 유전에 의해 진행되어 왔다. **행동유전학**은 개인차를 생물학적으로 설명하려고 하면서 상대적으로 '가까운 원인'을 찾으려 한다.

생물학은 '생물학의 세기'에 비로소 심리학자들의 주목을 끌게 된 것이 아니라, 학문적 심리학의 출발부터 그 정체를 규정해왔다. 새로운 것은 뇌 연구와 분자생물학 발전에서 비롯된 '강한 생물학주의'의 전망이다. 결국 심리학은 불필요해지고 복잡한 인간 심리·행동까지 생물학으로 설명할 수 있게 되는 것일까? 본론으로 들어가기 전에 진화생물학과 분자생물학의 기초 개념들을 공부해보자.

생물학과 심리학

독립학문으로서 (과학적) 심리학을 창설한 영광은 통상 독일 심리학자 Wundt에게 돌아가지만, 미국심리학은 그의 의식심리학에서 멀어져 적응(또는 기능)심리학으로 갔다. 그의 미국인 제자였던 E. B. Titchener는 1898년 논문에서 각각 세 종류의 생물학과 심리학 분과들이 같은 주제(subject matter)를 공유한다고 보았다. 형태학(해부학)이 몸의 구조를 연구하듯이 *실험심리학*은 의식의 구조를 연구하고, 생리학이 몸 기관들의 기능을 연구하듯이 *기능심리학*(functional psychology)은 의식의 기능을 연구한다(Leahey, 2000).[1)] 미국심리학, 곧 현대심리학의 지배적 접근은 *기능주의*가 되었다. 심리학은 형성기부터 구조/내용을 무시한 채 과정을 연구하는 "ing" 과학—학습(learning), 사고(thinking), 대처(coping) 등—이었던 것이다(McClelland, 1996).

기능심리학에서 보면 정신·의식은 그 유기체를 새로운 여건들에 적응시킨다는 생물학적 기능을 가질 뿐 아니라 그러한 적응의 결과이다. 진화심리학은 1980년대에 나온 새 분야이지만, 진화론은 현대 과학적 심리학의 뿌리이다.

진화의 기제들

다윈(Charles Darwin, 1809-1882)이 '종의 기원'을 발표한 것은 1859년이었다. 책의 완전한 제목은 '자연선택에 의한 종의 기원 또는 생존을 위한 투쟁에서 유리한 종들의 보존'이다. **자연선택**(natural selection, '자연도태'라고도 번역된다)은 자연이 골라낸다는 말이지만, 자연(또는 신)이 선택의 주체라는 것이 아니라, 인위적(계획적, 의도적) 선택의 반대말이다.

---

1) 신체기관의 발생·발달을 연구하는 개체발생학에 상응하는 심리학 분야는 *발생심리학*(genetic psychology, 현재의 '발달심리학')이다.

자연선택과 유전 다윈은 시골에서 어린시절을 보내면서 곡식이나 가축의 품종 개량을 많이 보았고, 자연계에도 일종의 선택과정이 있기 때문에 생물종이 변한다고 생각하였다. 비글호를 타고 한 탐사여행(1831-1836) 중에 그는 남미 열대림에서 엄청난 종 다양성을 보았다. 여행에서 돌아와 말서스(Thomas Malthus)의 '인구론'(1798)을 읽고 그는 **생존을 위한 투쟁**이 자연선택을 초래한다는 생각을 하게 되었다.

자연선택의 기제는 다음 네 가지 과정으로 정리되었다(홍욱희, 1998, p. 113). 첫째, 기하급수적 증가의 원리에 따라 생존 가능한 개체 수보다 더 많은 개체가 태어난다. 둘째, 대부분의 자연개체군에는 변이(차이)가 존재하며 변이 중에서 어떤 것은 다음 세대로 전달된다. 셋째, 개체들 사이에서 생존을 위한 투쟁이 벌어진다. 넷째, 이러한 투쟁에서 약간이라도 이로운 특성은 계속 누적되어 새로운 종이 생겨나도록 작용한다. 자연선택에 의한 진화의 '최종 결과'는 차별적 *번식성공*(reproductive success)과 *종 다양성*이다.

자연선택 이론을 실험으로 증명할 수 없었으므로 다윈은 동료학자들 설득에 어려움을 겪었다. 그는 유전자 존재를 알지 못했기 때문에 유익한 변이가 점진적으로 축적되어 새로운 종이 생겨난다는 잘못된 생각을 하였다. 그가 '종의 기원'을 저술하고 비판자들에 맞서 자신의 이론을 옹호하고 있을 때 멘델(Gregor Johann Mendel, 1822-1884)은 수도원에서 유전 실험을 하고 있었다. 일반 대중도 잘 알고 있는 완두콩 교배 실험을 통해 그는 분리(segregation)와 독립(independence)의 두 가지 법칙을 발견하였다. 현대식으로 말하면 그는 색깔을 결정하는 **유전자**(gene)를 발견한 것이다. 녹색 형질이 있어도 우성인 황색 형질 때문에 발현되지 못하면 *표현형*(phenotype)이 *유전형*(genotype)과 달라진다. 열성 형질을 가진 개체가 둘째 세대에서 다시 분리되어 나오는 현상을 명쾌하게 설명함으로써 멘델은 유전학이 학문으로 출발할 수 있게 하였다. 부모로부터 한 개씩 받은 유전요소는 다시 분리되어 작용하며, 어느 한 특성(형질)은 다른 특성들과 독립적으로 유전된다. 이를테면 완두콩에서 모양 형질(둥글거나 주름)은 색깔 형질(황색 아니면 녹색)의 발현에 아무런 영향을 미치지 않는다.

1865년에 발표된 멘델의 논문은 누구의 주의도 끌지 못하다가 30여 년이 지나서야 재발견되었다. 다윈이 설명하지 못한 개체변이의 생물학적 근거가 밝혀지고, 유전물질 자체가 변해서 자손으로 유전되는 **돌연변이**(mutation)가 진화를 설명하는 일차적, 직접적 원리로 이용될 수 있었다. 멘델은 한 개의 유전자가 한 가지 형질을 지배하는 현상만 분석대상으로 삼았지만, 한 개의 유전자가 여러 형질을 지배하거나, 한 개의 형질을 여러 유전자가 지배하는 현상도 후에 많이 발견되었다. 사람의 피부색깔이나 키, 몸무게 등은 여러 유전자가 같이 작용하여 나타나는 형질이다. 그 결과 예를 들어 키는 아주 작음부터 아주 큼까지 연속적인 분포(주로 정상분포)를 이룬다. 성격 및 능력 특성들도 한 극단에서 다른 극단에 이르는 정상분포이다.

멘델 법칙이 재발견될 즈음에는 염색체도 이미 발견되었고 유전과 관련된 물질이 정자와 난자에 포함된 염색체 안에 존재한다는 것을 알고 있었다. 유전학에 수학이 가미되면서 자연선택 이론에 대한 지지가 정리되기 시작하고, 1930년대에 이르러 유전학과 자연선택의 관계에 대한 전반적인 원리가 종합되었다('신 다윈주의', 홍욱희, 1998). 뒤이어, 집단유전학, 계통학, 고생물학 등에서 나온 연구결과들이 신 다윈주의와 모순되지 않음이 밝혀져 '현대 종합설'(modern synthesis)이 완성되었다.

성적 선택 공작 수컷이 화려하게 펼치는 커다란 날개는 만들고 유지하는 데 많은 자원과 에너지가 드는 데다, 생존에 불리하다. 적의 눈에 띄기도 쉽고 위험할 때 빨리 도망치기도 어렵기 때문이다. 이 날개의 유일한 기능은 암컷 눈에 매력적 짝으로 비치는 것이다. 칼슘 같은 귀한 자원을 허비하는 수사슴의 뿔도 마찬가지이다. 다른 수컷(들)과 뿔을 맞대고 싸워 이긴 수컷은 암컷과 직접 짝짓기를 하거나, 암컷이 원하는 자원이나 영토를 통제함으로써 짝짓기에 성공한다. 어떤 특성들이 이 아니라 *짝 가치*(mate value)를 높이기 위하여 진화했을 때 성적 선택(sexual selection)이 일어났다고 말한다. 자연선택은 성공적인 '생존'의 결과로, 성적 선택은 성공적인 '짝짓기'의 결과로 나타난 변화·적응에 초점을 맞춘다.

성적 선택은 *수컷간 경쟁*(male competion)과 *암컷의 짝 선택*(famale choice)이라는 두 가지 요소를 포함한다. 서로 경쟁하여 이긴 수컷을 암컷이 고른다는 것이다. 외양뿐만 아니라 행동들도 성적으로 선택된다. 동물의 왕국에서 수컷간 경쟁이 훨씬 눈에 띄고 시끄럽지만, 암컷끼리도 짝짓기에서 경쟁하고 수컷도 짝 선택을 한다. 진화심리학에서는 다윈의 용어들 대신 *동성내 경쟁*(intrasexual competition), *이성 선택*(intersexual selection)이라고 쓴다(Buss, 2004/5, p. 21). 성적 선택의 중요성을 지적한 다윈은 수컷들의 경쟁이 그토록 치열한 이유를 분명히 깨닫지 못했다. 이를 설명한 사람이 Robert Trivers였다. 그는 부양투자의 양성 차이가 성적 선택의 작동에 결정적이라고 주장하였다(Hrdy, 1999/2010).

부양투자(parental investment)는 부모가 한 자식의 생존 가능성을 높이기 위해 하는 일이다. 부모가 가진 자원(에너지, 시간 등)에는 한계가 있기 때문에 한 자식에 투자하면 다른 자식(들)에게 갈 것이 적어지며, 자식에 투자하면 짝짓기에 소홀해진다. 대부분의 동물, 특히 포유류에서 번식에 대한 수컷의 기여는 정액방출이 전부이지만, 암컷의 배란, 임신, 수유는 모두 큰 비용(노력/에너지, 시간 등)이 드는 생물학적 과정들이다. 암컷의 귀한 자원들을 독점해야 번식에 성공하므로, 수컷들은 다른 수컷을 밀어내고 짝을 지키거나 감춰두는가 하면 심지어 다른 수컷의 새끼를 죽이기까지 한다.

포유류 어미의 부양투자는 수태에서 시작하여 젖떼기에서 끝나지만, 인간 어미에게 젖떼기는 시작에 지나지 않는다. 인간 여자들은 대부분 10명 안팎의 아기만 낳지만, 남자는 수백 명의 아기를 만들 수 있다.[2] 번식사업에서 여자가 엄청나게 불리한 것이다. 부양투자는 많은데 '양'에서 밀린다면 '질'로 승부하는 수밖에 없다. 화려한 외양이나 허세에 끌리는 것이 멍청해 보이지만, 연구에 의하면 가장 화려한 공작새 수컷의 새끼가 더 빨리 자랐고 생존율도 더 높았다(Hrdy, 1999/2010, p. 82f. 참조). 어떤 수컷이 '좋은 유전자'를 가졌는지를 겉에서 보고 알 수 있다는 것인데, 암컷들은 어떤 단서에 주목하는 것일까?

동물의 외형은 좌우대칭으로 설계되어 있는 경우가 많은데, 세균이나 기생충, 영양 결핍이나 불균형 때문에 대칭이 무너질 수 있다. 대칭 정도를 측정한 연구자들은 많은 종들에서 이 수치가 건강이나 능력과 상관을 보인다는 것을 발견했다(같은 책). 인간이 성 파트너를 선택할 때도 몸/얼굴 대칭성이 중요하다고 알려져 있다. 광대뼈, 눈, 발목, 팔꿈치 등을 측정하여 대칭성 지수를 계산했을 때, 좌우가 더 대칭적인 남성들이 더 이른 나이에 더 자주 섹스를 한다고 보고했음을 알 수 있었다(위의 책). 여성들의 좌우 대칭성도 비슷한 결과를 가져온다고 알려져 있다(Buss, 2004/5 참조). '외모/이목구비가 반듯하다'는 표현에도 대칭성 개념이 들어가 있다.

수컷들의 화려한 외양, 떠들썩하고 폭력적이기도 한 고함소리나 싸움에 비해 암컷들의 경쟁은 좀더 미묘한 경향이 있기 때문에 주목을 받지 못했다. 포유류 암컷들은 공개적 경쟁을 지위, 그리고 질 높은 자식을 낳는 능력과 실제 관계있는 영역에 한정하는 경향이 있다(Hrdy, 1999/2010, p. 104; "주도면밀한 모성," p. 156). 제인 구달이 오래 관찰한 어미 침팬지 플로의 예는 암컷의 지위추구(야망이라고 부를 수 있겠다)가 자손과 손자들이 살아남는 능력과 뗄 수 없는 관계가 있다는 것을 보여준다(같은 책, p. 104).

포괄적응도 자연선택(과 성적선택)을 개체들의 경쟁과 투쟁으로 해석한 다윈은 몇몇 사회성 동물이 나타내는 자기희생 또는 *이타행동*을 설명하지 못했다. 여왕만 홀로 번식하도록 일개미나 일벌들이 번식 희생을 하는 등의 이타행동이 어떻게 진화할 수 있었는가 하는 것은 영국의 곤충학자 해밀턴(William Hamilton)에 의해 설명되었다. 1964년 발표된 **포괄적응도**(inclusive fitness) 또는 **친족선택**(kin selection)이론이 그것이다. 이 이론은 진화가 개체 중심이 아니라 유전자 중심의 과정이라는 획기적인 주장을 하였다. '종족 보존의 본능'이라는 말을 흔히 쓰지만, 종족도 개체도 아니고 유전자 보존인 것이다.

---

2) 역사상 가장 많은 자녀를 본 남자는 888명을 얻은 것으로 추정되는 모로코의 한 왕이었고, 어머니의 세계기록은 13살에 결혼하여 32명을 낳은 가난한 브라질 여성이다(Hrdy, 1999/2010, p. 151). 남자 다산왕은 실제 왕이었고, 여자 다산왕은 가난한 여성이었다는 사실의 함의는 이 장의 뒤에 가서 분명해진다.

해밀턴의 공식은 다음과 같다(Hrdy, 1999/2010, p. 118f. 참조): C<Br. 두 개체의 유전자 공유 비율(genetic relatedness, r)만큼 연관된 다른 개체를 도움으로써 얻는 *이익*(benefit, B)보다 증여자의 *비용*(cost, C)이 적을 때 이타성이 진화한다. 즉, 이타행동이나 자기희생으로 얻는 이익이 그에 들어가는 비용보다 커야 한다. '이익'은 번식, 즉 유전자 퍼뜨리기이고, '비용'은 일벌들처럼 번식포기이거나, 아예 목숨을 버리는 희생일 수도 있다. 일벌과 여왕벌의 유전적 관계(r)는 0.5가 넘고, 포유류 부모-자식이나 형제 사이의 r은 0.5가 된다. 내가 번식에 성공하지 못해도, 유전자를 공유하는 친족이 번식에 성공하면 내 유전자들이 후대로 퍼지는 결과가 된다. 오랜 세월이 지나면서 모든 사회성 생명체가 이 규칙을 어떤 방식으로든 내면화한 것으로 보인다.

포괄적응도 이론을 인간에 적용하는 데는 문제가 있다. 공식에 나오는 '비용', '이득', '관계' 등이 모두 꿀벌이나 곤충의 세계에서만큼 분명하지 않기 때문이다.

> *다른 모든 것이 동등하다면* 그 법칙은 모든 사회성 유기체에 적용된다. 하지만 다른 모든 것이 동등할 때는 과연 언제인가 … 유기체가 발달하게 되는 환경, 개체의 연령과 개체가 처한 조건, 그리고 그 환경 속에서 다른 개체들이 부과하는 제한 같은 요소들을 참조하지 않고서는 비용과 이득을 고려할 수가 없다.(Hrdy, 1999/2010, p. 128)

인간 '친족'들은 대부분의 경우 오랜 세월 '가족'으로 함께 살기 때문에 '유전적 관계'에 애착 같은 정서적 차원이 겹쳐지고 '이익' 계산이 복잡하다. 사람뿐만 아니라 다른 동물들에서도 혈연관계 없는 개체들을 돕는 이타행동이 일어나는데, Trivers의 **호혜적 이타주의**(reciprocal altruism) 이론이 이를 설명해준다. 내가 아무 친척관계도 없는 개체에게 도움을 베풀면 그가 그 호의를 기억해 두었다가 미래에 보답을 할 것이라는 것이다. *우정*은 진화생물학적으로 이렇게 설명된다.

번식을 위한 경쟁은 개체들이 아니라 *유전자*들 사이에서 일어난다. 개체 수준에서는 이타주의로 보이는 행동이 유전자 수준에서는 이기주의에 지나지 않는다. 진화란 다음 세대에 더 많은 유전정보를 남기려는 유전자들의 투쟁인 것이다("이기적 유전자"). 긴 진화의 역사를 통해 볼 때 개체는 잠시 나타났다 사라지는 덧없는 존재, '생존기계'(survival machine)이고, 끊임없이 복제되어 후세에 전달되는 유전자들이 '불멸'(immortal)이다(최재천, 2000, p. 50).

사회적 다원주의 '진화'에는 발전, 진보의 의미가 들어가 있기 때문에 '진화의 사다리'라는 말이 대중적으로 쓰이지만, '종의 기원' 초판에는 이 단어가 들어가지 않았다고 한다(Gould, 1996/2002, 평균 대 변산). 그때그때 독특한 환경에 대한 적응을 논했을 뿐이다. 진보라는 의미의 '진화'를 정식 생물학 용어로 만든 사람은 '사회적 다윈주의'의 창시자라고 할 수 있는 Herbert Spencer(1820-1903)였다. [그래서 사회적 다윈주의를 스펜서주의라고 부르기도 한다.] '적자생존'이란 말도 다윈이 아니라 Spencer가 만들었다(Leahey, 2000). 생존경쟁이니 적자생존이니 하는 말들은 당시 발전 단계에 있던 자본주의와 아주 잘 어울렸다.[3] 생존경쟁 무대에서 자연선택이 작용하도록 허용되어야 인간 사회가 발전하므로, 정부는 가난하고 약한 이들을 구제하려는 노력을 하면 안 된다. 기업가들의 무자비한 이윤 추구, '열등한' 집단 및 종족들의 착취와 억압은 인간 본성의 일부이며 동시에 보편적 생존법칙의 일부이다. [1882년 미국을 방문했을 때 Spencer는 큰 환영을 받았다.]

경쟁과 자연선택에 의한 진화나 진보는 시간이 걸리므로, 직접적인 방법으로 인간 종을 향상시키면 좋지 않을까. 능력과 품성이 우수한 개체들의 번식은 장려하고 반대로 열등한 개체들의 번식은 억제하면 '품종개량'이 빠르고 확실할 것이다. **우생학**은 영국에서 시작했지만, 봉건귀족도, 기성교회도 없이 새 출발한 '신세계' 미국에서 인종주의와 결합하여 본격적으로 입법화되었다(Leahey, 2000). 다음 장에서 행동유전학을 공부할 때 우생학이 다시 나온다.

인간의 진화 지구는 47억 년 전에 형성되었다고 하며, 첫 생명체는 10억 년이나 지난 후에 출현했다고 추정된다(이하 Buss, 2004/5, p. 40ff.). 포유동물은 약 2억 년 전에 나타났고, 약 1억 1,400만 년 전에 알을 낳지 않고 태반을 형성하는, 즉 출생 전까지 어미 태반에 연결되어 있다가 태어나는 포유동물로 진화했다.[4] 사람 또는 인류는 생물학적으로 척색동물*문* 척추동물*아문* 포유*강* 영장*목*에 속하는 사람*과*(科)의 동물이다(권오길 등, 2002, p. 311). 영장류는 대략 8천 5백만 년 전에 나왔고, 5천만 년쯤 지나 첫 유인원이, 또 3천만 년 세월이 더 흐른 후에 두 다리로 걷는 첫 영장류가 나타났다. 두 다리로 걷게 되면서 먼 거리를 쉽게 이동할 수 있게 되고, 시야가 넓어졌으며, 손이 자유로워졌다. 이렇게 지금으로부터 4, 5백만 년 전에 영장류 계통에서 현 인류로 갈라지게 되었으나, 고생물학 기록에서 처음으로 발견된 도구는 약 250만 년 전 것이라 추정된다. 걷기 시작한 후 2백만 년이 더 지나서야 석기도구가 나타난 것이다.

---

3) 사회적 다윈주의(일본식 용어로 '사회진화론')는 1880년대 일본에서 수용됨과 거의 동시에 한국에도 들어왔다(박노자, 2005). 역사학자 박노자에 의하면, '경쟁'과 '생존', '승자독식 사회'가 한국사회에서 키워드가 되고 '인생은 전투'이며 '전투에서는 희생이 불가피하다'는 생각이 퍼진 것은 최소한 이 시기부터이다.

4) 진화사에 나오는 연대들은 학자에 따라 불일치하는 경우가 많다. 뒤에 나올 홍적세가 200만 년 전이 되다가 300만 년 전이 되다가 하는 것이다. 그만큼 정확한 추정이 힘들다는 것인데, 이 장에서도 인용하는 학자에 따라 연대들이 일치하지 않는 경우가 있다.

10만 내지 50만 년 전에 인류의 뇌는 가장 빠르게 팽창했다고 추정되는데, 도구의 제작 및 사용, 복잡한 의사소통, 협동적인 대규모 사냥, 복잡한 사회적 상호작용의 발달 등의 덕분이었던 것 같다. 현대 인류의 공동 조상은 지금으로부터 15만 내지 12만 년 전 아프리카에 출현했다. 10만 년 전에는 호모 네안데르탈(유럽 지역), 호모 에렉투스(아시아), 호모 사피엔스(아프리카) 등 세 종류의 영장류가 존재했는데, 호모 사피엔스가 10만 내지 5만 년 전쯤 아프리카에서 다른 지역으로 대 이동을 시작하였다. 빙하와 추위를 견뎌내고 유럽과 중앙아시아에 걸쳐 번성했던 네안데르탈인은 약 3만 년 전에 갑자기 멸종하고, 동시에 *호모 사피엔스 사피엔스*라 불린 해부학적 현대인류가 갑자기 출현했다(Buss, 2004/5, p. 45).

이 상상이 안 될 만큼 긴 진화사는 인간 본성에 자취를 남겨놓았다. 가령 어미가 태아를 몸속에 몇 달 지니고 있다가 출산하여 한동안 젖을 먹이는 진화는 엄마와 아기의 결속이 강해지는 결과를 가져왔다. 고단백, 고지방의 젖을 분비하는 포유동물도 있지만, 영장류는 저지방 저단백의 묽은 젖을 분비하는 쪽으로 진화하였다. 새끼가 하루에도 몇 번씩 젖을 먹어야 하므로 "3500만 년 이상의 기간 동안 영장류 영아는 밤낮으로 어미에게 밀착해 있으면서 안전을 유지했다"(Hrdy, 1999/2010, p. 171).

인간의 진화에서 빼놓을 수 없는 것은 **언어**의 진화이다. 언어능력이 인간 본성에 속한다는 것은 모든 문화권에서 언어발달이 비슷하게 진행되며 자연발생이라 할 정도로 언어학습이 빠르다는 사실에서 나타난다. 다른 동물들도 사회적 의사소통을 하며, 침팬지에게도 단어어휘와 숫자를 가르칠 수 있지만, 인간과 침팬지의 결정적 차이점은 능력이라기보다는 언어를 사용하는 상황인 것 같다(Greenfield, 2000/4, p. 259). 진화심리학자들은 언어능력도 자연선택을 통해 진화했다고 하지만, 그 과정은 모른다. 언어의 진화는 인간을 '만물의 영장'으로 만드는 데 결정적 기여를 하였고, 인간의 문명과 문화는 언어, 교육, 통신 등에 힘입어 삶의 모습을 엄청나게 바꾸어놓았다.

다윈이 인간 행동(특히 정서 표현)의 진화도 연구하였으므로 최초의 진화심리학자라 할 수 있지만(Buss, 2004/5), 현대심리학에서는 애착이론가인 John Bowlby(4장 참조)가 최초의 진화심리학자라 할 수 있다(Bowlby, 1982/2006; Hrdy, 1999/2010). 인간이 진화해 온 환경을 총체적으로 **'진화적 적응환경'**(environment of evolutionary adaptedness, EEA)이라고 부르기 시작한 사람도 Bowlby이다. 그는 유인원 새끼의 기본 생존장비가 홍적세[5]에 살았던 우리 조상에게 태어났던 아이와 동일한 형태로 남아 있을 것이라 믿었다. 인간 아

---

5) 지질시대 구분에서 신생대 제 4기의 대부분을 차지하는 플라이스토세 또는 홍적세는 2, 3백만 년 전부터 최근 1만 년 전까지를 말하며, 원시인류를 포함한 포유류가 번성한 시대이다. 제 4기 충적세 또는 현세(약 1만 년 전)에 현대인류가 출현했다. 백만 또는 2백만 년에 걸친 구석기시대가 끝나고 약 1만 년 전에 신석기시대가 시작되었다고 생각된다.

기가 엄마에게 보이는 애착이 여전히 아프리카 유인원을 닮아 있는 까닭은, 아기에게 가장 직접적인 환경은 어미 자신이(었)기 때문이다. 모든 영장류는 사회적 동물이지만, 모든 집단이 공유한다고 말할 수 있는 유일한 구체적 사회적 관계는 새끼가 어미와 생애 처음 몇 년 동안 유지하는 밀착관계이다.

진화심리학에서는 홍적세의 수렵-채집사회에서 살아남아 짝을 찾고 자손을 남기기 위해 필요했던 심리 및 행동 특성들을 현대인도 여전히 '인간 본성'으로 지니고 있다고 가정한다. 홍적세, 즉 구석기시대 인간은 동굴 속에서 거주하는 삶을 살았다. 구석기시대 중기 무렵 15만 년 전부터 5만 년 전 사이 아프리카를 떠난 일부 개체군이 현 인류의 공통조상이라고 할 수 있다.

공진화 공진화(coevolution)는 여러 종이 서로 생존이나 번식에 영향을 미치면서 진화하는 현상을 말한다. 포식자와 피식자에서, 기생생물과 숙주에서, 경쟁하거나 협동하는 종들에서, 한 쪽의 적응적 진화가 다른 쪽의 대항적 또는 협동적 진화를 가져오는 것이다. 공진화는 같은 종 안에서도 일어난다. 집단생활을 하는 인간에게 '타인들'은 중요한 '적응환경'이다. 남을 속여서 이득을 보는 사기꾼들이 생겨난다면 이들을 알아보는 기제가 진화한다. 심리학적으로 중요한 공진화는 아무래도 남녀, 부모-자식의 공진화이다.

번식노력에서 남자와 여자, 부모와 자식은 서로 중요한 '환경'이다. 여자가 짝 선택에서 남자의 '능력'을 보면 남자들은 성공, 출세를 위해 노력하고, 남자가 여자의 '외모'를 보면 여자들은 외모 가꾸기에 힘쓰는 식의 일은 진화과정에서도 일어났다. 남녀 공진화에서 아주 중요한 문제는 남성 특유의 상황과 관계가 있다. 여성은 출산을 하므로 누가 제 자식인지 알지만, 남성은 자기가 짝이 낳은 자식(들)의 아비인지를 확신할 수 없다. 제 자식이 아닌데 '한눈팔지' 않고 '부양투자'를 열심히 할 수 있는 것이다. 영장목에서는 짝이 낳는 새끼가 자기 핏줄인지를 수컷이 아는 종이 거의 없다(Hrdy, 1999/2010, p. 334). '누구 자식인지 모를 새끼'를 낳는 것이 암컷의 번식성공에 유리했기 때문일 것이다. 그러나 수컷들은, 특히 가부장제 인간 남성들은 '부성 확실성'을 확보하는 전략을 발달시켰고, 여자는 다시 남자의 성향에 반응·적응하여 자신의 번식성공을 높이는 쪽으로 진화하였다. 이 공진화는 이미 포유류와 영장류에서 일어났다.

유인원 세계에는 수컷이 다른 수컷의 새끼를 죽이는 종들이 많다. 남의 자식에게 (헛)투자하지 않고 확실한 자기 자식에게 부양투자를 '몰아 주'는 것이다. 공진화 과정에서 암컷은 주변에 있는 수컷들중 어떤 놈이 '영아살해'를 할 것인지를 알아내는 쪽으로 진화했고, 어린 새끼에서는 낯선 수컷/남자를 두려워 피하는 기제가 진화했다. Bowlby는 생후 6개월경 나타나는 '낯가림'이 포식자(동물)에 대한 방어라고 보았으나 낯선 사람에 대한 두려움일 가능성이 더 크다(Hrdy, 1999/2010, 뒤에 글상자 9-1 참조). 뒤에 부모-자식 갈등과 남녀 성책략을 다룰 때 공진화의 예를 많이 보게 될 것이다.

게놈학

진화의 주된 기제는 유전이다. DNA구조의 발견으로 시작한 게놈 혁명은 인간 삶의 거의 모든 영역에 혁명을 일으키고 있다. 유전자란 무엇인지부터 알아보자.

염색체와 유전자 생명의 시작은 정자와 난자가 결합한 수정란이다. 사람의 수정란은 세포분열을 거듭하면서 태아로 성장하고, 어른이 되면 그 세포 수는 약 60조 개에 이르게 된다. 하지만 출발은 하나이며, 세포 하나하나에 그 생명체 전체의 설계도가 한 벌씩 들어가 있다. 그 설계도란 곧 세포핵 속에 담긴 **DNA**이다. 인간의 DNA는 23쌍, 즉 46개의 염색체로 구성된다. 이중 23개는 정자를 통해 아버지에게서, 23개는 난자를 통해 어머니에게서 물려받은 것이다. 23쌍 중 22쌍은 비슷한 모양의 대칭형으로 *상염색체*(autosomes)라 부르고, 나머지 한 쌍은 *성염색체*(sex chromosomes)라 부른다. 이 성염색체들이 XX면 여자이고, XY면 남자이다. 23개의 염색체 세트를 **게놈**(genome)이라고 부른다.[6]

유전자란 한 특정한 단백질을 만들어 낼 수 있는 DNA분자 가닥의 일정 부분을 말한다. 우리 몸에 필요한 단백질의 종류는 약 10만 가지 정도로 생각되므로, 인간 게놈은 약 10만 개의 유전자를 포함한다고 할 수 있다. 게놈을 다음과 같은 책이라고 생각할 수 있다(Ridley, 1999/2001, pp. 10-11).

> 책은 '염색체'라고 하는 23개의 장으로 이루어져 있다.
> 각 장에는 '유전자'라고 하는 수천 개의 이야기가 실려 있다.
> 모든 이야기는 '엑손'(exon)이라 하는 여러 단락이 연결되어 만들어졌는데,
> 단락 사이에는 '인트론'(intron)이라고 부르는 광고가 끼어 있다.
> 각 단락은 '코돈'(codon)이라고 부르는 단어들로 기록되어 있다.
> 이 언어들은 '염기'(base)라는 문자로 쓰여 있다.

게놈이라는 책은 10억 개의 단어(하나의 단어, 즉 코돈은 세 개의 염기'문자'로 쓰인다)로 되어 있는데, 이는 성경 800권 정도에 해당하는 크기이다. 이 어마어마한 책이 바늘 끝보다 작은 크기의 세포핵에 모두 들어 있다.

6) 유전자(gene)와 염색체(chromosome)를 합성한 이 단어는 '지놈'이라고도 읽으며, '유전체'라고도 번역된다.

DNA의 구조와 특성 DNA가 유전의 재료이며, DNA의 유전정보가 리보 핵산(RNA)을 통해 단백질 합성을 지시한다는 사실은 1940년대에 밝혀졌다. 1953년 DNA의 이중나선 구조가 밝혀지면서 생명체 전체의 설계도가 인간 손에 들어온 것 같았다. 두 가닥을 펼쳐놓으면 사다리 모양이 되고, 사다리의 계단들은 아데닌(A), 시토신(C), 구아닌(G), 티민(T)의 네 질소염기 중 두 개씩(A-T 아니면 C-G) 짝을 지은 염기쌍들이다. 이렇게만 보면 DNA는 대단히 단순한 구조이고 단지 길이가 엄청나다. 유전부호는 바이러스에서 영장류에 이르기까지 모든 종류의 생명체에 보편적이다.

유전물질로서 DNA가 부모에게서 자식으로 전달되는 비밀은 **복제**(duplication)에 있다. 지퍼가 열리듯 이중나선 구조의 두 가닥이 갈라지면, 각 가닥이 다른 가닥을 복제해내어 전체 분자를 다시 만들어낸다. 세포분열 때마다 이런 식으로 해서 약 30억 개의 염기쌍들이 복제된다. 복제 과정에서 한두 개의 염기가 탈락하거나 염기배열의 순서가 뒤바뀌는 것이 **돌연변이**이다. 사람에게는 각 세대마다 몇백 개의 돌연변이가 일어나고, 이들은 대부분 해롭지도 이롭지도 않다. 그러나, 단백질이나 효소가 잘못 만들어지거나 아예 만들어지지 않을 수 있으며, 이 유전자 이상 때문에 *유전질환*(genetic disease)이 올 수 있다. 인간 게놈 프로젝트의 일차적 목표는 유전병들을 효과적으로 진단·치료하기 위해 DNA의 전체 염기배열을 알아낸다는 것이었다.

*염색체*라는 구조는 복제를 원활하게 하기 위하여, DNA가닥을 적당한 크기로 잘라서 뭉쳐놓은 마디들이라고 할 수 있다. 인간의 23쌍 염색체에 담긴 DNA 염기배열을 읽어 낸다는, 어마어마한 돈과 전문인력이 들어간 **인간 게놈 프로젝트**는 1990년 10월에 시작하여 거의 10년 뒤에 그 초안(게놈지도의 97%, 전체 염기서열의 85%)이 발표되었다. 완전한 게놈배열은 그로부터 3년 뒤에 나왔다.

게놈학의 약속과 한계 게놈 혁명은 컴퓨터 발전과 DNA계열 읽기(sequencing) 덕분에 가능해졌다. 컴퓨터의 파워가 계속 커지면서 개별 게놈들의 30억 염기쌍 전부를 읽는 비용은 엄청나게 떨어졌다. 13년 세월(1990-2003년)과 30억 달러가 들었던 계열 읽기 작업을 이제는 1만 달러를 들여 8일 만에 할 수 있게 되었다. 3년 뒤에는 천 달러 미만으로 15분 만에 개인 게놈지도가 나올 수 있을 거라 한다(*Economist*, 2010, p. 4). 10만 명 또는 50만 명에게서(또는 그만큼을 목표로) 전체 게놈지도와 함께 의학적, 심리학적 자료를 수집하여 **게놈-표현형 연합 연구**(genome-wide association study, GWAS)를 하면, 가령 당뇨병이나 암 같은 표현형들이, 또는 성격 5요인이 어떤 게놈과 연관있는지(association) 알아볼 수 있다.

Economist(2010, p. 11)는 특집 '생물학 2.0'에서 새 생물학이 시작한 날짜가 완전히 합성

된 게놈을 가진 세계 최초의 생물체(박테리아)가 공표된 2010년 5월 20일이라고 썼다. "새 생물학의 목표는 표현형이 유전형에서 어떻게 나타나는지를 이해하는 것이다"(같은 곳, p. 5).

> 그러면 의학진단과 처치가 좋아질 것이다. 동물, 식물, 곰팡이, 박테리아 등을 인간을 위해 조작할 수 있게 된다. 생명의 역사를 설명하게 된다. 그리고 인간이 무엇인지를 무자비할 정도로 세부적으로 드러내게 된다.

다행인지 불행인지 이 과제는 엄청나게 복잡하다. 인간 게놈 프로젝트를 시작할 때는 유전자가 무엇인지를 누구나 안다고 생각했고, 하나의 유전자는 곧 하나의 단백질이라는 '중심교리'가 통했다. 이제는 아니다. 세포들의 일꾼으로서 효소로 작용하는 단백질을 만드는 DNA의 양은 게놈에 있는 모든 DNA의 3%에 지나지 않는다고 하는데, "junk"라 여겼던 나머지 부분들의 정체와 기능이 점차 밝혀지고 있다. 또 **후성유전학**(epigenetics)은 DNA가 우리의 생활습관(식생활, 스트레스 등)에 의해 화학적으로 변하며 이 변화가 다음 세대에 유전된다는 것을 보여준다. '생명의 코드'는 돌에 새겨진 것이 아니다.

분자생물학의 환원주의 분자생물학이 유전에 관한 물리화학적 이론을 발견하면서 1960년대 생물학 혁명이 일어났다(Kaye, 1997/2008). DNA구조를 (공동) 발견한 Crick은 사실 모든 생물학 내지 생명을 물리학과 화학의 언어로 설명하는 것이 생물학의 궁극적 목적이라고 선언하였다(같은 책, p. 93).

> 분자생물학자들에게 문화는 생물학으로, 생물학은 분자 수준의 물리화학적 법칙으로, 마음은 물질로, 행동은 유전자로, 생명은 프로그램으로, 종의 기원은 생체고분자로, 생명은 생식과정으로 환원된다.(p. 94)

Kaye는 "이처럼 과감하고 단순화된 환원주의적 접근과 태도"가 분자생물학의 가장 두드러진 특징이라고 보았다. 인간의 몸, 마음/머리, 사회는 결국 자연선택된 유전 프로그램의 표현이며, 그 프로그램의 생존과 번식이 인간 삶의 궁극적 목적이라는 *생물학주의*는 인문학과 사회과학들에 퍼져나갔다. 인간의 DNA 탐구에 엄청난 돈과 노력을 들이는 것은 그것이 이렇게 인간의 본질을 알아내는 열쇠가 되기 때문이다.

어떤 행동이나 심리 특성이 생물학적 현상이나 과정과 같이 간다고 관찰되면 통상 '생물학'(유전자, 신경전달물질, 호르몬 등)이 행동이나 심리의 원인이라고 추리된다. 가령 젖먹이는 엄마들에게서 옥시토신 분비를 관찰하면, 이 호르몬이 '모성애'의 원인이라고 결론내리는 것이다. 그러나 엄마 아닌 여성도, 남성들도 아기를 돌보기 시작하면 옥시토신이 분비된다. 심리 · 정서 · 행동과 생물학적 과정은 서로 밀접하게 상호작용하기 때문에 원인-결과를 분명하게 나눌 수 없는 경우가 더 많다. 우울증 환자에게서 어느 뇌 부위에 이상이 있거나 특정 신경전달물질이 결핍된다면, 우울증이 뇌 이상의 *결과*일 수 있는 만큼이나 *원인*일 수도 있다. 유전에서도 마찬가지이다. 영양결핍이나 큰 스트레스로 인해 유전자 변화와 병이 생기고 획득형질이 자손에게 전달되기도 한다.

GWAS는 어떤 표현형(질병, 성격 등)이 어떤 게놈과 연관, 즉 상관이 있느냐를 알아보는 연구이다. 방법론을 배울 때 귀에 못이 박히게 들었듯이 '상관관계는 인과관계가 아니다'(1장 참조).

유전과 환경의 상호작용 세계를 만나고 다른 존재들과 상호작용하며 자연선택에 직접 노출되는 것은 *표현형*이다. 표현형은 유전자에 의해서만 결정되지 않고, 유전자가 있다 해도 효과가 언제나 나타나는 것은 아니다. 유전자가 켜지지 않을 수 있기 때문이다. 난자에게 가는 세포질의 양, 임신 당시 어미가 먹는 음식이나 앓고 있는 질병, 심지어는 최근의 사회적 교류에 이르기까지 무수한 종류들의 변인들이 아이의 다양한 표현형들에 영향을 미친다(Hrdy, 1990/2010). 특정 유전자들의 효과는 환경에 따라 또는 다른 유전자들이 있느냐 없느냐에 따라 다르게 나타난다.

극단적인 (유전자든 환경이든) 결정론은 언제나 진실을 왜곡한다. 유전과 환경은 분리할 수 없고, 유전자는 진공 속에서 작용하지 않기 때문이다. 진화·유전된 것이라면 바뀔 수 없다는 말도 할 수 없다. 유전형이 직접 표현형(행동이나 '증상')으로 나오는 것이 아니라 환경/경험과 긴밀하게 상호작용한다는 것을 보여주는 매혹적인 예가 있다(Hrdy, 1999/2010, p. 247ff.). 포유류의 뇌(시상하부)에는 양육행동을 지시하는 '마스터 스위치'가 있는데, 바로 "포스 유전자"(fos gene)라 불리는 네 개 유전자이다. 이중 하나(포스 B 유전자)만 없는 새로운 유전혈통의 생쥐를 만들었을 때, 임신하여 새끼를 낳았지만 보살피지 않아 새끼들 대부분이 이틀 만에 추위와 굶주림으로 죽었다. 이 한 개의 유전자가 "어미 역할의 본질"인가? 그렇게 단순하지 않다.

> 분자에서 복합적인 행동으로 가는 과정은 훨씬 복잡하고 역동적이다. 포유류에서는 그 과정이 사회, 환경조건이나 외부 자극(새끼의 존재 등)에 달려 있는 반응에 민감하고 어미 자신의 과거경험에 의해 변경된다.(p. 249)

어미가 새끼의 냄새를 맡는 처음 순간 포스 B 유전자가 활성화되면 다른 유전자들이 켜진다. 새끼양육과 같이 중요한 일을 하기 위한 설계는 안전장치, 중복, 대안 경로들로 가득하다. 또 임신과 출산이라는 경로만 모성애를 유발하는 게 아니다. 처녀 쥐들은 새끼 쥐와 마주치면 무시해버리거나 잡아먹지만, 자꾸 새끼들에 노출되면 돌봄행동을 시작한다(p. 251). 영장류 아비들도 '모성행동'을 한다.

어떤 질병이 '유전적'(genetic)이라 할 때 우리는 그 병이 유전자(이상)에 의해 결정되며 그 유전자는 부모의 어느 한 편에게서 물려받은 것이라고 전제한다. 영어에서는 '유전자'(gene)와 '유전'(inheritance)이라는 단어가 다르지만, 한글에서는 두 단어의 핵심부분이 같기 때문에 이 전제가 곧 절대진리인 것처럼 들린다. 그러나 가령 암이 유전자이상 때문이라 해서 꼭 부모에서 자식으로 유전되는(inherited) 것은 아니다. 일반적으로 말해 환경에 따라 유전자 활동이나 표현이 달라질 수 있고, 유전자 자체가 환경·경험에 의해 변하기도 한다.

적응과 설계

앞에서 현대심리학이 기능심리학이 되었음을 언급한 바 있다. 진화론의 관점에서 볼 때 의식·정신에는 생명체를 새로운 여건들에 적응시킨다는 기능이 있다. "진화론이 맞다면 불가피한 함의는 정신이 어떻게 진화했는지 관찰함으로써만 정신을 이해할 수 있다는 것이다"(Leahey, 2000, p. 327 재인용)는 Herbert Spencer의 신념은 바로 **적응심리학**의 출발점이 된다. 그 전형이 된 사람은 다윈의 6촌 동생인 Francis Galton(1822–1911)이었다. 7장에서 최초의 개인차심리학자로 제시된 바 있는 그는 개인차를 측정하고 그 유전을 연구하여 '천재의 유전'(1869)을 냈다. 영국에서 시작한 적응심리학은 미국에서 더 번성하게 되었고, 심리학이 미국학문이 되면서 심리학은 곧 적응심리학이 되었다(Leahey, 2000, p. 334). 행동주의도 인지과학도 적응심리학에서 나왔다.

공학으로서의 심리학 컴퓨터-인간 유사성을 말하는데, 컴퓨터는 인간이 만드는 인공물이다. 그러면 "심장과 의식/정신과 같이 자연적 기능을 하는 장치들은 누가 만드는가"라고 질문하면서 Leahey(2000)는 '진화'라고 대답한다(p. 35). 적응심리학의 전통에서 심리학은 (Wundt나 Titchener가 생각한 것처럼) *자연과학*(natural science)이라기보다는 *공학*(engineering)이다. 물리학이 존재하기 훨씬 전에 굉장한 고대 건축물들이 지어진 것처럼 공학의 역사는 과학의 역사보다 길다.

"공학자들은 기능들을 가진 물건들을 솜씨 있게 설계한다"(앞의 책, p. 32). 공학이 생활문제들을 해결하는 인간들에게서 나오는 것처럼, 진화는 생존과 번식을 해결하는 생물체들에게서 나온다. 둘 다에서 시행착오가 일어나며, 성공적 방식들은 유지되고 실패한 방식들은 버려진다. 성공적 생존 및 번식 수단들을 가능하게 한 유전자들은 계속 퍼지고, 생존 및 번식 실패를 가져온 유전자들은 점차 없어진다. 진화와 공학은 똑같이 "일들을 점점 더 잘하는 설계들을 계속 탐색"하지만(같은 곳), 본질적 차이가 있다. 엔지니어나 건축사는 분명한 *목적*을 가지고 기계나 건물을 설계하지만, 진화나 자연선택에는 목적이 없다. 다윈은 이를 분명히 했지만, 분자생물학에서도, 사회생물학과 진화심리학에서도 자연선택이 의인화되는 일이 많다.

공학으로서의 심리학에서 키워드는 기능과 설계가 되고 연구와 이론화는 **역설계**(reverse engineering, '분해공학'이라고도 한다), 즉 설계된 완성품을 요리조리 뜯어보며 기능을 알아내려는 시도가 된다. 가령 인지심리학자는 특정 자극에 대해 특정 반응이 나오는 규칙성을 관찰할 때 어떤 (머릿속) 기능들이 어떻게 작용했을지를 추리한다. 그 기능들을 인공지능 공학자들은 컴퓨터나 로봇에서 복제하려고 한다. 다른 예로, 예술(춤, 음악, 그림, 문학 등)이 없는 사회는 없는데, 어떤 기능을 위해 그 (인간본성) 설계가 생겨났을까? 성적 선택이었을까? 번식이나 생존에 도움이 되지 않는, 적응의 부산물이었을까? 영문학자 Boyd(2009/13)는 이 두 가능성을 배제한 후 예술능력이 인간 *생존*에 도움을 주었기 때문에 자연선택에 의해 발달했다는 가설을 내놓았다.

진화심리학도 인간이, 인간의 심리기제들이 적응과제들을 해결하기 위하여 '설계'되었다고 본다. 사회생물학자 Wilson이 말하는 것처럼 *자연선택*이 "종이 가진 거의 모든 특질을 찍어내는 주체"이자 "개체의 '행동전략'을 짜는 '설계사'이다"(Kaye, 1997/2008, pp. 172-173에서 재인용—바로 위에서 말한 '의인화'의 예이다). 이런저런 심리기제들이 어떤 생존 및 번식과제들을 위하여 설계되었는지를 어떻게 알 수 있을까? *적응 가설*의 검증은 '과제분석'이라는 이름으로 역설계에 의지한다. 가령 대부분의 인간 집단들에서 위계서열 구조, 친족 선호 현상을 관찰할 수 있는데, "이러한 구조나 현상이 발생하기 위해, 인지 및 행동적 과제 중 반드시 해결되어야 할 것은 무엇인가?"(Buss, 2004/5, p. 104) 특정 단서들에 주목함으로써 누가 친족이며, 관계가 얼마나 가까운지를 알아보는 기제들이 발달하지 않았을까?

가까운 원인과 먼 원인 행동을 생물학적으로 설명하려고 할 때 우리는 보통 '가까운(proximal) 원인'들을 찾으며 혈액이나 뇌를 들여다 보거나 유전자 또는 유전자이상을 찾아본다. 성격 개인차에 관계되는 유전자 수는 약 500개 정도로 추정된다고 한다(Ridley, 1999/2001). 인간 본성이 성격, 능력 등에서 왜 지금의 모습으로 되어 있는지를 질문할 때 우리는 '먼(distal, ultimate) 원인', 즉 '진화적 원인'을 찾는 것이다. 인간 성격과 행동의 생물학에서 '가까운 원인'은 저마다 달라도, '먼 원인'은 누구에게나 같다.

생명체의 특성을 이해할 때는 두 원인을 다 찾게 된다. 혀의 미뢰에 대한 가까운 원인으로는, 미뢰의 구조, 짠맛, 단맛, 신맛, 쓴맛의 화학적 구성, 그런 화학적 정보가 신경세포에 의해 뇌로 전달되는 방식 등이 이야기된다. 진화적 설명은 왜 미뢰가 짜고 달고 시고 쓴 맛만을 구별하는가, 이런 능력을 가짐으로써 그 생명체에 어떤 이득이 오는지에 관한 것이다. 가까운 원인이 '무엇'과 '어떻게'라는, 구조와 기제에 대한 질문에 답한다면, 진화적 설명은 기원과 기능에 대한 '왜'라는 질문에 답한다(Nesse & Williams, 1994/99, p. 26).

누가 다른 사람들과 무엇 때문에 다르다고 말할 수 있으려면, 사람이면 누구나 공통으로 가진 것을 이해해야 할 것이다("인간 개성의 궁극적 맥락으로서의 진화," McAdams, 2001, p. 41). 가까운 것('도형', figure)을 보기 전에 배경(ground)에 무엇이 있는지를 보는 것이다. 심리학은, 특히 성격심리학은 전통적으로 '개체 물음'에 집중해왔지만, 이제 '종 물음'을 던져보자(Leahey, 2000, p. 326). 인간이란 어떤 존재인가? 악하고 이기적인가 아니면 근본적으로 선한가? 백지상태로 태어나는가 아니면 많은 특성과 능력을 갖추고 태어나는가? 인간의 마음과 머리는 왜 이런 모습으로 설계되었는가?

진화심리학

심리학에서 '진화심리학' 용어는 Leda Cosmides와 John Tooby, David Buss 같은 학자들의 이론과 연구를 나타내는 것으로 사용된다. Caporael(2001)은 이를 '포괄적응 진화심리학'이라고 부른다. 포괄적응도 이론과 '이기적 유전자'에 토대를 두고 사회생물학 전통 안에서 인간 본성을 연구하기 때문이다. 1970년대 인기 있었던 **사회생물학**(social biology)은 심리학, 인류학, 사회학, 경제학 등 다양한 사회과학과 생물학을 접목시켜 인간 본성을 설명하려는 생물학적 이론이다(Wilson, 1978/2000). 자연선택이 무수한 세대 동안 계속되면, 생존·번식 성공과 관련된 유전자들이 집단 전체에 퍼진다. 특정 유전자들이 선택된다는 것은 그것들을 가진 개체들이 생존과 번식에 성공했음을 의미한다. 살아남았다고 해도 자손을 퍼뜨리지 못하면 진화적 의미에서 실패한 삶이므로, 생존과 번식 중 더 중요한 적응과제는 후자라고 할 수 있다. **번식성공**(reproductive success)은 짝짓기, 자녀 얻기와 키우기 등의 문제들을 포함하며, 이 과제들에서 남녀의 전략이 근본적으로 다르다.

심리기제들의 진화

진화심리학자들도 사회생물학자들처럼 우리 조상이 수렵·채집사회 시절 부딪친 선택 압력들에 적응한 결과들이 바로 인간 본성이라고 본다. 인간의 몸이 호흡, 소화, 배설 등 다양한 기능들을 위한 복잡한 생리적, 해부학적 기제들을 갖추고 있는 것처럼, 인간의 머리와 마음도 수많은 심리기제들을 갖추고 있다. 진화한 심리기제는 "진화과정 중에 생존이나 번식과 관련된 특정 문제들을 지속적으로 해결해주었기 때문에 지금의 형태로 존재하고 있다"(Buss, 2004/5, p. 81). Cosmides와 Tooby는 '인간 본성'이 "인간 뇌의 종 전형적인 정보처리 건축구조"라고 할 정도로 '진화한 컴퓨터'로서의 뇌 기능들을 강조하였다(Pervin, 2003, pp. 155-156). 정보·경험이 입력되면 이 컴퓨터가 행동을 만들어낸다는 것이다.

진화적 적응환경(EEA)과 인간 본성 앞에서 우리는 인간 조상이 500만 년 전에 침팬지 조상에서 갈라져 나왔으며, 약 20만 년 전에야 아프리카를 떠나기 시작했다는 것을 배웠다. 인류역사의 99%에 해당하는 기간(1만 년 전에 출현한 농경사회 이전의 수백만 년) 동안 수렵-채집자로 살면서(Buss, 2004/5, p. 103) 이 진화적 적응환경(EEA)에서 살아남기 위하여 필요했던 특성들이 지금까지 '인간 본성'으로 남아 있다는 것이 진화심리학의 대전제이다.

몇백만 년 전에 인류조상이 어떻게 살았는지는 추측할 수밖에 없는데, 현재 남아 있는 원시 부족들의 인류학적 연구가 중요한 자료로 사용된다. EEA에서 그들의 삶을 재구성해보면, 이들은 대개 100명 이내의 부족을 이루어 살았고, 그 구성원들은 대부분 혼인과 혈연으로 연결된 확대가족들이었다. 사냥은 남자들이 같이 하였고(협동사냥 덕분에 자기보다 몸집이 큰 동물들을 사냥할 수 있었다), 임신과 수유 때문에 집에 묶여 있는 여자들은 채집을 주로 하였다. 타 부족의 사람들은 경계와 공포, 공격의 대상이었고, 집단 내에서도 경쟁과 갈등이 있었겠지만, 협동도 똑같이 중요했을 것이다. '집단생활'을 하는 '사회적 동물'의 협동과 이타성, 공격성, 영토권주장(territoriality)과 그로 인한 싸움, '우리 편'이 아닌 이방인들에 대한 두려움과 적개심 등은 EEA에서 생존·번식하기 위하여 필요했던 특성들이었다.

인간 본성을 판단할 때 진화심리학이 가장 중요시하는 지침은 현재 관찰되는 **문화 보편성**이다. 문화를 초월하여 대다수 현대인들은 자동차보다는 (훨씬 드물고 덜 위험한) 뱀, 거미, 높은 곳, 어둠, 낯선 사람을 무서워한다. 또 결혼, 근친성교 금기, 질투가 없는 사회는 없다. 진화심리학자들은 전자에서 선사시대의 생활환경(EEA) 모습을, 후자에서 EEA의 짝짓기 상황을 추리한다(Buss, 2000).

영역별 기제들 현대심리학은 인간 정신과 마음의 진화를 부정하지 않았지만, 진화가 학습능력, 귀납추리력 같은 *소수의 보편적 기제*들을 만들어냈다고 보았다. 일종의 '일반지능'을 타고난다고 가정한 것이다. 진화심리학에서는 다양한 적응문제들을 해결하는 *많은 영역별 기제*들이, 즉 '특수능력들'이 모듈들[7]로 존재한다고 본다. 뇌는 다양한 프로그램들이 내장되어 있는 컴퓨터이며, 조상들이 EEA에서 부딪친 적응문제(영역)마다 그것을 해결하기 위한 특수(전문) 프로그램이 만들어져 있다는 것이다. 예컨대, '사회적 동물'로 살아온 역사에서 '사기꾼'(cheaters, 받기만 하고 주지 않는 자들)을 탐지하기 위한 기제들이 진화했을 것이며, 인간 공동체에는 언제나 서열이 있었으므로 지위, 위치, 평판을 제대로 평가하기 위한 기제들이 발달했을 것이라는 식이다.

생존과 **번식** 문제들로 양분되는 진화적 적응문제들에서 성격심리학에는 번식이 더 중요하다. 인류 조상이 성공적인 번식을 위해 해결해야 했던 문제들은 (바라는 짝을 놓고) 동성내 경쟁, 짝 선택(번식 가치가 최대인 짝), 성공적 수태(필요한 사회적, 성적 행동), 짝 붙들어 두기, 상호적 동맹 형성(협동과 상호성), 연립 형성과 유지, 자식 보호와 사회화(자손의 생존과 번식성공 보장), 친족 투자 등으로 다양하다(Buss, 1991). 이 문제들 각각은 많은 하위문제들을 포괄한다. 예컨대 동성 경쟁에서 성공하려면 잠재적 짝이 요구하는 자원들을 획득하고, 구애에 성공하고, 동성 경쟁자들을 깎아내려야 한다. 이 다양한 문제들을 해결하기 위한 행동책략들이 진화하였고, 각각의 책략 밑에는 특별한 짝에 대한 선호, 사랑의 느낌, 성적 욕구, 질투 같은 심리구조가 들어 있다. 생존 및 성장, 양육, 친족 돕기 등과 관련된 적응문제들도 "반드시 번식과 직접적 또는 간접적으로 관련있어야 한다"(Buss, 2004/5, p. 102)고 할 정도로 번식성공은 진화심리학의 핵심이다.

남녀의 성 책략

남자는 양으로, 여자는 질로 겨루므로, "수컷들은 공격적이고 성급하며 변덕스럽고 무차별적일수록," "암컷들은 최고의 유전자를 가진 수컷들을 식별해낼 수 있을 때까지는 수줍어하고 주저할수록" 더 유리하다(Wilson, 1978/2000, p. 178). 곤충학자이자 사회생물학자 Wilson은 인간이 "이 생물학적 원리에 충실히 복종한다"(같은 곳)는 결정적 증거로 인류사회의 약 3/4이 일부다처제라는 사실을 들었다. 일부일처제 사회에서도 "혼인 외적인 수단들을 통해" 일부다처제를 용인하고(p. 179) "다양한 사회에서 남성들은 추구하고 획

---

7) 신경심리학에서 뉴런들이 특정한 영역에 몰려 있으면서 특정한 기능을 맡을 때 '모듈'이라는 말을 쓴다. 물리적 대상들을 시각적으로 확인하기 위한 모듈, 들은 말을 단어들로 나누기 위한 모듈이 있는가 하면, 얼굴 재인, 동물과 인공물 구분, 타인들의 생각과 동기에 관한 사고 등을 위한 모듈들도 있다.

득하는 반면 여성들은 보호되고 교환된다"(같은 곳). 그런 진화의 결과 "일반적으로 소녀들은 내밀한 사귐을 선호하고 육체적 모험을 꺼리는 성향이 있다"(p. 183).

진화심리학에서는 이러한 선정적 일반화보다는 맥락에 따라 달라지는 남녀의 성 책략을 논의한다. 역시 출발은 **부양투자**의 남녀 격차이다. 이 때문에 남자는 '양'(여러 여자와 단기관계)을, 여자는 '질'(한 남자와 장기관계)을 추구하도록 진화하였다. 남자(의 유전자들)에게는 가능한 한 많은 여자를 임신시키는 것이, 여자(의 유전자들)에게는 '우수한' 남자 한 명과 장기적 관계를 맺는 것이 번식성공에 유리하다. 성 책략은 성별에 따라 다를 뿐 아니라, 장기관계를 원하느냐 아니면 하룻밤의 성관계나 짧은 연애를 원하느냐에 따라서도 다르다. *책략*이란 의식적으로 계획한다는 의미가 아니라, 목표지향, 문제해결을 강조하는 말이다(Buss & Schmitt, 1993).

여자의 책략 여자는 예나 지금이나 짝을 고를 때 남자의 '능력'을 본다. 생존 가능성이 큰 (즉, '좋은 유전자'를 가진) 짝을 골라 자녀를 얻어서 (그 자녀의 생존·번식을 보장할 수 있도록) 잘 키워야 한다. 능력과 재산, 힘과 용기, 사회 지위, 야망, 너그러움, 부지런함, 정서적 안정 등 여자가 좋아하는 특성들은 잠재적 짝이 여자와 자녀를 오랜 기간 동안 지키고 보살펴줄 수 있는가, 그러려고 하는가를 말해주는 신호 특성들이다. 남자의 보호와 보살핌은 여자에게 '사랑'(또는 commitment)으로 받아들여진다.

이러한 능력 및 태도특성들은 행동을 관찰하여 추리해야 하는 내적 성향 또는 상태들이다. 잠재적 짝의 '장래성'도 계산해낼 수 있어야 한다. 장기관계를 원하는 척하면서 접근하여 성관계를 맺고는 떠나버리는 남자들의 속임수에도 넘어가지 말아야 한다. 자신의 평판도 관리해야 하는데, '헤픈' 여자라는 소문은 치명적이다. 자신의 독특한 상황도 고려해야 한다. 예컨대 주변에 돌봐 줄 친척이 없는 여자에게는 아기를 잘 돌보는 남자가 더 가치 있다. 이렇게 위험한 고난도 과제들을 훌륭하게 해내어 성공적으로 짝을 골라 자식을 얻고 키워 낸 여자조상의 후손이 우리이다. 이 다양한 과제들에서 성공하는 책략, 프로그램들을 현대여성들도 가지고 태어난다.

여자는 생물학적으로 장기 짝짓기에 관심이 더 많지만, 단기 짝짓기도 해 왔다. 그 때의 관심사는 식량, 선물 등 즉시 자원을 얻는 것과 자신이 짝으로서 얼마나 매력 있는지를, 즉 자신의 '상품가치'를 평가하는 일이다. 남자를 '요리'하는 법을 배울 수도 있다. ['책략'들이 의식적으로 계획되는 작전들이 아님을 다시 강조한다.]

남자의 책략 남자는 자기 나이와 상관없이 '젊고 예쁜' 여자를 좋아하는 경향이 있다. 잠재적 짝의 능력과 품성을 보지 않는 이유는 한 파트너와 오래 같이 사는 '장기관계'를 바라지 않기 때문이다. 진화론적으로 보면 남자에게는 수많은 단기관계가 유리하며, 따라서 "왜 남자가 결혼하느냐 하는 문제는 아주 풀기 어려운 수수께끼"(Buss, 1994/1995, p. 99)이다. 진화를 거치며 결혼이 일시적 연애보다 더 이익을 주었다고 볼 수밖에 없다. '바람둥이'라는 소문이 퍼지면 여자들이 피해서 결국 (번식 면에서) 손해였고, '장래를 약속' 하지 않으면 여자가 성관계를 허락하지 않는 일이 많았을 것이다. 결혼한 배우자가 낳은 아이가 자기 아이일 가능성이 컸고, 아비가 곁에서 돌보지 않으면 자식의 생존과 번식이 위험해지기도 했을 것이다(Buss, 2004/5).

단기관계에서는 쉽게 접근할 수 있고 아이 잘 낳을 여자를 알아내는 문제가 중요하지만, 장기관계에서는 번식력 외에 좋은 엄마가 될 품성이 중요해진다. [성관계의 '생물학적' (진화적) 기능은 번식이라는 것을 잊지 말라.] 여자의 번식력은 미루어 짐작할 수밖에 없는데, 두 가지 명백한 단서가 *젊음*과 *건강*이다. 이 특성들이 외모(피부와 머릿결 등)와 체격으로 나타나기 때문에 남자는 여자의 외모를 따진다. 좋은 엄마가 될 품성은 겉만 보고 알 수 없고, 사실은 그 전 단계에 문제가 있다. 자신이 아비일 확실성을 확보하는 문제이다.

다른 수컷 포유류에 비해 인간 남자는 부양투자를 많이 하기 때문에, 한 여자에게 충실하면서 남의 자식(들)을 자기 자식인줄 알고 키운다는 것은 큰 손실이다. 직접적 생식 손실에 위신과 명예 상실이 덧붙여진다. 따라서 "아내의 간통은 인류의 진화사에서 남자가 겪는 가장 심각한 적응문제"(Buss, 1994/1995, p. 99)가 되었다. 짝이 낳는 자식이 자기 자식인지 확인할 길이 없(었)으므로, 일단 '정숙한'—단기관계에서처럼 '섹시'하고 '쉬운' 여자가 아니라—여자를 찾아야 한다. 젊음과 건강은 피부, 머릿결, 몸매 등 외적 단서들에 의지하여 비교적 쉽게 추리할 수 있지만, '정숙함'과 '모성' 같은 내적 특질들은 다양한 행동관찰에 의지해 추리해야 한다.

남녀의 갈등과 공진화 영장류 암컷들은 배란기, 즉 임신 가능한 시기('발정기')에 표시가 나지만(외음부 팽창), 인간 여자는 배란기와 상관없이 성적으로 접근 가능하다. 배란기를 '숨기'고 언제나 접근 가능하도록 진화한 것이다. 이는 남자들의 성적 욕구에 적응한 결과라고 볼 수 있지만, 남자는 남자대로 여러 가지 (특히 후각) 신호들에 의해 배란기를 눈치챌 수 있는 것으로 알려져 있다(Buss, 2004/5, p. 221f.). 또 자기 자식임을 확신할수록(가령 자식이 아비를 많이 닮았을수록) 더 많은 부양투자를 한다. 남자가 '능력'을 키우기 위해 노력하고, 여자가 아름다움을 가꾸고 평판 관리를 하는 등의 공진화도 일어나지만, 속임수도 동원된다.

변치 않는 사랑과 끝없는 헌신(시간과 돈의 아낌없는 장기 투자)을 원하는 여자, 최소의 투자로 많은 상대와 쉬운 섹스를 원하는 남자는 갈등을 겪을 수밖에 없다. 맘에 드는 짝

(들)을 '유혹'하려면 자기가 원하는 것은 숨기고 상대방이 원하는 것을 가졌다고 또는 줄 수 있다고 확신시켜야 한다. 따라서 남자는 능력과 재산을 과시하고, 사랑과 헌신을 맹세하며("열 번 찍어 안 넘어 가는 나무 없다," 이런저런 '이벤트'), 용감성, 자신감을 과시한다. 반면 여자는 단연 외모 가꾸기, 젊음 유지에 집중한다. 그밖에 수줍음(또는 '내숭'), 콧대('비싸게 굴기') 등은 다른 남자(들)에게 넘어가지 않을 것이라는 확신을 심어주는 길이 된다.

이리하여 남녀의 엇갈림이 생긴다. 남자들은 일시적 성관계를 얻기 위해 '영원한 사랑'을 맹세하며 잘해주고, 자신감과 지위, 재산을 부풀린다. 반면 여자들은 외모를 가꾸고 '섹시'해보이려고 하며, 일시적 성관계에 관심이 있는 체해서 남자를 유혹한 다음 장기관계로 끌어들이는 전략으로 이에 대응한다(Buss, 1994/5, p. 273). 여자가 "성적인 사기꾼"이라면 남자는 "감정의 사기꾼"인 셈이다(같은 곳). 결혼한 다음에도 여자는 남자가 무심하다("사랑이 식었다")고 불평하고, 남자는 여자가 소유욕과 의존이 심하고 잠자리를 같이 해주지 않는다고 불평한다. 도대체 남녀 간에 '완전한 사랑'과 행복이 가능한 것일까?

장기관계에서 여자는 남자가 자신과 자녀를 사랑과 헌신으로 지키고 보살펴 줄 것을 원하는 반면, 남자에게 무엇보다 중요한 것은 자신이 자기 자식(유전자)을 위해 희생하고 있다는 확신이다. 이러한 차이는 **질투**의 원인에서도 반영된다. Buss는 질투가 남녀의 서로 다른 '적응문제'에 대한 반응으로 서로 다르게 진화했을 것이라고 본다(1994/95). 그의 연구에서 질투심의 횟수나 강도에는 남녀 차이가 없지만, 질투의 내용이나 초점, 유발 사건에서는 차이가 있다. 남자는 배우자가 다른 남자와 성관계를 가졌을 때, 여자는 배우자가 다른 여자를 사랑하여 시간이나 재산을 바칠 때 더 질투한다고 한다. 즉, 질투라는 심리구조는 남자에게는 아버지임을 확신하는 적응문제이고, 여자에게는 약속·헌신(commitment)을 확인하는 적응문제에 대한 해법이라는 것이다.

경험적 증거와 결과해석 위에서 서술한 남녀차이는 우리 생활에서도 많이 볼 수 있다. '열 계집 싫다는 남자 없다'고 하며, 결혼 후에도 남자는 성적으로 자유로울뿐더러 많은 성경험이 자랑이 되고, 여자는 '몸가짐'을 잘해야 한다. 여자들이 외모 가꾸기(미용, 패션)에, 남자들이 돈 벌고 성공하기에 시간과 노력을 투자하는 경향에는 문화 차이가 없는 것 같다.

Buss는 저서 '욕망의 진화'(1994/95)에서 6개 대륙 37개국 1만 명(14-70세)에게 질문지를 실시하여 짝짓기 관련 행동을 조사한 결과를 보고하였다. 여자가 가장 중시하는 요인은 경제능력과 사회적 지위이며, 조사된 모든 문화에서 여자는 모두 연상(평균 3.5년)의 남자를 선호했다. 이 세 요인은 전부 남자가 재산을 얻고 통제하는 능력과 상관되며, 통상 나이 많을수록 이 능력이 커진다. 재산 소유만으로 부족하고 재산을 계속 늘려 나갈 수 있어야 하는데, 야망과 근면성, 안정성, 지능 등이 선호되는 것은 그런 맥락에서 이해되었다. 남자가 여자보다 외모를 더 따진다고 하지는 않았고, 젊은 여자를 선호하는 경향만 이론적 예측과 일치하였다. 또, 대부분의 문화에서 남자가 훨씬 많이 혼외정사(외도)를 추구한다. 동성애에서도 남자는 낯선 사람(남자)과 일시적 성관계를 갖는 일이 많고, 여자는 한 사람과 지속적 관계를 훨씬 좋아한다.

짝짓기 관련 행동들의 남녀 차이를 해석할 때 염두에 두어야 할 것들이 있다. 우선 무엇보다도 위의 차이들은 *평균*차이들이며, 여자는 전부 이렇고 남자는 전부 저렇다는 것은 아니다. 남녀의 분포가 많이 겹치기 때문에 '능력'과 재산을 따지는 남자, 연하의 "꽃미남"을 원하는 여자가 얼마든지 있다. 평균적으로 남자가 더 키가 크고 힘이 세지만, 현실에서는 작고 약한 남자, 크고 힘센 여자가 많은 것과 마찬가지이다.

둘째, 이 차이들이 여러 다른 문화들에서 발견된다는 결과를 토대로 진화심리학자들은 거기에 생물학적 뿌리가 있다는 결론을 내리지만, 그 차이들은 *사회제도와 문화규범*에 의해서도 똑같이 잘 설명된다. 예컨대, 우리 사회는 여전히 여자의 '혼전순결'을 강조하며 남자의 외도에 훨씬 관대하다. 또 여자는 취업과 승진에서 차별당하며 수입도 더 적기 때문에 '능력 있는' 남자를 원하고, 가장역할을 부담하는 남자는 집안 살림과 육아를 맡고 '내조'를 잘하는 여자가 필요하다. '먼 원인'(진화적 목적)이냐 '가까운 원인'(현재의 제도·문화)이냐 하는 논쟁은 뒤에 가서 다루기로 한다. 진화심리학에서는 현재의 제도·문화, 즉 '가까운 원인'이 '먼 원인'에서 나왔다고 하는 주장으로 이 논쟁을 끝낸다.

셋째, 행동책략들은 행동 자체가 아니라 그 배후의 *정서·동기* 기제들이다. 즉, 남자는 많은 상대와 성관계를 맺기를 원하고 그런 공상들을 한다는 것이다. Buss(1994/95)의 책 제목이 암시하듯, 진화하는 것은 '욕망'이다. 행동들 자체는 경험에 의해 학습되고 상황에 따라 달라진다. 행동의 진화적 목적들이 의식되는 일도 드물다. 성관계는 자식을 얻을 목적으로('유전자 복제'를 위해) 하는 '적응적 행동'이지만('먼 원인'), 남녀는 보통 좋아서 같이 잔다('가까운 원인'). 넷째, 진화적 설명이 이탈적 성행동을 도덕적으로 정당화해주지는 않는다. 흔히 말하는 '수컷의 본성'으로 남자의 탈선(성폭력, '원조교제' 따위)이 변명되는 것은 아니다. 공상과 욕망은 죄가 없지만, 행동에는 책임이 따른다. 누구를 죽이고 싶다고 해서 비난 받을 수는 없지만, 실제로 협박을 하거나 살인을 저지른다면 그 행위에 책임을 진다.

남자와 여자가 '본질적으로', '원래' 다르다는 주장은 **본질주의**(essentialism)의 입장이다. '인간 본성'을 탐구하는 과학자에게는 문화와 시대에 따라, 개인에 따라 차이가 있다는 자체가 심각한 문제가 된다. 개체들 간의 차이 때문에 자연선택이 일어나지만, 적응에 도움이 되지 않는 특성들(과 연관된 유전자들)은 자연선택의 결과로 도태되어 이미 없어졌어야 하기 때문이다. 이렇게 해서 "우월한 형태가 곧 일반적인 것으로 되고 나쁜 것은 곧 소멸되게 된다"(Ridley, 1999/2001, p. 131). 진화심리학이 개인차를 어떻게 설명하는지 보자.

개인차 문제

진화론의 관점에서 보면, 개인차들은 중요한 차이들의 우연한 부산물이거나, 자연선택과 상관이 없어서 도태하지 않은 돌연변이 같은 체계 내 '소음'(세포 속에서 일어나는 우연한 분자활동들의 산물)이다. 유전적으로 100% 동일한 일란성 쌍둥이들도 지문이 서로 다르고, 모든 사람들의 왼손과 오른손의 지문이 다른 것이 이 '소음'(noise) 때문이다(Lewontin, 1991/2000, p. 115). 또, 어떤 환경에는 잘 맞는(fit), 즉 적응에 도움 되는(adaptive) 표현형이 다른 환경에는 그렇지 않을 수 있다. 외향성이 잘 맞는 환경(황폐하거나 급변하는 환경)이 있는가 하면, 내향성이 도움이 되는 환경이 있다(자원이 풍부하고 안정된 환경). 진화심리학자 Nettle(2007/9)은 이 '방황선택'(fluctuating selection)으로 성격 개인차의 진화를 설명한다.

이 견해들을 배제하지 않으면서도, 진화심리학에서는 진화한 심리기제들과 밖으로 나타난 심리·행동을 구별하면서, 같은 심리기제들이 개인에 따라 환경에 따라 다르게 활성화된다고 설명한다. 때와 장소에 따라 부딪치는 문제(예, 사회적 교환, 서열협상, 연립형성)가 다르고, 하나의 심리기제가 맥락에 따라 많은 다양한 행위들을 만들어낼 수 있으며, 여러 기제가 합해져서 하나의 행위가 나올 수 있다.

적응책략의 유연성 상황에 적응하는 능력은 인간 본성과 심리기제들의 근본적 특성에 속한다. 초기 환경에 따라 다른 발달적 책략이 나오거나 심리기제 발현이 달라지기도 한다. Buss(1991, p. 176; Buss, 2004/5)는 어릴 때 아버지가 있었느냐 없었느냐에 따라 여성들의 발달양상이 달라진다는 연구결과를 성 책략 이론에 따라 해석하였다. 어릴 때 아버지가 없던 여성들은 사춘기와 성적 활동을 일찍 시작하고, 성인기에 더 많은 파트너를 가지며, '부양투자'를 많이 안 하고, 공격적인 성 책략들을 발달시키는 경향이 있다. Buss는 이들이 경험을 토대로 자녀양육에서 남자(남편)의 도움을 받을 수 없다고 믿기 때문에 하나의 장기관계보다는 여러 단기관계를 추구하는 것이라 본다.

능력이나 신체특성의 개인차도 어떤 책략이 채택되느냐에 영향을 미칠 수 있다. 예컨대, 키 크고 우람한 소년/남자는 작고 마른 사람보다 공격·폭력적 책략을 더 잘 쓰기 쉽다. 예쁜 여자와 못생긴 여자, 부잣집 아들과 가난한 남자도 성 책략이 다를 가능성이 크다. 예컨대, 외모가 뛰어나지 않은 여자는 살림기술, (장차) 좋은 어머니가 될 품성, 정숙함 등 남자가 배우자 선택에서 높이 평가하는 특성들을 키우거나 강조할 수 있다. 반면 예쁘고 '섹시'한 여자는 여러 남자와 단기관계를 맺으면서 자원을 끌어내는 책략을 쓸 확률이 더 크다. 거듭 강조하는 바 진화심리학에서 말하는 적응은 "자연선택을 통해 발달한 유전적 특성"이다. 개인이 의식해서 어떤 책략을 선택한다는 의미가 아닌 것이다. 이른 초경을 개인이 선택하는 것이 아닌 것처럼 성 책략도 마찬가지이다.

진화심리학자들은 관찰된 현상에서 너무 빨리, 즉 충분한 증거 없이 '먼 원인'을 추리한다는 비판을 받는다. [이에 대해서는 이 장의 뒤에 가서 더 자세히 논의한다.] 먼 원인에 대한 한 가지 확실한 증거는 인간 '본성'을 '친척'동물들의 행동과 비교할 때 나온다. 아버지 없는 가정에서 자란 소녀들이 *평균적*으로 더 어린 나이에 초경, 섹스를 시작하며 더 많은 파트너를 가진다는 경향을 다시 보자. 진화심리학에서는 그들이 가정에서 사회적 스트레스를 경험하여 생식 호르몬과 부신피질 호르몬이 성 활동을 빨리 개시하도록 촉진한다고 설명하지만, 이 번식생리는 "영장류답지 않다"(Hrdy, 1999/2010, p. 308). 다른 영장류에서는 사회적 스트레스나 낮은 어미지위, 자원의 예측 불가능성 등이 사춘기 지연(늦은 초경)을 가져오기 때문이다. "그 자신도 일찍 성숙했던 어머니에게서 물려받은 유전적 유산"(같은 곳) 때문에 어린 나이에 초경을 맞아 일찍 섹스를 시작하고 임신하게 된다면 안정된 장기관계로 가기 어렵고, 이런 어머니에게서 태어난 딸은 아버지 없이 자라게 될 것이다. 즉, 이른 초경이 아버지 부재를 다루기 위한 *적응*이 아니라 *우연적 결과*일 수 있는 것이다.

상황과 조건들에 따른 적응책략의 유연성은 필연적으로 행동과 성격의 개인차를 가져온다. '사회적 동물'로서 인간이 이러한 차이들을 알아채고 그에 따라 행동하지 못했다면 생존과 번식이 어려웠을 것이다. 진화심리학에서는 앞 장에서 나온 5요인 모델도 이런 관점에서 재해석한다.

왜 그 5요인인가? 5요인이 다양한 시간, 맥락, 문화, 자료출처 등에 걸쳐 일관되게 발견되는 보편적 요인들이라면, 진화적 조망에서 이들은 인간이 적응해야 했던 '사회적 풍경'(social landscape)의 가장 중요한 차원들이었다고 생각된다. Buss(1991)는 특질형용사들이 본질적으로 평가적(evaluative, 좋다-나쁘다)이라는 것이 이 견해를 뒷받침해준다고 본다. 외향성, 호의성, 양심성 같은 특질들은 사회적 동물로서의 적응에 중요한 다음과 같은 물음들에 답하는 데 정보를 제공한다(p. 472).

> 누가 사회적 서열에서 높거나 낮은가? 누가 미래에 성공할까? 누가 내 연립에 좋은 구성원이 될까? 누가 내게 필요한 자원을 소유하는가? 누가 그 자원을 나와 나눌까? 누구와 내 자원을

나누어야 할까? 누구에게 조언을 구하러 갈 수 있을까? 어려울 때 누구에게 의지할 수 있을까? 누구와 짝 지어야 할까? 누가 좋은 협동자일까? 누가 내게 해를 끼칠까? 누구를 믿을 수 있나? 누가 내 믿음을 배반할까?

Goldberg(1981)는 5요인이 어느 문화에서나 사람들이 낯선 이(X)를 만나게 될 때 묻는 다섯 가지 질문들이라고 보았다. 이를테면, 인간은 언제나 무리를 지어 살았으며 거기엔 언제나 상하서열이 있었기 때문에, 어떤 사람을 볼 때 내가 그를 휘두를 수 있는가 아니면 그가 나를 휘두르려고 할 것인가(외향성 물음)를 알고 싶어하고, 집단 내에서는 서로 잘 지내고 협동해야 하므로 그가 따뜻하고 유쾌한가(호의성), 믿을 수 있는가(양심성) 등을 아는 것이 중요했다는 것이다. 개체들에 초점을 두면 5요인 개인차들을 진화한 문제해결 기제들로 개념화하게 되고, 타인들로 구성된(사회적) 환경에 초점을 두면 인간의 '사회적 풍경'의 특징들을 연구하게 된다.

인간의 불행과 고통

인간의 여러 본성적 특징들은 번식성공에 직접, 간접으로 기여했기 때문에 자연선택되었고, "모든 살아있는 인간은 진화적 성공사례(success stories)이다"(Buss, 2000, p. 15). 그러나, 앞에서 남녀의 사랑과 행복이 가능한가를 물었듯이, 적응과 진화적 성공이 곧 행복을 의미하지는 않는다. 진화의 목적은 인간의 행복이 아니라 유전자들의 생존·번식이다. 진화한 심리기제들은 모두 '적응 결과'(adaptations)일지 모르지만, 현대 세계에서는 더 이상 적응에 도움이(adaptive) 되지 않을 수 있다. 인간 정신의 설계와 진화를 이해하여 행복 성취를 막는 장애물들을 통찰하면 삶의 질을 향상시키기 위한 조건들을 만들어 낼 수 있지 않을까. Buss(2000)는 그렇다고 보았다.

진화환경과 현대환경의 차이 성 책략들을 포함하여 인간의 심리기제들은 수십, 수백만 년 전의 환경조건들에 적응하는 데 도움이 되었었기 때문에 진화하였다. 석기시대가 막을 내린 것은 긴 진화역사에 비하면 한 순간에 지나지 않는 수천 년 전이었다. 생물학자 최재천(2000, p. 60)의 말대로 "우리는 모두 석기시대의 환경에 적응되어 살고 있다가 타임머신을 타고 졸지에 현대 문명사회에 던져진 사람들이다." 진화환경과 현대환경의 차이들은 많은 이익과 더불어 부작용도 가져왔다(Nesse & Williams, 1994/99).

골격잔재물, 석기, 동굴벽화, 또는 현대의 '원시'부족들의 생활관찰 등을 가지고 추리할 때 우리 조상은 야외에서 매우 긴 시간의 힘든 육체노동을 했을 것이고, 맹수의 공격,

식량부족 등에 자주 직면했을 것이다(Nesse & Williams, 1994/99, p. 199f.). 오늘날 우리는 주로 (냉난방이 되는) 실내에서 생활하고, 조명 덕분에 밤낮이 없으며, 차를 타고 이동하고, 굶주림보다는 비만을 겁내게 되었다. 또, 조상들은 50~200명의 작은 집단들—혈연과 혼인으로 연결된 확대가족—에서 생활했으나, 대부분의 현대인들은 대도시에서 계속 수많은 타인들과 부대끼며 핵가족을 이루고 살아간다. EEA에서 설계된 몸과 마음으로 현재 생활환경에 적응하면서 우리는 편안함과 해방도 누리지만, 비만과 성인병, 불안, 고독, 우울증 등에 점점 많이 시달린다.

석기시대와 지금 남녀의 생활조건은 또 얼마나 다른가. 피임약의 보급으로 여자가 임신 공포에서 해방되었고, 저출산을 걱정하는 시대가 되었으며, 남자에 대한 여자의 경제적 의존도 많이 줄어들었다. 그러나 성 심리는 조상의 적응 문제와 보조를 맞추어 수십만 년이 넘는 세월을 진화해 온 것이므로 환경이 변했어도 여전히 잠재한다고 Buss는 주장한다. 그는 이를 음식선호도와 비교한다. 당분과 지방에 대한 선호는 항상 식량 결핍에 시달리던 환경에서 진화한 생존전략인데 현대의 생활환경에서도 그대로 남아있다.

대중매체, 특히 영상매체를 통해 세계 각처의 소식들이 즉시즉시 퍼지는 세상에서 우리의 경쟁 상대는 더 이상 같은 마을의 주민들이 아니다. "그저 몇십 명과 벌이던 경기에 오십억의 세계 인구 전체가 덤벼든 셈이다"(최재천, 2000, p. 62). 대중매체에 나오는 이미지들에 노출됨으로써 파트너에 대한 불만이 생기고 자기존중이 떨어진다는 것을 보여주는 흥미 있는 연구결과들이 있다(Buss, 2000, p. 16). 진화심리학에서 예언하는 대로, 남자에게는 사회적 능력과 지위가, 여자에게는 외모가 중요하였다. 남성들은 예쁜 여성들을 여러 명 보게 되었을 때, 여성들은 지위가 높은 남성들을 보게 되었을 때, 현재 파트너에 대한 불만이 높아졌다. 또, 여성들은 매우 예쁜 여성들을, 남성들은 지위가 높고 영향력 있는 남성들을 보게 될 때 자기존중이 낮아졌다.

현대에 특히 젊은이들에게서 그리고 경제적 선진국들에서 *우울증*이 많아지는 현상도 Buss는 어느 정도는 자기 자신의 삶을 대중매체에서 제시되는 화려한 가상현실과 비교하기 때문에 오는 결과라고 본다. 또 대도시의 익명성, 고립된 핵가족이라는 생활조건들도 진화환경에서 가능했던 친밀한 사회적 지지를 박탈하여 우울증을 가져올 수 있다.

부정적 정서들의 진화　의식과 정신처럼 감정도 자연선택에 의해 형성된 적응현상이다. 행복의 '기능'은 분명해보이지만, 슬픔, 우울, 분노 등(과 관계된 유전자들)은 어떤 적응기능을 하기에 선택되었을까? 적응(생존 및 번식 성공)에 도움이 되지 않았다면 어떤 기제도 (인간 본성으로) 남아있지 않을 것이다. *슬픔*의 예를 보자. 배우자, 평판, 건강, 친구 등의 상실이 슬픔을 가져오는데, 이는 진화심리학적으로 '번식자원의 상실'이다. 슬픔으로 우리 행동이 변하여 더 이상의 상실을 막게 된다면 이는 '적응적'이라 할 수 있다 (Nesse & Williams, 1994/99, p. 303f.). 괴로움을 일으키기 위해 설계된 기제들이 진화했다는 것이 (EEA와 현대환경 차이에 이어) 행복에 대한 둘째 장애물이라고 Buss는 말한다.

사회적 서열에서 낮은 지위가 가져오는 우울, 배우자 부정이 가져오는 질투, 목표성취가 방해 또는 차단될 때 분노 등은 모두 특수한 적응문제들을 해결하기 위하여 설계된 심리기제들이다. 이 부정적 정서들은 적응에, 즉 생존과 번식 성공에 도움이 되기 때문에 진화하였다. 예컨대 *질투*는 소중한 장기관계가 위협받는 문제에 대처하기 위하여 설계된 심리기제로서, 짝의 가능한 또는 실제적 부정을 알아채게 해주고, 부정을 예방하거나 변절을 다루기 위해 무엇을 하려는 동기를 부여한다. 배우자를 붙들어두는 적응적 이익이 있기 때문에 '질투 유전자'가 선택된 것이지만, 질투는 자기 자신과 타인들에게 때로는 위험할 정도로 심한 괴로움을 준다. 마찬가지로, *분노*라는 심리기제 덕분에 우리는 목표성취를 방해하는 사건에 주목하고, 방해 출처를 알아내고, 방해 사건을 기억했다가 생각해내고, 방해를 없애거나 아니면 앞으로 방해 사건들을 피하기 위해 어떠한 행동을 한다. 따라서 분명히 적응에 도움이 되지만, 분노는 괴로움을 주고 병까지 일으킬 수 있다.

행복에 대한 셋째 장애물은 *경쟁*을 위해 설계된 기제들이다. 차이와 경쟁은 진화를 가져오는 추진력이 되지만, '너의 불행은 나의 행복'인 경우가 많다. 인간은 남들에게 해를 끼치고, 남들을 희생시켜 이익을 얻고, 남들의 추락을 기뻐하고, 자신이 바라는 목표를 더 성공적으로 이룬 사람들을 시기하도록 설계된 진화적 심리기제들을 가지고 있다. 사촌이 땅을 사면 배가 아프고, 사랑하는 사람을 빼앗기지 않기 위해 라이벌을 '흑색 선전'하는 등이 인간 본성이라는 것이다. 경쟁에서 지는 편은 괴로울 수밖에 없다.

진화심리학자 Pinker(1997)는 위의 세 요인 외에 불행을 가져오는 몇 가지 '진화적 비극'을 서술하였다(Buss, 2000, p. 19에서 재인용). 인간은 생활여건들에 빨리 적응하도록 설계되어 있기 때문에 좋은 일이 있어도 기쁨과 행복이 오래가지 않는다. 물질적으로 풍요해져도 행복지수가 높아지지 않는 것은 그 때문이다. 또, 진화한 기제들이 언제나 성공할 수는 없으므로, 고통을 피할 수 없다. 짝을 놓치지 않는 기제들 — 질투도 그중 하나이다 — 이 보통 성공적이지만, 그래도 짝을 놓칠 수 있다. 그때는 괴롭고 창피해진다.

삶의 질 향상　진화환경(EEA)과 현대환경의 차이, 심리적 고통, 경쟁심 등이 피할 수 없는 인간조건들이라면, 삶의 질을 높이기 위해 무엇을 할 수 있을까? 우선, 조상의 환경조건들을 현대에 구현하도록 노력해볼 수 있다. 이메일, 전화 등을 통해서라도 확대가족(친척)끼리 가깝게 지내거나, 깊은 우정을 발달시키는 것이다. 둘째로, 진화적으로 프로그램되어 있는 주관적 고통을 줄이기 위해 무엇을 할 수 있을까? Buss는 (가치, 흥미, 성격, 사회계층 등에서) 유사한 짝을 고르면 질투와 부정이 감소한다고 지적한다. 또 선천적 심리적 남녀차이에 대해 교육을 한다면 양성 간의 오해와 갈등을 줄이는 데 도움이 되리라 본다.

경쟁기제들을 관리하는 마지막 문제가 가장 어렵다. 자연선택이 경쟁심을 키우는 기제들을 만들어냈기 때문이다. 지위 불평등은 다양한 부정적 결과들을 가져오는데, 그러한 불평등을 줄이는 한 가지 방법은 협동을 증진시키는 것이다. 그때 핵심이 되는 것은 '공동 운명'(shared fate)의 강조이다. 몸이 죽으면 몸 안의 유전자들이 다 죽듯이, 공동체나 집단이 무너지면 개인들도 망함을 가르치는 것이다. 집단 구성원들끼리 자주 만나게 하고, 주는 것보다 더 많이 받기를 고집하지 않도록 가르칠 수도 있다.

인터넷, 이동전화가 급속하게 보급되는 시대에 핵가족도 해체가 되는데 확대가족과 관계형성이 쉽게 될까? 집단(가정, 학교, 지역, 국가, 나아가 '전 지구')의 이익을 위해 나의 탐욕과 경쟁심을 절제하는 일이 교육으로 된다면, 이 세상은 벌써 낙원이 되었을 것이다. 또 남자는 원래 이렇다, 여자는 원래 저렇다는 교육은 기존의 불평등과 부조리들, 각종 성폭력을 그냥 받아들이라는 조언으로 들리기 쉽다. Buss(2000)는 인간 정신의 설계와 진화를 이해하면 부정적인 측면들을 피해갈 수 있다고 말하지만, 그게 안 된다면 "인간 본성은 그토록 변하기 힘든 것이다"(역시 진화심리학이 옳다)라고 기꺼이 인정할 것처럼 보인다.

진화심리학의 평가

진화심리학은 인간의 적응을 보는 아주 새로운 관점을 제시하였다. 주로 개인차에 집중하는 현대 성격심리학에서 진화심리학은 인간이면 누구나 공유하는 본성을 조명하고, '인간'은 남자 아니면 여자라는 사실의 엄청난 함의를 파고들었다. Baumeister와 Tice(1996)는 "성격심리학의 학제적 역할을 다시 생각하고 다시 요구하기: 인간 본성의 과학이 사회과학들과 인문학들의 중심이어야 한다"는 긴 논문제목으로 자신들의 주장을 압축하였다. 진화이론('인간 본성의 과학')이 "대담하고 통합적인 이론화를 부활"(p. 367)시키기 위한 모델이라는 것이다.

진화심리학자들도 자신들이 바로 이런 '大이론'을 내놓은 것이라고 자부한다. 그들에게 진화이론은 성격심리학의 '메타이론'(상위이론)이다. 인간의 몸처럼 머리·마음과 행동도 자연선택에 의해 진화하였고, 적응문제들이 워낙 다양했으므로 다수의 복잡한 영역별 기제들이 생겼을 것이다. 진화론을 메타이론으로 채택하면, 목표 지향적 전술과 책략들이 성격심리학의 단위들이 되어야 한다. 원시환경(EEA)에서 생존·번식을 위해 해결해야 했던 문제들이 지금도 인간 행동에서 주된 목표들이 되며, 이 목표들을 해결했기 때문에 진화한 심리기제들이 있고, 목표들에 도달하기 위한 (심리기제들이 활성화하는) 행동책략들이 있다.

개념적 '메타'수준에서 경험적 행동관찰의 수준으로 내려오면 여러 가지 문제들이 눈에 보인다. 우선 어떤 행동 및 심리특성들을 어떤 기준에 의해 '인간 본성'이라고 할 것인가 하는 문제가 있다. 또, 영역별 기제들은 '갖다 붙이는' 설명으로 가기 쉽다. 협동을 관찰하면 '협동(또는 이타주의) 기제'를, 경쟁을 관찰하면 '경쟁(또는 공격) 기제'를 대는 식이다. 마지막으로, 번식성공에 초점을 두기 때문에 짝짓기와 관련된 목표 및 전술/책략들에서 생물학적 남녀차이를 강조하며 사회구조와 환경의 역할은 상대적으로 무시한다. 세 가지 문제를 차례로 논의하기로 한다.

인간 본성과 적응 어떤 행동 및 심리특성들을 '인간 본성'에 넣을 것이냐를 질문할 때 우선 보편성 기준을 표현형, 유전형, 또는 사회구조로 할 것인가 하는 문제가 있다(Buss, 1984). "공격성이 인간 본성의 일부인가?"라는 물음을 *표현형*적으로 던지면, 사람이 누구나 공격행동을 하는지 관찰해야 한다. *유전형* 차원에서는 공격행동의 보편성이 아니라 '심리기제'가 있으면 된다. "모든 인간 집단들은 지배 서열을 발달시키는가?" 같은 물음은 *사회구조* 수준의 문제이다. Tooby와 Cosmides(1988)의 전쟁 진화 이론이 이것의 예가 된다(Buss, 2004/5).[8] 전쟁이 없는(었던) 곳은 없고 싸우고 죽이는 사람들이 늘 남자니까 '전쟁의 심리'는 남성의 본성이라는 결론으로 가는 것이다. 어느 수준에서든 종내(즉, 개인, 시대, 집단에 따른) 차이는 이 보편성 기준들을 적용할 때 문제가 된다. 행동들 자체에서 볼 때, 환경에 자극이나 유인이 없는데 속성들이 나오는가(자발성, spontaneity), 무릎반사처럼 어떤 자극에 대하여 반사적으로 나오는가(자동성, automaticity), 변하기 힘든가(intractability) 하는 등이 보편성 기준이 될 수 있다(Buss, 1994). 그러나 이 특징들은 잘 학습된 반응들도 나타낼 수 있으므로 '인간 본성'의 기준으로 문제가 있다.

더 근본적인 문제로서 Rose 등(1988/93)은 인간 본성의 단위 또는 차원들을 나누기 어려움을 지적한다. 예컨대 '소유권'이라고 부르는 개인-재산 관계는 유럽에서 수백 년밖에 안 된 법률적 허구이다(p. 293). 똑같은 항목에 이질적인 현상들이 들어가기도 한다. 공격성은 원래 타인에 대한 개인의 반응이나 행동인데, 국가 간의 공격인 전쟁도 여기 포함된다. 그러나 젊은 남자들은 싸우고 싶어서 전쟁에 나가는 것이 아니라 징병에 응하지 않으면 (최소한) 감옥에 가기 때문에 끌려간다. 전쟁할 때 "정교한 협동체계 구축," "공격적 행위 조율"은 극소수 권력자들이 정치적 동기에서 한다. 각주 8의 인용에 보듯이, 진화심리

8) "전쟁이 가능하려면 다른 집단에 맞서 한 집단의 구성원들이 정교한 협동체계를 구축해야 하며, 공격적 행위를 조율할 수 있어야 한다. 또한 남성이 전쟁의 심리를 진화시킨 이유는 여성에 대한 성적 접근성 때문이다" (Buss, 2004/5, p. 444에서 재인용).

학에서는 남성 일반이 "여성에 대한 성적 접근성" 때문에 전쟁을(전쟁도) 한다고 본다.

진화심리학에서 보편성 또는 종 전형성을 결정할 때 가장 많이 쓰는 관점은 **적응**(adaptation)이다. 환경에서 부딪치는 문제들을 해결할 수 있고 유기체의 생존과 번식에 도움이 되는 종 특성들은 '본성'이 된다는 것이다. 가령, *공격성*은 성욕과 더불어 대표적인 인간 본성이다. 생존과 번식에 봉사하는 '적응적 기능'이 의심되지 않기 때문이다. 그러나, 정신분석학(2장)에서 본 것처럼, 사회는 이 두 추동에 큰 규제·억압을 가하며, 두 추동의 표현에서 나타나는 개인차는 어느 생물학적 추동에서보다 크다. '성욕' 자체를 모르거나 자발적 평생 금욕이 있는가 하면 '섹스중독'도 있고, 공격성 또한 '파리 한 마리 못 잡는' 사람부터 '살인마'까지 다양하게 표현된다.

심리기제로서 인간 공격성은 조상 대대로 생존·번식에 도움이 되었기 때문에 진화했을까? 적응결과(adaptation)가 아니라 적응의 부산물(예, 인간의 배꼽, Buss, 2004/5, p. 66f.)일 가능성은 없나(Westen, Gabbard, & Ortigo, 2008)? 자기보존, 성적 및 사회적 기능들에 봉사하는 "우리의 뇌와 내장 속"(p. 93) 과정들은 아마도 진화적 적응의 결과인 인간 본성일 것이다. 성관계를 갖고, 애착들을 형성하고 남들과 가까운 관계를 맺으며, 다음 세대를 보살피고, 자신이 중요하고 가치있다고 느끼고 또 그렇게 보이려고 하다 보면 (부수적, 결과적으로) 때로 공격적이 되거나 지배를 추구할 수 있다. "얼마만큼 공격과 가학이 그 자체로 충족을 줄 수 있으며, 그렇다면 우리가 왜 그런 식으로 진화했는지는 여전히 불분명하다"(같은 곳).

생물은 환경을 변화시킬 수 없고 다만 "거기에 적응하거나 죽거나 둘 중 하나"(Lewontin, 1991/2001)라는 **적응주의**(adaptationist) 관점에서 생물은 수동적 객체, 외부환경은 능동적 주체이다. 진화심리학자들은 적응주의 관점을 가지고 '역설계'에 의지하여 이런저런 심리적 특질과 기제들이 어떤 (EEA)환경조건 · 요구에 대한 적응결과인지를 입증하려고 한다. 그러나 "역설계 접근이 적응의 가정을 검증해주지는 않는다"(Leger, Kamil, & French, 2001, p. xvi). "구체적 특질들의 진화역사와 적응적 의미에 관한 가설들을 엄정하게 검증하는 방법들을 개발하는"(같은 곳) 과제는 별로 심각하게 받아들여지는 것 같지 않다.

영역별 기제들과 중추기제 공격성도 이타성도, 낭만적 연인도 강간범도 모두 우리의 본성에, 즉 유전자 안에 있을지 모른다. 그러나 각각 특수 목적을 위해 설계된 도구들이 가득하다고 해도, 언제 어떤 도구를 쓸지를 (본인이 의식하든 못하든) 누가 또는 무엇이 결정하는가? Buss가 말하는 것처럼 상황 맥락과 문화적 조건이 어떤 책략을 활성화해야 하고 어떤 책략을 묻어두어야 할지를 결정하게 해준다면, 여기서도 그 결정을 누가 또는 무엇이 하는가? 아마 영역별 모듈만으로 충분치 않고, 복잡한 모듈들 사이에서 교통정리를 해주는 어떤 '중추'(center)가 필요할 것이다. 그 중추의 전략이 이기심·공격성이냐 이타성이냐, 열등콤플렉스냐 공동체감이냐(3장 Adler 이론 참조)에 따라 같은 상황맥락, 문화조건에서도 다른 기제나 책략이 사용되고, 나아가 다른 상황이나 조건을 찾거나 창조하게 될 것이다. 그렇다면 이런 '중추'의 발달에 대해 묻지 않을 수 없다.

영역별 모듈만 밀고 나간다면, 현재 나타나는 모든 심리·행동 특성들이 EEA 적응과 생존·번식에 도움이 되었기 때문에 생겨났다고 전제하고, 즉 결론을 내려놓고 설명을 찾는 것이다. **이타행동** 설명이 이런 임의성을 잘 보여준다. 직접적인 (번식)이익, 친족선택, 호혜적 이타주의로 설명할 수 없는 이타행동은 없다. *동성애*의 친족선택 이론적 설명을 예로 들자. 우선 이성애자와 동성애자들 사이에 어떤 유전적 차이가 존재한다는 증거가 없을뿐더러, 동성애자들이 형제자매를 도와서 그 친족들이 평균보다 두 배나 많은 자손을 낳게 한다는 증거도 없다(Lewontin, 1991/2001, p. 184). '동성애 유전자'가 안 없어진 것은 동성애가 적응적 이익이 있기 때문이라고 결론 내리고 증거 찾기에 들어가는 것이라고 볼 수밖에 없다. 전쟁이 안 없어지는 이유가 남자의 전쟁 유전자 때문일까.

심리학과 진화이론의 지혜를 합치는 것은 좋은 일이지만, 양편에 확실한 증거가 부족하다는 문제가 있다. 심리학에서도 심리기제들에 관한 분명한 지식이 부족하고, 진화생물학은 극히 제한된 자료를 토대로 수만, 수백만 년 전의 사건들에 대해 해석, 추리한다. 이 때문에 (사회생물학과 마찬가지로) 진화심리학도 모든 행동들에서 너무 빨리 역사적 목적을 읽어 낼 수 있다. 사회생물학자들(예, Wilson, 1978/2000)처럼 Buss(1994/95)도 그의 대중적인 저서 '욕망의 진화'에서 현대 남녀의 연애 및 결혼 습속, 개구리, 거미 같은 동물들, 현재 남아 있는 '원시부족'들의 일화적 예들을 넘나들며 인간의 '진화적 적응환경'(EEA)과 그에 대한 적응책략들을 재구성한다. "처음부터 끝까지 날조"(Lewontin, 1991/2001, p. 185)로 보일 수도 있는 것이다.

진화냐 사회구조냐 — 남녀차이의 설명 진화적 적응 때문에 보편적 심리적 성차가 나타났다는 진화심리학적 설명과 달리, 전통적으로 심리학(과 사회과학들)에서는 성차가 사회구조 때문에 생긴다고 본다(Eagly & Wood, 1999; Tavris, 1992/99, 1999). 두 조망 모두 환경조건들에 대한 적응을 강조하지만, 전자에서는 그것이 원시환경에서 부딪쳤던 압력들(먼 원인)에 대한 적응이다. 개인, 상황, 문화 조건들(가까운 원인)에 따른 차이를 인정하지만, 상대적으로 덜 강조한다. 사회구조 조망에서는 남녀가 양성 분업의 사회구조에 적응하기 때문에 달라진다고 보지만, 생물학적 신체적 차이들의 중요성도 인정한다. 특히 남자가 더 크고 힘세며 여자가 출산·수유를 한다는 사실은 사회조직, 경제의 요구들과 상호작용하여 남녀가 어떤 역할을 맡게 되느냐에 영향을 미친다(예, 남자-직장, 여자-가정).

진화심리학의 메타이론이 진화론인 것처럼, 성차의 사회구조적 메타이론은 **남녀 역할 분배**의 차이이다. 남성 역할들에 더 큰 권력과 지위가 따르기 때문에 남자는 지배적(통제, 주장, 지시, 독재), 여자는 종속적(사회적 영향에 더 순응, 덜 외적 공격, 더 협동·양보)이 된다. 또, 돈벌이와 집안 살림으로 양분되는 역할들을 하면서 성별에 따라 다른 기술과 신념들이 획득된다. '여성 역할'은 인간관계와 관련된 특성과 기술들을, 특히 자녀양육과 연관된 보살핌/배려의 특성들을 가져왔고, '남성 역할'은 주장·독립적인 행동패턴을 가져왔다는 것이다.

Eagly와 Wood(1999)는 Buss가 내놓은 37개 문화비교 자료를 다시 분석하여 남자는 (잠재적) 짝의 살림기술과 젊은 나이를, 여자는 돈벌이 능력과 연상 나이를 선호한다는 결과가 사회구조 이론으로도 설명이 됨을 보여주었다. 부양자–주부의 가족체계에서 성별분업에 잘 맞을 배우자를 찾으면 연상 남자와 연하 여자 커플이 '정답'이다. 또 유엔에서 나온 성별평등지수와 성별관련 발달지수를 참고할 때, 남녀평등이 클수록 짝 선택에서 여자가 돈벌이능력을, 남자가 살림능력을 강조하는 경향이 훨씬 더 적었고, 여자가 연상을, 남자가 연하를 선호하는 경향도 감소하였다. 남자가 매력을 따지는 경향은 평등지수들과 상관이 낮고 유의미하지 않았다.

무수한 세대에 걸친 성적 선택에서 몸이 크고 힘센 수컷들이 유리했으므로 인간 남자도 평균적으로 더 큰 체격과 더 강한 근육을 타고났는지 모른다. 진화역사 전체에서 자녀양육을 맡은 여자가 인간관계 전문가가 되었을 수 있다(역시 평균차이이다). 이렇게 본성차이가 있다 해도, 그것이 역할분배의 차이로, 권력차이로, 제도들로 이어지기 때문에 몇 배로 확대되고 뒤틀린다. 유전/생물학과 환경/경험이 분리되지 않는 것이다. '여성적' 특성들의 다수는 어머니 역할에 직결되며(예, 모성, 가정, 애정), 다수는 여성의 권력위치가 낮다는 데서 나온다(예, 복종, 수동, 의존, 감정, 비합리)(Secord, 1982).[9] 따라서 "지위와 권력이 낮은 인종집단, 낮은 사회경제적 계급들, 노예들"(p. 45)의 특성들도 '여성적'이다.

현대의 양성관계 특징들이 EEA에도 전형적이었다고 가정하면 현재 나타나는 특징들에 '인간 본성', '생물학'이라는 도장을 찍게 된다. 인간이 백지로 태어나지는 않지만, 처음부터 끝까지 다 쓰인 책으로 태어나지도 않는다. '진화적 적응환경'(EEA)에서 남자는 무리지어 사냥하고 여자는 집에 앉아 애보며 근처에서 채집이나 했을까? 다른 영장류 관찰, 화석 기록, 민족지 등을 통해 나온 다양한 자료들은 원시환경이 훨씬 다양했다는 것을 말해준다. 관련된 과학적 결과들이 모호하고 복잡하기 때문에 "현대의 양성관계 특징들이 EEA에도 전형적이었다고 부적절한 가정을 함으로써 부지중에 비교적 현대적인 사

---

9) "여성들과 대조적으로, 남성들은 강한 성추동을 가지며, 공격적, 주장적, 경쟁적이고, 힘세고, 독립적, 합리적이고, 씩씩하다고 믿어진다"(Secord, 1982, p. 44).

회조건들을 인류의 먼 과거로 옮길 여지가 생긴다"(Eagly & Wood, 1999, p. 412). 근본적으로 진화심리학자들은 현재 가부장제 사회에서 보는 생활조건들을 EEA로 역투사하는 것처럼 보인다.

가부장제를 EEA에 투사하는가 인류조상의 환경과 삶을 재구성할 때 중요한 자료출처가 되는 '원시부족'들이 현재까지도 백만 년 전 인류처럼 살고 있을까? 인류학자들이 문화비교 연구를 시작했던 19세기 말과 20세기 초에 대부분의 문화권은 이미 부계 거주 사회가 되어 있었고, 대부분 일부다처제였다. Hrdy는 여자가 짝을 까다롭게 고른 것은 사실이겠지만 남자의 경제능력을 보고 결혼하는 것은 1만 년쯤 되었을 것이며, 이는 가부장제 사회에서 권력을 쥔 남성(또는 남성 가계)이 양육에 필요한 자원을 독점하는 데서 비롯되었다고 본다(p. 393).[10)] "영토와 도구"라는 두 가지 자원이 "전 세계적으로 남성들에 의해 획득, 방어, 독점, 및 지배"된다고 해서(Buss, 2004/5, p. 167) 백만 년 전에도 그랬다는 보장은 없다. 다른 모든 영장류에서는 암컷이 스스로 노력해서 음식을 획득하지만,

> 이에 반해 인간은 남성이 음식을 제공하고, 거주지를 확보하며, 영토를 방어하고, 자녀를 보호한다. 그들은 자녀에게 운동, 사냥, 싸움, 지위 위계 협상, 우정, 그리고 사회적 영향 등을 가르친다. 그들은 자녀가 성인이 되어 호혜적 동맹을 맺기 위해 필요한 지위를 물려준다.(같은 곳)

남성이, 남성만 음식을 제공하고 자녀를 보호하고 자녀에게 지위를 물려주며, 여자/어미는 (젖이나 먹일 뿐!) 자식에게 가르치는 것도 물려주는 것도 없으니, 여성들은 잘난 남성을 찾아낼 수 있는 단서를 가려내도록 진화했다는 것이다.

'전통사회', 즉 '원시부족'들의 생활모습보다도, "돌과 뼈"(화석)보다도 진화심리학자들이 인류 조상의 적응과제들이 무엇이었는지 추리하는 데 "가장 정보가가 높은 지침"은 높은 곳, 어둠, 낯선 사람에 대한 공포, 성적 질투 같은 *현재 관찰되는* 보편적 심리기제들이다(Buss, 2004/5, p. 104). 남녀의 삶의 길은 — 특히 '번식성공'과 관련하여 — 많이 다르다. 여자는 정말 선사시대부터 성적으로 "수줍어하고 주저하"며, "육체적 모험"을 꺼렸을까? 독자적 생존능력이 없으므로 자식들에게 생존기술을 가르치지 못했을까? 이런 물음에 답하려면 영장류 조상들의 행동에 대한 관찰자료를 참고해야 한다. 행동들은 화석을 남기지 않지만, 친척 동물들의 행동은 원시환경 인간 행동들의 화석으로 볼 수 있기 때문이다.

---

10) 각주 2에서 본 것처럼 888명의 자식을 얻었다는 남자 다산왕은 실제로 왕이었다. Hrdy(1999/2010)는 일부 사회 남성들이 여자의 젊음을 그토록 강조하는 이유도 짝에 대한 독점권을 행사할 수 있는 위치에 있어서 짝을 장기 소유할 수 있게 된 이후라고 본다(p. 303). 수컷 침팬지들은 성적 흥분을 나타내는(외음부 팽창) 암컷 둘 중에서 하나를 선택해야 할 때 예외 없이 나이 많은 쪽을 선택한다.

유인원들을 관찰하면 여자조상이 '육체적 모험'을 꺼렸을 것이라고 보기 어렵다. 여자의 활발한 성생활(단기 짝짓기)에 남성이 대처한 공진화의 흔적은 현재까지도 남아 있다(가령 고환크기, 정자배출 등, Buss, 2004/5, p. 248f.). 여자가 얌전하고 수동적이라는 관념은 가부장제가 퍼뜨린 '신화와 이데올로기'일 가능성이 크다. "부계의 이해관계가 언제나 어떤 수단에 의해서든 전적으로 어머니의 이해관계에 우선하는"(p. 420) 가부장제 사회에서는, 짝(들)이 낳는 자녀가 자기 자녀일 확실성을 보증하기 위해 남성들이 또는 남성집안들이 총공세를 펼쳤다. 여자는 아이를 많이 낳아야 했으며, "어머니가 무슨 대가를 치르든" 그 아이들은 남편의 아이라는 확실성이 보장되어야 했다. 조선시대에 여성의 성을 감시·통제하던 습속들('출가외인', '열녀문' 등)을 생각해보라. 홍적세 여자가 얼마나 '문란'했는지는 알 수 없지만, 여자가 원래 '조신'했다면 이런 감시·통제가 필요 없었을 것이다.[11)]

가부장제는 몇천 년을 이어왔기 때문에 우리는 태초부터 지금까지 그것이 인간조건이었다고 착각하기 쉽다. 그러나 수천 년 동안 "다양한 사회에서 남성들은 추구하고 획득하는 반면 여성들은 보호되고 교환된다"(Wilson, 1978/20, p. 179)고 해서 백만, 이백만 년 전에도 그랬다는 것은 아니다. EEA에서 여자의 생활반경은 가정(그것도 핵가족)에 주로 국한되지 않았을 것이다. 이미 많은 영장류에서 어미들은 새끼를 낳고 기르는 일만 하는 게 아니라 식량조달, (아비 및 대행부모 후보자들과) 관계 맺기에 전념하는 '일하는 어머니'이다. 뒤에 가서 보게 되듯이 영장류와 인간 어미들을 관찰하면 자식 사랑이 그리 무조건적이지도 않다.

과학적 환원주의 우리가 내적 '본성적' 힘에 좌우된다는 '현대 생물학의 특정한 이데올로기적 편향'을 Lewontin(1991/2000)은 '환원주의'(reductionism)라 부른다(p. 183). 환원주의란 세계가 작은 부분과 조각들로 나누어질 수 있으며, 나름의 특성을 가진 단편들이 결합해서 더 큰 것을 이룬다는 믿음이다. 분자생물학과 사회생물학의 환원주의를 따르는 진화심리학에서는 그 조각(원자)들이 심리기제, 나아가 *유전자*이다. "적응은 반드시 특정한 적응을 '위한' 유전자를 가지고 있어야" 한다(Buss, 2004/5, p. 66). ["대부분은 단일 유전자가 아니라 다양한 유전자의 집합"이라는 단서가 붙지만, '보편적 원자'는 유전자이다.] 개인(남성)들이 '전쟁 심리'를 가지고 있기 때문에 전쟁이 일어난다. 진화심리학은 유전과 환경이 상호작용한다고 보므로 유전자 결정론이 아니라고 하지만, 이는 전쟁 유전자가

11) 영장류 암컷이 여러 어른 수컷과 어울려 사는 종에서는 거의 대부분 배란기에 "성적 팽창"을 나타낸다. "만약 암컷이 다윈의 가정처럼 성적으로 까다롭고 '수줍었'다면, 이 종들은 왜 그토록 자신의 성적 수용성을 소란스럽게 광고하고, 많은 파트너와 그저 사귀는 것이 아니라 교미를, 그것도 여러 차례씩이나 하는 것일까"(Hrdy, 1999/2004, p. 155). 영장류에서는 수컷이 부성을 확신할 수 있는 종이 거의 없다(p. 334).

있어도 특별한 상황맥락에서(가령 공격받을 때 또는 "여자에 대한 성적 접근"이 차단될 때) 전쟁을 한다는 이야기일 뿐이다.

문제는 개체/유전과 환경을 분리할 수가 없다는 것이다. 유전자들은 *환경*에 따라 켜지기도 안 켜지기도 하며, 역시 환경·경험의 결과로 *후성적*으로 변하기도 한다. 어미가 새끼와 처음 접촉하면서 모성애 유전자들이 차례로 켜지면 모성행동이 제대로 나오지만, 그 과정의 어느 고리에서라도 문제가 생기면 새끼를 보살피지 않는다는 예를 앞에서 보았다. '모성호르몬'의 작용도 자동적이거나 변할 수 없는 게 아니다. 행동이나 심리기제를 환원시킬 '보편적 원자'로서 '유전자'라는 게 없는 것이다. 유전과 환경을 분리할 수 없다면 유전형이 환경 및 경험과 긴밀하게 상호작용하여 표현형을 가져오는 사례들을 연구하는 수밖에 없다.

대한민국 역사가 '반만 년'이라면서 단군신화가 불과 5천 년 전 어떤 환경과 삶의 모습을 말해주는지도 우리는 확실히 모른다. 백만 년 전의 환경과 삶을 마치 직접 본 듯이 기술한다면 과학의 영역을 떠나 *정치와 종교*로 가버리는 것이다(Gould, 1977/2008, p. 386). 진화심리학이 하는 주장들은 근본적으로 자연서식처에서 실제 삶을 관찰해야 검증될 수 있다. 생물학이라는 타 영역의 주제와 방법론을 차용하는 처지에서는 그러한 연구들에 더 주목할 필요가 있다. 영장류 인류학자 Hrdy(1999/2010)는 다양한 영장류의 생활을 현장관찰하고 아울러 많은 원시부족들의 삶의 모습도 참여 관찰하였다. 그가 보여주는 EEA와 인간 발달은 인류조상의 삶, 짝짓기와 자녀양육에 대해 진화심리학의 주장들을 보충 또는 교정해준다.

인류조상의 생활과 자녀양육

성격이론으로서 진화심리학은 초점이 생존보다는 번식에 있기 때문에 성 책략 및 관련 행동들을 집중 조명한다. 인간이 세상을 지배하고 (주로 남자끼리) 살인, 전쟁도 하지만, 진화생물학적으로 보면 삶의 궁극적 목적(먼 원인)은 역시 *짝짓기*이다. 이것이 남자에게는 사실일 수 있지만, 여자에게는 몇 안 되는 자녀를 번식 가능한 나이까지 키워내는 것이 짝짓기를 포함한 모든 행동의 궁극적 목적이었을 것이다. 그러나 어미들이 자식 낳고 돌보는 일만 한 것은 아니다. 이미 수렵-채집 사회에서 이들은 한 살배기 아기를 안고/업고 매년 2,400Km를 이동했다고 한다(Hrdy, 1999/2010, p. 771). 예나 지금이나, 언제 어디서나, 어미들은 생계와 휴식, 번식사업과 자녀양육 사이에서 한정된 시간과 에너지를 배분해왔다.

Hrdy(1999/2010)는 **발달**이 "진화론적 사고에서 결정적인 위치를 차지하는 잃어버린 고리(missing link)"(p. 106)가 된다고 말한다. 그 발달은 EEA에서도 부모(실질적으로 어미)-자녀 관계에서 일어났다. 영장류 같은 종의 아기에게는 어미가 바로 환경이다. 어릴 때 양육환경이 자녀들의 성격을 결정한다는 것은 성격심리학의 큰 전제이다. Freud, Adler, Bowlby 등의 이론에서도 인간이 어떤 짝을 선호하며, 짝과 어떤 종류의 관계를 맺고, 어떤 부모가 되느냐, 짝짓기나 부모 되기를 거부하느냐 하는 것들은 어릴 때 부모와의 관계에 따라 달라진다. 사회생물학과 진화심리학에서 남녀 본성 진화의 출발점으로 보는 '부양투자'는 구체적으로 어떤 모습으로 나타났을까? 더욱 근본적인 문제로서, 인간 심리와 성격이 진화한 환경(EEA)은 정말 홍적세 수렵-채집사회였을까?

인류가 진화한 환경

Hrdy는 EEA가 1990년대에 접어들며 특정 시기(이삼백만 년까지 거슬러 올라가는 홍적세)와 동의어가 되어버렸다는 사실을 비판하면서 "EEA를 양방향으로 확장"해야 한다고 본다(1999/2010, p. 175). 우리에게는 한편으로는 포유류, 영장류 조상이 처했던 환경에 적응한 결과들이 많이 남아있는가 하면, 다른 한편 15만 년 전부터 5만 년 전 사이(구석기 시대 중기) 일부 인간 집단이 아프리카를 떠나 이동한 시절, 또 1만 년 전 신석기 혁명 등 가까운 과거의 생태·사회적 배경에 적응한 결과도 남아있다. [호모 사피엔스, 즉 현생인류는 약 3만 년 전부터 5천 년 전까지 지속된 구석기 시대 후기에 나타났다고 여겨진다.] 가부장제의 "남성 지배, 여성 감금"은 진화사에서 극히 최근의 일이지만 그 경험 또한 인간 유전자에 흔적을 남겼을 것이다(Hrdy, 1999/2010).

인간 남녀의 짝짓기 행동은 동물조상들과 유사한 점이 많고, 포유류, 영장류로 올수록 그 유사점은 커진다. 인간이 사회적 동물로 진화한 배경은 최소한 포유류까지는 거슬러 올라간다. 어미가 새끼의 필요에 섬세하게 대처하며 새끼에게 필수적 반응을 일으키는 방식은 고도로 통합된 공진화 체계가 존재함을 보여준다. 그러한 진화 및 공진화의 결과 포유동물 종들에서는 여러 호르몬이 작용하여 자손의 생존과 어미의 장기적 번식성공에 도움이 되는 사회적 관계가 생겨났다. 나아가 어미와 새끼가 지속적인 유대관계를 맺음으로써 양편 모두에게 '사회적 지능'이 진화할 기회와 필요가 생겨났다(Hrdy, 1999/2010, p. 242).

연애, 결혼, 출산을 포기하는 현대 우리나라의 '3포 세대'는 짝짓기 과제가 생존 및 생활의 과제들과 밀접한 관계가 있다는 것을 보여준다. 이러한 관계를 인식하지 못했기 때문에 진화심리학자들은 홍적세 자체에서의 인간 삶의 모습에도 별 관심을 두지 않았다. 홍적세 대부분의 기간 동안 인구밀도는 극히 낮았다. 구석기 시대 초기에 100명의 생존자로 구성된 집단이 1만 명으로 불어나는 데는 5만 년이 걸렸다(이하 Hrdy, 1999/2010, p. 298). 오늘날 지구상의 모든 인간은 약 1만 년 전 같은 장소에 있던 동일한 작은 수렵-채집인구의 후예이다.12) 신석기 혁명 시기에 수렵-채집에서 농경사회로 넘어가면서 식량을 생산·저장하게 되고, 더 이상 동굴 속에 살지 않고 촌락을 이루어 집을 짓고 모여 살았다. 인구증가가 뒤따랐고, 1만 5천 년마다 두 배로 늘어나던 인구는 현재 50년마다 두 배로 증가하고 있다. 신석기 혁명 시절의 유산 덕분에 우리는 사람 많고 속도 빠른 새로운 환경에 잘 적응했(하)는 것일지 모른다. 우리는 새로운 서식처에 빨리 적응하며 새로운 취향을 획득하고 새로운 업무를 배우는, 특히 어릴 때 고도로 적응성이 높은 생명체이다.

인간 아기들은 유달리 오랜 아동기를 보낸다. 다른 대형 유인원과 달리 *가족*을 이루어 살면서 인간 어미는 아이들을 먹이고 키우는 일에 다른 집단 구성원들의 도움을 받았다. 짝 사이의 결속이 얼마나 오래 지속되었는지, 가족이 어떤 유형이었는지는 알 수 없다. 일 대 일 관계에서는 남성이 항상 자신의 짝을 지배할 수 있었던 것으로 보이지만, 여성은 생계에 큰 기여를 하며 이동이 자유로웠을 것이고, 혈육의 지지를 많이 받을수록 자율성이 더 컸을 것이다. EEA를 어느 쪽으로 확장하든 여성들은 늘 '일하는 어머니'였다 (Hrdy, 1999/2010, p. 189). 모성을 자애로움 및 자기희생과 동일시하기 때문에 우리는 '억척 어멈'이 표준이라(었다)고 생각하지 않는다. '생물학', '본능'(모성애), '자연법칙'을 찬미하면서 어미들이 실제로 일하며 살고 있는 일상현실에, 지금과는 매우 달랐던 진화환경에서의 삶에 별로 주목하지 않는 것이다.

부모와 자녀

수렵-채집사회에서도 여성들은 집에만 머물며 근처에서 '채집'만 한 게 아니었다. 현대에 새로운 것은 생산과 재생산(번식)의 삶을 구분하며, 일하는 엄마와 아기를 떼어놓는다는 것이다. 심리학자들도 EEA에서의 짝짓기나 모성행동을 연구할 때 '일하는 어머니', "주도면밀한 모성"(p. 56)을 간과한다. 여자는 이성적 계산·사고를 못한다고 믿었기 때문일까. 한정된 시간과 에너지를 가지고 자신과 자식들의 생계를 돌보고, 주변 사람들에게서 필요한 도움과 지지를 얻어내는 데도 고도의 전략과 협상력이 필요했겠지만, 가장 근본적인 싸움은—역설적으로 들리지만—끝없이 요구를 해대는 자식에게 맞서는 일이었다.

12) 극단적으로 느린 출발 후 매우 짧은 시간에 "인류의 양탄자"가 지구를 덮었기 때문에 인류는 거주지역, 인종 등에 걸쳐 타 영장류에 비해 유전적으로 매우 동질적이다.

어머니의 타협 홍적세 때에 성년에 도달한 여성 대부분은 임신하여 아기를 낳았지만, 대다수는 살아남은 자식을 한 명도 남기지 못하고 죽었다(Hrdy, 1999/2004, p. 36; 아동학살과 학대에 대하여 Cyrulnik, 1999/2006, p. 95f. 참조). 최소한 한 명을 번식연령까지 키워내야 했으므로, 양이 최우선이 되지 못하였다. 여성은 어디서나 생계와 번식 사이에서 계속 타협(tradeoff)하였다. 세계 도처에서 잘사는 사회의 출산율이 낮다는 사실에서 보듯이, 번식기회를 통제하고 처지를 개선할 기회가 주어지면 "여성들은 어디서나 더 많은 아이보다는 삶의 질과 경제적 안정을 선택한다"(Hrdy, 1999/2000, p. 39). 여성은 가능한 한 많은 아이를 낳도록 진화한 게 아니다. 질을 위해 양을 타협하거나 안전한 지위를 얻도록, 또 자식 일부라도 살아남아 자손을 퍼뜨릴 수 있는 확률을 증가시키는 방향으로 진화했다.

수렵-채집사회에서 자식 터울은 3-5년이었지만 — 물론 의도적 '가족계획'이 아니라 난소의 기능이 그렇게 진화한 것이었다 — 신석기 혁명을 거치며 터울이 크게 줄었다. 곡식가루를 조리한 죽을 1년 내내 이유식으로 이용할 수 있게 되면서 아기가 6개월 만에 젖을 떼더라도 살아남을 수 있었기 때문이다. 이제 어머니는 아이 하나하나를 거의 외동이처럼 키우지 못하고 여러 명의 어린 자녀에게 자원(시간, 식량, 사랑 등) 분배를 해야 하는 처지가 되었다. 아이는 아이대로 엄마가 아직 필요할 때 아기 동생에게 엄마 젖과 사랑을 빼앗겨야 했다.

어미는 자식을 사랑하도록 생리·심리기제가 갖추어져 있지만, 모성애는 자동적으로 작용하는 '본능'이 아니라 상황의 전개, 즉 자식의 상태나 행동에 따라 점차 펼쳐진다. "주도면밀한 모성"은 필연적으로 "조건부 헌신"(Hrdy, 1999/2010)을 뜻하였다. 어미들은 자기 유전자를 지닌 자녀의 생존·번식을 보장하기 위해 모든 것을 했지만('이기적 유전자'), '조건'들이 맞아야 했다. 자식이 처음부터 '투자가치'가 있어 보이느냐 하는 것은 그중 하나에 지나지 않았다. 홍적세 아비들이 '과거' 문제("누가 이 아이의 아비인가?")로 끊임없는 괴로움을 겪었다면, 어미의 관심은 미래로 뻗어있었다. 바로 "누가 아이를 보살피는 일을 도울 것인가?"라는 물음이었다(p. 424). 아기를 하나라도 키우려면 보호와 식량공급에 도움을 주는 짝, 그리고/또는 "대행부모"(alloparent)가 반드시 필요했다. 아직 번식할 때가 되지 않은 딸들도 아기를 보았지만, 나이 많은 여성들, 특히 번식과제를 졸업한 할머니들이 양육과 살림에 큰 도움을 주었다.

협동번식의 실제 포유류 어미들은 엄청난 부양투자를 기쁜 마음으로 하도록 진화하였다. 대표적인 물질이 '모성 호르몬'이라고 부르는 옥시토신이다. 이 호르몬 덕분에 분만의 고통이 견딜 만해질 뿐 아니라 황홀한 체험이 되기도 하고, 젖을 물리며 아기와 사랑에 빠지고 '하나'가 되는 것이다. 그러나 진화는 인간 어미들에게 출산 후 며칠이 지나야 젖이 나오게 하였다. 출산 직후 처음으로 아기를 안은 어머니들은 무감각해보이고, 며칠, 몇 주가 지나야 아기에 대한 강한 애정이 생겨난다. 무감각/기쁨을 예측하는 최고의 기준은 엄마가 얼마나 많은 사회적 지원을 받고 있는가 하는 것이다(Hrdy, 1999/2010, p. 274).

다른 사람들의 도움을 받아 자식을 길러내던 진화역사의 정서적 유산이 있기 때문에 출산 그 자체는 어머니가 자식을 무조건 돌볼 것이라는 보증서가 아니(었)다. 어미 노릇을 원하면 누가 낳은 아기라도 사랑할 수 있는 반면, 그런 경향이 없는 여성은 자기 자신의 아기조차 사랑하지 못하게 된다. 너무 이른 나이에 아이를 낳아서 그리고/또는 양육을 도와줄 사람이 없어서 혼자 힘으로 아이를 키워낼 자신이 없을 때, 또는 아이가 허약하거나 장애가 있을 때, 엄마가 아이를 버리거나 죽이기까지 하는 일은 진화사에 걸쳐 많이 발생하였고 오늘날까지도 이어진다. 남성은 살인할 때 (유전적) 관계 없는 사람을 죽이는 경향이 있지만, "여성이 누군가의 죽음의 원인이 된다면 죽은 자는 자신의 갓난아기"이다(p. 292). 인간을 포함한 영장류에서 어미가 아기를 버리는 일은 거의 확실히 출산 72시간 이내에, 즉 젖이 나오고 애착형성이 시작되기 이전에 일어난다(p. 497).

다른 암컷새끼에게 젖을 먹이는 '유모'도, 심지어 '보육원'도 인간 사회에만 있지 않다. 협동번식하는 다른 동물들과 인간이 결정적으로 다른 점은 *아비*가 지속적, 헌신적으로 같이 돌본다는 것이다. 영장류 수컷들은 새끼들과 직접적인 접촉은 거의 하지 않지만, 아기와 오래 전부터 익숙하거나, 낯선 아기라도 절박하게 도움을 요청할 때, 그리고 무엇보다도 어미와 관계가 있을 경우 기꺼이 보살핌을 제공한다. 수컷들이 다른 수컷들의 새끼를 죽이고 어미와 짝짓기 하는 일이 많기 때문에, 짝이 출산한 후 근처에 머무는 것은 내 새끼(유전자)를 지키는 길이 된다. 어미에게는 강한 수컷을 찾는 것이 최선이지만, 그 짝이 죽거나 무리에서 쫓겨날 때를 대비해서 '아비 후보자'를 여럿 거느리는 것이 더 나은 선택이다. 수컷들은 최근에 짝짓기를 한 암컷이 낳은 새끼는 건드리지 않으므로, 그들이 누가 자기 새끼인지를 모르는 것이, 암컷의 입장에서는 '수줍음'과 '정절'보다는 '문란함'이 번식성공에 유리했을 것이다.

아기의 전략 모든 생명체의 궁극적 존재이유는 생존과 번식, 즉 살아남아 자기 유전자를 퍼뜨리는 일이다. 유난히 무기력하게 태어나 긴 아동기를 보내는 인간 아기가 살아남으려면 수단방법을 가리지 않고 엄마의 자원을 얻어(뜯어)내야 한다. '부양투자'의 '수혜자'로서 아기는 부모, 할머니나 이웃 아줌마 등 어른들이 보살펴주기만 기다리는 수동적이고 무력한 존재가 아니다. 호혜적 이타주의 이론과 부양투자 이론에 이어 Trivers는 1970년대에 **부모-자식 갈등 이론**에서 아기들을 정치적 목표를 지닌 능동적 선수의 지위로 끌어올렸다(Hrdy, 1999/2010, p. 659). 아기는 태어나면서부터 둥근 머리, 통통함, 우렁

찬 울음소리 등의 지표를 통해 잘 살아남을 튼튼한 아이, "기를 가치가 있는 아기"라는 것을 신호한다. 아비를 닮은 아기는 아비의 부양투자를 확보할 확률이 높아진다.

아이는 엄마의 냄새를 기억하며 엄마의 시선, 다정함을 분석한다. 만일 모성애가 자동적으로 작동하는 '본능'이라면 아기는 "어머니 역할의 전문가"(p. 603)가 될 필요가 없을 것이다. 이 전문가의 최대 관심사는 엄마가 계속 곁에서 보살펴줄 것인가를 알아내고 그 가능성을 높이는 것이다. *애착형성*은 매우 효과적인 전략이다(글상자 9-1 참조). 엄마가 곁에 없으면 울며 찾다가 엄마가 와서 안아주면 진정하고 웃는 아기를 어떻게 안 사랑한단 말인가. 그러나 엄마가 투자하는 자원의 양과 투자기간을 놓고 엄마와 자식 간에 그리고 형제 간에 싸움이 벌어지기도 한다. 젖 떼는 상황을 생각해보면, 엄마는 (동생을 보았다면 더욱더) 빨리 젖을 떼고 싶고 아기는 될수록 오래 젖을 먹고 싶다. 아기는 몸집이 작고 경험도 없고 자원통제권도 없지만, 심리전(엄살, 어리광)과 떼쓰기 등 '약자의 무기'가 있다. '어미-자식' 갈등은 태내에서 이미 시작하여 태아는 태반조직에서 더 많은 자원을 낚아채려 '화학전'을 벌인다(Hrdy, 1999/2010, p. 604, p. 673 참조).

엄마-자식 사이에 벌어지는 암투를 생각하면 우선 무엇보다도 거룩한 모성애, 순진무구하고 연약한 아기라는 고정관념을 버리게 된다. 살아가는 모든 존재는 주도면밀한 전략가이자 기회주의자, 생존전문가(survival artist)이며, 아기도 엄마와 다를 것이 없다. 너나 할 것 없이 자기 자신의 생존과 번식이라는 목표를 무자비할 만큼 일관성 있게 추구해가면서, 그러나 다른 한편 '협동번식'하면서 우리는 '사회적 동물'로 번성해왔다. 무조건적 사랑과 헌신이라는 의미의 '모성애'는 애당초 '신화와 이데올로기'였다. 그러나 오늘날에도 임신과 양육은 여전히 여자를 영원히 바꿔놓는다. 임신, 진통, 출산은 뇌에 새로운 신경회로를 만들고, 냄새나 청각 같은 특정감각 능력을 강화시킨다(Hrdy, 1999/2010).

'행복', '완전한 사랑'의 순간들이 있을지라도, 인간의 행복은 생명의 창조 프로그램에도 인간 사회의 프로그램에도 없는 것처럼 보인다. 사회적 동물로서 가족 및 타인들과 어울려 살아야 하는 인간 조건 때문에 모든 사회는 생존전문가들의 이기주의를 억누르려고 노력한다. 성·공격 충동은 정도의 차이는 있지만 어느 사회에서나 규제되고, 역시 정도의 차이가 있을 뿐 충효 교육을 하지 않는 사회는 없을 것이다. 이렇게 본성과 사회·문화환경이 뗄 수 없이 얽혀있는 가운데서 우리 개인들은 행복해지려고 노력하며 환경에도 그리고 본성에도 적응·대처한다.

어머니 자연에 적응하기 인류는 영리하고 매우 창조적인 종으로 진화하여 하늘을 비행하고, 우주 탐사를 가며, 컴퓨터를 만들었다. 인간은 '자유의지'를 행사하도록 진화했을 수 있지만, 스스로 만들어놓은 세상에 잘 적응하고 있지만, '어머니 자연'(Mother

글상자 9-1

애착행동 체계의 기능 — 무엇 또는 누구로부터 안전한가

Bowlby(1982/2006)는 일정 거리의 범위에서 애착관계를 유지하게 해주는 애착행동 체계(attachment behavior system, ABS)가 애착 및 탐색 생동을 설명해준다고 보았다(4장 참조). 그는 동물의 왕국에서 널리 관찰되는 이 행동체계의 구조가 (체온, 혈압 등을 일정 수준으로 유지하는) 생리체계처럼 *자연선택*의 결과라고 보았다. 그는 애착행동의 기능이 포식동물, 즉 *맹수로부터의 보호*라고 보았다. 놀랐을 때 그 행동의 강도가 높아지고 또 처벌·학대하는 보호자에게 애착이 더 강하게 나타난다는 관찰들이 이 가설을 지지해준다. 애착행동이 성인기에도 지속되며 특히 여성들에게서 그렇다는 사실도 이 가설로 잘 설명된다. Bowlby는 "여기에 이 문제를 그대로 두어야 한다"(p. 346)고 신중하게 덧붙이는데, 영장류에서 이 가설을 검증하기가 어렵기 때문이다. 대부분의 포식동물은 야행성이며, 원숭이나 유인원의 야간활동 연구가 부족하다는 것이다.

Hrdy(1999/2010)는 EEA에서 야생동물이 유일한 위험이었겠느냐고 의문을 제기하면서 아기들의 '낯가림'을 다시 생각해보자고 제안한다(p. 640). 다양한 관찰에 의하면 아이들은 고양이과 동물이나 뱀 같은 위험한 동물을 무서워하지 않고, 어른(대부분 엄마)의 반응을 보고나서야 공포를 '학습'한다. 그러나 *낯선 사람*에 대한 공포는 자연발생적이다. Hrdy는 인류 역사에 걸쳐 여성은 혈연관계 없는 남성이 자신의 아이를 해칠 수 있다는 문제에 항상 직면했다고 믿는다(p. 391). 그 증거의 하나가 '수유공격성'이다. 젖생산을 유도하는 호르몬인 프로락틴은 어미가 새끼를 방어할 때 공격적이 되는 것처럼 공격·방어를 할 때 극도로 높아진다(p. 222). 짝 출산 후 영장류 수컷이 근처에 머물러 있는 것도 자손을 다른 수컷들로부터 보호하기 위한 것이라고 생각된다(p. 349).

Hrdy는 엄마의 보살핌의 지속을 위해서 아기가 애착형성을 하고 "포식자로부터의 보호는 보너스로 따라왔다"고 믿는다(p. 831). 엄마의 헌신이 무조건적이 아니라 조건부이기 때문에, 즉 엄마의 태도가 양면적(ambivalent)이기 때문에, 아기는 일단 거부할 수 없는 매력, 바로 "신생아 다움" 광고—"갓난아기 매력"(natal attraction)—를 동원한다(p. 259). 포동포동하고 동글동글한 아기가 엄마를 보고 웃을 때 엄마는 녹아버린다. 아기는 다양한 방식(타고난 매력, 애착행동 등)으로 엄마의 마음을 사로잡고, 밀어내고 학대하는 엄마에게도 필사적으로 달라붙는다. Harlow의 후기 실험들에서 볼 수 있듯이(Blum, 2002/5), 새끼는 어미를 죽도록 사랑한다. 목숨이 어미 보살핌(의 지속)에 달렸기 때문이다.

Nature)이 허락하는 범위가 커지는 데는, 즉 진화적 적응에는 시간이 걸린다. 석기시대에 비하면 어마어마한 인구밀집(crowding)과 도시화에 잘 적응했지만, 부작용도 겪고 있다.

'저출산'은 "교육, 문화, 계층, 지위, 자유의지"(Gould, 1977/2008, p. 377)의 결과이기도 하지만, 불임도 많이 늘었다. 정자수가 줄어드는 것 같은 현상은 어느 정도까지는 인구밀집에 적응한 대가일 수 있다.

진화론의 관점에서 우리는 다른 포유류 및 영장류에서의 어미-새끼 관계들과 인간 부모-자식 관계를 비교하고, 몇만, 몇십만, 몇백만 년 전의 삶을 재구성한다. 이렇게 시야를 넓히면 "아기와 엄마에게 필요한 것이 무엇인지, 엄마가 그것을 제공하기 위해 타인에게서 필요한 것이 무엇인지, 그리고 그 이유는 무엇인지에 대해 새로운 관점"(Hrdy, 1999/ 2010, pp. 200-201)을 가지게 된다. 현대 핵가족에서 엄마가 자녀를 한두 명만 낳고 집에서 혼자 돌보거나 아기를 떼어놓고 직장에 나간다면, 이는 과거 진화환경에서 엄마가 먹고사는 생계를 책임지며 아비 및 대행부모의 도움을 얻어내 자녀를 양육하던 삶과 크게 다르다. 이러한 환경차이들은 엄마와 자녀 양편에 큰 스트레스를 주고, 엄마-자녀 관계 나아가 인간관계 전반에 부정적 영향을 미칠 여지가 있다.

초등학교 나이부터 입시교육 체제에 끌려 들어가 공부하고 시험 보는 기계로 아동 청소년기를 보내는 것이, 대면관계보다 '가상현실'에서 대부분의 사회적 교류를 하는 것이 어머니 자연이 허락한 인간 능력범위 안에 들어갈까? 현재를 살아가는 인간의 행동과 심리의 뿌리가 머나먼 옛날로 뻗어있다는 진화론적 관점을 가지면 이런 질문을 던지게 된다. 우리의 몸과 마음과 머리가 진화한 과거 환경과 너무 다른 현재 환경조건에서 어떤 문제에 부딪칠 가능성이 있는지, 문제해결에 어떻게 접근해야 하는지도 생각해보게 된다. 진화론의 관점에서 저출산 문제를 생각하면, 해결방안의 핵심은 '협동번식'하는 종의 '일하는 어머니'들의 직장-가정, 일-생활 양립이다.

다음 장에서 논의할 행동유전학은 능력과 성격의 개인차들의 유전을 연구하는 분야로서, 유전요인과 환경요인을 구분할 수 있고 각각의 공헌도를 측정할 수 있다고 본다. 모든 (인간)개체에 공통된 보편적인 특성들을 찾느냐 개체간 차이들을 바라보느냐 하는 것은 극단적으로 상반된 견해로 보이지만, 그렇지도 않다. 인간은 누구나 언어능력을 타고나지만, 이 능력이 모든 이에게 같은 수준으로 발달하지는 않는다. 부모의 유전자들이 자식에게 전달되기 때문이다. 심리학의 생물학주의는 계속된다.

요 약

01 생물학은 학문적 심리학의 출발부터 그 정체를 규정해 왔다. 진화론에 토대를 둔 **기능(또는 적응) 심리학**이 현대심리학의 출발이었기 때문이다. **자연선택**에 의한 진화를 주장한 다윈의 견해에 대한 가장 큰 수정은 진화가 종이나 개체들 사이에서 일어나지 않고 유전자들 사이에서 일어난다는 것이었다('이기적 유전자', '포괄적응').

02 어떤 행동이나 신체특성들이 생존이 아니라 짝가치(매력)를 높이기 위해 진화했을 때 **성적 선택**이 일어났다고 말한다. 집단생활을 하는 인간에게 타인들은 중요한 적응환경이며, 특히 번식노력에서는 남녀가, 부모-자식이 서로 적응해야 했다. 그 결과는 다양한 **공진화**이다.

03 인간의 유전과 진화는 23쌍의 염색체 — 이 세트를 **게놈**이라고 부른다 — 로 시작된다. 염색체는 긴 DNA분자이며, DNA가 복제되어 유전물질이 부모에게서 자식으로 전달된다. 다양한 질병, 능력, 성격의 유전을 연구하기 위해 대규모의 **게놈-표현형 연합 연구**(GWAS)가 여러 개 진행중이다.

04 **적응심리학**은 자연과학이라기보다는 **공학**(엔지니어링)이라고 할 수 있다. 진화와 공학은 둘 다 "일들을 점점 더 잘 하는 설계들을 계속 탐색"한다. 공학으로서의 심리학에서는 기능과 설계가 키워드가 된다.

05 생물학 시대, 게놈 혁명 시대에 심리학에서도 진화심리학과 행동유전학이 큰 주목을 끌게 되었다. 진화심리학은 인간의 보편적 특성들의 **먼 원인**을 찾는 반면, 행동유전학은 행동과 성격에서 개인차들이 나타나게 하는 **가까운 원인**을 찾는다.

06 인간이 **진화한 적응환경**(EEA)은 수렵·채집을 하며 확대가족 속에 살았던 아프리카 초원이었다. 그 환경에서 생존·번식에 성공한 조상들의 특성이 현대까지도 '인간 본성'으로 남아 있다. 남자는 무리를 이루어 사냥을 나갔고 여자는 자녀 출산과 수유, 그리고 집 주변에서의 채집을 맡았다는 (추리되는) 사실이 남녀의 차이를 가져왔다.

07 **부양투자**의 큰 양성차이로 인하여 남자는 많은 단기관계를, 여자는 소수의 장기관계를 추구하는 **성 책략**을 발달시켰다. 남자는 번식력의 신호가 되는 젊음과 외모를, 여자는 자기와 자식을 부양하고 보호하는 데 필요한 능력과 헌신을 가진 짝을 얻고자 한다.

08 EEA에서 적응에 도움이 되었기 때문에 진화한 심리기제들은 엄청나게 달라진 현대환경에 적응하는 데는 더 이상 도움이 되지 않을 수 있다. 인간의 불행과 고통과 질병의 상당 부분은 **진화**

환경과 현대환경의 차이에서 비롯된다. 부정적 정서들도 적응에 도움이 되기 때문에 진화했는가 하면, 선택에 의한 진화에서 **경쟁**으로 인한 괴로움도 피할 수 없다.

09 진화심리학은 인간의 적응과 본성을 보는 새로운 관점을 제시하였고 성별 요인의 중요성을 부각시켰다. 진화심리학에서 생물학적이라고 주장하는 남녀 차이는 **양성분업의 사회구조**로 똑같이 잘 설명된다. 기껏해야 1만 년쯤 전부터 고착된 가부장제에서 남녀관계의 모습을 수백 만 년 전 EEA로 투사한다는 비판도 나온다.

10 영장류 인류학자 Hrdy(1999/2010)는 홍적세 수렵-채집사회에 EEA를 고정하지 말고 "양방향으로 확장"해야 한다고 본다. 인간 본성에는 한편으로는 포유류 및 영장류의 삶의 흔적이, 다른 한편으로는 신석기 혁명, 가부장제의 흔적이 남아있다.

11 EEA를 어느 쪽으로 확장하든 여성은 늘 '일하는 어머니'였다. 한 명이라도 번식연령까지 키워내기 위해 여자는 언제 어디서나 생계와 번식 사이에서 타협했고, 양육자인 만큼이나 전략계획가, 협상자였다. 인간은 **협동번식**하는 종으로서, 어머니들은 짝(아이의 아비)과 '대행부모'(주로 다른 여성들)의 도움을 받아 자녀를 키웠다.

12 **부모-자식 갈등** 이론은 아기가 수동적이고 무기력한 존재가 아니라 엄마와 동등한 그리고 독립적인 전략가이자 생존전문가라는 것을 보여주었다.

13 우리는 자유의지를 행사하는 영리하고 창조적인 종으로 진화하였지만, 자연이 허락하는 범위 안에서 선택도 자유의지도 가능하다. 우리는 우리가 만들어놓은 세상에 잘 적응하고 있지만 적응노력의 부작용도 경험하고 있다.

제 10 장

행동유전학

진화심리학이 *인간 본성*의, 즉 시대와 문화를 넘어 보편적인 인간 특징들의 유전적 토대를 이해하려고 한 반면, 행동유전학은 어떤 특질이나 특징에서의 *개인차*가 어디서 오는지를 설명하려고 한다. 전자는 직접적 경험적 증거보다는 상상력과 추리('진화론적 사변')에 의지하지만, 후자는 개인차 측정 자료를 가지고 유전율을 추정한다.

2차대전 후 한동안 미국 심리학자들은 인간 발달에서 생물학과 유전보다 환경과 경험을 중시하고, 국가적으로도 교육의 중요성이 강조되었다. 그러나 1970년대 정치 보수화와 함께 심리학에서도 다시 지능과 범죄경향의 유전, 알코올 중독과 정신병의 생물학적 이론들이 나왔다. 대중에게 인기 있던 사회생물학도 성격이론의 생물학화에 기여하였다(Beit-Hallahmi, 1995). 이러한 사회분위기에서 그리고 생명과학이 급성장하면서 행동유전학은 심리학에서 다시 큰 주목을 받게 되었다. '행동유전학'(behavior genetics)이라는 이름은 1960년에 처음 사용되었으며, 1970년에 학회가 세워지고 학회지도 나오기 시작하였다(Rose, 1995).

행동유전학적 연구방법

유전학 연구에서 전통적으로 쓰인 방법은 **선택교배**(selective breeding)였다. 연구할 특질을 가진 동물들끼리만 여러 세대에 걸쳐 짝짓기를 시켜 그 특성을 가진 '순종'을 얻는 것이다. 값비싼 경주마나 개들은 이러한 교배과정을 거쳐서 나온다. 여러 혈통의 동물들을 서로 다른 조건들 아래서 키워 유전자 차이와 환경 차이가 행동에 미치는 효과들을 분리해낼 수도 있다. 인간의 경우에는 그러한 선택교배 실험들을 물론 할 수 없고, 쌍둥이와 입양아들을 연구에 많이 사용한다. 일란성-이란성 쌍둥이는 *자연*이 한 실험, 양자들은 *사회*가 한 실험의 결과라 할 수 있다. 이 실험들에는 통제가 부족하고, 따라서 분명한 결론을 내리기 어려울 때가 많다.

쌍둥이와 양자 연구

부모-자식, 형제자매들은 외모뿐 아니라 지능이나 성격도 비슷한 경우가 많지만, 가족들은 유전성향뿐 아니라 환경조건들도 공유하므로 그 '닮음'들에서 유전과 환경의 효과를 분리할 수가 없다. 일·이란성 쌍둥이들을 비교할 수 있으면 얘기는 다르다. 일란성 쌍둥이들은 똑같은 수정란에서 나오므로 유전자들이 똑같고, 이란성 쌍둥이들은 두 개의 수정란에서 나오므로 유전자 유사성이 보통의 형제자매들에서와 다를 바 없이 50%이다. 환경이 같으냐 다르냐에 따라 이 '자연이 한 실험'은 유전과 환경의 효과를 분리할 수 있게 해준다.

쌍둥이 연구 대부분의 경우 쌍둥이들은 그들이 태어난 가정에서 같이 자란다. 어떤 특성들에서 이란성 쌍들보다 일란성 쌍들이 서로 더 유사하다면 그것은 *유전*영향을 보여주는 증거로 해석된다. 뒤에 논의할 유전율지수(h^2)는 주로 같이 자란 일·이란성 쌍둥이 자료를 토대로 계산된다.

자연의 실험에서는 통제가 완벽할 수 없다. 일란성 쌍둥이들은 이란성 쌍둥이들보다 유전유사성만 더 클 뿐 아니라 환경유사성도 더 클 수 있다. 똑같이 생겼을 뿐 아니라 기질도 대단히 유사하기 때문에 그들은 부모를 비롯한 주위사람들로부터 서로 더 유사한 반응들을 유발하는 경향이 있다(표 8-4 참조). 이란성 쌍둥이들도 외모가 비슷해서 일란성으로 착각당하면 성격특성들도 서로 더 유사해진다는 연구도 있다. 만일 일란성 쌍둥이들이 이란성 쌍둥이들보다 더 유사한 환경에서 자란다면, 일·이란성 쌍들이 유전적 유사성만 다르다는 기본가정이 흔들리는 결과가 된다. 이런 자료에서 나온 유전율지수는 유전의 영향을 과대평가하게 된다. [쌍둥이연구에서 얻어지는 유전율이 통상 양자연구에서 나오는 값보다 크다.]

쌍둥이 연구에서 중요한 변인은 일·이란성 외에 같이 자랐느냐 떨어져 자랐느냐 하는 것이다. 일란성 쌍둥이들이 서로 다른 환경에서 자라났는데도 후에 행동과 성격의 유사성을 보인다면 *유전*영향의 강력한 증거가 된다. 서로 생사도 모르는 채 자란 일란성 쌍둥이들이 어른이 되어 만났는데, 행동과 성격뿐 아니라 식성, 질병, 옷 취미, 심지어 배우자까지 너무나 비슷했다는 사례가 이따금 언론에 보도되곤 한다. 같이 자란 일란성 쌍들(유전, 환경 둘 다 동일)과 떨어져 산 쌍들(유전만 동일)을 비교하면, *환경*의 역할이 분명히 드러난다. 이는 자연과 사회가 같이 설계한 실험이라고 할 수 있는데, 이 경우에도 '완벽한' 실험은 드물다. 따로 자란 일란성 쌍들의 충분한 숫자를 구하기가 힘들거니와, 따로 자랐다고 해도 출생 직후 분리되는 일이 드물고, 아주 모르는 사람에게 가는 일도 드물기 때문이다. 쌍둥이 중 하나가 친부모의 친척이나 친구에게 간다면, 둘이 서로 유사성이 있는 환경에서 자라는 것이 되고 자주 만날 수도 있다. 9개월 동안 자궁 안에서 공유한 동일 환경이 뇌의 회로 형성에 결정적 영향을 미친다고 주장하는 학자도 있다.

양자 연구 출생 직후 입양된 아이들이 양부모(환경만 제공)보다 친부모(유전만 제공)와 더 유사하다면 해당 특성에서 *유전*영향을 확신할 수 있다. 양부모에게 양자뿐 아니라 친자도 있다면, 같은 환경에서 자란 친자-양자 비교를 할 수 있는 기회도 갖게 된다. 같은 가정에서 자랐는데도 입양자녀들보다 친자녀들이 서로 더 유사하다면, 유전요인이 작용했다고 볼 수 있다. 같이 자란 경우에는 환경이 똑같았다고 가정하는 것이다.

한 가정에서 같이 자란다고 해서 친자녀와 입양자녀가 환경을 같은 정도로 공유한다고 할 수 있을까(Jackson, 1993)? 부모들이 친자와 양자들을 다르게 취급할 수 있고, 자기가 양자임을 안다면 부모 영향력에 달리 반응해서 결과적으로 친자-양자 환경유사성이 줄어들 수 있다. 미국의 경우 경제형편이 어려운 흑인 부모에게서 태어난 아이들을 백인 중산층이 입양하는 경우가 많다. 백인 양부모의 흑인 양자들은 아주 어릴 때부터 자신이 입양되었다는 사실을 모를 수가 없고, 안다는 것 자체가 아이들의 행동과 성격 형성에 — 나이가 들수록 더욱더 — 영향을 미칠 수 있다. [피부색 때문에 받는 차별도 환경 차이를 가져올 것이다.]

8장에서 성격요인의 안정성(연속성)을 논의할 때 우리는 절대적 연속성과 차이연속성을 구별하고(표 8-3 참조), 전자는 평균차이로, 후자는 상관계수로 그 정도를 나타낸다고 하였다. 상관계수는 공변(covariation, 예컨대 유전유사성에 따라 IQ 유사성이 '같이 변하'는가)의 정도를 나타내 줄 뿐 평균차이(elevation)는 반영하지 않는다. 유전영향을 나타내는 유전율은 *차이(상대적) 유사성*의 지표라 할 수 있다. 8장에서 우리는 절대적, 상대적 연속성이 서로 독립적임을 강조하였다.

미국에서 입양부모는 교육수준, 경제능력, 정서적 안정 등이 — 엄격한 심사를 거치므로 — 상당히 높고, 입양아들의 IQ 점수는 친부모의 점수보다 훨씬(10점 이상) 높은 일이 많다(Rose 등, 1988/93, p. 146 참조). 이러한 평균차이는 분명 *환경*의 효과이며, 양자들이 친부모보다 양부모와 *절대적* 유사성이 큼을 말해 준다. 그러나 양부모, 친부모와의 IQ 상관계수들을 비교하면 친부모와 상관이 더 높다. 양부모보다 친부모와 *상대적* 유사성이 더 큰 것이다. 유전영향이 크다고 해서 환경영향이 없다는 것은 아니라는 사실을 잊어버리면 차이유사성(상관계수)만 토대로 하여 '피는 물보다 진하다'고 주장하게 된다.

유전과 환경 영향 추정치

유전과 환경의 영향을 하나의 값으로 추정할 수 있다면 여러 특성들에서 유전과 환경의 영향을 비교하기가 편리할 것이다. 이 수치들은 일·이란성 쌍둥이들의 비교자료를 토대로 계산된다.

유전율 추정치(h^2) 어떤 점수들에서 관찰된 변량(개인차) 중 유전 요인에 귀속될 수 있는 비율을 유전율추정치(heritability estimate, h^2) 또는 유전율지수라 한다. 키의 유전율이 80%라면 키의 개인차의 80%가 유전자 때문이라고 추정된다. 이 개념은 생물학에서 나온 것이다. 같은 식물의 씨 여러 개를 같은 땅에 심어 똑같은 환경조건에서 자라게 했을 때 식물의 성장과 특질들에 차이가 나타난다면, 그 차이들은 씨앗 자체의 특성 차이로 볼 수 있다. 즉, 엄격한 의미에서 유전율은 동일한 환경에서 성장한 개체들을 전제한다.

인간 행동유전학에서 h^2은 주로 같이 자란(동일 또는 유사한 환경) 일·이란성 쌍둥이 연구를 토대로 얻어진다. 한 측정치 상에서 일란성 쌍들의 상관이 이란성 쌍들의 상관보다 유의하게 높으면 유전영향이 작용한 증거가 된다. h^2 계산법은 여러 가지가 있지만, 하나의 방법이 두 상관계수의 차이에 2를 곱하는 것이다. 표 10-1에서 IQ상관이 일란성 쌍들에서 .86, 이란성 쌍들에서 .60이므로, IQ의 h^2은 $(.86-.60)\times2=.52$가 된다.[1] 따로 자란 일란성 쌍둥이들의 유사성이 유전영향의 직접적 추정치라고 할 수 있다(표 10-1에서 .72).

나머지 변량은 환경요인들에 귀속된다. 이들은 체계적 심리사회적 환경영향들뿐 아니라 생물학적 영향과 우연들 같은 것들을 모두 포함하는 **비유전적**(nongenetic, 유전자 외의) 요인들로서, 공유(shared) 환경과 비공유(nonshared) 환경, 그리고 오차 변량으로 구성된다.

환경영향 추정치 어느 특성의 전체 변량 중에서 환경을 공유했기 때문에 나타났다고 할 수 있는 변량의 부분을 **공유환경** 영향(shared environmental influence, c^2) 추정치라 한

1) 정의상 h^2은 1.0을 넘을 수 없지만, 일란성 쌍들의 상관과 이란성 쌍들의 상관의 차이가 .50을 넘으면 이 계산법에서는 h^2이 1.0을 넘게 된다.

다. c^2은 유전자 유사성으로 설명되지 않는 닮음으로 추정되는데, 쌍둥이 연구에서 이란성 상관에 2를 곱하여 일란성 상관을 뺀 값이 주로 사용된다. 위의 IQ 예에서 c^2은 2×.60－.86=.34가 된다. 같이 생활했으나 서로 혈연관계가 없는, 즉 유전자 유사성이 없는 사람들의 상관은 c^2을 직접 추정해주는 값이라 할 수 있다(표 10-1에서 입양자녀들의 IQ 상관 .32).

공유된 유전자/환경으로 설명되는 부분(.52+.34=.86)을 빼고 남은 잔여환경 변량(.14)은 측정오차와 비공유환경 변량의 비율을 나타내준다. 공유환경 영향이 같은 환경에서 살았기 *때문에* 나타난 *유사성*을 말한다면, **비공유환경** 영향(nonshared environmental influence)이란 같은 환경에서 생활했는데도 *불구하고* 나타난 *차이*를 말한다. 같은 환경에서 자란 일란성 쌍둥이들의 차이를 비공유환경 영향의 추정치로 사용한다(위의 예에서 .14). 물론 이는 측정의 완벽성을 전제한다. 심리측정에는 언제나 오차가 있기 때문에, 신뢰도 측정치를 써서 비공유환경 영향변량과 오차변량을 분리해내기도 한다.

지능과 성격의 유전

Galton부터 오늘날까지 지능 또는 IQ의 유전은 행동유전학자들이 가장 중점을 둔 주제이다. Galton이 여러 다양한 분야에서의 성공을 재능의 척도로 삼았듯이, 지능이 인생 성공을 가장 잘 예언해준다고 생각되기 때문일 것이다. 지능(IQ)을 측정하는 도구가 일찍부터 확립되었다는 사실도 연구를 촉진하였다. 성격특성들의 유전은 7장에서 공부한 Eysenck, Cattell 등 (Galton으로 시작한) 런던학파 학자들이 연구를 주도하였다. 성격 유전은 주로 5요인을 표적으로 해서 이루어진다.

유전과 환경의 영향

유전효과를 추정하는 단순한 방법은 유전 또는/그리고 환경유사성에서 차이가 나는 쌍들의 상관계수들을 비교해보는 것이다. 표 10-1과 10-2에서 지능에 대한, 외향성과 신경증성향의 두 성격특성에 대한 가족상관들을 보자.[2)]

---

2) 표들은 모두 Pervin(2003)에서 가져왔다. 표에 나온 수치들은 Pervin이 여러 출처에서 모아 종합한 값들이다.

표 10-1 평균 IQ 가족상관(R)(Pervin, 2003, p. 165)

관계	평균 R	쌍들의 수
같이 자란 혈연관계		
일란성 쌍둥이	.86	4,672
이란성 쌍둥이	.60	5,533
형제자매	.47	26,473
부모-자녀	.42	8,433
이복자녀들	.35	200
사촌	.15	1,176
따로 자란 혈연관계		
일란성 쌍둥이	.72	65
형제자매	.24	203
부모-자녀	.24	720
같이 자란 비혈연관계		
(입양)자녀	.32	714
양부모-입양아	.24	720

지 능 표 10-1에서 맨 오른쪽을 보면, 같이 자란 형제자매는 2만 6천여 쌍이었으나, 따로 자란 형제자매는 훨씬 적고(203쌍), 따로 자란 일란성 쌍둥이는 65쌍에 지나지 않는다. 당연하지만, 뒤로 갈수록 피험자 구하기가 어려웠던 것이다. 상관값들은 유전자영향도, 환경영향도 보여준다. 우선, 같이 생활해도 유전자 유사성이 줄어듦에 따라 가족들의 IQ 유사성이 작아짐을 볼 수 있다. 이는 *유전*영향을 잘 보여준다. 같이 자란 이란성 쌍둥이들이 같이 자란 형제자매보다 (유전자 유사성은 똑같은 정도인데도) IQ 상관이 높다(.60 대 .47). 전자가 같은 시기에 자람으로써 나이 차이 있는 형제자매들보다 더 같은 환경(부모나이, 가정사정, 사회분위기 등)을 공유했다는 사실과 관계가 있을 것이다. 쌍둥이들은 태내환경도 공유했다.

'같이 자란 혈연관계'에서는 상당한 *환경*유사성도 전제되지만, '따로 자란 혈연관계'에서는 *유전*유사성만 있다. 표 10-1을 보면, 떨어져 살았어도 형제자매 간에, 부모-자녀 간에 어느 정도의 IQ상관이 있다. 따로 자란 일란성 쌍둥이들의 IQ 유사성(.72)은 같이 살았을 때(.86)보다는 낮지만 여전히 높다. 따로 자란 일란성 쌍둥이들이 같이 자란 이란성 쌍둥이들(.60)이나 형제자매들(.47)보다 서로 더 유사하다. *유전*의 영향을 보여주는 결과들이다. '같이 자란 비혈연관계'에서 상관이 나타난다면 그것은 *환경*효과로 돌릴 수 있다. 입양자녀들 사이의 그리고 양부모와 입양자녀 사이의 상관(각각 .32와 .24)은 크지는 않지만 환경이 IQ에 미치는 영향을 보여준다.

외향성과 신경증성향 표 10-2에는 키와 몸무게라는 두 신체적 특성들의 가족상관이 같이 제시되어 있어서 심리적 특성들(E, N)의 가족상관의 크기와 비교해볼 수 있다. 특히 *키*의 경우는 가족상관이 유전자 유사성(일란성 쌍들의 경우 1.0, 친남매와 이란성 쌍들의 경우 .50)과 상당히 일치한다. 상관평균을 볼 때 일란성 쌍둥이들은 같이 자랐거나(.90) 따로 자랐거나(.92) 상관없이 키가 비슷하다. *몸무게*에서는 환경영향이 더 크다. 혈연관계가 없는 입양자녀는 같이 자랐어도 키의 유사성이 전혀 없는데(−.07), 몸무게에서는 약간의 유사성이 있다(.24). 키와 몸무게의 차이 패턴이 IQ와 성격특성(E, N)의 차이에서도 비슷하게 나타난다. 표 10-1과 표 10-2의 수치들을 비교해보면 IQ상관들에 비해 성격특성 상관들이 상당히 작다. 그러나 일란성 쌍들의 E, N 상관이 이란성 쌍들의 상관보다 더 커서, 유전영향이 크지는 않지만 존재함을 추측할 수 있다.

유전영향이 별로 크지 않다면 환경영향이 큰가? 적어도 '공유환경'의 영향은 거의 없는 것으로 보인다. 일란성 쌍들의 상관은 같이 자랐을 때나(E .48, N .41) 따로 자랐을 때(둘 다 .41) 차이가 없고, 이란성 쌍들에서도 같이(E .12, N .25) 또는 따로(.03, .23) 자람이 상관계수에 별 차이를 가져오지 않는다. 같이 자란 입양자녀들의 일치도는 공유환경 효과(c^2)의 직접적 추정치인데, 그 값들은 몸무게에 대해 .24일 뿐이고, 키, E, N에 대해서는

표 10-2 키, 몸무게, 외향성(E), 신경증성향(N)에 대한 가족상관(Pervin, 2003, p. 52)

	키	몸무게	E	N
상관 중앙치				
같이 자란 일란성 쌍둥이	.95	.90	.54	.46
같이 자란 이란성 쌍둥이	.52	.50	.19	.22
상관 평균				
같이 자란 일란성 쌍둥이	.90	.80	.48	.41
같이 자란 이란성 쌍둥이	.56	.46	.12	.25
따로 자란 일란성 쌍둥이	.92	.69	.41	.41
따로 자란 이란성 쌍둥이	.67	.46	.03	.23
같이 자란 친자녀	.52	.50	.20	.28
같이 자란 입양자녀	−.07	.24	−.06	.05
부모(평균)-친자녀		.26	.19	.25
부모(평균)-입양자녀		.04	.00	.05

모두 0에 가깝다. 부모-자식 상관도 친자녀일 때(E .19, N .25)도 약하지만, 양자일 때는 거의 없다(.00과 .05). 유전자 영향도 별로 크지 않고 공유환경의 영향도 거의 없다면, 비공유환경과 오차가 큰 비중을 차지함을 알 수 있다. 환경의 효과에 대해서는 뒤에서 더 자세히 논의하기로 한다.

유전율 추정치 표 10-3에 신체적(키와 몸무게), 지능(IQ와 특수 능력, 학교 성적), 성격 및 태도 특성들에 대한 h^2들을 제시하였다.[3] 위에서 논의한 것처럼, 키의 h^2이 몸무게의 h^2보다 높고(.80 대 .60), 이 값들은 IQ의 h^2(.50)보다 높다. IQ 유전율은 다시 성격 유전율(전체 .40)보다 높다. IQ 유전율은 나이와 더불어(특히 20세 이후에) 커지고 공유환경 효과들은 나이와 함께 줄어든다고 알려져 있다(Rose, 1995).

흥미 있는 것은 *태도*들의 h^2이다. 보수성향과 종교성이 어느 정도 유전적 요인들에 의해 결정되는가 하면(.30, .16), TV시청도 .20의 h^2을 나타낸다. 내가 보수정당에 투표하고 TV를 많이 보는 것은 '보수 유전자', 'TV시청 유전자'를 가지고 있기 때문일까? 부모님도 TV에 붙어사시는데, 내 버릇이 환경만이 아니라 유전에서도 생긴 것인가? 정확하게, 내 TV시청 습관의 20%가 — IQ는 50%가 — 유전 탓인가? 유전율추정치 결과들을 어떻게 해석해야 하는지를 알아볼 때가 되었다.

유전율추정치의 해석

유전율지수(h^2)와 공유환경 영향 추정치(c^2)는 표 10-2에서 나온 것 같은 (같이 자란) 일·이란성 쌍둥이들에 대한 상관계수들을 가지고 얻어진다.[4] 따라서 그 값을 해석할 때 상관계수를 내기 위한 전제도 고려해야 하는데, h^2에서 특히 중요한 것은 점수의 *변산*이다. 어느 한 변인에서 누구나 점수가 같거나 거의 차이가 없다면(낮은 변산, 즉 적은 개인차) 상관계수도, 따라서 h^2도 줄어든다. 유전·환경영향 추정치를 제대로 해석하기 위해서는 점수분포의 정도와 모양뿐 아니라 표본과 자료 특성을 비롯한 몇 가지에 대해서도 알고 있어야 한다.

---

3) 표에서 'EASI 기질'은 Emotionality, Activity, Sociability, Impulsivity의 약자이다. 기질을 "초기 아동기에 나타나는 유전된 성격특질"(p. 68)이라고 정의한 Buss와 Plomin(1986)은 유전율이 낮은 충동성을 빼고 EAS만 남겼다.

4) 표 10-2에서 상관계수들의 평균과 더불어 '중앙치'를 보고한 것은 상관계수들의 분포가 '정상'이 아니기(심한 '편포') 때문일 것이다.

표 10-3 유전율추정치들(Pervin, 2003, p. 167)

특 질	h^2 추정치
키	.80
몸무게	.60
IQ	.50
특수 인지능력	.40
학교성적	.40
Big Five	
외향성	.36
신경증성향	.31
양심성	.28
호의성	.28
체험개방성	.46
EASI 기질	
정서성	.40
활동성	.25
사교성	.25
충동성	.25
성격 전체	40
태 도	
보수성	.30
종교성	.16
인종통합	.00
TV시청	.20

유전율추정치의 가정 지금까지 우리는 수많은 상관계수들을 접했다. 앞에서 말한 것처럼, 상관계수는 '공변'의 정도를 나타내 줄 뿐이고, 점수들의 *평균차이*는 그 크기에 영향을 미치지 않는다. 양자연구에서 통상 양자집단은 친부모집단보다 IQ *평균*이 높으면서 동시에 양부모보다 친부모들과 IQ *상관*이 높다. 이는 환경과 유전 둘 다 영향을 미친 결과이지만, 상관계수에만 의지한 해석은 유전 역할만 조명해준다(cf. Jackson, 1993). 높은 h^2은 유전영향이 큼을 말해주지만, 환경영향에 대해서는 말해주는 바가 없다는 것이 h^2을 해석할 때 가장 먼저 유의할 사항이다. 구체적으로, 다음의 사항들을 가정할 수 있어야 h^2과 c^2이 유전과 환경영향의 타당한 추정치들이 된다(Emde 등, 1992).

1. **같은 환경** 어느 표현형의 일란성-이란성 차이를 유전영향의 지표로 보려면, (같이 자란) 일·이란성 쌍들이 유전의 차이만 있고 환경의 차이는 없어야 한다. 앞에서 지적한 것처럼, 한 집안에서도 일란성 쌍들이 이란성 쌍들보다 더 유사한 환경에서 자란다면, 표현형의 일·이란성 차이가 유전자 차이뿐 아니라 환경 차이 때문에도 생기게 된다. 이 경우 유전율지수를 깎아서 해석해야 한다.
2. **일반화 가능성** 쌍둥이 연구법은 쌍둥이가 아닌 전집들로 결과가 일반화된다고 가정한다. 그러나 쌍둥이들은 보통의 아기들보다 평균 한 달을 일찍 태어나고, 출생시 체중도 약 30% 가벼우며 키는 20% 정도 작다. 언어능력도 결함이 있다고 지적되어 왔다. 이런 차이들은 취학 때쯤이면 없어진다고 알려져 있지만, 쌍둥이의 특성들이 특히 유아연구에서는 일반화 가능성을 제약할 수 있다.
3. **가산적 유전영향** 쌍둥이 연구법은 모든 유전효과들이 선형(직선)적인 방식으로 합해져서 한 행동특성에 영향 미친다고 가정한다. 유전효과들이 가산적이 아니라면 유전율지수를 깎아서 해석해야 한다. 어느 한 특질에 영향 미치는 유전자가 10개라고 하자. 유전영향이 가산적이라면, 두 사람이 많은 숫자를 공유할수록 표현형 유사성도 커진다. 그러나 10개가 전부 있어야 그 특질이 나타나고, 어느 하나라도 없거나 변하면 그것이 안 나타날 수 있다. 이럴 때는 유전영향이 선형적·가산적이 아니므로, 100%(일란성 쌍둥이)는 50%(이란성 쌍둥이나 보통의 형제자매)보다 두 배 이상 큰 표현형 유사성을 가져오고, 50%는 0%(전혀 남남)와 별 차이 없을 수 있다. 실제로, 어느 특질에서 일란성 쌍들의 상관이 이란성 상관의 두 배가 넘을 때 비가산성이 추측된다.

   양자 연구에서 나오는 성격 유전율추정치는 쌍둥이 연구에서보다 낮은데, 이 결과는 비가산적 유전효과가 중요하다는 증거로 해석된다(Krueger & Johnson, 2008). 일란성 쌍둥이들은 유전형이 똑같으므로 가산적 유전효과와 비가산적 유전효과를 완전히 공유하지만, 형제나 이란성 쌍둥이, 부모-자식 사이의 닮음은 비가산적 유전효과에 대해서보다 가산적 유전효과에 대해서 더 크다(p. 291).
4. **동류결혼 효과의 무시** 동류결혼(assortative marriage)이란 신체적, 심리적, 사회적 특성들이 서로 비슷한 사람끼리 결혼하는 경향을 말한다. 쌍둥이 연구는 이러한 배우자 유사성이 무시할 수 있을 만큼 작다고 가정한다. 동류결혼은 해당 특성들에서 이란성 쌍둥이들의 유전유사성을 .50 이상으로 높이는 결과를 가져오기 때문에 h^2이 유전영향을 과소추정하게 만든다. 한 개관에 의하면(허윤미, 2001), 일반지능에서 부부 간의 상관관계는 .30~.40이며, 교육수준의 상관관계는 .50~.70으로 더 높다. 성격의 부부간 유사성은 지능 유사성보다 낮지만(.20 이하), 사회적 태

도의 유사성은 상당히 크다(.50~.60).5)

5. **유전형-환경 상관 및 상호작용 없음** 생물학 실험에서는 유전과 환경을 엄격하게 분리할 수 있지만, 인간에서는 그것이 불가능하다. 부모는 유전자만 물려주는 것이 아니라 정상적인 경우 환경도 제공하며, 또 자녀의 행동이나 기질에 반응하여 양육태도나 행동을 바꾼다. 유전-환경 상관과 상호작용에 대해서는 조금 뒤에 가서 자세히 논의하게 된다.

과거에는 쌍둥이 연구들이 이러한 가정을 무시하고 결과를 과잉일반화하는 일이 많았으나, 최근에 기획되는 연구들은 피험자 표집과 결과해석 등에서 훨씬 더 신중해졌다. 이를테면, Emde 등(1992)이 보고한 맥아더 쌍둥이 종단연구는 쌍둥이 표본을 뽑을 때 조산아와 체중미달아를 제외시켰다.

유전율추정치의 과잉일반화 유전율추정치는 연구되는 전집에 따라 또 계산법—모두 6가지라고 한다—에 따라 달라진다. 따라서 보편적인 'IQ 유전율 지수'란 없다. 미국 표본들에서 얻어진 추정치들이 우리나라 표본들에도 그대로 적용된다는 법이 없거니와, 미국에서도 백인들에서 얻어진 수치가 흑인들에서 얻어진 수치와 다르다(더 크다). Jackson(1993)은 이를 가족문화 차이로 설명하였다. 핵가족으로 사는 백인들과 달리 흑인들은 대가족 안에서 자녀를 키우는 일이 많다.

h^2값은 연령차이를 넘어서 일반화될 수도 없다. IQ의 h^2은 나이와 더불어 커지고, c^2은 나이와 더불어 작아진다(Neisser 등, 1996). 이 값들은 나이뿐 아니라 사용된 측정치에 따라서도 달라진다. 맥아더 쌍둥이 종단연구에 참여하는 학자들이 일·이란성 쌍둥이들(각 100쌍씩, 90% 이상 백인)을 14개월과 21개월 때 행동관찰, 부모보고에 의해 측정한 결과를 보면(Emde 등, 1992; Plomin 등, 1993) '수줍음'의 경우 h^2과 c^2이 *행동관찰*에서는 14개월 때 .49와 .20, 21개월 때 .32와 .37이었다. 그러나 *부모보고*에서는 14개월 때 .26과 .00, 21개월 때 .34와 .00이었다. 가장 큰 차이는 C^2에서 있는데(부모보고에서는 아예 0이다!), 네 세트 중 어떤 것을 믿을까?6)

유전율에는 시대에 따른 차이도 있어서, 1963년 이전에 출판된 연구들에서 .80 가량

---

5) 개관된 연구들은 주로 미국 연구들이었다. 한국 표본을 포함한 한 연구(1976년도)에서 지능의 배우자 유사성은 다른 어느 나라 표본에서보다 높았다(일반 지능에서 .72).

6) 자녀특징들을 부모가 평정할 때는 자녀 행동관찰, 자녀의 자기보고, 교사평정 등에서보다 h^2이 높다고 알려져 있으며, 이는 부모가 심리학자, 자녀 자신, 교사보다 자녀들을 서로 더 다르다고 보는 '대비효과'라고 해석된다(Maccoby, 2000, p. 12). 여기서는 적어도 14개월 때는 부모평정에서 h^2이 더 낮으며(.26, 행동관찰에서는 .49), '대비효과'는 부모평정에서 자녀 나이 14개월, 21개월일 때 모두 c^2이 0인 데서 나타난다.

이었던 IQ 유전율지수가 1975년 이후 출판된 연구들에서 .50으로 축소되었다(Jackson, 1993). 인간행동유전학자들은 계산법이 더 발전되었기 때문이라고 말하지만, 산업사회들의 역사적, 구조적 변화들 때문에 그러한 변화가 생겼을 수도 있다. 예컨대, 부유한 나라들에서 현재 키의 h^2은 .90 가량으로, 과거보다 훨씬 높아졌다(*Economist*, 1998. 1. 3.). 과거에 비해 누구나 영양을 충분히 섭취하게 되었기 때문이다. 달리 말해, "유전율은 상수가 아니라, 사람들의 자연적 경향들이 제대로 꽃 필 기회를 삶이 주고 있느냐에 영향받는다"(같은 글).

유전율지수의 과잉일반화와 잘못된 해석은 전문학자들 사이에서도 매우 흔히 일어난다(Neisser 등, 1996). 유전과 환경영향 추정치는 표본측정치로서, 연구된 그 표본이 (시대, 문화, 나이, 사회계층 등에서) 대표할 수 있는 전집으로만 일반화될 수 있다. 이것은 미국의 연구들을 '수입', '소비'하는 우리나라에서 주의할 사항이기도 하다.

유전된 것은 고정불변인가? 지능의 h^2이 .50이라 할 때 *한 사람*의 지능의 50%가 유전되는 것이라는 해석은 오류이다. 바로 앞에서 지적한 것처럼 h^2은 한 집단의 개인차의 어느 만큼이 유전차이에 기인하는가를 추정해주는 표본통계치로서, 사용된 연구방법, 표본, 측정치들에 따라 값이 달라진다. 측정된 특성이 어느 정도 유전적으로 결정되는가, 어떤 경로를 따라 유전형에서 표현형이 나오는가 하는 것은 h^2이 말해주지 않는다. 이 '근본적 해석오류'는 두 가지의 오류를 가져온다. 어느 특성의 높은 유전율을 변화 불가능성으로 해석함이 그 하나이고, 집단 차이의 유전론적 해석이 다른 하나이다.

키의 유전율은 매우 높지만 세대를 거듭하여 평균신장은 계속 커지고 있다. 지능검사 수행도 점점 좋아지고 있다. 평균적으로 10년에 3점씩 점수가 향상되는 현상(이를 발견한 학자의 이름을 따서 'Flynn 효과'라고 부른다)이 선택교배의 결과가 아닌 다음에야 환경영향이라고 할 수밖에 없다(Neisser 등, 1996). 지능과 관련하여 유전영향은 곧 변화 불가능성(환경영향 없음)이라는 잘못된 해석은 지적(知的) 성취력 향상을 위해 노력할 필요가 없다는 결론을 가져온다. 이는 사회적으로 불이익을 당하는 집단들(미국의 경우 흑인을 비롯한 몇몇 소수민족들)의 교육 및 취업기회 향상을 막는 결과를 가져오기도 한다.

이와 연관된 것이 *집단간 차이*의 유전론적 해석이다. 유전율 지수는 어느 한 특정(표본)집단 내의 변산(즉, 개인차) 중에서 유전요인들에 의해 설명될 수 있는 부분을 추정한 값인데, 예컨대, 지능의 h^2이 .50이라면 집단간 차이의 50%가 유전의 영향이라고 추리하는 것이다. 백인들에 비하여 지능검사 점수 평균이 훨씬 낮은 흑인들은 유전적, 생물학적으로 열등하며, 백인들보다 점수가 높은 동양인(일본, 중국, 한국)들은 우수한 종족이 된다(예, Rushton, 1997). 한국인이 '우수한 민족'일 수도 있지만, 한국 아동·청소년들의 높은 검사점수는 그들이 어릴 때부터 '시험 보는 기계'로 훈련받는 덕분이기도 하다. 지능, 성격은 어차피 눈으로 볼 수 없고('구성개념') 수행·행동을 관찰하여 추리하는 것이다. 능력이 같아도 열심히 하느냐 안 하느냐(즉, 동기)에 따라 수행결과, 즉 점수가 달라진다.

Neisser 등(1996)은 지능검사 점수가 지능 일반의 측정치가 아님을 누차 강조하면서 **심리측정적 지능**(psychometric intelligence)이라는 말을 쓴다. 그들은 미국 흑인들이 검사수행뿐만 아니라 생활의 다른 면에서도 불리함을 지적한다. 흑인들은 평균 수입도 낮고, 높은 수준의 직업들에 종사하는 비율이 적으며, 건강도 나쁘고, 사망률도 높으며, 범죄율도 높다. 이러한 사실에 대한 가장 간단한 설명은 물론 '흑인은 열등하니까'이다. 흑인이 생물학적으로 열등해서 학교와 사회에서 뒤처지는 것이라면, 지능향상, 건강향상 프로그램에 돈 쓰느니 흑인들은 단순노동직만 시키고 감옥을 더 짓는 편이 낫지 않겠는가.

두 집단의 씨앗들이 똑같은 땅과 기후에서 자랐는데도 달라질 때만 유전율에서 유전영향을 추정할 수 있다. 한 집단만 비료도 햇빛도 충분히 받았다면, 결과의 차이는 주로 성장환경의 탓이다. 심지어는 사과 하나에서도 — 아마도 어떤 면이 햇빛을 더 많이 받았느냐에 따라 — 씹는 데마다 빛깔과 맛이 다르다. 많은 백인(학자, 정치인)들은 흑백의 생활환경이 뭐가 다르냐고 생각하고, 많은 흑인들은 흑백의 환경이 너무나 다르다고 생각한다. Neisser 등이 지적하듯이, 이는 결국 '개인 판단'의 문제이기 때문에 과학의 장에서 결론이 날 수가 없다. 그들의 결론은 집단(종족) 차이의 유전론적 해석을 지지하는 직접적 증거가 별로 없다는 것이다(뒤에 나오는 글상자 10-1을 보라).

유전과 환경의 상호작용

이상적으로 보자면 행동유전학 연구는 독립변인이 두 개(유전과 환경)인 *요인설계* 실험(1장 참조)이다. 물론 두 독립변인은 조작되지 않고, 이미 발생한 유전유사성(일·이란성 쌍둥이, 친/입양 자녀 등)과 환경유사성(같이 또는 따로 자람)이 연구에 사용된다. 순전히 우연에 의해서 어느 한 조건에 들어가는 *무선할당*도 없다.

독립변인이 두 개인 요인설계에서 변량분석을 하면 두 개의 주효과와 하나의 상호작용 효과가 나온다. 행동유전학 '실험'에서 유전율추정치는 유전(G)의 주효과인 셈인데, 환경(E)의 주효과는 이를 전체(1.00)에서 빼고 남은 부분을 가지고 추정한다. G와 E가 서로 독립적이라고 가정하는데다 상호작용(G×E) 효과도 고려하지 않는 것이다. 1장에서 설명했듯이, 요인설계에서 독립변인들은 서로 독립적이라고 가정되며, 독립변인(들)이 종속변인에 영향 미치는 방향만 고려한다. 행동유전학 연구에서도 똑같은 가정을 한다. 유전과 환경의 상관과 상호작용이 '무시할 만하다'(negligible)는 것이다. 만일 그 상관과 상호작용이 무시할 수 없을 만큼 크다면 h^2을 가지고 유전영향을 추리할 때 오류가 생긴다.

유전-환경 상관과 상호작용 실험실 실험에서는 무선할당을 하기 때문에 독립변인들이 서로 독립적이다. 가령, 2(폭력 대 비폭력)×2(높은 대 낮은 불안) 요인설계에서 폭력 또는 비폭력을 보느냐 하는 것은 불안 수준과 아무 상관이 없다. 이미 발생한 유전과 환경은 이런 의미에서 독립적이지 않은 경우가 대부분이다. '무선할당'이 불가능하고, 유전자를 물려준 사람이 환경도 제공하기 때문이다. Galton은 '천재 연구'에서 '뛰어난' 사람들은 자녀에게 '뛰어난' 유전자와 더불어 '뛰어난' 환경도 부여한다는 사실을 생각하지 않았기 때문에 유전영향을 과대 추정하였다. 양자연구에서는 유전자를 주는 부모(친부모)와 환경을 제공하는 부모(양부모)가 다르므로, 행동유전학자들은 쌍둥이연구보다 양자연구를 선호하기도 한다. 그러나 여기서도 '무선할당' 원칙이 안 지켜질 수 있다. 학력도 높고 사회경제적 지위도 높은 사람들이 아이를 입양할 때 '똑똑한' 아이 또는 학력 높고 '머리 좋은' 생모의 아이를 요구할 때는('선택적 배치', selective placement), 유전-환경(G-E) 상관이 생길 수 있다.

변량분석적 의미에서 상호작용이 있으면, 한 독립-종속변인 관계가 다른 독립변인의 수준에 따라 달라진다. 높은 충동성 유전자가 있으면 청소년기에 반사회적 행동을 하게 될 확률이 높은데(G의 주효과), 부모 학대가 심했을 경우에만 유전효과가 나타난다면 G×E 상호작용도 있는 것이다. '상호작용'이라고 하지만, 유전과 환경은 *서로* 영향 미치기보다는, 유전만 갖고 행동을 설명할 수 없다는 의미에서 *같이* 작용한다. 충동성 높은 소년들이 어릴 때부터 부모에게 체벌과 학대를 더 많이 당했다면, 종속변인(행동)이 독립변인(환경)에 영향을 미친 것이다. 행동이 환경에 영향을 미치는데 행동(성향)이 유전적으로 결정된다고(유전→행동) 가정하면서 G-E 상관이라고 부르기도 한다.

유전-환경 상호작용과 상관은 다음과 같은 형태로 일어난다(Scarr, 1992; Rutter, 1997).

1. **수동적 영향(passive influence)** 같은 환경이 개체의 기질성향에 따라 다른 효과를 나타낼 수 있다. 아버지의 독재가 강인한 자녀에게는 도전이지만 민감한 자녀에게는 테러라면, 전자는 반항·공격적, 후자는 불안·굴종적이 되기 쉽다. 이 경우 공유환경 영향은 0에 가까워지지만, 환경(아버지의 성격 내지 양육방식)이 성격에 영향을 미치지 않은 것은 아니다.
2. **유발 영향(evocative influence)** 개체가 유전성향에 따라 환경으로부터 다른 반응을 불러일으킬 수 있다. 민감한 자녀가 아버지에게 휘둘릴 때 강인한 자녀는 똑같은 아버지를 휘두를 수 있다. 다른 예로, '순한' 아이는 울어도 달래면 금방

그치므로 엄마는 아기가 울면 즉시 달려간다. 반면, '까다로운' 아이가 울기 시작하면 그치지 않을 때, 엄마는 결국 아기가 울어도 내버려둔다. 기질 차이 때문에 서로 다른 양육환경(좋은 엄마, 나쁜 엄마)에 들어가는 것이다.

3. **능동적 영향(active influence)** 아이가 좀더 자라면 환경과 더 능동적으로 상호작용한다. 예컨대 외향적인 아이는 남들과 어울리는 상황을 찾아다니거나 만들고, 내향적인 아이는 혼자 방에 틀어박히는 편을 택한다. 또, 튼튼하고 근육질인 아이는 운동부에 가입하지만, 약하고 마른 아이는 밖에 나가지조차 않는다. 두 경우 모두 '환경'의 영향으로 외향적인 아이는 점점 외향적이 되고 튼튼한 아이는 점점 튼튼해지지만, 이 환경은 각자가 자신의 성향에 맞게 선택·창조한 것이다.

수동적 영향은 G×E 상호작용으로, 유발 및 능동적 영향은 G-E 상관으로 나타나겠지만, 이 두 과정은 따로 작용하기보다 서로 얽힌다. 까다로운 아이가 나쁜 환경(거부하는 어머니)을 만들어내고 다시 그 환경의 영향을 받아 더 다루기 힘들어질 때, 최종 결과는 유전성향 탓인가 환경 탓인가. 행동유전학의 대답은 환경차이도 유전성향으로 설명된다는 것이다.

환경유전학 정상적인 가정에서 부모는 유전자와 환경을 다 제공하므로 유전자-환경 상관이 생긴다. 그렇다면 같은 부모에게서 태어나 같은 가정에서 자라는 자녀들은 심리·행동 특성들이 매우 유사해야 한다. 그러나 같은 가정에서 자란 친남매들의 성격에서 유전영향도, 공유환경 영향도 크지 않은데, 위의 세 가지 과정은 이를 잘 설명해준다. 까다로움에서 조그만 차이가 있어도 세 가지 과정이 얽히면 같은 엄마(객관적 공유환경)도 행동이 달라져서(효과 비공유) 자녀의 차이도 훨씬 커진다(낮은 유전영향). 출발이 아이의 '타고난' 성향이므로 "유전자가 경험을 만들어간다"(Genes drive experience)(Scarr, 1992, p. 9). 경험·학습이 중요하다는 의견에 맞서서 유전자가 환경과 경험을 만들어간다고 주장하며 Plomin은 "환경의 본성"(nature of nurture), "환경측정치들의 유전영향", 나아가 '환경유전학'이라는 말을 썼다(Pervin, 2003, p. 175).

유전-환경 상관과 상호작용들은 친남매들의 애당초 크지 않았던 차이가 점점 벌어지게 만든다. 행동유전학의 중요한 발견은 한 가정에서 자라는 자녀들의 성격이 서로 닮지 않는다는 것이었다. 환경이 성격에 영향을 미치지 않는다는 것이 아니라, 공유환경의 영향이 미미하다는 것이다. 가정환경이 성격에 미치는 영향이 없다는 극단적 주장까지 나왔다(예, Scarr, 1992).

가정환경과 성격형성

표 10-2에서 일란성 쌍둥이들의 외향성(E)과 신경증성향(N) 유사성은 같이 자랐을 때 (.48과 .41)와 따로 자랐을 때(.41과 .41) 별 차이가 없었다. 같이 자란 친자녀들은 E, N 유사성이 약간 있었으나(.20과 .28) 같이 자란 입양자녀들에게서는 전혀 없었다. 친자녀들도(약 .15), 입양자녀들도(.05) 성격유사성이 거의 없어서 '같이 자람', 즉 환경공유의 효과가 거의 없다고 할 수 있다. 표 10-3에서 성격특질들의 유전율 평균은 .40이었다. 나머지 비유전적 효과들 중 극히 일부만이 공유환경 영향인 것으로 보인다. 그림 10-1은 비유전적 효과들의 1/3이 측정오차이고, 환경효과의 대부분이 비공유환경의 효과임을 보여준다.

공유환경과 비공유환경 공유환경 효과란 가족들을 *닮게* 만드는 작용을 하는 환경영향들을 말한다. 통상 '가정환경'에 포함되는 것들 — 가정분위기(조화, 갈등), 부모의 자녀양육방식(민주적, 권위적 등), 부모의 교육수준, 사회적 계급, 가족 갈등 등 — 이 자녀들을 같게 만들 때만 '공유'요인들이 된다. 비공유환경 영향이란 (같이 사는) 가족들이 *달라지게* 만드는 환경영향들을 말한다. 한 가정에서 생활한다고 모든 환경을 공유하지는 않는다. 태내 환경, 우연적 사건들(사고, 복권당첨 등), 가족구성(출생순위, 형제자매간 나이차이 등), 자녀들의 상호작용(동맹, 경쟁과 협동), 부모의 차별과 편애 등이 각 자녀에게 서로 다른 환경을 만들어낸다. 학교선생님과 친구들같이 가정 밖의 경험들도 비공유환경에 속한다. 그러나 위에서 말한, "*변인*은 공유, 그 *효과*들은 비공유"(Rutter, 1997, p. 392)인 경우도 비공유환경이 된다. 따라서 중요한 것은 같이 자라면서 객관적으로 어떤 가정환경을 공유했느냐 여부가 아니라, 결과(outcome) 또는 효과가 유사했는가 하는 것이다. 결과를 놓고 과정을 추리하는 것이다.

공통된 환경특성들보다는 각자에게 특유한 환경특성들이 더 큰 영향을 미치는 현상은 행동유전학자들에 의해 **상대적 박탈**로 설명된 바 있다(Plomin & Daniels, 1985). 예컨대, 사랑이 많은 가정(공유환경)에서 자라는 아이가 다른 남매들보다 관심을 덜 받는다면 자기는 아예 사랑을 받지 못한다고(비공유환경, "엄마는 나만 미워해") 느낀다는 것이다. 그러나, 공유·비공유환경의 효과는 직접 관찰·측정되기보다는 통계적 방법으로 추정된다. 그림 10-1에서 35%라는 비공유환경 영향은 자기보고 질문지를 사용한 연구에서 뺄셈에 의해 나온 결과이다. 경험적 연구증거들(쌍둥이나 양자연구에서 나온 상관자료)에서 성격유전율이 최소한 40%이고, 공유환경 영향이 약 5%밖에 안 되고, 오차가 10~20%를 설명해준다고 보면, 35% 가량이 남는다. 그것에 비공유환경 영향이라는 딱지가 붙는 것이다.

그림 10-1 성격변량의 구성요소들(Dunn & Plomin, 1990의 그림을 McAdams, 2001, p. 404에서 재인용)

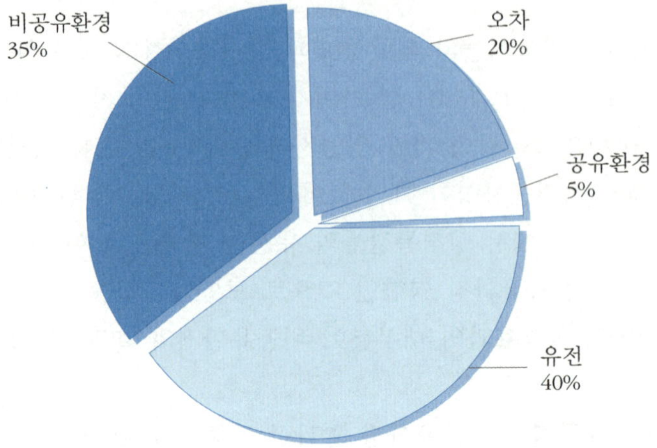

행동유전학적 연구들에서는 부모와 자녀들에게 (자기보고) 검사를 실시하여 점수들의 상관을 계산하지만, 발달심리학자들은 부모-자녀 상호작용을 직접 관찰하거나 자녀들에 대한 부모의 태도와 기대들을 본다. 그들은 가정환경이 하나의 수치로 나타낼 수 있는 변인이 아니라 다차원적이라 보며, 여러 변인들이 어떻게 작용하는지 그 과정을 고찰한다. 전통적인 아동기 사회화 연구들은 가족당 한 아이만 포함시키고, 부모가 여러 자녀를 같게 취급하며 그들의 행동이 모든 자녀에게 유사한 영향을 미친다고 암암리에 가정하였다(Maccoby, 2000). 행동유전학자들이 자녀들의 '닮지 않음'의 증거들을 제시하면서 발달심리학자들도 한 가정 여러 형제자매들을 비교해보게 되었다.

가정환경의 영향 한 가정에서도 자녀들은 가족주기의 서로 다른 지점들에서(부모가 20대 또는 30대, 말단사원일 때 또는 과장이 되었을 때) 태어난다(Hoffman, 1991). 객관적 환경차이로서 출생순위와 나이에 따른 차이를 생각해보자. 핵가족에서 첫아이는 무경험자 어머니에게 많은 관심을 받으며 자라지만, 둘째 아이는 유아기에 그만큼 많은 관심을 못 받고 어머니도 무경험자가 아니다. 또, 십대 딸과 세 살 난 아들에게 부모 이혼은 같은 것이 아니다. 여러 자녀가 공유하는 경험같이 보이는 사건들이 그 해석과 영향은 공유되지 않을 수 있는 것이다. 또, 가정환경의 한 측면이 모든 자녀에게 영향을 미쳤지만, 결과(outcome)는 다를 수 있다. 아버지가 매우 엄하고 권위적인 가정에서, 그가 좋아하는 자녀는 그를 닮지만, 그렇지 않은 자녀는 정반대가 될 수 있다. 경험적 연구가 어렵기 때문에 과학자들은 인정하기 싫어하지만, 우연한 만남이나 사건들도 성격발달에 큰 영향을 미칠 수 있다. 범죄 목격이나 피해, 가까운 사람의 죽음, 부모가 중요한 약속을 어겨 신뢰를 잃은 일 등이 그 예가 된다(Hoffman, 1991).

출생순위 같은 변인은 양육환경에 영향을 미치고 환경이 다시 성격에 영향을 미치는 식으로 성격에 간접적으로 작용한다. 많은 환경영향들이 따로따로, 같이 그리고 서로 영향 미치며 작용하기 때문에, 어느 한 환경변인이 많은 변량을 설명하지 않는다. 근본적으로, 자녀가 부모의 복제품이 되어야 가족환경이 성격발달에 영향을 미쳤다고 말할 수 있는 것은 아니다. 의존성 높은 아이는 의존성 높은 부모보다 지배성 높은 부모에게서 나올 가능성이 크다. 불안한 아이도 부모의 불안성향을 물려받았을 수 있지만(유전효과), 동시에 부모가 겁나는 세계를 창조한 나머지(즉, 환경의 영향으로) 아이가 불안해졌을 수도 있다(Hoffman, 1991).

부/모의 성격이나 병, 가족 수입 같은, 자녀들이 공유하는 환경요인들은 자녀들을 같기보다 다르게 만드는 기능을 할 때조차 영향을 미치는 것이다. 이 요인들의 영향은 아무리 강력해도 공유환경 효과 계산에서 나타나지 않는다. 이를 '비공유효과'라고 부르는 것은 "'공유'라는 말의 단순한 의미의 불행한 왜곡"이라고 Maccoby(2000, p. 16)는 말한다. 이 '왜곡'의 결과, 공유환경 효과가 적으므로 부모가 자녀 성격형성에 거의 영향 미치지 않는다는, 발달심리학의 근본 명제를 뒤집는 결론이 자신만만하게 나온다.

충분히 좋은 부모 한 사회 구성원들이 고르게 영양이 좋아야 그들의 키나 몸무게(표현형) 개인차가 유전적 차이들 때문이라고 할 수 있다. 실제로 키의 유전율은 세월이 가면서 점점 높아졌다. 신체적 영양에 대해 할 수 있는 이야기를 심리적, 지적 영양에 대해서도 할 수 있을까? 즉, 타고난 역량과 성향들이 제대로 꽃 필 기회가 일반적으로 주어지나? Scarr(1992)의 대답은 "(대부분의 경우) 그렇다"이다. 폭력적이거나 학대하거나 자녀를 돌보지 않는 가정들을 제외한 **평균 기대환경**(average expectable environment)의 범위 안에서는 가정환경의 차이가 아동 발달에 영향을 미치지 않는다는 것이다. 진화심리학의 주장에 따라, 그녀는 아이들이 적응한 상태로(preadaptation) 태어나므로 매우 다양한 양육환경들에 적응할 수 있으며, 정상 범위 안에 드는 부모라면 '충분히 좋다'("good enough parents")고 믿었다.

자녀를 학대·유기하지 않는다면 그 부모/가정이 '정상 범위'에 들어가고 '괜찮다'는 의견은 많은 반대에 부딪쳤다. Baumrind(1993)는 (미국에서) 오늘날 청소년들은 '정상' 환경에서도 건강하게 성장하고 있지 않다면서, 어떤 기준들에 비추어 볼 때 그들의 평균 기대환경이 충분히 좋으냐고 반문하였다. Scarr에게 '정상적' 부모들이란 "성인기까지 살아남아 번식하고 자녀를 성숙과 번식에 이르기까지 키우며, 일하고 사랑한다(Freud)"(1993, p. 1337). Freud 이름까지 인용하지만, 2장에서 우리는 '일과 사랑' 능력이 극소수만 도달하는 건강과 성숙의 지표라고 배웠다. 아동·청소년이 자라는 환경이 충분히 좋지 않다고 주장하는 Baumrind(1993)는 높은 실업률과 이혼율, 지역공동체 붕괴 등을 지적한다.

자녀를 학대하지 않고 먹이고 입히고 학교 보내는 것으로 충분하다고 해서 좋은 부모와 나쁜 부모가 없다는 이야기는 아니다. 다만 (양육)환경이 정상적 범위에 들어간다면 좋은 부모를 만나느냐 못 만나느냐는 자녀 하기 나름이라는 것이다. Scarr(1992)는 (공유, 비공유) 환경효과가 있다 해도 그것이 유전적 유사성 때문이라고 주장한다. 유전-환경 상관이 있고, 정상적 환경에서 아이들이 앞에서 논의한 방식들로 경험 세계를 유발·창조하므로, 유전적으로 유사한 만큼 환경이 유사해진다는 것이다.

환경의 창조와 선택 부모의 양육방식이 자녀의 성격형성에 영향 미친다는 전통적인 심리학적 전제를 뒤집어서, Scarr는 자녀가 작용하고 부모가 반작용한다고 말한다. 부모가 자녀를 어떤 특정한 식으로 키웠다면 자녀의 기질·행동에 반응·적응한 결과이다. 환경이 극단적으로 나쁠 때 아이를 구제하여 정상 범위 안의 양육환경을 제공함으로써 정상 발달을 유도할 수는 있다. 그러나 부모가 지지적 환경을 제공하고 있을 때는, 발달이 바람직하지 않은 궤도에 있다 해도 단지 일시적으로만 그리고 제한된 정도만 영향을 미칠 수 있다.

Baumrind(1993)는 아이가 자신의 환경을 구성·창조한다는 주장을 의문에 붙인다. 부모-자녀 관계에서 상대에게 영향 미칠 수 있는 권력이 불균형이기 때문이다. 부모가 자녀보다 더 권력이 있으면서 동시에 더 굳어져 있다. "아이가 부모의 행동 레퍼토리에서 바라는 반응들을 끌어낼 수 있는 것은 권력이 아니라 고통에 의한다. 그래서 부모에게 자녀 행동에 대한 책임을 지울 수 있지만 자녀에게 부모 행동에 대한 책임을 지울 수는 없다"(p. 311). 우리나라 가정에서 아이들이 기질이나 능력에 따라 입시공부를 하거나 안 하는가를 생각해보라. 고통이 커지는 나머지 몸과 마음이 망가져도 아이들은 통상 선택의 여지가 없다. 미국 아이들이 "적절하고 유익한 영양이 가득한 환경 카페테리아"(Scarr, 1993, p. 1302)에 쉽게 접근하지 못한다면, 우리나라 아이들은 더 말할 필요가 없다.

자녀양육의 책임을 보통 어머니에게 물으므로, '충분히 좋은 부모'는 어머니들을 편들어 주는 이야기가 된다. 자녀가 비행소년이 되었다면 그럴 (유전적) 소질이 있어서 그렇게 된 것이다. 어머니는 (유전자를 준 잘못이면 몰라도) 자식을 잘못 키웠다는 자책을 할 필요가 없다. Baumrind는 어머니들의 "불필요한 희생과 정서적 고민"(Scarr, 1992, p. 2)을 막으려면 자녀들에게 그들 자신의 상태(능력, 성격, 행동 등)에 대한 책임을 미룰 것이 아니라 부모들에게 (적어도 자녀가 청소년 때까지는) 부모노릇을 더 잘 하도록 도움을 주어야 한다고 본다. 자녀의 영향에 초점을 맞추면(자녀→부모) 부/모가 자녀에게 영향 미치는(부모→자녀) 면은 무시하게 된다. 부모-자녀 관계같이 오래 지속되는 관계에서 영향은 늘 양방향적이다.

이론과 연구의 평가

Krueger와 Johnson(2008)은 5요인들의 유전율이 50% 내외로 비슷하고, 공유환경의 주효과가 없으며, 비공유환경 효과들이 유전효과보다 더 크거나 똑같이 크다는 것이 행동유전학에서 '괄목할 만한 몇 가지 발견들'이라고 요약하였다. 한 가정 자녀들의 '다름'(unlikeness)은 공유환경 효과가 없다는 결론을 이끌었는데, 그 토대는 특질, 특히 5요인들을 질문지로 측정한 자료였다. 행동을 직접 관찰하지 않으므로 '행동유전학'이 아니라 '특질유전학'이 맞는 이름이라는 Funder(2001)의 농담 같은 지적이 여기서 나온다. 그는 이름이 후자였다 해도 이 분야가 "지금처럼 뜰 수 있었을까"(p. 207)라고 묻는데, 성격심리학에서 '행동'은 '특질'보다 높은 품질을 보증하는 상표이기 때문이다.

환경이 갖는 영향력이 있다 해도 자녀의 타고난 기질성향이 '창조·선택'한 결과이므로 역시 유전가설을 지지해주는 것으로('환경유전학') 해석되었고, 이제 행동유전학자들에게 남은 과제는 성격유전자를 확인하는, 물론 분자생물학자와 같이 해야 할 작업이 되었다. 성격유전자들을 직접 찾아내면 행동유전학은 '종결'되는 것일까. 유전자 찾기 연구가 어디까지 왔는지 점검해보고 성격심리학의 과제를 다시 생각해보기로 한다.

유전 · 환경 영향의 추정과 해석

'경험·환경이 아니라 유전·생물학'이라는 확신에 찬 주장은 5개 요인이 선천적, 보편적이며, 지구에 7개 대륙이 있는 것처럼 명백한 사실이라는 등의 주장들과 맥을 같이 한다. 5요인 모델을 평가할 때 5요인 독립성과 보편성의 주장에 경험적 증거가 불충분함을 지적한 바 있는데, 행동유전학에서도 사정은 다르지 않다. 5요인보다 유전율이 훨씬 높은 지능에 대해서 나올 논쟁과 (잠정적) 결론부터 보자.

지능의 유전·환경 효과 자식 '머리'는 부모를 따라간다는 통념은 널리 퍼져있다. 이미 19세기에 Galton은 지능 측정을 시도하여 '천재의 유전'을 입증하였다. '사회적 다윈주의'의 배경도 지능 유전설이라 할 수 있다. 대대로 잘먹고 잘사는 사람/계층은 우월한 능력을 타고났으며 가난한 사람/계층은 원래 열등하고 무능한 것이다. 전자가 후자를 착취·억압한다 해도 당연한 (생물학적) 강자의 권리이고, 후자의 환경을 개선하기 위한 노력을 할 필요가 없다. 미국의 경우 사회적, 경제적 지도층은 백인이 점유하고 있으므로 지능의 유전·환경효과 연구는 인종주의와 관련된 보수-진보 이념에서 자유로울 수 없었다.

글상자 10-1

지능에 관한 몇 가지 물음

1994년 가을 Herrnstein과 Murray의 저서 'Bell Curve'[7]의 출판이 불러온 논쟁이 과열되자 그 해 11월 APA는 이 쟁점들을 다룰 Task Force를 만들었다. Ulric Neisser가 회장으로 뽑히고 10명의 저명한 학자들이 팀에 들어가서 "APA 태스크포스 보고서"를 1996년 2월 발표하였다. 저자들은 약 백 년 동안의 엄청난 연구에도 불구하고 지능에 관한 중요한 물음들 다수에 아직도 답이 나오지 않았다고 결론내린다. 다음은 그 물음들의 몇 가지라고 그들이 나열한 사항들이다(Neisser 등, 1996, p. 97).

1. 유전적 소질의 차이들이 (심리측정적) 지능의 개인차들에 상당한 기여를 하지만, 유전자들이 어떤 통로에 의해 그 효과들을 산출하는지는 우리가 아직 모른다. 유전적 차이들의 영향은 나이와 더불어 증가하지만, 우리는 그 이유를 모른다.
2. 환경요인들도 지능발달에 상당한 기여를 하지만, 우리는 그 요인들이 무엇인지 또는 그들이 어떻게 작용하는지를 분명히 이해하지 못한다. 예컨대, 학교 다니는 것이 확실히 중요하지만, 학교교육의 어떤 측면들이 결정적인지는 우리가 모른다.
3. 지능에서 영양이 하는 역할은 여전히 불분명하다. 심한 아동기 영양실조는 분명한 부정적 효과를 미치지만, 특정한 '미세 영양소'들이 그걸 빼고는 적절한 영양을 섭취하는 전집들에서 지능에 영향을 미치는지는 아직 확실하게 입증되지 않았다.
4. 정보처리 속도와 심리측정적 지능 측정치들 간에 유의미한 상관이 있지만, 이 결과들의 전체 패턴은 이론적 해석이 쉽지 않다.
5. 지능검사들의 평균점수들은 줄곧 올라가고 있다. 지난 50여 년간 한 표준편차(통상 15점) 올라갔으며, 증가율이 높아진다. 왜 이 증가들이 발생하는지 또는 그들이 무엇을 의미하는지는 아무도 확실히 모른다.

7) 정상분포곡선을 '종(모양)곡선'이라고 부른다.

6. 흑인과 백인의 평균 지능검사 점수차이(약 한 표준편차이지만, 줄고 있다)는 검사 구성과 실시에서의 명백한 편파들에서 오지도 않고, 단순히 사회경제적 지위의 차이들을 반영하지도 않는다. 카스트(caste, 양반·상놈 같은 계급)와 문화의 요인들에 토대를 둔 설명이 적절한 듯하지만, 아직까지는 직접적 경험적 지지가 거의 없다. 유전적 해석에 대한 그러한 지지도 확실히 없다. 현재로는 무엇이 이 차이의 원인인지를 아무도 모른다.

7. 표준화된 검사들이 지능의 모든 형태들을 표집하지 않음이 널리 동의된다. 명백한 예들은 창의성, 지혜, 실용적 센스, 사회적 감수성 등을 포함하지만, 분명 다른 것들도 있다. 이 능력들이 중요한데도 불구하고 우리는 그들에 대해, 즉 그들이 어떻게 발달하고, 어떤 요인들이 그 발달에 영향을 미치며, 그들이 보다 전통적인 측정치들과 어떤 관계가 있는지에 대해 아는 것이 매우 적다.

그렇게 많은 쟁점들이 여전히 해결되지 않았고, 그렇게 많은 물음들에 답이 나오지 않은 분야에서 논쟁할 때 자신 있는 어조는 분명히 잘못이라고 저자들은 지적한다. 과학적 쟁점들을 정치적 쟁점들과 혼동하기 때문에 강한 주장들이 나오는데, 이 보고서를 실은 APA학회지가 다음 해 1월호에 11명 학자의 "Comment"(와 Neisser의 답)를 실을 만큼 이 주제는 여전히 뜨거운 논쟁주제이고 각자는 자기 주장을 굽히지 않는다. Neisser 등은 연구자들이 정치적 주장과 비난들에 몰두하는 대신에 위의 물음들에 답을 찾기 위해 더욱 많은 연구를 할 것을 촉구한다.

유전율이 높은데 비슷한 사람들끼리 결혼하므로('동류결혼') 인종과 계층간 지능차이는 계속 커질 수밖에 없다고 주장한 책이 나오자, 논쟁 과열에 놀란 미국심리학회(APA)는 '권위 있는 보고서'를 작성할 위원회를 만들었다. 글상자 10-1에 그 보고서의 결론들을 실었다. 행동유전학 연구가 가장 오래 그리고 가장 많이 집중된 지능에서도 유전과 환경효과, 인종차이 등에 대해 모르는 것이 그토록 많다는 사실이 새삼 놀랍다. 그런데도 확신에 찬 주장들이 줄어들지 않는 것은, 이 주제가 경험적 연구와 사실들의 마당에서 결판이 날 수 없는 '정치와 종교'가 개입하는 이데올로기 문제임을 보여준다. 과학도 사람이 하는 것이고, 과학자도 '오만과 편견'이 강하다.

특질유전학과 분자심리학 행동유전학은 한편으로는 5요인이나 IQ, 다른 한편으로는 유전/환경같이 거대변인('초요인')들로 인간 성격을 그려내며, 그때 자기보고질문지(어린아이들의 경우 부모가 평정) 자료에 크게 의지한다. (심리측정적) 지능, 범죄성향, 정신병, 남녀차이, 표준화된 도구들이 나와 있는 변인들이 연구하기 쉬우므로 선호된다. Rose(1995)는 자기보고 질문지에 의지하지 않고 중립적 관찰자들이 행동을 관찰하면 큰 형제자매 유사성이 나타나고, 같이 자란 입양 청소년 형제자매들의 음주 및 흡연 패턴들이 상당히 비슷하다는 결과를 인용하고 나서 다음과 같이 결론을 내렸다(p. 646).

> 아마도 우리는 연구비 재단의 선호들은 반영하지만 부모들과 사회가 가치를 두는 친사회적 행동들 — 도움, 친절함, 관대함 — 은 무시하는 연구 초점 때문에 길을 잘못 들었다. 우리는 자료의 너무 큰 부분을 쌍둥이들에 제한하고, 그들의 자기보고에 너무 많이 의지하고, 잘 연구된 성격차원들에만 너무 초점을 둔다. 측정 쟁점들에 너무 적은 주의를 기울이고, 가정환경 효과들을 직접 측정하기보다는 잔여 변량으로부터 추정해 낸다. 쌍둥이들의 부모와 또래들이 너무 드물게 표본에 포함된다.

이러한 방법론적 문제들에 신경 쓰기보다 행동유전학자들은 5요인 유전자를 발견할 수 있다는 가능성에 흥분한다. 분자생물학의 눈부신 발전에 편승하여 **분자심리학**(molecular psychology)이라는 분야도 생겨났다(Canli, 2008). '분자 성격유전학'이 시작했다는 1996년은 인간 게놈 프로젝트가 진행중인 시기였다(1990년 시작, 2000년 발표, 2003년 완결, *Economist*, 2010). 프로젝트 완성으로 생명의 청사진을 손에 넣으면 심리학에서도 지능과 성격의 유전자를 찾아낼 수 있을 것 같았지만, 이 부푼 희망은 아직 이루어지지 않았다.

행동유전학에서 유전효과는 질문지 점수들의 상관 자료를 토대로 통계적 방법으로 *추정*한 결과이고, 환경효과는 유전효과를 빼고 남은 변량으로부터 *추정*된다. '환경'은 '같이 자람'에서는 같고, '따로 자람'에서는 다르다고 전제된다. 근본적으로 '환경'을 사회문화적 및 가정경험 요인들로 이해하지 않는 것인데, 발달심리학자들은 공유든 비공유든 환경효과들을 직접 관찰·측정하지 않고 추정만 하는 관행을 비판한다(Baumrind, 1993; Maccoby, 2000). 행동유전학의 최근 연구들에서는 환경효과들을 직접 관찰하려는 시도들이 나타나고 있다(예, Emde 등, 1992; O'Conner 등, 1998; Krueger & Johnson, 2008).

Plomin, Scarr 같은 인간 행동유전학자들은 지능, 정신분열증, 범죄성향, 여러 성격특성들을 결정하는 유전자를 찾으려고 노력하지만, 성과는 그리 고무적이지 않다. 기술들이 크게 향상되어 특수한 유전효과들을 찾아낼 수 있게 되었는데도 성격에 영향 미치는 특수한 유전자들의 주효과는 발견하기가 어려웠다(Krueger & Johnson, 2008, p. 301f.).

유전자 찾기 특정 질병들을 가진 사람들에서만 특정 유전자 돌연변이(유전자 다형성 SNP의 형태로[8]; Canli, 2008)가 나오는지를 찾아보는 **게놈-표현형 연합 연구**(genome-

8) SNP("snip"이라고 읽음)는 단일 뉴클레오티드 다형성(single-nucleotide polymorphism)의 약자로서, 유전부호의 돌연변이를 말한다. SNP에서는 하나의 유전글자(genetic letter)가 사람마다 달라진다.

wide association study, GWAS)가 지난 5년간 수백 개 수행되었다(*Economist*, 2010, p. 7). 심장병, 후발 당뇨병, 알츠하이머 같은 중다 유전자 질병에 대한 대규모 연구들은 그리 고무적이 아니었다. 작은 효과의 돌연변이들은 많이 드러났지만, 이들을 합하면 어떤 질병이든 그 전체 유전율이 10%밖에 되지 않는다. 질병 영역을 넘어 지능, 성격, 종교성, 심지어 돈버는 능력에 대한 GWAS도 결과가 비슷하게 약소하다. 게놈의 자기조절 과정 — 한 유전자가 다른 유전자에게 무얼 할지를 말해줌으로써 직접적으로, 또한 한 세포 안의 다른 분자들을 조작함으로써 간접적으로 — 이 대단히 복잡 미묘하다는 것이 일을 복잡하게 만들고 있다.

Canli(2008)는 5요인 중에서 가장 광범위하게 연구된 *외향성*(E)과 *신경증성향*(N)에서 신경전달물질인 도파민 수용(E), 세로토닌 전달(N)과 관련된 유전자 다형성들을 찾아보려는 연구들을 개관하고 "10여 년을 찾았는데 확인된 유전자들이 그렇게 적다는 것이 약간 놀랍다"(p. 315)고 결산한다. 5요인같이 복합적인 특질들에는 효과크기가 작은 다수 유전자들이 작용할뿐더러, 환경도 유전만큼이나 중요한 것 같다. 이 가능성 외에 Canli는 유전형-표현형 연관이 생각보다 더 복잡하고, 특질들이 게놈 자체보다 *후성게놈*(epigenome) 내의 변이와 더 강하게 연관될지 모른다고 보았다(p. 315). 후성게놈이란 환경/경험에 의해 DNA 메틸화가 일어난 게놈을 말한다. 결국 경험에 의해 변한 유전자들이 특질 발달에 기여한다는 추측이다.

Canli는 E나 N 수준에서 더 하위수준으로 내려가는 **"내부표현형"**(endophenotype) 접근을 제안한다. 특질들을 주의, 지각, 기억, 정서상태 같은 심리과정들로 분해하자는 것이다. 예로서, 정서적 자극들을 처리할 때 E가 높으면 긍정적 자극들에, N이 높으면 부정적 자극들에 더 주의를 집중하는가를 확인하는 한편, 이 주의과정들의 신경회로에 차이가 있는가, 연관된 유전자 다형성들이 있는가를 찾아보는 것이다. Canli는 분자심리학이 아직 "도착(arrival)이 아니라 출현(emergence)"(2008, p. 322) 단계에 있으며, 진전을 보려면 엄청난 자료가 필요하다고 본다. 기억 관련 새 유전자의 발견을 보고한 선구적 연구를 예로 들면,

> 그것은 각 수백 명씩의 독립적 표본들을 요구했고, 두 대륙에서 여러 실험실들에 걸쳐 수행되었고, 두 개의 반복(replication) 연구를 포함하였고, 전체게놈-표현형 연합 연구들, 동물연구, 기능적 자기공명 영상(fMRI) 등에서 나온 수렴적 증거를 포함하였다. 이 노력이 생물학적 성격연구들을 위한 황금표준이 된다면, 그러면 우리 분야는 'Big Science' 클럽에 들어가 성격심리학의 문화를 바꿀 것이다.(p. 323)

이 분홍빛 청사진에 바로 이어 Canli는 “최첨단 분자생물학과 신경영상기법을 쓴다고 흥분하여 심리학의 top-down 조망을 잊어버리면 안 된다”고 덧붙인다. 성격심리학은 ‘위’(가령 행동선택, 표현형)에서 ‘아래’(뇌/신경, 유전자)를 보며, 행동을 선택하여 자신들의 환경과 경험들을 만들어가는 *개인*들이 연구대상이다.

“우리는 많은 성격과정들을 이해하기 위해 특수한 유전자들과 특수한 환경효과들을 찾을 필요가 있는가?”(Krueger와 Johnson, 2008, p. 304). 많은 특질들의 유전율이 50% 정도나 되는데도 연루된 유전자들을 찾기가 그렇게 어려운 이유는 **유전-환경 상호작용**에 있으므로, 특질의 유전율을 알아내려 하기보다 유전영향이 커지거나 작아지는 여건들을 찾아야 한다. 일례로, 청소년들에서 부모와의 관계(가령 “나는 부모를 존경하고 부모도 나를 존경한다”) 수준에 따라 정적 정서성 유전율이 34%에서 77%까지 달라졌다. Krueger와 Johnson은 유전의 기여가 높아지는 여건들에서 특수한 다형성-성격 관계를 찾아야 한다고 본다. 그러나 그들 스스로 인정하듯 성격에서 비가산적 유전효과들이 중요하다면 유전자 찾기는 훨씬 더 힘들어진다. G×E 상호작용만 언급되는데, G-E 상관은 훨씬 더 복잡한 문제를 만들어 낸다.

유전형에서 표현형으로 어느 성격특질에서든 특수한 유전자들이 있어야 그것이 어느 수준으로 나타나는 것이 아니고, 또 어느 유전자들이든 그 효과들이 어느 특수한 성격특질에 꼭 한정된다고 기대할 수 없다. 더욱이 유전자들의 효과는 환경여건들에 또는 다른 유전자들의 존재나 작용에 달려있다. 유전자는 단백질을 만들 뿐이고,[9] 단백질들은 표현형(행동)으로 이끄는 뇌와 신진대사 과정의 첫 단계에 불과하다. 누구나 때로는 공격적이 되고, 누구나 때로는 소심해진다. 각 개별 성격을 독특하게 만드는 것들은 유발 여건들의 세부에 그리고 구체적 행동선택들에 있다.

능력과 성향 유전자들을 찾아내기 위한 ‘Big Science’ 클럽의 대규모 GWAS들에서 심리학자의 중요한 과제는 장기간에 걸친 행동관찰과 심리측정, 앞서 제안된 ‘내부표현형 접근’(Canli, 2008)이 될 것이다. 유전자가 만드는 단백질이 세포의 일꾼으로서 하는 일은 우리 분야가 아니다. 행동 관찰과 측정에 이어 심리학자의 두 번째 과제는 유전자 또는 단백질에서 행동, 능력, 성향으로 가는 과정을 설명하는 것이다. 이를 위해 위에서 말한 대로 꼭 특수한 유전자와 특수한 환경을 발견해야 하는 것은 아니다.

우리는 이제 태내 발달에 환경과 경험이 중요하다는 것을 안다. 이미 태내에서 유전

---

9) 단백질을 위한 부호를 지닌 DNA의 양은 게놈에서 모든 DNA의 약 3%뿐이며, 나머지는 “junk”로 취급되었다(*Economist*, 2010). 이 (단백질을 만들지 않는) 유전자들은 —당연히— 쓰레기가 아니고 의학적으로 중요하다고 생각된다. 가령 암에서 계속 튀어오른다.

자가 뇌의 발달과정을 유도하긴 하지만, 일단 그 과정이 시작하면 우연적 결과와 그에 따른 다양한 외적 변인들이 영향을 미친다. 그 외적 영향들은 화학물질들일 수도 있고 '경험'일 수도 있다(이하 Greenfield, 2000/4, p. 81f.). 그러나 출생 후의 경험을 태내 경험에 비하랴. 우리는 거의 모든 뉴런을 지니고 태어나지만(약 1,000억 개), 이들이 서로 연결되는 배선의 상당 부분은 출생 후에 이루어진다. 이 결합은 특히 대뇌피질에서 왕성하여 하나의 뉴런에 수상돌기가 10만 개까지 있을 수 있는데, 회로형성에는 말할 것도 없이 *경험*이 결정적 역할을 한다.

> 가장 야심 찬 추정으로도 인간 유전체는 유전자 100만 개에 불과하다. 그러나 인간 뇌의 신경결합의 수는 대략 100조 개—너무나 어마어마해서 감이 안 잡힐 지경이다—일 것으로 추산된다. 따라서 각각의 신경결합이 개별 유전자로 프로그램되었을 것이라고는 생각할 수 없는 일이다.(p. 97)

이 발달에서 자연·본성(nature)과 환경·경험·학습이 계속 작용, 상호작용한다. 그 과정을 이해하려면 우선 무엇보다도 "문화는 생물학으로, … 행동은 유전자로, 생명은 프로그램으로 …"(Kaye, 1997/2008, p. 94) 환원시키는 태도를 버려야 할 것이다. 인간의 성격, 능력, 행동은 유전자와 생활경험 둘 다가 작용한 결과이며, 유전자에서 표현형까지 가는 통로는 매우 길고 G와 E가 그 길 전체에서 얽혀있다. 따라서 G와 E 효과들 중 어느 것이 더 큰가를 볼 것이 아니라, 그들이 어떻게 서로 영향미치며 같이 작용하는가를 찾아보아야 한다. 유전형에서 표현형으로 가는 과정은 태내에서 시작하고 아기와 부모(특히 엄마)의 관계 속에서 토대가 만들어질 것이다. 그러나 현대 성격연구자들은 *발달*에 별 관심이 없고(Diener, 2000), 과정에 관심 없이 결과(outcome)만 고찰한다. 결과를 가지고 발달과정을 추리하는 예는 진화심리학에서 익히 본 바 있다.

잃어버린 고리—발달 Canli(2008)는 유전형 분석수준들(분자와 세포)과 표현형 분석수준(자기보고된 성격)의 거리가 너무 멀기 때문에 성격유전자들이 잘 찾아지지 않는다고 보았다. E와 N 같은 특질 수준에서 하위 수준들(인지과정, 신경활동 등)로 내려가는 내부표현형 접근이 유전자 찾기에 더 유리할지 모르지만, (성공해도) 그 결과는 무수히 많은 작은 유전자들이 될 것이다. 같은 행동유전학자 Krueger와 Johnson(2008)도 유전·환경 영향 추정에 초점을 맞추기보다는 유전과 환경 요인들이 어떻게 같이 작용해서 성격을 만들어내는가를 이해한다는 "근본적 도전"에 맞서야 한다고 믿지만, 역시 발달 접근을 제안하지는 않는다.

이혼의 유전율(상당히 높다)을 예로 들어보자. 행동유전학의 통계적 모델이 시사하는 바는, 어느 한 사람이 언젠가 이혼할 확률을 예언하는 한 연속적 특질(이혼성향?)이 있으며, 다수 유전자가 그 특질의 수량적 값에 조그만 효과들을 공헌한다는 것이다(가산성). 구체적으로 어떤 유전자들이 어떻게 이혼에 공헌하는지에 대해서는 할 말이 없다. 어쩌면 충동성 때문에 한 사람과 결혼생활을 유지하기 어려워지는지 모른다. 또 어쩌면 알코올중독이나 우울에 관계되는 유전자들이 또는 동성애 성향이 결정적일지 모른다 (Turkheimer, 1998, p. 788). 결혼행동과 신경세포나 유전자 사이에는 너무 많은 수준들이 들어있으며 (생물학과 상관없는) 타인 및 제도들과의 관계가 개입한다. 유전-환경 상관과 상호작용의 가능성을 인정한다 해도 발달적 관점에서 배우자들의 성격, 기질, 생활문제 등과 관계의 역사를 바라보지 않으면 '이혼의 유전' 현상을 설명할 수가 없다.

유전자가 켜지고 꺼짐, 게놈의 자기조절 과정이 개인의 행동·감정·인지와, 성격이나 기질과 어떻게 같이 가는지를 탐구한다는 것은 분명 흥미진진한 일이지만, 발달적 관점을 가져야 이런 탐구가 결실을 가져올 것이다. 부모의 IQ나 사회경제적 수준과 자녀의 IQ나 학교성적의 상관들, 또는 쌍둥이들이나 형제자매 사이의 E나 N 상관들을 가지고 유전과 환경 효과를 *추정*만 하지 않고, 부모-자녀 및 형제관계와 상호작용을 알아보는 것이다. 잔소리 많고 과잉보호하는 엄마에게 큰딸은 평생 휘둘리지만, 작은딸은 어릴 때부터 제 고집대로 하다가 결국 엄마가 '포기'하게 되는 가정을 생각해보자. 발달적 관점을 가지면 공유환경, 비공유환경, 유전효과 등을 *추정*하는 대신 엄마와 딸들의 기질, 엄마와 두 딸의 관계의 역사, 그리고 아마도 엄마와 남편의, 딸들과 아버지의 관계도 알아보게 될 것이다.

Scarr를 비롯한 유전론자들이 지능증진 중재들이 효과를 볼 수 없다고 단언할 때 Baumrind(1993, p. 313)는 다음과 같은 반론을 제기한다.

> 심리학자들에게나 의학 연구자들에게, 개체들의 바람직하지 않은 성향들을 확인하는 목적은 더 효과적인 건강증진 중재들을 고안하는 것이어야 하며, 이 성향들이 유전적 토대가 있으며 따라서 낫지 않는다는 전제 위에서 그러한 시도들을 막는 것이 아니다.

세상에 갓 태어난 아이의 능력과 성향도 이미 유전과 환경의 복잡한 상관과 상호작용의 결과이다. 심리학자로서, 사회과학자로서, 부모/교사/시민으로서 우리는 모든 개인들이 각자의 잠재력을 충분히 실현할 수 있도록 가장 유리한 환경을 생각해낼 의무가 있다. 많은 인간행동유전학자들은 증거자료가 충분치 않아도 생물학주의적 결론을 내리는 데 주저하지 않는다. 이들의 확신은 유전자결정론이라는 이데올로기에서 나오는 것으로 보인다.

유전자 결정론

유전자가 아무리 중요하다 해도, 생명의 설계도가 공중누각으로 건설되는 것은 아니다. 인간 개체들은 모두 특정한(specific) 그리고 독특한(unique) 사회문화적 및 가정환경 안에서 성장한다. 설계도가 같아도 벽돌이라는 재료가 없으면 벽돌집이 나올 수 없고, 인부들이 성의나 솜씨가 없으면 부실건물이 된다. 유전자 결정론자들은 이러한 명백한 사실을 잊어버리는 일이 많다. 집을 지을 때 설계도도 재료나 현장여건들도 중요하지만, 이념이 작용하면 둘 중 한 요인만 눈에 보이는 것이다.

새 우생학 능력, 성격, 정신병, 범죄성향이 유전되며 유전형이 표현형으로 직접 나타난다면, '좋은' 개체들의 번식은 장려하는(적극적 우생학) 대신 '나쁜' 개체들의 번식은 저지시켜야(소극적 우생학) 점점 좋은 세상이 될 것이다. 7장부터 계속 이름이 등장한 Galton은 우생학(eugenics)이라는 말도 만들어냈다. 자연선택 과정은 과다한 출산과 대규모의 도태를 요구하지만, 우생학은 "적절히 키울 수 있는 최고 혈통의 자녀들만 낳게" 하므로 "좀더 자비롭고 효과적인 과정"이다(Dixon & Johnson, 1980/1987, p. 30에서 재인용). 어떤 특성이 좋고 나쁜가는 그때그때 권력을 가진 계층에서 정하게 된다. 이를테면, 나치 독일에서 유태인, 정신병자, 동성애자 등은 아리아 혈통을 더럽히는 '나쁜' 존재들이었다. 비슷한 때 미국에서는 정신박약자, 간질환자, 강간범, 매춘부들이 '악인자'(惡因者, cacogenics)였다(Leahey, 2000).

'나쁜' 자들을 멸종시키려는 소극적 우생학은 나치 독일, 미국을 비롯하여 서구 여러 나라들에서 조직적으로 실행되었다. 분자생물학의 눈부신 발전은 *적극적 우생학*의 무기를 대중들의 손에 쥐어 주었다. 이미 태아에 유전자 이상이 있으면 유산시키기도 하거니와(소극적 우생학), 이제는 유전공학을 통하여 똑똑하고 건강하고 키 크고 잘 생긴 '맞춤인간'을 만들어낼 수 있게 될지 모른다. '유전자 검사'의 비용이 계속 떨어진 것처럼, "좋은 유전자" 세트도—수요가 있는 곳에 공급이 있다—대중적이 된다면, 그야말로 '멋진 신세계'가 다가올 것이다. 그 세계에서는 (자연/사회, 가정) 환경도 실험실에서 만들어 '공급'할 수 있을까? 아니면 '환경'은 그냥 잊어버리면 될까?

개인-사회, 유전-환경 이분법 과학적 심리학은 집단보다 개인이 우선한다는 *개인주의* 전통을 따르며 환원론과 생물학 결정론을 신봉한다. 개인들이 사회에 우선하며, 개인들의 특징은 그들의 생물학적 상태의 결과라고 보는 것이다. '범죄형'들이 폭력범죄를 저지르며 무능력자들이 빈곤에 빠지므로, IQ, 범죄성향 등 여러 특성들에서 점수나 등급을 매기고 '적재적소'에 배치하는 일이 중요해진다(가령 '우수자'는 관리직, '열등자'는 단순노동). 미국에서 우생학 운동은 "응용심리학의 부흥(1896–1918)"(Leahey, 2000, p. 424f.)과 일정한 연관이 있고 거기서 중심이 된 것은 "정신검사"(mental test)였다.

심리측정적으로 사람의 등급을 가를 때 우리는 '상대평가'를 한다. Scarr가 지능향상 프로그램이 효과 있음을 인정하면서도 실시에 찬성하지 않은 것은 '상대적 위치'(석차를 생각하면 된다)는 별로 변하지 않기 때문이다. 수행(점수)이 전집 표준—규준(norm)이라고 한다—에서 크게 이탈하는 사례들은 '비정상' 또는 '병'이므로 치료(또는 특수교육)가 필요하다고 여겨진다. 이러한 견해는 보수주의와 적응주의의 기초가 된다(Rose 등 1988/93). 사회구조나 교육체계를 변할 수 없는 배경으로 설정하고 사람을 거기 맞추려고 하기 때문에 '보수주의'이고, 정해져 있는 사회/환경에 개인들이 '적응하거나 죽거나'라는 적응주의이다.

Rose 등(1988/93)은 유전-환경 이분법을 거부하며 '변증법적 설명'을 내놓는다. 한편으로는, 사회적 조건들에 의해 수정·형성될 수 없는 사회적 행동들은 없다. 특히 성충동과 공격성은 생활사로 인해 없어지거나 변형되거나 높아진다. 다른 한편으로, 인간의 사회생활은 생물학적 상태와 명백히 관련이 있다. 인류는 백지 상태로 태어나지도 않으며, 개개인이 사회환경을 되비추는 거울에 지나지 않는 것도 아니다. 부분과 전체는 서로 결정한다. 개별 인간의 성질은 고립되어 나타나지 않고 사회적 삶의 결과로서 나타나며, 이 삶의 모습은 우리 인간들이 만들어낸 결과이다.

운명이 아니라 성향 인간의 행위는 서로 영향 미치는 다양한 원인들이 작용한 결과이다. 우리가 자유롭다면, 즉 감옥 안의 죄수가 아니고 빈곤에 시달리지 않는다면, 우리의 행위는 단 하나의 원인의 결과가 아니다. Rose 등(1988/93, p. 340)은 그들의 책을 다음과 같은 말로 끝맺는다.

> 우리의 생물학적 상태는 우리를 우리의 정신적 환경과 물질적 환경을 계속적으로 재창조하는 생명체가 되게 해왔고, 우리의 개인적 삶은 교차하는 인과적 경로들의 특별한 다중성의 결과물이다. 따라서 우리를 자유롭게 하는 것은 우리의 생물학적 상태이다.

5요인 모델과 행동유전학은 성향들이 어떻게 구체적 환경요인들과 상호작용하여 성격이나 운명을 만들어내는지도 잘 고찰하지 않는다. 이혼 유전자를 찾아보려고 할지언정, 부모가 이혼했을 때 어떻게 해서 자녀도 이혼할 확률이 커지는지를 설명해주지 않는 것이다. 결과적으로, 특질심리학이 "심리학이 필요한 바로 그 지점에서, 무슨 일인지 이해하기 어려워지는 그 지점에서 중단한다”(Murray, 1938, p. 715)는 비판은 진화심리학, 행동유전학에도 유효하다. 5요인, IQ 점수, 유전율지수를 제시하면 ‘그림’이 완성되었고 이제 분자유전학의 책략을 사용하여 해당 유전자들을 찾으면 된다고 보는 견해가 지배적이기 때문이다.

생물학적 이론들은 인간이 생물학적 존재라는 자명한 사실을 일깨워주었다. 인간은 능력과 행동성향 면에서 백지(tabula rasa)로 태어나지 않지만, “우리가 물려받는 것은 ‘성향’이지 ‘운명’이 아니다”(Rose, 1995, p. 648). 진화의 유산이 고정불변의 인간 본성이 아니듯이, 유전의 영향도 피할 수 없는 운명이 아닌 것이다. 우리가 어떤 삶을 사느냐 하는 것은 일생에 걸쳐 하는 행동선택들(가령, 결혼을 하느냐 마느냐)의 결과들이다. 그 선택들을 이끄는 것은 우리의 성향들이겠지만, 그 성향들은 우리가 능동적으로 창조하는 환경적 기회들 안에서 표현된다. 무엇을 먹을지, 어디에 살지 하는 것부터 누구와 친하게 지낼지, 포르노를 소비할지, 결혼을 할지, 자녀를 낳을지 등까지 우리는 크고 작은 선택들을 하며 산다.

어떤 성향, 심리기제를 타고났는지를 알면, “어머니 자연에 적응”할 수 있다. 우리 자신의 또는 가까운 사람의 바람직하지 않은 특질이나 행동에서 ‘생물학적 성향’ 부분을 인정하면, 그 인간적 약점에 너그러워지면서도 더 효율적인 대처를 할 수 있다. ‘인간 본성’도 개인 성향도 개인 운명으로 이어질 필요가 없다. 부모가 모두 또는 한 편이 비만이라서 나도 ‘비만 유전자’를 타고났을 확률이 높다면(비만을 키우는 식생활도 학습되었을 테지만), 나의 비만에 대해 (유전과 환경을 둘 다 제공한) 부모 탓을 하거나 내 의지박약을 탓할 필요가 없다. 비만을 피하려 한다면, 남보다 음식조절을 더 철저하게 하고 운동도 열심히 해야 한다. 성향은 운명을 만드는 여러 원료의 하나일 뿐이다.

다음 장부터 시작하는 4부에서 우리는 성향-생물학 접근의 반대가 되는 행동주의-학습 접근을 공부하게 된다. 여기서는 인간 행동이 내적 성향이나 생물학적 요인들이 아니라 환경 자극 및 조건들에 의해 결정된다고 본다. 우리는 여기서도 변량분석 패러다임이나 적응주의가 심리학의 주된 흐름임을 보게 될 것이다.

요 약

01 행동유전학에서 개인차에 대한 유전과 환경의 영향을 알아내기 위해 가장 많이 쓰는 연구법은 **쌍둥이연구**와 **양자연구**이다.

02 유전과 환경의 영향은 보통 하나의 값으로 계산되어 비교된다. 어떤 측정치에서 관찰된 변량(개인차) 중 유전요인에 귀속되는 비율을 **유전율추정치**(h^2)라 부른다. 비유전적 요인들은 공유환경과 비공유환경, 그리고 오차변량으로 구성된다.

03 지능의 h^2은 .50 정도로, 성격 유전율(약 .40)보다 약간 높다. h^2은 사용된 표본특성(인종, 나이 등)과 측정치(자기보고질문지, 행동관찰 등)에 따라, 계산법에 따라 달라진다. 또 유전자들의 가산적 효과를 전제하고 동류결혼 효과를 무시한다. 유전율이 높다고 해서 그 특성이 고정불변이며 환경의 영향을 받지 않는다는 것은 아니다.

04 유전율(h^2)과 환경영향 추정치들은 자료가 마치 환경(E)과 유전(G)이 독립변인들인 2요인설계 실험에서 나온 것처럼 해석되지만, 상호작용(G×E)은 통상 고려되지 않는다. 정상적인 가정들에서 부모는 유전요인만 주지 않고 환경도 베풀므로 유전과 환경요인 간에 상관이 생긴다.

05 유전자 효과가 특정 환경에서만 나온다면 G×E 상호작용이 있는 것이다. 행동유전학에서 **G×E 상호작용과 상관**은 수동적 영향, 유발 영향, 능동적 영향의 형태로 일어난다. 뒤의 두 기제는 G-E 상관을 가져오는데, Scarr 같은 학자는 "유전자가 경험을 만들어간다"고 해석한다('환경유전학').

06 행동유전학의 중요한 발견은 한 가정에서 자란 자녀의 성격이 서로 같지 않는다는 것이었다. 공유환경 효과보다 비공유환경 효과가 더 크다. **공유환경 효과**란 가족들을 닮게 만드는 환경영향들을, **비공유환경 효과**란 달라지게 만드는 환경영향들을 말한다. 비공유환경 효과는 따로 측정되지 않고, 유전율과 공유환경 효과, 오차를 빼고 남은 부분으로 추정된다.

07 Scarr는 **평균 기대환경**의 범위 안에서는 가정환경의 차이가 아동 발달에 영향을 미치지 않는다고 보았다. 부모가 자녀행동에 영향 미치기보다 자녀가 부모행동을 유발·창조하므로 "**충분히 좋은 부모**"면 된다. 그러나 부모-자녀 관계는 양방향적이며, 더 큰 권력을 가지는 부모가 자녀보다 상대에게 더 큰 영향을 미친다고 볼 수 있다.

08 행동유전학자들은 **분자유전학** 연구책략들을 써서 지능, 정신병, 범죄성향, 성격특질 등을 결정하는 유전자들을 확인하려고 한다. 그러나 외향성(E)과 신경증성향(N)("Big Two")에 대해서도

효과크기가 작은 많은 유전자들만 발견되고, 전체 유전효과가 크지 않다. 한편으로는 특질들의 세부과정에 대한 이해가 필요하고("내부표현형" 접근), 다른 한편으로는 환경의 작용을 더 많이 인정해야 할 것 같다.

09 유전자 찾기가 어려운 이유 하나는 G×E 상호작용 때문인 것 같다. 심리학의 과제는 특질유전자 찾기 자체보다는 장기간에 걸친 행동관찰과 측정, 그리고 유전형이 환경과 상호작용하여 표현형을 가져오는 발달과정을 추적하는 일로 보인다.

10 **적응주의**에서는 개인-사회, 유전-환경을 서로 분리·독립된 것으로 보면서 고정된 환경에 개인들이 적응하며 개인들의 특징은 그들의 생물학적 상태의 결과라고 본다. 인간 성격과 행동은 유전자와 생활환경 둘 다가 작용한 결과이며 인간 스스로 환경을 창조·구성하기 때문에 유전영향과 환경영향을 가르는 것은 의미가 없다.

11 인간은 생물학 법칙에서 자유롭지 않으나, 우리가 물려받는 것은 **운명이 아니라 성향**이다. 어떤 성향을 타고났다고 해서 그것에 지배당하는 것은 아니다. 자신의 생물학적 성향이나 심리기제를 알고 있으면 선택을 좀더 현명하게 할 수 있다.

제 4 부

행동주의-학습 접근

1920년대부터 1940년대까지 심리학의 모든 분야를 지배한 행동주의-학습 접근을 대표하는 이름들은 Watson, Thorndike, Hull, Skinner 등 미국심리학자들이다. 11장에서는 먼저 Watson의 행동주의 혁명을 소개하고, 고전적 조건화와 연관된 원리 및 개념들을 공부한다. 이어 Hull의 자극-반응 심리학의 기본 개념들을 알아본 후, 그의 학습원리들을 성격과 정신병리 설명에 적용시킨 Dollard와 Miller의 추동심리학 접근을 보게 된다.

Skinner는 고전적으로 조건화되는 반응들을 반응행동이라고 부르면서 도구적 또는 조작적으로 조건화되는 조작행동과 구별하였다. 후자에서 중요한 것은 반응을 유발하는 자극이 아니라 행동에 따라오는 결과, 즉 강화이다. 12장에서는 Thorndike의 도구적 조건화를 설명한 뒤 Skinner의 조작적 조건화를 다룬다. 급진적 행동주의자 Skinner에게 심리학의 목표는 행동-강화의 관계(강화유관)를 파악하는 실험적 행동분석이었고, 궁극적 목표는 행동통제 내지 행동공학이었다.

제 11 장

자극-반응 심리학

지금까지 소개한 이론들에서 보면, 성격이란 행동을 일으키는, 안에 있는 그 무엇이므로, 어떤 사람의 행동을 이해하기 위해서는 그 사람의 '내면'(유전자를 포함해서)을 이해해야 했다. 4부에서 우리는 그러한 '심리주의'(와 생물학주의)를 배격하고 관찰 가능한 행동 및 객관적 자극·조건들에 집중하는 행동주의 접근을 만나게 된다. 성격심리학 분야가 출현한 1930년대는 행동주의가 '이론의 황금기'(Leahey, 2000)에 들어와 있을 때였다. 1950년대에 행동주의 전성기가 지나고 곧 인지-정보처리 접근(5부)이 득세하였지만, 심리학은 여전히 '행동'을 이야기한다. 이는 심리학이, 따라서 성격심리학도, 여전히 '행동주의'임을 말해준다.

방법론적으로 볼 때 4, 5부의 두 접근은 성격에 대한 (실험실)실험 접근을 대표한다. 1부(정신역동)와 2부(현상학-인본주의)의 이론들이 임상 전통에서, 3부(성향-생물학)의 이론들이 상관연구 전통에서 나왔다면, 이제부터 — 이제야 — 심리학의 주류인 실험(실)접근에서 나온 이론과 연구들을 만나게 되는 것이다. 엄밀한 통제를 위해 심리학 실험은 실험실에서 주로 실시되며, 같은 이유로 행동주의자들은 연구대상으로서 사람보다 동물을 선호하였다. 의식이라는 주제를 거부하고 주로 쥐 실험을 했으므로 행동주의는 '의식 잃은 심리학', '쥐 심리학'이라고 조롱당하기도 하였다.

성격심리학이 *발달*에 관심이 없다("잃어버린 고리")고 이미 몇 번 지적한바, 발달의 핵심은 학습이다. 기업들이 왜 취업지원자들에게 받는 자기소개서에 '성격의 장단점'과 함께 '성장과정' 항목을 넣겠는가. 살아온 환경 및 경험을 알아야 지원자가 어떤 사람인지 파악할 수 있고, 미래에 어떻게 행동할지를 예측할 수 있기 때문이다. 지능, 기억 등과학적 심리학의 다른 구성개념들과 마찬가지로, 성격은 행동을 이해·예측·통제하고 행동의 안정성과 일관성을 설명하기 위하여 만들어진 개념이다. 행동주의의 배경부터 알아보자.

행동주의-학습 접근의 특성

환경·교육문제, 부정부패 등 사회문제들이 지적될 때 언론을 포함한 우리나라 지도층이 좋아하는 해결방법은 '의식개혁', '인성교육', '정신무장' 등이다. 수없는 구호와 표어 등으로 양심, 시민정신, 애국심에 호소하고, 질서의식을 일깨우려고 하며, (성공하지 못하니까) 다시 국민성, 정신상태 등을 비난한다. 행동주의에서 보면 *외현적 행동*들에 집중해야 사람과 제도들을 변화시킬 수 있다. 성격변화를 생각할 때도 이 접근이 도움이 된다. 자기 성격에 불만이라는 사람들은 결국 습관적 행동들 때문에 피해를 보는 사람들이다. 행동이 달라지면 성격도 변하는 것 아닌가. '정신', '의식'을 버리고, '성격', '특질'도 부정하며, *환경*을 어떻게 조성하느냐에 따라 어떤 행동이든 만들 수 있다는 주장들은 미국식 실용주의와 낙천주의를 반영하였다.

행동주의 혁명

정치·사회 혁명이 성공하려면 '구 체제'에 대한 '대중'의 불만이 무르익어 있어야 한다('대세'). '혁명가'가 그러한 불만에 불지르고 새로운 방향을 설득력 있게 제시할 때, 대중은 '구 체제'는 다 나쁘며 '신 체제'는 다 좋다고 믿고 그를 따라간다. 행동주의 혁명 당시 미국의 젊은 심리학자들 중에는 독일에서 수입된 주제와 방법이었던 의식(내용, 구조)과 내성법(introspection)에 불만인 사람이 많았다. John B. Watson(1878-1958)은 1903년 "흰쥐의 심리발달"에 대한 실험으로 박사학위를 받았고, 1908년 죤스 홉킨스 대학에 교수로 가서 비교심리학(동물심리학) 실험실을 차리는 일을 맡았다. 동물심리학은 인기가 없는 주변 분야였고, 당연히 의식심리학과 내성법에 불만인 사람들이 특히 많이 모여 있었다. 하등동물에게 의식이 있는지 모르지만 동물이 내성보고는 할 수 없지 않은가.

행동의 과학 Watson의 천재성은 동물연구가 중심이 되는 방향으로 심리학을 재정의한 데 있었다. 그가 1913년에 발표한 논문 '행동주의자가 보는 심리학'은 행동주의 혁명선언문이라 받아들여진다. 행동주의자가 보는바 심리학은 '순전히 객관적인 실험적 자연과학 분야'이며 그 목표는 **행동의 통제와 예측**이다. 1914년 저서에서 나온 부분들을 아래 재인용한다(Liebert & Liebert, 1998, p. 295, 중간의 줄임들은 이 저자들의 것임).

> 행동주의자는 동물 반응의 통일적인 틀을 얻으려고 시도한다. 그는 인간과 짐승을 가르는 선을 인정하지 않는다. 인간의 행동은 물론 정교하고 복잡하지만 그의 전체 연구분야의 단지 한 부분을 이룰 뿐이다. … 심리학을 … '행동의 과학'으로 … 정의하여 저술하는 일이, … 정의로 돌아가 의식, 정신상태, 정신, 내용, 의지, 심상 등의 용어들을 쓰지 않는 일이 가능하다. … 특정한 자극들이 유기체로 하여금 … 반응들을 하게 한다. 완전한 심리학의 체계에서는 반응들이 주어지면 자극들이 예언될 수 있고, 자극들이 주어지면 반응들이 예언될 수 있다.

심리학을 행동의 과학으로 정의하는 데 성공하고 1916년 APA회장으로 당선한 Watson은 조건반사에 대한 Pavlov의 연구들을 행동주의의 실험적 토대로 내세웠다. 자주 인용되는 그의 포부를 보라(Liebert & Liebert, 1998, p. 294에서 재인용).

> 나에게 잘 발육된 한 다스의 아기들을, 그리고 그들을 키울 나 자신의 특수한 세계를 달라. 그러면 나는 아무나 뽑아서 훈련시켜 그의 재능, 기호, 경향들, 능력들, 직업들, 인종과 상관없이 내가 고르는 어떤 전문가든지 되게 하겠다. 의사, 법관, 예술가, 사업가, 심지어는 거지와 도둑까지도.

인간의 행동을 완벽하게 통제할 수 있다는 선동적인 주장은 "사회적으로 유용하고 싶은"(Leahey, 2000, p. 388) 심리학자들에게 큰 호응을 얻었다. 부인과 같이 쓴 아동교육서(1928년)는 대중에게도 널리 읽혔다. 이렇게 행동주의는 미국 사회와 학계에 큰 영향을 남겼다.

방법론적 행동주의 행동주의 선언이 나왔을 때 비판적인 목소리의 하나는 행동주의가 심리학이 아니라 생물학이며, 심리학은 사람의 마음, 의식과 내성법을 포기할 수 없다는 것이었다(Leahey, 2000). 실제로, 9장에서 논의한 것처럼, 현대심리학은 철학의 뿌리를 부정하고 생물학의 분과로서 성립하였다. 진화론의 영향으로 "인간은 어떻게 그의 환경에 적응하는가"를 질문하면서 행동의 과학이 나타날 분위기가 만들어졌다(Hergenhahn & Olson, 2001, p. 57). 인간과 짐승의 유사성 주장도 다윈에게서 나왔음은 물론이다. 즉, '행동주의 혁명'은 Watson의 '선언' 전에 이미 일어나 있었다.

심리학적 행동주의는 내성법과 정신주의에 반대하여 생겨났지만, 일반인들은—십중팔구 극단적 행동주의자들도—정신과정(사고, 기억 등)과 의식, 성격이 있다고 믿어 의심치 않는다. (철학적 또는 논리적) 행동주의는 관찰 불가능한 것들을 관찰 가능한 것들과 연결시킨다는 커다란 목표를 가지고 상식의 정신주의를 '과학적' 행동주의로 재해석하려고 시도하였다(Leahey, 2000, p. 462f.). 예컨대, 한 유기체가 한 심리상태(예, 목마름)에 있다 함은 그가 어느 특정한 방식으로 행동하려 한다(예, 물이 있다면 마심)고 말하는 것과 같다. 심리상태를 행동과, 또는 행동성향과 같게 놓음으로써 '신념', '희망', '공포', '아픔' 등도 조작적 정의가 시도되었다.

이 책의 1장에서 우리는 경험적 연구란 체계적 행동관찰에 의해 자료를 수집하는 행위라고 배웠다. 가장 많은 통제와 조작이 들어가는 실험연구는 변인(자극, 반응)들 사이의 인과관계를 추리할 수 있게 해주기 때문에 가장 '과학적'이며 본질적으로 행동주의적이다. 실험할 때 우리는 독립변인(자극, 상황)을 조작하여 종속변인(반응, 행동)을 측정한다. 자극·상황이 달라지면 개체들의 반응·행동도 달라지나? 관찰 불가능한 현상도 관찰 가능한 것들로 연결시키면 되므로, 측정 가능한 지표(indicators)가 있으면 동기·인지 과정들도 연구할 수 있다. 정서적 흥분을 나타내 주는 생리적 측정치들(혈압 등), 정보처리에 걸린 시간을 나타내 주는 반응시간 등이 그러한 지표들이다.

조작 및 측정 가능한 자극/상황, 반응/행동들, 즉 표면과 현재에 시선을 고정시키는 **방법론적 행동주의**는 내면과 과거에 집중하는 시각과 반대가 되는 조망이다. 임상 및 상관연구 접근에서 내면과 과거의 추리도 물론 객관적 행동자료를 가지고 하지만, 이 자료는 많은 경우 현재의 생각·감정·행동, 과거의 경험에 대한 '자기보고'이다. 이런 자료를 토대로 내적 특성들—무의식적 충동, 자기개념, 성격성향 등—을 추리하고, 그것들을 토대로 다시 행동을 예언하는 일은 그 정확성이 그리 높지 않다. 행동주의자들의 정신역동 및 특질심리학 비판의 핵심이 그것이었다.

현재 보이는 행동과 환경을 고찰하면 내면과 과거에 대해서도 많은 시사를 얻을 수 있다. 지금 안에 있는 것은 한때는 밖에 있었을 것이며, 현재 상황이 과거에 되풀이되었기 때문에 지금 그 반응·행동이 나오는 것이라고 가정할 수 있기 때문이다. 무엇보다도 행동에 머물면 많은 오해와 혼란을 줄일 수 있다. 가령 외향성, 신경증성향 같은 특질들이 구체적으로 무엇인가 하는 것은 행동수준으로 내려가지 않으면 알 수 없다. 오늘날 급진적 행동주의를 신봉하는 사람은 없지만, 심리학은 여전히 '행동의 과학'이며 내성법은 심리학의 방법으로 지금까지 추방된 채이다.

행동주의 접근

'행동주의자가 보는 심리학'이 지향하는 '실험(자연)과학'은 생물학이며, '행동의 과학' 목표는 '행동의 예측과 통제'이다. 생물학 분과로 시작했으면서 타고난 생물학적 성향을 부정한 것은 모순으로 보이지만, 인간 정신, 뇌가 백지로 출발하여 경험에 의해 관념(idea)들과 그들 사이 연결들이 생긴다는 경험주의, 연합주의의 영향으로 환경에 대한 반응과 적응만 강조하게 된 것이었다. 객관적 환경·자극 조건들과 객관적 행동·반응들이 연합되는 **학습**은 행동주의의 중심 연구주제가 되었다.

관찰 가능한 행동 정신, 심리, 의식과 관련된 용어들을 버리고 객관적 행동만 관찰하기로 정하고 나서, 어떤 환경조건들을 만들어 어떻게 원하는 행동들을 만들어내는가에 관한 정밀한 가설들이 실험적으로 검증된다. 인간과 동물이 동일한 원칙에 따라 학습하므로—'행동'의 과학이지 '인간 행동'의 과학이 아니다—실험실에서 동물을 대상으로 실험하면 가장 통제가 잘 된다. 행동주의적 심리학자들도 궁극적으로는 인간의 심리학에 관심이 있지만, 동물들을 대상으로 얻어진 행동법칙들이 인간에게도 적용될 수 있다고 가정한 것이다.

"완전한 심리학의 체계에서는 반응들이 주어지면 자극들이 예언될 수 있고, 자극들이 주어지면 반응들이 예언될 수 있다"면, 유기체는 '빈 상자'(empty box)가 된다. '성격'의 자리는 없고, 행동·반응과 자극·환경만 이야기하면 된다. 심리적 문제, 성격 문제도 객관적 행동으로 '번안'하고, 구체적으로 어떤 행동들이 어떤 자극상황들에서 일어나는지를 알아내면 '행동수정'도 가능하다. 당시에 심리치료는 곧 정신분석을 의미했고, 무의식에 그리고 먼 아동기에 놓여 있는 원인들을 찾아내는 정신분석 치료는 많은 시간과 돈이 들면서도 효과가 불만스러운 방법이었다. 또, 감정·생각보다도 행동이 달라져야 치료가 된 것 아닌가. 과학적 방법에 의지하여 빠르고 확실한 치료를 약속하는 행동수정이 인기를 끌 수밖에 없었다.

Hull 같은 학자들은 추동(drive), 내현적(implicit) 자극 및 반응들을 이론에 포함시켰지만, 행동을 자극-반응 연쇄(S-R chain)로 분석하는 **원자론**(atomism)은 변하지 않았다. 이는 자극-반응 심리학을 부정하는 인지적 이론가들에게서도 마찬가지이다. 객관적 자극과 객관적 반응 사이에 기억, 주의 같은 과정들이 들어가지만, 관찰 가능한 입력과 출력들을 중심으로 실험들이 고안된다. 인지주의 시대에도 심리학은 여전히 '행동의 과학'인 것이다.

학습과 조건화 행동을 예측할 수 있으면 통제도 할 수 있다. 어떤 환경·자극 조건에서 어떤 행동이 나온다는 것을 *예측*하면, 그 조건을 만들거나 없앰으로써 그 행동이 일어나거나 일어나지 않도록 *통제*할 수 있다. 예측과 통제를 가능하게 해주는 자극-반응 연결은 학습 또는 조건화되는 것이라고 가정된다.

학습(learning)이란 경험의 결과로 행동 또는 행동잠재력이 변하는 것을 말한다. 학습의 결과 유기체는 할 수 없던 것을 할 수 있게 된다. 이 변화는 일시적이 아니라 비교적 영속적이어야 하며, 단순히 '경험', '연습'이 아니라 '강화받는 훈련'의 결과로 나타나야 한다(Hergenhahn & Olson, 2001, p. 2). [일시적 행동변화는 피로나 약물영향 때문일 수 있고, 영속적 변화는 경험/훈련이 아니라 성숙의 결과일 수 있다.] 행동(잠재력) 변화가 경험 또는 훈련 후 즉시 나타날 필요는 없지만, 학습의 결과는 언제나 관찰 가능한 행동, 즉 **수행**(performance)으로 나타나야 한다. Skinner 같은 학자는 행동변화 자체를, 즉 수행을 학습으로 보지만, 대부분의 학자에게는 학습이 행동으로부터 추리되는 가설적 구성개념이다.

조건화(conditioning)는 학습보다 좀더 구체적인 용어로서, 행동을 만들어내거나 고치는 절차, '강화하는 훈련'을 말한다. 조건화에는 **고전적 조건화**와 도구적 또는 **조작적 조건화**의 두 가지가 있고, 따라서 이 두 종류의 학습이 있다고 보기도 한다. Hergenhahn과 Olson(2001, p. 66)이 행동주의 진영을 **기능주의**(functionalism)와 **연합주의**(associationism)[1]로 나눌 때, 이 두 '패러다임'은 각각 조작적, 고전적 조건화로 대표된다. *고전적* 조건화를 통해서 환경 속의 어떤 자극이 생존에 유익하고 어떤 자극이 해로운가 하는 것을 학습하고(자극-자극 연합), *조작적* 조건화를 통해서 환경에서 좋은 것을 얻거나 나쁜 것을 피하는 방법(행동의 기능)을 학습한다(pp. 13-14). 이 장에서는 Pavlov로 시작한 *연합주의* 견해를, 다음 장에서는 Thorndike의 도구적 학습으로 시작하여 Skinner의 조작적 조건화로 대표되는 *기능주의* 견해를 다루기로 한다.

고전적 조건화

Ivan Petrovich Pavlov(1849-1936)는 소화과정 연구로 1904년에 노벨상을 받은 大학자

1) Hergenhahn과 Olson 책의 역자 김영채는 "association"을 '결합'이라고 번역하지만, '연합'이 더 널리 쓰이는 말이다. '시민연합', '학부모연합'같이 우리 일상어에서는 '연합'이 결사체, 단체라는 의미로 주로 쓰이지만, 연합주의라 할 때는 (가령 자극-반응) 연결이라는 의미이다. 심리학에서 'association'은 연상('자유연상'같이)의 뜻으로도, 상관(correlation)의 뜻으로 쓰인다.

로서 조건반사 연구에 들어갔다. 실험실의 개가 먹이를 보기만 해도, 아니면 (먹이를 주는) 실험자를 보거나 발자국 소리만 들어도 침을 흘리기 시작한다는 것을 우연히 관찰한 것이 그 계기였다. 그는 이 반응을 처음에 심리적 반사(psychic reflex)라고 부르다가 주관적, 심리적 요소를 피하기 위하여 나중에 **조건반사**라고 불렀다. Pavlov식 조건화를 고전적 조건화라고 부르며 도구적 또는 조작적 조건화와 구별한다.

고전적 조건화의 원칙들

갑자기 강한 빛에 노출되면 우리는 '반사적으로' 눈을 감는다. 뜨거운 난로에 손이 닿으면 우리는 '저절로' 손을 뗀다. '반사'란 어떤 자극에 대해 '불수의적'으로, 즉 의지의 작용 없이 일어나는 반응을 말하며, '조건반사'란 특별한 조건들에서만 나오는 반사이다. 그 조건을 만드는 것이 '조건화'로서, 원래 그 반사를 일으키는 자극(조건)이 아닌 (중립적) 자극에 대해 같은 반응이 일어나도록 훈련하는 것이다. 조건반사는 일반인들에게도 '파블로프의 개'를 생각나게 하지만, 생리적 반사뿐 아니라 인간 정서반응도 '조건화'된다.

실험절차 그림 11-1에 고전적 조건화 실험절차 도식을 제시하였다. 먹이가 입에 들어갈 때 침이 나오는 것은 소화과정을 시작하는 반사이다. 이때 먹이와 침을 각각 **무조건자극**(US)과 **무조건반응**(UR)이라고 부른다. 이제 침 분비와 아무 관계가 없는 중립적 자극(도식에서 불빛)을 US와 짝짓는다. 먹이를 주기 직전에(또는 동시에) 불빛 켜기를 몇 차례 되풀이하면, 불빛만 켜져도 침이 나오게 된다. 이때 불빛과 침을 각각 **조건자극**(CS)과 **조건반응**(CR)이라고 부른다. 침 분비라는 불수의적 반응이 불빛이라는 조건에서도 일어나게 된 것이다. US 때문에 CS가 CR을 유발할 수 있게 되는 것이므로 US를 **강화물**(reinforcer)이라 부른다.

그림 11-1 고전적 조건화 실험절차(Hergenhahn & Olson, 2001, p. 243에서 재인용)

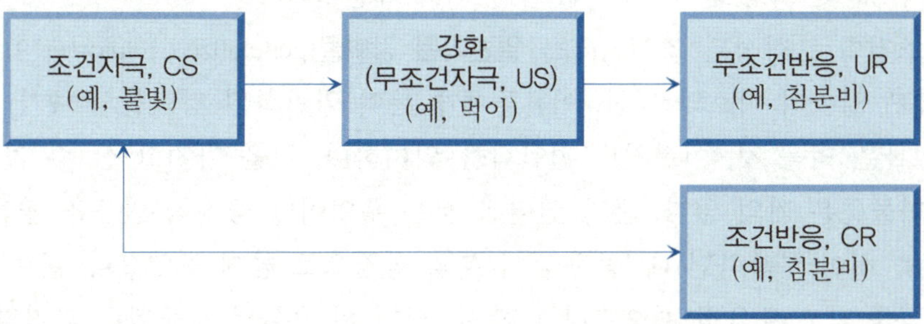

다른 예를 들어보자. 개의 발에 전기충격을 주면 개는 반사적으로 발을 쳐든다. 전기충격이 '발 쳐듦'이라는 UR을 가져오는 US인 것이다. 이제 전기충격을 줄 때마다 그 직전에 종을 쳐주기를 몇 번 되풀이하면, 개는 종소리만 나도 발을 들게 된다. 고전적 조건화에서 유기체는 새로운 자극-반응 연결(CS→CR)을 학습하게 되지만, 이는 두 자극(US와 CS)의 연결로 가능해진다. 그래서 이 학습을 '(자극-자극) **연합학습**'(association learning) 또는 '**근접에 의한 학습**'(learning by contiguity)이라고 부른다. 대체로 CS가 US의 0.5초 앞에 올 때 조건화가 가장 잘 된다. 가장 흔히 쓰는 방법은 CS를 제시하고 그것이 지속되는 가운데 US를 제시하는 것이다.

Pavlov의 조건화 실험에 깊은 인상을 받은 Watson은 Rayner와 함께 유명한 '아기 알버트' 공포조건화 실험을 하였다. 절차는 본질적으로 그림 11-1과 같았다. 아기들은 큰 소리가 나거나 안았다가 갑자기 놓으면 놀라서 울지만(US와 UR), 흰쥐를 보고 무서워 울지는 않는다. Watson은 11개월 된 알버트 앞에 흰쥐를 놓아두고 동시에 매우 큰 소리를 들려줌으로써 흰쥐를 큰소리와 짝지었다. 이를 몇 번 되풀이하자 아기는 흰쥐를 보기만 해도 놀라서 울었다. 원래 중립적 자극이던 흰쥐(CS)에 대해 공포(CR)가 조건화된 것이다. 후에 방법론적 오류가 있다고 비판을 받았지만, Watson의 실험은 정서조건화에 대한 많은 연구를 자극하였다.

고차적 조건화 US와 짝지어져 CS가 된 자극은 그 자체가 강화물이 될 수 있다. 그림 11-1에서 불빛이 침 분비(CR)를 일으키는 CS가 된 후, 이것을 제 2의 CS, 예컨대 종소리와 짝짓는다. 종소리를 들려주고 나서 불빛을 제시하기를 몇 번 반복하면 동물은 종소리만 들어도 침을 흘리게 된다. 이 **이차적 조건화**(second-order conditioning)에서 불빛은 먹이(US)라는 일차적 강화물과 연결되었었기 때문에 '이차적 강화물'(secondary reinforcer)로 작용한다. 이제 종소리를 제 3의 조건자극과 연결하면 이 새로운 자극도 CR(침분비)을 유발할 수 있게 된다. 삼차 조건화가 되는 것이다. 고차(higher-order) 조건화는 이론적으로 무한대로 갈 수 있지만, 실험실에서는 삼차를 넘어서는 일이 드물다. 일차에서 고차로 가면서 CR이 양이 적어지며 또 몇 시행 만에 그치게(소거) 되기 때문이다.

고차 조건화로 형성된 조건자극을 **일반화된 강화물**(generalized reinforcer)이라 부른다. 어린아이에게 엄마의 미소와 칭찬, 어른들에게 돈이 일반화된 강화물의 예가 된다. 엄마의 웃는 얼굴은 먹을 것, 이런저런 편안함을 의미하며, 돈을 가지고 살 수 없는 일차적, 이차적 강화물들은 거의 없다. 돈과 연결된 것은 무엇이나 긍정적 반응을 불러일으킨다. 예컨대, 먹을 것이 부족하던 때 '뚱뚱함'이 부의 상징으로 좋게 보였으나, 돈이 많아야 저칼로리 음식을 먹고 효율적 체중관리를 할 수 있게 된 오늘날 뚱뚱함은 과거와 반대의미를 갖게 되었다. 뚱뚱하면 '있어' 보였는데, 이제는 '없어' 보이는 것이다.

일차 및 이차 신호체계 위에서 '의미'라는 말을 썼는데, 엄마의 미소가 먹을 것을 의미한다, 뚱뚱함이나 촌스러움이 돈 없음을 의미한다기보다는 '예상하게(anticipate)한다'는 말이 더 정확하다. 앞의 실험 예에서 불빛은 먹이를 예상하게 해주고, 즉 먹이의 신호가 되고(일차 조건화), 종소리는 바로 그런 불빛을 예상하게 해주었다(이차 조건화)고 할 수 있다. Pavlov는 고전적 조건화 현상을 생리학적으로 설명하였으나, 그 이후 이론들에서는 조건반사의 예상적 성질이 훨씬 더 강조되었다. CR이 UR의 단순한 축소판은 아닌 것 같다. CR로서의 침 분비는 UR로서의 침 분비보다 더 적고 성분도 다르다. 먹이(US)를 대할 때와 먹이를 알리는 신호(CS)를 대할 때 동물의 반응이 양적, 질적으로 같지 않은 것이다. 또, CS-US 근접, 즉 동시발생보다 **유관**(contingency, 관계있음)이 더 결정적인 것 같다. 그러나 CR이 UR의 축소판이든 아니든, 근접보다 유관이든, 조건반사의 중요성은 신호체계의 형성이다.

Pavlov 이전의 생리학자와 심리학자들은 주로 행동의 현재와 과거에 주목하였다. 현재 자극조건과 과거 경험·기억으로 행동을 설명하려고 한 것이다. 그의 연구는 유기체가 '미래'의 사건을 어떻게 예상하는지를 이해할 수 있는 틀을 마련해주었다. 그는 생물학적으로 중요한 사건(US, 먹이나 전기충격)을 신호해주는 자극(CS)을 '일차 신호체계'(first signal system) 또는 '현실의 일차 신호'(first signs of reality)라고 불렀다. 인간에게는 '신호의 신호'(signals of signals)인 **이차 신호체계**(secondary signal system)가 있다. *언어*는 (현실에 대한) 신호를 신호해주는 이차 신호체계이다. 우리는 '위험'이라는 표지판을 보고 위험을 예상하며 적절한 반응을 한다. 이러한 기호들은 복잡한 체계로 조직화되어 대부분의 인간행동을 이끈다.

일반화와 변별 흰쥐를 무서워하게 된 아기가 엄마의 흰 앙고라 스웨터를 보고도 놀라서 운다면, 학습된 또는 조건화된 공포가 원래의 조건자극과 유사한 다른 자극으로 옮아간 것이다. **일반화**란 낯익은 비슷한 자극에 반응하는 것처럼 새로운 자극에 반응하는 것이다. 실험실에서는 원래 사용한 것과 유사한 자극들을 제시하여 일반화를 검사한다. 그림 11-1의 경우, 원래 사용된 불빛보다 더 또는 덜 밝은 불빛을 제시해서 침 분비가 일어나는가를 보는 것이다. 자극유사성이 적어짐에 따라 침 분비량도 점점 적어진다(일반화 기울기, gradient of generalization). 안경 쓴 마른 남자의 어린 아들이 안경 쓴 마른 아저씨는 누구나 따른다면 (자극)일반화를 하는 것이다. 일반화는 통상 *자극*일반화를 의미하고, 어느 한 자극에 대해 학습한 반응과 유사한 다른 반응들을 할 때는 *반응*일반화라고 한다.

일반화의 반대는 **변별**이다. 일반화가 훈련에 실제로 쓰였던 자극과 유사한 자극들에 반응하는 경향성이라면, 변별은 훈련 때 사용되었던 또는 한정된 범위의 자극에만 반응하는 경향성을 말한다. 개에게 물렸던 아이가 모든 개를 무서워하다가(일반화) 특정한 개들만 무서워한다(변별). 변별이 일어나게 하는 두 가지 길은 장기간의 훈련과 차별강화이다. *훈련*의 양이 많을수록, 즉 US-CS 연결이 잦을수록 일반화 경향이 줄어들고 변별을 더 잘하게 된다. 더 적극적으로 변별의 확실성을 높이기 위해 *차별강화* 실험에서는 예컨대 어떤 특정한 밝기의 불빛만 먹이(US)와 연결시키고, 그것보다 밝거나 어두운 다른 불빛에는 먹이가 따라오지 않게 한다. 그러면 원래의 불빛과 다른 불빛들에는 침 분비가 안 나오게 된다.

일반화와 변별의 적응적 의미는 분명하다. 이 세상에 대하여 하나하나 따로 배울 필요 없이 "하나를 보면 열을 안다"면 한정된 적응에너지를 효율적으로 쓰는 것이다. 그러나 위의 아이가 안경 쓴 30대 남자는 누구나 졸졸 따라가면 위험한 일을 겪을 수 있고, 아빠와 아빠 아닌 남자를 변별할 줄 알아야 한다. Pavlov는 **실험적 신경증**이라 부른 흥미있는 현상에서 변별이 적응에 중요함을 극적으로 보여주었다. 개에게 원과 타원을 변별시키기 위하여, 원에는 먹이가 나오지만 타원에는 먹이가 안 나오게 하였다. 변별학습이 일어나면 개는 원이 제시될 때만 침을 흘린다. 타원이 점점 원에 가까워졌기 때문에 어느 시점에서 둘은 구별이 안 되었고, 개는 짖고 물고 구속장치를 벗어나려고 몸부림치는 등 '급성 신경증' 같은 증상들을 나타냈다.

소거와 자연회복 불빛만 제시되어도 침이 나올 때, 불빛에 계속 먹이가 따라 나오지 않으면 침의 양이 줄어들다가 결국은 아예 없어지게 된다. 이를 **소거**라 한다. 학습된 반응(CR)이 없어지지 않으려면 몇 번에 한 번이라도 불빛(CS)이 먹이(US)와 짝지어져야 한다. 반응이 소거된 후 며칠이 지나고 실험실의 개에게 (먹이와 짝짓지 않고) 불빛을 제시하면 다시 침 분비가 일어날 수 있다. 이를 **자연회복**이라 한다. 꼴도 보기 싫어서 못 본 척하고 지나치던 선배에게 방학이 지난 후 반갑게 인사를 해버리고는 혼자 분했던 적이 있는가.

Pavlov는 고전적 조건화, 일반화와 변별, 소거와 자연회복 등의 현상들을 신경생리학적으로 설명하려고 시도하였다. 그는 대뇌 흥분과 억제의 신경생리 체계를 가정하여 흥분과 억제의 두 근본과정이 모든 행동반응의 기초를 이룬다고 믿었다. 이 과정들이 서로 제한함으로써 균형이 이루어지면 유기체가 제대로 기능하지만, 일이 잘못되면 '실험적 신경증'이 생긴다. 그는 신경계 기능 연구로 현대 뇌연구의 기초를 놓기도 하였다. 고전적 조건화에 대한 최근의 연구에 대해서는 Hergenhahn과 Olson(2001, p. 244ff.)을 참고하기 바란다.

호오와 정서의 조건화

침 분비 같은 단순한 반사만 설명할 수 있다면 고전적 조건화가 성격심리학과 별 관계가 없을 것이다. 그러나 앞에서 공포 조건화 예를 들었듯이, 고전적 조건화는 정서, 동기, 감정 같은 현상들에 적용될 수 있다. 이 반응 또는 상태들은 생리적 반사처럼 '불수의적'이지만, 우리의 적응과 안녕에 큰 영향을 미친다. 이들의 발생을 설명할 수 있다면 이들을 또한 변화시킬 수도 있을 것이다. 학습된 것이라면 '탈학습'(unlearning)될 수 있다.

공부와 관련해서 생각해보자. 어떤 사람은 물리·화학을 좋아하는 반면 외국어와 사회 과목들은 싫어한다. 어떤 사람은 책상에 앉아 공부하는 것 자체를 싫어하는 대신 그림은 하루 종일이라도 앉아서 그린다. 앞에서 우리는 행동주의가 타고난 성향이나 능력을 인정하지 않는다는 것을 보았다. 중립적 자극이었던 흰쥐가 큰 소리와 연결됨으로써 공포를 일으키게 된 것처럼, 다른 정서, 호오들도 그러한 연결을 통해서 학습되는 것일까.

호오의 조건화 학생들은 어떤 과목 선생님이 좋거나 싫었기 때문에 그 과목을 계속 좋아하거나 싫어한 경험이 있을 것이다. 공부, 음식, 영화, 사람 등에 대한 우리의 선호들은 대부분 타고나기보다 학습되는 것 같다. 다른 정적/부적 자극들과 짝지어졌기 때문에 어떤 자극에 대한 호오가 변하는 것을 '호오조건화'(evaluative conditioning, 평가조건화)라고 부른다(Houwer, Thomas, & Bayens, 2001의 개관 참조).

호오조건화는 그림을 사용하여 연구되었다. 그림 사진 50개를 보여주고 각각에 대해 좋거나 싫거나 보통인지를 표시하게 한 후, 가장 좋은 그림, 가장 싫은 그림, 보통인 그림을 두 개씩 고르게 하였다. 이제 가장 좋거나 싫은 그림들을 무조건자극(US)으로 사용하여 중립적인 그림(CS)과 짝지어 20회씩 제시하였다. 나중에 평정할 때 좋은 그림과 짝지어진 중립적 그림들은 더 좋아지고, 싫은 그림과 짝지어진 것들은 더 싫어졌다(중립적 그림끼리 짝지어졌을 때의 평정치가 비교의 '기저선'이 되었다).

독자들은 이것이 바로 *상품광고*에서 일어나는 일임을 쉽게 눈치챌 것이다. 광고의 목적은 그 상품을 좋아서 구매하게 만드는 것이다. 이 '호오조건화'를 위해 특정 상품을 매력적인 '인기스타'(US)와 짝짓는다. 이 스타는 신형 모델의 차를 타고 멋진 곳을 질주하거나, 어떤 상표의 맥주를 애인과 함께 황홀한 노을을 바라보며 마신다. 성공과 인기, 사랑, 자유 등의 무조건자극들과 연결된 상품들은 이제 조건반응으로서 '호감'을 유발하는 조건자극들이 된다. 스타들의 광고 출연료가 엄청난 액수라는 것은 이 호감이 대부분의 경우 구매(행동)로 이어진다는 것을 말해준다.

무조건자극 없이 조건자극(원래는 중립적이었다가 좋거나 싫어진 것)만 제시하면 '소거'가 일어날까? 긍정적이거나 부정적인 평가가 중립으로 돌아오려면 보다 적극적인 역조건화(뒤에서 좀더 자세히 설명된다) 절차가 필요한 것 같다. 즉, 좋아하게 된 것을 이번에는 싫어하는 것과 짝짓는 것이다. 원래의 무조건자극이 '재평가'되는 일도 있다. 청순가련 이미지의 스타 광고모델이 마약을 하고 성생활이 문란하다고 언론에 알려졌을 때, 광고주는 상품의 이미지가 같이 나빠질까봐 즉시 광고를 중단시킨다.

정서반응의 조건화와 탈조건화 앞에서 우리는 Watson과 Rayner가 고전적 조건화 절차를 사용하여 11개월 된 아기가 원래는 무서워하지 않던 흰쥐를 무서워하게 만든 예를 보았다. 공포가 일반화되어 그가 커서도 계속 털 달린 것들을 무서워한다면, 그 자신도 이유를 모를 것이다. 도대체 강아지나 털 코트가 왜 무섭단 말인가. 만일 이 '비합리적' 공포 때문에 일상생활에 장애가 커서 정신분석가에게 간다면, 분석가는 그의 꿈을 분석하여 그가 세 살 무렵(남근기!) 가진 '성적 경험'에서 '털'의 역할을 찾아내려고 애쓸지 모른다. Watson은 공포조건화 실험 후 이런 식으로 정신분석 이론 및 치료법을 조롱했다(cf. Pervin & John, 2001, p. 350). 고전적 조건화로 공포를 설명할 뿐 아니라 없앨 수도 있음을 알고 그는 더 기고만장했을 것이다.

조건화된 공포를 없애는 **'탈조건화'**(unconditioning) 실험의 고전적 예를 보자(Jones, 1924, Pervin & John, 2001, p. 351에서 인용함). 건강하고 적응 문제가 없는 2년 10개월 된 피터라는 소년이 흰쥐, 토끼, 모피코트, 깃털, 솜 등을 무서워하였다. Jones는 여러 단계를 거쳐 이 공포를 제거시켰다. 첫 단계는 토끼를 넣은 우리를 멀리(약 5미터) 떨어진 곳에 놓아두는 것이었다. 피터가 이에 대해 공포반응을 보이지 않으면, 다음 단계들에서는 거리를 2미터, 1미터 등으로 좁혔다. 토끼-공포(CS → CR) 연결을 풀고(탈조건화) 토끼-접근 연결이 되도록 직접적 조건화도 시도되었다.

토끼를 유쾌한 자극과 짝짓기 위해 피터를 의자에 앉히고 좋아하는 것을 먹게 하면서 실험자가 토끼우리를 점점 더 가까이 갖다 놓았다. 나중에는 토끼를 우리에서 꺼내 피터 무릎 위에 올려놓았다. 맛있는 것(US)에 대한 긍정적 반응들(UR)이 토끼(CS)와 연결되자, 토끼를 보기만 해도 기절할 듯 놀라던 피터는 이제 토끼를 좋아하게(CR) 되었다. 이 새로운 긍정적 반응은 다른 유사한 자극들로 일반화되었다. 즉, 털코트, 솜 등도 무서워하지 않게 된 것이다. [일이 잘못되면, 피터는 좋아하던 음식에 공포반응을 하게 될 것이다.] 토끼라는 자극에 대해 원래의 반응(공포)과 상반되는 반응(호감)을 조건화시킨 것은 **역조건화**(counter-conditioning)라고 할 수 있다. 이러한 '치료' 성공은 (무의식적) 원인을 모르고도 공포를 고칠 수 있음을 보여주었다. 그러나 역조건화를 본격적으로 치료에 적용한 것은

Wolpe의 체계적 둔감화 절차였다.

체계적 둔감화 원래 정신분석 방향의 정신과의사였던 Joseph Wolpe는 Pavlov, Hull 등을 읽고 나서 신경증이란 *불안*과 연결된 학습된 반응이 없어지지 않는 것이라고 믿게 되었다. 그렇다면 불안반응을 일으키는 자극들이 불안을 안 일으키도록 만들면 되지 않겠는가. Wolpe는 자극-반응 연결을 푸는 '탈조건화'에 그치지 않고, 같은 자극들을 다른 반응들과 연결시키는 역조건화를 시도하였다. 원래의 반응(CR, 불안)을 억제하는 '다른 반응'으로는 깊은 **근육이완**이 선택되었다. 불안해지면 몸이 굳어지므로, 불안을 일으키는 자극에 이완으로 반응할 수 있게 된다면 불안은 저절로 없어지는 게 된다. 환자는 위협적 자극들에 노출된다는 *상상*을 한다. 즉, 토끼를 직접 보여주는 대신 토끼가 점점 더 가까운 곳에 있다고 상상하는 것이다.

절차는 근육이완 훈련으로 시작한다. 환자가 온몸의 근육을 몇 초 안에 완전히 이완시킬 줄 알게 되면, **불안서열**을 만든다. 가장 약한 불안을 일으키는 자극들로부터 가장 심한 불안을 일으키는 자극들까지 순서대로 나열하는 것이다. 폐소공포증이 문제라면, 승강기에 갇힘이 제일 '강한' 자극에 속하고, 지하철 타기는 중간 정도, 탄광인부들이 지하갱도에 갇혔다는 신문기사를 읽는 일은 '약한' 자극에 속할 것이다. 본격적 둔감화 절차에 들어가면 환자에게 가장 약한 자극장면을 상상해보라고 한다. 불안을 느끼지 않고(즉, 이완상태가 무너지지 않고) 그것을 할 수 있으면, 서열의 다음 자극을 상상하는 단계로 넘어간다. 만일 어떤 것을 상상할 때 불안해지면(즉, 이완을 유지하지 못하면), 치료자는 이완하도록 지시하고 서열에서 앞에 있는 자극으로 돌아간다.

불안서열의 모든 자극들을 상상하면서 이완을 유지할 수 있고, 이것이 일상생활로 일반화되어 현실에서 이 자극들에 부딪칠 때도 평정을 잃지 않는다면, 치료가 성공한 것이다. 체계적 둔감화는 많은 임상 및 실험실 연구들에서 유용한 절차로 인정되었다. 증상들의 무의식적 뿌리를 파고 들어가는 정신분석치료가 많은 시간(과 돈)이 들면서도 성과가 만족스럽지 않을 때가 많기 때문에 행동주의적 치료법은 큰 환영을 받았다. [행동치료는 다음 장에서 논의된다.]

생물학적 준비상태 Watson이 어떤 아이든 뽑아서 무엇이든 되게 할 수 있다고 장담했을 때 그는 인간 정신이 백지로 태어난다는 영국 경험주의 철학을 따르고 있었다. 성격이란 조건반사의 집합이며, *공포, 분노, 사랑*이라는 세 가지 기본 정서는 조건화 과정을 통하여 어느 대상에나 부착될 수 있다. 조건화를 통하여 토끼, 흰쥐를 무서워하게 만든 것처럼, 뱀, 지렁이도 사랑하게 만들 수 있다. 돈은 싫어하고 수학을 좋아하게 만들 수도 있다. 극단적 환경 결정론자로서 그는 모든 것이 가능하다고 믿었다.

1934년 아기 알버트 실험을 반복한 Bregman은 CS가 흰쥐처럼 살아 있는 동물이 아니라 블록, 목제 동물 같은 무생물일 때는 공포조건화가 일어나지 않음을 발견하였다(Hergenhahn & Olson, 2001, p. 269). 우리 인간은 동물을 피하거나 무서워할 준비가 된 채 태어났는지 모른다. 인간 학습의 준비성(preparedness)은 **공포증**에서 가장 뚜렷하다(위의 책, p. 576). 공포증은 조건화나 학습의 원리로 다 설명되지 않는다. 단 한 번만 강화를 받아도 완전한 형태로 나타나며 소거도 극히 어렵다. 또 대상이 총, 칼, 자동차 등 문명의 '흉기'보다 뱀, 거미, 폐쇄된 공간, 높은 곳 등 인류 조상의 진화적 과거에 위험했던 것들인 경우가 훨씬 많다. 자동차 사고를 직접 또는 대중매체 보도로 자주 경험해도 차 옆에도 못 간다는 차 공포증은 별로 없는가 하면, 뱀을 한 번도 본 적이 없는 도시인이 뱀 그림만 보아도 의식을 잃을 정도로 뱀을 무서워하는 일은 있다.

생물학적 준비상태를 추리할 수 있는 다른 주제가 미각혐오이다. 특정한 물질이나 맛을 피하는 **미각혐오**(taste aversion)는 재빨리 형성되고 오래 지속한다. 미각혐오의 형성에는 여러 가지 독특한 면이 있기 때문에 이 현상은 특별한 이름까지 달고 있다. "특정한 먹이 물질의 맛과 이에 뒤따르는 질병 간의 관계를 학습하는 놀랄 만한 재능"을 '가르시아 효과'(Hergenhahn & Olson, 2001, p. 266)라 부른다(글상자 11-1 참조). 이 효과는 물론 사람에게도 나타난다. 어릴 때 고구마를 먹고 체하여 죽을 뻔했던 이후로 평생 고구마를 안 먹는 것이 그 예이다.

글상자 11-1

Garcia 효과

Garcia와 Koelling(1966)이 쥐를 대상으로 한 미각혐오 실험을 보자(Hergenhahn & Olson, 2001, pp. 264-267에서 재인용). 그들은 쥐를 두 집단으로 나누어 한 집단에게는 사카린이 든 단물(CS)을 마시는 동안 강한 X선을 쪼였다. X선 노출 후 약 30분이 지나면 쥐들은 메스꺼움(US)을 겪는다. 다른 집단의 쥐들에게는 사카린 물을 마실 때 전기충격으로 고통(US)을 주었다. 나중에 첫째 집단의 쥐는 사카린 물을 거부했지만, 둘째 집단의 쥐들은 그러한 혐오를 보이지 않았다. 고전적 조건화가 첫째 집단에서만 성공한 것이다.

고전적 조건화 절차를 따른 이 실험의 결과는 고전적 조건화 현상으로 해석하기에 몇 가지 문제가 있다. 첫째, 단맛은 메스꺼움과 짝지어질 때는 효과적인 CS가 되었지만, 전기충격과 짝이 될 때는 그렇지 않았다. 둘째, CS와 US(메스꺼움) 사이의 시간간격은 고전적 조건화에서 필요하다고 생각되는 간격(0.5초)을 크게 초과한다. 물을 먹고 증상을 겪기까지는 몇 시간이 흐를 수도 있다. 셋째, 몇 번만(때로 단 한 번) 짝지어도 강한 미각혐오가 생기며, 이것은 좀처럼 소거되지 않는다.

왜 사카린 물은 메스꺼움만 신호해주고 고통은 신호해주지 않는 것일까. '생물학적 준비' 때문일 수 있다. 아픔은 통상 밖에서 오며 따라서 동물은 자기가 마시는 물에서 그 원인을 '예상' 또는 '기대'하지 않는다. 반면 메스꺼움의 원인은 먹는 것에서 예상된다. 이러한 준비상태의 적응적 가치는 분명하다. 목숨을 빼앗거나 병을 일으키는 독성물질이 있다면 그 신호에 즉시 반응하여야 안전하다. CS와 US의 간격이 벌어져도, 때로 단 한 번에 조건화가 되고 또 소거도 잘 안 된다는 것도 음식섭취의 이러한 생물학적 중요성에서 비롯된다고 보인다.

진화심리학의 발전은 어떤 S-S, S-R 연결이나 가능하다는 전통적 학습이론의 전제를 의문에 붙였다(p. 563). 학습연구자들은 쥐를 실험대상으로 많이 쓰면서 그 종의 진화역사를 고려하지 않았을뿐더러, 쥐에서 관찰한 학습현상을 인간으로 일반화하였다. 그러나 Garcia의 동료인 Bolles는 유기체는 유전적으로 프로그램되어 있는 학습을 한다고 주장하였다. 행동 또는 행동성향이 생물학적으로 결정되어 있어서 경험이 중요하지 않고 학습이 일어나지 않는다는 것이 아니라, 학습이 생물학적 기제들에 구속받는다는 것이다.

자극-반응 심리학

1930년대에 오면 행동주의가 실험심리학을 지배했고, 수십 년간 학습이 심리학의 중심문제가 되었다. 당시 심리학자들은 심리학이 물리학 같은 자연과학이 될 수 있다고 믿었다('물리학 선망')(Leahey, 2000, p. 38). 행동의 모든 내적 원인들을 거부한다는 Watson 전통을 이어간 학자도 있었지만(다음 장에 소개할 Skinner가 대표적이다), Hull과 Tolman을 비롯하여 대다수 행동주의자들은 그렇게 하지 않았다. Hull의 '기계적 행동주의'(mechanistic behaviorism)와 Tolman의 '목적성 행동주의'(purposive behaviorism)는 1930, 40년대 '이론의 황금기'를 지배한 두 이론이었다(Leahey, 2000).

Hull과 Tolman은 둘 다 의식과 내성법을 거부했으나, 직접 관찰할 수 없는 내적 상태들을 이론에 포함시켰다. 즉, 직접 조작·관찰·측정되는 독립·종속변인 외에 다양한

매개변인(intervening variables)들을 가정한 것이다. 두 학자의 본질적인 차이는 행동의 *단위*(unit)에, 즉 무엇이 학습되는가에 있었다. 두 사람 모두 행동의 목적성, 즉 목표지향 특성을 설명하려고 하였으나, Hull은 단순 반응들로 분해한 데 비해 Tolman은 그러한 (Hull뿐만 아니라 Pavlov, Watson, Skinner 등의) '근육경련의 심리학'을 거부하였다. 그는 전체적이고 의미 있는 '대단위 행동'(molar behavior)을 객관적, 체계적으로 연구할 수 있다고 믿었다. 그의 이론에서 유기체는 특수한 반응들 — 예컨대, T미로에서 왼쪽 또는 오른쪽으로 돌기 — 을 학습하는 것이 *아니라*, 어디에 무엇이 있고, 어디로 가면 무엇이 나오는지 하는 것을 학습한다('반응학습' 대 '장소학습'). 그의 이론은 인지적 이론들에 큰 영향을 미치게 되지만(13장 참조), 인지주의는 1970년대에 와서야 세력을 얻기 시작하였다. 행동주의 시대에 지배적인 세력은 Hull의 자극-반응 심리학이었다.

Hull의 기계적 행동주의

Clark L. Hull(1884-1952)의 프로그램의 두 요소는 *기계*와 *수학*이었다. 그는 자신의 체계를 '논리적 경험주의'라고 부르며 공식적, 연역적, 수량적 학습이론 창조에 노력을 기울였다. 심리학에 대한 그의 주된 공헌은 그가 1945년에 실험심리학회에서 받은 워렌 훈장에 써 있듯이 "행동에 관한 체계적 이론을 발전시킨 공로"였다. 이론이 정확하고 수량적인 형태로 진술되어 있기 때문에 경험적으로 검증할 수 있는 예측이 가능해진다는 것이다(Hergenhahn & Olson, 2001, p. 172).

가설-연역적 접근 Hull 이론은 유클리드 기하학처럼 공리(postulates)와 정리(theorems)가 논리적인 구조를 이루고 있다. *공리*란 직접 확인할 수 없는 일반적 진술이고, *정리*는 공리에서 논리적으로 따라 나오는 검증 가능한 진술들이다. 이론구성에 대한 가설-연역적(hypothetico-deductive) 또는 논리-연역적(logico-deductive) 접근법은 과학적 심리학 이론의 모범으로 통하였다. 이론에서 연역되는 가설들을 변인들의 조작적 정의를 통하여 실험적으로 검증하고, 가설이 지지되지 못하면 공리와 정리들을 기각 또는 수정한다는 것이 기본적인 접근이었다. '행동의 원리'(1943년 초판) 1952년도 판에서 이론은 17개 공리와 133개 정리로 구성되어 있다.

매개변인들의 설정은 Tolman의 본을 딴 것으로, Watson, Skinner 등의 태도와 대조를 이룬다. S와 R을 매개하는 내적 과정들을 이론에 집어넣었다고 해서 S-R심리학을 이탈한 것은 아니었다. 매개과정들 역시 (내적) 자극과 (내적) 반응의 연결(소문자로 s-r이라고 쓴다)이기 때문이다. 체계적으로 조작되는 자극측면들인 *독립*변인과 측정되는 행동측면들인 *종속*변인 사이를 '매개'하는 과정(주로 생리적)들을 직접 관찰할 수는 없지만, 조작적으로 정의할 수는 있다. 강화횟수, 자극강도 등이 *독립변인*이고, 반응강도, 소거되기까지의 시행 수 등이 *종속변인*이라면, 추동, 추동자극, 반응 잠재력 등은 *매개변인*들이다.

습관과 추동 '행동의 원리' 초판에서 첫째 공리는 '외적 환경의 감각과 자극흔적'에 대한 것이다. 외적 자극이 없어진 다음에도 그것이 일으킨 신경충동이 **자극흔적**(stimulus trace, s)으로 남아 반응과 결합한다고 가정한다. 전통적인 S-R 공식에 '자극흔적'이 들어가면 S-s-R이 된다. 자극흔적은 원심성(중추→말초) 신경충동을 일으켜서 외현적 반응을 가져온다. 운동뉴런의 흥분(r)이 추가되면 S-s-r-R 공식이 나온다. [Hull의 기호체계에서 대문자는 직접 관찰 가능한 자극/반응을, 소문자는 내적 과정들인 매개변인들을 나타낸다.]

자극-반응 연결이 '습관'(habit)이다. 어떤 자극에 반응해서 생리적 추동이 만족될 때 이 연결이 생긴다. 즉, **추동감소**(drive reduction)가 학습을 가져오는 강화이다. 강화횟수가 늘어남에 따라 S-R 연결, 즉 습관도 강해진다. 그러나 **습관강도**($_SH_R$)가 강하다고 해서 그 학습된 반응이 언제 어디서나 나타나는 것은 아니고, 추동이 있어야 수행으로 나타난다. 학습된 반응이 어느 주어진 순간에 일어날 가능성(확률)인 **반응잠재력**(reaction potential, $_SE_R$)은 다음 공식을 따른다: $sEr = sHr \times D$. 공식을 보면, 같은 학습된 반응이라도 추동(D)이 강할수록 강도(E)가 커지며, 습관강도와 추동이 곱해지므로 어느 쪽이라도 0이 되면 반응이 나타나지 않는다. [이 공식은 1952년도 개정판에서 더 많은 변인들이 들어간 복잡한 공식이 되었다.]

추동은 학습과 수행 둘 다에서 결정적 역할을 한다. 먹이나 물을 오래 주지 않는 등 *박탈*로 (배고픔이나 목마름)추동이 생겨날 때 동물은 가만히 있지 못하고 불안 초조한 듯한 인상을 준다. 박탈이 심하거나 오래 끌수록 추동강도는 커지고, 먹거나 마시게 될 때 '추동감소'가 학습을 가져오는 강화가 된다. T형 미로에서 배고픈 동물이 목표상자에 먹이가 있는 오른쪽으로 돌기를 학습했다면, 더 이상 먹이가 없어도 미로를—배가 심하게 고플수록 더 빨리—달려가 우회전을 한다. 그러나 학습된 반응이라도 추동이 있어야 행동(수행)으로 나타나므로, 배가 고프지 않다면(D=0) 쥐는 미로 달리기를 안 할 것이다(E=0).

일차적, 이차적 추동을 나누기도 한다. **일차적 추동**들은 배고픔, 목마름, 성욕 등같이 유기체의 생리적 조건들에서 나오며, 이들의 만족과 연결된 추동들이 학습된 **이차적 추동**들이다. 가령 큰 소리에 대한 알버트의 공포는 일차적 추동이지만, 흰쥐에 대한 공포는 이차적인 것이다. 생리적 욕구(일차적 추동)들을 충족시켜주는 엄마를 아기가 사랑하는 것도 이차적 추동이다. 이차적 추동들도 학습과 수행에 일차적 추동들과 같은 영향을 미친다.

위의 공식에는 추동의 *강도*만 언급되지만, 배고픔과 목마름은 자극특성부터 다르다.

글상자 11-2

잠재적 학습

세 집단의 쥐에게 미로학습을 시키는 다음과 같은 실험을 생각해 보자(Tolman & Honzik, 1930, Hergenhahn & Olson, 2001, pp. 419-422 참고). 17일에 걸쳐 제 1집단에게는 미로를 정확하게 지나가도 강화를 주지 않았고, 제 2집단에게는 항상 강화를 주었다. 제 3집단에게는 강화를 안 주다가 11일째부터 주었다. 그림 11-2에 세 집단의 수행결과가 나와 있다. 그림을 보면, 강화가 없어도 어느 정도 학습이 일어났고(제 1집단), 실험기간 동안 줄곧 강화를 받은 제 2집단은 꾸준한 향상을 보였다. 가장 흥미 있는 결과는 제 3집단의 수행이다. 이 쥐들은 강화가 주어지자 수행이 급격히 좋아졌고, 실험기간 내내 강화를 받았던 쥐들보다도 잘 하였다. 이는 강화가 없었던 10일 동안 학습이 일어났지만 행동으로 나타나지 않다가('잠재') 강화가 주어지자 수행이 나타남을 보여준다. 이 실험결과는 강화(추동감소) 없이도 학습이 일어남을 강력히 시사함으로써 Hull 이론에 문제를 제기하였다.

입이 마르고 목이 타는 내적 자극들은 목마름 추동에만 따라온다(**추동자극**, s_D). Hull은 추동감소 이론을 후에 추동*자극* 감소 이론으로 바꾸었다. 오랫동안 물을 안 준 동물에게 어떤 반응에 대한 강화로 물을 마시게 하면 (물이 목구멍, 위, 혈관으로 들어가고 그 결과가 뇌에 전달되기까지) 추동감소에 상당히 시간이 걸린다. 반면 물이 들어가면 입과 목 안의 '추동자극'들이 즉시 줄어든다. 추동 자체가 아니라 추동자극 감소로 인해 자극-반응 연결이 곧 생긴다는 것이다.

추동감소, 즉 강화의 횟수가 습관 형성에 결정적인 반면, 강화의 크기는 수행에만 영향을 미치는 **유인동기**(incentive motivation, K)이다. 강화가 학습에 필수적이냐 하는 물음에 대해서는 학자들 사이에 많은 논란이 있었다. Tolman은 강화—그 크기뿐 아니라—자체가 수행에만 영향을 미치며 학습은 강화 없이도 일어난다고 주장한 대표적 학자였다. 글상자 11-2와 그림 11-2에 **잠재적 학습**(latent learning)을 보여주는 그의 실험을 소개하였다.

내적 과정들 Tolman은 미로 안의 쥐가 그곳이 어떻게 생겼으며 어디로 가면 먹이가 있는지를 학습한다고 설명한 데 비해, Hull은 쥐가 (먹이라는 강화가 따라오는) 특정한 반응을 학습한다고 보았다. 인지, 기대 등의 '대단위(molar) 행동'을 직접 연구한 Tolman과 달리, Hull은 내적 과정들(매개변인)을 설명할 때 '소단위(molecular) 행동'('근육경련', 가령 T형

그림 11-2 잠재적 학습을 보여주는 Tolman과 Honzik의 실험결과(Hergenhahn & Olson, 2001, p. 420에서 재인용)

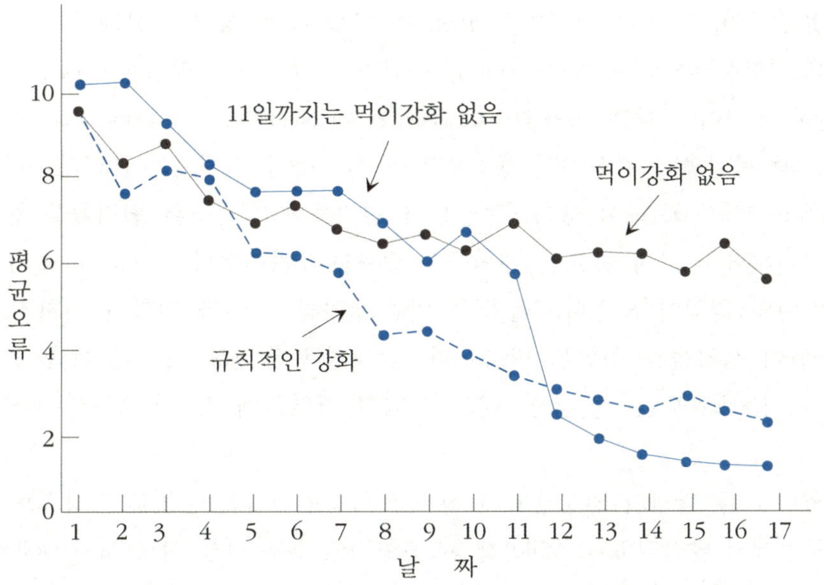

미로에서 우회전)에 의지하였다(Tolman은 이를 '환원론'이라고 비판하였다). 이차적 강화 개념에 기초한 **단편적 목표예상 반응**(fractional antedating goal response, r_g)이 그 예가 된다. 지치고 배고픈 직장인이 퇴근길에 저녁메뉴인 김치찌개를 마음속에서 이미 먹기 시작하면, 입에 침이 고이고 '내적·생리적 자극'(s_g)이 생겨난다. $r_g - s_g$기제는 '마음'의 핵심이라고 여겨지는 현상들—흥미, 계획, 기대, 목적 등—을 설명해주는 개념이 된다. 객관적 자극(S)과 객관적 반응(R) 사이를 매개하는 (목표예상 반응)과정들로 목적과 인지를 기술한 것이다.

Hull이 Tolman보다 심리학에 훨씬 큰 발자취를 남길 수 있었던 것은 그의 이론 자체의 특성도 있지만 제자가 훨씬 많았기 때문이다. 1929년에 예일대학교 심리학과에 간 Hull은 그 대학 인간관계연구소도 맡았다. 이 연구소는 1933년에 심리학, 정신의학, 사회학, 인류학의 통합을 위해 세워졌다. Dollard와 Miller는 이 연구소를 통하여 Hull의 제자가 되었다. 정신분석가 수련을 받은 이들은 정신분석 이론을 Hull의 개념들로 '번안'하는 작업을 하였다. 이는 그의 이론이 추동, 예상 등 내적 과정들을 포함하기 때문에 가능하였다.

Dollard와 Miller의 추동심리학

사회학자였던 John Dollard(1900-1980)와 실험심리학자였던 Neal Miller(1909-2002)는

예일대 인간관계연구소에서 만나 — 각자의 영역에서 독자적 연구들도 많이 수행하였지만 — 공동연구를 시작하였다. '사회학습과 모방'(1941)에서 사회심리학적 문제들에 Hull의 이론을 적용했다면, '성격과 심리치료'(1950)는 임상 또는 성격의 문제들에 같은 작업을 한 결과였다. "정신분석의 생명력(vitality), 자연과학 실험실의 엄밀성(rigor), 문화의 사실들"을 종합하는 것이 그들의 목표였다(Dollard & Miller, 1950, p. 3; Coons, 2002).

실험실 밖 현실의 인간성격과 정신병리를 설명하기 위해서는 Hull의 자극-반응 심리학을 '자유화'(liberalize)해야 했다. 정신분석 원리들과 학습이론 원리들을 종합하여 만들어낸 발달이론에서 가장 중요한 개념들은 **습관**과 **추동**이었다. Freud의 '즐거움 원칙'은 강화(추동감소)의 원칙이 되었다. '불안'은 아픔(일차적 추동)과 연합된 이차적 추동이고, '억압'은 불안이 생각들과 연합된 반응이다. 심리성욕 발달도 기본적 학습 원칙들을 젖먹기와 젖 떼기, 배변훈련, 성 훈련, 분노 사회화 영역들에 적용함으로써 설명되었다.

실험 예 두 학자가 일상생활에 적용한 학습원칙들은 동물을 대상으로 한 통제된 실험실 연구들에서 발견되었다. Miller가 한 전형적인 실험 예를 하나 보자(Dollard & Miller, 1950). 네모난 두 칸으로 나누어진 직사각형 상자에 흰쥐를 집어넣는다. 두 칸 사이에는 쥐가 쉽게 뛰어넘을 수 있는 낮은 담장이 있다. 벨이 울리고 동시에 전기충격이 나온다. 쥐는 미친 듯이 날뛰다가 옆 칸으로 넘어가고, 그러면 벨 소리와 충격이 즉시 멈춘다. 1시간 동안 이 절차를 몇 번 반복하면, 벨 소리 및 충격과 쥐의 장애물 넘기 반응 사이의 시간이 점점 짧아진다.

다음날, 쥐를 다시 실험장치에 집어넣는다. 벨이 울리고 쥐가 옆 칸으로 넘어가면 벨이 그치지만, 충격은 아예 주어지지 않는다. 충격이 없는데도, 쥐는 벨이 울릴 때마다 장애물을 뛰어넘는다. 그렇게 몇 번 한 후, 실험상황이 달라져서 장애물을 넘어도 벨 소리가 끝나지 않는다. 대신, 장애물 아래에 부착된 막대를 눌러야 벨 소리가 꺼진다(전기충격은 여전히 없다). 벨이 울리면 쥐는 다시 이런저런 반응을 하는데 주로 장애물을 이쪽 저쪽으로 넘는다. 그러다 우연히 막대를 누르면 벨이 꺼진다. 장애물 넘기 반응은 점점 없어지고, 벨

그림 11-3 정서적 반응의 고전적 조건화에 포함된 과정들(Hall & Lindzey, 1978, p. 573)

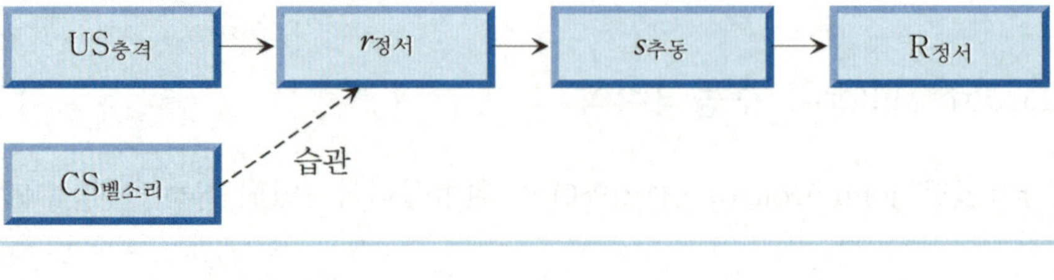

이 울리면 막대 누름 반응이 점점 빨리 나타난다.

이 실험에서 쥐는 여러 가지를 '학습'하였다. 우선 외현적 행동으로서 앞에서는 장애물 넘기를, 뒤에서는 막대 누름을 학습하였다. 이 실험은 Miller와 Dollard가 말한 학습의 네 가지 요소, 즉 **추동**(무엇을 원하는가), **단서**(무엇에 주목하는가), **반응**(무엇을 하는가), 보상 또는 **강화**(무엇을 얻는가)를 보여준다. 아픔 또는 공포라는 '추동'이 있고 전기충격 또는 벨 소리라는 '단서'(자극)가 있을 때, 장애물 넘기 또는 막대 누름 '반응'이 나타나서, 아픔 또는 공포를 피하는 '보상'을 가져왔다. 이 실험에서 일어난 학습을 좀더 자세히 살펴보자.

고전적 및 도구적 조건화 우선 벨소리에 대한 공포는 고전적 조건화를 통해 학습되었다. 중립적이었던 벨소리(CS)가 전기충격(US)과 연결되어 장애물 넘기 반응(CR)을 유발하였다. 그러나 관찰 가능한 US(충격)와 외현적 행동(R정서) *사이*에 내적 사건들이 들어가 있다(그림 11-3 참조). 충격은 아픔과 연합된 다수의 내적 반응들($r_{정서}$)을 일으키고, 이 $r_{정서}$는 다시 내적 자극들의 패턴(s_D)을 유발한다. **추동**은 행동하도록 밀고 가는 강한 내적 자극이다. 추동($r_{정서}$)에 뒤따르는 이 내적 자극들(추동자극 s_D)은 어떤 반응을 하도록 자극하는 '단서'가 된다($s_{추동} \rightarrow R_{정서}$). 배가 고프건 목이 마르건 추동상태에서는 가만히 안 있고 막 돌아다니겠지만, 추동자극에 따라 배고플 때는 먹이를, 목마를 때는 물을 찾는 것이다.

전기충격과 연결되자 벨 소리만 울려도 $r_{정서}$(조건반응)가 나올 뿐 아니라, 내적 추동자극(s_D)이 유발되어 외적 행동($R_{정서}$)도 따라온다. 눈에 보이지 않는 내적 정서반응 $r_{정서}$와 달리, $R_{정서}$는 몸부림치고 물어뜯는 등의 반응들이다. 추동은 행동하도록 밀고 가는 힘이지만 행동의 방향을 정하는 것은 '**단서**'로서, 추동자극이 외적 행동을 일으키는 단서가 된다. 나아가, 이 관찰 가능한 반응은 s_D의 추동특성들에 힘을 받는다. 충격이 유발하는 $r_{정서} \rightarrow s_{추동}$과 벨 소리가 유발하는 $r_{정서} \rightarrow s_{추동}$을 구별하기 위해 후자를 불안 또는 공포라 부른다. 즉, 공포는 학습된 반응이자 학습된 이차적 추동이다.

강화는 반응이 나온 다음에 주어진다. 전반부에서 벨 소리와 충격이 같이 제시되자 다양한 반응들이 격렬하게 나왔으나 그중 장애물 넘기 뒤에만 충격이 끊어졌기 때문에 이 반응이 학습되었다. 반응이 충격을 없애주는 '도구'가 되었다는 의미에서 이를 **도구적 학습**(또는 조건화)이라고 부른다. 실험의 후반부에서는 이차적 추동인 공포가 새로운 반응(막대 누름)의 (도구적) 학습을 가져왔다. 실험의 전반부를 모르고 후반부만 지켜본 사람은 쥐가 벨 소리만 나도 무서워 날뛰는 것을 보고 '미쳤다'고 할지 모른다. 사람의 비합리적 신경증적 공포와 불안도 이와 비슷하다고 가정되었다.

앞서 예에서, 공포는 내적 반응이 산출한 **학습된 추동**이었다. 이런 이차적 추동들도 성격을 이루는 지속적 부분들이다. 현대사회에서는 배고픔, 아픔 등 일차적 추동들보다 불안, 수치, 인정받고 싶은 욕구 등 이차적 추동들이 훨씬 중요하다. 강화에서도 이차적 보상이 훨씬 큰 역할을 한다. 원래 중립적이었지만 일차적 강화와 여러 번 같이 체험되었기 때문에 강화하는 힘을 갖게 된 것이다. 예컨대, 엄마의 미소는 젖을 주고 기저귀를 갈아주는 등의 보살핌들과 연합되었기 때문에 아기에게 강력한 이차적 보상이 된다.

*성장하려는 추동*이 학습되는 과정을 보자(Dollard & Miller, 1950, pp. 90–91). 아이가 혼자서 신발에 발을 제대로 집어넣은 다음에 엄마가 끈만 매준다고 하자. 엄마는 아이가 발을 제대로 집어넣고 신발을 신으면 칭찬해주지만, 혼자 신발을 신으려고 하지 않으면 '애기'라고 놀려서 불안을 준다. 얼마 뒤에 아이는 신발 신기를 통해서는 더 이상 불안을 피하고 칭찬을 받지 못한다. 이제 그는 점점 더 힘든 일을 해내야 보상을 받게 된다. 이러한 사회적 요구는 성인기까지 확장되며 — 소년은 이제 자기가 번 돈으로 자식의 신발을 사주는 어른이 된다 — 많은 이들은 "가만히 서 있고 발전하지 않을 때 불편해지기를 학습한다"(p. 91). 이 불편함(추동)을 줄이려면 '발전'이라 할 수 있는 무엇인가를 가져오는 반응을 해야 한다. Dollard와 Miller는 이러한 훈련이 '출세'하려는 동기를 가져오는 하나의 근원이라고 본다.

단서산출 반응과 언어 '추동'은 반응하도록 부추기지만 정확히 어떤 반응이 나올지를 결정하는 자극은 '단서'(cue)이다. 찻길에 아이가 튀어나올 때(시각적 단서) 자동적으로 브레이크를 밟는 것처럼 우리는 하나의 단서 또는 단서상황에 직접 반응하기도 하지만, 어떤 반응이 다른 반응들을 이끌어내기도 한다. 가게에서 거스름돈을 받고 세는 반응이 산출하는 단서는 (딱 맞으면) 돈을 주머니에 넣거나, (더 왔으면) 돌려주거나, (덜 왔으면) 더 달라고 요구하는 (도구적) 반응을 가져온다. 또 우리는 철물점을 보고, 필요한 게 생각나고, 지갑에 돈이 충분함을 생각하고, 가게로 들어간다. 이렇게 '꼬리에 꼬리를 무는 생각들'이라 할 수 있는 일련의 내적 과정들이 매개하는 이 **단서산출 반응**(cue-producing responses)들이 '고등 정신과정'의 핵심이 된다.

인간에게 중요한 습관들은 자신이나 남들로부터의 언어적 자극들에 의해 유발되며, 반응들도 흔히 본질상 언어적이다. *언어*와 *수학*은 인간 단서산출 반응이 가장 높게 발달한 형태이다. 행동주의에서 중요한 것은 언어 자체가 아니라 '언어행동'이며, Dollard와 Miller에서 언어행동의 중요한 부분은 경험, 사건이나 생각에 어떤 이름("verbal label")을 붙이느냐 하는 것이다. 이 '이름 붙이기'의 가장 중요한 두 기능은 **일반화**와 **변별**이다. 두 가지 다른 경험, 상황에 같은 말을 붙이면 반응도 같아지고(매개된 자극일반화), 유사한 것들을 서로 다르게 부르면 행동도 달라진다. 옆집 개도 학교 담임선생님도 '사납다'면 똑같은 회피반응이 나온다. "똥이 무서워서 피하는 게 아니라 더러워서 피한다"고 하듯이, 같은 것을 다르게 부를 때 반응도 (두려움에서 경멸로) 달라진다.

이름 붙이기는 사회문화적 요인들과 큰 관계가 있다. "언어는 문화적으로 중요한 일반화와 변별들을 포함"(Dollard & Miller, 1950, p. 13)하기 때문이다. 예컨대, 서양언어들에서는 brother, sister만 구별하지만, 우리말에서는 형, 오빠, 남동생을, 언니, 누나, 여동생을 구별한다. '형', '오빠', '남동생'은 — 영어로는 다 brother지만 — 같은 단서산출 반응이 아니다. 이를테면, '형(님)'에게는 절대 복종해야 하고, '동생'은 부려먹기도 하지만 보살펴 주며, '오빠'에게는 의지하는 반응이 나온다. [그래서 연인도, 심지어 남편도 '오빠'이다.] 다른 예로, 친구에게 만나자고 했는데 반응이 없거나 거절 반응이 나왔다 하자. '거절'당했다고 느끼면 '상처'받지만, 그냥 '섭섭'(요즘 말로 '쏘리')할 수도 있다. 이름 붙이기에 따라 내 반응도 달라진다. '상처'받았다면 문자에도 답을 안 하거나 다시는 연락을 안 하겠지만, '서운함'에 그쳤다면 반응이 다를 것이다.

언어는 추동들을 불러일으키거나 보상, 강화를 주므로 정서적 문제들과 그 해결에서 중요한 기능을 한다. '암'이라는 말(예, 암을 유발한다, 암으로 발전한다 등)은 공포반응을 가져오며, 장난감을 치운 아이에게 '착하다'는 말이 그 행동을 강화한다. 미래의 결과를 언급함으로써 현재 행동을 강화할 수도 있다. 숙제를 잘 해야 주말에 놀이공원에 데려간다고 하여 아이가 월요일에 숙제를 하게 하고, 군것질을 안 해야 날씬해지고 남자친구가 생긴다고 말하며 굶을 수 있는 것이다. 이렇게 추동-단서-반응-강화 계열에 언어가 개입하므로 인간행동이 복잡해진다. 말과 생각이 동기를 유지시켜주지 않는다면 행동에 일관성과 융통성이 적어질 것이다.

결정적 훈련상황들 정신분석 수련을 받은 학자들로서 Miller와 Dollard는 생후 5, 6년의 학습이 성인행동을 결정하는 데 매우 중요하다고 보았다. 나이가 더 들면 좌절이 심한 상황들도 빠져나갈 길을 찾게 되지만, 아기는 환경을 고치거나 만들 수 없으므로 강력한 추동자극들과 커다란 좌절들에 내맡겨진다. 문화가 요구하는 것들 중 Dollard와 Miller는 특히 네 가지가 갈등과 정서적 문제들을 일으키기 쉽다고 본다. 젖 먹는 상황, 변 가리기(청결) 훈련, 성 훈련, 분노와 공격성 관리 훈련이 그것들이다. 표 11-1에서 심리성적 발달단계를 학습이론으로 번안한 시도의 결과를 볼 수 있다. [Freud의 남근기가 '성행동'과 '분노-공격'의 두 가지로 나뉘어 있다.] 여기서는 *젖 먹는 상황*(Freud의 구강기)의 문제만 살펴보기로 한다.

배고픔은 아기가 겪는 최초의 강한 추동자극들에 속한다. 이 자극들을 어떻게 다루느냐가 나이들어 다른 추동들을 어떻게 다루는지에 대해 모델을 제공한다. 울어야 엄마가 젖을 줌을 학습한 아이는 자기 환경에 영향력을 행사하기 시작한 것이다. 아무리 울

표 11-1 정서적 갈등의 발생: 결정적 훈련상황들(Dollard & Miller; 1950, Hall 등, 1985, p. 512)

훈련상황	학습되는 갈등	가능한 결과들
젖먹기	기본적 욕구충족 대 공포, 외로움, 무기력	근심, 무감각 혼자 있기 두려움, 어두움 공포 공동체감 결핍
청결	자기에 관한 것들을 즐김 대 공포, 분노, 죄책	똥이나 그것과 연결된 모든 것에 관한 불안과 죄책 애정상실 공포 분노, 반항, 고집 겁, 동조, 무가치감
성행동	신체적 즐거움 대 공포, 죄책	성적 생각과 욕구들 억압 자위에 관한 문제들 동성애 '외디푸스'적 문제들 — 부모에 대한 애착이 이성관계들을 방해
분노-공격	자기주장 대 반대, 처벌, 거부	다른 형제자매와 경쟁 인내와 선견지명이 부족하고 자기를 달래지 못하므로 좌절 상황들에서 분노하게 됨 '이탈적' 공격형태: 소문내기, 속임수 억제가 심할 경우, 의존적이 되고 자기주장을 못하고 성취욕과 자율이 없어짐

어도 소용없음을 몇 번 경험한다면 배가 조금만 고파도 '격한 반응'이 나오고, 약한 추동 자극들에도 '과잉반응'하게 된다. 나아가 Dollard와 Miller는 젖 먹는 상황이 미래의 인간관계들에 중요한 영향을 미친다고 믿었다. 이 최초의 친밀관계에서 만족스러운 추동감소를 경험하면, 즐거움이나 편안함이 엄마(또는 돌보는 이)와 연합된다. 그런 느낌이 일반화되어 다른 사람들과도 연결되면 남들과 같이 있음이 목표, 즉 이차적 보상이 된다. 그러나 젖먹기에 분노와 고통이 따랐다면 사회적 상호작용을 회피하기를 학습하기 쉽다.

무의식과 억압 표 11-1에 나온 갈등들은 대체로 의식되지 않는다. Dollard와 Miller는 정신분석학자들처럼 '무의식' 요인들의 중요성을 강조하였으나, 그들에게 무의식은 충동과 감정들이 끓는 솥이 아니라 '이름 붙여지지 않은 것'이었다. 그들은 한 번도 의식된 적이 없는 것과 한때는 의식되었지만 더 이상 그렇지 않은 것을 나누었다. 첫째 범주는 아이가 말을 배우기 전에 학습하는 자극, 추동, 반응들을 말한다. 이 반응, 추동들에는 이름이 없다. 무의식의 둘째 범주는 '억압'된, 즉 '생각하지 않기'를 학습한 것들이다. 억압도 다른 반응들처럼 학습된다. 무서운 것들을 생각하지 않기가 공포감소라는 강화를 가져오기 때문에 학습되는 것이다.

억압 경향은 일찍 시작한다. 아이들은 금기단어를 쓴다고, 또는 금지된 것을 하고 싶다는 말만 해도 처벌받는다. 때로 부모는 아이 행동에서 '못된' 생각을 추리하고("얼굴에 다 써 있다") 처벌한다. 이런 경험들을 하면 아이는 처벌받은 *행위*로부터 그 행위에 대한 *생각*으로 금지를 일반화하여 그 생각을 억압하게 된다. 다행스럽게도 인간은 일반화뿐만 아니라 변별도 학습하므로, 행위와 생각이 다름을 학습하게 될 수 있다. 누구를 죽이고 싶다고 해서 그를 죽이는 것은 아니므로, 생각을 스스로 금지할 필요는 없다. 의식이 중요한 것은 이름 붙이기가 학습과정에 필수적이기 때문이다. 가령 '나는 그가 무서워'와 '나는 그가 싫어'는 다른 반응들을 가져온다. 위에서 본 것처럼, 말을 붙이면 일반화와 변별이 훨씬 더 효율적이 된다. 경험과 사건과 감정들에 이름 붙일 수 없다면 우리는 훨씬 더 자극에 구속되며 유아나 하등동물처럼 행동할 것이다.

갈등과 신경증

우리는 기본적 욕구들을 충족시키고 싶으면서도 동시에 두려움이나 죄책감 때문에 움츠러든다. 동일한 대상에 끌리면서 동시에 두려워 피하기도 한다. 두 가지 이상의 강한 추동들이 작용해서 엇갈리거나 반대되는 반응들을 만들어내는 것이 **갈등**이다. 우리 일상생활의 괴로움, 고민들은 대부분 이러한 갈등들 때문이며, 정신분석학에서는 갈등이 신경증의 핵심이 된다. 갈등 모델은 Dollard와 Miller의 이론내용에서 가장 잘 알려진 것이기도 하다.

기본가정 신경증적인 사람의 고통과 증상들의 밑에는 심한 갈등이 깔려있는 일이 많다. 반응을 해야 추동이 줄어드는데, 이렇게도 저렇게도 못하므로 높은 추동이 줄어들 수가 없고 갈등이 계속된다. 갈등행동에 관한 다섯 가지 기본 가정들은 동물(주로 쥐) 실험들에서 얻어져서 인간 행동을 설명하는 데 적용되었다. 첫째, 긍정적 목표에 접근하려는 경향은 그것에 가까워질수록 강해진다(접근 기울기). 둘째, 부정적 목표를 피하려는 경향도 그것에 가까워질수록 강해진다(회피 기울기). 셋째, 회피 기울기가 접근 기울기보다 더 가파르다. 넷째, 추동이나 동기가 커지면 접근이나 회피경향이 강해진다. 마지막으로, 접근과 회피 반응이 서로 경쟁할 때 그중 더 강한 반응이 발생한다.

갈등의 유형은 **접근-접근**(두 가지를 다 원함), **회피-회피**(두 가지가 다 싫음), **접근-회피**(어느 한 가지가 좋기도 싫기도 함) 등으로 다양하다. 어느 유형이든 위의 가정들을 토대로 갈등에 부딪친 사람이 어떻게 반응할지를 예측할 수 있다. 동일 대상이나 상황에 대해 접근과 회피경향이 동시에 발생하는 접근-회피 갈등이 *신경증적 갈등*의 핵심이기 때문에 두 학자는 이 유형에 가장 큰 관심을 가졌다. (미로의 끝에 있는) 목표상자에 먹이가 있지만 전기충격도 나올 때, 배고픈 쥐는 목표상자에 들어갈까 안 들어갈까. 아마 갈팡질팡하다가 다섯째 가정처럼 조금이라도 더 강한 반응이 발생할 것이다. 가령 굶어죽기 직전이라면 접근경향이 이겨서 쥐는 충격받기를 감수하며 먹이에 다가간다.

접근-회피 갈등에서 두 경향이 비슷하게 강할수록 우리는 '이러지도 저러지도' 못하며 무기력해지거나, '이랬다 저랬다' 혼란스러워진다. 둘 중 한 경향을 의식하지 못할 때는 더욱 답답해진다. 다가갔다가는 도망쳐버리는 일('밀당')을 되풀이하면서 싫거나 두려운 감정은 의식하지 못하는 것이다. 이런 갈등이 심해질 때 우리는—상대방도—'미칠 지경'이 된다("나를 사랑하는 것 맞아?").

신경증의 발달과 치료 Dollard와 Miller는 신경증을 이해하기 위해 설명해야 할 세 가지가 **고통/불행**(misery), **어리석음**(stupidity), **증상**이라고 보았다. 신경증은 꾀병으로 여겨지기도 하지만, 환자들의 고통은 의무와 책임을 피하기 위한 값싼 시도가 아니라 정말 큰 괴로움이다. 괴로움의 핵심은 거의 언제나 아동기에 뿌리가 있는 강한 무의식적 갈등이다. '결정적 상황'에서 기본적 욕구표현에 대해 불안이나 죄책감이 생긴 나머지 갈등이 성인기까지 계속되는 수가 많다. 다른 점들에서는 똑똑한 사람도 갈등의 영역에서는 바보 같다. 괴로운 갈등적 추동들을 '이름 붙이지' 못하기 때문에 문제 다루기에 머리를 쓰지 못하는 것이다.

고통 감소가 강화가 되어 학습되는 습관이 **증상**이다. 앞서 서술한 정서조건화 실험(그림 11-3)에서 벨 소리가 공포반응($r_{정서}$)을 일으키는 조건자극(CS)이 되자, 쥐는 벨 소리만 들려도 (전기충격이 없는데도) 장애물을 넘어 옆칸으로 도망쳤다. 이 쥐를 '신경증 환자'로 본다면, 벨 소리에 옆칸으로 도망가는 반응이 그의 '증상'이라고 할 수 있다. 인간도 불안과 죄책감에서 도망치게 해주는 반응(예, 억압)을 학습하고, '생각하지 않기' 때문에 문제해결 능력을 발휘하지 못하게 된다. 화낼 때 부모에게서 내버리겠다는 위협을 받은 사람은 커서도 그런 분노를 억누를지 모른다. 그 결과, 그런 감정들을 표현해도 되거나 더 이상 부모에게 굴복할 필요가 없음을 알지 못하게 된다. Dollard와 Miller(1950, p. 16f.)가 치료한 신경증환자 'A부인'(Mrs. A)의 사례를 보자.

A부인의 사례 23세의 매력적인 여성이 심장박동을 세지 않으면 심장이 멎어버릴 것이라는 공포가 크고, 밖에 나가지도 못하고 집에 혼자 있기도 점점 무서워한다. 고아였던 A부인은 생후 몇 개월 만에 자녀 셋이 있는 노동자 가정에 입양되어 자랐다. 이 가정의 지배자인 어머니는 모든 자녀에게 잔인하고 엄했지만, 환자에게는 특히 거칠어서 툭하면 매질이었다. 양어머니는 성이 더럽다고 느끼게 만들었고, 독립적 사고를 금지하였다. 억압적 성 훈련에도 불구하고 강한 성욕을 갖게 되어 환자는 성에 관해 접근-회피 갈등이 생기게 되었다. 열 살 무렵 오빠가 유혹을 했고 결혼 전에 다른 남자들과도 관계가 있었지만, A부인은 성이 더럽고 구역질난다며 남편과의 성관계를 극히 꺼린다.

분석 결과 A부인의 갈등은 두 가지였다. 하나는 **성-공포 갈등**으로서, 성욕은 강하지만 성 흥분에 대한 강한 불안이 있었다. 다른 하나는 **공격-공포 갈등**으로서, 학대한 양모에 대한 분노를 공포로 억누르는 것이었다. 밖에 나가지 못하는 공포증은 유혹에 넘어갈 가능성에 대한 공포와 죄책감을 반영하였다. 자신의 생각을 포함하여 성적 암시를 가진 자극은 무엇이나 불안을 일으키지만, 심장박동을 세고 밖에 안 나가면 덜 불안하였다. 이 행동들은 불안감소에 의해 강화되어 *증상*이 되었다. 분노-공포 갈등에서 벗어나는 방법은 지극히 순하고 착한 행동이었다. 예컨대, 환자는 시어머니의 냉대를 참고 그녀를 좋아한다고 주장하였다. 의식에서는 성이 싫기만 한 것처럼 분노의 감정도 없는 것이었다.

A부인의 뛰어난 판단력은 문제해결에 별 소용이 없었다. 그녀는 결혼생활을 지키기 원하면서도, 독신 여자친구들과 술집에 가는 등 유혹받을 위험에 스스로 자주 노출시켰고, 달리는 트럭을 세워 같이 타고 가기도 했다. 그녀는 자기가 왜 그런 행동을 하는지 알지 못했고, 그 결과들도 너무 늦게야 내다보았다. 자기는 전혀 성욕이 없다고 생각하는 등 갈등을 일으키는 추동들을 억압하기 때문에 이런 어리석음이 나온 것이다.

증상들이 학습되었다고 보면 *탈학습*(unlearning)의 길도 찾아볼 수 있다. 불안과 죄책감이 소거되지 않은 이유는 이 감정들을 휘젓는 것은 무엇이나 회피되었기 때문이다. 치료상황에서 감정과 갈등들을 표현·체험하도록 격려받고, 감정표현을 해도 두려운 결과(처벌)가 나오지 않으면, 감정(표현)에 대한 공포가 줄어들고 억압의 필요가 없어진다. 한 가지 생각에 대한 공포가 줄어들면 다른 문제들로 그 소거효과가 일반화하고, 환자는 점점 더 핵심적인 갈등들을 직면하게 된다. 치료실에서 새로 학습한 반응들을 현실에서 해볼 때 정적 강화가 따라 오면 (치료실→현실)일반화가 성공하는 것이다.

치료자는 환자의 '이름 붙이기'를 격려하여 내면의 공포와 바깥 현실, 어릴 때와 성인기를 변별하도록 돕는다. 억압이 없어지고 변별이 생기면 환자는 고등 정신과정들을 사용하여 문제들을 건설적으로 해결하게 된다. 성공적으로 행동하면 공포는 더욱 줄어들고 증상들이 사라진다. 새로운 반응방식들이 긍정적 보상들로 강화된다. Miller와 Dollard

의 이러한 절차는 정신분석적 또는 다른 심리치료 장면에서 일어나는 일을 학습의 용어로 기술해준다.

자극-반응 심리학의 평가

이 장에서는 단편적으로만 소개했는데도 불구하고 자극-반응 심리학이 다양하고 이질적인 이론들의 집합이라는 것을 알 수 있다. 사실 이러한 다양성과 이질성은 행동주의가 정신주의를 거부하는 운동으로 출범할 때부터 존재해왔다. 자극-반응 연결로 모든 행동을 설명할 수 있다는 행동주의 혁명에 이론적 토대를 제공한 Pavlov도 조건반사의 예상적 성질을 인정하였고, 행동주의의 전성기에 이미 내적 과정들이 매개변인들로 설정되었다. Hull의 이론은 성격심리학에 '마음'을, 나아가 '무의식'을 돌려주는 결과를 가져왔다. 관찰 가능한 *자극*(S)과 측정 가능한 *반응* 또는 행동(R) 사이에 *내적 과정*들(s, r)을 집어넣었기 때문에 (역시 추동감소 이론인) 정신분석 이론이 그의 개념들로 번안될 수 있었다. 무의식적 동기와 갈등의 문제들이 과학적 성격심리학 안으로 다시 들어올 여지가 생긴 것이다.

Hull은 개념들을 엄밀히 정의하고 이론을 검증할 수 있는 방향으로 제시함으로써 심리학에서 과학적, 체계적 이론의 모범이 되었고 많은 연구를 자극하였다. 성격심리학에서 중요한 것은 통제된 실험실에서 쥐를 대상으로 얻어진 '행동원칙'들이 실험실 밖의 복잡한 인간 행동 설명에, 인간 성격 이해에 적용될 수 있느냐 하는 것이다. 자극-반응 심리학뿐 아니라 다음 장에서 다룰 조작적 조건화 이론들도 이러한 비판을 받으므로 다음 장의 말미에서 같이 논의하기로 한다.

감정과 동기 성격심리학의 과제는 행동관찰과 기술에서 시작하지만 그것으로 끝나지 않는다. 동기와 정서도 성격 기술과 설명에 중심이 된다. 과학적 성격심리학에서 오랫동안 동기와 정서를 다루지 않은 이유는 그 상당 부분이 의식되지 않기 때문이다. ['의식'도 심리학의 주제가 아니라는데 '무의식'은 말할 것도 없다.] 이것(또는 이 사람)은 좋고/원하고 저것(저 사람)은 싫다고 말할 때 우리는 왜 좋거나 싫은지 안다고 주장할 수 있을까. 호오 또는 정서조건화 실험을 돌이켜 생각해보면, '아마 모른다'가 답이다. 알버트는 커서도 하얀 모피나 앙고라 스웨터를 보면, 나아가 그런 걸 입은 여자를 보면 식은 땀이 날 확률이 크지만, 자기가 왜 그런지 모를 것이다. Dollard와 Miller의 '젖 먹기 훈련상황'을 떠올리면, 약한 추동수준에도 과잉반응을 보이는 20대 남자는 자기가 왜 그러는지 모를 가능성이 크다.

정신분석적 관점에서 볼 때 동기들은 의식될 수도, 의식되지 않을 수도 있고, 복합적으로 합쳐지고 상호작용하며, 똑같이 강력한 소망·공포, 내적 표준들과 갈등을 일으킬 수 있다. 나아가 동기들은 유기체의 생물학 — 일차적 추동을 생각해보라 — 에 뿌리가 있어서 쉽사리 "닫아버릴" 수 없고, 바로 그렇기 때문에 '나'의 일부가 아닌 "'그것'처럼(it-like)" 느껴진다(Westen, Gabbard, & Ortigo, 2008, p. 74). 정동(affect) 또는 감정이 일차적 동기 기제라면, 좋은 감정과 또는 그 예상과 연합(연결)된 행동·대상·생각들에 다가가고 싶고(접근), 반대로 나쁜 감정과 연합된 것들은 싫고 피하고 싶은 것이라고 간단히 설명할 수 있다(같은 곳). 그렇다면 자극-반응 심리학 내지 (자극-자극) 연합학습은 동기를, 나아가 무의식의 상당 부분을 설명하는 기본이 된다.

갈등과 양면성 접근-회피 갈등에서 우리는 무엇을 원하며 동시에 원하지 않고, 좋아하면서 싫어한다. 여기에 신비는 없다. 인간 심리와 성격은 복잡하지만 관련된 동기나 감정들 하나하나는 모두 **연합학습**의 결과일 수 있다. 어느 가정의 아빠와 딸을 생각해보자. 아빠는 집에 오면 자기를 맞는 딸을 대체로 웃으며 안아주었지만(행복했다), 어느 날은 화난 얼굴로 방에 휙 들어가 버렸고(슬펐다), 어느 날은 소리까지 꽥 질렀다(울었다). 술에 취해 들어오면 자는 딸을 깨워 뽀뽀하고 난리를 부렸고(무서웠다), 부부싸움 뒤에는 아빠 엄마 둘 다 며칠씩 딸에게 차가웠다(죽고 싶었다). 세월이 흐른 뒤 딸은 아버지에 대한 복잡한 감정을 설명하지 못한다.

이런 일상적 경험들 외에 일상을 벗어나는 사소하거나 외상적인 경험들도 보태져서 동일한 대상들에 상반된 감정들이 복잡하게 연결된다. 그 결과 우리에게 중요한 대상들, 즉 부/모, 나아가 — 일반화에 의해 — 남자, 여자, 나아가 결혼, 사랑, 가정, 사람에 대한 (정서적, 인지적) 반응들이 **양면적**(ambivalent)이 되어버린다. 이 대상이나 주제들에 대한 어떤 감정이나 생각들은 의식되지만, 많은 것들이 의식되지 않는다. 가령 아빠에 대한 분노는 의식되지만 사랑은 의식되지 않는다. 따라서 A부인처럼 갈등의 원인(들)을 알지 못하여 괴로울 때가 많다.

갈등이 예외라기보다는 규칙이라면 "사람들은 언제나 서로 경쟁하는 여러 정신과정들 사이에서 순간순간 타협을 만들어내고 있다"(Westen 등, 2008, p. 70). 가령 자기 일에서 즐거움을 얻는 어떤 학자는 동시에 (1) 경쟁자들에게 우월감을 느끼고 싶은 소망들을 충족시키고, (2) 대학원생들 부대에 둘러싸여서 존경 받고 싶은 소망들을 충족시키고(아마도 착각), (3) 불확실성의 지적 영역들을 정복하고 자기 분야에서 작은 문제들을 해결함으로써 불안을 완화시키고, (4) 논문 출판과 발표, 동료들의 존경을 통해서 자기존중을 높임으로써 우울감을 막아내고, (5) 과학적 방법론을 잘 해서 진리탐구를 함으로써 초자아요구들을 만족시키는지 모른다(같은 곳). 소망, 불안, 우울감정, 방어, 초자아 금지 등의 다양한 요소들을 포함하는 **타협형성**으로 '일의 즐거움'이 나올 수 있는 것이다.

이러한 타협을 설명하려면 학습이론과 정신분석을 통합하려 했던 Dollard와 Miller 같은 학자들의 다음 세대가 필요했을 것이다. 그러나 이들의 연구는 정신역동적 이론화에 부정적 편견을 지닌 행동주의-학습 접근의 주류에서 별로 지지를 얻지 못했다(Wachtel, 1997). 어차피 행동주의의 전성기는 1950년대에 들어서면서 끝나고 있었다(Leahey, 2000). 초창기부터 내적 정신과정들이 매개변인으로 들어가면서 행동주의는 점점 '순수성'을 잃어갔고 급기야 '인지혁명'에 무너지게 된다. 그러나 이 장을 시작할 때 논의한 것처럼 행동주의는 여전히 심리학의 방법론적 접근을 규정한다. 인지적 이론들은 5부에서 만나기로 하고 다음 장에서 우리는 다시 급진적 행동주의로 돌아가 Watson을 계승한 Skinner가 심리학에 남긴 큰 발자취를 보게 될 것이다.

요 약

01 Watson은 '행동주의 선언'에서 심리학이 **행동의 과학**이어야 한다고 부르짖었다. 그 목표는 **행동의 통제와 예측**이다. 모든 행동은 자극에 대한 반응이므로, 자극환경들을 통제, 조작하면 어떤 반응이든 만들어낼 수 있다.

02 행동주의의 중심주제는 학습, 좀더 구체적으로는 조건화가 되었다. 조건화에는 **고전적 조건화**와 도구적 또는 **조작적 조건화**의 두 가지가 있다. 전자를 통하여 환경 속의 어떤 자극이 유익하거나 해로운가 하는 것을 학습하고, 후자를 통하여 환경에서 좋은 것을 얻거나 나쁜 것을 피하는 적응행동을 학습한다.

03 Pavlov의 고전적 조건화 실험에서 개에게 먹이를 주기 직전에 종소리나 불빛 자극을 제시하는 절차를 몇 번 반복하면, 개는 종소리나 불빛만 나와도 먹이가 나올 때처럼 침을 분비한다. 이때 먹이와 불빛(또는 종소리)을 각각 **무조건자극**(US)과 **조건자극**(CS)이라고 부르고, US에 대한 침분비를 **무조건반응**(UR), CS에 대한 침분비를 **조건반응**(CR)이라고 부른다.

04 US와 짝지어져 CS가 된 자극(예, 불빛)을 다른 중립적 자극(예, 종소리)과 짝지으면 이 새 자극에 대해서도 침이 분비된다. 이를 **이차적 조건화**라고 부른다. 여러 가지의 일차, 이차 강화물과 연합된 조건자극을 **일반화된 강화물**이라고 한다. 어린아이에게 엄마의 미소와 칭찬, 어른에게 돈이 그 예가 된다.

05 원래의 조건자극(CS)과 유사한 자극들에도 CR이 일어남을 **자극일반화**라고 부른다. 반면, CR이 원래의 CS에만 국한될 때는 **변별**을 학습한 것이다. CS에 US가 계속 따라나오지 않으면 CS는 CR을 유발하지 못하게 된다. 이것이 **소거**이다.

06 호오와 정서반응은 고전적으로 조건화되는 일이 많다. 조건화된 호오나 정서는 **탈조건화** 절차를 통해 되돌릴 수 있다. Wolpe가 개발한 **체계적 둔감화**는 자극-반응 연결을 푸는 탈조건화에 그치지 않고, 같은 자극들을 다른 반응들과 연결시키는 **역조건화**를 사용한다.

07 유기체의 소질이나 성향과 상관없이 어떤 자극-반응 연결이든 만들 수 있다는 행동주의적 가정은 지지되지 않는다. 예컨대, 공포조건화는 CS가 블록, 목제동물처럼 무생물일 때는 일어나지 않는다. 특정한 물질이나 맛을 피하는 **미각혐오**도 고전적 조건화로 설명될 수 없다.

08 Hull은 자극-반응 심리학에 **매개변인**을 도입하였다. 내적 자극·반응들이 독립-종속변인 사이에 들어가는 것이다. **습관**, 즉 자극-반응 연결은 **추동감소**라는 강화에 의해 형성된다. Tolman

은 추동감소가 없이도 (잠재적) 학습이 일어나며 추동은 수행에만 영향을 미친다는 것을 보여 주었다.

09 Hull의 이론을 성격과 심리치료의 분석에 적용한 Dollard와 Miller는 학습의 네 가지 요소를 말한다. 유기체는 무엇을 원하고(**추동**), 무엇에 주목하고(**단서**), 무엇을 하고(**반응**), 무엇을 얻는다(**강화**). 인간의 정서반응에서 중요한 것이 **단서산출 반응**이다. 언어는 단서산출 반응이 발전한 형태로서, 행동주의에서 중요한 언어행동은 경험이나 생각에 **이름 붙이기**(labelling)이다.

10 정신분석에서 말하는 **무의식**과 **억압**은 Dollard와 Miller에서 각각 '이름 붙여지지 않은 것'과 '생각하지 않기'가 된다. 두 가지 이상의 강한 추동들이 작용할 때 **갈등**이 생긴다. 신경증적 갈등의 핵심은 어느 한 가지를 원하면서도 피하고 싶은 접근-회피 갈등이다.

11 신경증환자는 갈등 때문에 괴로움을 겪지만, 갈등을 일으키는 추동들이 이름 붙여지지 않고 억압되기 때문에, 문제해결에 머리를 쓰지 못한다. **증상**은 공포와 불안에서 일시적 도피를 허용하기 때문에 학습된 습관이다. 성에 대해 접근-회피 갈등이 심한 A부인의 사례가 소개되었다.

12 Hull은 자극-반응 심리학에 매개변인들을 들여왔고, Dollard와 Miller를 통해 성격심리학에 '마음', '무의식'을 돌려주는 결과를 가져왔다. 우리가 상당 부분 의식하지 못하는 동기와 갈등은 연합학습으로 설명된다.

제 12 장

강화와 행동통제

고전적 조건화에서 유기체는 무조건자극(US)과 조건자극(CS)의 연합(association)을 경험하고, 그 결과 무서워하지 않던 것을 무서워하거나, 좋아하지 않던 것을 좋아하게 된다. '신호'나 '경고'에 반응하여 '생물학적으로 중요한 사건'(먹이, 맹수 등)을 예상하고 대비할 수 있게 되는 것이다. 환경에 제대로 반응하는 것도 중요하지만, 적응의 좀더 적극적인 측면은 좋은 것을 얻기 위해, 나쁘거나 싫은 것을 피하기 위해 무엇인가를 '하는' 것이다. 이러한 행동은 주로 조작적 조건화에 의해 만들어진다. 여기서 중요한 것은 두 자극의 연결·근접이 아니라, 행동이 가져오는 결과이다. 무엇이 또는 어떤 대상들이 싫거나 무섭거나 좋다는 정서반응들과 아울러, 성공하거나 인정받기 위해 하는 습관적 행동들도 성격의 중요한 내용을 구성한다.

고전적 조건화와 자극-반응심리학을 다룬 앞 장에 이어 이 장에서는 Thorndike의 도구적 학습과 Skinner의 조작적 조건화를 차례로 소개하기로 한다. 장의 구분이 상당히 임의적임을 밝혀놓을 필요가 있을 것 같다. 도구적 또는 조작적 조건화는 이 학자들에게서 처음 나온 것이 아니었고, Pavlov, Watson과 Thorndike, Hull, Skinner는 동시대 학자들이었다. 앞 장에서 보았듯이, Hull, Dollard와 Miller도 도구적 학습을 논의하였고, Thorndike는 도구적 학습에 비중을 두기는 하였으나, 고전적 조건화 — 그는 연합이동(associative shifting)이라고 불렀다 — 도 연구하였다. Thorndike는 Watson과 같은 시대에 동물심리학과 행동주의의 길을 닦았다.

Thorndike와 도구적 조건화

행동주의 깃발을 높이 들지는 않았지만, 행동주의 접근의 이론과 방법의 기초를 놓은 공로는 Watson보다 Thorndike가 더 크다. 연합주의, 다윈 진화론, 실험과학을 혼합한 Edward L. Thorndike(1874-1949)는 미국의 **객관적 심리학**의 대표가 되었다(Hergenhahn & Olson, 2001, p. 226). 심리학을 좋아하지 않던 Pavlov도 Thorndike를 동물학습에 대한 체계적 연구를 한 최초의 학자로 존경하였다. 1898년 하버드에서 그의 박사논문 제목은 '동물지능: 동물들에서 연합과정들의 실험적 연구'였다. '연합과정'은 감각인상(즉, 자극조건)과 행위충동 사이의 (신경생리적) 연결을 말하며, 그래서 그의 이론을 **연결주의**(connectionism)라고 부른다. 학습이 선택과 연결(selecting and connecting)에 의해 일어난다고 하다가 그는 후에 이를 시행착오(trial and error) 학습이라고 바꾸어 불렀다.

시행착오 학습

Thorndike가 '문제상자'(problem box)를 가지고 한 실험을 보자. 상자 안에 배고픈 고양이를 가두면 그는 상자를 빠져 나오려고 별 짓을 다한다('시행착오'). 그러다 우연히 문과 연결된 줄을 당기거나 막대기를 밀고, 문이 열려서 상자를 빠져 나와 먹이를 발견한다. 그를 다시 상자 안에 집어넣으면 쏜살같이 줄이나 막대로 달려가 문을 열고 빠져 나올까. 그렇지 않다. '문제해결', 즉 도피에 걸린 시간은 시행을 거듭하며 조금씩 줄어든다. 즉, 학습은 통찰적(insightful)이 아니라 점진적이며, 생각이나 추리에 매개되는 것이 아니라 직접적, 기계적이다. 나아가 동물들에서 관찰된 단순하고 기계적인 학습원리들은 모두 인간 학습에도 기본이 된다. 이러한 결론들은 지금까지도 행동주의의 근본 전제들이 된다.

Thorndike가 제안한 세 가지 주된 학습법칙은 준비성, 연습, 효과의 법칙이었다. 연습을 통하여 자극-반응 연결이 강해지며, 연습을 중단하면 연결이 약해진다는 **연습의 법칙**(law of exercise)은 후에 폐기되어 버렸다(위의 책, p. 93). **준비성 법칙**(law of readiness)은 효과의 법칙을 위한 생리적 토대를 기술해주는데, '전도단위'(conduction unit), 즉 일종의 행동경향(action tendency)이 준비적 적응, 태도 등을 통해 깨어날(arouse) 때 그것을 행동으로 나타내면 만족스러우며, 그렇지 않으면 불쾌하다는(annoying) 것이다. 반응의 결과로 자극-반응 연결이 강하거나 약해진다는 것이 **효과의 법칙**(law of effect)이다. 문제상자의 고양이에서 '문 열림과 먹이 발견'이라는 긍정적 효과가 '문제상자(S)-문 열기 행동(R)' 연결을 강화시켰다.

단순한 인접이나 빈도가 연합강도를 결정한다는 전통적인 연합주의에서 한 걸음 더 나아가 수단, 즉 도구로서의 행동 측면을 부각시킨 효과의 법칙은 도구적 조건화의 핵심이 된다.

그림 12-1 도구적 조건화 실험절차 도식(Hergenhahn & Olson, 2001, p. 243)

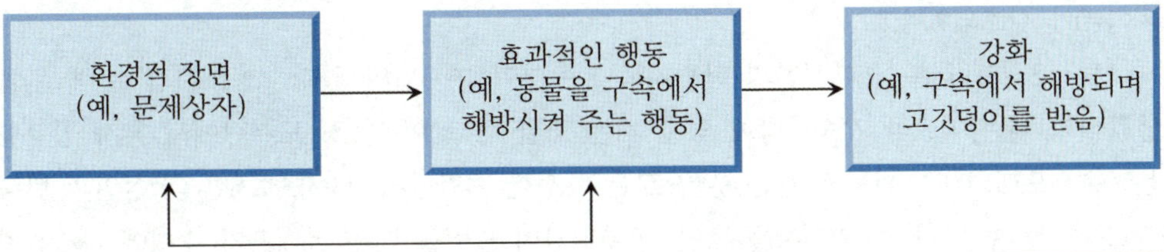

효과의 법칙

문제상자 안의 고양이는 구속을 벗어나는 '효과'를 가져오는 행동을 학습하였다(그림 12-1). 효과 법칙은 반응 다음에 만족스러운 결과가 따라오면 자극-반응 연결이 강해지지만, 싫은 결과가 따라오면 그 연결이 약해진다고 말한다('선택과 연결'). '만족', '혐오'는 추리되는 주관적 심리상태가 아니라 조작적으로 정의된다. 얻고 지키기 위하여 무엇을 하는지 아니면 보통 피하고 싶어하는지가 관찰된다. 이 정의에는 순환성이 있다. 학습이 일어났는지도, 그 반응의 결과가 만족스러웠는지도 반응확률의 증가라는 같은 사건을 가지고 알아내기 때문이다.

초기의 법칙은 나중에 절반이 수정되었다. 만족스러운 결과를 가져오는 반응이 발생확률이 높아진다는 부분만 남고, *처벌*은 S-R 강도와 아무 관계가 없다고 고친 것이다. Skinner도 처벌의 효과에 대해 부정적이었다. 그의 조작적 조건화도 효과 법칙을 보여주지만, 실험상황과 절차는 아주 다르게 구성된다. 문제상자에서는 고양이가 상자를 빠져나오면 한 시행이 끝나지만, '스키너 상자'에서는 그런 끊어짐이 없이 반응빈도(반응률, rate of response)가 계속 측정된다(글상자 12-1과 그림 12-2).

글상자 12-1

행동측정과 실험결과 제시

1장에서 서술한 것처럼 심리학 실험은 통상 피험자 집단을 관찰·측정하여 평균 비교(예, 실험-통제 집단)를 하지만, Pavlov처럼 Skinner도 단일피험자(피험동물)를 가지고 실험하였다. 각 피험자의 결과는 그래프로 제시되는데, 정해진 시간단위(가로축)에 발생한 반응빈도(반응률, rate of response)가 나온다(예, 1분 동안 막대 누른 횟수, 하루에 피운 담배 개비 수). 이때 각 시간단위에 발생한 반응수를 표시하거나(예, 처음 1~5분 사이에 각각 0, 1, 0, 3, 1회) 아니면 여러 시간단위에 걸쳐 더해나간 반응수(처음 1~5분 사이에 0, 1, 1, 4, 5회)를 표시할 수 있다. 전자(단순기록)보다 후자(누가기록)가 선호되었다.

그림 12-2에 하루 공부시간의 단순기록과 누가기록이 나와 있다. '공부시간'은 매우 들쭉날쭉하다. 룸메이트와 기숙사방에 있을 때는 조금 한 날이 많고, 도서관에서 혼자 공부할 때는 좀더 오래 했다. 이렇게 *단순기록*으로는 특정한 시간단위(기숙사, 도서관 등) 동안의 반응을 비교해 볼 수 있다. *누가기록*을 보면, 공부시간이 줄어들 때는 그래프가 수평에 가까워지고, 공부시간이 늘 때는 기울기가 가팔라진다. 그림의 기록에서 친구와 기숙사에 있을 때는 기울기가 평평하다가 기숙사방에서 혼자 또는 도서관에서 공부할 때는 그래프가 가팔라졌다. 이렇게 반응률 변화에 일차적 관심이 있을 때는 누가기록에서 그래프의 기울기를 비교해보면 좋다.

Skinner와 조작적 조건화

Burrhus Frederick Skinner(1904-1990)는 죽기 전까지 미국에서 가장 유명한 심리학자였다. 영문학을 전공하고 작가가 되려고 하였으나, 결국 '20세기의 예술'인 과학으로 길을 바꾸었다. Pavlov의 '조건반사'를 읽고 Watson의 행동주의에 대해서도 읽은 후 심리학에 입문했다. Skinner는 '행동의 과학'이 생물학의 한 분야라는 것을 분명히 인식하고 있었다. 급진적 행동주의자로서 그에게 심리학의 목표는 Watson에서처럼 행동의 예언과 통제였다. 이때 추동(감소) 같은 유기체의 '내면'과정(매개변인)을 추리할 필요 없이 객관적 행동과 객관적 환경조건들에만 초점을 두면 된다.

행동의 예언과 통제

유기체가 *빈 상자*(empty box)라면, 내적 상태들이 존재하지 않는다는 것이 아니라 행동의 예언과 통제에 불필요하다는 것이었다. 비둘기에게 탁구를 가르치고, 공부 잘하고 착한 어린이를 만들고, 성인이 신경증적 행동을 그만두게 하는 것은 모두 같은 원리에 토대를 둔 행동통제이다. 비둘기의 지능, 아이의 품성, '신경증성향'을 이야기할 필요가 없다.

행동의 선택과 강화 "선택과 연결"을 이야기한 Thorndike처럼 Skinner도 다윈의 '자연선택'을 *개체*의 생존·번식이 아니라 개체 *행동*의 생존·번식에 적용시켰다. 주어진 환경에서 개체들이 적응하여 생존·번식에 성공하거나('선택') 적응하지 못하고 없어지는 ('도태') 것처럼, 행동들도 소수는 계속되거나 더욱 많아지고, 다수는 없어져버린다. 환경에서 바라는 것을 얻거나('적응') 그렇지 못하기 때문이다. "환경은 밀거나 당기지 않으며 다만 선택할(select) 뿐이다"(Skinner, 1971, Hergenhahn & Olson, 2001, p. 112에서 재인용). 안에서 욕구나 추동이 '미는' 것도, 자기실현 같은 목적이 '당기는' 것도 아니다. 환경이 결과를 통하여 가려내는 것이다.

Skinner에게는 환경을 조작해서 행동에 변화를 가져올 수 있으면 되는 것이지 심리적, 인지적, 생리적 과정들에 대한 가설들은 필요 없었다. 나아가 *이론* 자체가 불필요한 것이었다. 누가 소리 지르고 문을 쾅 닫으면 '화났기 때문'일 것이다. 그러나 '분노'는 행동을 설명해주기보다 행동에 이름(label)을 붙일 뿐이다. 행동을 설명하려면 선행사건들

그림 12-2 하루 공부시간의 단순기록과 누가기록(Liebert & Liebert, p. 319)
[가는 선이 단순기록, 굵은 선이 누가기록임]

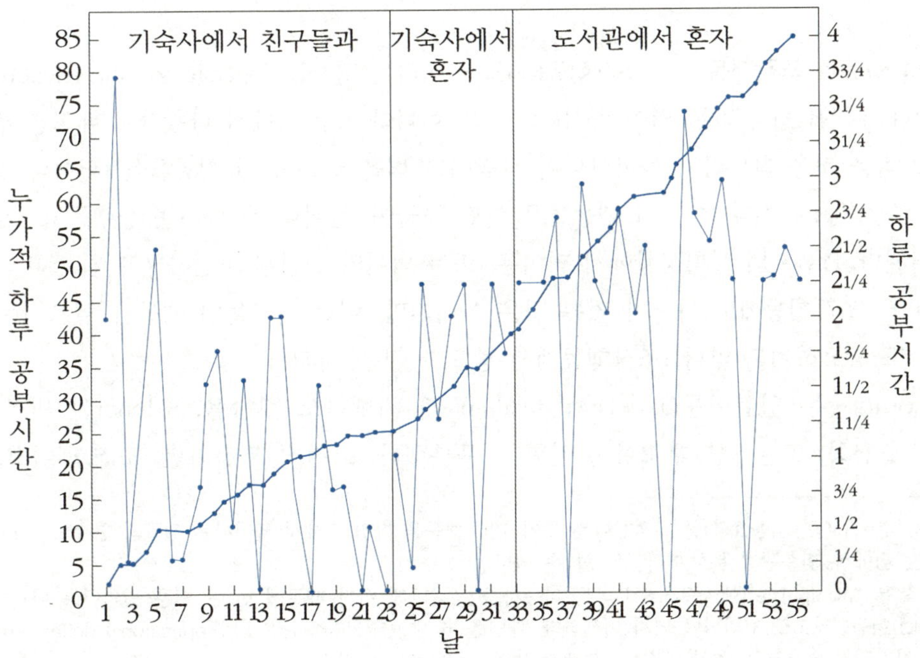

을 찾아야 한다. '배고프다'고 하는 대신 '어제 점심 먹은 후 지금까지 24시간을 굶었다'라고 말하는 것이다. *정서*는 특정한 종류의 행동을 할 확률의 문제이다. 분노는 단지 공격의 확률이 높은 것이고, 두려움은 도망갈 확률이 높은 것이며, 사랑은 상대방을 긍정적으로 강화할 확률이 높은 것이다.

Skinner가 쓴 방법론은 임의적, 인위적 '시행'들로 행동흐름을 끊지 않는 실험상황에서 유기체가 언제라도 할 어떤 행동을 강화하는 것이었다. 이를 위해 그는 매우 단순한 반응들을 선택하여 각 피험자(동물)의 반응률을 그림 12-2나 12-3과 같은 그래프로 제시하고 통계를 전혀 쓰지 않았다. 통계는 행동으로부터 내적 상태를 추리하는 이들에게 필요하다고 믿었기 때문이다. 실제 행동을 그 상태의 ('소음'에 오염된) 간접측정치들로 보니까 많은 피험자들을 써서 이 가설적 상태의 측정치(특히 평균)를 얻는 것인데, 행동 자체를 연구하므로 '소음'이 있을 수 없다는 것이었다. 반응률(종속변인)이 어떻게 변하는지를 눈으로 볼 수 있으므로 통계도, 추론도 불필요하다.

행동들과 그 행동들에 영향 미치는 조건들 사이의 관계들을 찾아내는 **기능분석**(functional analysis)[1]이 심리학자의 과제이다. 이 분석에서 가장 중요한 것은 강화이다. 어떤 반응에 따라와서 그것이 발생할 확률을 높이는 것을 **강화물**(reinforcer)이라 부른다. 배고픈 쥐가 막대를 누를 때 먹이가 튀어나오면 시간이 가면서 막대 누르기 반응빈도가 증가하게 된다. 이때 먹이가 막대 누름 반응을 강화한다고 말하며, 이 절차를 *조작적 조건화*(operational conditioning)라 부른다.

반응행동과 조작행동 조작행동(operant)이라는 명사는 "operate (on the environment)"(환경에다 무엇을 하다)라는 영어 동사(타동사가 아니라 자동사)에서 나왔다.[2] 배고픈 쥐는—아마도 먹을 것을 찾느라—돌아다니며 바닥이나 벽을 긁는 등의 행동들을 (열이나 빛을 발하듯이) '방출'(emit)한다. 이러한 행동들은 어떤 자극이 '끌어내는'(elicit) 반응행동(respondent)과 구별된다. Pavlov의 실험상황에서 먹이는, 또는 먹이와 연결된 조건자극은 침 분비 반응을 '끌어낸다'. 조작행동에도 자극이 없는 것은 아니지만, 어떤 자극들이 행동을 일으키는지 잘 모르며 또 중요하지도 않다. 조작행동에서 중요한 것은 *결과*이다.

Thorndike는 연합이동(associative shifting) 대 시행착오 학습을, Skinner는 반응적 대 조작적 조건화, 또는 S형 대 R형 조건화를 구분했다. 고전적 조건화만 '조건화'이고, 도구

---

1) 행동의 기능(즉, 적응효과)을 분석한다는 뜻이지만, 행동을 환경 속에서 일어나는 일들의 함수(function)로 본다는 점에서 '함수관계 분석'이라고도 할 수 있다.

2) '조작'은 "manipulate"(예, 증거조작)라는 타동사를 생각나게 하기 때문에 만족스러운 번역어는 아니다. 작동(作動)행동이라고도 번역되나 역시 어색하다. 대안을 찾지 못했고 '조작적 정의'(operational definition)라는 말도 정착되어 있으므로 '조작', '조작적'이라는 말을 계속 쓰기로 한다.

적 또는 조작적 조건화는 성공학습(success learning) 또는 문제해결이라고 불리기도 하였다(cf. Hilgard & Bower, 1966, p. 69). 두 가지 조건화유형에 붙여진 이름들은 반응유형에 따라 두 가지 종류의 학습이 있음을 시사한다. 바로 자율신경계의 **불수의적**(involuntary) 반응들(예, 파블로프의 개의 침 분비)과 중추신경계의 **수의적**(voluntary) 반응들이다. 시행착오, 성공, 문제해결 같은 수의적 행동들은 대체로 조작적으로 조건화된다. 고전적 조건화만 '조건화'라고 부르자는 제안은, 거기서만 조건/무조건 자극/반응이라는 말들을 의미 있게 쓸 수 있기 때문이다. 조작적 조건화에서는 반응을 이끌어내는 *자극*이 중요하지 않으며 (수동적, 자동적) *반응*보다 (능동적) *행동*이 초점이다.

성격심리학에서 자율적, 불수의적 반응은 **정서반응**을, 수의적 행동은 **환경 적응**을 구성하기 때문에 중요하다. [자율적, 불수의적 반응과 수의적 행동이라는 말들이 낯설다면, 몸 내부나 표면에서 일어나는 반응·반사들(심장박동, 얼굴 붉힘 등)과 눈/입, 팔/다리, 몸통을 움직임(먹기, 때리기, 담배피우기 등)으로 이해해도 된다.] 정서와 행동 모두 성격의 중요한 부분들이다. 앞 장에서 정서와 호오평가 등 (자극에 대한) '반응'들을 논의한 데 이어 이 장에서는 환경에서 필요한 것들을 얻어내는 좁은 의미의 적응행동이 더 초점이 된다.

배고픈 동물이 돌아다니며 먹을 것을 찾고 아기가 옹알이를 하는 등에는 이렇다 할 자극이 없다. 그러다 환경으로부터 좋은 결과를 얻어내는 행동들은 점점 더 자주 하게 되고, 아무런 좋은 결과도 가져오지 않는 행동들은 안하게 된다. 이 '자연선택'에서 결정적인 것은 행동의 강화효과이다. 아기가 옹알거리다가 우연히 '엄마'라는 또는 비슷하게 들리는 소리를 냈는데 엄마가 엄청 기뻐했다 하자. 그런 일이 몇 번 반복되면 아기는 '엄마'라는 말을 자주 하게 된다. Skinner에게는 *성격*이라는 것도 개인들의 강화역사와 연결된 일관성 있는 행동유형에 지나지 않는다. 어떤 사람이 '내향적'이라면, 그 범주 안에 들어가는 행동들이 강화받아 왔기 때문이다.

강화의 원칙들

Skinner는 "환경을 통제하면 행동에 질서가 보인다"라는 Pavlov의 규칙을 잊지 않았다. 환경통제와 행동관찰을 쉽게 하기 위해 만든 *스키너 상자*(Skinner box) 안에서 흰쥐가 막대(lever)를 누르면 연결된 먹이 저장통에서 먹이알이 굴러 나온다. 중요한 것은 어떤 자극에 대한 반응이냐가 아니라, 그 반응에 어떤 결과가 따라오느냐 하는 '효과의 법칙'이다.

정적 강화와 부적 강화 강화물은 행동에 미치는 효과에 의해 정의된다. 한 반응의 확률을 증가시키는 자극은 무엇이나 강화물이다. 실험자가 어느 한 행동을 만들어내려면, 우선 그 유기체에게 그리고 그 행동에 적합한 강화물을 찾아야 한다. 먹이를 강화로 사용하려면 동물을 20여 시간 굶긴다. 한 상황에 추가될 때 행동확률이 커지게 만드는 자극을 **정적 강화물**(positive reinforcer)이라 부른다. 먹이, 물, 성적(性的) 접촉이 그 예가 된다. 반면, **부적 강화물**(negative reinforcer)은 그것이 제거될 때 반응확률이 커지게 만든다(예, 큰 소리, 너무 밝은 빛, 극심한 열기나 한기, 전기충격). 중요한 것은 '욕구충족'이나 '추동감소'가 아니라, 결과가 오는 바로 그 순간에 하고 있는 행동이다. 이 행동-결과 연결을 **강화유관**(reinforcement contingency)이라 한다. 정적 강화물을 주어서 반응률을 높이는 절차를 **정적 강화**, 부적 강화물이 없어지게 해서 반응률을 높이는 절차를 **부적 강화**라 한다. 뒤에 보듯이 부적 강화는 처벌과 다르다.

정적 강화물을 **보상**(reward)이라고도 부른다. Skinner는 "사람은 보상을 받고 행동은 강화를 받는다"고 말한 바 있다(1986, Hergenhahn & Olson, 2001, p. 3에서 재인용). 강화물은 행동에 즉시 따라나오지만, 보상은 오랜 시간과 상당한 노력을 투자한 가치 있는 성취에 주어진다. 현실에서는 **강화 지연**이 많다. 실험자가 몇 달, 몇 년 고생한 뒤에야 연구업적이 나오고, 또 세월이 지나야 그 업적을 학계에서 인정받을 수 있다(물론 영원히 인정받지 못할 수도 있다). 보상이 지연될수록 그 강화효과는 감소하며('강화지연 기울기'), 그 학자는 당장 긍정적 결과(돈, 인정, 지위상승)를 가져오는 일들에 매달리기 쉽다. 즉시적 결과는 정적이지만 한참 뒤에 부정적 결과가 나타나는 행동들도 있고(예, 과도한 흡연), 반대로 당장은 부정적 결과가 나오지만 한참 후 긍정적 결과가 오는 행동들도 있다('고생 끝에 낙이 온다'). 어느 경우에나 즉시적 강화유관이 훨씬 효과적이다.

선행하는 행동의 빈도를 증가시키는 것이면 무엇이나 강화(결과)이므로 앞서 Thorndike의 '만족', '혐오' 정의에서 지적한 순환성이 여기에도 적용된다. Skinner는 강화의 본질에 대해 별로 신경을 쓰지 않았다. 일차적 강화물은 먹이와 물처럼 유기체 생존과 관련이 있고, 이차적 강화물은 일차적 강화물과 짝지어진 자극이다. 그러나 모든 반응이 잠재적 강화물이며, 자주 일어나는 반응이 드물게 일어나는 반응에 강화로 작용할 수 있다. **프리맥의 원리**를 적용하려면 먼저 자연상태에서 유기체를 관찰하고 그가 하는 여러 활동을 빈도순서로 배열한다. 24시간 내내 쥐가 가장 자주 한 일이 먹기, 그 다음은 마시기라면, 다른 활동들을 강화하는 데 이것들을 쓸 수 있다. 예컨대, 두 발로 설 때마다 먹기나 마시기를 허용하는 것이다. 시간만 나면 컴퓨터 앞에 앉는 사람은 컴퓨터를 하기 위해서는 뭐든 한다. 싫은 일들에도 비슷한 현상이 있다. 내일 시험이라 시험공부를 더 이상 미룰 수 없는데, 평소에 싫어하던 방청소나 책상정리가 갑자기 하고 싶어진다. 일종의 '혐오통제'이다.

이차적 강화와 변별자극 원래는 강화하는 힘이 없는데 일차적 강화와 연결됨으로써 강화력을 얻는 자극을 **이차적 강화물**, 조건화된 강화물이라 부른다. 여기에는 앞 장에서 논의한 고전적 조건화의 법칙들이 모두 적용된다. '파블로프의 개'는 종소리(조건자극)라는 결과를 가져오는 행동을 더 자주 할 것이다. 이차적 강화물을 만드는 **변별 조건화** 절차에서 불빛이 켜질 때만 먹이가 나오고 불빛이 안 들어올 때는 먹이가 안 나온다면, 쥐는 불빛이 켜질 때만 막대를 누른다. 이때 먹이의 '신호'가 되는 불빛을 *변별자극*이라고 한다. 쥐는 언제 반응하고 언제 반응하지 않을지를 변별하게 된 것이다.

다양한 일차적 강화물들을 가져오는 이차적 강화물을 **일반화된 강화물**(generalized reinforcer)이라 부른다('고차적 강화'). 돈이 대표적인 예가 된다. 돈은 맛있는 것, 옷, 여행 등 많은 종류의 강화물들에 접근할 수 있게 해주기 때문에 우리는 돈이 생긴다면 무엇이든 한다. 사랑과 권력 등 다 돈으로 살 수 있으므로, 돈의 강화효과는 점점 강력해진다. 이차, 고차 강화는 많은 경우 '심리적'이다. '인정', '사랑' 같은 강화들은 다양한 일차, 이차 강화들과 연결되어 있다. 언어행동 학습에도 끄덕임, 눈짓 등 이해와 승인의 일반화된 강화물들이 주로 사용된다. 존댓말을 듣고 어른들이 흐뭇한 표정을 지으면 아이는 존댓말 쓰기를 일관되게 더 많이 할 것이다.

인정, 사랑이 그 자체로 강화력이 생기면, 손해나 피해를 입더라도 남에게 인정받기 위한 행동을 하게 된다. 가령, 명품으로 치장해서 남들에게 인정받는다면 신용불량자가 되는 한이 있어도 명품을 계속 사는 것이다. 돈 있어야 인정받고 사랑받게 되면, 강력한 (일반화된) 강화물로서 돈 자체가 추구되기도 한다. 돈을 벌어서 무엇을 사거나 얻으려는 것이 아니라 쌓아두기만 하는 것이다.

처 벌 아들이 방 청소를 할 때 아버지가 칭찬하거나(정적 강화), 화났던 아버지가 웃는 얼굴이 되면(부적 강화), 두 경우 모두 '청소 행동'이 증가할 가능성이 커진다. 결과를 주느냐 아니면 없애느냐에 따라 정적 또는 부적이라고 하는 것이다. 반면 청소를 했다가 크게 혼나거나 벌 받으면("누가 너더러 청소하라고 했냐? 괜히 공부하기 싫으니까") 다시는 청소를 안 하게 된다. 정적이든 부적이든 *강화*가 그에 선행하는 행동의 반응률을 높여주는 데 비해 *처벌*은 그것을 낮춘다. 어떤 행동이 일어난 후 부적 강화물이 나오거나 정적 강화물이 없어지면 그 행동이 없어지게 된다. 바람직한 일을 하면 처벌을 안 받도록 강화유관을 만들 수도 있다. 이를 **혐오통제**(aversive control)라고 한다. 가령 청소를 하면 매를 안 맞고, 청소를 안 하면 매를 맞는 것이다. Skinner는 문명이 혐오통제로부터 정적 통제로 발전해 왔다고 본다. 노예노동자는 채찍을 피하기 위해 일했지만, 현대 노동자는 임금을 받기 위해 일한다.

게으름 피우는 아이를 '두고 보자'며 속으로 별렀다가 나중에 혼낸다면 처벌을 미루는 것이다. 정적, 부적 강화처럼 처벌도 지연되면 효과가 줄어든다. 담배는 건강을 해치지만, 그 부정적 결과가 수십 년 뒤에 나타나기 때문에 끊기가 힘들다. [몸이나 머리에서 냄새가 난다는 즉각적 부정적 결과를 강조하는 편이 더 효과적일 것이다.] 담배 피운다고 즉시 벌(구타, 정학 등)을 주면 어떨까? 바람직하지 않거나 위험한 행동을 없애기 위하여 처벌을 사용하지만, Thorndike처럼 Skinner도 처벌이 반응률을 감소시키지 않는다는 것을 거듭 발견하였다. 반응이 없어졌다가 다시 나타나는 것이다. 비효과적이라는 것 외에 다음 여러 가지 이유 때문에도 그는 처벌에 반대한다(Hergenhahn & Olson, 2001, pp. 132-133 참고).

1. 불행한 정서적 부산물을 낳는다. 벌 받을 때 경험한 공포가 처벌을 한 사람, 처벌이 일어난 장소와 관련된 여러 가지 자극에 일반화된다. 담배 피운다고 아버지에게 자주 벌 받은 아이는 담배를 끊는 것이 아니라 아버지를, 나중에는 집을 싫어하기를 '학습'(고전적 조건화)할 수 있다.
2. 무엇을 하지 말아야 할지를 지시할 뿐, 무엇을 해야 할지를 지시해주지 않는다. 처벌받은 행동이 강화를 얻는 데 효과가 없음을 알려줄 뿐이므로, 효과가 있는 반응을 하기 위해서는 따로 학습을 시켜야 한다.
3. 남에게 고통을 주는 것을 정당화시킨다.
4. 처벌자를 향한 그리고 남들에 대한 공격을 이끌어낸다.
5. 하나의 바람직하지 않은 반응 대신 다른 바람직하지 않은 반응이 나온다. 방을 어지른다고 혼난 아이가 이제 밥을 안 먹거나 밤에 오줌을 싼다.

동생을 못살게 구는 아이를 부모가 때리거나 '갖다버린다'고 협박하면, 나쁜 행동이 없어지기보다는 여러 가지 부작용이 나온다. 아이는 부모를 무서워하거나 싫어하게 되고, (부모가 안 볼 때) 동생에게 욕설, 손찌검을 더 많이 하거나, 학교숙제를 안하고 성적이 떨어지기 시작한다. 처벌의 부정적 효과는 자녀교육에 대한 발달심리학적 연구에서도 입증되었다(p. 132). 의존심을 없애기 위해 그것을 처벌하면 그렇게 하지 않은 경우보다 아이가 더욱 의존적이 되었고, 공격행동을 심하게 처벌하면 그것을 가볍게 처벌한 경우보다 아이가 더욱 공격적이 되었다. 거친 신체적 처벌은 아이의 공격성이 높아지게 만들었다.

'나쁜' 행동이 없어지기는커녕 다양한 부작용이 생기는데도 왜 처벌(특히, 신체·언어폭력)을 많이 쓰는가? 조작적 조건화의 원칙에 따르면 강화가 따라오는 행동은 없어지지 않는다. 처벌행동에 대한 강화는 즉각적 효과 발생이다. 반항한다고 매를 때리면 아이는 즉시 고분고분해지며, 이 긍정적 결과가 때리기나 야단치기 행동을 강화하는 것이다. 부작용들은 나중에, 처벌자가 안 보일 때 나타난다. 벌이 꼭 필요하다면 '나쁜' 행동이 일어난 즉시 '불행한 정서적 부산물'을 피할 수 있을 만큼 온당한 강도로 해야 하며, 어떤 것이 '좋은/맞는' 행동인지도 제시해야 한다. 쉽지 않은 일이다. '사랑의 매'가 맞는 사람에게는 대부분 오직 치욕이며 상처이기 십상이다. 아이가 부모·교사를 무서워 피하거나 거짓말('잔머리')로 벌을 모면하는 것이 양육과 교육의 목표일 수는 없다.

처벌을 쓰지 않고 나쁜 버릇을 고치는 가장 단순한 방법은 상황을 변화시키는 것이다. 집에 과자나 빵이 없다면 아이는 군것질 대신 끼니 때 밥을 먹을 것이다. 이를 **자극통제**라고 부른다. 싫증이 날 때까지 그 행동을 하게 할 수도 있다('포만'절차). 밥 대신 과자만 먹게 한다든지 맘껏 몇 시간이고 소리지르게 하는 것이다. 그러나 최선의 방법은 **소거**이다. 행동에 아무런 주의도 기울이지 않으면, 강화가 따르지 않기 때문에 그 행동이 결국 없어진다. 바람직한 행동의 정적 강화를 병행하면 물론 더욱 효과적이다. 동생을 괴롭힐 때 못 본 체하고, 잘 데리고 놀 때는 칭찬하는 것이다. 행동을 고치는 방법들은 뒤에 행동치료를 다룰 때 더 자세히 다루게 된다.

연쇄와 조형 스키너 상자에서 막대누름 행동에 먹이라는 강화가 따르면 그 행동이 더 자주 발생한다. 만약 변별자극이 있다면 쥐는 불이 켜질 때만 막대누르기를 한다. 그러나 변별조건화가 없었다고 해도, 상자 안의 여러 자극들이 변별자극처럼 작용한다. 막대를 보고 다가갈 때 막대 모습이 일종의 변별자극이 되고, 막대에 다가감은 다시 그것을 만지는 반응을 가져온다. 이렇게 하나의 반응이 다른 반응에 대한 변별자극이 되고, 이것이 다시 다른 반응으로 이끄는 것을 **연쇄**(chaining, 고리 잇기)라고 한다. 상자 안의 모든 자극들이 먹이라는 일차적 강화물과 연결되기 때문에 이차적 강화물로 작용하게 되는 것이다.

인간 행동에서 연쇄의 가장 좋은 예는 *대화*이다. 순이가 영이를 보자 웃고 '안녕' 하자 영이도 웃으며 '안녕'이라고 한다면, 영이의 모습이 인사를 건네는 행동의 변별자극이 되고, 이 행동이 영이에게 다시 변별자극이 되어 영이가 인사를 건네는 것이다. 둘 중의 한 사람이 아무런 반응도 안 한다면 대화는 끊어진다. 대화뿐 아니라 인간의 언어(말, speech) 자체가 반응연쇄로 설명된다. 한 단어가 다른 단어를 끌고 나오는 연쇄가 곧 문장이다. 반응으로 나온('방출된') 단어가 다음 단어를 이끌어내는 자극이 되는 일이 이어지는 것이다. 일상생활의 습관들에도 이런 연쇄가 많다. 자신이 저녁에 현관문을 열고 들어가서 하는 행동들을 생각해보라. 하나가 다른 하나를 끌고 와서 순서가 거의 매일 똑같지 않은가.

조작적 조건화에서는 강화든 처벌이든 행동이 일어난 뒤에 결과가 따른다. 쥐가 막대를 누르지 않는 한 먹이는 없다. 굶어죽는 쥐도 불쌍하지만 무작정 기다리는 실험자(아마도 대학원생)도 불쌍하다. 원하는 반응이 나오도록 유도한다면 양편이 모두 구원받는다. 쥐가 막대 쪽으로 몸을 돌리면 먹이를 주고, 조금씩 가까이 갈 때마다, 나중에는 막대를 건드리면, 마지막에 가서는 막대누름에만 먹이를 주면 된다. 원하는 행동을 이렇게 만들어가는 절차를 **조형**(shaping)이라 한다. 원하는 최종결과에 비슷해지는 반응들을 차별적으로 강화하는 **단계적 접근**(successive approximation)은 동물조련사가 주로 쓰는 방법이다. 어떤 묘기를 가르치기로 정했다면, 아주 초보단계의 동작을 보였을 때 강화를 주고, 그 다음 단계, 그 다음 단계로 목표에 가까워지는 반응들에 강화를 주는 것이다. 결과적으로 우리는 탁구 치는 비둘기, 묘기 부리는 돌고래를 보게 된다. 이런 훈련에서는 보통 이차적 강화를 쓴다. 먹이를 주면 그것을 먹을 때마다 행동의 흐름이 끊기지만, 먹이와 연결된 호루라기나 딸랑이 소리를 쓰면 흐름이 끊기지 않으면서 강화효과를 가져온다.

사람이 배우는 복잡한 기술(운전, 외국어, 무용, 피아노연주 등)이 일단 발생해야 강화가 주어진다면, 아무도 성공하지 못할 것이다. 단계적 접근에 의한 조형이 훨씬 효과적이다. 형제가 매일 때리고 싸우는 경우를 예로 들자. 때리지 않고 말로 싸우면 강화하고, 그 다음 단계들에서는 서로 소리 지르지 않으면, 안 싸우고 놀면 강화하며, 최종적으로는 사이좋게 어울려 노는 행동에만 강화를 줄 수 있다. 그러나, 무엇을 어떻게 하라고 말해줄 수도 있다('일러주기', prompting). 아이에게 "'감사합니다'라고 해야지"라고 하거나 수영강사가 학생의 팔을 잡아 동작을 만들어주는 것이다. 그 행동이 강화할 만큼 자주 일어나면 일러주기도 없어진다("fading").

강화스케줄 Skinner는 곧 쥐나 비둘기가 반응할 때마다 먹이를 줄 필요가 없다는 것을 깨달았다. 간헐적 또는 부분적 강화는 연속강화보다 먹이를 절약해 줄 뿐 아니라, 학습된 반응이 잘 소거되지 않는다는 점에서 더 효과적이었다. 어떤 행동을 처음에 완성시킬 때는 흔히 연속강화를 쓰지만, 그 행동을 증가 또는 유지시키는 데는 간헐적 강화를 쓴다.

부분강화에는 네 가지 기본 스케줄이 있다. 우선 마지막 강화를 주고 그 다음 강화를 주기까지의 반응수를 정하거나(예, 다섯 번에 한 번) 아니면 시간을 정한다(예, 5분에 한 번). 전자를 **비율**스케줄, 후자를 **간격**스케줄이라고 부른다. 다음으로 그 비율이나 간격을 **고정**시킬지 아니면 평균만 정해놓고 **변동**시킬지를 정한다. 가령 고정비율 스케줄에서는 정확하게 다섯 번 반응할 때마다 한 번씩 강화를 주지만, 변동비율 스케줄에서는 다섯 번이 평균이 되도록 하되 어떨 때는 두 번 만에 어떨 때는 아홉 번 만에 준다. 고정 및 변동간격 스케줄에서도 마찬가지이다.

그림 12-3 여러 강화스케줄에서 나오는 전형적인 누가기록(Hergenhahn & Olson, 2001, p. 137)[빗금은 반응강화를 나타냄]

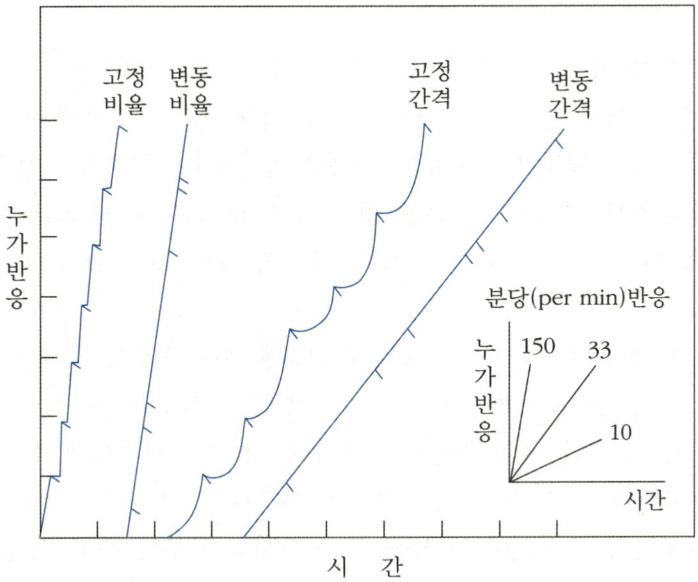

부분강화는 연속강화만큼이나 높은 반응률을 가져오지만, 그림 12-3에서 보는 것처럼 어떤 강화스케줄을 쓰느냐에 따라 반응률과 그 패턴이 달라진다. 학생들이 시험이 끝나면 놀다가 다음 시험이 다가오면 열심히 공부하는 것처럼, 고정간격에서는 강화 후에 반응률이 줄어들었다가 다음 번 강화 직전에 극적으로 상승한다. 간격이 변할 때는 반응률이 비교적 안정되게 유지된다. 교수가 퀴즈시험을 한 학기에 다섯 번 보는데(즉, 평균 3주에 한 번) 그 간격이 일정치 않다면 학생들은 계속 공부하게 될 것이다.

비율스케줄은 고르고 높은 반응률을 가져오는데(더 가파른 기울기), 고정비율보다 변동비율에서 더 그렇다. 반응률 면에서 넷 중 변동비율 스케줄이 가장 효과적임을 잘 보여주는 예가 *도박중독*이다. 도박에서 돈을 딸 확률은, 더욱이 '대박' 확률은 극히 낮다. 그런데도 변동비율로 운영되기 때문에 열 번 스무 번을 잃어도, 가진 것을 모두 잃고 가정이 무너져도 도박을 멈추지 못하는 일이 생긴다. 이렇게 부분강화에 대한 연구는 연속강화를 받지 못하는 행동이 왜 좀처럼 안 없어지는지를, 즉 *소거에 대한 저항*을 이해할 수 있게 해주었다. 앞에서 '인정', '사랑'이라는 (이차적) 강화물을 언급했지만, 특정한(가령 착한) 행동들에 언제나 인정과 사랑이라는 결과가 오는 것은 아니다. 그런데도 그런 행동들이 계속 나타나고 좀처럼 소거되지 않는다. [5부에 가서 보듯이, Skinner가 부분강화로 설명하는 성격행동을 인지적 이론들에서는 내적 강화나 자기도식 개념들을 가지고 설명한다.]

행동공학

행동통제는 많은 이들의 관심사 내지 과제이다. 부모나 교사는 아이들을 공부 열심히 하고 말 잘 듣는 '착한 아이'로 만들려고 하고, 심리치료자는 내담자가 자신과 가족에게 피해를 주는 부적응 행동을 그만두고 적응을 잘하도록 돕는다. 부정부패가 없어지고 운전자들이 교통질서를 잘 지키면 좋을 것이다. Skinner는 사회·조직 차원에서 조작적 원리를 적용하여 행동을 만들어내는 일을 '행동공학'(behavior engineering 또는 technology)이라고 불렀다.

행동공학에서 가장 중요한 일은 행위의 원인을 행위자에게 돌리는 '심리주의'를 탈피하는 것이다. '착한 사람'이 아니라 착할 수밖에 없는 *환경조건*을 만들면 된다. 공동체 의식, 창의성을 키운다거나, 자신감을 높인다거나, 양심, 질서의식에 호소하는 대신 강화해야 할 구체적 *행동*들을 정해야 한다. 목표는 이를테면 '근면하고 착한 아이'가 아니라, 아이가 학교 갔다 와서 두 시간은 책상에 앉아 숙제와 공부를 하고, 동생을 때리지 않는다는 것이다. 목표를 정했으면 적절한 *강화*물을 찾아야 한다.

자녀교육 식당이나 기차 같은 공공장소에서 바로 옆에 앉은 엄마에게 매우 큰 소리로 말하거나 떼쓰는 아이를 독자들도 보았을 것이다. 그때 아이와 엄마의 상호작용을 관찰해보면, 아이가 조용하게 말할 때는 엄마가 반응하지 않고, 아이 목소리가 커질 때만 대꾸함을 쉽게 볼 수 있다. '큰 소리'를 강화해놓고 왜 그렇게 소리 지르느냐고 야단치면(처벌) 행동이 바뀌지 않는다. 아이 행동을 고치려면 '강화유관'을 고쳐서 아이가 소리 지를 때는 대꾸를 안 하고, 조용하게 말할 때만 반응해주어야 한다. [물론 어느 날 갑자기 '프로그램 실시'에 들어갈 것이 아니라, "너의 그 좋지 않은 버릇을 고치기 위해서 이제부터 소리 지르면 대꾸하지 않겠다"고 미리 말하는 것이 좋다. 무엇보다도 조용히 말할 때 꼬박꼬박 친절하게 대꾸해(강화) 주어야 한다.]

Skinner(1948/82)에게 자녀교육이란 자녀행동의 통제이며, 행동과학 비전문가인 부모에게 이를 맡기기보다 전문가 관리 아래 집단보육을 하는 것이 더 "간단하고 현명하다." '한 어머니로부터의 통제'를 풀면 아이들이 집단보육에 참여하는 어른들 중 한 명 또는 몇 명과 친밀한 관계를 맺을 수 있고, 부모가 혹시 이혼해도 복잡한 문제가 없다. "사랑과 애정은 심리적이고 문화적인 것이기 때문에 혈연관계는 쉽게 잊혀질 수 있다"(p. 174). 어른들 편에서도 꼭 자기 자식을 가져야 할 필요가 없으므로 "자식을 갖는 데 부적당하고 어려운 사람들에게 임신을 포기하도록 권유하기도 쉽다"(p. 175). 전문가는 행동이 발

글상자 12-2

월덴 투의 자녀교육

월덴 투에서 출산모의 평균나이는 18세이다(그러니까 더 어린 나이에 엄마가 되기도 한다). 젊은 부부는 결혼 후에 생활 변화가 별로 없고, 남녀는 완전히 평등하며, 아이교육도 부모 나이, 경험, 돈 버는 능력과 무관하다. 집단보육을 하기 때문이다. 아이들은 '학년'이라는 것이 없이 자신이 하고 싶은 것을 자신의 페이스로 운동이나 놀이처럼 배운다. 벌은 절대 주지 않지만, *통제 가능한 역경*은 준다.

이런 역경을 주어 아이들을 단련시키는 교육의 예를 보자. 괴로운 상황에 대처하는 인내를 기르기 위해 아이들에게 점점 심해지는 고통스러운 충격을 주거나, 쓰다는 표정을 짓지 않고 맛볼 수 있을 때까지 점차로 설탕을 적게 넣은 코코아를 마시게 한다. 시기와 질투도 단계적으로 고칠 수 있다. 관리자 프레이지어의 말을 들어보자(Skinner, 1948/82, pp. 136-137).

> … 아이들이 오랫동안 걸어서 피곤하고 배고픈 상태로 집에 도착했을 때는 저녁밥을 기대하지. 그러나 식사시간에 들어가기 전에 자기통제의 시간임을 알고, 김이 나는 수프 앞에서 오 분간 서 있어야 한다네. 그런 과제도 아이에겐 산수 문제처럼 받아들여지지. 어떤 불만의 신음소리나 불평도 틀린 답이 되는 거야. 아이들은 곧 그 오 분간의 지체기간 동안 생기는 불행을 피하려고 스스로 노력한다네. 그들 중 하나가 농담을 할지도 모르지. 우리는 유머를 표현하는 능력과 괴로움을 심각하게 받아들이지 않는 태도를 북돋아주고 있네. 그 농담이란 어른들 수준에서 보면 대수롭지 않은 것으로 고작 고개를 위로 치켜들고 입에다 수프 그릇을 부어 비우는 흉내를 내는 것 같은 거라네. 또 다른 애는 아주 긴 노래를 시작할지도 모르지. 그러면 나머지도 즉시 따라하게 돼. 왜냐하면 노래하는 것이 시간을 보내기엔 좋은 방법이라는 것을 터득했기 때문이지.

아이들을 이렇게 괴롭힐 필요가 있느냐는 질문에 그는 그들이 아주 가벼운 기분으로, 연극의 막이 오르기를 기다리듯 5분을 보낸다고 말한다. '고문'은 이것이 끝이 아니다. 더 힘든 단계들이 기다리고 있다. 이제 아이들은 "노래도 농담도 없이 그저 침묵뿐"(p. 137)으로 지탱해야 한다. 그 다음 단계에서, 아이들이 저녁을 먹으려고 자리에 앉을 때, 동전을 던져 앞면이 나오면 앉아서 먹지만, 뒷면이 나오면 또 5분을 서서 기다린다. 이들은 물론 화가 나겠지만, 이 분노가 운 좋은 아이들을 향하지는 않을 것이라고 프레이지어는 믿는다. '운명의 여신'에 대한, 동전 던지기에 대한 감정은 있을 수 있지만, 사물에 대한 분노는 사람에 대한 분노보다 표현도 통제도 쉽다. 학습이 과연 안전하게 시행되는지를 항상 확인해야 하지만 "아주 간단하고도 현명한 계획"이 아닐 수 없다(p. 139).

생하는 적절한 환경을 만들어 일관성 있는 강화처치를 할 수 있다(글상자 12-2). 글상자에 나오는 '월덴 투'는 Skinner가 1948년 발표한 소설 제목이다.

이상사회 건설 Skinner는 행동공학 원리를 적용하여 이상사회를 건설하고 싶어 했던 것 같다. 19세기 미국작가 Thoreau는 '월덴'(Walden)이라는 작품에서 숲속에서 홀로 사는 자급자족의 삶을 그렸으나, Skinner의 월덴은 약 1천 명 정도의 공동사회이다. 이 사회의 기획자이자 관리자인 실험심리학자 프레이지어(Frazier)는 "다투지 않고 공존하며, 별로 심한 노동을 않고도 필요한 제품을 생산하고, 자녀들의 양육과 교육의 효과를 높이는 방법을 발견"(Skinner, 1948/82, p. 379)하려고 한다.[3] 마을이 작으면 더 효과적인 강화유관을 적용하여 소비를 줄이면서도 풍요를 누리고, (실업자도 과로사도 없이) 남녀노소 모두 생산노동에 참여하며, 누구나 서로 부모나 자식 역할을 하는 화목한 대가족 같은 공동사회를 설계할 수 있다.

Skinner는 이 책이 인류가 직면한 문제들을 해결할 수 있는 실마리를 제공했다고 본다. 자원고갈, 환경오염, 인구과잉, 대량살상무기 같은 문제들에 대하여 과학기술에서 해결책이 나오기도 하지만, 새로운 에너지원이 나와도 안 쓰면 그만이고, 유전자조작 다수확 곡물을 안 먹으면 그만이다. 즉, 결국은 인간 행동이 문제이고, 인간 행동을 통제하려면 환경과 강화유관을 설계해야 한다.

9장에서 공학으로서의 심리학에는 기능과 설계가 핵심개념이라고 말한 바 있다. 프레이지어는 자신이 리더, 심지어 독재자라는 지적에 반박하며 자기는 '설계자'이고 보상이나 벌을 주는 존재가 아니라고 말한다. 그는 어떤 행동들이 개인 자신에게, 타인들에게, 공동체에 좋은지를 결정하고, 효과적 강화들을 시행한다. 자신이 독재자가 아니라고 주장하는 이유는 그 체계에서 '자동적 수정'이 가능하기 때문이다. 이는 **역통제**(counter-control) 가능성을 말한다. 교수는 학점으로 학생들의 공부행동을 통제하지만, 학생도 교수행동을 통제한다. 과제 많은 과목이나 교수를 기피하면 '과제 내기'가 점점 줄어들 것이다. 정부는 각종 법규로 국민의 행동을 통제하지만, 국민도 역통제를 한다. 그 대표적 방식이 선거이다. 마음에 안 드는 정책을 내놓거나 밀고 나가면 선거 때 '심판'하는 것이다.

독자들은 프레이지어가 관리하는 월덴 투에서 살고 싶은가. 이 곳은 자유와 존엄이 있는 세계인가.

자유와 존엄을 넘어서 '자유와 존엄을 넘어서'(Beyond Freedom and Dignity)는

---

3) 이 책은 1982년에 완역본이 나왔다. 뒷부분에 1976년에 Skinner가 "월덴 투를 다시 생각해본다"라는 제목으로 쓴 글도 실려 있다.

Skinner가 1971년에 발표한 책의 제목이었다. 그 책에서 Skinner는 '자율적 인간'(의 환상)을 버리자고 말한다. 행동의 원인이 *환경*에 있다면 '자율적 인간'이 없다.

피해나 괴로움을 안 당할 **자유**는 *혐오통제*와 관계있다. 어떤 행동을 안 하면 벌주고, 하면 벌을 안 주는 것이다. 일하라고 채찍질하는 대신 임금을 지불하면, 사람들은 여전히 통제를 당하는 데도 불구하고 자유가 구속된다고 느끼지 않는다. 스스로 원하는 것을 한다고 느끼기 때문이다. 자유는 괴로움으로부터의 해방이지만, **존엄** 개념은 자유의지(free will)가 있다는 신념의 문제이며 *정적 강화*와 관계가 있다. 우리는 행동의 원인이 분명하면 칭찬하지 않고, 행동의 분명한 원인이 없을 때 한껏 공을 인정한다. 일깨워주어야 약속을 지키는 아이보다 약속을 스스로(자유의지로) 지키는 아이가 '착한 아이'이다. 구금 상태를 제외한다면 사람은 처벌위협을 받을 때 자유와 존엄이 가장 많이 침범당하는 데도 불구하고 인본주의자들은 처벌 없는 세계를 건설하려고 하지 않는다고 Skinner는 비판한다. 월덴 투는 처벌이 없는, 벌 받을 행동이 거의 또는 전혀 일어나지 않는 세계, "너무 완전하여 아무도 착해질 필요가 없는 체제"(p. 71)이다.

자율적 인간, 사람 속의 사람(inner man)을 살려두면 '존엄'과 '책임'을 따질 수 있다. 착하게도 악하게도 행동할 수 있는데 착한 행동을 할 때 고귀하고, (역시 자유의지로) 악한 행동을 할 때 "인간도 아닌" 것이다. Skinner는 '자율적 인간'을 버리는 것이 진보라고 본다. 범죄, 빈곤, 약물남용 등 사회문제들이 범죄자, 빈곤층 등의 '심성', '생활자세' 때문이 아니라 외적 환경조건들 때문에 생긴다고 보면, 그들을 감옥에 보내거나 비난하기보다는 환경을 고쳐야 한다. 인간은 환경의 지배를 받지만 그 환경이란 대체로 인간이 만든 환경이다. 그는 다음의 구절로 책을 맺는다(p. 197).

> 인간은 옛날의 인간 그대로 남아 있는 것이다. 다만 새로운 이론은 그 이론의 대상에 대해 우리가 할 수 있는 새로운 가능성을 안겨주는 것뿐이다. 과학적 인간관은 신나는 여러 가능성을 제공한다. 우리는 아직도 인간이 인간을 얼마만큼 변화시킬 수 있는지 그 한계를 다 알지 못하고 있다.

심리에서 행동으로 인간을 변화시키는 시도는 심리학에서 이상향 건설보다는 심리치료로 나타난다. '자율적 인간'을 거부하면 당연히 '심리적 문제'를 '행동의 문제'로 바꾸어야 한다. Skinner가 제시한 예를 하나 보자(1971/82, pp. 138-139). 대학 졸업 후 직장이나 군대에 들어간 청년은 지금까지의 행동이 새로운 환경에서 쓸모없다는 경험을 자주 하게 되고, 불안, 좌절, 수치심, 불만 같은 감정·심리의 언어로 문제를 기술한다. 그를 도우려면 그가 겪는 문제들을 우선 구체적 행동들로 바꾸어놓고(표 12-1 참조) '심리치료' 대신 **행동수정**(behavior modification)을 해야 한다.

표 12-1 심리와 행동(Skinner, 1971/82, pp. 138-139에서)

심 리	행 동
자신감 부족	행동이 약하며 부적절하다
불만, 실망감	강화를 별로 받지 못하고 있고 따라서 행동이 소거중이다
좌절	소거가 정서적 반응을 수반한다
불편하고 불안한 마음	행동이 혐오적인 결과를 자주 수반하며 이것이 정서적 결과를 가져온다
의욕 상실, 성취감 상실	무슨 일을 해도 거의 강화를 받지 못한다
죄책감, 수치심	전에 나태나 실패로 인해 처벌받은 일이 지금 정서적 반응을 일으킨다
자신에 대한 실망, 혐오	이제는 타인의 칭찬에 의한 강화를 받지 못하고 있으며 그래서 생긴 소거가 정서적 결과를 가져온다
건강염려증	자신이 아프다고 결론 짓는다
신경증	여러 가지 비효과적인 도피방식을 보인다
정체위기	'나'라고 불렀던 사람을 알아보지 못한다

일상생활에서 우리는 자신이나 가까운 사람들의 문제행동을 *특질*의 언어로 기술하곤 한다. 가령 나는 너무 소극적이고, 내 동생은 너무 충동적이며, 아버지는 지배욕이 강하다. 자기나 가까운 사람의 행동에 특질의 딱지(label)를 붙이면 아예 행동을 고치려는 시도를 하지 않게 된다(8장, '성격은 고정불변인가' 참조). 그러나, 소극성이 고민이라는 사람이 언제 어디서나 소극적이지는 않다. 마찬가지로, 아버지는 언제나 누구나 휘두르시나? 나도 아버지도 반응 및 행동습관을 자유 선택한 것이 아니므로 변화가 쉽지 않지만, 이들이 '학습된 행동들'이라고 보면 문제와 그 해결을 보는 관점이 달라진다.

행동주의에서 보면 특질이란 다양한 행동과 경험을 범주화하고 이해하기 위해 만들어 낸 편리한 허구일 뿐이다(7장 참조). 이러한 행동들이 안정적, 일관적인 것은 과거 환경에서 강화유관이 일관적이었기 때문이다. 일상생활에서 이런 행동들이 이익보다 손해나 피해를 가져올 때 그 사람은 적응을 잘 못하는 것이다. 지배욕이 강하면 자신의 주장과 이익을 관철시키는 장점도 있지만, 이혼이나 조기퇴직을 당하게 될지 모른다. 적응과 건강도, 부적응과 정신병리도 학습되는 원리는 마찬가지이다. 고전적 조건화로 동기와 정서의 병리를 설명하고 또 치료할 수 있다면, 조작적 조건화의 원칙은 적응 및 부적응과 더 직접 관련이 있다. '조작행동'이란 바로 환경에 대해(가령 타인들에게) 하는 행동이기 때문이다.

행동의 측정평가와 치료

실험실 동물실험에서 발달한 행동주의는 1950년대 말과 1960년대에 상담과 심리치료 영역에 들어가서 큰 성공을 거두었다. 실험에서 나온 학습원리를 사용하므로 치료의 목표와 절차가 명확히 진술되고, 실증적으로 검증되며, 계속 수정된다. 행동치료에는 고전적 및 조작적 조건화의 원리들이 다 사용되지만, 현재는 '인지-행동 치료'가 보편화되어 있다. 1970년대부터 인지 요인들의 역할을 무시하면 성격과 행동의 문제들을 다루기 힘들다는 인식이 관철되었기 때문이다. 행동치료의 가장 큰 특징은 치료과정의 초기에 구체적 목표를 규명하는 것이며, 치료와 측정을 같이 하는 것이다.

행동의 측정평가

내적 성향이 아니라 환경조건들이 행동을 결정하므로 행동주의자들은 행동을 직접 측정평가하는 편을 택한다. 이때 유용한 것이 S-O-R-C 틀이다.

S-O-R-C 이 틀에서 중심이 되는 것은 R(Response, **반응**)요인, 즉 *문제행동*이다. 문제행동은 지배성, 내향성 같은 특질의 언어가 아니라 구체적, 객관적이고, 가급적 관찰 및 측정 가능한 *행동*의 언어로 기술된다. 구체적 행동들의 종류, 빈도 등이 파악된다. 행동은 진공 속에서 일어나지 않고 어떤 자극에 대하여 또는 어떤 상황 속에서 일어난다. 예컨대, '내성적'인 사람이 처음 보는 사람에게만 말을 못하고, 교실에서는 질문도 발표도 잘 하는 활발한 학생이 교실 밖에서는 극단적으로 수줍음을 타는 것이다. 행동을 유발하는 상황·맥락 조건들이 S(Stimulus, **자극**)요인으로서, 고전적 조건화에서 말하는 조건자극, Skinner가 말하는 변별자극이 된다. 과거의 학습경험으로 인하여 그 상황이 이를테면 '위험'상황이 된 것이다.

급진적 행동주의자들은 O(Organism, **유기체**)요인을 인정하지 않지만, Hull, Dollard와 Miller 같은 학자들은 '매개변인'의 중요성을 인정한다. 그 상황에서 일어나는 생리적 반응(예, 가슴이 뛴다, 어지럽다 등)과 감정, 생각('나는 이제 죽었다', '아무도 나에게 관심이 없다') 등을 알아보는 것이다. 인지적 행동치료는 이 요인에 초점을 맞춘다. 마지막 요인인 C(Consequences, **결과**)는 조작적 조건화에서 중시하는 *강화*이다. 우리가 어떤 행동을 고치고 싶다고 할 때는 그 행동이 나쁜 결과들을 가져오기 때문이다. 가령 거절을 못해서 피해를 보는 것이다. 그러나 '문제행동'들은 애초에 이익을 가져오기 때문에 학습되었고, 현재에도 이익이 (손해보다) 더 크기 때문에 소거되지 않는다.

R이 '사회적 행동', 즉 남들과의 관계에서 나오는 행동이라면, 많은 경우 C는 타인들의 반응/행동이 된다. 가령 내가 거절을 안하거나 못할 때 주변에서 '착한 아이', '좋은 친구'라고 평가하거나(정적 강화물), 나를 무시하고 점점 더 심한 요구를 한다(부적 강화물). 전통적 심리학에서 볼 때, C요인은 '동기'(가령 인정받으려는 동기, 존중욕구)와 관계가 있고, 인지 용어를 쓰자면 '목표'와 관계가 있다. 거절 못함의 피해가 클수록 행동을 고치고 싶은 동기/욕구가 클 것이다. 사회학습 이론(13장)은 여기서 주관적 해석의 중요성을 강조한다.

'먹기'행동의 S-O-R-C 연쇄를 생각해보자. 일을 하다가 시계를 보거나(12시가 넘었다) 다른 사람들이 점심 먹으러 가자고 한다(S요인). 갑자기 배가 고파지거나, 끼니를 거르면 건강에 나쁘다는, 또는 자꾸 빠지면 따돌림당할지 모른다는 생각이 든다(O요인). 같이 가서 밥을 먹는다(R요인). 김치찌개가 맛있었고, 배가 부르고, 동료들과 즐겁게 떠들며 요긴한 정보도 많이 얻었다(C요인). 결과가 부정적이라면, 가령 식곤증 때문에 오후에 존다든지 자꾸 살이 찐다면, 그 행동이 고쳐야 할 '문제행동'이 된다. 긍정적 결과를 포기하지 않으면서 부정적 결과를 벗어나려면 행동을 어떻게 고쳐야 할까?

측정평가의 방법들 S-O-R-C 연쇄를 잘 조사해놓으면 내담자의 문제를 정확하게 이해할 수 있을뿐더러 치료절차도 결정할 수 있다. 구체적 행동기술을 해놓으면 행동변화도 객관적으로 평가할 수 있다.

측정평가의 실제에서는 구체적 문제행동들(R)과 더불어 자극, 유기체, 결과(강화) 요인들을 파악하기 위해 내담자의 자기보고, 행동의 직접관찰, 생리학적 측정치 등 다양한 방법들에 의지한다. 불안, 성적(性的) 흥분 같은 문제들에서는 생리적 측정이 유용한 단서를 제공한다. 직접 관찰은 가정, 학교, 직장 등에서 본인이나 부모, 교사, 친구 등이 하여 체크리스트나 평정척도에 기록한다. 너무 돌아다니거나(과잉활동성) 반대로 안 돌아다녀서 문제라면, 만보계를 써서 걷는 양을 측정하게 할 수 있다. 여러 가지 보편적 문제들(예, 자기주장)에 대한 자기보고 질문지도 개발되어 있다. 내담자에게 행동 측정평가 '숙제'를 주기도 한다. 예컨대 과도한 흡연이 문제인 경우에, 내담자 스스로 며칠에 걸쳐 담배를 피울 때마다 언제(몇 시에, 무엇을 할 때) 몇 개를 피우는가를 기록하는 것이다. 이를 **자기감독**(self-monitoring)이라 한다. 앞에서 그림 12-2는 공부행동을 자기감독한 결과를 보여주었다.

행동 측정평가는 행동수정 또는 치료가 유행하면서 1970년대에 나왔다. 초기 학자들은 행동의 밑에 깔린 성향이나 특질을 측정할 때와 달리 행동을 직접 관찰·측정하면 신뢰도·타당도 문제가 제기되지 않는다고 믿었다. 그러나 관찰하거나 당한다는 사실 때문에 행동이 영향받을 수 있고, 여러 다른 실험실과 치료장면에서 이용된 재료와 절차들이 표준화되어 있지 않기 때문에 연구결과들을 비교하기가 어려웠다. 현재는 행동 측정평가의 심리측정적 문제들에 대한 관심이 훨씬 높아졌다.

행동치료

내담자가 사랑을 받지 못하며 삶에 의미가 없다고 말할 때 Rogers식 치료자는 그 감정을 수용하지만, 행동주의자는 그것으로 그치지 않는다. 어떨 때 그런 감정이 생기는가, 누가 어떤 식으로 밀어내는가, 무슨 일을 할 때 의미 없다는 생각이 드는가, 사랑받기 위해 또는 의미를 찾기 위해 구체적으로 무엇을 하는가, 그런 행동은 어떤 결과를 가져오는가 하는 등이 탐구된다. 행동치료자는 과거 행동이나 경험보다는 현재 행동과 조건들에 초점을 맞추며 외현적 행동변화를 목표로 한다. 그는 일차적으로 과학자, 실험자이고, 내담자는 (피험자가 아니라) 공동 실험자이다.

앞 장에서는 고전적 조건화의 원칙을 적용하여 불수의적 '반응행동'을 고치는 절차들을 소개하였다. 역조건화나 체계적 둔감화에 의하여 내담자는 두려워하던 자극이나 상황들을 두려움 없이 접근할 수 있게 되었다. 조작적 원리를 이용한 행동치료를 보기로 하자.

행동결손과 잘못된 학습 조작적 조건화의 관점에서 볼 때는 '성격문제'란 없다. 원하는 결과를 가져오지 못하거나 원치 않는 결과를 가져오는 문제*행동*만 있을 뿐이다. 적절한 반응을 안 하거나 못하는 행동결손은 사람에 대한 관심이 없어 보이는 우울증 환자에서 잘 볼 수 있다. 사람을 만날 때 어떻게 행동해야 하는지를 모르거나, 알아도 수행하지 않는 것이다. 강화는 행동들의 학습뿐 아니라 유지에도 중요하므로, 환경에서 강화가 주어지지 않으면 반응률이 떨어질 수 있다. 예컨대, 사교기술을 배운 사람이라 해도 사교적 행동에 대해 강화가 따르지 않으면 점점 움츠러들고, 반응을 안 하므로 강화받을 기회도 자연히 줄어든다.

소위 말하는 '반사회적 행동'(비행, 범죄)에서는 사회나 주위사람들이 수용할 수 없는 행동·반응들을 하는 것이 문제이다. 친구들 사이에서 강화를 가져오는 행동들(욕설과 거친 행동)이 다른 사회적 맥락들에서도 나타난다면(변별 실패) 부적응으로 보이기 쉽다. Skinner가 말하는 **미신적 행동**이 학습되었을 수도 있다. 이는 반응과 강화 사이에 우연히 유관이 있었기 때문에 나오는 행동이다. Skinner는 스키너 상자의 비둘기들에게 그들이 무엇을 하든 상관없이 일정한 시간간격으로 먹이를 조금씩 주어보았다. 비둘기가 시계바늘 방향으로 걷고 있을 때 우연히 먹이가 떨어지자 그는 계속 같은 방향으로 걸었다. 마찬가지로, 내가 엄마에게 몹시 화를 낸 후 엄마가 교통사고를 당해 병원에 입원했다면, 나는 다시는 엄마에게(나아가 어른들에게) 분노표현을 못할 수 있다.

*행동결손*이 문제라면 원하는 행동(예, 자기주장)을 학습 또는 수행하도록 하고, *잘못된 학습*이 문제일 때는 원치 않는 행동(예, 무대공포증, 비행, 지나친 음주)을 없애도록 돕게 된다. 적절한 행동을 학습시키기 위해서는 앞에서 논의한 일러주기, 행동조형 같은 절차들을 쓴다. 무엇을 안 하려고 하기(소극적 목표)보다는 무엇을 하려고 하기(적극적 목표)가 더 쉽다. 적응행동이 많아지면 부적응행동은 자연스럽게 줄어든다. 컴퓨터에 너무 붙어 있는 것이 문제일 때 독서나 요리 등 다른 활동이 많아지면 컴퓨터를 덜 하게 된다. 바람직하지 않은 행동을 직접 감소시킬 때는, 직접적 강화를 제거하거나 행동의 결과를 부정적인 것으로 만들어야 한다. 그 행동을 하면 정적 강화물(예, 좋아하는 장난감, 컴퓨터)에 접근하지 못하게 하는 것이 한 방법이다.

강화물 선택 내담자들은 '문제행동'의 부정적 결과(피해, 괴로움)만 강조하지만, 이익이 안 따른다면 그 행동은 이미 소거되었을 것이다. 명백히 해로운 행동이라 해도 강화가 따라 나오기 때문에 없어지지 않는 것이다. 예를 들면, 자기주장을 안해서 착하다는 말을 듣거나(정적 강화) 아버지의 무서운 호통이 없어졌다(부적 강화). 강화가 미묘해서 눈에 안 보일 수도 있다. 어린아이들의 '문제행동'은 흔히 부모가 보여주는 관심과 주의가 강화요인이다. 부모가 화내고 야단치고 때리기까지 해도, 그것이 아이에게는 관심표현이라는 점에서 정적 강화일 수 있다.

직접적 강화를 없애거나 정적 강화물에의 접근을 막으려면 C요인을 잘 파악해야 한다. 프리맥 원리를 쓰려면 그 사람이 일상에서 하는 행동들(R요인)을 잘 파악해야 한다. 상황에 따라 강화자극도 달라질 수 있으므로 S요인도 중요하다. 적절한 강화를 선택하는 문제는 이렇게 철저한 측정평가를 요구하지만, 한 사람에서도 강화가 때에 따라 달라진다. 쥐나 비둘기도 하루를 굶겼을 때는 먹이의 강화효과가 있지만, 먹이고 나면 다르다. 사람도 라면이 좋을 때가 있고 술이 '고플' 때가 있다. 그러면 행위자가 좋은 것을 스스로 고르게 하면 되지 않을까. '토큰경제'(token economy)가 바로 그런 강화체계이며, 학교나 정신병원같이 좀더 큰 집단 수준에서 쓸 수 있다는 장점이 있다.

어떤 집단에 **토큰경제**를 도입하려면, 먼저 바람직한 행동들의 항목을 정하고 각각에 값을 매긴다. 예컨대, 아이들을 수용하는 시설에서 15분간 신문 읽기, 뉴스시청, 20분간 독서를 하면 모두 토큰 15개씩을 벌고, 설거지는 10개, 식사 전 손 씻기는 5개이다. 아이들은 이런 행동들을 해서 번 토큰으로 자기들이 좋은 강화물들을 살 수 있는데, 여기에도 값이 있다. 예컨대, 1시간 자전거 타기는 10개, 1시간 TV보기는 20개, 라면 먹기는 15개,

영화구경은 25개가 든다. 토큰경제는 시설들에서 유용하게 사용되었지만, 개인들에게도 맞춤으로 쓸 수 있다.

치료기법들 행동 측정평가에서 어떤 행동들이 문제이며, 어떤 상황에서 그것들이 일어나고, 그것들이 어떤 결과를 가져오는지를 알아냈다면, 나아가 어떤 행동들을 키울 것이며, 그것을 위해 어떤 강화를 쓸지를 결정했다면, 처치기법을 결정해야 한다.

한 어머니가 네 살 난 아들이 심한 성질발작(temper tantrums)을 하고 일반적으로 말을 안 듣기 때문에 심리학자를 찾아왔다. 심리학자는 집에 가서 어머니와 아들을 관찰하여 어떤 행동들이 문제이며(R요인), 그것들이 언제 일어나며(S요인), 어떤 강화결과들 때문에 그 행동들이 유지되는지(C요인)를 알아냈다. 아이의 문제행동은 자기 옷이나 팔을 물어뜯기, 심한 욕설, 여동생 밀치기 같은 것들이었다. 그런 짓들을 할 때 어머니는 장난감이나 먹을 것을 주면서 달래려고 하였다. 이제 엄마는 소년이 문제행동을 할 때마다 그만하라고 하거나 그를 (장난감이 없는) 빈 방에 5분간 집어넣어 혼자 있게 하였다. 후자의 절차를 '(정적 강화로부터의) 타임 아웃'이라고 부른다. 문제행동에 대한 긍정적 강화결과를 끊어버리면서 동시에 바람직한 행동은 강화되었다. 이를테면 혼자 책을 읽거나 장난감을 잘 가지고 놀면 칭찬하는 말을 해주었다.

이 프로그램은 행동의 결과(C요인), 즉 강화에 초점을 맞추었지만, 조작적 조건화 절차를 쓸 때도 *S요인*에 주목해야 한다. 앞서 말한 것처럼 Skinner는 어떤 행동을 일으키는 원인으로서 자극에는 관심이 없었지만, 행동이 일어나는 상황을 무시한 것은 아니었다. 환경에 따라 이러저런 행동들이 자연스럽게 나오거나 나오지 않기 때문이다. 살을 뺀다고 무작정 굶으면 폭식하기가 쉬워지고, 그래서 폭식 후 토하기도 한다. 허기가 폭식을 위한 '무대를 설정'("setting the events")해준다면, 먹을 것이 있으며 먹어도 된다고 말해주는 것은 *변별자극*이다. 변별자극은 한 특정한 행동이 적절하다는 또는 강화받을 것이라는 단서(cue)가 된다. 무대 설정(허기)이 폭식이 일어날 확률을 높여준다면, 변별자극(음식)의 존재는 그 행동이 가능하게 해준다(자극통제, stimulus control). 폭식을 피하고 싶으면 끼니를 거르지 않아서 허기진 상태를 만들지 말고, 살찌게 하는 먹을거리를 집에 두지 말아야 한다.

Skinner는 *O요인*을 무시했지만, 인간 행동수정에서는 이것이 매우 중요하다. 가령 '먹기 행동' 문제에서 점심시간이라고 무조건 식당에 가는 대신, 정말 배고플 때만 식당에 가고, 단지 심심하거나 남들과 어울리고 싶은 것이라면 식당에 가지 않는다고 정할 수 있다. 자신의 생리적 상태, 머릿속 생각 등은 모두 O요인이다.

행동치료의 평가

상담과 심리치료 영역에서 행동치료는 실험실 실험과 행동주의라는 과학적 심리학 주류에서 출발한, 순수하게 심리학적인 접근이었다. 행동치료는 많은 새로운 기법들을 개발하여 다양한 대상집단과 영역들에서 성과를 거두었다.

심리치료 대상과 영역의 확대 정신분석(2장)과 사람 중심 치료(5장)가 평균 이상의 지능을 가진 성인과 대학생을 주 내담자층으로 하는 데 비해서, 행동치료에서는 노인, 정신지체, 자폐아, 공격적 아동·청소년 등으로 대상의 범위를 넓혔다. 두 전통적인 접근에서와 달리 여기서는 심리학자가 능동적 중재에 나선다. 행동치료자들은 일반 의학과 재활치료에도 활동 영역을 개발하였다('행동의학'). 많은 신체적 질병들은 흡연, 과식, 과음 등 잘못된 행동에서 비롯된다. 약 복용, 운동 등 의사 지시를 따르는 것 또한 행동의 문제이므로 행동통제 전문가의 역할이 있다.

관찰과 측정, 체계적 실험을 강조하는 행동주의자로서 행동치료자들은 치료의 효과도 (내담자나 치료자의) 주관적 인상과 판단에 맡기지 않고 *과학적 검증*을 해야 한다고 주장해왔다. 구체적 행동들을 고친다는 목표가 어느 정도 실현되었는가를 측정하고 치료 전후를 비교해보는 것이다. 이러한 접근방식은 공포증과 불안장애, 대인관계 문제, 약물남용 등 구체적 행동문제들의 치료에서 특히 빛을 발하였다. 효과를 구체적으로 확인할 수 있다는 점 외에 다른 장점은 치료가 단기간에 끝난다는 것이다. 이 장점은 '비용절감'으로 이어지므로, 치료대상이 넓어지는 결과를 가져온다. 시설에서 '토큰 경제'를 사용하면 구성원들의 행동을 효율적, 효과적으로 통제할 수 있다.

조건화인가 심리변화인가 전통적으로 심리치료에서는 감정의 표현과 체험, 내담자-치료자 관계를 강조해왔다. 행동치료는 치료과정에서 감정과 정서의 역할을 경시한다는 비판을 받지만, 구체적 목표, 문제해결(증상 제거)을 강조한다고 해서 행동치료자들이 관계의 중요성을 무시하는 것은 아니다. 어떤 기법이든 내담자가 치료자를 신뢰하는 분위기 속에서만 성공할 수 있기 때문이다. 구체적 행동문제에 집중하고 감정을 변화시키지 못한다는 비판에 대해 행동주의자들은 행동변화가 곧 감정변화라고 대답한다. 의사표현을 못하던 사람이 치료결과 그것을 잘하게 되었다면 '대인공포'도 줄어든 것 아닌가.

Maslow(1954/70)는 행동변화가 성격변화를 가져온 실험 예를 서술하였다(p. 311). 한 여자에게 약 20가지의 구체적인 일상적 상황들에서 당당하게 행동하도록 가르쳤다(예,

슈퍼에서 자기가 원하는 상표의 상품을 고집하기). 일종의 행동치료라고 할 수 있다. 석 달 후 연구에서 그녀는 자기존중의 커다란 변화를 보여주었다. 가령 그녀는 처음으로 몸매가 드러나는 꼭 맞는 옷을 입었고, 남편이 알아차릴 만큼 성행동이 변하였다. 다양한 다른 상황들에서도 자신감이 커졌다. 이 변화들은 권고된 것들이 아니라 저절로 일어난, 그녀 자신도 중요하다고 생각하지 못한 것들이었다.

이 행동변화들을 학습심리학적으로 설명한다면 '일반화'라고 이름 붙일 수 있다. 그녀는 매우 다양한 상황들에서 당당하게 행동하게 되었고(자극일반화), 학습한 행동 외의 여러 가지 긍정적인 행동들을 하게 되었다(반응일반화). '일반화 기울기' 법칙을 동원하여, 가령 상황들이 유사할수록 (자극)일반화가 더 많이 일어났는지를 검토해 볼 수도 있을 것이다. 그러나 *자기존중*이 높아졌거나 사람이 변했다고 간단히 설명할 수도 있다. 이 설명이 함축하는 바는, 학습한 행동들이 고립된 채로 남아 있었고 자기존중이 높아지지 않았다면 그런 일반화도 없었을 것이라는 것이다. 이 예는 행동치료의 효과가 자극-반응 또는 행동-강화 연결의 변화 때문이 아니라 *심리변화* 때문일 수 있다는 가능성을 제기한다.

무의식적 동기와 갈등 때문에 성격과 행동의 문제가 생긴다고 믿는 정신분석적 접근에서 보면 현재의 S-O-R-C 요인들에 초점을 맞추는 행동주의적 접근이 불충분할 수밖에 없다. 그들은 문제의 뿌리를 놓아둔 채 증상만 고친다면, 다른 증상들이 발달한다고 주장한다('증상대치'). 행동치료자들은 행동문제들의 뿌리가 과거의 학습경험에 있다는 것은 인정하지만, 문제행동들이 계속되도록 유지시키는 자극 및 결과요인들은 현재에 있다고 강조한다. '증상대치'에 대해서는 많은 논란이 있어왔지만 결론은 불분명한 상태이다.

행동공학인가 월덴 투 관리자가 인간을 스키너 상자의 쥐로 취급한다는 두려움을 주는 것처럼, 행동치료도 비슷한 우려를 자아낸다. 내담자의 자유와 자율성을 빼앗고 통제, 조작(조종)한다는 것이다. 그러나 "회원들이 자기 자신과 공동사회를 위해 가장 적절한 일을 하도록 조처"(Skinner, 1948/82, p. 348)하는 월덴 투 관리자와 달리, 행동치료자들은 내담자 스스로 목표를 결정하게 한다. 치료자는 목표를 달성하는 방법을 제시할 뿐이고, 내담자가 하고 싶은 것을 더 잘 하고, 하고 싶지 않은 것을 하지 않을 수 있도록 도와준다.

사실상, 모든 심리치료는 내담자의 행동변화를 일으키려 하는 통제 시도라고 할 수 있다. Skinner(1971/82)는 행동의 조작을 맹렬히 반대하는 사람이 마음 조작을 찬성한다는 사실을 놀라워한다. 허용적 태도, 무조건적 존중 등을 강조함으로써 한편으로는 행동을 통제한다는 비난을 피하며 다른 한편으로는 일이 잘못되면 책임을 면한다는 것이 그의 비판이다. 환경조건을 조작하여 행동변화를 만들어내면 심리학자의 일은 끝나는 것이다.

교통 · 환경문제, 부정부패 같은 '사회 문제'들도 행동공학적 대처가 필요하다(차재호,

1994; 홍숙기 1995a). '선진국' 사람들의 '질서의식'을 배워야 한다고 떠드는 대신, 그들은 '교통환경'이 우리와 어떻게 다르며 가령 법규위반에 어떻게 대응하는지('강화유관')에 주목하는 것이다. 질서를 안 지키는 게 더 이익인 한(가령 택시기사들의 수입) 운행습관은 변하기 힘들다. 뇌물·향응의 '약발'이 있는데 '부패추방' 운동이 무슨 소용인가?

행동주의의 평가

심리학에 방법론적 행동주의가 뿌리내렸기 때문에 성격을 비롯한 관련 (구성)개념들이 행동의 예측과 통제에 도움이 되지 않으면 타당성을 잃는다. 행동주의자들의 특질심리학 비판은 행동의 안정성과 일관성은 가정하고 들어갈 문제가 아니라 경험적으로 입증해야 하는 문제임을 일깨워 주었다. 전통적인 성격이론들은 경험, 특히 아동기 경험의 중요성을 인정하면서도 경험이 행동변화를 가져오는 과정을 탐구하지 않았는데, 행동주의-학습 접근은 이 면에서도 큰 전환점을 가져왔다.

구체적 반응과 행동들, 그것들이 일어나는 자극상황과 그것들이 자신과 주변에 가져오는 결과들을 관찰·추적하는 연구자세는 성격심리학의 균형을 잡는 데 도움이 된다. 문제는 관찰 및 측정 가능한 외현적 행동과 반응, 객관적 자극에만 머물 수 있느냐 하는 것이다. 워낙 이질적이고 다양한 접근들이 '행동주의' 간판 아래 들어 있으므로 여기서 '행동주의' 평가와 비판을 시도할 수는 없다. 심리학의 주제는 관찰 및 측정 가능한 **행동**이고, 목표는 행동의 **예측과 통제**라는 행동주의의 대전제가 성격의 이해에 대해 가지는 함의를 생각해보는 것으로 그치기로 한다.

실험적 행동분석

Skinner는 모든 과학은 단순 현상들로 출발하여 복합 현상들을 설명한다고 주장하며 주로 단순한 유기체들을 단순한 환경조건들 속에서 연구하였다. 쥐나 비둘기를 주로 연구했지만 그의 관심은 인간 문제들에, 개인들이 만들고 또 그들을 만드는 사회·문화의 문제들에 있었다. 그에게는 동물실험에서 인간현실로 비약하는 것이 위험한 일이 아니었다. 복잡한 현상들도 결국은 단순한 현상들이 이어진 연쇄일 뿐이고, 원칙에 있어서는 인간 언어도 스키너 상자 안의 쥐 행동과 마찬가지이다.

동물실험 결과를 인간심리로 일반화하면 인간 행동도, 성격이나 고등 정신과정도, 자극-반응이나 행동-강화의 연결로 환원하는 것이라고 흔히 비판된다. 그러나 문제는 행동이 무엇이냐, 자극, 강화가 무엇이냐 하는 더 근본적인 데서 출발한다.

행동, 자극, 강화 스키너 상자에서 '막대 누름' 외의 행동측면들은 전부 무시된다. 막대를 발로 누르든 코로 누르든, 먹이라는 결과(강화)를 가져오는 측면만 주목되기 때문이다. 일반적으로 신체적 움직임에 의도나 동기가 있어야 *행동*이 된다(Leahey, 2000, p. 28). 기침과 숨쉬기는 심리적 원인에서 나올 때만(예, 인기척을 내기 위한 헛기침) 행동으로 볼 수 있다. 같은 움직임도 서로 다른 행동일 수 있다(안도의 한숨과 근심하는 한숨). 집단따돌림('왕따')에서 말 안 걸기, 투명인간 취급하기 등은 아무 짓도 안 하는 것이지만 명백히 '행동'이다. (괴롭히려는) 의도와 동기가 들어 있기 때문이다. 배후의 동기나 신념을 모르면 무엇이 행동인지도 정의할 수 없다는 것은 심리학이 *정신*(mind)을 버릴 수 없음을 의미한다. 심리학은, 특히 성격심리학은 마음과 행동을 같이 연구할 수밖에 없다.

무엇이 행동인가 하는 것뿐 아니라 무엇이 자극이며 강화인가 하는 것도 정신, 심리를 고려하지 않고는 규정할 수 없다. *자극*을 행동에 대한 효과로 정의하면, S-R 법칙을 전제하고 반응을 유발한 자극을 찾아서 다시 S-R 법칙을 확인하는 순환성이 생긴다. 어느 반응에 대해서나 어떤 '자극'이든 찾아내는 한편, 자연서식처에서 발생하는 자극들이나 유기체 반응들을 확인 또는 분류하려는 시도는 거의 없었다. 자극개념을 행동에 영향 미치는 독립변인으로 쓰려면 특정 개인과 독립적으로 자극을 정의해야 하지만, 한 개인에게 자극은 *의미*를 가지기 때문에 자극이다(Block, 2002, p. 44). 선생의 화난 표정이 어떤 학생에게는 (부정적) 자극이라서 어떤 반응을 가져오지만, 다른 학생에게는 별 의미가 없고 따라서 자극이 아니고 따라서 반응도 없다.

*강화*도 인간 행동에서는 배고픈 쥐에게 주어지는 먹이같이 즉각적이고 단순하지가 않다. 실험들은 단순화하기 위해 설계되며, 이론적 견해들의 일차적 토대를 실험자료에 두면 한 특정 상황에 대한 한 특정 반응의 강화역사를 보는 것으로 충분할 것 같다. 그러나 실생활 상황들에서는 잠재적 강화물들의 범위가 엄청나고, 이들을 얻기 위해 나오는 반응들도 그러하다(Wachtel, 1997, p. 101).

> 교실에 앉아 있는 학생은 말을 똑똑하게 잘 하면 선생의 칭찬으로 강화받고, 빈정대면 선생의 적대감을 유발하지만 또래집단에게 지위를 얻고, 말없이 경청만 하면 틀린 답을 할까봐 불안해질 필요가 없으며, 공상에 빠져들면 다른 종류의 충족을 얻고, 등등이다.

이 학생이 경험과 관찰을 통해 학습한 이 모든 반응-강화 유관들을 우리가 안다 해도 그가 무얼 할지를, 질문이나 발표를 할지, 빈정댈지, 조용히 앉아 경청할지를 알려면, 그의 동기와 갈등에 대해 알아야 한다. 다시 말해 그가 어떤 사람인지를, 구조와 상태를 알아야 한다. 인간 삶에서는 무엇이 행동인가 하는 것뿐 아니라 무엇이 자극이며 강화인가 하는 것도 심리·역사를 고려하지 않고는 규정할 수 없다는 것은 보편-원자론의 과학주의에 문제를 제기한다.

보편-원자론 대 전체-역동 행동주의 선언에 대한 하나의 반응은 행동주의가 심리학이 아니라 생물학이라는 것이었다. 근육경련, 반사, 행동단편들을 심리학의 '근본자료'로 보기는 힘들다. 특히 성격심리학은 "본래의 복합성"(the original complexity)(Maslow, 1954/70, p. 296)이 근본자료가 된다. 특질개념은 근육경련, 반사보다는 물론 훨씬 더 '복합성'이 크지만, 8장 말미에서 특질심리학이 특질들을 보편적 원자들로 취급한다고 비판한 바 있다.

보편-원자론(general-atomistic) 관점에서 이 원자들의 관계를 설명하는 가장 단순한 모델은 '당구공 인과론'이다. 하나의 공이 다른 공을 쳐도(예, S→R) 공들 자체에는 아무런 변화가 없다. 중다변인 관점에서는 여러 개—5요인 모델에서는 다섯 개—의 당구공이 나오지만, 공들은 여전히 독립적 실체들이다. 이러한 인과론에 토대를 두는 **변량분석 패러다임**에서는 독립변인들이 서로 독립적이고, 독립변인들이 종속변인에 작용하는 방향만 인정한다. 1장에서 TV폭력 시청과 공격행동에 대한 실험연구 예를 보았는데, 현실에서 우리는 폭력이나 비폭력에 '무선할당'되지 않고, 공격행동을 많이 할수록 폭력물도 좋아하는 경향이 있다. 폭력이 싫고 무섭다면 폭력이 나오는 프로들을 안 보며, 같은 폭력물을 본다 해도 싸움기술이나 고성능무기를 찬탄하기보다는 파괴와 고통에 진저리친다. 성향에 따라 다른 *자극*을 '보는' 것인데, 무엇을 보았는지는 *행동*을 보고 추리할 수밖에 없다. 이렇게 성격은 그것의 표현들, 결과들, 그것에 부딪치는 자극들(원인들)과 분리되지 않는다.

성격의 기본자료는 무엇인가를 물으면 물론 대답은 '행동'이지만, 모든 행동이 성격의 자료는 아니며 성격이 외현적 행동만은 아니다. 순간적 상황의 요구들에 대한 즉각적 반응(예, 트럭이 오자 길을 비킴), 심리적 의미를 오래 전에 상실한 순전히 습관적, 문화적인 반응들(예, 학생이 길에서 교수를 만나자 모자를 벗고 인사함, '조건반사'적인 좋고 싫음들)은 성격에 대해 거의 또는 전혀 말해주는 바가 없다. 성격이 결정요인이 아니기 때문이다. 다른 쪽 극단에는 자기 자신을 완전히 과제 속에 집어넣고 그래서 성격 전체를 표현하는 행동들도 있다. 이 양 극단 사이에 들어가는 것이 하나나 둘 또는 여러 **증후군**(syndrome), 즉 "다양해 보이는 특수성들(행동, 사고, 행위충동들, 지각 등)의 구조화되고 조직된 복합"(Maslow, 1954/70, p. 303)에 의해 결정되는 행위들일 것이다.

성격은 본질적으로 행동 자체가 아니고 그 배후의 전체-역동이다. 앞의 인용문에 나온 학생의 행동을 예측할 수 있으려면 그의 전체-역동을 대강이나마 이해해야 한다. 외부 영향력들은 통상 사람 전체 — 그의 단지 일부가 아니라 — 에 작용하여, 행동변화가 성격변화를 가져와서 다시 행동변화가 일어난다. "원인을 삼키고 소화하여 효과를 방출"하므로(Maslow, 1954/70), 어떤 자극(예컨대, 어떤 충격적 경험)이 성격에 어떤 결과를 가져와도 그것이 그 자극 때문이라고 확신할 수는 없다.

전체-역동 조망에 대한 가장 일반적인 비판은 그것이 '비과학적'이라는 것이다. 과학을 표방하는 심리학에서, 과학이 종교가 되어버린 시대에, '비과학'은 쓸모없는 것이 되어버린다. 학습이론 개념들을 임상문제들에 응용하려 한 Dollard와 Miller의 연구를 행동치료자들이 받아들이지 않은 것은 "정신분석학의 '19금'(x-rated) 구성개념들을 가지고 놀지 않음으로써 과학적 처녀성을 지키려 하는"(p. 116) 것이라고 Wachtel(1997)은 쓴 바 있다. 공포와 갈등들로 괴로움 당하는 사람들을 상대하면서 친숙한 방법론과 인식론들에 집착하는 것이다. 행동치료자들이 결국 "임상적 추리의 어두운 물에 들어가는 수밖에 없는"(p. 117) 것처럼, "심리학적 연구의 광범하고 중요한 분야들에는 과학보다는 인문학의 연구방식들이 더 필요하다는 것을 용납해야"(Koch, 1981, p. 269) 하는 것 같다. *성격*이 그런 '광범하고 중요한 분야'임은 분명하다.

자연과학 대 인문학 Leahey(2000)는 '행동주의의 실패'가 심리학이 과학이 될 수 없음을 보여준다고 믿는다. '행동의 과학'을 택했지만, 위에 쓴 것처럼 '마음'을 빼면 행동도 없다. 심리학이 자연과학일 수 없다면 대안은 무엇인가. Leahey에게는 '공학으로서의 심리학'과 "심리학 — 또는 더 정확하게 심리학의 인간적 부분들 — 이 과학이 아니라 인문학에 속한다는 제안"(p. 32)이 두 가지 대안이다. 9장에서 논의한 바 있는 '공학으로서의 심리학'은 조금 뒤에 언급하기로 하고, **인문학**으로서의 심리학을 생각해보자.

자연과학은 우리 몸의 세계를 비롯해서 자연세계를 설명, 예측, 통제할 수 있다. 그러나 인간은 물리적 세계에만 살지 않고 스스로 창조하는 세계 안에서 산다. "우리의 삶의 형태들은 과학 너머에 놓여 있지만, 그렇다고 학문적으로 탐구할 수 없지는 않다"(Leahey, 2000, p. 536; Bevan, 1991, 법칙 대신 질서). **해석학**을 모델로 삼으면 인간 행동을 예언·통제하고 과학적으로 설명하는 것보다는 *이 시대와 장소에서 인간 삶을 이해*하는 것이 심리학자의 일이 된다(Leahey, 2000). 해석학은 보편적인, 예외 없는 인과법칙을 목표하는 '과학'이 아니다. "그러나 우리가 물리학 숭배와 과학주의에서 벗어날 수 있다면, 우리는 해석학을 과학과 단지 다른 것으로 보고 그 나름의 가치를 인정할 수 있다"(p. 538).

어차피 우리가 '환경'에서 통제·조작할 수 있는 자극조건들과 강화물들은 매우 한정되어 있다. 월덴 투라는 이상향이 현실에서 불가능한 이유는 환경통제와 역통제 가능성이 극히 제한적이기 때문이다. 완전한 독재자가 작은 공동체를 세상과 완전히 고립시킨다면 모를까, 자본주의와 상품광고, 대중매체, 인터넷 등의 영향을 누가 통제할 수 있겠는가. '헬조선'이라는데 강화유관은 변하지 않는다. 해석학을 지향하면 행동이 일어나는 생활세계를 — 공학적 관심 없이 — 조명하게 된다. Skinner의 용어를 쓰자면, 우리는 '무대 설정'이 되어 있으며 변별자극이 넘치는 환경에서 산다. 여자냐 남자냐, 뉴욕에 사느냐 서울에 사느냐 강원도 소도시에 사느냐, 부자냐 가난하냐 등등에 따라 무대와 변별자극들, 강화유관이 달라진다. 인문학과 사회과학적 조망이 있어야 인간을 둘러싸는 객관적 환경의 영향도 이해할 수 있고 인간 행복도 논의할 수 있다.

'행동주의의 실패'에 대한 대안으로서 인문학적 (및 사회과학적) 전체역동 분석보다 영향력 있는 접근은 '**공학**으로서의 심리학'이었다(9장 참조). 공학(엔지니어링)에서는 시공을 초월한 보편적 법칙들을 추구하지 않는다. 그보다는 인간에게, 특정한 시대·장소에 유용한 *기능*을 중시하며, 자연을 있는 그대로 기술하기보다는 *변화*시키려고 한다. 행동주의는 공학으로서의 심리학을 철저히 구현하지만, 인간이라는 컴퓨터의 구조를 이해하지 않고 객관적 환경만 조작하여 인간을 설계하려 했기 때문에 실패했다. 진화심리학 분야가 생겨난 계기도 인지혁명이었거니와, 뇌가 프로그램이 깔려 있는 컴퓨터이며, 개인이 경험하는 정보에 반응하여 이 컴퓨터가 행동을 생성한다는 것은 심리학 전반의 정설이 되었다.

생물학과 인지의 역할

행동주의에 대한 불만과 비판이 커지면서도 심리학에서는 '절충주의적 평화'가 유지되었다. 이것을 깨뜨린 사람이 언어학자 Chomsky로서, 그의 행동주의 공격은 두 가지 의미가 있었다(Leahey, 2000, p. 497). 언어와 고등 정신과정을 이해하려면 행동, 자극, 강화만 가지고 안 되며 내적인 정신과정과 구조들을 가정해야 하고, 우리는 그것들을 가지고 태어난다는 것이다. 따라서 인지심리학과 더불어 진화심리학도 행동주의에 심각한 도전이 되었다.

생 물 학 심리학이 아니라 생물학이라는 비판을 받았지만 행동주의는 인간과 하등동물의 생물학적 차이를 인정하지 않았다. (인간을 포함하여) 동물이 '백지'로 태어나며, 종 차이들은 크지 않고, 모든 반응이 모든 자극에 대략 똑같이 조건화될 수 있다고 믿은 것이다.

Skinner와 같이 비둘기 훈련시키는 일을 하였던 젊은 심리학자 K. Breland는 행동통제의 가능성들에 감명받고 아내와 함께 전문 동물조련사가 되었다. 많은 종들에게 기이한 행동들을 훈련시키면서 이 부부는 쥐와 비둘기를 가지고 밝혀낸 학습법칙들이 보편적이 아님을 발견하였다. 한 동물이 무엇을 배우느냐, 어떻게 배우느냐 하는 데는 심각한 제약들이 있었다. 1961년 '유기체들의 비행'(The Misbehavior of Organisms; Skinner의 1937년 저서 제목 'Behavior of Organisms'에 빗댄 제목)이라는 책에서 그들은 강한 본능적 행동들이 학습된 행동들을 압도해 버리는 많은 사례들을 보고하였다(Leahey, 2000, p. 501). "학습한 행동은 본능적 행동으로 향하여 표류한다"(Hergenhahn & Olson, 2001, p. 163에서 재인용)는 것을 Garcia 효과에서도 시사된 바 있다(글상자 11-1 참조).

10여 년의 동물조련 경험 결과 Breland 내외는 "어떠한 종의 행동도 그것의 본능형태, 진화역사, 그리고 생태학적 활동범위에 대한 지식이 없이는 적절하게 이해하고 예측하고 통제할 수 없다"는 결론을 내렸다(같은 곳에서 재인용). 진화심리학도 생물학적 기제들 때문에 학습 가능성에 한계가 있음을 분명히 해준다. '먼 원인'뿐 아니라 '가까운 원인'도 점점 더 밝혀지고 있다. 예컨대, 장기적 우울증이 초기 아동기 경험이나 여타 심리학적 원인에 의해서가 아니라 뇌 속의 특정한 신경전달물질의 결함 때문에 생긴다는 것이다.

고등 정신과정의 설명 Skinner가 1957년에 내놓은 저서 '언어행동'은 "S-R 모델을 인간의 고차적 정신과정들로 확대하려는 첫 시도이자 장렬한 실패라는 점에서 20세기 심리학사에서 획기적 사건"이었다(Bargh & Ferguson, 2000, p. 927). 그에게는 언어 또는 언어행동에 특별한 것이 없었다. 인간과 하등 동물간에 근본적 차이가 없고 행동의 법칙은 다 똑같기 때문이다. 그가 분석한 것은 '언어'(language)라기보다는 말(speech)이었다. 인형을 보고 '인형'이라고 하면 부모가 강화하고("맞아") 그 결과 아이는 '인형'이라는 단어를 배운다. 말을 듣는 사람은 대답을 하거나 요구에 응함으로써 강화를 주고, 변별자극이 되기도 한다(예컨대 친한 친구와 선생에게 다른 식으로 말한다). 이는 스키너 상자의 쥐가 변별자극들에 이끌려 막대를 누르고, 먹이가 그 반응을 강화하는 *연쇄*와 본질상 같다. 앞에서 논의한 환원-분석, 보편-원자론 접근을 잘 보여주는 주장이다.

아이들이 들은 적이 없는 단어나 문장들을 쉽게 말하고, 배운 적이 없는 문법규칙을 그렇게 빨리 익히고 쓰는 현상은 조작적 조건화로 설명되지 않는다. 단계적 접근에 의한 *조형*이 아닌 것이다. Chomsky는 언어의 무한한 창의성과 유연성을 이해하려면 언어가 규칙에 지배되는(rule-governed) 체계임을 인정해야 한다고 주장하였다. 언어란 말하기와 듣기만 아니라 내면 규칙들의 체계이며, 단순한 원자들로 환원시킬 수 없는 전체, '본래의 복잡성'의 규칙들을 파악해야 하는 전체라는 것이다. Chomsky는 (단지 보편적 사고능력이 아니라) 언어가 인간 종에게 독특한 소유물이라고 믿었다.

Leahey(2000)는 "Watson에 의해 1913년에 내쫓긴 '정신'(mind)이 국외자에 의해 심리학으로 돌아왔다"(p. 499)면서 Chomsky의 행동주의 공격에 무게를 둔다. 언어가 규칙에 지배된다는 생각은 나중에 모든 행동이 규칙에 지배된다는 정보처리 이론들에 결정적 영향을 주었다(같은 곳). Skinner-Chomsky 논쟁이 벌어지던 시기, 2차대전 직후부터 약 15년은 인지과학이 뿌리를 내린 시기였다(같은 책). 인지혁명의 결과, 인간 행동의 기술, 예측, 및 통제에 컴퓨터가 모델이 되면서 의식과 인지과정들이 심리학의 주제로 돌아왔다.

인지과정 인지심리학이 점점 더 많은 주목과 지지를 받으면서 심리학자들은 신경계와 뇌를 몰라도 '프로그램'을 알면 인간 행동을 예측·통제·설명할 수 있다고 보았다. 유기체가 기계라는 Hull의 주장도 옳았고, 유기체들이 경험을 머릿속에 그린다(표상)는 Tolman의 주장도 옳았다. 정보처리 심리학자들도 인간이 환경에 의해 결정된다고 믿으며, 모든 이론적 용어들을 조작적으로 정의해야 한다고 믿는 행동주의자들이다.

급진적 행동주의가 죽었다고 할 수는 없다 해도 '게토'(ghetto)가 되어 버린 것은(Leahey, 2000) 결국 보편적 원자론을 가지고 실험실 안의 동물행동부터 인간의 고등 정신과정까지 설명하려고 한 시도의 실패였다. 인간 행동을 이해하고 설명하려면 정신도 문화도 고려해야 한다. 자연과학은 시간·장소와 상관없이 똑같은 보편적 자연법칙들을 찾지만, 인간 행동을 지배하는 규칙들은 흔히 시대·장소에 따라 다르다. 중력의 법칙은 우주 만물의 행동을 통제하지만, 야구나 축구 같은 경기들의 법칙은 선수들의 행동을 규제하면서 동시에 경기 자체를 정의한다. 또, 중력법칙과 달리 경기규칙은 강제해야 한다. 문화는 (상당 부분 우리가 의식하지 못하는) 규칙들에 의해 정의되는 경기로서, 인간 정신을 구성하는 규칙들의 상당 부분을 만들어낸다. 진화에 의해 인간은 행동을 이끄는 일군의 기능들인 '정신'(mind)을 가지고 문화 속에 살도록 설계되어 있다(Leahey, 2000). 심리학자의 일은 행동을 연구하며 정신기능들을 추리하려고 애쓰는 것이다.

행동의 법칙들이 성격발달의 이해와 설명에 큰 도움이 된다 하더라도, 관찰되는 행동이 곧 성격은 아닌 한 행동주의는 *성격이론*으로서 한계를 가진다. 행동·자극·강화는 객관적으로 정의되는 원자들이 아니며, 사람에 따라, 상황에 따라 무엇이 행동·자극·강화인지가 달라진다. 한 개인의 강화역사를 뒤질 때 우리는 필연적으로 중요한 *관계*경험들에 부딪치게 되고, 관계상황들에는 '심리'(감정, 해석 등)가 들어간다. 객관적으로 관찰할 수 있는 행동뿐 아니라 생각, 감정, 목표, 가치 등도 중요하며, 자극과 강화가 객관적으로 주어지는 것이 아니라 주관적으로 선택, 해석된다는 것은 행동주의가 인지적이 될 수밖에 없음을 말해준다. 인간의 학습은 사회적 맥락에서 일어난다는 인식에서 출발하며 Rotter(13장 참조)는 '사회'학습(social learning)이론을 내놓았다. 5부 인지-정보처리 접근에서 우리는 사회적 맥락과 인지과정들에 초점을 맞추는 성격연구들을 보게 될 것이다.

요 약

01 Thorndike는 고양이가 문제상자 문을 열고 나와 먹이를 발견하는 데 걸린 시간을 측정한 실험을 통해 학습이 통찰에 의하지 않고 직접적, 기계적, 점진적임을 발견하였다. **효과의 법칙**은 반응의 결과로 자극-반응(문제상자-문 열기) 연결이 강해지거나 약해짐을 말한다.

02 상자 한 편에 달린 막대를 누르면 먹이가 나오게 되어 있는 **스키너 상자**에서 배고픈 동물(쥐나 비둘기)은 막대 누름을 점점 빈번히 하게 된다. 그 행동이 먹이라는 결과/효과에 **강화**되기 때문이다.

03 Skinner는 반응행동과 조작행동을 구별하였다. **반응행동**은 자극이 끌어내는 불수의적 반응들이고, **조작행동**은 특별한 자극이 없이 유기체가 방출하는 수의적 행동이다.

04 한 상황에 추가될 때 반응률이 커지게 만드는 자극을 **정적 강화물**(먹이, 물 등), 한 상황에서 제거될 때 그것이 커지게 만드는 자극을 **부적 강화물**(큰 소리, 전기충격 등)이라 한다. 정적 강화물을 주어서 반응률을 높이는 절차는 **정적 강화**, 부적 강화물이 없어지게 해서 그것을 높이는 절차는 **부적 강화**이다.

05 일차적 강화와 연결됨으로써 강화력을 얻는 자극을 **이차적 강화물**이라 부른다. 다양한 일차적 강화물들을 가져오는 이차적 강화물을 **일반화된 강화물**이라 부르며, 돈이 대표적인 예가 된다.

06 **처벌**에서는 어떤 행동이 일어난 후 부적 강화물을 제시하거나 정적 강화물이 없어진다. 처벌은 일시적으로만 반응률을 낮추고 여러 부작용을 가져온다. 바람직하지 않은 행동을 없애는 가장 좋은 방법은 그것을 강화하지 않음으로써 **소거**되게 하는 것이다.

07 하나의 반응이 다른 반응에 대한 변별자극이 되며 이것이 다시 다른 반응을 가져오는 것을 **연쇄**(고리 잇기)라고 한다. 연쇄 원칙을 적극적으로 사용하여 원하는 행동을 만들어가는 절차를 **조형**이라 한다.

08 간헐적 또는 **부분적 강화**는 반응률을 높이는 데 연속적 강화만큼 효과적이고, 소거에 대한 저항이 연속적 강화에서보다 높다. 부분적 강화에는 **고정간격**과 **고정비율**, **변동간격**과 **변동비율**의 네 가지 기본 스케줄이 있다.

09 사회·조직 차원에서 조작적 조건화 원리를 사용하여 행동을 통제하는 일을 **행동공학**이라고 한다.

10 **행동수정** 또는 행동치료를 위해 행동을 측정평가할 때 많이 사용되는 틀이 S-O-R-C이다. 먼저

문제행동(R요인)이 구체적, 객관적으로 기술되고, 그것이 일어나는 자극조건(S요인), 행동에 따라오는 결과, 즉 강화(C요인)가 조사된다. 자극상황에 대한 내적(생리적, 정서 인지) 반응인 O요인은 인지 행동치료의 중심이 된다.

11 행동, 자극, 강화 등은 의도나 동기 등 '마음'을 빼고 '객관적'으로 정의될 수 없으며 또한 발달역사를 고려하지 않고 이해될 수 없다. 복잡한 것을 단순한 것으로 환원시키는 **보편-원자론**보다는 복잡한 수준에 머물며 **전체-역동**을 보는, 단순한 행동규칙성들을 탐색하기보다는 성격조직 또는 구조를 보는 접근이 성격연구에는 더 적절한 것으로 보인다.

12 방법론적 행동주의가 심리학에 뿌리내렸지만, 자연과학을 추구하는 행동주의는 실패했다고 볼 수 있다. **해석학**을 모델로 삼는다면 행동의 예언·통제보다는 이 시대와 장소에서 인간 삶을 이해하는 것이 심리학자의 일이 된다. **공학**(엔지니어링)의 관점에서 볼 때는 보편적 법칙보다 유용한 기능과 실제적 변화가 중요하다.

13 자극-반응, 행동-강화 연결에는 **생물학적 한계**가 있는 것으로 보인다. 이는 학습이 어떤 중추, 구조에 의해 통제되며, 이 구조는 생물학적으로 결정되어 있음을 시사한다.

14 인간 언어도 조작적 조건화 원리에 의해 설명하려고 한 Skinner의 시도는 언어학자 Chomsky에게 비판을 받았다. Skinner-Chomsky 논쟁은 인지과학이 뿌리내린 시기에 벌어졌으며 심리학에서 **인지혁명**이 일어나는 계기가 되었다.

제5부

인지-정보처리 접근

5부에서 나오는 이론과 연구들은 해석, 기대, 목표 등 인지과정들의 중요성, 성격기능의 사회성과 영역특수성을 강조한다. 13장에서는 우선 1960년대 인지혁명, 인지주의를 기술한 후, 인지혁명 이전에 나온 Kelly의 개인적 구성개념 이론과 Rotter의 사회학습이론을 간략하게 소개하고, 사회학습 조망에서 출발하였으나 인지주의의 영향을 받으면서 인지과정을 강조한 Bandura와 Mischel에 집중한다. 전자는 인간 행동의 관찰학습 연구로 출발하여 자기효능 주제에 집중하며, 후자는 행동이 상황에 따라 달라지는 패턴을 탐구해 왔다.

14장에서는 인지주의가 주류가 된 후 나온 이론들이 중심이 된다. 먼저 도식, 자기도식에 대한 이론들을, 다음에 Cantor의 사회적 지능이론에 초점을 두고 목표와 문제해결에 집중하는 이론들을 다룬다. 인지-정보처리 접근을 평가한 뒤에, 인간본성, 문화와 환경이라는 "인간 개성의 근본적 맥락"에서 특질성향, 특징적 적응들(자기도식, 목표, 동기 등), 삶 이야기들의 개인차를 이해하려고 하는 통합적 틀을 제시한다.

제13장 사회학습 및 사회인지 이론

인지주의의 특성

초기의 인지적 성격이론: Kelly와 Rotter

사회학습과 사회인지: Bandura와 Mischel

제14장 자기, 목표, 사회생태계

세상, 사람, 자기를 보는 틀

문제해결과 목표

인지-정보처리 접근의 평가

사회생태계와 삶 이야기

제 13 장

사회학습 및 사회인지 이론

1950년대부터 행동주의가 도전을 받기 시작하면서 인지구조와 과정을 강조하는 이론들이 심리학에서 점점 더 많은 주목과 지지를 받게 되었다. 심리학을 컴퓨터과학의 하위분야로 만들려는 시도들은 실패했지만, 정보처리 장치라는 생각은 많은 심리학자들을 흥분시켰다. 정신과정을 과학적으로 연구할 수 있는 가능성이 생겼기 때문이었다. '지각→사고→행동', '자극→매개반응→반응'이 이제 '입력→처리→출력'이 되었다. 정신-신체 관계는 프로그램-컴퓨터(또는 소프트웨어-하드웨어) 관계와 같은 것이 되었다. 1950년대에 끝난 것은 또한 '대 이론'(grand theories)이었다. 인지혁명 후 성격심리학은 이론 중심이 아니라 변인 중심이 되어가고 있다. 5요인 모델도 성격이론이라기보다는 다섯 개의 큰 변인("기본 경향들", 그림 8-2 참조)을 늘어놓는 데 그치지만, 5부에 나오는 다수의 이론들도 비슷하게 변인 중심적이다.

성격에 대한 인지적 접근은 인지혁명 전부터 주목을 끌었다. George Kelly의 개인적 구성개념 이론을 그 대표의 자리에 놓을 수 있다. 비슷한 시대 Julian B. Rotter의 사회학습이론은 행동주의와 인지주의를 통합하려는 시도였다. 이 둘의 제자라 할 수 있는 Albert Bandura와 Walter Mischel은 행동주의-학습 관점에서 특질심리학을 비판하며 인지적 관점을 수용하였고, 인지-정보처리 접근이 주류가 되면서 그 방향으로 색채를 바꾸어 나갔다. 이 장에서는 우선 인지혁명과 인지주의의 특성을 알아보고, 그 전에 나온 Kelly와 Rotter의 이론들을 짧게 소개한 후 Bandura와 Mischel에 집중하기로 한다.

인지주의의 특성

내적 과정에 대한 매개변인 없이 인간 행동의 예측과 통제를 할 수 없다는 인식이 퍼진 가운데, 심리학 모든 분야에서 인지주의는 행동주의를 대치하는 패러다임이 되었다. **인지혁명**이라는 말을 쓰는 이유가 여기에 있다. 이제 밖에서 관찰할 수 있는 객관적 행동 외에 머릿속 과정들 — '인지'(cognition) — 도 심리학의 정당한 주제가 되었다.

정보처리적 인지심리학

인간이 어떻게 환경과 자신에 대해 알게 되는가, 그러한 앎을 어떻게 활용하여 각종 생활장면에서 과제들을 수행해내는가 하는 문제를 다루는 심리학분야가 *인지심리학*이다. 외부에서 자극이 감각기관에 와닿는 순간부터 보자면 **인지과정**은 감각, 지각, 주의, 대상의 정체파악(형태재인, pattern recognition), 학습, 기억, 언어이해 및 산출, 추리, 판단, 결정, 문제해결 등이 된다(이정모, 2001, p. 33). 성격심리학에서는 뒤의 과정들에 더 관심이 있지만, 모든 과정들은 서로 밀접하게 상호작용한다. 하드웨어를 몰라도 컴퓨터를 쓸 수 있는 것처럼 인지과학자들은 신경계와 뇌("wetware")를 몰라도 프로그램(소프트웨어)을 알면 인간 행동을 예측·통제·설명할 수 있다고 믿었다.

정보처리체계 인지심리학 분야가 생긴 계기는 1967년 Neisser의 저서 '인지심리학'의 출간이라고 생각된다(이정모, 2001). 정보처리 조망은 수학 및 전자공학에서 나왔다. 2차대전 중 현대적 디지털 컴퓨터의 발명으로 인공지능 분야가 나오자 정신[1]의 내용과 작용을 컴퓨터로 충분히 시뮬레이트(모사)할 수 있다고 여겨졌다(Leahey, 2000). 컴퓨터와 뇌가 본질적으로 동일한 추상적 원리를 구현하는 정보처리체계, 즉 계산기계라는 기본견해를 **고전적 계산주의**(classical computationalism) 또는 고전적 인지주의라고 부른다. '계산'이란 물론 산술계산이라기보다는 '정보의 변환'이다. 인간-컴퓨터 유사성에 토대를 둔 정보처리 조망은 1970년대에 이르러서야 인지과정에 대한 이론형성 및 검증의 도구로 사용

1) "mind"를 이정모(2001)는 '마음'이라고 쓴다. 우리말에서 마음과 정신을 딱 구분할 수는 없지만, mind는 마음, 가슴이라기보다는 머리, 정신이다. 마음은 느끼며, 따뜻하기도 차갑기도 하다. 마음이 정서(emotion), 정동(affect)을 느낀다면, '정보처리'는 머리, 정신이 한다고 할 수 있다. 인지심리학을 "사고하는 마음의 과학적 연구"라고 정의하지만, 사고하는 "mind"는 우리말로 마음보다는 머리/정신이다.

되었다.

정보처리체계(information processing system, IPS)로서 정신과 컴퓨터는 여러 구조와 과정의 통합체라고 할 수 있다. *구조*는 체계를 구성하는 장기기억, 중앙통제체계(CPS) 같은 요소들이며, *과정*은 부호화, 저장, 인출같이 정보를 실제로 처리하는 정신작용(mental operations)이다. '정보'만큼이나 자주 나오는 말이 **표상**(representation), 즉 실제 대상을 상징이나 심상(image) 등으로 *다시*(re-) *나타낸*(present) 그림이다. 이 표상들에 처리규칙들을 적용하는 계산과정이 정신과정이다. 정보처리적 인지심리학은 정보처리체계의 구조를 더 세분하고, 각 구조와 관련된 표상의 특성, 정보가 처리되는 세부과정을 규정하려고 한다. 정신과정을 과학적으로 연구할 수 있으며 인간은 능동적 정보처리자라고(이정모, 2001, pp. 211-212) 가정하면서, 법칙정립적 설명을 추구하고 실험실 실험을 한다는 **방법론적 행동주의**는 여전히 신봉된다.

'입력-처리-출력'(input-throughput-output) 과정에서 '처리'를 맡는 정신이 인지의 주체이고 환경은 객체라는, 고전적 인지주의의 이원론에 대해 1980년대 이후 여러 가지 반론이 제기되었는데, 그중 두 가지는 신 연결주의(New Connectionism)와 환경상황 강조의 접근이라 할 수 있다(이정모, 2001, p. 52f.). 인지심리학의 '새 물결'로 환호를 받은 **신 연결주의**는 신경망(nerual networks) 또는 병행분산처리(parallel distributed processing) 접근이라고도 불린다. 인간 정신을 디지털 컴퓨터와 동등시하여 *계열적*으로(하나하나 순서대로) 정보처리하는 상징체계로 개념화하는 대신, 정보처리가 *병렬적*으로(여럿이 동시에) 이루어지며 하나의 정보가 여러 뇌 부위에 분산 저장됨을 인정하는 것이다. 이에 따라 표상의 구조체계에 대한 이론이 수정되고, 의식, 무의식, 자아 등의 주요개념도 달라지고 있다. 신경망체계의 내적 연결강도가 입력의 변화에 따라 또 출력에 따라 끊임없이 조정되기 때문에 환경맥락의 영향도 강조된다.

인지혁명과 성격심리학 인지혁명 이래 성격심리학자들은 실험 인지심리학에서 빌어온 원칙과 절차들을 무의식과정, 자기, 동기 같은 현상들에 적용하기 시작했다. 인지-정보처리 접근의 성격심리학은 인간을 능동적 정보처리자로 보면서 환경/객체와 인간/주체를 분리하는 이원론 또한 별 회의 없이 받아들인다. 급진적 행동주의가 물러난 자리에 현대 성격심리학의 두 큰 흐름은 (5요인 모델로 통일된) 특질심리학과 정보처리 접근이라고 할 수 있다. 사회적 행동과 환경에 초점을 맞추면서 전통적 학습심리학은 *사회학습* 이론으로 발전하며, 인지적 과정들이 강조되면서 이는 다시 *사회인지* 이론으로 발전한다. 현재에는 사회인지 대신 *인지-정보처리*를 이야기하고 있다.

특질접근에서는 오랜 시간에 걸쳐, 여러 다양한 상황·맥락들에 걸쳐 나타나는 행동

추세들을 확인해내려고 한다. 그러나 개성의 세부에 대해 이야기할 때는 일반적 특질기술을 넘어서 시간·장소·역할의 맥락에 따라 달라지는 '특징적 적응'들을 이야기해야 한다(8장 그림 8-2, 14장 그림 14-1 참조). 인지 접근에서는 안정된 보편적 행동성향보다는 특정한 상황 요구들에 따라 행동이 달라진다는 것을 강조한다. 특질이론가들이 요인분석에서 나온 특질요인들로 *일반적* 행동예측들을 하는 데 비해, 인지이론가들은 실험연구, *상황특수성*을 강조한다.

성격이론의 발달에 영향 미친 임상적 관찰, 형태주의, 실험심리학(특히 학습이론), 심리측정의 네 전통(Hall 등, 1985) 중에서 유럽에서 나온 앞의 두 가지는 전체-역동적 관점을 취하였기 때문에 행동주의에 반대하는 심리학자들에게 대안이 되어 주었다. 그러나 과학적 방법론을 신봉하는 미국학자들에게는 임상장면에서 나온 정신역학보다 실험실에서 나온 *형태주의*가 더 유용하였다. 형태주의 심리학에서 '능동적 지각자'를 이야기하다가 정보처리적 조망이 유행하자 '지각자'가 '정보처리자'로 된 것이다.

형태주의 전통

인간 행동을 부분들의 집합으로서가 아니라 하나의 단위(unit), 전체로서 연구해야 함을 강조하는 이론은 형태주의의 전통을 따른다고 이야기할 수 있다. 여기서는 인간 행동 이해에 객관적 자극이나 환경보다는 *주관적 현실*이, 즉 자신과 세계의 경험(정의, 해석, 예언, 설명 등)이 중요하다고 본다. 이 책의 5장에서 Rogers의 현상학 접근이 (지각적, 현상적) *장*(場, field)을 언급했음을 본 바 있다.

형태와 전체 형태심리학자들(독일, 오스트리아 등 주로 독일어권)은 우리가 분리·고립된 자극들(점, 선, 색깔 등)이 아니라 전체 '형태'(Gestalt)(사과, 집, 나무 등)를 본다는 것에 주목하였다. 마찬가지로 우리는 음(音) 하나 하나가 아니라 멜로디, 노래를 듣는다. "전체는 부분의 합 이상"이란, 부분들 자체에 없는 의미, 형태, 질서를 집어넣는다는 것을 뜻한다. 형태주의는 행동주의의 원자론에 반대하는 학자들에게 유용한 대안을 제공하였다(표 13-1). 행동을 기술할 때 '대단위'(molar)란 목표를 향하며 목적을 가진 큰 덩어리를 나타내고, '분자'(molecular)란 근육운동, 조건반사 같은 단위, 원자를 말한다.

감각을 그냥 받아들이는 것이 아니라(자극→뇌→반응) 감각정보를 의미 있는 '형태'로 만들면, 지각되는 것은 가령 틈이나 간격이 있는 '세 개의 선분'이 아니라 의미 있는 '전체'인 '삼각형'이다. 사람 지각(person perception)에서도 우리는 서로 분리된 외모특징들이나 행동단편들이 아니라 '여자 중의 여자', '쪼다'를 본다. '여자 중의 여자'는 자극대상

표 13-1 형태주의와 행동주의(Hergenhahn & Olson, 2000, p. 353)

형태주의	행동주의
전체적(holistic)	원자론적, 요소주의적
대단위적(molar)	분자론적(molecular)
주관적	객관적
생득론적	경험론적
인지론적, 현상론적	행동주의적

의 객관적 특성들에 토대를 두고 지각자가 구성해낸 '형태'이다. 이 과정에서 자극단편들의 몇 가지가 무시되는가 하면, 없는 것들이 들어간다. 가령 하얀 얼굴과 마른("갸냘픈") 몸매는 주목되지만('청순가련') 굵은 목소리는 무시되며, 겪어보지 않고서도 성격이 착하고 얌전하다고 확신된다. 나중에 그 '여자 중의 여자'가 술 먹고 남자에게 소리지르는 모습을 볼 때 '환상이 깨진다'.

당시 심리학을 지배하던 학습심리학에서 형태주의의 영향은 S-R 연결주의에 대한 반박으로 나타났다. 이를테면 문제해결이 전체 상황의 **통찰**(insight)에 의해 갑자기 일어나며, 이 통찰이 불가능했기 때문에 Thorndike의 고양이가 문제상자 탈출을 점진적으로 학습한 것처럼 보였다는 것이다. 형태주의자가 보기에 학습이란 인지적 현상으로서 '시행착오'는 머릿속 과정이며, 여러 가지 '가설'과 가능한 해법들 중에서 답을 찾을 때 통찰('아하!')이 일어난다. 기계적 연습, 암기, 외적 강화가 아니라, 요소들이 머릿속에서 배열, 재배열되다가 전체가 '이해'되는 것이라서, 외적 강화보다 중요한 것은 발견이나 문제해결에 따라오는 만족, 즉 내적(intrinsic) 강화이다.

Lewin의 장 이론 지각과 사고(특히 문제해결)에 집중한 형태심리학을 정서, 동기, 성격 등에 적용한 사람은 Kurt Lewin(1890-1947)이었다. 그의 이름을 모르는 사람도 B = f(P, E)라는 공식은 들어보았을 것이다. 행동(B)은 개인요인(P)과 환경요인(E)의 함수(function)라고 이 공식을 읽지만, 그가 이 공식 — 그는 (P, E)가 아니라 (PE)라고 썼다 — 을 내놓을 때는 *심리적* 행동 및 환경을 의미한 것이었다(Lewin, 1935, p. 79).

> 심리적 행동(B)을 이해 또는 예측하려면 모든 종류의 심리적 사건(행동, 정서, 표현 등)에 대해 순간의 전체 상황, 즉 개인(P)과 심리적 환경(E)의 순간적 구조와 상태를 결정해야 한다. B=f(PE). 심리생물적으로 존재하는 모든 사실은 이 장(場)에서 자리를 가져야 하며, 그런 자리를 갖는 사실들만이 역동적(dynamic) 효과를 가진다(사건들의 원인이 된다).

그는 이 심리적 장을 **생활공간**(life space)이라고 불렀다. 한 사람의 생활공간은 어느 한 주어진 순간에 그의 행동에 영향을 미치는 사실들의 전체 집합으로, P와 E를 합한 것이다. 나는 지금 배고프고 머리가 아프며, 내일 강의준비도 해야 하고 원고도 마쳐야 하는데, 복도에서는 학생들이 시끄럽게 웃고 떠든다. 이것이 지금 이 순간 나의 심리적 장, 생활공간이다.

장(field)은 전기나 자석의 장같이 밀고 당기는 힘들이 작용하는 공간으로, 유기체의 행동을 예언하려면 환경 대상들의 힘들의 방향, 강도 등을 이해해야 한다. 대상들의 유인가(valences)는 정적(접근 유발)이거나 부적(회피 유발)이며, 힘이 강할 수도 약할 수도 있다(접근 또는 회피의 강도). 그 힘의 강도는 부분적으로 P 요인들, 특히 욕구들의 순간적 상태에 따라 달라진다. 내가 지금 강의준비를 할지, 원고에 매달릴지, 점심 먹으러 나갈지는 내일 다룰 강의내용이 얼마나 중요한지, 출판사가 얼마나 독촉하는지, 내가 얼마나 배고픈지 등에 달려있다. Lewin은 **갈등**을 서로 반대되는 방향에서 오는(으로 가는) 대략 똑같이 강한 힘들이 충돌하는 것이라 정의하고 여러 종류의 갈등상황을 서술하기도 하였다. 이 책 11장에서 접근-회피 갈등을 상세히 다룬 바 있다.

Lewin의 장 이론이 성격 및 사회심리학자들에게 가르쳐 준 중요한 교훈은 행동을 결정하는 것이 물리적 환경, 객관적 자극이 아니라 심리적, '주관적 현실'(subjective reality)이라는 것이었다. 주체(subject)의 현실이 중요하다면, 사람들의 객관적 조건들보다는 주관적 가치, 태도, 자기개념 등을 알아야 그들이 상황을 어떻게 받아들이며 그 해석에 따라 어떻게 행동하는지를 예언할 수 있다. 인지혁명을 지나면서 이런 내적 요인들에 '인지적'이라는 말이 붙기 시작하였다.

인지적 성격이론들은 과거, 아동기경험, 강화역사에 관심 갖기보다는 현재의 머릿속 과정이나 상태에 초점을 맞추고 개인들이 사회생활의 요구들을 저마다 다르게 보기 때문에 다르게 대응한다고 본다. 가장 오래된 인지적 성격이론의 전통은 **인지양식**(cognitive style), **인지적 통제**(cognitive controls)의 큰 제목 아래 들어간다(Cantor & Kihlstrom, 1987). 인지양식 접근에 따르면, 개인들은 지각·사고하는 특징적 양식들을 발달시킨다(가령 장 의존 대 독립). 정신분석의 영향을 받은 개념인 인지적 통제는 동기들을 조절하고 개인-환경 사이를 매개하는 자아활동을 반영한다(가령 충동적 대 반성적 사고).

Kelly, Rotter, Mischel, Bandura 등은 인지양식 전통에서처럼 해석과 추리과정들이 사회적 적응에 중심이 된다고 강조하였지만, 해석 및 문제해결 과정들을 개인마다 독특한 생각, 기대, 능력들에 연결시키려고 하면서 상황과 맥락에 따른 차이를 더 강조하였다. 정보처리 접근에 접속하여 여전히 '현역'으로 남은 뒤의 두 학자와 달리, 앞의 두 학자의 이론들은 이제 '역사'가 되었다.

초기의 인지적 성격이론: Kelly와 Rotter

사회학습 이론을 내놓은 Rotter가 Tolman처럼 행동주의자로서 인지개념들을 통합한 반면, Kelly는 더 철저하게 인지적인 이론을 내놓았다. 두 이론은 Bandura, Mischel 등에 영향을 미치고 더 현대적인 인지적 이론들에 자취를 남겼다.

개인적 구성개념 이론

George A. Kelly(1905-1969)는 학부에서 수학과 물리학을 전공하고 대학원에서 교육사회학을 전공한 후 임상심리학자가 되었고, 1955년에 두 권짜리 '개인적 구성개념의 심리학'을 출판하여 단번에 유명해졌다. 그의 이론은 동기, 무의식, 욕구, 특질, 강화, 발달단계 같은 전통적 성격개념들을 거부하기 때문에 성격분야 내에서 어디 집어넣어야 할지 정하기가 힘들다. Hall 등(1985)은 *현상학-인본주의* 파트에서 Lewin과 Kelly를 같은 장에서 다루었다. Lewin처럼 Kelly도 사람을 자기 자신의 독특한 세계의 능동적 구성자로 보았기 때문이다. 사람은 누구나 세상을 이해·예측·통제하고자 하는 과학자라는 것이다.

개인적 구성개념 이 책의 1장에서 우리는 누구나 나름의 성격이론을 가진 채 자신과 타인들의 행동을 관찰하고 가설을 세우고 검증하는 성격심리학자라고 배운 바 있다. 과학적 이론을 구성하는 벽돌로서 **구성개념**(construct)이라는 개념은 이 책 전체에 걸쳐 여러 번 나왔다. 심리학에서 성격, 특질, 지능, 학습 등은 모두 관찰한 것들을 설명하기 위해 머릿속에서 만들어낸 구성개념들이다. Kelly는 누구나 나름의 구성개념들과 이론체계를 토대로 가설을 세우고 경험에 의해 검증하는 *과학자*라고 보았다.

어떤 사람이 왜 특정한 행동을 하는가를 묻는 *동기*의 문제는 많은 성격이론의 중심 주제이다. Kelly는 사람은 살아 있기 때문에 행동하는 것이므로 추동, 욕구 등의 개념을 동원할 필요가 없다고 보았다. 사람을 움직이는 근본적 동기라면 자신에게 일어날 일을 예측·통제하려는, 가능한 한 좋은 과학자가 되려고 하는 것이다. Kelly의 근본 공리(fundamental postulate)는 "한 사람의 과정들은 그가 사건들을 어떻게 예상하느냐에 의해 심리적 방향이 잡힌다"(1955, p. 46)는 것이다. 개인이 세상일들을 예상하는 방식들은 그의 구성개념들에 의해 정해진다.

개인적 구성개념은 "어떤 것들이 같으며 동시에 다른 것들과 다르다고 해석되는 방식"으로, 언제나 이분법적(양극적)이다. 어떤 선생이 요즘 아이들은 게으르다고 주장한다 하자. '게으름'은 그 선생의 *개인적* 구성개념이라서 그에게는 다른 많은 대상들도, 가령 직장 동료들도, 자기 아내도 '게으르다'. 물론 반대쪽에 들어가는 사람들도 있어서, 자기 자신, 자신의 어머니는 부지런할지 모른다. 그러나 어느 한 가지를 보는(구성, 해석하는) 방식은 하나가 아니다. **'구성적 대안주의'**(constructive alternativism) 때문에, 보는 사람에 따라 요즘 아이들은 게으른 게 아니라 쿨하거나 개성적이다. 우울하고 무기력한 것인지도 모른다. 내 개인적 시각에 따라 다르게 보고 다른 것들을 예측하므로 그들에 대한 나의 태도와 행동도 달라질 것이다.

구성개념의 양극이 언제나 언어화 또는 의식되는 것은 아니며, 때로는 한 극만 의식된다. '착하다'만 있고 그 반대극은 의식 속에 없으면, '착한' 사람만 있고 '나쁜' 사람은 하나도 없다. 때로는 구성개념 전체가 언어화되지 않는 일도 있다. 가령 어떤 남자는 자기가 세상 여자들을 엄마 같은(따뜻한, 보살펴주는) 여자와 엄마 같지 않은(차가운, 이기적인) 여자로 나누고 산다는 것을 의식하지 못할 수 있다. 이 구성개념은 여자들에 대한 느낌과 행동으로 표현되어, 어떤 여자들은 *그냥* 싫고 무서운데 어떤 여자들은 *어쩐지* 편하고 좋다.

구성개념 체계의 개인차 성격 개인차는 곧 구성개념 내용과 구조의 개인차이다. 개인적 구성개념 체계를 파악하려면 우선 개인의 생활세계에서 중요한 대상들을 알아야 한다. 이를 위해 Kelly는 독서카드 만한 크기의 카드를 몇 장 주고 내담자에게 여러 사람의 이름을 적게 했다. 예컨대, '나', '좋아한 선생님', '싫어한 선생님', '아내(나 현재 애인)', '어머니', '아버지', '고등학교 다닐 때 싫어한 여학생' 등이다. 내담자가 10~20명의 이름을 적고 나면 심리학자는 카드를 세 장씩 집어들고 질문한다. "어떤 중요한 방식으로 이중 두 사람이 같으면서 동시에 세 번째 사람과 다른가?" 이 과정이 2, 30번 되풀이된다. 이 절차는 지필검사로도 만들어져 있다(**역할구성개념 레퍼토리 검사**, Role Construct Repertory Test, 줄여서 Rep검사).

석 장의 카드가 '어머니', '아내', '싫어한 여학생'이었다고 하자. 어머니와 싫어했던 여학생은 '지독하다', 아내는 '착하다'고 내담자가 대답한다면, 그의 개인적 구성개념 하나가 나온 것이다. 그 사람 자신이 만들어낸 독특한 분류범주이기 때문에 '개인적'이고, 그가 세상에서 수동적으로 흡수한 정보가 아니라 세상을 이해하기 위해 능동적으로 갖다붙이는(impose) 것이기 때문에 '구성개념'이다.[2] '지독하다–착하다'가 그에게 중요할수

2) 명사 "construct"는 동사 "construct"(짓다, 세우다; 명사형 "construction")의 결과물을 나타낸다('구성체'라고도 번역한다). Kelly가 개인적 구성개념을 풀어서 설명할 때 쓰는 동사는 "construct"가 아니라 "construe"(해석하다; 명사형 "construal")이다. 그가 개인적 구성개념이 "unit of construing"이라고 쓴 적이 있으므로 '구성개념'

록 다른 카드조합에서도 여러 번 등장할 것이다. 같이 '착하다'라는 구성개념을 써도 그것이 개인적으로 중요한 정도는 다르다. 구성개념들은 **편리의 범위**(range of convenience), 즉 그것들이 유용하게 적용되는 범위에서도 다를 수 있다. 위의 내담자가 '착함'을 여자와 아이들에게만 적용시킨다면 편리 범위가 비교적 좁은 것이다. 몸매, 가격 등도 '착하다'면 이 구성개념의 편리 범위가 엄청 커진 것이다.

과학적 이론에서처럼 개인적 구성개념들도 조직화되어 '체계'(system)를 이룬다. 그 안에서 *상위*(superordinate)개념들은 *하위*(subordinate)개념들을 그 편리 범위 안에 포괄한다. '좋다-나쁘다'는 많은 사람들에게 상위 구성개념이다. 이 사람이 '착하다-지독하다'와 더불어 '개방적-편협', '예민-둔감'도 '좋다-나쁘다' 아래 집어넣는다면, 착하고 개방적이고 예민하면 '좋은' 것이지만, 지독하고 편협하고 둔감하면 '나쁘다'. 하나하나의 구성개념뿐 아니라 그것들의 조직도 '개인적'이다. 같이 '좋다-나쁘다'가 상위개념이라 해도 다른 사람에게는 '예민-둔감'이 그 아래 들어가지 않을 수 있다.

어떤 개인에게 이 사람도 저 사람도 '착하다'면 우리는 그것이 그의 중요한 구성개념임을 알지만, 더 정확하게 파악하자면 '착하다'의 반대극이 무엇인지(예컨대 '지독하다'인가 '악하다'인가), 양쪽 극에 어떤 사람들이 들어가는지, 그의 체계 속에서 그 구성개념이 어떤 위치(가령 상위-하위)에 있으며 다른 것들과 어떤 관계를 맺고 있는지도 알아야 한다. 무엇보다도 중요한 것은, 그가 그 구성개념을 가지고 어떤 행동을 예측하며, 예측이 맞거나 틀리는지를 실험하고 확인하는지, 어떻게 확인하는지 하는 것이다.

예측과 타당도검증 어떤 일을, 사람(의 행동)을 해석한다(construe)는 것은 곧 그(것)에 대한 가설을 세운다, 어떤 예측을 한다는 것이다. 누가 '정직하다'고 할 때 정직함은 그가 가진 특성이 아니라, 나의 (주관적) 해석이며 내가 그의 행동을 예언하는 가설이다. 나는 그가 거짓말을 하지 않으리라고 예측하며 그가 거짓말하는가 안 하는가를 주목한다. '실험'도 할 수 있다. 조건(독립변인)을 설정해놓고 '어떻게 나오나'(종속변인)를 보는 것이다. '정직' 구성개념이 없다면 자신이나 남들의 거짓말을 예상하지 않거나 적어도 신경쓰지 않을 것이다. [그래서 누가 내게 "너는 정직해서 좋아"라고 말하면 기분이 떨떠름하다. 그는 내가 정직한지 거짓말쟁이인지를 지켜보았다거나 보겠다고 하는 것이기 때문이다.]

그가 거짓말을 한다면 나의 가설, 즉 예측이 어긋난 것이다. 이 결과로 나는 그에게 그 구성개념의 반대극('부정직하다', '사기꾼이다')을 갖다 붙이거나 다른 구성개념(이를테면, '교활하다-순진하다')을 적용할 수 있다. 그러나 '증거 불충분'이라고 결론내리고 실험을

보다 '해석단위'가 더 적합한 우리말 용어일 수 있다. 그러나 '과학자'를 강조하는 이론이므로, 과학적 이론의 '구성개념'이라는 말을 쓰기로 한다.

다시 해보거나, 원래의 기대에 맞도록 증거를 왜곡시킬 수도 있다. 이를테면, 그가 거짓말을 한 것이 아니라, 나쁜 놈에게 속고는 미안해서 말을 못한다고 믿는 것이다. 내가 신통치 않은 과학자라면 아예 실험을 안 하고 "내가 옳다"("나는 그를 너무 잘 안다")고 우기며 '경험적 증거'들을 무시한다.

개인적 구성개념의 심리학에서 볼 때 *부적응* 또는 장애란 어느 해석 또는 예언이 계속 틀리다고 확인되는데도 불구하고 고치지 않는 것이다(1955, p. 831). 틀리고 있는(또는 이미 틀린) 예측이 맞다며 타당도 증거를 무리하게 끌어대는 것을 Kelly는 *적대적*(hostile)이라고 불렀다. 심리적 장애와 연결되는 불안, 공포 등의 부정적 정서들도 Kelly는 순수하게 인지적으로 정의하였다. *불안*이란 자기에게 일어난 일들이 구성개념 체계 안에서 해석·이해되지 않을 때, *공포*란 새로운 구성개념이 나타나려고 할 때 경험상태이다. 자신의 세계에서 일어나는 일들을 제대로 해석·예측하지 못하면 여러 문제들에 잘 대처할 수가 없다. 치료자가 할 일은 내담자가 좋은 과학자가 되도록 '재구성'(reconstruction) 작업을 같이 하는 것이다.

'인지양식'이 아직 인기를 잃지 않고 있을 때 Kelly의 이론과 Rep검사는 **인지복합도**(cognitive complexity) 연구에 이론적 배경과 방법적 도구를 제공하였다. 구성개념 숫자가 많으냐 적으냐, 구성개념 체계가 복잡하냐 단순하냐에 따라 이 복합도가 결정되었다. 결과들이 약하고 모순적이었기 때문에, 그리고 인지양식 자체가 인기를 잃었기 때문에 인지복합도는 70년대 이후로 연구자들의 관심을 끌지 못했다. 그러나 Kelly는 이후의 성격이론가들에게 영향을 미쳤고, 인지구조와 과정, 즉 구성개념(체계)과 해석, 가설검증 등을 중심에 놓음으로써 인지-정보처리 접근의 대세를 만들어갔다(cf. Cantor & Kihlstrom, 1987).

사회학습 이론

Julian B. Rotter(1916-2014)는 임상가이자 실험심리학자로서 한편으로는 Freud, Adler 같은 심층심리학자들의 영향을, 다른 한편으로는 Hull과 Tolman 같은 학습심리학자들의 영향을 받았다.[3] 그의 '사회학습'(social learning) 이론은 인간 학습이 대부분 사회적 맥락에서 일어나며 우리의 동기는 대부분 타인들을 포함한다는 사실에서 출발한다. 그 자신이 말하는바 이것은 "미국심리학의 두 가지 서로 다르지만 중요한 추세 — 자극-반응 또는 강화 이론과 인지적 또는 장 이론 — 를 통합하려고 시도하는 대단위적(molar) 성격이론," "인간 행동의 복합성을 다루면서도, 조작적으로 정의할 수 있는 구성개념들과 경험

3) Rotter의 이론에 대해서는 Pervin(2003, pp. 76-78)과 Cantor와 Kihlstrom(1987)을 주로 참고하였다.

적으로 검증할 수 있는 가설들을 이용한다는 목표를 포기하지 않는 이론"이다(Rotter, 1975, Hall 등, 1985, p. 535에서 재인용).

Rotter는 사람들의 행동 레퍼토리가 어떻게 *학습*되는가 하는 것보다는 그중에서 어떤 행동을 *선택*하는지 하는 데 더 관심이 있었다. 학습했거나 할 줄 안다고 해서 다 수행하는 것이 아니라, 자극상황과 강화유관들을 어떻게 해석하느냐에 따라 행동선택이 달라진다. 복잡한 사회적 상황들에서 어떤 사람의 행동을 예측할 때 Rotter는 그 행동이 향하는 목표가 그 사람에게 얼마나 중요한지(강화/동기), 그가 그 행동으로 그 목표를 실제로 성취할 것이라고 예상하는지(인지) 둘 다를 고려해야 한다고 주장한다.

목표와 욕구 새 옷을 사거나, 성격과목에서 A학점을 받거나, 하고 싶었던 여행을 하거나, 좋은 벗이 생긴다고 가정해보자. 이 네 가지 강화 중에 독자는 어떤 것을 선택하겠는가? 강화가치에 따라 목표가 달라질 것이다. 목표들은 기본적 심리적 욕구들에서 나온다. Rotter는 *인정-지위*, *보호-의존*, *지배*, *독립*, *사랑과 정*, *신체적 편안* 등 6개의 넓은 욕구범주들을 정의하였다. 각 욕구의 강도는 사람마다 다른데, Rotter에 의하면 **욕구가치**(need value)가 다른 것이다. 내게는 독립이 중요한데 내 친구에게는 사랑과 정이 중요할 수 있다. 욕구가치의 차이에 따라 이런저런 것들의 잠재적 강화가치가 달라진다. **강화가치**는 동기개념으로, 여러 강화가 발생할 가능성이 모두 똑같을 경우 그중 어느 하나를 바라는 정도이다. 나는 성격 A학점을, 내 친구는 여행을 더 원한다. 강화가치를 결정하는 것은 그 강화가 다른 가치 있는 강화들을 가져올 것이라는 기대이다. 나에게는 좋은 성적이, 친구에게는 여행이 소중한 강화들을 가져다줄 것이라고 믿어진다.

개인들은 과거 경험을 통하여 어떤 행동을 하면 강화, 즉 욕구충족을 얻는다고 기대하기를 학습한다. 학교 다닐 때 공부 잘 하거나 순종하여 선생님들의 사랑을 받았고, 못된 아이를 혼내주고 약자를 보호하여 친구들의 사랑을 받았다면, 그런 다양한 행동들이 사랑과 정이라는 결과를 가져옴을 학습한 것이다. 욕구들은 사람에 따라 다르기도 하지만, 한 개인에게서도 삶의 시기와 상황에 따라서도 달라진다. 물론 기본적 심리적 욕구들이 완전히 만족되지는 않으며, 삶의 맥락이 달라지면 욕구들이 나타나는 구체적 형태도 달라져서 가령 같은 독립욕구라도 대학생과 직장인에게서 다른 모습으로 나타난다.

우리에게는 여러 가지 욕구와 강화들이 동시에 중요하다. 지배, 독립도 원하면서 보호-의존도 원하고, 승진도, 의리/우정도 중요할 때, 한 가지를 추구하면 다른 것을 포기해야 하는 상황에 들어갈 수 있다. 이러한 '갈등'을 Rotter는 인지적으로 정의하여, 서로 모순되는 것들에 높은 가치를 부여하는 것이라 보았다. 직장에서 능력을 인정받고 싶고 동시에 동료들의 사랑도 받고 싶은 여성은 둘 중의 하나만 추구하는 여성보다 어려움을 겪을 가능성이 크다.

목표나 강화들에 더하여 어떻게 하면 이 목표들을 이룰 것이라는 예상 또는 **기대**도 어떤 행동의 발생을 결정한다. 취업이라는 목표는 인정-지위, 독립, 사랑과 정이라는 다양한 욕구들을 충족시켜준다는 점에서 강화가치가 극히 높다. 우리나라에서 대기업 취업은 특히 그렇다. 이 목표를 세웠다고 누구나 똑같은 식으로 '취업준비'를 하는 것은 아니다. 영어공부에 전념하는 사람이 있는가 하면 학점관리나 아르바이트, 인턴자리 구하기에 전념하는 사람도 있다. 그냥 태평해 보이는 사람도 있다. 목표가 같다 해도 어떤 행동으로 그 목표를 이룰 것인가 하는 판단이 다를 수 있기 때문이다.

기대와 인지성향들 Tolman과 비슷하게, Rotter는 학습이란 행동-강화 관계들에 대한 기대나 가설들을 세우게 되는 것이라 보았다. 어떻게 행동하면 어떤 강화가 발생할 것이라는 기대들은 아주 주관적인 확률이다. Rotter의 **기대-가치 모델**은 기대확률과 강화가치가 곱해져서 행동선택이 나온다고 본다. 어느 한 특수한 상황에서 어느 강화를 얻기 위해 어느 한 행동이 발생할 가능성(**행동 잠재강도**, behavior potential)은 그 강화 또는 목표가 얼마나 중요한가, 그 상황에서 그 행동을 하면 그 강화가 발생하리라고 예상하는가에 따라 달라진다. 기대-가치 모델은 **기대효용**(expected utility)을 계산하는 경제학 모델에서 가져온 것이다. 복권 1등 당첨금이 1억 원이라고 할 때(가치), 당첨 확률이 1%라고 기대하면(곱하면 기대효용 100만 원) 0.01%라고 기대할 때(만 원)보다 복권을 더 많이 살 것이다. 당첨확률이 0이라고 본다면 당첨금이 100억 원이라도 (기대효용이 0원이므로) 복권을 한 장도 안 살 것이다.

잘생기고 부잣집 아들이지만 직장이 없는 준호와 모든 것이 평범한 회사원 철수 중 결혼상대를 선택한다 하자. 신체적 편안함과 인정-지위 욕구가치가 높다면 준호를, 사랑과 정, 보호-의존이 중요하다면 철수를 선택하고 싶을 것이다. 위에서 말한 것처럼 강화가치는 욕구가치와 관계가 있고 *여러 강화가 발생할 확률이 같을 때* 어느 것을 선호하느냐를 나타내지만, 실제에 있어서는 그 기대확률들이 같지 않다. 둘의 가치와 상관없이 각자를 '얻을' 수 있는 가능성이 서로 다르게 해석되는 것이다. 준호의 가치가 아무리 높아도, 기대치가 0이라고 본다면—마주칠 기회도 없다—나는 그를 목표로 삼지 않을 것이다. 어떤 목표의 강화가치는 높은데 그것을 얻을 기대는 낮은 일이 많으면 나는 적응에 어려움이 생긴다.

준호가 내 목표가 되었다 하자. 나는 어떤 행동을 할까? 그의 주목을 끌기 위해 공부를 잘 하거나 착한 성품을 내세울 수도 있고, 씩씩해 보일 수도, 내숭을 떨거나 철수와 친한 척할 수도 있다. 이중 어떤 행동을 하느냐 하는 것은 각각의 행동이 내 목표 성취를 가져올 것이라는 기대확률에 따라 다르다. 유사한 대상이나 상황에서 어떻게 하니까 성공하고 어떻게 하니까 실패하더라는 직접·간접 경험이 기대확률을 만들어냈을 것이다.

일반화된 문제해결 기대 당시 성격분야를 지배하던 특질심리학이 지속적 성향을 지나치게 강조하는 대신 상황 맥락의 효과는 무시한다고 비판한 Rotter는 강화가치와 기대의 상황적 특수성을 강조했지만, 안정성과 보편성도 인정하였다. 그는 심리적 욕구들을 측정하는 도구도 만들었지만, 상황을 어떻게 해석하는 편이 가장 좋은가에 대한 '일반화된 기대'를 더 강조하였다. '일반화된 문제해결 기대' 중 하나로 **대인신뢰**(interpersonal trust)는 남들의 말을 믿는 정도를 말한다. 사람들이 약속을 지키고 남들을 배반하지 않을 것이라고 일반적으로 믿는 사람은 못 믿는 사람과 문제해결 접근이 다를 것이다.

대인신뢰가 별로 주목받지 못한 반면, 강화의 **통제소재**(locus of control)는 매우 인기있는 주제였다. 내게 닥치는 일들, 정적, 부적 결과들은—스키너 상자 안에서 먹이가 막대 누름 행동을 강화하듯이—내가 하고 있던 행동들을 직접 강화하는 게 아니다. 사람은 '강화유관'을 *해석*하기 때문이다. *내적 통제*를 믿는다면 자기에게 일어나는 일들이 자신의 노력이나 개인적 특징들(성격, 능력) 때문이라고 보는 반면, *외적 통제*를 믿는다면 결과들이 운, 운명, 남들의 행동, '사회제도' 같은 외적 세력들에 좌우된다고 예상한다. 예를 들면, 내가 받은 A학점이 내가 공부를 열심히 했기 때문일까(내적 통제) 아니면 운이 좋았거나 교수가 나를 동정하기 때문일까(외적 통제)? 어떤 경우에 내가 더 공부를 열심히 할까?

내외(Internal-External, I-E)척도는 10여 년 동안 성격연구에서 가장 자주 사용된 척도였다. **I-E척도**는 원래 예상보다 더 복합적임이 밝혀지고, 또 연구자들의 관심이 다른 주제와 측정도구들로 옮겨갔다. Rotter는 통제소재의 상황특수성도 강조하였다. 어느 한 과제나 상황에 들어갈 때 일반화된 기대를 가지고 출발하더라도, 경험이 쌓이면서 특수화된 기대가 생겨난다. 결과적으로 공부에서는 내적 통제를 믿는("공부하는 만큼 성적이 나온다") 사람이 이성교제에서는 외적 통제를 믿을 수 있다("인연이 있어야 잘 된다").

Rotter는 다른 성격심리학자들의 사고와 연구에 큰 영향을 미쳤지만, 경험적 연구에 대한 영향은 줄어들었다. 인지혁명 기간에도 활동을 했지만, 그의 주된 작업은 그 이전에 나왔다. 1970년대에 들어오면서 사회학습 심리학자들은 인지심리학에서 나온 개념화들에 연구를 연결시켰다. Rotter와 쌍벽을 이루던 사회학습 이론가 Bandura는 시대조류에 따라 인지 요인들을 점점 많이 강조하면서 80년대 중반부터 자신의 이론에 *사회인지*라는 제목을 달기 시작하였다. 학습이 행동이나 반응의 지속적 변화 또는 조건화가 아니라 정보나 앎의 획득이라고 보기 때문에, 그리고 아마도 행동주의의 퇴조로 '학습'의 '브랜드가치'가 떨어졌기 때문에, '학습'을 '인지'로 바꾼 것이다.

사회학습과 사회인지: Bandura와 Mischel

Albert Bandura(1925-)는 캐나다에서 태어나 대학까지 졸업하고 석사부터는 미국에서 공부하였다. 1952년에 임상심리학으로 박사학위를 따고 그 다음 해부터 스탠포드 대학에 재직하였다. Hull의 제자인 Kenneth Spence에게 배웠던 그는 학습이론적, 실험적 접근에 매우 큰 영향을 받았다. Walter Mischel(1930-)은 Kelly와 Rotter의 제자로서, 당시 성격심리학을 지배하던 전통적 특질 접근과 정신역동적 접근을 비판하는 저서 '성격과 예측'(1968)으로 스타가 되었다.

주 관심이 *수행* 또는 (행동)선택에 있었던 Rotter와 달리 Bandura는 행동의 *학습*에 관심이 있었다. 그는 많은 사회적 행동이 남들의 행동을 관찰만 해도, 즉 강화가 없어도 학습된다는 것을 강조하였다. 이론의 이름은 '사회학습'에서 1980년대에 **'사회인지'**로 바뀌었다. '사회'(social)는 대부분의 인간 사고와 행위가 사회적 기원을 갖고 있음을, '인지'(cognitive)는 사고과정이 인간 동기, 정서 및 행위에 영향 미친다는 믿음을 말한다. 최근에는 이론이 **인간 행위주체**(human agency)라는 부제를 달고 있다(예, Bandura, 2001). 그는 인지, 의도와 계획 등 인간 정신기능의 독특성을 점점 더 강조해왔지만, 다른 한편으로 환경과 인간/인지를 분리하는 이원론을 탈피하려고 시도하였다. 행동, 인지, 환경 요인들이 끊임없이 서로 영향 미치며 상호작용한다는 '상호결정론'이 그것이다.

관찰학습

전통적인 학습 실험에서 미로를 달리는 쥐, 스키너 상자의 비둘기는 모두 혼자이다. 그러나 '사회적 동물'인 인간은 주로 사회적 상황에서 중요한 것들을 학습한다. [쥐도 무리지어 사는 사회적 동물이다.] 어린아이를 키워본 사람이면 따라하기, 보고 배우기의 중요성을 다 안다. 관찰학습은 모델 학습 또는 '모델링'(modeling)이라고도 하는데, 우리말의 '본뜨다'가 같은 말이라고 하겠다. 사회적 행동과 언어의 학습에는 관찰과 모방이 필수적이며 이는 주로 가정환경에서 일어난다. 대중매체(특히 TV와 인터넷)의 위력이 막강해지면서 '모델'의 범위는 부모, 형제, 교사, 친구 등 가까운 사람들을 넘어서서 국내·외 연예인과 스포츠 스타 등 모르는 타인들로 넓어지고 있다. 부모와 가정의 영향력이 점점 줄어드는 것이다.

관찰학습에 꼭 모방이 포함되는 것은 아니다. 형이 아버지에게 대들었다가 혼쭐나는 것을 본 동생은 그 관찰로 학습을 했지만(했다면), 형의 행동을 모방하지 않는다. 그가 학습한 것은 '저렇게 하면 죽는다'는 '앎', '정보'이다. Tolman처럼 Bandura도 학습이 인지현상으로서 강화 없이도 일어난다고 믿었다. 두 학자의 공통점은 학습-수행 구분에서도 나타난다. 어디 가면 물이 있는지 알아도(학습된 정보, 인지도) 목이 말라야 그 앎이 활용된다(수행). 욕할 줄 알아도(학습) 부모 앞에서는 안한다(수행).

학습과 수행 많이 인용되는 실험에서 Bandura(1965)는 공격적으로 행동하는 성인 모델을 남녀 유치원 아동들에게 보여주었다(Phares, 1984/86, p. 373f.에서 재인용). 아이들은 바람을 넣은 커다란 플라스틱 '보보인형'(밑부분에 무거운 것이 들어 있기 때문에 치면 쓰러졌다가 금방 일어선다)을 어른 남자가 욕하며 때리고 발로 차는 5분짜리 영화를 보았다. 실험조건은 모두 세 가지였다. (이어지는 장면에서) 모델은 공격행동에 대해 *보상*(칭찬과 먹을 것) 또는 *처벌*(욕설과 공격)을 받았고, 통제조건에서는 그의 행동에 아무런 결과도 뒤따르지 않았다. 영화를 본 아이들은 장난감이 많이 있는(영화에 나왔던 보보인형, 공, 방망이도 있었다) 다른 방으로 옮겨갔다. 일방경 뒤에서 아이들의 놀이를 관찰하며 보보인형에 대한 공격이 일어나는지를 기록했을 때, 공격행동은 모델보상 조건에서 제일 많았고, 모델처벌 조건에서 가장 적었으며, 통제조건에서는 중간 정도였다. 직접 강화를 받지 않고 행동을 관찰만 해도 그 행동이 학습된 것이다. 모델강화의 이러한 효과를 **대리강화**(vicarious reinforcement)라고 부른다.

연구의 다른 측면은 학습-수행 구분에 관계된 것이었다. 모델행동의 모방에 대해 보상을 주거나 주지 않았을 때, 그 **유인**(incentive)이 수행에 영향을 미쳤다. 그림 13-1을 보면, 모델강화(보상, 처벌, 무 강화)의 효과가 있고, 정적 유인이 있고 없음에 따른 차이도 있다. 남녀 차이도 눈에 띈다. 유인이 없을 때는 '역시 남자가 공격적이다'라는 결론이 나오지만, 유인이 있을 때는 차이가 훨씬 작아져서 여자아이도 거의 남자아이만큼 공격행동을 하였다. 강화가 *수행*에 영향을 미친 것이다. (고전적으로 조건화되는) 반응행동들도 관찰에 의해 학습될 수 있다. 전학 간 학교에서 아이들이 어떤 선생을 무서워할 때, 내가 그 선생과 아무런 직접 경험이 없는데도 같이 그를 무서워하게 되는 것이다.

어릴 때 가정폭력에 시달리던 사내아이가 어른이 되어 아내와 자녀를 때릴 때 우리는 학습의 결과를 20여 년이 지나서야 보게 된다. 그러나 그의 모델이 아버지만은 아니고 다른 (실제의 또는 드라마나 영화에서 본) 아버지/남성들일 수 있다. 또 우리는 타인의 행동을 단지 기계적으로 모방하는 게 아니라, 여러 모델과 사례들로부터 선택하여 종합해서 새로운 행동결과를 만든다. 관찰을 통해 배우는 것은 일차적으로 어떤 '앎', '정보'(남자는 아내와 자식을 마음대로 해도 된다, 화날 때는 욕설과 주먹이 나간다 등)이며, 정보를

그림 13-1 모델링 조건과 보상에 따른 남녀의 모방반응(Phares, 1984/86, p. 375)

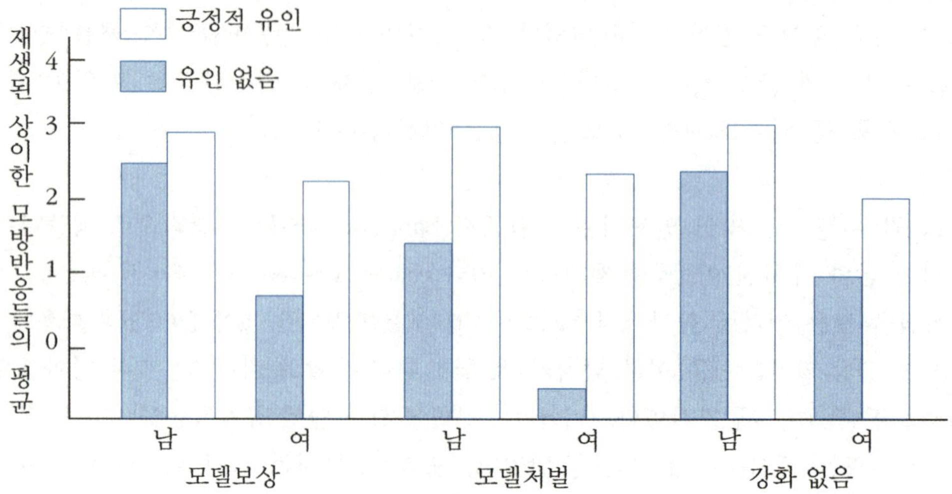

얻고 활용하기까지는 여러 단계를 거친다.

관찰학습의 네 단계 관찰학습이 일어나려면 우선 모델 행동에 **주의**(attention)를 기울여야 한다. 관찰 기회도 있어야 하지만, 모델의 특성도 중요하다. 우리는 살아가면서 현실과 대중매체에서 무수한 사람들과 마주치지만 그중 소수에게만 그리고 그들의 일부 행동에만 주목한다. 대체로 성별과 나이, 지위가 우리와 비슷한 사람, 우리가 좋아하고 사회적 지위가 높거나 인기 있는 사람이 더 많은 주의를 끈다. 그리하여 아들은 아버지, 형을, 딸은 어머니, 언니를 따라하고, 학교에서는 동성의 친구와 선생님을 따라하는 한편, 대중매체에 나오는 스타들도 많은 주의를 끈다. *주장성*을 키워서 당당한 사람이 되고 싶다면, 주변에서 적당한 모델을 찾아서 그의 행동에 주의를 기울이는 것으로 시작할 수 있다.

관찰한 것은 기억해야 한다(**파지**, retention). 이를 위해 우리는 심상(image)을 형성하거나 말로 저장한다(상징화). 친구가 교수나 친구 앞에서 당당하게 자기 의견을 말하는 모습을 마치 녹화한 것처럼 심상으로 간직할 수 있고, 언어화해서 기억할 수도 있다. '저쪽에서 말 걸기를 기다리지 않고 먼저 접근하며, 상대방의 눈을 보고 겸손하지만 당당하게 할 말을 하고, 상대방이 공격해도 언성을 높이지 않는다'는 식으로 기억한다면, 관찰 후 시간이 많이 지나도 인출하거나 시연(리허설)할 수가 있다.

셋째 단계는 기억한 것을 행동으로 옮기는 단계이다(**행동산출**, behavior production). 심상이나 언어적 상징화가 아무리 생생하고 정확해도, 그 행동이 복잡하고 고도의 기술이 필요하면 재생에 많은 시간과 노력이 들어간다. 주장성 훈련중인 사람은 거울 앞에 서서 만족스러울 때까지 '올바른' 표정과 말투, 대사를 연습할 수 있다. 마지막 단계는 유인 또는 **동기**(motivation)이며, *강화*는 여기에서 중요하다. 친구가 하는 주장행동을 나도 해보았는데 성공했다면(상대방이 사과하고, 다시는 무시하는 행동을 하지 않았다) 강화를 경험한 것이다. 강화 경험으로 인해 어떤 장면에서 어떤 식으로 행동하면 강화가 올 것이라는 기대가 생기는가 하면, 이미 학습한 것을 활용하려는 동기가 생긴다.

상호결정론

행동(B)을 결정하는 요인들의 두 큰 범주는 **환경**(environment, E)과 **개인**(person, P)이다. 행동주의자는 외적 자극, 환경을 강조하고[B = f(E), 행동은 환경의 함수(function)], 정신역학이나 특질심리학에서는 그 사람의 내적 추동이나 성향을 강조한다[B = f(P)]. 행동주의자의 특질심리학 공격으로 성향-상황 논쟁이 터졌을 때 나타난 **상호작용론**(interactionism)에서는 환경요인과 개인 특성이 같이 행동을 결정한다는 타협안을 내놓았다[B = f(P, E)]. Bandura(1978)에게는 상호작용론도 성향론이나 환경론처럼 일방적(one-sided)이다. 독립변인(환경, 개인)이 종속변인(행동)에 영향 미치는 방향만 인정하기 때문이다. 독립변인들끼리 서로 영향 미칠 가능성도 인정되지 않는다. 이러한 사고틀을 이 책 1장에서 *변량분석 패러다임*이라고 불렀다. 10장의 주제였던 유전-환경 논쟁에서 유전론과 환경론은 각각 B=f(P), B=f(E)를 주장했다고 할 수 있다. B, P, E가 서로 상관있고 영향 미친다면 이 패러다임은 적용할 수가 없게 된다.

개인, 환경, 행동의 삼원 상호성 상호결정론(reciprocal determinism)은 행동, 인지 및 성향, 환경이 *서로* 영향을 미침을 강조한다(삼원 상호성, triadic reciprocality, 그림 13-2). 그렇다고 세 요인에 골고루 주의를 기울인다는 것은 아니다. 행동주의와 (실험 및) 변량분석 패러다임의 영향이 여전히 강하기 때문에 사회학습 및 사회인지 이론에서 시선은 여전히 **B요인**에 집중된다(P→B; E→B). 각 두 요인 사이에 화살표가 양방향으로 간다고 해서 영향들이 언제나 대칭이라는 것도 아니다. 이를테면, 환경(E) 영향이 아주 강하면 인지와 성향(P)은 행동(B)에 별 역할을 안 하고, 반대로 상황 제약이 약하면 개인 요인이 중요하다. 물에 빠지면 누구나 헤엄치려 하고, 도서관에서 수많은 책 중 어느 것을 뽑아드느냐 하는 것은 개인 성향에 달려 있다.

성격 기술과 설명에서 중요한 '가정환경'(E)은 부모가 자녀에게 하는(한) 행동인 셈이다. 성격심리학에서는 E→B나 E→P 측면을 강조해왔지만, 10장에서 우리는 이 전통적

그림 13-2 행동, 개인, 환경요인의 상호결정론

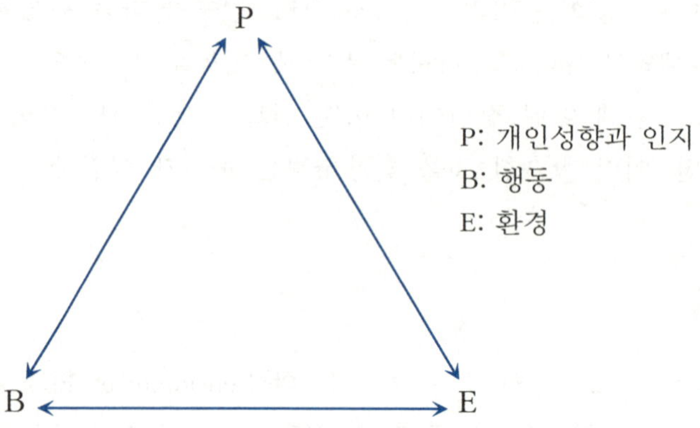

견해가 지나친 단순화임을 배웠다. 자녀가 작용, 부모가 반작용하는, 즉 자녀의 성향(P)이나 행동(B)에 따라 부모의 양육행동(E)이 달라지는 측면이 있는 것이다. 자녀행동(B), 자녀특성(P), 부모행동과 특성(E)의 상호결정을 생각해보자. 부모는 아들이 못 믿게 하기 때문에 끝없이 잔소리를 하고(B→E), 아들은 부모의 과잉보호 때문에 귀와 마음을 닫는다(E→B). 부모가 보기에는 아들이 책임감이 없어서 멋대로 하고(P→B), 아들은 자기 특성과 행동이 부모에 대한 반항이라고 본다(E→P→B).

다른 흔한 예로 TV시청의 상호결정을 살펴보자(Bandura, 1986/98, 1996). 잠재적 TV환경은 누구에게나 동일하지만 실제 TV환경은 시청자 취향과 선택에 따라 다르다. 자연 및 휴먼 다큐멘터리만 찾아보는 사람, 드라마만 챙겨보는 사람이 경험하는 TV환경은 다르다. 우리나라 TV에서 드라마 비율이 높은 것은 드라마 시청률이 상대적으로 높기 때문이지만, 다른 한편 드라마를 많이 방영하고 '골든타임'에 배치하기도 한다. 뉴스와 교양을 늘여야 한다는 비판의 목소리가 커도, 시청률 때문에 TV환경은 연예·드라마로 채워진다. 이렇게 시청자 선호(P), 시청행동과 시청률(B), TV프로(E)가 서로 영향을 미친다. 상호성이 동시성은 아니다. 프로그램 유형과 배치가 시청자선호를 즉각 변화시키지는 않고, 시청률 역시 TV환경에 영향을 미치기까지 시간이 좀 걸린다.

행동, 성향, 환경이 서로 영향을 미친다면 '끝도 시작도 없는 미로'가 될 수 있다. 시작하기 가장 쉬운 지점은 *행동(B)*이다. 본인의 성격특성(P)과 가정환경(E)은 스스로 고치기가 어려운데 비해, 행동은 고쳐볼 수 있다. 부모에게 거의 말을 안 하고 지낸다면, '안녕히 주무셨어요'라는 아침 인사부터 시작하여 차차 입을 떼고 미소지어 보이는 것이다. P와 E가 변하기까지 시간이 걸린다 해도 바퀴는 굴러가기 시작할 것이다. 그러나 Bandura 이론에서 삼원 상호성의 중심은 **자기체계**(self system)이다. '사람'(P)요인인 자기체계는 여러 가지 기본 능력들(capabilities)로 정의된다.

개인요인의 측면들 Bandura(1986/98)는 상징화, 예상, 대리, 자기조절, 자기반사의 다섯 가지 능력을 구분하였다. 우선, 우리는 **상징**을 사용하여 환경을 변화시키고 환경에 적응한다. 자극이나 상황을 말로 기술, 판단하고 행동방향을 정하는 것이다. 상대방이 나를 '무시한다'고 또는 '겁낸다'고 보느냐, 아니면 '뭘 모른다'고 보느냐에 따라 내 행동이 달라진다. 물론 추리기술이 잘 발달하지 않았거나 효과적으로 사용되지 않을 수 있고, 추론의 토대가 부적절하거나, 선택에 따르는 결과들을 다 고려하지 않을 수도 있다.

예상(forethought)이란 행동의 목적성, 미래지향성을 말한다. 우리는 하려는 행동이 어떤 결과를 가져올지를 내다보고, 목표를 세우고, 행동을 계획한다. 이렇게 미리 생각, 계획함으로써 스스로 동기를 부여하고 행동방향을 정할 수 있다. 미래 사건들이 행동을 결정할 수는 없지만, 그것들의 그림인 '인지적 표상'은 현재 행위들에 결정력을 가진다. 예상과 계획은 **자기조절** 기제들의 도움으로 행동으로 옮겨진다. 행동의 자기조절은 아래에서 따로 논의한다. 인터넷과 매체환경의 영향이 점점 커지면서 직접 경험보다 **대리**(vicarious), 즉 관찰학습 능력이 점점 중요해진다. **자기반사**(self-reflection)는 자신의 경험들을 분석하고 사고과정들에 대해 돌이켜보는 것이다. 자신의 생각을 돌이켜보면서 행동도 달라질 수 있는데, 자신이 여러 과제와 상황들을 효과적으로 다룰 수 있는지를 어떻게 판단하느냐(자기효능) 하는 것이 일상생활에 가장 큰 영향을 미친다.

미래를 예상·계획하고, 자기 행위나 생각·능력에 대해 평가·판단하는 등은 인간 고유의 특성이자 능력들이라 할 수 있다. 최근에는 **행위주체성**(agency)이 점점 강조되고 있다(예, Bandura, 1996, 2001). 우리는 행위주체(agent)이며, 주관성, 계획·의도, 생각에 대한 생각이 인간성의 가장 중요한 특성이라는 것이다. Skinner의 '자율적 인간' 부정(12장 참조)에 대한 반박인 셈이다. 인간 행위주체성은 세 가지 형태를 취할 수 있는데, **개인적**(personal)인 양식 외에 **대리적**(proxy), **집합적**(collective) 행위주체성이 있다. 직접 통제력이 없을 때 '대리인'을 쓰는 예는 아이가 부모에게, 남편이 아내에게, 시민이 지역구의원에게 대신 나서게 하는 것이다. Bandura가 점점 많이 강조하는 것은 집합적 행위주체성으로서, 집단으로 나서서 바라는 결과들을 산출할 수 있다는 공유된 믿음을 말한다. 자기효능을 논의할 때 다시 집합적 행위주체성이 이야기될 것이다.

그림 13-3 행동의 자기조절 과정(Bandura, 1978, p. 349)

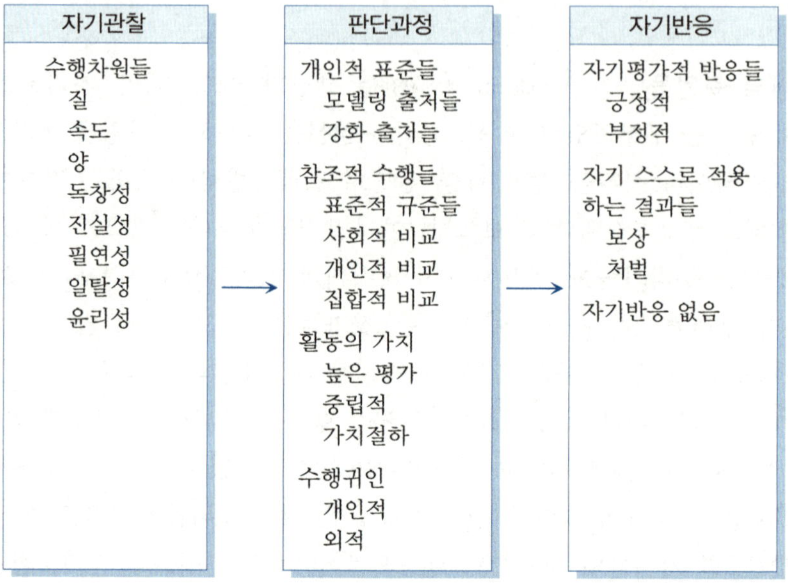

행동의 자기조절

사람은 스스로 목표, 계획들을 설정하고 자신의 생각과 행동을 스스로 조절하는 행위주체이다. 구체적으로, 자신의 수행을 관찰하고, 판단 내리고, 그 판단에 반응하는 과정을 거치면서 행동을 스스로 조절한다(그림 13-3 참조). 그림에서 마지막에 나오는 **자기반응**(self-responses)이란 자기 자신의 행동에 대한 반응들로서, 좋거나 나쁘게 자기평가를 하고, 자신에게 상이나 벌을 주는(자기강화) 것이다.

개인적 표준과 내적 강화 남만큼 벌고 생활하면 만족할까 아니면 남보다 훨씬 잘 살아야 만족할까? 자신의 수행이나 상태를 판단하는 기준에 따라 자기강화(self-reinforcement)도 달라진다. **개인적 표준**(personal standards)은 강화와 관찰 둘 다에 의해 학습된다. 어릴 때 1등 해야 칭찬 받던 사람은 반에서 중간만 넘어도 칭찬 받던 사람과 표준이 다르다. 부모가 내 성적을 따진 적이 없지만 오빠에게 1등 하라는 압력을 넣었다면, 학교 선생님들이 성적 상위그룹만 사람 취급한다면, 관찰학습으로 내 표준이 높아질 수 있다.

일단 표준이 성립하면, 그것에 비추어 자신의 수행을 평가한다. 이 **자기평가**는 만족감, 기쁨이나 불만, 분노로 표현되지만, **자기강화**로 이어지기도 한다. 자신에게 보상이나 벌을 주는 것이다. 예를 들어 평소에게 갖고 싶던 것, 맛있는 것을 (자신에게) 사주거나 아주 싫어하는 일(예, 청소하기, 동생 구두 닦아주기)을 스스로 한다. 아니면 '너 괜찮은 사람이야'라며 자기를 칭찬하거나 '형편없다'며 자기를 비난하기도 한다. Bandura는 자기평가에서 오는 내적 강화가 밖에서 오는 외적 강화보다 더 영향력이 크다고 믿었다. 수행표준이 너무 높으면 정적 자기강화가 오기 힘들며, 여러 가지 부정적 자기반응이나 '우울증'이 나타나기 쉽다. 반면, 표준이 너무 낮아서 조금만 잘해도 만족하면, 노력을 안 하고 발전을 못할 수 있다. 아마도 표준이 실제 능력보다 약간 높을 때 자기평가도 긍정적이 되고 수행을 잘 할 것이다. 개인적 표준만큼 자기조절에 중요한 역할을 하는 것이 자신의 능력평가, 즉 지각된 자기효능이다.

자기효능 자기효능(self-efficacy)이란 자신이 어떤 주어진 상황에서 얼마나 잘 해낼 수 있다고 믿느냐, 바라는 결과를 자기 힘으로 이루어낼 수 있다고 믿느냐 하는 것이다. 주관적 판단이므로 *지각된* 자기효능, (자기)효능*신념*, (자기)효능*감* 등의 표현을 쓴다. '하면 된다', '(아무리) 해도 안 된다'는 표현이 바로 높거나 낮은 효능감을 가리키는 말들이다. 우리는 특히 스포츠경기에서 '하면 된다'는 신념이 중요함을 본다. 자기 능력을 믿지 못하면 과제를 실제보다 어렵다고 판단하고, 상황의 특성이나 요구보다 자신의 부족함에 주의를 집중하며, 장애물에 부딪칠 때 쉽게 기가 꺾이게 된다. 따라서 실력이 우수해도 수행이 나빠지기 쉽다. 효능신념들은 얼마나 높은 목표를 세우는지, 어떤 결과를 기대하는지, 목표성취에 얼마나 많은 노력을 투자하는지, 장애물이나 실패에 부딪칠 때 얼마나 버틸지 하는 등에 영향을 미친다.

자기효능감에는 *영역 특수성*이 있다. 공부는 '하면 된다'고 믿는 사람이 요리는 '해도 안 된다'고 믿을 수 있고, 교사로서는 효능감이 높지만 아버지로서는 그렇지 않을 수 있다. 효능감이 있으면 높은 목표를 세워도 열심히 노력하고 끈질기게 매달리며 성공할 확률이 높지만, 그것이 낮으면 목표도 낮게 세우고, 조금만 어려움에 부딪쳐도 포기하므로 그조차도 이루지 못하기 쉽다. 그렇다고 자기효능감이 높을수록 좋다는 것은 아니다. 자신감이 넘쳐서 비현실적으로 높은 목표를 세웠는데 실력이 따르지 않으면 포기해버리기 쉽다.

지각된 자기효능 수준을 결정하는 가장 강력한 요인은 직접적 또는 대리적 *성공·실패 경험*이다. 직접 성공경험을 하기 위해서는 힘들어 보이는 과제에도 도전하고, 훈련으로 실력을 키워야 한다. 대리적 성공·실패는 나와 비슷한, 내가 동일시하는 사람이 이런저런 과제에서 성공하거나 실패함을 보는 경험을 말한다. 나와 비슷한 수준의 친구가—우리 반 우등생이 아니라—잘하는 것을 볼 때 나도 하면 된다는 믿음이 생길 수 있다. '하면 된다'는 설득, 격려가 효과적일 수 있지만, 자신의 직접 경험만큼 강력하거나 지속적이지는 않다. 누가 도전적 목표를 부과하기만 해도 나의 자기효능이 높아질 수 있는데, 내가 그 목표를 성취할 수 있다는 확신을 상대방이 표현하는 것이기 때문이다.

Bandura는 모델링을 이용한 공포증 치료에서 자기효능감의 중요성을 깨닫게 되었다. 뱀 공포증 치료에서 모델링 조건과 참여모델링 조건을 비교한 연구를 보자(Bandura, Adams, & Beyer, 1977; Phares, 1984/86, pp. 376-377에서 재인용). 치료자는 뱀 만지기부터 뱀을 방에 풀어놓고 다시 잡기에 이르는, 점점 무서운 과제를 수행하였다. 뱀 공포증이 있는 피험자들이 *모델링* 조건에서는 그 과정을 관찰만 하였고, *참여모델링* 조건에서는 같이 참여하였다('지도받는 극복', guided mastery). 뱀 회피는 뱀을 가지고 측정되었다. 장갑 끼고 만지기부터 맨손으로 잡기까지 점점 더 무서운 직면을 요구하는 29개 과제가 있었다. 자기효능 기대를 측정하기 위해 29개 행동검사들 각각을 얼마나 성공적으로 수행할 수 있으리라고 자신하는지를 평정하게 하였다.

단순모델링도 자기효능 증가와 공포증 극복을 가져왔지만, 참여모델링이 더 효과적이었다. 자기효능감 평정치는 실제 수행과 밀접한 상관이 있었다. 자기효능감이 높을수록 공포증 극복도 잘했지만, 수행 향상에 따라 그것이 높아지기도 하였다. 행동(B)과 인지요인(P)이 서로 영향을 미친 것이다. 쉬운 과제나 목표로 시작해서 점점 어려운 것으로 옮겨가기 때문에 피험자들이 성공경험을 쌓아간 것이 효과적이었던 것으로 보인다. 처음부터 '붉은꼬리 보아뱀'을 던져 주었다면 아마 전부 기절하고 공포증은 더 심해졌을 것이다. Bandura는 뱀 공포증을 극복하게 된 사람이 삶의 다른 영역들에서도 공포를 극복하게 되고 자신감이 생긴다는 일반화 효과를 관찰하였다.

사회경제적 조건들(E)이 효능신념(P)에 영향을 미침으로써 기능수행(B)에 영향을 미치기도 한다. **공부효능감**에서 이런 일을 생각해 보자. '명문대' 입학이 출세와 인생성공을 좌우한다고 믿는 우리나라에서 '열심히 공부하면 성적이 오른다'는 기대 또는 신념은 매우 중요하다. 효능감이 높으면 공부를 열심히 하게 되고, 그래서 성적이 오르면 그것이 더 높아질 것이다. 반면 효능감이 없으면 열심히 안 하고 조금 어려워지면 집어치우며, 그래서 성적이 안 오르니 그것이 더 낮아진다. 이런 상호성(B ↔ P)은 누구에게나 분명하다. 그러나 환경요인도 작용한다. '가난한 수재'는 옛말이다. 잘사는 집이라야 조용한 공부방, 일급 학원과 일류 과외선생이 주어지고, 학교에서도 높은 기대를 하며, 따라서 학생들의 효능신념도 높아질 수 있다(E ↔ P).

Bandura는 힘을 합하면 문제들을 해결할 수 있다고 믿는 **집합적 효능감**의 중요성을 역설한다. 이것이 높을수록 집단은 더 높은 목표를 세우고, 더 많은 집합적 노력을 하며, 장애물과 실패에 굴복하지 않게 된다. 이 효능감을 높이는 것도 — 아무리 작더라도 — 성공경험의 누적이다. 정치인들은 '다 똑같은 놈들'이며 권력과 돈만 밝힌다고 본다면, 시민들의 힘으로 정치변화를 가져올 수 있다고 믿지 않으므로 투표를 비롯한 권리행사를 스스로 포기하기 쉽다. 시민들이 힘을 합쳐서 무엇인가 함으로써 변화와 개혁을 가져올 수 있다고 믿을 때, 이 *정치효능감*은 실제적 정치발전을 가져올 가능성이 크다. 이러한 변화 발전의 성공경험은 다시 효능감을 높인다.

인지적 사회학습 이론

Walter Mischel(1930–)은 행동을 내면 성향이나 동기의 징표(sign)로 보는 접근에 반대하면서 행동과 상황, 무엇보다도 상황의 개인적 의미("인지적 변형")를 관찰해야 한다고 믿었다. 특질 평정은 평균 행동수준들의 전체 요약(overall summaries)으로서, 시간과 상황에 따라 행동이 달라지는 안정된 패턴을 놓친다는 것이다. Bandura처럼 Mischel도 이론의 이름과 내용을 시대에 따라 바꾸었다. 1973년 '인지적 사회학습 이론'이었다가 최근에는 '인지-정동 체계'를 이야기하며 '(정보)처리'라는 말을 붙인다. 그는 서로 동떨어진 성향(특질) 접근과 사회인지 내지 정보처리 접근들을 자신의 **인지-정동 처리체계**(cognitive-affective processing system, CAPS) 틀 안에서 통합할 수 있다고 믿는다(Mischel & Shoda, 2008). 성격은 매개단위들의 조직된 체계로서 다섯 가지의 **인지-정동 단위**들로 구성된다.

개인 변인들　CAPS는 두 가지 가정을 가지고 개인차를 설명한다. 첫째, 특정의 인지적 및 정동적 표상이나 단위들이 얼마나 쉽게 활성화되느냐에서, 즉 그것들의 **만성적 접근 가능성**(chronic accessibility)에서 사람들이 다르다는 것이다. 둘째, 이 단위들의 상호 연결, 즉 **조직**에서 개인차를 추정한다. 인지-정동 단위들은 모델의 근본이 되는 개인 변인들로서, 부호화, 기대와 신념, 정동, 목표와 가치, 능력과 자기조절 계획 등 다섯 가지 유형이다(Mischel, 1973; Mischel & Shoda, 2008).

부호화책략(encoding strategies)과 개인적 구성개념이란 정보를 해석하는 방식을 말한다. 교수가 학기 첫 시간에 자기는 리포트, 발표 등 요구는 많이 하면서 A는 거의 안 준다고 말했다 하자. 겁먹고 열심히 공부하는 학생이 있는가 하면, 어떤 사람은 학점 딸 가망이 없다고 판단하여 아예 수강신청을 변경해 버리고, 또 다른 학생은 '선생들은 말은 늘 저렇게 하지'라며 태평하다. 교수의 말을 각자 다른 '코드'로 받아들이는 것이다.

Rotter에게서 기대 개념을 받아들인 Mischel은 **행동-결과**(behavior-outcome)와 **자극-결과**(stimulus-outcome) 기대를 구분한다. 저 교수 과목에서는 공부를 안 하면 F학점일까? 중간·기말 시험을 다 보면 C는 나올까? 행동-결과 기대에 따라 공부를 열심히 또는 소홀히 할 것이다. 어떤 단서나 자극이 어떤 다른 것을 예언해준다는 자극-결과 기대는 자극의 의미해석이다. 어떤 교수는 웃는 얼굴일 때 학생이 가장 조심해야 한다고(웃음→날벼락) 여겨질 수 있다. 어느 한 상황에서 한 구체적 행동을 수행할 수 있을 것이라는 효능기대도 행동에 영향을 미친다.

정동(affect)들은 생리적 반응들을 포함한 감정, 정서들이고, **목표**(goals)와 **가치**(values)는 바라거나 싫은 결과 및 정동상태를 말한다. 리더 노릇을 좋아하는 사람, 남 앞에 나서기를 아주 싫어하거나 두려워하는 사람은 가치가 다르므로 추구하는 목표도 달라질 것이다. 가치는 상황에 따라 달라지기도 한다. 친한 친구들 사이에서는 리더 노릇을 하기를 좋아하는 사람이 큰 집단에서는 앞에 나서기를 싫어하고, 반대로 친구들과는 편하게 지내고 싶은 사람이 큰 집단에서는 리더가 되고 싶은 것이다.

마지막으로, **인지·행동 역량**(cognitive, behavioral competences)과 **자기조절 계획**(self-regulatory plans)들이 있다. 각자는 자신이 가지고 있는 기술이나 역량들을 가지고 상황에 접근한다. 남들의 감정을 잘 읽느냐, 사회적 문제들을 분석할 줄 아느냐, 아무하고나 대화를 잘 하느냐 하는 등에 따라 같은 상황에서도 행동이 달라진다. 또 우리는 스스로 목표와 표준들을 부과함으로써 행동을 조절한다. 장기적 목표와 계획을 세우며, 유혹이나 좌절이 있어도 목표를 추구하고, 수행결과에 따라 자신에게 보상이나 처벌을 주는 것이다. 충족을 미루는 능력은 장기목표를 추구할 때 필수적이다. 날씬한 몸매를 원한다면 가족이 밤에 치킨을 먹을 때 나는 안 먹고 버텨야 한다. 유명한 **충족지연**(delay of gratification) 실험들의 전형적인 설계는 (주로 아동들을 대상으로) 즉시 받을 수 있는 작은 보상과 기다려야 받을 수 있는 더 큰 보상 중 고르게 하는 것이다. 즉시 가질 수 있는 것에서 주의를 딴 데로 돌릴 수 있으면 충족지연이 힘들지 않았다. 충족지연을 잘한 아동들은 커서도 자기조절을 잘하였다.

Mischel은 개인이 매개변인들과 절차 결정규칙들의 다발(bundle)이 아니라는 것을 강조한다. 체계 내 매개단위들이 어떻게 서로 연결되어 있는가 하는 *조직*이 성격구조의 기본을 이루며, 그 체계 내 특정한 인지·정동·행위들의 활성화를 이끌고 제약한다. 상황의 특징들을 어떻게 지각(부호화)하느냐에 따라 매개단위들이 활성화되기도 하고 억제되기도 한다. 그는 명목(nomimal) 상황과 심리적 상황을 구별한다. 명목 상황은 학교강의실, 교수연구실, 카페같이 특별한 장소들, 특별 세팅들에서의 활동들(예, 발표, 토론, 수다 등)을 말한다. 그런 상황들에 걸친 행동일관성은 그리 높지 않다고 알려져 있지만, 일관성이 높다 해도 각 상황의 어떤 측면들 때문인지는 알 수 없다. 사회적 상황들의 기본적 심리적 특징들, 즉 행동에 영향 미치는 '작용성분'들(active ingredients)을 포착하면 행동예측이 더 정확할 것이다. 아래에서 '심리적 상황'이 더 논의된다.

행동의 상황적 특수성 상황에 따라 행동이 달라지지만 그 유동성에는 안정된 특징적 패턴이 있다. Mischel은 이 패턴을 **행동서명**(behavioral signature)이라 불렀다. 서명이 사람마다 다르면서 시간이 지나도 변하지 않는 것처럼, 상황-행동 관계패턴도 사람마다 다르지만 개인 안에서는 잘 안 변한다. 행동서명을 기술하려면 특질 기술보다 말이 길어진다. if··· then··· 관계가 여러 개 나오기 때문이다.

인력을 채용하는 기업들은 성격연구가 아니라 행동예측을 위해서 '자기소개서'에 '성격의 장단점'을 쓸 것을 요구한다. '성격 좋은' 사람이 아니라 '일 잘 할' 사람을 원하므로 그들은 회사에서 특정한 행동(효율적 업무수행, 팀플레이 등)을 잘 할 지원자들을 가려내고 싶다. 자기소개서를 쓰는 지원자들이 흔히 저지르는 실수는 특질 기술을 하는 것이다. 동원되는 단어들(성실, 열정, 도전 등 물론 모두 긍정적)은 10가지 안팎으로 극히 한정되어 있어서 차별화가 안 된다. 전문가들이 권하는 방법은, 장점을 두 가지 정도로 제한하여 어떤 상황에서 어떻게 행동한다고("if ··· then···") 서술하라는 것이다. 대기업의 45%가 채택한다는 '역량면접'도 비슷하게 진행된다(이하 *한겨레*, 2011. 4. 28.). 그 기본틀은 '상황', '과제', '행동', '결과'를 차례로 묻는 것이다. 가령 "여럿이서 함께 일한 경험"(상황)에 대해 질문한 후 그때 어려움이나 문제, 문제나 갈등을 해결한 방식, 결과 등을 물어보면서 "팀워킹, 커뮤니케이션, 문제해결 능력" 등을 본다.

상황-행동 관계: 현장연구 Mischel은 여름 캠프에 참가하는 6~13세 아동들을 6주 기간에 걸쳐 관찰하여 (평균 167시간씩) 얻은 자료를 토대로 안정적 상황-행동 관계들을 찾아보았다(Shoda, Mischel, & Wright, 1994). 목공, 교실, 운동장 같은 명목 상황들이 있었지만 **대인적**(interpersonal) 상황들을 분석단위로 삼았다. 모두 다섯 가지 대인적 또는 심리적 상황이 구분되었는데, (1) 또래가 긍정적 접촉 시작, (2) 또래가 놀리거나 위협, (3) 어른에게 칭찬 받음, (4) 어른에게 경고 받음, (5) 어른에게 벌 받음 등이었다. 상호작용의 유인가(valence, 정적 대 부적)와 사람유형(또래 대 어른)에 따라 이 상황들의 '작용성분' 또는 심리적 특징들(psychological features)을 기술하면, 위의 다섯 가지는 '또래, 정적', '또래, 부적', '어른, 정적' 등으로 분류된다.

84명(그중 남자 60명)의 아동들은 사회적 적응문제(주로 공격성)가 있었으며, 주로 가난한 가정 출신이었다. 관찰된 5개 행동범주는 언어적 공격, 신체적 공격, 징징대거나 유치한 행동, 순종/굴복, 친사회적 말 걸기 등이었다. 5개 상황과 5개 행동을 교차시키면 25가지의 조합이 나오지만, 어른이 칭찬하는 상황에서 신체적 공격은 일어나지 않았다. 5개 상황 중 아이들이 제일 많이 마주친 상황은 어른 칭찬, 그 다음이 어른 경고였고, 가장 드문 상황은 또래 놀림이었다. 서로 충분히 잘 모르기도 하고 계속 어른들(교육자, 상담자)에게 관찰당했기 때문에 또래와의 상호작용, 특히 공격이 적었을 법하다. 피험자 각자에 대해서 각각의 행동범주가 5개 상황에서 발생한 빈도를 계산하였다.

그림 13-4에 아동 네 명의 *언어적 공격* 결과가 나와 있다. 각자의 평균을 0으로 놓을 때, 상황에 따라 위아래로 이탈이 큼을 볼 수 있다.[4] 즉, 언어공격의 *상황적 일관성*이 낮은 것이다. 어느 한 상황에서 공격적인 아이가 그 상황에서는 어느 시점에서나 공격적이라면, *상황-행동 관계*가 안정적인 것인데, 그림에서 보듯이 이 **프로파일 안정성**은 개인차가 몹시 크다(0.11~0.96). 17번 아동(r=0.96)을 보면, 두 시점 다에서 '어른 처벌' 때만 공격적일 뿐 다른 상황들에서는 모두 평균보다 낮은 수준이다. 반면 48번 아동은 시점 1에서는 '어른 칭찬' 때 매우 공격적이 되었지만 시점 2에서는 그렇지 않았고, 전반적으로 두 시점간에 일치도가 낮았다(r=0.11). 전체 피험자에 걸쳐 프로파일 안정성 평균을 계산했을 때 언어적 공격성(.47~.52)과 순종(.41~52)에 대한 값이 높았다. 상황적 일관성은 일반적으로 낮았지만, 한 상황이 다른 상황과 더 많은 심리적 특징(정/부 유인가와 어른/또래 대

그림 13-4 5가지 심리적 상황유형에 걸친 언어적 공격의 프로파일(Shoda 등, 1994, p. 678)

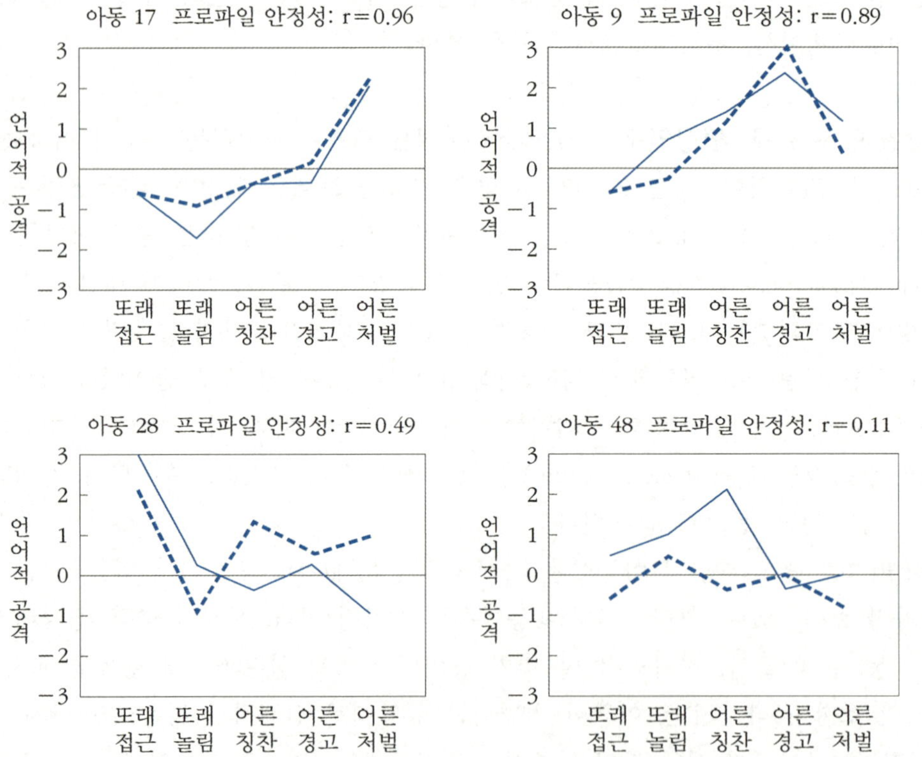

4) 그림에 나온 값들을 z점수로서, 점수가 평균과 일치할 때는 0이 되고, 평균보다 낮으면 음수, 높으면 양수이다. 절대값이 클수록 평균 이탈 정도가 크고, 2만 되어도 매우 극단적인 값이다.

상)을 공유할수록, 즉 상황들이 심리적으로 서로 비슷할수록 일관성이 약간 높아졌다.

"시간적으로 안정적인 원형적 패턴들의 독특한 다발 또는 집합들"(Shoda 등, 1994, p. 674)이 성격일관성을 말해준다고 주장되지만, 이 일관성은 행동에 따라, 그리고 사람에 따라 상당한 차이가 있다. 프로파일 안정성이 제일 높은 두 가지 행동—언어공격과 순종—에서도 그 값이 높지 않지만, 다른 행동들에 대해서는 .20 안팎의 값들이 얻어졌다. 그림 13-4에 제시된 네 사례 중에서 언어공격의 경우는 28번 아동(r=0.49)이 평균에 가깝고, 징징댐, 친사회적 말 걸기 같은 행동들에 대해서는 48번 아동(r=0.11)이 더 평균에 가깝다. 그래프들을 두 시점에서 휘갈기는 서명으로 본다면, 아래 두 아동의 경우 점선과 실선 서명이 너무 달라서 동일인들의 것으로 접수해 줄 수가 없다.

사회인지 이론의 평가

Bandura와 Mischel의 사회인지 이론은 현재 학문적 성격심리학자들에게 가장 인기 있는 이론적 접근에 속하며, 임상가들도 다수가 스스로 사회인지적 심리학자라고 생각한다. 이 인기와 영향력은 이 접근이 과학적, 실험적 방법론을 사용하여 인간 행동 및 경험의 의미 깊은 측면들을 다루기 때문인 것 같다.

사회인지 이론이 강조하는 것들은 다음 네 가지로 요약될 수 있다(Pervin & John, 2001, p. 482). (1) 인지과정들이 동기, 정서, 행동에서 중요하다. (2) 사람들은 상황들을 변별하며, 맥락이나 영역에 따라 행동이 달라진다. (3) 사람과 상황이, 생각, 감정, 행동이 서로 영향 미친다. (4) 개념들을 정의하고 치료법들의 효과를 확인하는 데 실험연구가 중요하다. 이 사항들을 강조함으로써 Bandura와 Mischel은 당시 성격심리학에서 지배적이던 행동주의와 특질심리학으로부터 차별화하고자 하였다. 인지과정의 강조는 행동주의에 대한 비판을, 상황변별과 행동의 맥락특수성은 특질이론에 대한 비판을 함축한다.

인지와 상황맥락의 중요성 사람들은 성격을 지니고 다니며 언제 어디서나 표현하는 것이 아니고, 성격과정들은 본질적으로 개인-상황 상호작용("if … then …")들이다. '외향적'이라 하는 대신 '모임에서 낯선 사람에게 다가가 말을 걸다'같이 'if … then …' 프로파일들의 집합(set)으로 성격특질들을 예시한다면(Funder, 2001), 특질심리학이 '모르는 타인의 심리학'을 넘어설 수 있을 것이다. 정신분석 이론도 개인-상황 상호작용("if … then … contingencies", Westen 등, 2008)을 바라보기 시작했다. 상황-행동 관계에 주목하면 "마이크로 과정들"을 탐색하게 되지만(Westen 등, 2008), 정신분석 접근에서는 의식하거나 의식하지 않는 의미지형(configurations of meaning)도 중요하다. 다른 한편, Mischel과 Shoda(2008)도 심리적 과정들이

나 인지-정동 역동들이 의식되지 않을 수 있다고, 나아가 사고, 공상같이 스스로 만들어내는 (self-generated) 자극들이 "내적 상황들"로 기능한다고 인정한다(p. 219).

원래 '사회학습'이론이라고 불린 것처럼 Bandura와 Mischel의 사회인지 이론의 뿌리는 학습이론에 있지만, 인간의 사회적 행동에 초점을 두고 관찰에 의한 학습, 인지와 자기조절 등도 강조하게 되었다. 강화의 중요성은 남지만, 개인들에게 무엇이 가치있는 강화인지, 강화 발생확률을 어떻게 예상·기대하는지 등을 알아야 인간의 사회적 행동을 예언할 수 있다는 것이다. 행동의 상황특수성, 상황변별력을 강조하지만 행동의 안정성이나 규칙성을 부정하는 것은 아니다. 예를 들어, 공격적이 되느냐, 어떤 식으로 공격하느냐(언어적, 신체적 등) 하는 것이 상황에 따라 달라지지만, 그 변산에는 규칙성이 있어서(Shoda 등, 1994) 어떤 아이는 또래 놀림/협박에는 순종, 굴복하지만, 또래가 다정하게 말을 걸 때는 오히려 공격적이 되는 안정적, 전형적 패턴을 보인다. 이 아이는 또래의 친사회적 접근에 적대적 의미를 부여한다든지(부호화책략), 다정하게 상호작용하기를 배우지 못했다든지(능력), 다정하게 하면 또래가 공격적이 되리라고 예상하는지(행동-결과 기대) 모른다.

Shoda 등의 연구결과가 보여주듯이 이 상황-행동 관계는 '행동서명'으로 쓰일 수 있을 만큼 안정적이지 않았다. Mischel(1968)은 성격성향이 행동을 예측해주지 못한다면서 '성격계수'가 .30을 넘지 못한다고 결론 내렸지만, 그와 동료들이 얻은 '프로파일 안정성'도 결국 그 수준이다. 상황에 따른 일관성이 크지 않음은 예측된 바이지만, 상황-행동 변산 프로파일도 (시간적) 안정성이 낮은 것이다. "인간관계 만남들의 상이한 패턴들이 각 개인에 대해 상이한 활동과 맥락들에 걸쳐서 특징적, 안정적"이라고 하면서("성격의 상황적 서명들," Mischel & Shoda, 2008, p. 228), Mischel은 개인의 특징과 행동들이 환경이나 상황에 영향 미치는 (B/P → E) "처리 역동"(processing dynamics)은 고찰하지 않는다.

'상황-행동 관계'(E → B)로 시선을 고정시킨 것이 문제의 핵심일지 모른다. 사회적 세팅에서 행동은 상황에 따라 달라질 뿐 아니라 상황을 만들어내기도 한다. 나는 괜히 또는 '무선적'으로 또래 놀림/협박을 받는 것이 아니라, 대부분 내 행동의 결과로 그런 상황에 들어간다. Shoda 등은 행동(B), 상황(E), 개인(P)의 상호결정(그림 13-2)에서 B → E는 빼놓고 E → B의 측면만 고려했을뿐더러, P는 아예 측정평가하지 않았다. 현장연구를 하면서도 실험 패러다임, 변량분석 패러다임을 유지했다는 점에서 이 연구는 사회인지 접근의 방법론적 특성을 잘 보여준다.

실험 패러다임의 문제 행동주의-학습 전통에서 (실험실)실험을 선호하며 실험 패러다임에 머물기 때문에 Bandura와 Mischel은 상황, 행동, 성향의 상호결정보다는 상황→ 행동 관계에 집중하였다. 실험법을 비판할 때 우리는 상황의 인위성을 주로 문제삼고,

피험자들은 상황조건들에 무선할당하고는 정해진 행동을 관찰한다는 사실에서 나오는, Bandura가 지적한 '일방성'문제(이 경우 E→B)는 잘 잊어버린다.

Shoda 등의 현장연구에서 전체 피험자의 약 30%는 6주 기간 동안 한 번도 또래 놀림/협박상황에 들어간 적이 없다. 이 '또래, 부적' 상황은 5개 대인적 상황 중 가장 드물었고, '어른 칭찬' 상황이 제일 많았으며 그 다음이 '어른 경고'였다. 이는 '문제아'로 찍힌 가난한 집 (주로 남자) 아이들이 '선생님'들(캠프관리팀에 더하여 연구팀까지)이 지켜보는 캠프에 6주 동안 와 있었다는 사실에서 비롯된 결과일 것이다. 5개 '심리적, 대인적' (마이크로)상황을 둘러싸는 (매크로)환경 속에서 '선생님'들의 칭찬과 경고가 많은 것은 또래 놀림/협박이 적다는 것과 상관이 있을 것이다. 즉 상황들은 서로 독립적이지도 않고 더 큰 환경 맥락과 독립적이지도 않다. [아이들이 과거·현재에 가정과 학교에서 '권위인물'들과 했던/하는 경험들도 이들의 행동에, 이들이 들어가는 상황들에 영향을 미칠 것이다.]

대부분의 사회적 행동들에서 행동, 환경, 개인성향이 서로 영향을 미치지만 실험에서는 상황-행동(E→B) 관계만 조명해준다. 일반적으로 심리학자들의 시선은 사람·행동을 향하고 사람이 사는 사회환경, 행동이 일어나는 맥락을 보지 않기 때문에, *상황*들의 중요한 심리학적 요소들을 기술하기 위한 변인들이 없다(Funder, 2008, p. 575). 5요인, 30개 단면 등 *성향*변인들은 너무 많다고 할 정도인데, "어떤 상황측면들이 어떤 행동들을 결정하는 데 중요한지, 어떻게 결정하는지에 관해 통찰을 낳는 식으로 조직화하지 못하고, 상황이 중요하다는 말만 되풀이할 뿐이다"(p. 571). Shoda 등은 '명목 상황'보다 '심리적 상황'이 중요하다고 하면서 긍정/부정, 또래/어른 등 피상적 범주들을 동원하는 데 그쳤다.

'사회'학습 및 인지를 중심에 두는 Bandura와 Mischel은 행동주의-학습 접근 출신으로서 인간 피험자와 실험하는 연구법을 고수하면서 정신역동적, "임상적 추리의 어두운 물에 들어가"지 않으려 했다(Wachtel, 1997, p. 117). Hull의 제자에게서 배웠고 학습이론과 실험접근의 한가운데 서있는 임상심리학자로서, Bandura는 갈등과 억압 같은 임상적 문제들에 Hull의 이론을 적용하려고 한 Dollard와 Miller의 시도에 호의적이었을 법하다. 더욱이 이들은 '사회학습과 모방'(1941)을 저술한 사회학습 이론가들이기도 했다. 그러나 Bandura는 동물실험에 지나치게 의존했다고 이들을 비판하며 '인간적인, 너무나 인간적인' 주제들을 다루지 않았다. 그가 갈등과 억압 개념들을 거부한 데는 정신역동 이론에 대한 반감이 크게 작용하였다. "주의깊게 통제된 동물연구들이 ... 엄청나게 많은 임상적 관찰과 그토록 상당히 수렴"하는데 "갈등분석과 연합된 개념들을 도매금으로 거부하는 것은 증거보다는 이데올로기에 토대를 둔 결정"(Wachtel, 1997, p. 98)이다.

메타이론인가 좋은 것들을 다 모아놓는다고 좋은 이론이 되지는 않는다. Bandura와 Mischel의 개인변인들과 상호결정론, 역동적 인지-정동 상호작용은 메타이론의 수준이다. 개인이 매개단위들(사람 변인들)의 다발이 아니라 단위들이 서로 연결된 조직이 중요하다면서 Mischel에게 인지-정동 처리체계(CAPS)는 "개인 내 성격구조의 더 특수한 모델을 만들기 위한 벽돌과 요건들을 제공"하는 "메타이론"이다(Mischel & Shoda, 2008, p. 213). 가령 '정동'은 "더 특수한 모델"에는 지나가는 말로만 언급된다. 제목은 있는데 그 아래 별 내용이 없는 것이다. 메타이론으로 그치지 않으려면 개인변인들이 어디서 나오는지(발달), 변인들의 '역동적 상호작용'은 왜 그리고 어떻게 나타나는지가 이론에 제시되어야 한다.

Bandura가 주력하는 *자기효능* 개념을 보자. 뱀 공포증 실험[5]에서 피험자들에게 뱀을 손으로 만질 수 있느냐고 물어보는 것처럼, 자기효능은 특정한 순간에 특정한 과제를 수행할 수 있다는 (자기보고된) 자신감이다. 성격심리학에 더 중요한 것은, 삶의 더 넓은 측면들이나 새로운 상황들에서의 행동을 예측하는 것이다. 구체적 과제를 코 앞에 두고 '하면 된다'고 믿으면(믿는다고 연구자에게 말하면) 실제로 잘하고, '자신 없다'(고 말하)면 실제로 못하는 것은 너무 뻔한 일이다. 실험실을 벗어나 현실로 나가면 자기효능 신념이 행동으로 이어지지 않는 상황들이 많다. 가령 금연, 공부같이 (마음만 먹으면) 할 수 있다고 믿고 또 하는 게 자신에게 좋은데도 하지 못하는 것이다. 자기효능이 일반적(성향적)으로 왜 높거나 낮은가, 왜 바로 그 영역에서 자기효능이 높거나 낮은가 하는 발달 물음에 대해 학습 또는 모델링이라는 답은 메타이론 수준을 벗어나지 못한다.

의식, 합리성을 강조하는 Bandura는 자기효능신념이 갑자기 무너지는 현상들도 설명하지 못한다. 동기와 갈등, 나아가 (자기효능, 목표 등의) 발달의 문제들은 모두 그가 별 관심 없는 주제들이다. Freud, Piaget 따위의 단계 이론들에 반대하면서, 그는 조건화, 관찰학습 등에 의해 행동레퍼토리가 계속 커진다고 가정하는 것으로 그치고 현재의 기대, 가치 등에 초점을 맞춘다. 그가 제시하는 인간상은 상당히 합리적인 정보처리자로서, 수행을 표준에 맞추려고 하고 갈등도 겪지 않는다. 성격체계의 부분들이 역동적으로 상호작용한다고 강조하는 Mischel도 체계 내 갈등잠재력을 고려하지 않는다.

Bandura와 Mischel은 행동주의, 특질심리학, 정신분석이 지배하던 시대에 성격을 공부

---

5) Wachtel(1997, p. 154ff.)은 체계적 둔감화 같은 절차의 효과를 실험적으로 검증하기 위해 뱀 공포가 있다는 대학생들을 피험자로 사용하는 "유사품"(analogue) 연구의 문제점을 논의한다. 회피행동 측정이 쉽다는 게 뱀 공포를 고르는 큰 이유일 것이다. [이 회피는 그 반대(만지거나 집어들기)보다 속이기(fake)도 쉽다.] '진짜' 뱀 공포증은 Bandura의 주장과 달리 드물뿐더러, 과목에서 점수를 따려고 (때로 돈까지 받으며) 실험에 참여하는 학생들에게서 얻은 결과를 많은 돈 내고 치료받으려는 '진짜' 환자들에게 일반화할 수 있을까? 다른 중요한 문제들도 있다(같은 곳 참고).

하고 활동했기 때문에, 자신들의 견해를 이 전통적 접근들과 대비시키려고 애썼다. 인간은 지능을 갖춘 사회적 동물로서 복잡한 행동들을 학습하며, 어느 상황에서나 똑같이 행동하기보다 상황들을 변별하고, 무의식적 추동이나 갈등에 시달리기보다는 스스로 의식하는 표준이나 기대들에 따라 행동한다는 등을 독창적 견해로서 제시한 것이다. 그러나 인지심리학이 비약적으로 발전하면서 그 이후의 심리학자들은 과거의 전통보다는 인지심리학에서의 발전에 더욱 관심이 많았다. 인간을 정보처리체계로 보는 견해가 점점 극복되어, 머릿속에서 일어나는 인지에만 초점을 맞추지 않고 목표, 생활과제, 문제해결 등과 동기 주제에 관심을 두고 있다. 다음 장에서 이 새로운 접근들을 알아보기로 한다.

요 약

01 인지주의가 행동주의를 대치하면서 '자극 → 매개반응 → 반응/행동'은 '입력 → 처리 → 출력'의 틀로 바뀌었다. 인지심리학은 인간을 컴퓨터와 같은 **정보처리체계**로 개념화하고 인지과정들을 중심 주제로 삼는다.

02 인간의 사회적 행동과 환경에 초점을 맞추면서 전통적 학습심리학은 **사회학습** 이론으로 발전하며, 인지과정들이 강조되면서 이는 다시 **사회인지** 이론으로 발전하였다. **인지-정보처리** 접근의 성격심리학은 인간을 능동적 정보처리자로 보면서 인지과정들에 초점을 맞춘다.

03 인지혁명 전에 성격 및 사회심리학에서는 **형태주의** 심리학이 행동주의에 대한 대안이 되어주었다. 인간이 자극들을 의미 있는 전체('형태')로 만드는 능동적 지각자 내지 문제해결자라고 보는 형태심리학을 Lewin은 정서, 동기, 성격 등에 적용하였다.

04 Hull 시대 행동주의자로서 형태주의를 수용한 Tolman은 동물이 학습하는 것이 S-R 연결이 아니라 **인지도**(cognitive map)라고 믿었다. 인지도는 무엇이 무엇을 가져온다는 기대·예상으로서, 강화 없이도 학습된다.

05 Kelly는 사람은 누구나 나름의 이론체계를 가지고 세상을 이해, 예측, 통제하고자 하는 과학자라고 보았다. **개인적 구성개념**은 "어떤 것들이 같으며 동시에 다른 것들과 다르다고 해석되는 방식"으로서 언제나 이분법적이다.

06 Rotter의 사회학습 이론은 인간의 학습이 대부분 사회적 맥락에서 일어남을 강조하였다. 사회적 상황에서 행동을 예측할 때는 그 행동이 지향하는 목표의 **강화가치**, 그 행동으로 그 목표를 실제로 성취할 것이라는 **기대** 둘 다를 고려해야 한다.

07 Bandura의 **관찰학습**(모델링) 연구는 사회적 행동의 학습이 강화 없이 모델 행동의 관찰만으로 발생함을 보여주었다. 강화는 수행(동기)에만 영향을 미친다. 관찰학습의 네 단계는 **주의**, **파지**, **행동산출**, **동기**이다.

08 Bandura는 행동(B), 환경(E), 개인성향(P)의 관계에 대한 **상호결정론**을 주장하였다. 행동, 성향, 환경의 상호결정의 중심인 P요인을 Bandura는 **자기체계**라고 불렀다. 그는 자기체계가 **상징화**, **예상**, **대리**, **자기조절**, **자기반사**라는 다섯 가지 기본능력을 갖추고 있다고 보았다. 행동의 자기조절은 자기 행동을 관찰하고, 개인적 표준들에 비추어 평가하고(자기평가), 평가결과에 따라 스스로 상이나 벌을 주는(자기강화) 단계를 거친다.

09 행동의 자기조절에서 개인적 표준만큼 중요한 역할을 하는 것이 **자기효능 신념**이다. 자기효능을 믿을수록 높은 목표를 세우고 목표성취에 많은 노력을 투자하므로 실제로 수행수준도 높아지기 쉽다. Bandura는 최근에 **행위주체성**(개인적, 대리적, 집합적)을 점점 강조한다.

10 Mischel은 인지적 사회학습 이론에서 **부호화, 기대와 신념, 정동, 목표와 가치, 능력과 자기조절 계획** 등 다섯 가지 개인변인(인지-정동 처리체계, CAPS)을 제시하였다. 행동이 상황에 따라 달라지는 패턴은 시간이 가도 안정적일 수 있는바, 그는 이 개인마다 독특한 상황-행동 관계를 그 개인의 **행동서명**이라고 불렀다.

11 상황/환경(E)이 생각, 성향(P)과 행동(B)에 영향 미치고, 생각과 행동이 서로 영향 미치며 또 환경도 변화시킨다는 상호결정론은 실험실에서 또는 실험패러다임에서 연구할 수가 없다.

12 Bandura와 Mischel은 행동주의, 정신분석학과 특질심리학 등 1960년대까지 인기 있던 전통적 접근들에 반대하며 인지과정들을 강조하고, 행동의 상황변별과 맥락특수성을 강조하였다. 사회학습 및 사회인지 이론은 **실험패러다임**을 고수하면서 상황을 고정시키고 행동을 관찰하여 E→B 관계를 추리하고, 개인들이 환경을 선택하고 유발하는 측면(B→E)은 개념화하지 못한다. 결과적으로 상호결정론, 역동적 인지-정동 상호작용 등이 **메타이론**에 머물러버린다.

제 14 장

자기, 목표, 사회생태계

사회인지 이론들이 행동주의와 특질심리학이라는 두 주류로부터 차별화하는 데 비해, 80년대부터 나온 인지적 성격이론들은 사회인지 이론의 맥을 이어가면서 정보처리적 인지심리학에 기댔다. 앞 장을 시작할 때 쓴 것처럼, 인지주의에서는 인간이 능동적 정보처리자이며, 사고, 이성 자체는 합리적이라고 전제한다. 그러나 문제해결, 추리, 판단 등에 대한 인지심리학적 연구결과가 쌓이면서 합리성 관점이, 즉 계산주의(computational) 모델이 심각한 도전을 받기 시작하였다. 인지적 효율성을 제약하는 한계들이 점점 드러난 것이다.

일상생활에서 우리는 자료수집이 충분하지 않아도 매순간 판단·결정하고 행동해야 하므로, 이미 알고 있는 것에 들어맞는 자료만 고려하기 쉽다. 또 인간은 컴퓨터같이 결과에 초연할 수 없다. 바라거나 두려운 결과가 있고, 이러한 선호가 정보처리 자체에 영향을 미친다. 능동적 정보처리란 '주어진 것을 넘어감'(going beyond the given)인데, 이때 논리적 규칙이나 계산 절차를 따르지 못하는 것이다. 기존 지식, 태도나 동기 등이 입력-처리-출력의 모든 단계에 개입하므로 '성격'이 정보처리 과정에 큰 영향을 미친다. 이 과정에서 중요한 것은 자신이 어떤 존재라고 보느냐, 어떤 목표들을 세우고 추구하느냐 하는 측면들이다. 관련 이론과 연구들을 제시한 후 인지-정보처리 접근을 평가하고, 마지막으로 성격심리학이 나아갈 방향을 내다보기로 한다.

세상, 사람, 자기를 보는 틀

자극과 정보의 홍수 속에서 우리는 우선 무엇보다도 아주 한정된 (외적, 내적) 자극들에만 *선택적*으로 *주의*를 돌린다. 이 '걸러냄'이 안 될 때 집중과 수행이 손상됨을 경험해보지 않은 사람은 없을 것이다. 운전 중에 아이 생각을 하느라 신호등을 못 보면 어떻게 되겠는가. 세상을 단순화하는 둘째 방법은 *범주화*이다. 예컨대, 털 달리고 몸집이 어느 정도 되는 주변 동물들은 '개'이다. 일단 '개'범주가 동원되면 우리는 거기 들어가는 동물들 — 범주의 성원들(members) — 을 같게 취급하고 그들에 대해 비슷하게 반응한다. 가령 개에게 물려 혼나 본 사람은 '개'라면 다 무섭다.

성격심리학에서 중요한 범주는 물론 동물이나 물리적 대상들보다는 사람·상황, 경험·사건을 분류하는 범주이다. 인지 이론에서는 이런 범주를 '**도식**'(schema)이라고도 부른다. 도식은 정보를 조직하는 인지구조로서, 정보의 부호화, 저장, 인출에 영향을 미친다. 우리는 도식을 써서 정보를 단순화시켜 효율적으로 처리하며, 부족한 정보를 채운다(예컨대, '학생'이라면 미혼일 것이다).

자기도식

성격심리학자들은 일차적으로 개인차에 관심이 있지만, 어떤 행동들의 개인차인가 하는 것은 이론적 조망에 따라 다르다. 인지-정보처리 관점에서는 "세상을 보고 세상에 대처하는 방식들"(Higgins & Scholer, 2008, p. 183)에서 나타나는 개인차들에 주목한다. 이 방식들에서 개인들은 특징적인 선호와 편파들을 보이는데, 이는 곧 그들이 (각기 다르게) '도식적'이라는 것을 뜻한다. 그 중심에는 *보고 대처하는 '나'*에 대한 도식들이 있다. 대처방식들은 문제해결과 사회적 지능을 논의하는 후반부에서 중요해진다. 일단 '보는 방식'을 주로 생각해보자.

도식과 각본 '학생'이라는 도식을 생각해보자. 나이(20대), 옷차림('캐주얼'이 흔하다), 책가방 등이 중요한 외적 특성들이며, 이런 특성들을 모두 갖춘 사람은 전형적인 대학생, **원형**(prototype)이 된다. 서른이 넘었거나 정장에 넥타이를 맸다면 대학생'답지' 않다. 대학생이라고 다 같지 않다는 것을 알지만, 일단 '대학생' 도식을 동원하면 우리는 그 사람들에게서 특정한 행동과 특성들을 기대하며, 그들을 같게 취급한다. 이를테면, 학생은 순진하며 돈이 없고, 낮에는 학교 가고 집에 없다. 내가 40대 기성세대라면 대학생에게 반말을 해도 된다(고 생각한다). 어떤 범주들을 쓰느냐, 범주 성원들에게 어떤 행동 및 특성들을 예상하느냐 하는 데는 개인차가 있다. '학생'이라면 아무나 개인적 심부름을 시킬 수 있다고 믿는 선생이 있는가 하면, 교실 밖에서는 학생 도식을 쓰지 않는 선생도 있다.

대학 안에 있는 사람들은 대학생 범주를 더 세분한다. 남학생과 여학생, '현역'과 '예비역'(복학생), 단과대나 학년 구분 등등 하위범주들이 필요한 이유는 많은 다양한 경험을 통해 '대학생이라고 다 같은 대학생이 아님'을 알게 되기 때문이다. 이를테면, 신입생은 아무것도 모르며, 4학년 학생은 취업고민이 크다. '교수'에도 하위범주들이 있지만(남자/여자, 젊은/늙은 교수 등) 중년 넘은 남자가 원형이다(그래서 '여교수'는 있어도 '남교수'는 없고, 특히 '젊은 여교수'는 교수로 보이지 않는다). 일반적 범주들 외에 각자에게 독특한 범주도 있다. 개인적 범주들은 많은 경우 유형분류로 나타난다(예, 성실한 대학생과 불성실한 대학생). Kelly가 이야기한 개인적 구성개념도 이러한 도식이라고 할 수 있다.

물리적 대상이나 사람을 도식화하는 것처럼 우리는 *상황*도 도식화한다. 대학생들에게 친숙한 상황들에는 강의, 시험, 도서관, 술자리 등이 있을 것이다. 상황 도식에도 서열성이 있다. 모임이라는 큰 범주 아래 술자리, 회의 등이 있고, 술자리에도 공식적인 자리와 비공식적인 자리가 있다. 상황 범주마다 그것에 적절하다고 생각되는 행동들의 연쇄나 패턴이 있다. 이를 **각본**(script)이라고 한다. 사람들이 거의 다 온 후 술과 안주가 주문되고, 서로 술을 따라주고, "(…을) 위하여"를 외치며 건배하는 등이 일반적인 술자리 각본이다. 공식적 술자리에 비해 친한 사람들과의 술자리는 각본이 덜 분명하다. 여기서는 술을 안 마셔도, 말없이 앉아 있어도, 일찍 일어나도 된다. 상황 도식과 각본들에도 개인차가 있다. 어떤 사람들에게는 술자리가 같이 망가지는 자리이지만, 어떤 사람들에게는 떠들고 정보 교환하는 자리이다.

일상생활에서 다양한 상황들을 만나고 많은 사람들과 상호작용을 할 때 그 중심에는 '나'가 있다. 나는 식당에서 밥을 먹으며, 강의실에서 교수와 학생들을 만나고, 기숙사에서 선배 언니로 룸메이트들과 상호작용한다. 우리는 다른 사람들과 상황들만 범주화하는 것이 아니라 우리 자신의 감정, 생각, 행동, 내적, 외적 특징들도 범주화한다. 성격심리학에서 인지-정보처리 관점이 영향력을 얻으면서 '나'에 대해 알고 있는 것, 즉 **자기지식**(self-knowledge)이 주목되기 시작하였다.

자기도식 "너는 누구냐?" "너는 어떤 사람이냐?"라는 물음에 대부분의 사람들은 이름, 성별, 나이, 직업 등부터 말한다. Markus(1983)는 이러한 자기기술을 '인지적 자기(지식)'라 부르며, 선호·가치, 목표·동기, 행동규칙·책략 등의 자기지식을 포함하는 '역동적 자기'와 구별하였다. "너는 뭐가 되고 싶으냐?" "어떻게 될까봐 겁나느냐?" "무엇이 네게 왜 중요하냐?" 등으로 질문범위가 넓어지면 가치, 목표, 동기 등이 나오게 된다. Markus(1983)는 (역동적) 자기지식이 어떻게 사회적 행동을 결정, 매개, 또는 제약하는지를 탐구하기 위해 **자기도식**(self-schema)이라는 개념을 썼다. 자기도식은 자기에 관해 알고 있는 것들의 구조로서, 자기 관련 정보의 처리를 조직화하고 이끈다. 자기도식들은 우리의 체험에 연속성을 부여하고, 세계의 특정한 면들에 채널을 맞추게 하며, 과거의 기억과 미래의 예상들을 구성한다.

'나'처럼 많이 상대하고 잘 아는 대상은 없기 때문에, 자기도식들은 일반적으로 다른 도식들보다 더 크고 복합적이다. 자기도식은 고정되어 있지 않고, 의미 깊은 자기 관련 경험이나 사건이 있을 때마다 변하거나 다듬어진다. 특정한 영역들에서 이 도식을 갖고 있으면, 자기에 관한 정보를 효율적으로 처리(쉽고 확실한 판단)할 수 있고, 반응에 일관성이 생기며, 이 영역에 관련된 정보를 더 잘 재인, 기억, 회상한다. 타인들에 관해서도 문제의 그 영역에 관한 정보처리가 더 효율적이 된다. 내 자기도식의 중요한 부분이 '엄마'라면 자식들에 대한 나의 행동이 일관적이고, 다른 여자들이 엄마인지 아닌지, 어떤 엄마인지도 주목하게 된다. '엄마' 도식 밑에는 '좋은 엄마', '나쁜 엄마' 도식이 있을 수 있다.

자기도식에 관련된 정보처리 효율성을 보여주는 고전적 연구를 보자(Markus, 1977; McAdams, 2001, pp. 524-525에서 재인용). Markus는 연구 첫 단계에서 대학생 피험자들이 자신을 어떻게 제시했느냐에 따라 각자를 '강한 독립', '강한 의존', '도식 없음'(독립도 의존도 아님)으로 분류하였다. 3, 4주 뒤에 실시된 실험에서 형용사들이 스크린에 제시되었는데, 이들은 *도식 관련*(독립이나 의존과 관계 있음) 또는 *무관련*('창의성'차원과 관계됨) 형용사들이었다. 피험자는 '나'(ME)나 '나 아님'(NOT ME)이라고 쓰인 두 개의 버튼 중 하나를 눌러서 각 형용사가 자기를 묘사해주는지 여부를 표현하였다. 이러한 절차를 *내현연상검사*(Implicit Association Test, IAT)라고 한다. 피험자들의 자기도식이 의존성을 강조했을 때는, 독립(도식과 불일치) 또는 무관련 형용사들보다 의존 형용사들(예, '순종적이다')에 대해 더 빠른 반응이 왔다. 반면, 독립 도식을 가진 사람들은 독립 형용사들에 가장 빨리 반응하였고, 도식 없음 피험자들은 의존/독립 형용사들에 대한 처리시간에 차이가 없었다.

Markus(1983)는 한 특정한 행동영역에서 개인적 책임감을 경험하기 시작할 때 자기도식이 나타난다고 보았다. 마치 스스로 "나는 여기서 내 행동을 통제한다," "나는 이 영역에서 하는 행위들의 원인이자 결과이다"라고 말하는 것과 같다. 자기도식이 발달한다는 것은 행동을 모니터하고 조절하는 영역들을 선택한다는 것이고, 그런 의미에서 정체를 '구성'(construct)한다는 말을 쓸 수도 있다(p. 561). '나는 심리학과 학생이다'가 자기도식의 일부라면, (심리학)공부, 학과활동 등이 그 사람에게 중요하며 그가 책임 느끼는 일들이다.

같이 심리학과 학생이라도 그 영역이 자기도식에 들어가 있지 않다면 이러한 책임감이 나타나지 않는다. 그러므로 자기도식은 과거 행동들의 수동적 일반화일 뿐 아니라, 해당 영역에서 지금 그리고 앞으로 행동에 책임을 지겠다는 주장이다(Markus, 1983, p. 549). 위의 학생이 '나는 장남이다'라는 도식도 갖고 있다면 자신의 생각과 행동이 '장남다운'지를 의식한다. 자기도식이 많이 발달할수록 스스로 점점 더 많은 행동을 통제하게 될 것이다.

자기도식은 내용과 구조 양면에서 사람마다 다르다. *내용*차이는 사회적 상호작용들에서 자기의 어떤 측면들이 두드러지거나 중요했는가를 반영한다. 내용연구가 개별기술 접근을 요구하는 데 비해 *구조*특성은 비교하기가 더 쉽다. 가령 자기도식의 여러 다른 측면들이 서로 어느 만큼 연결 또는 분리되어 있는가. '심리학과 학생'이 중요한 전공과목에 나쁜 학점을 받았다고 해서 다른 자기 영역들(예, '장남', '머리 좋다' 등)도 흔들린다면 그의 자기구조는 단순한 것이다. 그가 다른 면에서는 별 영향을 안 받는다면 구조가 복합적인(complex) 것이다.

가능자기 현재 그리고 장래 행동에 대한 책임주장이기도 하다면, 자기도식은 과거의 자기를 정의할 뿐 아니라 미래의 가능자기들(possible selves)도 정의한다. 타인이 아닌 나 자신을 지각할 때는 현재의 능력과 상태들뿐 아니라 나의 (긍정적, 부정적) 가능성들도 보기 때문이다. 내가 무엇이 되고 싶은지, 무엇을 하려고 하는지, 무슨 일이 일어날까 두려운지 하는 것은 모두 나만 아는, 그리고 개인적으로 중요한 가능성들이다. 나는 '성공한 나', '돈 많은 나', '날씬한 나', '존경받는 나' 등이 되고 싶으며, '외로운 나', '무능한 나', '실업자인 나' 등이 될까봐 두렵다. 가능자기들이 발달하는 영역은 자신의 행동을 조절하려고 하는 (또는 조절할 수 없을까봐 염려하는) 영역들이다.

각각의 가능자기는 상세하게 그림이 그려진다. 어떤 미국영화에서 '글렌 굴리아'(돈 많은 저질)와 결혼을 앞두고 있는 쥴리아가 웨딩드레스를 입고 거울 앞에 서서 '미세스 굴리아'로 사람들 앞에 나타나는 상상을 한다. 그녀는 점점 혼란스러워진다. 이어 '로비 하트'(가난하지만 착함)와 결혼하여 '미세스 하트'로 사는 상상을 하자 행복해진다. 동기, 공포, 희망, 꿈들이 가능자기들을 통하여 표현되는 것이다(Markus, 1983). 가능자기는 동기와 인지를 이어주는 중요한 고리가 되어, 미래행동을 위한 목표 또는 유인이 된다. 동기, 사회적 맥락을 변화시키는 것은 무엇이나 어떤 가능자기가 활성화될지에 영향을 미친다. 로비와 가까워지고 사랑을 느끼면서 쥴리아에게는 '사랑하는 사람과 같이 늙어가는 나'가 중요해진다.

가능자기는 자기평가 기능도 한다. 삶을 평가하는 틀이 되어줌으로써 내게 일어나는 일들의 의미를 결정하는 것이다. 사랑하는 사람과 같이 사는 삶을 상상할 때, 부유하지만 공허한 삶이 점점 참을 수 없어진다. 무엇이 가능자기가 되느냐 하는 데는 사회문화적 환경도 큰 영향을 미친다. 젊은 여성독자들은 '아줌마'를 가능자기로 생각하는가? 아마 아닐 것이다. '아줌마'는 여자도 남자도 아닌 중성, 생존본능만 남은 드세고 뻔뻔한 괴물이기 때문이다(김찬호, 2009). [그래서 '아줌마' 대신 '어머니', '이모', '언니' 등의 호칭이 나왔나보다.] 가능자기가 자기평가 기능을 하므로, 젊은 여성들에게 '아줌마 같은' 몸매와 패션은 금기이다.

가능자기들은 목표 및 과제들과, 나아가 상황 속의 행위구조인 '각본'과 밀접한 관계가 있다. '성공한 나'가 가능자기라면 아마 승진, 출세의 각본도 있을 것이다. 그런 각본이 있으면 '목표의식'이 더 분명해진다. 더 구체적으로 들어가서, 그 각본은 동료들과 잘 지내고 일 열심히 해서 인정받는다는 것인가, 아니면 윗사람들에게 잘 보이고 뽑힌다는 것인가? 초점이 어디에 있느냐에 따라 그가 추구하는 목표들도, 피하고 싶은 위험들도 달라질 것이다.

'나'들간의 불일치 '나'가 여럿이라면 그중 몇 개가 서로 충돌할 수 있다. Higgins(1987)는 자기지식의 세 영역을 구분하면서 그것들의 일치 여부에 따른 정서적 결과를 탐색하였다. **실제자기**(actual self)는 내가 실제로 소유한다고 (나 자신 또는 제삼자가) 믿는 속성들을 그린 것이다. **이상자기**(ideal self)는 내가 갖고 싶은 속성들의, 즉 희망이나 꿈들의 그림이다. 마지막으로 **당위자기**(ought self)는 내가 가져야 하는 속성들의, 즉 의무나 책임들의 표상이다. 이 세 영역 각각은 나 자신의 관점에서 아니면 내게 중요한 타인(부모, 배우자, 친구 등)의 관점에서 볼 수 있다. 가령 '실제/자신 자기'는 내가 스스로 실제로 가졌다고 믿는 특징들이고, '실제/타인 자기'는 의미 있는 타인이 믿기에 내가 실제로 가진 특징들이다.

Higgins의 **자기불일치**(self-discrepancy) 이론에 따르면, 사람에게는 서로 다른 영역들에서 또는 서로 다른 관점들(자신-타인)에서 나온 다양한 '나'들의 불일치를 줄이려는 동기가 있다. 두 가지 불일치가 특히 중요하다. 우선, 실제/자신 자기와 *이상*(자신, 타인 둘 다) 자기가 불일치하면, 슬픔, 실망 같은 감정들을 경험하게 된다. 나 자신이나 중요한 타인이 나에게 품은 꿈, 희망을 이룰 수 없었다고 내가 믿기 때문이다. 실제/자신 자기와 *당위*(자신, 타인 둘 다) 자기가 불일치하면 공포, 불안, 죄책감 같은 정서들을 경험하게 된다. 의무와 책임의 표준들에 맞게 살지 못했으며 해야 할 바를 하지 않아 벌 받고 있다고 느끼기 때문이다.

이상자기와 당위자기는 한 사람이 바라는 '나', 현재 생활상황을 비교하는 표준과 목표를 제공한다는 점에서 **자기길잡이**(self-guide)들이다. 자기길잡이는 다른 자기도식들처럼 정보를 조직화하고 정서를 유발할 뿐 아니라, 동기에도 영향을 미친다. 이상과 당위의 두 길잡이는 사회적 행동에서 매우 다른 동기초점을 가져온다. *이상*자기 길잡이는 가능한 성취, 긍정적 결과들에(**승격**, promotion), *당위*자기 길잡이는 안전, 책임, 피해 회피에 초점을 맞춘다(**예방**, prevention). 승격과 연결된 목표들을 성취하면 즐거움(pleasure)이, 예방 목표들을 성취하면 안심(relief)이 생긴다. 목표추구의 승격/예방 초점에는 개인차가 있으며 이에는 일상생활에서 경험하는 정서들의 차이가 따라온다.

인지와 동기

'보는 방식'(way of seeing)과 '대처하는 방식'(way of coping)에서 선호와 편파들이 성격을 드러내준다고 본 Higgins와 Scholer(2008)는 이 두 가지 방식들이 잘 관찰되는 상황들이 다르다고 말한다. "저 요구"(low-demand) 상황에서는 압력이 별로 없거나 모호하므로 *보는* 방식들의 선호와 편파들이 잘 나타나고, 자기조절이 힘들어지는 "고 요구"(high-demand) 상황에서는 *대처방식*들에 따라 문제와 압력들을 다르게 다룬다. 초점이 승격이냐 예방이냐 하는 것은 '무엇을 원하느냐' 하는 *동기*(motive)의 물음들이다. 스트레스 많은 '고 요구 상황'은 '문제상황'이라고 할 수 있고, 무엇을 원하느냐 그리고 무엇을 원하지 않느냐(피하고 싶으냐) 하는 동기들은 이런 상황에서 더 잘 드러날 것이다.

목표가 있는데, 즉 원하는 결과가 있는데, 어떻게 도달해야 할지 모를 때 '문제가 생긴' 것이다(Lund, 2003/7). 일단 문제를 '보아'야 하므로 '대처'는 물론 '보기'(seeing)(앎, 결과·책략 선호)와 뗄 수 없다. 중요한 앎들은 장기기억에 들어있을 텐데, 사실과 일화들(서술지식)뿐만 아니라 상황들을 다루기 위한 방법들(절차지식 책략 등)도 목표추구와 문제해결에서 중요한 역할을 한다. 인지심리학에서는 통상 '문제'가 주어지고 '답'이 요구되지만, 성격 영역에서는 일상생활에서의 문제해결이 중요하므로 많은 경우 '문제'가 개인적으로 정의, 구성된다. '보기'와 '대처' 모두 그 개인이 가진 목표와 뗄 수 없는 관계가 있기 때문이다. '목표'(goal)가 없는 곳에는 '문제'(problem)도 없다.

문제해결과 목표

Cantor의 사회적 지능 이론은 성격적응을 문제해결 과정으로 제시한 인지양식 및 사회인지 이론들의 전통을 이어받는다. 여기서 성격의 핵심구조들은 '정신적 표상'들이고, 핵심 역학들은 해석, 목표설정, 계획, 수행의 자기감독, 피드백 평가 등을 위한 절차들이 된다(Cantor & Kihlstrom, 1987, p. 42). 지능연구의 새 추세는 심리측정 노선에서 점점 멀어져 지능이 일생에 걸쳐 학습, 사용, 발달되는 중요 맥락들을 찾아내려고 한다. 과제들도 변하고, 선호되는 '해법'들을 위한 기회나 제약들도 변하기 때문에, 성격 유연성과 학습이 안정성이나 일관성보다 안녕에 더 중요하다.

사회적 지능

'지능'이라 하면 IQ를 생각하지만, *심리측정적 지능*은 통상 성격의 영역에서 다루지 않고, 지적 수행(주로 학교 공부와 성적)과 연결되어 주로 차이심리학적으로 연구되어 왔다. 그러나 똑똑하다, 머리 좋다, 현명하다, 미련하다, 바보 같다는 등의 표현들은 일반인들이 성격 기술에도 많이 쓰는 말들로서, (공부하는) '머리'보다는 (생활의) '지혜'를 묘사해준다. 머리는 좋은 것 같지만 멍청하고 미련한 바보들이 주변에 좀 많은가.

사회적 지능은 개인들이 바라는 목표들을 이루기 위하여 일상생활과 일의 문제들을 해결하려는 노력을 나타낸다(Cantor & Harlow, 1994, p. 138). 경직되기보다는 유연하며(flexible) 변별할 줄 알아야 '똑똑'하다. '레퍼토리'는 지능 자체와 구별되는데, 도식 또는 사회적 개념과 문제해결 책략이 논의되다가 최근에는 **생활과제**(life tasks)가 분석단위가 되었다. 생활과제는 그 개인이 해결하려고 애쓰는 문제들로서 일상생활에 의미와 조직을 부여해주고 일상생활 맥락들에서 그가 가진 특질이나 성향을 표현해준다.

레퍼토리: 도식과 책략들 나날의 사회생활에서 크고 작은 문제들에 부딪치며 우리는 그것들을 해석하고 대처할 책략들을 생각해내야 한다. "뭐지?"(어떤 '시추에이션'이지?) "내가 여기서 원하는 게 뭐지?" "이렇게 하면 결과가 어떻게 될까?" "원하는 걸 어떻게 해야 얻을까?" 이런 물음들에 답을 찾아야 하는 것이다. 사회적 지능의 레퍼토리는 도식과 문제해결 책략들로 구성된다. 우리는 *도식*들이 제공하는 해석맥락 안에서 과제들을 구성하고, 상황들을 정의하고, 계획들을 세우고 행동에 옮긴다(Cantor & Harlow, 1994). 목표들은 자기지식을 구성하는 요소들이므로, 여기서도 자기도식이 가장 중요하다. 앞에서 나온 여러 '나', 가능자기들이 모두 고려된다.

친구에게 5만원을 꾸어주었는데, 다음날 갚겠다던 친구가 한 달이 지나도록 갚을 생각을 안 한다. 나의 '자기도식', 나아가 친구에 대한, 사람에 대한 도식에 따라 '문제'가 달라진다. '나는 약속을 꼭 지키는 사람이다', '친구라면 약속을 지켜야 한다'면 돈(갚는다는 약속) 얘기를 어떻게 하느냐가 문제이다. '나는 돈보다 우정이 소중하다'면 친구 마음을 편하게 하는 것이 문제이다. 사건(event)에 대한 도식, 특히 행동-결과의 (if··· then···)가설들도 중요하다. '내가 화내면 친구는 다시는 나를 안 볼 것이다'라는 생각이 박혀있다면, 나는 웃으면서 '내 돈' 얘기를 해보거나 아예 말을 못 꺼낼 수도 있다.

*문제해결 책략*들은 생활과제들에 대해 작업하려는 능동적 시도들을 나타내며, 절차지식이라고 할 수 있다. 쉬운 것부터 한다, 안 되면 돌아간다 같은 일반적 책략들도 있지만, 경험이 쌓이면 영역마다 특수한 '전문' 책략들이 생긴다. 책략들은 행동계획만 포함하지 않는다. 과제 및 상황들의 복합적 평가에서 생겨나므로 책략들은 과제나 맥락들과 연결된 동기·정서 작업도 포괄한다. 바라는 목표 달성을 위하여 동기, 인지, 정서가 함께 가는 것이다. 예컨대, 공부(나 시험)책략들은 공부문제들에 대한 개인적 투자, 공부과제들의 평가들을 반영한다. 공부과제에 자존심이 걸려 있다면 상당한 스트레스가 생기므로 흥분, 불안 등의 조절이 문제해결 책략에 들어가야 한다.

통합적 분석단위: 생활과제　사회적 지능 이론의 중심 문제는 사람들이 일상생활 맥락들에서 어떻게 생활과제들을 정의하고 추구하느냐 하는 것이 되었다. 그 사람의 *도식*들이 특정한 생활과제들을 채택, 정의하기 위한 무대를 설정하고, *과제*들이 개인을 생활맥락들과 연결시키며, 그 사람이 선호하는 *책략*들이 다시 이 과제-맥락 조건들에서 유발된다는 것이다(Cantor & Harlow, 1994, p. 145). **생활과제**란 특정한 인생시기에 그리고 특수한 맥락들 안에서 목표들이 구체적 과제들로 바뀐 것이다. 문화와 사회집단 환경들에 따라 '제시'되는 규범적 생활과제들이 달라지므로, 사회적 지능 연구가 이 규범적 과제들에 접합되어야 한다. 대다수 대학생들에게 중요한 생활과제는 취업과 '남친/여친 사귀기'이다. 취업 후 서른이 가깝거나 넘었을 때 연애 과제는 '배우자 찾기'로 구체화될 가능성이 크다. 그러나 '3포 세대'라는 말이 있듯이, 정규직 취업길이 막혀버리면 연애와 결혼이 생활과제로서 밀려나기도 한다.

Cantor는 생활과제와 인지책략들을 연구하는 가장 좋은 때는 *삶의 이행기*라고 본다. 젊은 부부에게 첫아이가 태어났다든지, 직장에서 승진을 했을 때같이 인간관계나 일에서 중요한 변화가 일어날 때 목표와 목표추구 방식에 주의를 더 기울이게 되기 때문이다. *대학입학*도 그러한 이행기의 하나이다. Cantor는 대학생들에게 1학년에서 4학년으로 올라가는 여러 시점에서 가족배경, 자기개념, 학점, 생활과제와 책략 등에 대한 자료를 수집하였다(Pervin, 2003, pp. 329-330에서 가져옴). 1984년에 프로젝트가 시작할 때 피험자들이 보고한 당시 생활과제는 평균 8.3개로, 아주 추상적인 것('고등학생 근성을 버리고 성숙하기')부터 구체적, 즉각적인 것('여자/남자친구 찾기')까지 다양했다.

피험자들은 자신들이 보고한 과제들을 세 *성취과제*(좋은 학점 따기, 미래를 위한 계획, 시간관리)와 세 *인간관계*(가족을 떠나 자립하기, 정체를 발달시키기, 친구 사귀기) 범주에 집어넣고, 중요성, 즐김, 어려움, 도전, 통제 같은 차원들 위에서 평정하였다. 나아가 어떤 구체적 상황들에서 이 과제들이 중요해지는지, 그것들을 어떻게 다루는지, 각 과제에 대한 노력이 어느 정도 다른 과제들의 추구를 촉진 또는 방해하는지 등도 보고하였다. 일반적으로 공부와 사회생활 사이에 갈등이 있어서 공부에 힘쓸수록 관계들에 신경을 못 쓰고, 그 반대도 맞았다.

책략들은 반(半)구조화 면접을 통해 측정평가되었다. *공부*에서는 **낙관론**과 **방어적 비관론**이 구분되었다. 공부과제들(예, 시험)을 예상할 때, 낙관론자들은 불안이 별로 없고 기대가 높지만, 방어적 비관론자들은 '최악의 경우' 시나리오를 쓰고 기대를 낮게 설정하며 구체적 준비를 한다. 실제 성적에서는 두 집단간에 차이가 없었다. 방어적 비관론자들은 걱정할 게 없는데도 항상 걱정하고, 걱정해봤자 더 잘하지도 않는 것이다. 낙관은 긍정적 수행기대에 초점을 맞추고 무엇이 잘못될지에 대해 생각하지 않도록 도와주고, 방어적 비관은 성적과 관계된 불안을 다스릴 수 있게 해주는 것 같다. 최악의 경우를 예상하고 준비하면 진정이 되면서 공부를 할 수 있지만, 이 책략에서는 불안이 지속된다.

사회성 영역에서의 개인차는 **사회적 제약**(social constraint)에서 발견되었다. 남의 눈을 의식하고 구속받기라고 할 수 있는 이 책략은 방어적 비관론과 비슷하지만, 공부책략의 차이가 사회성 영역으로 전이되지는 않는다. 즉 공부에서 방어적 비관론자라고 해서 사회생활이 힘들지는 않다. 이 제약이 큰 사람은 타인 지향적이고 사회적 수행(관계 맺기)에 대해 불안해하는 경향이 있다. 대다수 학생들이 공부보다 사회생활을 더 즐긴다고 보고한 데 비해, 이들은 사회성 영역에서 더 많은 스트레스와 부정적 감정들을 보고하였다. 이 책략의 적응적 가치는 리더보다는 추종자·관찰자가 됨으로써 자기존중을 보호하는 데 있다. 그렇게 해서 사회생활에 어느 정도는 참여하게 된다. 사회적 제약을 많이 느낀다고 해서 더 우울하거나, 삶과 자기 자신에 대해 더 부정적이지는 않았다.

생활과제 접근은 개인들이 이런저런 일들, 자기 자신, 삶 일반에 부여하는 독특한 의미들을 강조한다는 점에서 개별기술적이다. 또, 문제 있는 적응보다 성공적인 적응에 초점을 맞춘다. 우리 각자는 자기 삶의 문제들을 정의하고 해결하는 전문가이지만, 어느 영역에서는 똑똑한 사람이 다른 영역에서는 얼마든지 바보일 수 있다. 학교 우등생이 사회 열등생이 될 수 있는 것이다. 적응 잘하고 똑똑하다는 것은 도식이나 책략의 문제라기보다는 그것들을 어떻게 사용하느냐 하는 문제이다.

사회적 지능: 조율과 유연성 사회적 지능의 '도구들'이 좋아도 그 레퍼토리를 '똑똑하게' 사용해야 한다. 우리는 어떤 남성이 '섹시 가이'라는 자기도식, '쇠뿔도 단김에 빼라'는 책략을 갖고 있다고 해서 바보라고 생각하지는 않는다. 그 도식, 책략을 아무에게나 아무 때나 아무 데서나 쓴다면 그는 바보 맞다. 유연성(flexibility)은 거의 언제나 미

덕이지만, Cantor는 유연성의 필수조건이 조율(attunement)이라 본다.

매력적인 여성에게 '섹시 가이' 개념으로 '대시'(들이댐)했는데 그 여성이 호감을 보일 수도, 동물원 원숭이 보듯 할 수도 있다. 행동의 (사회적 및 정서적 피드백을 포함한) 결과들에 따라, 또 다른 목표들의 성취가능성에 그 결과들이 어떤 영향을 미치는가에 따라 행동을 조정하는 것이 **조율**이다. 상황에 따라 목표를 이룰 가능성이 다르므로 그에 따른 조율도 있어야 한다. 이를테면, 강의실은 학생이 사회생활 목표를 이루기에 적절한 상황이 아니다(잘못하면 떠들다 쫓겨난다). 또 "내 돈 떼먹으려는 것 아니겠지?"라고 물었을 때 친구가 웃으며 "아 미안해, 잊어버리고 있었어"라거나 "앗, 안 잊어버렸단 말이야?"라고 할 수도 있지만, '떼먹는다'는 표현에 모욕감을 느낄 수도 있다. 친구의 반응에 따라 내 행동도 조정해야 한다. 돈 받는 것도 중요하지만, 나의 다른 목표들(예컨대, 좋은 인간관계)에 갈 영향도 고려해야 하기 때문이다.

문제해결 책략들이 잘못되었음을 시사하는 피드백에 비추어 또는 자기, 타인들, 변하는 맥락들에서 나오는 새로운 요구들을 지각하여 행동을 조절하는 것이 **유연성**이다. 타인의 반응, 상황 요구들의 변화에 맞추어 조율하면서, 어떤 목표를 언제 어디서 어떻게 추구할지를 결정하는 것이다. 불가능한 목표를 버리는 것도 유연성이다. 가정의 울타리를 떠나면 '누구에게나 사랑받는 공주님'이라는 목표는 이룰 수 없거나, 혹시 이룰 수 있다 해도 다른 목표들의 실현을 심각하게 방해한다. '젊음과 아름다움'도 40대에는 포기해야 하는 목표이다(아닌가?). 세팅(예, 가정, 학교, 직장)과 기회들이 변할 때 유연하려면 한 특수한 생활환경의 요구들의 구체적 특성들에 예민해야 한다(조율).

사람들이 나날의 삶에서 세상을 해석하고, 과제들을 추구하고, 행동을 조절하는 '**맥락 내 행동**'은 저마다 다른 패턴을 나타낸다. Cantor는 그 패턴을 이해하려면 특정한 연배(cohort)나 사회문화 집단의 사람들이 특정한 종류의 과제들을 추구하는 전형적 책략들의 지도를 가지고 있어야 한다고 본다. 이 **규준적 지도**(normative map)가 손에 있으면, 개인들이 그 규준들에서 유의미하게 이탈하는 과제-맥락-책략 연결들을 어떻게 구성하는지를 개별기술적으로 더 잘 이해할 수 있다. 즉, 전체 지도를 가지고 있어야 개인 성격의 지도(과제-맥락-책략 규칙들)를 그릴 수가 있는 것이다. 그 다음 단계에 가면 각자의 성격지도에서 그가 (그 인생단계에서) '똑똑한' 지점 또는 구역들을, 즉 과제-맥락-책략 규칙들이 유연하고, 과제추구의 이익과 비용에 잘 조율된 영역들을 확인할 수가 있다.

무엇을 언제 어디서 어떻게 추구할지를 유연하게 판단할 수 있을 때 우리는 그 영역에서 똑똑하며, 경직성을 보일 때는 '바보'이다. 2003년 2월에 한 사람의 방화로 일어난 대구 지하철 화재는 조율과 유연성이 없는 '바보 같은' 대처 때문에 수백 명이 죽고 다치는 비극적 참사가 되고 말았다(글상자 14-1). 그러나 열차 기관사와 사령실의 대처를 다시 보면, 그 '고 요구' 상황에서 그들이 본 '문제'는 승객의 보호가 아니라 자신들의 보호였다. 이 문제에 대한 대처에서 그들은 뛰어난 조율과 유연성을, 즉 사회적 지능을 보여주었다.

글상자 14-1

대구 지하철 방화 참사

2003년 2월 18일에 발생한 대구 지하철 화재는 매우 급박하게 전개되었다. 중앙로 역에 있던 1079호 전동차 안에서 사람들이 보는 가운데 한 남자가 불을 지른 시각은 9시 53분 10초였고, 반대 방향에서 1080호가 역에 도착한 시각은 56분 45초였다. 사망자의 90% 이상이 1080호 열차의 승객이었다는 점에서 이 열차 기관사와 사령실의 대처가 결정적이었다. 다음은 사고 당시 사령실-기관사 통화 녹취록이다(*한겨레*, 2003. 2. 21.).

09 : 55

운전사령 : 전 열차에 알립니다. 중앙로 진입시 조심해 운전하여 들어가시기 바랍니다. 지금 화재 발생하였습니다.

09 : 57

1080호 열차 : 예. 1080입니다. 지금 단전입니까?

사령 : 단전이니까 방송 좀 하시고.

……

09 : 58

사령 : 79열차 화재가, 지금 79열차 화재가 났으니까.

1080 : 예.

사령 : 거 저 뭐야, 안내방송하시고.

1080 : 엉망입니다. 답답하니까 빨리 조처 바랍니다.

……

1080 : 대피시킵니까? 어떡합니까?

사령 : 단전돼서 차 못 움직이잖아, 지금.

1080 : 예.

사령 : 그럼 일단 방송하시고.

……

09 : 59

……

1080 : … 지금 급전됐다 살았다가 죽었다 엉망입니다.

사령 : 침착하게, 침착하게 하세요. 아, 여보세요.

1080호 기관사와 통화는 여기서 끝났다. 통화내용을 보면, 조심하라, 안내방송하라, 침착하라는 매우 일반적인 책략만 지시되고, 구체적으로 이 맥락에서 무엇을 조심하며, 무슨 내용을 방송하는지 등의 과제들은 언급도 질문도 없었다. 기관사는 '빠른 조치'를 바랄 뿐이다. 사령실에서는 모니터로 보이는 상황이 어떤지 기관사에게 알려주지 않고, 기관사도 눈에 보이는 상황을 ─ 연기가 얼마나 '유독'한지도 ─ 전달하지 않는다. 아마도 서로 잘 알고 있으리라고 추측한 듯하지만, 급박하게 변하는 상황에 대한 조율이 전혀 이루어지지 못했다. "연기가 찼으면 문을 열어놓고 승객들을 대피시켜라"는 사령실 지령은 10시 4분이 다 된 시간에 나왔고, 그때 1080열차 승객 대부분은 죽어있었다.

나중에 밝혀진바 사령실에서는 통화내용 중 자신들에게 불리한 부분을 삭제하여 제출하였고, 1080열차 기관사에게 전원을 *끄고* (그래서 열차 문이 열리지 않았다) 열차를 떠날 것을 지시하였었다. 그들에게 '문제'는 승객의 보호가 아니라 자신들의 보호였던 것이다.

목표이론

인지혁명 직후 순전히 인지적인 과정들('차가운 인지')에 쏠리던 관심은 시간이 지나면서 정서 및 동기와 인지의 관계('뜨거운 인지')에 대한 관심으로 옮겨졌다. Westen 등(2008)은 이를 *2차 인지혁명*이라고까지 부른다. "동기화된 인지"(motivated cognition)가 성격 이해의 중심이 된 것이다(Higgins & Scholer, 2008). 앞에 나온 가능자기, 이상자기, 당위자기, 표준 등도 목표 및 동기와 밀접한 관계가 있다("역동적 자기", Markus, 1983). 이들에 공통된 것은 행동의 목적성, 목표지향성 강조이다. 즉 바라는 목표들의 추구를 중심으로 사람의 행동이 조직된다는 것이다.

목표의 종류 거의 무엇이든 목표가 될 수 있지만, 같은 문화권, 같은 시대를 사는 사람들이 추구하는 목표에는 많은 공통점이 있기 마련이다. Dweck(1996)이 확인한 목표들은 다음 네 가지 유목이다.

성취/능력(achievement/competence) 수행과 학습이라는 두 가지 하위유목이 있다. **수행**(performance)은 긍정적 능력판단을 입증하거나 획득하려는 목표인 반면, **학습**은 새로운 것들을 이해한다든지 새로운 기술을 익히는 등 능력을 향상시킨다는 목표이다. 학교장면에서 수행과 학습은 각각 좋은 성적 따기와 이해·배움이 될 것이다. 수행목표가 중요할 때는 (특히 성공확률이 불확실하거나 낮을 때) 도전적 과제들을 회피하고, 실패했을 때 (능력 부족으로 귀인하는 등) 무기력 반응을 나타내기 쉽다. 반대로 학습목표가 우세할 때는 도전적인 학습기회들을 찾고, 실패했을 때 노력이나 책략에 초점을 맞추고 더 잘 해내려고 한다.

인간관계 성취/능력에서와 비슷하게 인간관계에서도 남들의 승인, 호감을 추구하거나(**승인**) 또는 친밀해지고 도움 베풀기 등 관계맺기에 초점을 둘 수 있다(**발달/성장**). 실패에 직면할 때(거부당함)도 승인목표들은 무기력반응을, 발달/성장목표들은 자기개방 증가 등 잘 해보려는 반응을 가져오기 쉽다.

권 력 남들을 지배 또는 통제하려는 목표들을 포함하며, 공격성을 예언해주는 것으로 보인다. 남들을 지배·통제하고 싶은 사람들은 자신들의 지위가 흔들리는 것 같을 때 적대적 귀인, 분노표현과 보복을 하기 쉽다.

즐 거 움 즐거움과 괴로움, 보상과 처벌에 초점을 맞추는 목표들이다. 보상에 초점을 두는 '충동적 행동'이 여기서 나올 수 있다.

모든 유목에는 '접근'뿐 아니라 '회피'형태도 있다. 긍정적으로 보이려고 하는 반면 부정적 판단을 피하려고 하고, 즐거움과 보상을 추구하는가 하면 고통과 처벌을 피하려고 하는 것이다. 이 목표유목들은 누구에게나 중요하지만, 어느 것을 더 강조하느냐, 어떤 수단을 사용하느냐에서는 개인차가 있다. Dweck은 네 가지 큰 유목을 제시하였지만, 목표들을 더 세분하는 학자도 있다.

목표들은 단순/복합성, 중요성 등에서 다르다. 나는 내일 성격 강의를 잘 해야 하며, 훌륭한 성격 교과서를 쓰고 싶다. '교과서'는 '내일 강의'보다 더 중요할뿐더러 훨씬 어렵고 복합적이다. 목표들은 즉각적, 단기적이냐 장기적이냐 하는 차이도 있다. 나의 장기목표는 훌륭한 교수/학자 되기일 수 있다. 목표와 계획은 구별해야 한다. *목표*는 바라는 종점(desired end points)이고, *계획*은 한 목표를 성취하기 위한 길이다. 나는 좋은 가정주부가 되고 싶어서(목표) 요리학원에 등록한다(계획). Dweck은 바라는 최종결과에 의해 목표를 정의하기보다는 의도로, 즉 어떤 *목적*(purpose)을 위해 행동하고 있느냐로 정의할 것을 제안한다. 예컨대, '돈'이라는 구체적 결과가 권력, 승인 등 다양한 목적에서 추구될 수 있기 때문이다.

우리가 가진 여러 목표들은 서열적 구조로 조직화되어 있다. 예를 들어, '행복한 삶'이 맨 위에 있고, 결혼, 취직이 그 아래 들어있다. 취직 목표 아래에는 자격증 따기가, 그 아래에는 학원 다니기가 들어간다. 이 구조는 내적, 외적 요구들에 따라 변할 수 있다.

'취업대란'의 시기에는 취직이 상위목표가 되고 '행복한 삶'은 — 당분간 — 잊어버린다. 한 체계 내에서 목표들이 서로 충돌할 수 있다. '훌륭한 교수/학자'라는 목표는 '훌륭한 가정주부'라는 목표와 동시에 추구하기 힘들다. 각각의 목표에서만 아니라 목표체계의 서열구조의 복합성, 갈등 등에서도 개인차가 클 수 있다.

인지, 감정, 행동 목표를 세우고 추진하는 과정에서 의미 깊은 감정·인지·행동이 발생하고 서로 연결된다. 목표 개념은 인지와 동기를 연결해준다(Winter, 1996, pp. 7-8).

> 목표란 우리가 먼저 상상 또는 예상하고 나서 완수하려고 하는 미래사태이다. 이 '완수하려함'(trying to bring about)은 흔히 *의도*(intention)로 의식된다. 어떤 목표를 지향함, 그 목표를 예상함, 그것을 추구하려는 의식적 결단, 그것을 완수하려는 행위 등의 전 계열이 하나의 *동기*(motive)이다.

회사에서 인정받고 승진하려는 목표를 가졌다면, 인정을 받느냐 못받느냐에 따라 강한 *감정*이 발생한다. 동시에, 바라고 추구하는(또는 두려워 피하고 싶은) 것들, 즉 어떻게 하면 인정받을지, 무시를 안 받을지에 관하여 맹렬하게 생각하며, 나의 행동의 많은 부분은 이 소중한 목표를 이루기 위한 것이다. 목표가 있으면 행동에 방향과 힘(에너지)이 생기고, 목표를 이룰 때까지 버티게 되며, 과제와 관련된 정보와 책략을 사용하거나 발견하게 된다(Locke & Latham, 2002).

목표의 인지적 구성요소는 그 목표의 *표상*이나 심상이다. 난방온도 조절장치에 들어있는 '목표'온도인 것이다. 목표의 그림(표상)이 있다 해서 모든 목표가 의식된다는 것은 아니다. 나는 스스로 자신의 권력 목표를 의식하지 못하면서도, 어떤 사람이나 일에 대한 통제권이 강해지느냐 흔들리느냐에 따라 기쁘고 행복하거나 화나고 불행해진다. 아마 남들이 나의 '권력욕'을 더 잘 알 것이다. 마지막으로 목표는 *행동계획*을 가져온다. 나는 학생회장이 되기 위해서 이런저런 관계들('인맥')을 맺고 내 자질을 알린다. 인지·감정·행동이 같이 가기 때문에, 우리는 개인들이 어떤 목표를 세우고 어떤 수단에 의해 추구하고 있는가도 묻지만, 이 목표와 수단들이 어떻게 감정·인지·행동의 특징적 패턴을 만들어내는가도 질문해야 한다.

목표체계의 기능방식 컴퓨터에 프로그램들이 저장되어 있는 것처럼, 목표들도 체계 내에 언제나 존재하며 자극상황에 따라 **활성화**(activate)된다. 시험 때가 되면 성취/능력 목표가, 사람들 모인 자리에 가면 인간관계 목표가 나오듯이 외적 자극이 단서가 되는 일이 많지만, 생리적 상태, 생각이나 심상 등 내적 자극도 목표를 활성화할 수 있다. 여러 목표가 동시에 생겨나면, 어떤 것을 추구할지 결정을 내리게 된다. 이때 기대-가치 모델이 시사하는 바와 유사하게 목표나 가치의 중요성과 성취확률을 추정할 수가 있다. 가령 내일 시험보는 과목에서 좋은 학점이 중요하지 않거나(가치) 시험을 잘 볼 가능성이 아예 희박하다면(기대·예상), 시험공부가 아니라 친구와 놀기 목표가 우세해진다. 이 평가·결정과정이 꼭 의식되지는 않는다.

한 목표가 설정되면 그것을 이룰 계획이나 수단에 집중하게 된다. 일단 목표추구에 들어가면 그 목표의 표상에 계속 초점을 둠으로써 그 추구가 유지된다. 목표에 가까워질 때 행복감이나 자부심, 목표에서 멀어질 때 불안, 수치 등이 끌고 나가는 힘이 되기도 한다. 좌절을 만나도 오래 버틸 수 있는 것은 목표체계 내에서 하위에 있는 목표들을 주기적으로 성취하면서 자부심과 수치 같은 정서들로 자기강화(보상이나 처벌)를 하기 때문이다. 장기목표와 관련된 단기 또는 즉각적 목표들을 이루면서 자신이 잘하고 있다고 또는 더 분발해야 한다고 스스로 말하는 것이다. Higgins가 이상 및 당위자기라 부른 것에 맞추려고('자기길잡이') 하면서 감정상태가 생기는 것인데, 목표들이 행동에 동기를 부여할 수 있는 힘은 이런 감정들에서 나온다.

목표가 성취되거나('꿈은 이루어진다'), 만족스러운 수준에 왔거나, 더 해봐도 소용없을 것이라는 평가가 나올 때는 목표지향 활동이 끝나고 다른 목표가 앞에 나오게 된다. 국내 최고가 되었으니 이제는 세계 최고('노벨상'!)가 되겠다거나, 이제는 가정생활에 충실하겠다는 다른 목표를 세울 수 있다. 산업·조직 현장에서 관찰된바, 높은 목표는 수행수준을 높이고, 높은 수행에는 보상(인정, 승진 등)이 따라오며, 이는 만족감과 자기효능을 높여주고, 더 높은 목표를 설정하게 만든다. Locke와 Latham(2002, p. 712)은 이를 '고수행 순환'(high-performance cycle)이라 부른다.

목표체계 기능의 역학을 생각할 때 잊지 말아야 할 원칙이 몇 가지 있다(Pervin, 2003, p. 315).

중다결정(multidetermination) 대부분의 복합적 행동에는 여러 목표가 같이 작용한다. '부자 되기'에는 내가 잘먹고 잘살겠다는 목표, 남을 돕거나 지배하겠다는 목표 등이 작용할 수 있다.

통합 대 갈등 하나의 목표를 이루면서 자연스럽게 다른 목표도 이룰 수 있지만, 상충하는 목표들이 체계 내에 공존할 수 있다.

동일잠재력(eqipotentiality) 같은 목표를 여러 다른 수단이나 계획에 의해 도달할 수 있다. 인기를 얻는 길이 여러 가지이듯이 하나의 목표가 여러 다른 행동을 가져올 잠재력이 있는 것이다.

동일결말(equifinality) 같은 행동이 여러 다른 목표들의 작용을 나타내 줄 수 있다. 친절함은 동료들과 친해지려는 관계목표의 표현일 수 있지만, 지배·통제하려는 권력목표에서 나올 수도 있다.

목표추구와 적응 우리는 한 번에 하나가 아니라 여러 가지를 동시에 추구한다. 가령 결혼도, 취직도 하고 우정도 가꾸고 싶다. 여러 소중한 목표를 동시에 성공적으로 추구하는 것이 언제나 쉽지는 않다. '행복한 가정', '직장 적응/출세'같이 보편적인 중요한 (상위)목표들도 양립하기 어려울 때가 많다. 적절한 추진방법을 못 찾을 수도 있고, (하위)목표들이 서로 충돌하기도 한다. 소중한 목표들이 이루어지고 있다고 느끼면 만족, 행복감이 크지만, 원하는 바를 이루지 못하면 불만·불행해진다. 목표성취는 원하는 보상을 가져다주고 만족감과 자신감을 높여주며 더 높은 목표에 도전할 수 있게 해주므로('승승장구') 적응과 성장에 큰 도움이 된다('고 수행 순환'). 물론 악순환도 드물지 않다. 소중한 목표를 이루지 못해서 불안·불행하고, 목표를 낮추면서도 위축되고, 그것도 이루지 못하여 더 불행해지는 식이다.

목표 내지 그 추구와 관련된 부적응 또는 정신병리는 목표들의 부재, 목표 갈등, 비효과적 실천으로 나누어 생각해 볼 수 있다. 앞에서 논의한 목표유목 중 어느 것이 아예 없다면 적응문제가 생길 수 있지만, 그보다는 인생의 특정한 시기에 목표*상실*로 어려움을 겪는 일이 더 많다. 가령 입시를 앞둔 고등학생이 무슨 과에 가고 싶은지, 장차 무엇이 되고 싶은지 모르거나, 정년퇴임 후 새로운 목표를 찾지 못하는 것이다. 그러나 목표 부재보다는 *갈등* 때문에 괴로움을 겪는 일이 더 많다. 사랑과 돈, 행복한 가정과 출세를 동시에 추구한다면 둘 중 하나를 포기해야 하는 상황이 올 수 있다.

일상생활에서 목표추구와 관련된 가장 큰 어려움은 *실천*에 있는 것 같다. 이 문제는 일반적으로 '의지력', '의지박약'이라고 표현된다. Pervin(2003, p. 336)이 성격심리학 시간에 학생들에게 신경 쓰이는 의지력 문제들과 그 이유들을 나열해보라고 요청했을 때, 가장 자주 언급된 것은 미루는 버릇과 과식이었다. "리포트를 써야 하는데 책상에 앉아서 하게 되지가 않는다," "그 음식이 얼마나 칼로리가 많은지 알고 뚱뚱해지고 싶지 않은데도 식욕을 억제할 수 없다" 같은 내용이다. 많은 학생들이 이유를 대기는 하였으나, 일반적으로 문제진술만 할 뿐 원인분석은 하지 못했다.

Pervin은 하고 싶은 것을 하지 못하는 문제를 *억제*(inhibition), 하면 안 되는데 강박적으로 하고 싶은 갈망을 *중독*(addiction)의 문제라 불렀다. 과제물을 번번이 제 날짜에 못내는 학생, 결혼하고 싶으면서도 여자와 가까워지면 관계를 끝내는 남성이 억제의 문제로 괴로움을 당한다고 할 수 있다. 안 하려고 하는데 빠져드는 (술, 인터넷 등) 중독의 예도 많다.

억제와 중독의 문제 억제와 중독은 둘 다 자기조절의 실패로, 인지적 관점에서는 **주의**(attention)장애라 부를 수 있다. 그러나 "리포트 쓰려고 하면 머릿속이 하얘진다," "그 생각이 머리를 떠나지 않는다"는 사람에게 주의집중 실패는 문제의 원인이라기보다 문제의 일부이다. 그렇다면 의지문제를 **자기효능**의 문제로 보아야 할까? 특정한 상황이 요구하는 것들을 할 수 없다고 믿는 것이므로 효능문제이기는 하다. 그러나 억제나 중독에 시달리는 많은 사람들은 자기효능신념이 강하다. 마음만 먹으면 언제라도 술이나 담배를 끊을 수 있다는 중독자가 수두룩하다. 사람들은 사실상 할 수 있는 것을 못한다고 믿기도 하고, 불가능한 것을 할 수 있다고 믿기도 한다. 자기효능신념이 빠르게 바뀌기도 한다. 어느 순간에는 자신 있다가 다음 순간에는 자신이 없어지는 것이다.

억제와 중독 현상들을 목표이론으로 설명하자면, 억제문제는 대부분 **불안**의 문제인 것 같다(이하 Pervin, 2003, p. 338). 원하는 것에 대한 불안 때문에 그것을 할 수 없는 접근-회피 갈등인 것이다. 친밀을 추구하는 남자가 친밀이 두렵기도 하고, 과제물을 제 날짜에 내고 싶지만 교수의 평가가 두려워 피하고 싶다. 중독의 문제는 생리학적 설명도 가능하지만 충분하지 않고, 강력한 고전적 조건화로 설명할 수 있을지 모른다. 이러한 설명들에 만족하지 못하는 Pervin은 많은 연구가 필요함을 인정하면서 다음 두 가지 사항을 언급한다(같은 곳).

우선, 목표이론들은 생각을 행동으로 옮기는 데서 발생하는 문제를 다루지 않거나 아니면 만족스럽게 해결하지 못한다. 의지력 문제는 이론들이 하는 가정들을 어기는 것으로 보이며 따라서 이론 확장에 기여할 수 있다. 다음으로, 무의식적 목표나 목표발달의 문제가 나온다. 목표가 무엇인지를 모르는 경우가 많고, 마음먹은 목표를 추구하기가 왜 그렇게 힘든지는 더더욱 알지 못하는 것이다. 억제와 씨름하는 사람들은 자신들이 추구하는 목표가 다른 목표와 충돌함을 인식하지 못하고, 중독과 싸울 때는 목표의 막강한 힘에 놀란다.

무의식적 목표를 인정하느냐 인정하지 않느냐에 대해서는 학자들마다 차이가 있지만, 인지적 이론들에서는 목표들이 어디서 오는가 하는 *발달*의 문제를 일반적으로 다루지 않는다. 발달의 문제를 놓아둔 채 목표 및 문제해결 이론들이 강조하는 것은, 의도하는 바를 실행하는 측면들이다(가령, 과제-맥락-책략). 책략을 발달시키고, 다른 충족을 지연시키고, 성취에 대해 자신을 상주고 실패에 대해 자신을 벌하는 행동들도 관심을 끈다. 그러나 Pervin은 *자기조절 붕괴*에도 주목해야 한다고 본다(2003, p. 338). 생각을 행동으로 옮기지 못하거나, 생각과 행동이 바라는 방향으로 가지 않는 일이 많기 때문이다.

인지-정보처리 접근의 평가

Pervin과 John(2001)이 전통적(정신분석과 특질) 성격이론과 인지적 성격이론을 비교해놓은 것을 보면(표 14-1), 구조와 일관성을 강조하느냐, 아니면 과정과 유연성, 상황변별력, 행동관리능력을 강조하느냐 하는 것이 차이의 핵심이다. 동기와 역학(역동)은 정신분석 접근의 핵심이지만, 특질심리학에서는 다루지 않는다. 인지-정보처리 이론의 특징들에서 위의 세 가지는 사회인지 이론의 특징들과 같으므로, 그것을 평가할 때 논의한 내용이 대부분 유효하다. 정보추구, 범주구조와 추론과정에 중점을 두지만, 인지-정보처리 접근에서도 '동기와 역학'은 성격 기능의 중심이다("역동적 자기"; "뜨거운 인지", "동기화된 인지").

"성격의 안정성과 일관성", "구조-안정성" 등에 집중하는 특질심리학과 달리, 정신역동적 이론들에서는 생각·감정·행동의 '왜'를 설명하는 과제가 언제나 중심에 있다. 자기도식, 문제해결이나 목표 이론들에서도 '사람은 무엇을 원하는가'를 묻지만, "행동의 일반화된 예측들"을 하기보다는 "행동의 변별성과 유연성"을 강조하며 "상황에 특수한 예측들"을 하려 한다. 4장에서 역동적, 인지적 무의식을 구별할 때(표 4-4) 보았듯이, 전자는 그 자체가 행동을 움직이는('역동적') 동기로 작용하는데, '인지적' 무의식은 동기나 소망보다는 생각/인지의 내용에 초점을 둔다. 인간은 합리적 정보처리자이므로, '동기와 역학'도 과제-맥락에 맞추어진다.

표 14-1 두 가지 성격이론들의 원형적 특징들(Pervin & John, 2001, p. 525)

전통적 성격이론	인지-정보처리 이론
1. 성격의 안정성과 일관성	1. 행동의 변별성과 유연성
2. 사람의 행동의 일반화된 예측들	2. 상황들에 특수한 예측들
3. 구조-안정성 강조	3. 과정-유동성 강조
4. 성향, 특질, 욕구들	4. 범주구조, 신념체계, 추론책략, 인지적 능력들
5. 동기와 역학	5. 경제적 인지와 일상적 인지과정들
6. 통일적 개념으로서 자기	6. 여러 도식으로 구성된 자기

인간 동기의 맥락성

'모르는 타인'을 처음 만나 몇 마디 나누어보거나 그가 사람들과 상호작용하는 모습을 관찰하고 나서 우리는 자동적으로 그의 성향특질을 추리한다(McAdams, 2001). 가령 그가 외향적, 호의적이라고 판단하면서 그가 다양한 상황들에서, 오랜 시간에 걸쳐 어떻게 행동할지를 추측한다. 시간이 지나 그가 더 이상 '모르는 타인'이 아니면 '윤곽'(outline) 스케치를 넘어서 '특징적 적응들'(McCrae 등, 2000, 8장 그림 8-2 참조)로 초점 또는 수준이 바뀌고, 구조-안정성이 아니라 역동, 과정, 변화를 강조하게 된다(McAdams, 2001).

동기와 역학 동기와 역학의 물음은 성격분야가 시작할 당시부터 중심 주제였다. Allport가 1930년대 심리학적 성격연구들을 개관했을 때 핵심은 동기와 특질이었다. 20세기의 큰 성격이론들은 근본적 인간 동기와 욕구들에 초점을 맞추었다. Freud는 무의식적 욕구와 추동들이 인간 행동에 에너지와 방향을 준다고 보았고, Murray는 20여 가지 욕구 카탈로그를 만들었다. 우리가 바라고 원하는 것은 결국 우리에게 필요한 것인데, 진화심리학자들은 우리가 궁극적으로 생존과 번식에 필요한 것들을 찾아나선다고 주장하였다. 인지-정보처리 이론들이 설명하려는 동기와 역학은 훨씬 더 과제-맥락-책략 중심적이다.

특질은 여러 상황들에서, 오랜 시간에 걸쳐 사람들이 무엇을 할지('전체 요약') 예측하는 데 유용하다. 성취동기, 친밀동기 같은 구성개념들도 행동 일관성들을 말하지만, 그 배후의 역학을 설명하려 한다. '왜' 그러는지를, 즉 욕망, 소망, 목표들을 탐구하는 것이다. *자기도식*에 이미 "나는 여기서 행동을 통제한다"는 동기역학이 들어가지만, *목표* 개념은 행동의 동기와 직결된다. 모든 동기 개념들에는 시간 맥락이 있고, "단순히 말해서, 동기들은 바라거나 예상하는 목표들로 정의되며, 이 목표상태들은 미래에 존재한다"(McAdams, 2001, p. 484). 영수의 권력동기가 높다고 말한다면, 우리는 그가 주변에 영향력을 행사하기를 바란다고, 권력을 경험할 수 있으려고 미래를 위한 구체적 목표들을 세운다고 말하는 것이다.

그러나 미래 목표상태들, 과제-맥락에만 머물면 동기를 다 이해하지 못한다. 동기·욕구와 목표 사이에는 층위의 차이가 있어서, 영수의 (내현적) 권력*동기*가 그에게 왜 권력*목표*들이 중요한지를 설명해주기도 한다. 인지-정보처리 접근이 '동기와 역학'에 관심이 없다면(표 14-1), *왜* 그것을 원하는가, *왜* 그 자기도식, 그 목표들인지를 질문하지 않는 채 인지과정들을 기술하기 때문이다. 인간 행동의 시간적 목표 지향성에 초점을 맞추면서 이 접근은 특징적 적응들의 수준에, "동기·인지·발달 관심사들", "인간 개성의 맥락화된 단면들(contextualized facets)"에 머문다. 이 단면들은 시간, 장소, 역할이나 발달단계에 따라 달라진다.

구조-안정성 대 과정-유동성 기대/예상, 가치, 목표, 책략 같은 개념들은 전통적 성격이론들에 나오는 특질, 동기/욕구보다 더 맥락에 의존하고, 구체적, 개별기술적이다. Cantor의 '생활과제'라는 인지-동기 구성개념은 특정한 인생시기나 삶 이행기에 사람들이 일상생활에서 부딪치는 과제들을 말한다. 영수가 외향적이라거나 권력을 원한다고 말하지 않고, 그의 삶에서 중요한 목표, 과제, 계획들에 주목하여 지금 학생회장에 나가려 하고, 졸업후 로스쿨을 목표한다고 말하는 것이다. 전통적 성격이론의 관점에서 보면, 영수의 권력동기는 이런 목표나 계획들로 표현되고, 개인적 관계들이나 스포츠 영역에서는 나타나지 않는다.

앞 장에서 사회인지 이론들을 평가할 때 지적했듯이, 행동의 변별성과 유연성, 상황특수성, 과정-유동성 등의 강조는 특질심리학과 정신역학 이론들의 지평을 넓혀주었다. 그러나 우리가 질문해야 할 것은, 구조-안정성 없이 과정-유동성, 맥락특수성만 있으면 '성격'은 어디 있는가 하는 것이다. 구조 없이 기능, 과정이 있을 수는 없다. 영수의 목표, 계획들에 대해 알게 되면 그가 어떤 사람이냐 하는 것을 어느 정도 알게 되지만, 그가 '외향적이다', '권력을 원한다'는 구조특성들도 알아야 영수라는 사람을, 그의 개성(individuality)을 훨씬 잘 이해하게 된다.

행동을 "추동, 선택, 방향부여, 조직화하는 힘"(Dweck, 1996, p. 34)으로서, *목표*는 성격연구에 대한 과정지향 접근을 위해 공동의 언어를 제공할 수 있을 뿐 아니라, 성격과 타 심리학분야들을 연결해 줄 수도 있다. 그렇게 되려면, '*왜* 그 자기도식인가', '*왜* 그 목표, 계획 또는 책략인가'를 질문할 필요가 있어 보인다. 또 "추동, 선택하는 힘"이 상당 부분 의식되지 않으므로, 무의식적 동기와 그 발달과정을 직접 붙들고 씨름해야 위에 나온 중다결정, 목표 통합과 갈등 같은 문제들을 다룰 수 있다. 현대 정신분석 접근에서 나온 '소망'(wish) 개념(Westen et al., 2008, p. 73)이 참고가 될지 모른다. 소망도 목표처럼 경험과 가까운, 추상적이지 않은 개념이다.

11장에서 정동(affect) 또는 감정을 동기기제로 보는 Westen 등의 견해를 언급한 바 있다. 다양한 감정 상태들(feeling states)과 연합·연결된, 바라거나 두렵거나 중요한 결과들(outcomes)의 표상(그림)이 동기들에 들어있는 예가 **소망** 개념이다. 생물학적인 그리고 학습된 방식들로 정동들이 다양한 인지적 표상 및 구조들과 연합이 되면서 소망들이 생겨난다. 아기가 엄마 곁에 있으려고 하는 소망을 생각해보자(같은 곳). 생후 6개월에서 1년 사이에 아기는 일차적 애착인물(주로 엄마)과 떨어지면 고통당하며, 이는 생물학적('사전 프로그램된') 반응이라 할 수 있다. 엄마가 돌아오면 고통이 가라앉고, 그 경험이 되풀이되면서 엄마의 표상이 괴로운 상태의 조절과 연합된다. 엄마가 없어졌을 때 바라는 상태의 표상이 활성화되면 엄마 곁에 가거나 머물고 싶은 '근접 소망'이 나온다.

'근접 소망'의 발달에는 이렇게 감정과 인지가 상호작용한다. 인지적 접근에서는 이런 층위의 '동기와 역학'에 관심이 없는 대신, 현재의 자극조건이나 과제, 인지과정들에 초점을 맞추며, 먼 과거, 아동기 경험에는 관심이 없다. Pervin(2003)이 말한 억제와 중독의 문제들을 이해·설명하고, 소망에서 나타나는 것 같은 정동과 인지의 상호작용에 대해 체계적으로 생각할 수 있으려면 '합리적 정보처리자' 인간관을 다시 생각해야 할 것 같다.

합리적 정보처리자

성격에 대한 인지적 접근에서 지배적인 인간관은 여전히 근본적으로 합리적인 정보처리자, 과학자이다. 인간은 정보를 능동적으로 추구하고, 세상과 사람에 대한 풍부한 지식을 써서 그리고 상황의 요구들에 따라 자신의 행동을 조절하고, 계획과 목표들을 행동에 옮기는 존재라는 것이다. 그러나 정보처리, 계획, 문제해결이 머릿속에서 척척 진행이 되어도 생각을 행동으로 옮기지 못하면 소용없다. Pervin(2003)이 언급한 자기조절 붕괴, 억제와 중독의 문제는 우리 모두 일상생활에서 겪는 괴로움들이다. 영어스터디 계획을 세우고는 늘 끝까지 못하고, 게임에 매달려 있는 게 싫으면서도 '끊지' 못하며, 아들을 야단치면 역효과라는 걸 알면서도 얼굴만 보면 입에서 욕설이 나가는 것이다. 이런 문제들을 설명하고 해법 내지 치료법을 제시하는 것은 실제적으로 중요한 과제이다.

Pervin은 불안과 갈등, 고전적 조건화를 언급하는데, 내현적(무의식적) 동기와 감정세계는 인지-정보처리 접근에서 논의되지 않는다. 대신 현재 맥락에서 "경제적 인지와 일상적 인지과정들"을 바라본다. 이는 현재와 표면에 머물고 실험 패러다임에서 '상황→행동'(E→B) 관계에 시선을 고정시키는 방법론적 행동주의의 태도(11장 참조)를 반영한다.

내현적 동기와 감정 4장에서 역동적, 인지적 무의식을 대비시킬 때(표 4-4 참조) 우리는 정신분석학과의 차별화가 현대심리학에 중요하다는 인상을 받았다. 동기와 소망, 방어, 비논리적이고 비합리적인 과정 등을 인정하지 않으려고 하기 때문에 자기조절 붕괴, 억제와 중독은 인지-정보처리 접근이 직면하기 어려운 문제들이 된다. "무의식 내용이 의식되려면 특별한 조건이 필요"하지 않고 "정상적인 지각 및 기억 법칙들이 적용"된다고 믿기 때문에 자기보고 방법이 여전히 주된 측정평가 방법이기도 하다. "사람들이 자기 성격에 관해 중요한 것들의 대부분을 알고 있다고, 그것에 직접 접근하거나 아니면 자기 자신을 제대로 바라볼 수 있을 만큼 충분히 자신의 행동들을 충분히 잘 관찰할 거라고 암묵적으로 가정" 하는 것이다(Westen 등, 2008, p. 81).

영수가 '나는 봉사정신이 강하다'고 믿으며 학생회장 출마도 하고(학교에 봉사) 변호사도 되려 한다면(약자들의 권익 보호), 그 자기도식과 목표들은 그가 어떤 사람인지를 이해하는 데 도움이 된다. 그러나 그가 스스로 의식하거나 인정하지 않는다 해도 권력동기는 그의 개성의 일부이다. 직장에서 10여 년 친하게 지낸 동료가 '때가 되자'(맥락!) '파워게임'에 뛰어들 때 놀랐는데, 일단 권력동기 가설이 떠오르자 지난 몇 년 동안 쌓여온 물음표들에 답이 나온다("아, 그랬구나!"). 비슷하게, 지배욕이 강하다고 느꼈던 오랜 친구가 사실은 인정받고 싶은 것이었다는 깨달음이 들 때, 역시 그의 행동들에 가졌던 의문들이 풀리고 그에게 휘둘리면서 분노보다는 연민을 느꼈던 이유가 이해된다.

'권력을 원한다', '인정·사랑받고 싶다'고 스스로 의식하지 못한다고 해서 내현적 동기가 '반응선택'들에 영향을 미치지 않는 것은 아니다. 권력욕은 명백히 내 동료의 개성의 일부이다. 정신역학에 대한 거부감 말고도 인지-정보처리 학자들은 측정평가 문제 때문에 내현적 동기들을 인정하기 힘들다. 자기보고로는 내현적 동기들을 파악하기 힘들고, '동료평정'(peer rating)은 조금 낫겠지만 역시 믿을 수 없고, Markus(1977)가 자기도식 연구에 쓴 것 같은 내현연상검사(IAT)를 쓸 수도 있겠지만, *투사법*에서 나온 공상, 심상들이 가장 적절할 것이다(4장, '동기의 공상 측정치와 자기보고 측정치' 참조).

Higgins(1987)의 자기불일치 이론이 잘 보여주듯이 정보처리 접근에서는 정동이 인지에 따라온다. 반대로 정신분석 접근들에서는 인지가 정동 및 동기과정들에 봉사하며, 의식에서 지각·처리될 정보를 범주화하고 고르는 데 욕구·소망·갈등이 개입된다고 가정한다(Westen 등, 2008). 진화적으로나 개체발생적으로 정서체계가 인지체계에 선행한다고 보면서, Block(2002, p. 52)은 성격심리학이 합리적 행동을 포함하되, 개념적으로 그 경계들을 넘어 확장해야 한다고 시사한다. 인간은 가능하면 적응문제들을 직접, 합리적으로 해결하려고 애쓰지만, 머리·마음 상태들을 바꾸거나 특정한 생각·감정·욕망을 의식 밖으로 밀어내려고(방어) 할 때도 있다. 자동화된 감정조절 절차들(즉, 절차지식) 때문에 적응에 더 도움 되는 절차들을 학습하지 못 할 수도 있다. 의식하는 생각·감정·욕망이 도덕표준들이나 소망들 같은 다른 강력한 목표들과 충돌하면 의식 속의 표상들이 왜곡되기도 한다.

'영어 콤플렉스'에 대해 생각해 보자. '할 수 있다'는 자기효능이 없다는 것은 문제상태의 설명이 아니라 진단이다. 영어몰입을 그토록 강조하고 취업에 영어실력을 요구하는 사회에서, 미국과 미국식 라이프 스타일을 선망하는데, 초등학교(요즘은 유치원) 시절부터 30대까지 엄청난 시간과 돈과 노력을 쏟아 붓는데도 불구하고, 왜 대다수 한국인들에게 영어는 여전히 낯설고 무서운 것일까? 원어민처럼 완벽하게 ('정복'!)해야 한다는 목표, 구태의연한 주입식 수업방식도 잘못이겠지만, 심리적 장애물들이 분명히 작용한다. 미국, 영어에 대한 집합적(즉, 한국적), 개인적 감정의 복합성을 이해·설명하지 못하는 한 심리학

은 '영어 스트레스' 문제해결에 도움을 줄 수 없을 것이다.[1]

실험 패러다임의 제약 내현적 동기와 감정을 보지 않으면서 주관적 현실과 현재 맥락에, 즉 표면과 현재에 머물고 내면/심층과 과거를 들여다보거나 캐지 않는 연구자세는 현대심리학의 *방법론적 행동주의*라고 볼 수 있다. 상황을 정해놓고(통제하고) 행동을 관찰하므로, '상황→행동'(E→B)관계에 시선을 고정하게 된다. 어떻게 해서 그 상황에 들어가게 되었는지(B→E; P→E)를 묻지 않고 맥락·상황에서 출발하는 것이다. 앞 장에서 사회인지 이론들을 평가할 때 이미 논의한 바 있다.

'상황→인지→행동' 틀에서 '인지'는 기대, 목표, 인지도(cognitive map)이다. 상황맥락이 도식/각본, 책략, 목표 등을 점화(또는 활성화)하며 이 '인지'들이 행동을 가져온다. 그러나 출발점이 '상황'이기 때문에, 기질이나 특질성향 때문에 도식이 달라지거나(Funder, 2008) 행동이나 (특질, 동기)성향 때문에 특정한 맥락에 들어가게 된다는 측면(B→E; P→E)에는 주목하지 않는다. Shoda 등(1997)이 현장연구에서조차 아이들이 스스로 상황을 선택하거나 만들어내는 측면을 고려하지 않은 것이 한 예이다. '또래 놀림/위협' 상황에 어떤 반응이 나오나(E→B) 하는 것에만 관심 있고, 공격성 문제가 있다는 아이들에게서 그 '또래, 부적' 상황이 가장 드물었으며, 89명 중 20명은 6주 기간 동안 한 번도 그 상황에 들어간 적이 없다는 사실에는 의미를 부여하지 않는 것이다.

어떤 아이들이 어떤 식으로 행동하여 이런저런 상황에 자주 처하게 되는가(P→B→E) 하는 것은 중요한 성격 현상이지만 실험실에서는 관찰할 수 없는데, 실험 패러다임에 젖어 있기 때문에 현장연구에서도 이런 현상을 바라보지 않는 것이다. 이는 인지-정보처리 접근이 행동에만 초점을 두고 개인들이 '실제로' 어떤 사람인지를 질문하지 않는다는 뜻이기도 하다. '나는 봉사정신이 강하다'는 자기도식은 영수의 개성의 일부이지만, 그가 '실제로' 봉사에 뜻이 있다기보다는 권력을 원한다는 것 역시 그러하다. 그의 내현적 권력동기는 그의 삶이 권력을 추구하는 방향으로 나아가리라는, 관련 목표들을 추구할 시간, 장소, 역할, 맥락에 들어갈 것이라는 '일반화된 행동예측들'을 해준다. 나아가, 영수가 어떤 사람인지를 이해하려 한다면, 그가 *왜* 권력동기가 높은가, 왜 이 동기가 개인적 관계나 취미활동보다는 공적 과제·목표들에서 '봉사정신'으로 표현되는가 하는 질문도 해야 한다.

이 의문들에 답하려면 영수의 과거 환경과 생활경험도 탐색해야 하겠지만, 그가 살

---

1) 이 스트레스가 미국/서구, 영어(학습)에 대한 태도에서만 나오지는 않을 것이다. 학생들과 영문 독해를 해보면, 언어에는 규칙이 있으므로 그것들을 익히고 따라야 한다는 사고방식이 없는 것 같다. 우리말 맞춤법이나 문법규칙을 무시하고 '정확한 표현'을 찾지 않는 태도에서도 이를 읽을 수 있거니와, 규칙과 권위 일반에 대한 (수동-공격적) 저항이 작용할 수도 있다. 이는 물론 성격심리학만으로, 나아가 심리학만으로 이해·설명할 수 있는 문제들이 아니다.

아가는 사회생태계도 바라보아야 한다. 가령 그가 21세기 대한민국을 살아가는 청년이라는 사실이, 그가 속하는 사회계층이 그의 권력추구 동기와 방식들에 미친 영향이 있을까. 목표나 문제해결 이론이 묻는 물음들, 즉 사람들은 무엇을 원하며, 어떻게 바라는 것을 추구하고 두려운 것을 피하는가 하는 등에 답할 때 우리는 (특질, 동기 등) 개인성향들과 더불어 성별과 나이, 사회계급도, 시대와 사회분위기 등도 무시할 수 없다. 이 조건들에 따라 환경의 기능적 특성들이, 개인들의 도식과 각본이 달라지기 때문이다. '생활과제'로 분석단위를 옮기면서, Cantor는 '**규준적 지도**'(normative map)의 필요성을 강조하고 사회문화적 요인들을 고찰해야 함을 인식하게 되었다.

폭력배가 되건 모범생이 되건, 우리가 무엇을 할지, 그것을 언제 어떻게 할지, 자신을 어떤 존재로 정의하는지 등은 학습되는 것이다. 심리학에서는 강화조건들, 자극-자극, 자극-결과 연결들, 부모, 교사, 또래들에게서 배우는 교훈들 등을 중요하게 고려하지만, 시대와 장소, 나이와 성별에 따라 환경이 다르게 설정(set up)된다는 사실은 고려하지 않는다. 그러나 과제-맥락-책략 연결들의 '규준적 지도'는 서울과 뉴욕, 10년 전과 오늘, 남자와 여자, 40대와 20대가 다를 수 있다. 큰길은 같겠지만, 큰길만 알면 집을 찾을 수가 없다.

사회생태계와 삶 이야기

성격은 "한 특정한 개인의 특징들의 독특하고 역동적인 조직"(Liebert & Liebert, 1998, p. 5)으로서 **개성**(individuality)에 초점이 있다. 그러나 Liebert와 Liebert가 이어 쓴 것처럼, "이 특징들 중에서 어떤 것들은 그 특정인에게 전적으로 독특하고(기억, 습관, 버릇 등) 어떤 것들은 소수 또는 다수 또는 모든 타인들과 공유된다." McAdams(2001)는 모든 타인들과 공유하는 특징들에 '**인간 개성의 근본적 맥락들**'이라는 제목을 붙였다. 각자의 개성에 대해 이야기할 수 있으려면 먼저 "모든 이가 공통으로 가지고 있는 것, 사람들이 부딪치는 공통의 도전과 기회들"(p. 46)을 이해해야 한다는 것이다. *인간 본성*도 보아야 하지만, 다수 또는 모든 타인들이 공유하는 *문화, 환경*도 개성의 근본적 맥락이다.

현대 성격심리학은 한편으로는 특질성향들의, 다른 한편으로는 자기도식, 목표, 생활과제, 동기 등의 *개인차*에 중점을 둔다. 진화심리학의 약진으로 '인간 본성'에 대한 관심이 커졌지만, *문화와 환경*은 여전히 대부분의 심리학자들의 관심 밖에 있다. McAdams(2008, McAdams & Pals, 2006)는 특질(수준1)과 특징적 적응(수준2)만큼이나 **삶 이야기**들(수준3)에서 중요한 개인차들이 나타나며, 문화가 특질 표현, 자기 도식, 목표 등에도 영향을 미치지만, 무엇보다 삶 이야기들과 복잡하게 상호작용한다고 본다. 뒤에 가서 그의 통합적 개념틀을 보게 될 것이다.

사회생태계

미국심리학 수입국인 우리나라에서 '한국적 심리학', 한국인의 성격심리학은 아직 먼 목표이지만, 목표성취를 위한 출발은 한국의 문화와 사회환경을 고찰하는 일이어야 할 것이다. 이 책의 6장에서 서구의 개인주의와 동아시아·한국의 집단주의를 대비시킨 바 있지만, 직접적 사회적 상황을 벗어나는 더 큰 맥락들은 (성격 및 사회)심리학에서 잘 고려되지 않는다. Watters(2010/11)는 우울증 같은 흔한 장애가 개인주의적인 미국과 집단주의적인 일본에서 다르게 나타나고 경험·해석됨을 조명한 바 있다.

사회적 상황, 사회환경 생물학자들이 말하는 '생태계'는 어느 주어진 때와 장소에서 자연계를 정의하는 많은 수의 서로 관계된 환경체계로 구성된다. 심리학자들은 인간이 살아가는 사회생태계(social ecology) 중 극히 일부에만 주목한다. 특히 행동주의와 사회학습이론의 영향을 많이 받은 성격심리학자들은 강화조건, 모델 같은 직접적(immediate) 상황요인들에 집중한다. Bandura의 유명한 실험에 참여한 아동들에게는 보보인형을 치는 성인이 직접적 '사회적 상황'이었다. Shoda 등 (1994)의 연구에서는 '어른 칭찬', '또래 접근', '또래 놀림' 등이 그러했다. 이러한 '사회적 상황'을 사회생태계의 **소 맥락**(microcontexts)이라고 할 수 있다(McAdams, 2001).

이 직접적 상황들 밖에는 가정, 동네, 학교같이 더 큰 맥락들이 있다. 가장 포괄적인 **대 맥락**(macrocontexts)에는 사회계급, 성별, 문화, 역사/시대 등이 들어간다. 어느 시점에서나 한 사람의 삶은 즉각적 사회적 상황들로부터 계급, 문화, 역사에 이르는 맥락들의 동심원 속에 놓여 있는데, "생태계→문화→사회화→성격→사회행동"(Triandis, 1990, p. 47)의 틀에서 심리학자들은 뒷부분에만 집중한다(홍숙기, 1995). 성격연구를 하는 인접 분야들로부터 1930년대에 성격심리학을 분리하고 정의하면서 Allport도 이 "새 연구분야"는 "성격을 형성하는(shape) 요인들"이 아니라 "성격 자체"에 초점을 맞춘다고 규정하였다(7장 참조). 이는 여전히 우리 분야의 '전통'으로 남아, 5요인 모델(성격→사회행동)도, 인지-정보처리심리학(상황/맥락→사회행동)도 '생태계→문화'는커녕 '사회화'에도 이론적 관심이 없다. 앞 장에서 Shoda 등(1994)의 연구를 논의할 때 지적했듯이, 행동→상황 관계에 관심이 없는 것은 물론이다.

성격이 아니라 삶 '성격 자체'를 이해하기 위해 (사회)행동을 관찰하는 것처럼, '성격 자체'를 이해하기 위해 문화, 생태계도 "근본적 맥락들"로서 바라보아야 한다. 직접적 '사회적 상황'에서 '사회생태계'로 시야를 넓히면 *성격이 아니라 삶*이 주제(subject matter)가 되고, 성격심리학이 사람(person) (행동의) 이해로 그칠 수 없다(홍숙기, 1991). Murray(1938)는 *전기*(biography), 즉 인간 삶의 개념화보다 중요한 문제는 없다면서, 그것이 "심리학과 사회학의 논리적 만남터"라고 썼다(p. 609).

> 사람은 언제나 문화 속에 파묻혀 있기 때문이다. 그는 그 문화를 흡수하고, 그것에 의해 변하며, 그것을 보존, 표상, 전달하고, 변화, 창조한다. 문화는 성격들을 통해 표현되며 성격들은 문화 속에 표현된다.

문화는 여러 가지로 정의되지만, "한 집단(population) 속의 사람들이 서로 의사소통하고, 자신과 환경에 대해 생각하고, 서로에게 그리고 환경 속의 객체들을 향해 행동하는 방식들에 관한 규칙들의 조직체"(McAdams, 2001, p. 229)라고 할 수 있다. 우리는 한국인인 동시에 여자나 남자이고, 동시에 어느 특정한 세대나 사회계층에 속한다. 한국인과 미국인은, 여자와 남자는, 20여 년 전 한국과 현재 한국에서는, 같은 시대에도 강원도 산골과 서울 강남에서는 서로 의사소통하고 자신과 환경에 대해 생각하고 행동하는 방식들이 다르다.

사회적 상황은, 즉 타인들의 태도와 행동, 그들과의 관계는 사회생태계 안에서 발생하는데, 이 생태계는 빠르게 변하고 있다. 가장 큰 변화 하나는 인터넷과 '소셜미디어'의 발달로 가상세계('사이버 공간') 비중이 점점 커진다는 것이다(Jackson, 2008/10; Geissler, 2002; Arnett, 2002; Turkle, 2010/12). 페이스북에서는 '친구'가 몇백, 몇천 명인데 현실에서는 친구나 동료들과 말 한 마디 안 나누고 하루가 지나곤 한다. '집단 따돌림'도 사이버 공간에서 행해지고 있다. 다른 한편 한국적인 무한경쟁, 승자독식, '징벌사회'(*한겨레 21*, 2011. 4. 25.)는 점점 가혹해진다. 이러한 사회생태계에서 '문화→사회화→성격→사회행동'의 연쇄를 이해하려면, 나아가 '역방향'으로, 개인들의 사회행동이 어떻게 문화를 보존·변화·창조하고 자녀 사회화를 통해 그 다음 세대의 성격과 문화를 형성하는지를 이해하려면, 사람들이 자기 삶에 대해 하는 이야기를 들어야 한다.

삶 이야기

청년기를 지내면서 사람들은 자기 자신과 지난 삶을 돌아보고 앞날을 내다보게 된다. 가정과 학교라는 생활환경을 실제로 또는 머릿속에서 벗어나면서 점차 자기 자신과 생활세계를 구성·창조해간다. 따라서 사람들이 자기 삶에 대해 하는 이야기를 들어야 할 필요성은 성인 성격과 삶의 연구에서 특히 절실하다(Dannefer & Perlmutter, 1990). 청년·성인기부터 삶의 길이 커다란 개인차를 보이게 되므로 각자가 자기 자신과 환경을 어떻게 만들어 가는지를, 그 사회역사적 배경을 알아야 하는 것이다.

McAdams는 삶 이야기가 곧 자기가 누구라고 하는 *정체*라고 본다. 나에게는 많은 부분들이 있지만 나는 전체이고 일관된 '나'이며, 시간이 지나면서 여러 가지 변화가 있지만 과거의 '나'가 현재의 '나'로, 현재의 '나'가 미래의 '나'로 이어진다. 이 자아통합은 삶의 이야기를 구성하고 수정하는 작업이라고 할 수 있다(McAdams, 2001, 2003, 2008; McAdams & Pals, 2006).

이야기 접근 Bruner(1986, 2002/10)는 인간이 세상을 두 가지 매우 다른 방식들로 이해한다고 주장한다. **패러다임 형태**(paradigmatic mode)는 논리의 법칙들에 지배되며 당연히 시대·문화에 걸쳐 보편적이다. 자연과학, 공학을 추구하는 심리학은 이 형태로 인간과 세상을 이해하려 한다. **이야기 형태**(narrative mode)에서는 물리적이나 논리적 원인들보다는 인간의 욕구와 목표들을 다룬다. 새로운 '과학하기'에서는, 삶의 현실과 거리가 먼 추상적, 보편적 지식, 이론 검증에 몰두하기보다는 현실맥락 안에 들어가 연구대상과 상호작용하며 의미를 찾는 해석학적 연구접근을 하려 한다(cf. 홍숙기, 1995b). 이야기 형태로 들어가면 모든 인간, 모든 시대에 타당한 객관적 법칙성을 찾으려 하는 행동주의도, 자극상황들의 (객관적 특성들보다는) 주관적 정의를 강조하는 '객체가 아니라 주체의 심리학'인 인지심리학도 설 자리가 없어진다(Sampson, 1981).

심리학의 초창기부터 삶 이야기 연구는 학자들의 관심을 끌어왔다(Runyan, 1983, 1988; McAdams, 1985, 2003, 2008; 홍숙기, 1991). 홍숙기는 이야기 연구의 의미와 역사를 개관하면서 두 가지 연구사례를 제시하였다. Ochberg(1988)는 중년남성들과 5-10시간의 개별면접에서 현재의 직업생활에 대한 이야기를 들었고, Wiersma(1988)는 중년여성들과 '커리어변화'(주부에서 직장인으로)에 대해 3년에 걸쳐 이야기를 나누었다. Ochberg는 미국 중상계급이 남성들에게 하는 요구들을 이해하면서 남자들의 삶을 이해할 수 있었고, Wiersma도 사회와 문화에서 통용되는 '각본'들 중에서 여성들이 '상황에 적합한' 것들을 채택한다는 것을 보았다(홍숙기, 1991). 오래 고통을 당해온 사람들이 자신들이 사는 시대와 장소에 떠도는 '증상 풀'(히스테리, 홧병, 우울증, 나르시시즘 등)에서 증상들을 — 물론 무의식적으로 — 선택하는 기제와 유사하다.

이 책 7장에서 보았듯이 Allport는 개별기술 연구의 중요성을 역설했지만 '제니의 편지' 한 편만 출판하였다. 죽기 전에 그는 "나는 아직도 심리학적 생활사를 어떻게 써야 할지 모르겠다"고 고백하였는데(홍숙기, 1991, p. 220 재인용), 이는 아마도 개성과 독특성

표 14-2 자기구성과 이야기(Bruner, 2002/10, p. 107과 108에서 재구성)

자 기	이야기
1. 자기란 목적론적이고 주체적이며, 욕망과 의도, 그리고 열망으로 가득 차있고 끝없이 목표를 추구한다.	1. 이야기에는 플롯이 필요하다.
2. 그 결과, 자기는 현실적이든 상상적이든, 그것을 가로막는 것에 대해 민감하다. 즉, 성공과 실패에 대해 민감할 뿐만 아니라, 불확실한 결과를 다루는 것에도 불안해한다.	2. 플롯에는 목표에 장애가 되는 것이 필요하다.
3. 자기는 자신의 기대와 야망을 변경하고 준거집단을 바꿈으로써 그 판단된 성공과 실패에 대응한다.	3. 장애는 사람을 다시 생각하게 만든다.
4. 자기는 과거를, 현재 및 기대되는 미래의 요구에 맞게 조정하기 위해서 선별적인 기억에 의존한다.	4. 이야기와 관련된 과거에 대해서만 말하라.
5. 자기는 스스로를 판단하는 문화적 기준을 세우는 '준거집단'과 '의미 있는 타자'를 지향한다.	5. 당신이 등장시킨 인물에게 협력자와 연고자를 제공하라.
6. 자기는 소유욕과 팽창성이 풍부하며, 신념, 가치관, 충성심, 그리고 심지어는 사물들까지도 자신의 정체성으로 채택한다.	6. 등장인물을 성장시켜라.
7. 하지만 자기는 자체의 연속성을 상실하지 않은 채, 상황에 따라 그런 가치관과 소유물을 버리는 것 같다.	7. 하지만 그들의 정체성은 그대로 두어라.
8. 자기는 그 내용과 활동에 있어서 현저히 변화함에도 불구하고, 시간과 상황을 초월하여 경험에 토대를 둔 지속성을 갖는다.	8. 등장인물의 연속성을 분명하게 유지하라.
9. 자기는 세계 속에서 자신이 어디에 있으며 누구와 함께 있는지 하는 문제에 민감하다.	9. 등장인물들을 사람들의 세계 속에 위치시켜라.
10. 자기는 자기 자신을 설명하지 않으면 안 되며, 때에 따라서는 말로써 스스로를 표현할 책임이 있고, 말을 찾지 못할 때는 불안해진다.	10. 필요하다면 등장인물이 자신에 대해 스스로 설명하게 하라.
11. 자기란 변덕스럽고 감정적이며, 불안정하고 상황에 민감하다.	11. 등장인물을 변덕스럽게 만들어라.
12. 자기는 고도로 발달된 심리적 과정을 통해 불일치와 모순을 피함으로써, 자신의 일관성을 추구하고 지켜나간다.	12. 등장인물이 이해되지 않을 때를 걱정하고, 그들도 걱정하게 만들어라.

("성격 자체")을 지나치게 강조했기 때문인지 모른다. 삶 역사는 "심리학과 사회학의 만남터"인데, 심리학의 조망만 가지고 나선 것이다. 40명의 35-45세 남자들과 전기면접을 하여 1978년 '남자의 삶의 계절들'을 펴낸 Levinson(1980, pp. 54-55)은 자신이 사회학적이 되어 *밖으로* 나가면서 동시에 *안으로*, 성격 속으로 더 들어갔다고 썼다.

> 이 두 방향은 겉보기에만 정반대이다. 제도들과 집단들의 연구는 나에게 심리학적 과정들이 그들의 형성과 기능양식들에서 중요한 역할을 한다는 것을 보여주었다. 또 나는 개인 삶들의 집중적 연구로부터 사회문화적 세계가 성격 내에 절묘하게 반사된다는 것을 배웠다.

자기, 삶, 이야기 Bruner(2002/10, p. 107)는 1990년대 Ulrich Neisser가 편집한, 자기(self)에 대한 심리학적 논문들에서 알게 된 것을 12가지 단문으로 요약하였다(표 14-2).[2] 그 내용을 "좋은 이야기를 하거나 쓰는 방법에 대한 일련의 생각으로 번역"(p. 108)해놓은 것이 표에서 오른쪽에 나와 있다. 좋은 드라마와 '막장 드라마'의 차이를 생각해보면 '좋은 이야기'의 특성들이 분명해질 것이다. 가령 '막장 드라마'에서 등장인물은 성장하지도 않고 정체성, 연속성도 없다. 표준적인 이야기에서 주인공 '나'는 "탐험에 나서서 장애물을 만나고, 자기 인생의 목적을 다시 생각해보고, 무엇을 필요로 하고 있는가를 기억해내고, 자신이 보살피는 사람들과 동료를 만나면서, 그 과정에서 자신을 망각하지 않고 성장해나간다"(p. 109). 바로 **이야기정체**(narrative identity)가 삶 이야기에 대한 성격심리학 연구에서 핵심 개념이다(McAdams, 2001, 2008; Singer, 2004).[3] 이야기정체들에서 구조 및 내용 차이들은 사람들 사이의 가장 중요한 개인차들에 속하며, 이 차이들은 이야기의 세팅, 플롯, 인물, 장면, 이미지, 주제들에서 다양하게 나타난다(McAdams, 2008).

삶 이야기는 현실에 토대를 두면서도 우리 각자가 성인기를 지내면서 구성, 재구성하는, 상상력을 동원한 창작, 즉 **심리사회적 구성**(psychosocial construction)(McAdams, 2001)이다. *성격*은 삶 역사의 단지 한 요소일 뿐이다. *문화*와 사회적 제도라는 다른 요소들도 삶 역사의 이해에 필요하다. 한국인들이 하는 삶 이야기를 듣기 시작하면 가령 입시지옥이라는 배경을 고려하지 않고 청소년들, 나아가 그들 부모의 삶, 한국의 가정을 이해할 수 없음을 깨닫게 된다(cf. 김찬호, 2008, 2009). 무한경쟁의 '징벌사회'에서 우리는 낙오자

---

2) 심리학에서는 통상 자아(ego)와 자기(self)를 구별해서 쓴다. 이 책 5장 각주 1에 쓴 것처럼, 주체(I)로서 '나'를 '자아', 객체(Me)로서 '나'를 '자기'라고 쓰기도 하고, Freud 정신분석학과 차별화하기 위하여 Rogers나 Allport같이 '자아' 대신 '자기'를 쓰기도 한다. 표에서도 Bruner 역자가 '자아'로 번역한 것을 '자기'로 고쳐 썼다.

3) '이야기 의학'(narrative medicine) 분야도 생겨났다(Bruner, 2002/10, p. 150f.). 의사들이 심전도나 혈압, 체온 등 차트만 들여다보면서 환자가 하는 말이나 이야기에 귀를 기울이지 않는("사실에 충실한 의사") 결과 희망을 버리는 환자가 생긴다는 것을 알게 되었기 때문이다. 한 내과의사의 말처럼 "삶은 차트 상의 기록이 아니다"(같은 곳, p. 150). "성격은 특질(또는 5요인) 프로파일이 아니다"라고 할 수도 있을 것이다.

가 될까봐 두려운 나머지 제도의 요구에 스스로 맞추어간다. 우리가 하는 삶 이야기들에는 '낙오와 패배'(두려움이든, '인간 승리' 전략이나 자랑이든)가 중요한 테마가 된다.

우리는 귀 기울여 듣는 사람이 있어야 그 앞에서 개인적 이야기를 한다('스토리텔링'). 따라서 이야기는 *사회적 현상*이다. 이야기하는 사람은 상대(청중)가 무얼 듣고 싶은지 예상하고, 듣는 사람은 라디오 듣듯이 수동적으로 '청취'하는 게 아니라 이야기의 의미를 알고 싶어한다("무슨 말이야?" "왜 그렇게 되었는데?" 등).[4] 일반적으로 부모들은 아이들이 자신의 개인적 경험들을 이야기하도록 격려하고, 아이들은 초등학교를 다니면서 '사람 사는 이야기'에 무엇이 포함되는지에 대한 문화의 규준과 기대들을 내면화하기 시작한다 (McAdams, 2008, p. 251). 들어주는 귀, 사회적 관계가 없어지면 어떻게 될까? 이야기하기의 치유효과(각주 3의 '이야기 의학' 참고; cf. Wiersma, 1988; 홍숙기, 1991; MaAdams & Pals, 2006 개관 참조)를 생각하면 '국민 정신건강'을 우려해야 할지 모른다. 아동·청소년 자살 증가가 부모-자녀가 '이야기를 나누'지 않는 입시지옥 현실과 관계가 있을까.

'소셜 네트워크'에서 주로 단어(많은 은어와 '유행어', 축약조어)와 이모티콘으로 '소통'하는 현실을 보면 우리가 이야기하는 법을 못 배웠거나 '탈학습'했다는 우려가 든다. 이야기에는 문장과 단락이 있고, 장(챕터)과 부(파트)가 넘어가기 때문이다. 효율성을 추구하는 멀티태스킹 시대에 우리는 이야기를 할 수 없게 된 것일까(Jackson, 2008/10; cf. 김찬호, 2009)? 사랑과 우정, 기쁨과 슬픔은 현실세계를 떠나 가상세계로 들어가고 있다. 연예인들의 사생활에 관심을 쏟는 사람들이 현실세계에서 친구나 가족에게 자기 삶 이야기를 하고 또 남의 이야기를 귀 기울여 들을까? 아니면 가상세계의 드라마들을 소비하며 베끼고만 있을까? 모두 흥미 있는 그리고 중요한 연구물음들이다.

성격심리학을 통합하는 틀 과학적 성격심리학은 개인 성격이라는 퍼즐을 완성하기 위한 조각들을 매우 많이 제공해준다. 그러나 그것으로 끝이다. 이야기가 없기 때문이다. 퍼즐을 완성하여 전체 그림을 보려면 그 사람이 자기 자신과 자기 삶에 대해 하는 이야기를 들어야 한다. McAdams와 Pals(2006)는 진화, 특질, 적응, 삶 이야기, 문화라는 다섯 가지의 넓은 개념들을 가지고 큰 그림을 볼 수 있다고 본다("새 Big Five," 그림 14-1). 인간 본성의 설계 위에서 한 개인의 독특한 개성이 나타나는데, 특질성향, 특징적 적응들, 삶 이야기들의 패턴은 모두 문화와 사회맥락들에 복합적으로 자리 잡고 있다. 한편으로는 인간 본성, 다른 한편으로는 문화와 환경이 "인간 개성의 근본적 맥락"인 것이다.

MacAdams와 Pals(2006)가 제시하는 5원칙은 다음과 같다.

---

4) 삶 이야기를 '듣는 사람'(분석가)의 역할은 정신분석에서 적극적으로 탐구되고 있다(Westen 등, 2008).

1. 진화와 인간 본성 무의식 추동과 갈등이든(Freud), 자기실현 경향이든(Maslow, Rogers) 인간은 다 어떻다고 말할 때 이 '제 1 원칙들'은 "생물과학들의 승인"을 받아야 한다(pp. 205-206). 사람들 사이의 깊은 유사성은 진화의 산물일 가능성이 크기 때문이다. 진화심리학은 '사회적 동물'인 인간이 타인들을 볼 때 집단생활에 중요한 차이들을 알아채도록 진화했다고 본다. 가장 넓은 수준에서 이 차이들은 특질 개인차들로 요약된다.

2. 성향특질들 현재 5요인이 대표하고 있는 특질들은 "넓고, 조건과 맥락이 없고, 일반적으로 선형적, 양극적이고, 부지중에 비교하는 인간 개성 차원들"이다("진화적 토대가 있는, 모르는 타인의 심리학," p. 207). 문화는 특질 표현을 위한 규칙들을 제공하지만, 특질들의 강도에는 거의 영향을 미치지 않는다.

3. 특징적 적응들 동기, 목표, 계획, 가치, 자기도식, 의미 있는 타인들의 표상, 발달과제 등이 특징적 적응들에 포함된다. 특질들에 비해 이 적응들은 동기 및 인지와 더 가깝게 연결되어 있고, 환경 및 문화 영향들을 더 받는다. 시간이 지나며 그리고 치료를 통해서 변할 가능성도 더 크고, 과정과 역학이 상황과 일상에 더 깊이 연루되어 있다. Costa와 McCrae(이 책 8장 그림 8-2 참조)는 '특징적 적응'들이 성향특질과 상황 둘 다의 영향을 받는 특수한 행동패턴들이라 보지만, 5요인 프로파일과 별 관계없는 적응들도 있다. 애착이론에서 말하는 내적 작업모델, 성인기의 친밀 과제들과 중년의 생성 과제들,

그림 14-1 성격심리학의 5원칙(McAdams & Pals, 2006, p. 213)

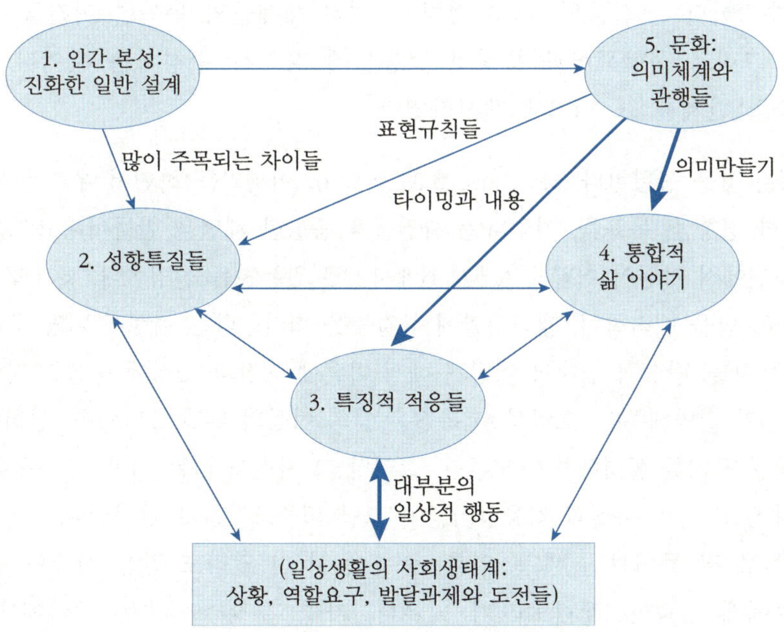

아버지를 생각나게 하는 남자들 증오 같은 것들이 그렇다. 더구나 특질들에 비해 특징적 적응들은 일상생활의 사회생태계에 더 연결되어 있어서, "사회생활의 일상적 요구들에 반응하여 활성화되고 궁극적으로 그 요구들에 의해 모양이 만들어진다"(p. 209).

4. 삶 이야기 '성격'이라 하면 특질과 적응의 이 두 가지 범주가 논의되지만, 삶 이야기들에서도 중요한 개인차들이 관찰된다. 개인이 현대세계에서 의미와 정체를 만들기 위해 구성하는 통합적 삶 이야기는 전체로서 자신의 삶을 어떻게 이해하는지를 말해준다. 특질들이 윤곽(outline)을 스케치하고, 적응들이 세부를 채운다면, 이야기들은 개인 삶들에 독특하고 문화에 뿌리 내린 의미들을 부여한다(p. 210).

5. 문 화 문화는 성격수준에 따라 행사하는 영향력이 다르다. 성향특질들에는 특질표현을 위한 근본규칙들과 요구특성들을 설정함으로써 약한 영향을 미치고, 특징적 적응들에는 목표, 동기, 가치 등의 시기(타이밍)와 내용에 영향 미치는 좀더 강한 효과가 있다. 그러나 문화는 *삶 이야기*들에 가장 강한 효과를 행사한다. 이야기정체의 심리사회적 구성을 위한 주제·이미지·플롯들의 메뉴를 제공하기 때문이다. 같은 문화에서도 사람마다 경험과 기회가 다르므로 저마다 다른 메뉴를 받고, 메뉴의 음식을 다 먹을 수 없으므로 선택을 하게 된다. 음식이 나오면, 사람들은 입맛에 맞게 후추와 소금도 넣고, 뒤섞는가 하면 어떤 것들은 내버리고, 옆사람 것을 조금 먹어보기도 한다. 심지어 주문을 취소하고 메뉴를 다시 보자고 한다(p. 212). 이렇게 이야기정체를 만들 때 사람들은 다양한 이야기들로부터 선택하고 많은 것들을 거절하며, 선택하는 이야기들을 자신의 독특한 삶에 맞게 수정한다. 자신들의 사회·정치·경제적 세계들의 독특한 여건들, 가정배경과 교육경험들, 그리고 성향특질과 특징적 적응들에 따라서 수정하는 것이다. 성격의 세 수준과 문화의 관계를 표 14-3에 제시하였다.

"이야기는 삶을 통합한다"(McAdams, 2008, p. 244). 이야기를 하면서 우리는 한 시점에서 자신의 다양한 경향들, 목표들, 기억나는 사건들을 종합한 패턴을 만들어내고("공시적 통합"), 또 긴 시간차원에서 자신이 어떻게 A에서 B에서 C로 왔는지를 설명한다("통시적 통합"). 그리하여 부드럽고, 남을 배려하며, 개인생활에서 갈등을 회피한다는 여성이 어떻게 회사 이익을 위해 투쟁하는지를, 반항적 십대가 어떻게 해서 마흔에 직장과 가정에 충실한 남자가 되어있는지를 이야기가 설명해준다. 호의성(A) 특질은 앞의 여성의 투쟁 스타일을, 성취동기는 좌절에 굴하지 않는 끈기를 설명해줄지 모른다. 그러나 그 자신이 하는 이야기를 듣지 않으면 '그림이 나오'지 않고 여러 특질과 적응양식들이 그냥 퍼즐조각들로 남아있다.

이야기들을 잘 들어보면 세팅, 인물, 플롯 등이 다 달라도 같은 시대와 장소를 살고 있는 사람들에게 친숙한 '레퍼토리'가 나온다. 가령 '투쟁스토리'는 남녀에게서, 한국과

표 14-3 성격의 세 수준과 문화에 대한 그들의 관계(McAdams & Pals, 2006, p. 212)

수 준	정 의	기 능	문화에 대한 관계
성향특질	상황들에 걸쳐 그리고 시간이 지나도 일관성 있는 일반적인 것들을 설명하는, 행동·생각·감정의 넓은 개인차들(예, 외향성, Big Five). 개인차들이 시간이 지나도 비교적 변하지 않는다.	행동의 윤곽을 스케치한다.	유사한 특질이름들과 체계들이 다수의 상이한 문화와 언어들에서 발견된다. 그러나 문화는 특질들이 어떻게 표현되는지에 영향 미친다.
특징적 적응들	시기, 상황, 사회적 역할들의 맥락들에 들어있는 더 특수한 동기·사회인지·발달 변인들(예, 목표, 가치, 대처책략, 관계패턴, 영역별 도식, 단계별 관심사). 살아가면서 현저하게 변하는 특징적 적응들도 있다.	인간 개성의 세부를 채워 넣는다.	문화들은 사회생활에 어떤 목표·신념·책략들이 아주 가치 있다고 보느냐에서 약간씩 다르다. 예컨대, 문화적 **개인주의와 집단주의는** 각각 다른 특징적 적응들의 패턴을 고무한다.
통합적 삶 이야기	과거를 재구성하고 미래를 상상하여 한 사람의 삶에 정체(통일성, 목적, 의미)를 제공하는 내면화되고 계속 전개되는 삶 이야기들. 특징적 이미지들, 색조, 주제, 플롯, 끝(엔딩)에서 개인차들을 볼 수 있다. 시간이 지나며 성격발달을 반영하여 상당히 변한다.	한 사람의 삶이 시대와 문화에서 무엇을 의미하는지를 말해준다.	문화들은 삶 행로들을 위한 이야기들의 메뉴를 제공하고, 이야기를 어떻게 하고 어떻게 살아내는지를 정한다. 현대 사회들에서는 다수의 상이한 이야기들이 서로 경쟁한다. 사람들은 어떤 것들은 선택하고 다른 것들에는 저항해야 한다.

미국에서, 직장과 사생활 영역에서, 청소년과 성인들에서, 10년 전과 오늘 다르게 전개되고 이야기된다. 삶 이야기 속에서 한국의 사회생태계와 그 영향을 보게 될 때 한국 성격심리학이 나오게 될 것이다. 성격심리학에서 개인의 감정·행동·생각 패턴을 예측·통제하려고 하는 과학적 목표를 포기할 수는 없지만, 그 목표를 이루기 위해서도 사람들을 그 자신들의 눈을 통해, 그들의 관점에서 보려고 노력할 필요가 있다. 사람들이 자기 자신과 자기 삶을 볼 때는 필연적으로 **삶 역사**(life history)가 나오며, 그 역사에는 그들이 살아온 그리고 살아가는 사회·문화가 반영된다.

한 장의 스틸사진이나 한 편의 동영상을 보고는 "행동의 기초들을 이해하고 인간 복지를 증진한다는 심리학의 목표들"(Funder, 2008, 577)을 이룰 수 없다. 한국에서 태어나 살아가는 사람들의 삶 역사를 귀기울여 들어야 한국인들의 행동의 기초들을 이해하고 복지를 증진할 수 있다. 성격심리학에는 "전인(whole person)을 이해, 측정평가, 연구하기 위한 통합틀을 심리학이라는 학문분과에, 더 일반적으로 사회 및 행동과학들에 제공해야 한다는 역사적 사명"(McAdams & Pals, 2006, p. 214)이 있다(cf. Baumeister & Tice, 1996; Funder, 2001). 특질성향과 특징적 적응들에만 머물지 않고 한편으로는 삶 이야기들, 다른 한편으로는 본성과 문화, 사회생태계라는 근본적 맥락들로 시선을 돌려야 그 사명을 되살릴 수 있을 것이다.

요 약

01 80년대부터 나온 인지적 성격이론들은 사회인지 이론의 맥을 이어가면서 행동주의와 특질심리학 비판보다는 **정보처리적 인지심리학**에서 나오는 이론과 연구에 더 주목하였다. 그에 따라 범주와 도식, 지능과 문제해결 등이 관심을 끌게 되었다.

02 일상생활에서 우리는 선택적으로 주의를 집중하며 도식을 써서 정보를 범주화한다. **도식**은 정보를 조직화하는 인지구조로서, 성격심리학에서는 사람과 상황에 대한 도식이 중요하다.

03 **자기도식**은 자기 관련 정보의 처리를 조직화하고 이끈다. 특정한 영역들에서 자기도식을 가지고 있으면 그 영역에서 자신의 행동을 모니터하고 조절하게 되므로, 자기에 관한 정보를 효율적으로 처리할 수 있고 반응과 행동에 일관성이 생긴다.

04 되고 싶은, 또는 될까봐 두려운 '나'를 **가능자기**라고 부른다. 자신의 행동을 조절하려고 하는(또는 조절할 수 없을까봐 염려하는) 영역들에서 발달하므로, 가능자기들은 동기와 인지를 이어주어 미래행동을 위한 목표 또는 유인이 된다.

05 Higgins는 **자기불일치** 이론에서 사람에게는 다양한 '나'들의 불일치를 줄이려는 동기가 있다고 주장하였다. 이상자기와 당위자기는 **자기길잡이**(self-guide)로서, 정보를 조직화하고 정서를 유발할 뿐 아니라 동기에도 영향을 미친다.

06 Cantor는 개인들이 바라는 목표를 이루기 위해서 일상생활과 일의 문제들을 해결하려는 노력을 **사회적 지능**이라 부른다. 사회적 지능의 레퍼토리는 도식과 문제해결 책략으로서 지능 자체(조율과 유연성)와 구분된다. 최근에는 **생활과제**가 통합적 분석단위가 되었다. 효과적 문제해결은 행동의 결과들에 따라 행동을 조절하는 **조율**을 요구한다. 문제해결 책략들이 잘못되었음이 시사될 때나, 자기, 타인, 상황으로부터 새로운 요구들을 지각할 때 행동을 조절하는 것이 **유연성**이다.

07 **목표**는 행동을 "추동, 선택, 방향부여, 조직화하는 힘"으로서 행동의 동기를 설명하는 개념이다. 목표와 목표추구는 인지, 감정, 행동을 모두 포함한다. Dweck은 성취/능력, 인간관계, 권력, 즐거움이라는 네 가지 목표를 나누었다.

08 목표 내지 목표추구와 관련된 부적응 또는 정신병리는 주로 목표갈등과 실천 때문인 것 같다. 실천 문제는 하고 싶은 것을 하지 못하는 **억제**와 잘못된 목표를 강박적으로 추구하는 **중독**의 문제로 나눌 수 있다.

09 인지-정보처리 접근은 행동의 변별성과 유연성, 상황특수성을, 그리고 실험법을 강조한다는 점에서 Bandura, Mischel의 사회인지 접근을 따라가지만, 이들보다 일상적 인지과정들, 동기와 감정을 더 강조한다.

10 자기도식과 목표 개념은 추동, 동기 같은 개념들처럼 행동의 동기와 역학을 설명하지만, 행동의 변별성과 유연성을 강조한다. 특질과 추동·동기의 구조—안정성 없이 과정—유동성만으로 성격을 기술·설명할 수 없는 것 같다.

11 인지-정보처리 접근은 실험 패러다임 안에서 **'상황→인지→행동'** 관계를 고찰하기 때문에, 행동이나 특질·동기성향 때문에 특정한 상황맥락에 들어가는 측면을 고려하지 않는다.

12 **'사회적 상황'**(타인들의 태도와 행동)에서 **'사회생태계'**로 시야를 넓히면, 성격이 아니라 삶이 성격심리학의 주제가 된다. 한국인의 삶 이야기들을 들어보면 한국적 사회생태계의 특성이 나타나고, 결국 한국 성격심리학이 나오게 될 것이다.

13 **진화, 특질, 적응, 삶 이야기, 문화**라는 다섯 가지 넓은 개념들을 가지고 성격의 큰 그림을 보는 틀이 제시되었다. 인간 본성의 진화설계와 문화 환경이 '인간 개성의 근본맥락'이 되어 특질성향들, 목표, 동기, 자기도식 같은 특징적 적응들, 그리고 삶 이야기에서의 개인차들이 나온다는 것이다.

14 추상적, 보편적 지식, 이론검증에, 즉 패러다임 형태에 몰두하기보다는 현실맥락 안에 들어가 연구대상과 상호작용하는 **이야기 접근**으로 가야 성격심리학이 심리학이라는 학문분과에서, 나아가 사회 및 행동과학들에서 중심적인 위치를 되찾을 수 있을 것이다.

참고문헌*

권석만(2008). **긍정심리학**. 학지사.

권오길 등(2002). **기초생물학**. 강원대학교 출판부.

김동직·한성열(1997). 한국 대학생의 애착 유형 분포와 대인관계 특성. **한국심리학회지: 사회**, 11(2), 91-110.

김찬호(2008). **교육의 상상력. 교사와 부모가 함께 그리는 행복한 교육**. 지식의 날개.

김찬호(2009). **생애의 발견**. 인물과 사상사.

박노자(2005). **우승열패의 신화**. 한겨레신문사.

박동건(1992). 심리측정의 개관: 신뢰도와 타당도를 중심으로. 제10회 동계연수회. 심리검사 제작의 이론과 실제(pp. 1-44). 한국심리학회.

박영숙(1994). **심리평가의 실제**. 하나의학사.

염태호·김정규(1990). **성격요인검사**. 한국심리적성연구소.

윤순임 외(1995). **현대 상담·심리치료의 이론과 실제**. 중앙적성.

윤호균(1995). 정신분석, 인간중심의 상담 및 불교의 비교: 인간 및 심리적 문제와 그 해결. 임능빈(편), **동양사상과 심리학**(pp. 469-516). 성원사.

이부영(1998). **분석심리학**. 개정증보판. 일조각.

이부영(2001). **아니마와 아니무스. 분석심리학의 탐구 2**. 한길사.

이정모(2001). **인지심리학**. 아카넷.

이훈구(2003). **연고주의**. 법문사.

임신재(2006). **동물행동학**. 살림.

조긍호(1999). 문화유형에 따른 동기의 차이. **한국심리학회지: 사회 및 성격**, 13(2), 233-273.

조혜정(1994). **글읽기와 삶읽기[2]**. 또하나의 문화.

차재호(1994). **문화설계의 심리학**. 서울대학교출판부.

최윤 등(1996). **자전소설. 나의 나**. 문학동네.

최재석(1994). **한국인의 사회적 성격**(3판). 현음사.

최재천(2000). 자연선택과 다윈의학. **과학사상**, 34, 45-65.

한겨레 21(2011. 4. 25). 표지이야기. 뒤처지면 죽는다. 징벌사회. 제857호. 28-39.

---

* 번역서들에는 원저 출판연도와 역서 출판연도를 나란히 집어넣었고(예, Hofstede, 1991/95), 고전이 새로 출판되었을 경우에도 원저 출판연도를 앞에 넣었다(예, Adler, 1927/92).

한국성폭력상담소 부설 열림터(2007). **친족성폭력 피해청소년 지원. 나침반을 찾아라.** 한국성폭력상담소 부설 열림터.

한서설아(2000). **다이어트의 성정치.** 책세상.

허윤미(2001). 심리적 및 신체적 특성의 동질결혼. **한국심리학회지: 일반**, 20(2), 429-448.

홍대식(1996). 한국 대학생의 사랑 스타일과 이성상대 선택준거. **한국심리학회지: 사회**, 10(2), 81-110.

홍숙기(1985a). 성격심리학의 정체감위기와 그 극복. **심리학의 연구문제.** 서울대 심리학과. 147-165.

홍숙기(1985b). 성격심리학의 정체, 과제 및 방법론에 대한 소고. **행동과학연구**, 7, 111-125.

홍숙기(1991). Life-span 발달과 생활사 연구. 한국심리학회(편). **현장연구방법론**(pp. 183-231). 한국심리학회.

홍숙기(1994). **일과 사랑의 심리학.** 나남.

홍숙기(1995a). 사회문제와 국민성, 그리고 개혁을 위한 제안들. **한국심리학회지: 사회.** 9(1). 27-44.

홍숙기(1995b). 현대와 탈현대의 개인주의, 집단주의, 공동체정신. 임능빈(편). **동양사상과 심리학**(pp. 595-641). 성원사.

홍숙기(1991). Life-span 발달과 생활사 연구. 한국심리학회(편), **현장연구방법론**(pp. 183-231).

홍숙기(1994). **일과 사랑의 심리학.** 나남출판.

홍숙기(1995). 현대와 탈현대의 개인주의, 집단주의, 공동체정신. 임능빈(편), **동양사상과 심리학**(pp. 595-641). 성원사.

홍욱희(1998). **생물학의 시대.** 범양사.

Adler, A.(1927/92). *Menschenkenntnis*. Frankfurt a. M.: Fischer.

Allport, G. W.(1937). *Personality: A psychological interpretation*. New York: Holt, Rinehart & Winston.

Allport, G. W.(1961). *Pattern and growth in personality*. New York: Rinehart & Winston.

Allport, G. W.(1965). *Letters from Jenny*. New York: Harcourt, Brace & World.

Allport, G. W., & Odbert, H. S.(1936). Trait-names, a psychological study. *Psychological Monograph*, 47, (1, Whole No. 211).

Arnett, J. J.(2002). The psychology of globalization. *American Psychologist*, 57(10), 774-783.

Axline, V. M.(1965/89, 주정일·이원영 역). **딥스. 자아를 찾은 아이.** 샘터.

Bandura, A.(1965). Influence of models' reinforcement contingencies on the acquisitions of imitative responses. *Journal of Personality and Social Psychology*, 1, 589-595.

Bandura, A.(1978). The self system in reciprocal determinism. *American Psychologist*, 33, 344-358.

Bandura, A.(1986/98). Social foundations of thought and actions: A social cognitive theory. In C. L. Cooper & L. A. Pervin(Eds.). *Personality: Critical concepts in psychology*(Vol. 1, pp. 384-401). London: Routledge.

Bandura, A.(1996). A sociocognitive view in shaping the future. In Korean Psychological Association(Ed.). *Mind, Machine & Environment.* 과학문명과 21세기의 도전(pp. 98-111). 학문사.

Bandura, A.(2001). Social cognitive theory: An agentic perspective. *Annual Review of Psychology*, 52, 1-26.

Bandura, A., Adams, N. E., & Beyer, J.(1977). Cognitive processes mediating behavioral change. *Journal of Personality and Social Psychology*, 35, 125-139

Barenbaum, N. B., & Winter, D. C.(2008). History of modern personality theory and research. In O. P. John, R. W. Robins, & L. A. Pervin (Eds.), *Handbook of personality*(pp. 3-26). 3rd Ed. New York: Guilford.

Bargh, J. A. & Ferguson, M. J.(2000). Beyond behaviorism: On the automaticity of higher mental processes. *Psychological Bulletin*, 126(6), 925-945.

Bargh, J. A., & Chartrand, T. L.(1999). The unbearable automaticity of being. *American Psychologist*, 54(7), 462-479.

Bargh, J. A., Chen, M., & Burrows, L.(1996). Automaticity of social behavior: Direct effects of trait construct and stereotype activation on action. *Journal of Personality and Social Psychology*, 71(2), 230-244.

Barrett, L. F.(1997). The relationships among momentary emotion experiences, personality descriptions, and retrospective ratings of emotion. *Personality and Social Psychology Bulletin*, 23, 1100-1110.

Bartholomew, K., & Horowitz, L. K.(1991). Attachment styles among young adults: A test of a four-category model. *Journal of Personality and Social Psychology*, 61, 226-244.

Baumeister, R. F.(1997). Identity, self-concept, and self-esteem. The self lost and found. R. Hogan, J. Johnson, & S. Briggs(Eds.), *Handbook of personality psychology*(pp. 681-710). New York: Academic Press.

Baumeister, R. F., & Tice, D. M.(1996). Rethinking and reclaiming the interdis- ciplinary role of personality psychology: The science of human nature should be the center of the social sciences and humanities. *Journal of Research in Personality*, 30, 363-373.

Baumeister, R. F., Bratslavsky, E., Muraven, M., & Tice, D. M.(1998). Ego depletion: Is the active self a limited resource? *Journal of Personality and Social Psychology*, 74(5), 1252-1265.

Baumrind, D.(1993). The average expectable environment is not good enough: A response to Scarr. *Child Development*, 64, 1299-1317.

Bednar, R. L., Wells, M. G., & Peterson, S. R.(1989). *Self-esteem. Paradoxes and innovations in clinical theory and practice.* Washington, D.C.: American Psychological Association.

Beit-Hallahmi, B.(1995). Ideological aspects of research on personality and intelligence. In

Saklofske, D. H. & Zeidner, M.(Eds.), *International handbook of personality and intelligence*(pp. 45-58). New York: Plenum.

Belsky, J., Crnic, K., & Woodworth, S.(1995). Personality and parenting: Exploring the mediating role of transient mood and daily hassles. *Journal of Personality*, 63(4), 905-929.

Bevan, W.(1991). Contemporary psychology: A tour inside the onion. *American Psychologist*, 46, 475-483.

Block, J.(1961/78). The *Q-Sort method*. California, Palo Alto: Consulting Psychologists Press.

Block, J.(1978). *The Q-sort method in personality assessment and psychiatric research*. Palo Alto, Cal.: Consulting Psychologists Press.

Block, J.(1980). Some enduring and consequential structures of personality. In A. I. Rabin, J. Aronoff, A. M. Barclay, & R. A. Zucker(Eds.). *Further explorations in personality*(pp. 27-43). New York: Wiley-Interscience.

Block, J.(1993). Studying personality the long way. In D. C. Funder, R. D. Parke, C. Tomlinson-Keasey, & K. Widaman(Eds.), *Studying lives through time*(pp. 9-41), Washington, D.C.: American Psychological Association.

Block, J.(1995). A contrarian view of the five-factor approach to personality description. *Psychological Bulletin*, 117(2), 187-215.

Block, J.(2002). *Personality as an affect-processing system*. Mahwah, N. J.: Lawrence Erlbaum.

Block, J.(2002). *Personality as an affect-processing system*. London: Lawrence Erlbaum.

Blum, D.(2002/5, 임지원 역). 사랑의 발견. 사이언스 북스.

Boa, F.(1988/2004, 박현순·이창인 공역). 융학파의 꿈해석. 학지사.

Bolger, N., & Schilling, E. A.(1991). Personality and the problems of everyday life: The role of neuroticism in exposure and reactivity to daily stressors. *Journal of Personality*, 59:(3), 355-386.

Bowlby, J.(1982/2006, 김창대 역). 애착. 나남.

Boyd, B.(2009/13, 남경태 역). 이야기의 근원. 인간은 왜 스토리텔링에 탐닉하는가. Humanist.

Bretherton, I., & Munholland, K. A.(2008). Internal working models in attachment relationships. Elaborating a central construct in attachment theory. In J. Cassidy & P. R. Shaver(Eds.), *Handbook of attachment* (pp. 102-127). 2nd Ed. New York: Guilford Press.

Brisch, K. H.(1999). *Bindungsstörungen*. Stuttgart: Klett-Cotta.

Bromley, D. B.(1977). *Personality description in ordinary language*. Chichester, England: John Wiley & Sons.

Bruner, J. S.(1986). *Actual minds, possible worlds*. Cambridge, M.A.: Harvard University press.

Bruner, J. S.(2002/10, 강현석·김경수 역). 이야기 만들기. 교육과학사.

Buss, A. H. & Plomin, R.(1986). The EAS approach to temperament. In R. Plomin & J. Dunn(Eds.). *The Study of temperament*(pp. 67–80). Hillsdale, N. J.: Lawrence Erlbaum.

Buss, D. M. & Craik, K. H.(1983). Act prediction and the conceptual analysis of personality scales: Indices of act density, bipolarity, and extensity. *Journal of Personality and Social Psychology*, 45, 1081–1095.

Buss, D. M.(1984). Evolutionary biology and personality psychology. Toward a conception of human nature and individual differences. *American Psychologist*, (10), 1135–1147.

Buss, D. M.(1991). Evolutionary personality psychology. *Annual review of psychology*, 42, 459–491.

Buss, D. M.(1994/1995, 김용석·민현경 역). 욕망의 진화. 백년도서.

Buss, D. M.(2000). The evolution of happiness. *American Psychologist*, 55(1), 15–23.

Buss, D. M.(2001). Human nature and culture: An evolutionary psychological perspective. *Journal of Personality*, 69(6), 955–978.

Buss, D. M.(2004/5, 김교헌·권선중·이흥표 역). 마음의 기원. 나노미디어.

Buss, D. M., & Schmitt, D. P.(1993). Sexual strategies theory: An evolutionary perspective on human mating. *Psychological Review*, 100(2), 204–232.

Campbell, D. T. & Fiske, D.(1959). Convergent and discriminant validity by the multitrait-multimethod matrix. *Psychological Bulletin*, 56, 81–105.

Canli, T.(2008). Toward a "Molecular Psychology" of personality. In O. P. John, R. W. Robins, & L. A. Pervin(Eds.). *Handbook of personality*(pp. 311–327). 3. Ed. New York: Guilford.

Cantor, N., & Harlow, R. E.(1994). Social intelligence and personality: Flexible life task pursuit. In R. S. Sternberg & P. Ruzgres(Eds.). *Personality and intelligence*(pp. 137–168). New York: Cambridge University Press.

Cantor, N., & Kihlstrom, J. F.(1987). *Personality and social intelligence*. Engle wood Cliffs, N. J.: Prentice Hall.

Caporael, L. R.(2001). Evolutionary psychology: Toward a unifying theory and a hybrid science. *Annual Review of Psychology*, 52, 607–628.

Carlson, R.(1971). Where is the person in personality research? *Psychological Bulletin*, 75(3), 203–219.

Carlson, R.(1971). Where is the person in personality psychology? *Psychological Bulletin*, 75(3), 203–219.

Carlson, R.(1984). What's social about social psychology? Where's the person in personality research? *Journal of Personality and Social Psychology*, 47, 1304-1309.

Caspi, A.(1998). Personality development across the life course. In W. Damon (Ed.). *Handbook of child psychology*(5th Ed.). Vol. 3: *Social, emotional, and personality development*(pp. 311-388). New York: John Wiley & Sons.

Caspi, A.(2000). The child is father of the man: Personality continuities from childhood to adulthood. *Journal of Personality and Social Psychology*, 78(1), 158-172.

Caspi, A., Elder, Jr. G. H., & Bem, D. J.(1988). Moving away from the world: Life-course patterns of shy children. *Developmental Psychology*, 24(6), 824-831.

Caspi, A., Roberts, B. W. & Shiner, R. L.(2005). Personality development: Stability and Change. *Annual Review of Psychology*, 56, 453-484.

Cattell, R. B.(1965). *The scientific analysis of personality*. Baltimore, MD.: Penguin.

Cattell, R. B.(1990). Advances in Cattellian personality Theory. In L. A. Pervin (Ed.). *Handbook of personality*(pp. 101-110). New York: Guilford.

Clark, L. A., & Watson, D.(2008). Temperament: An organizing paradigm for trait psychology. In O. P. John, R. W. Robins, & L. A. Pervin(Eds.). *Handbook of personality* (pp. 265-286). 3rd. Ed. New York: Guilford.

Coons, E. E.(2002). Neal Elgar Miller(1909-2002). *American Psychologist*, 57 (10), 784-786.

Corey, G.(1997/96, 조현춘·조현재 공역). **심리상담과 치료의 이론과 실제**. 시그마 프레스.

Costa Jr., P. T., Terrachino, A., & McCrae, R. R.(2001). Gender differences in personality traits across cultures: Robust and surprising findings. *Journal of Personality and Social Psychology*, 81(2), 322-331.

Costa, P. T. Jr. & Widiger, T. A.(2002). *Personality disorders and the Five-Factor Model of personality*. 2. Ed. Washington, D. C.: American Psycho- logical Association.

Cronbach, L. J.(1957). The two disciplines of scientific psychology. *American Psychologist*, 12, 671-684.

Cronbach, L. J.(1975). Beyond the two disciplines of scientific psychology. *American Psychologist*, 30, 116-127.

Csikszentmihalyi, M.(1990). *Flow. The psychology of optimal experience*. New York: Harper Perennial.

Csikszentmihalyi, M., & LeFevre, J.(1989). Optimal experience in work and leisure. *Journal of Personality and Social Psychology*, 56(5), 815-822.

Cyrulnik, B.(1989/2009, 정재곤 역). **관계. 사랑과 애착의 자연사**. 궁리.

Cyrulnik, B.(1999/2006, 임희근 역). **불행의 놀라운 치유력**. 북하우스.

Dannefer, D., Perlmutter, M.(1990). Development as a multidimensional process: Individual and social constituents. *Human Development*, 33, 108-137.

Davis, P. J., & Schwartz, G. E.(1987). Repression and the inaccessibility of affective memories. *Journal of Personality and Social Psychology*, 52, 155–162.

Diener, E.(2000). Introduction to the Special Section on Personality Development. *Journal of Personality and Social Psychology*, 78(1), 120–121.

Digman, J. M.(1990). Personality structure: Emergence of the Five–Factor Model. *Annual Review of Psychology*, 41, 417–440.

Digman, J. M.(1997). Higher–order factors of the Big Five. *Journal of Personality and Social Psychology*, 73(6), 1246–1256.

Dixon, L. K., & Johnson, R. C.(1980/87, 박종영 역). 개성의 근원. 인간행동유전학 개설. 대왕사.

Dollard, J., & Miller, N. E.(1950). *Personality and psychotherapy*. New York: McGraw–Hill.

Dunn, J., & Plomin, R.(1990). *Separate lives: Why siblings are so different*. New York: Basic Books.

Dweck, C. S.(1996). Capturing the dynamic nature of personality. *Journal of Research in Personality*, 30, 348–362.

Eagle, M. N., Wolitzky, D. L., & Klein, G. S.(1966). Imagery: Effect of a concealed figure in a stimulus. *Science*, 18, 837–839.

Eagly, A. H., & Wood, W.(1999). The origins of sex differences in human behavior. Evolved dispositions versus social roles. *American Psychologist*, 54(6), 408–423.

Economist(1998, 1. 3.). What we learn from twins. The mirror of your soul.

Economist(2010. 6. 19.). Special Report: Biology 2.0.

Eisenberg, N., Fabes, R. A., Guthrie, I. K., & Reiser, M.(2000). Dispositional emotionality and regulation: Their role in predicting quality of social functioning. *Journal of Personality and Social Psychology*, 78(1), 136–157.

Emde, R. N., Plomin, R., Robinson, J., Corley, R., DeFries, J., Fulker, D. W., Reznick, J. S., Campos, J., Kagan, J., & Zahn–Waxler, C.(1992). Temperament, emotion, and cognition at fourteen months: The MacArthur Longitudinal Twin Study. *Child Development*, 63, 1437–1455.

Endler, N. S., & Speer, R. L.(1998). Personality psychology: Research trends for 1993–1995. *Journal of Personality*, 66(5), 621–669.

Epstein, S.(1996). Recommendations for the future development of personality psychology. *Journal of Research in Personality*, 30, 435–446.

Erdelyi, M. H.(1985). *Psychoanalysis: Freud's cognitive psychology*. New York: Freeman.

Erikson, E. H.(1959). Identity and the life cycle. Monography. Psychological Issues. l(1). New York: International Universities Press.

Erikson, E. H.(1963). *Childhood and society*. 2nd. Ed. New York: Norton.

Erikson, E. H.(1964). *Insight and responsibility*. New York: Norton.

Exner, J. E. Jr.(1997). The future of Rorschach in personality assessment. *Journal of*

Personality Assessment, 68(1), 37-46.

Eysenck, H. J.(1990). Biological dimensions of personality. In L. A. Pervin (Ed.). *Handbook of personality*(pp. 244-276). New York: Guilford.

Eysenck, H. J.(1997). Personality and experimental psychology: The unification of psychology and the possibility of a paradigm. *Journal of Personality and Social Psychology*, 73(6), 1224-1237.

Eysenck, H. J.(Ed. 1981). *A model for personality*. New York: Springer.

Fornagy, P., Gergely, G., & Target, M.(2008). Psychoanalytic constructs and attachment theory and research. In J. Cassidy & P. R. Shaver(Eds.), *Handbook of attachment* (pp. 783-810). 2nd Ed. New York: Guilford Press.

Freud, A.(1926/83). Einführung in die Technik der Kinderanalyse. Frankfurt a. M.: Fischer Taschenbuch Verlag.

Freud, A.(1937/66). *The ego and the mechanisms of defense*. rev. ed. New York: International Universities Press.

Freud, S.(1895/1997, 한승완 역). 히스테리 연구. 프로이트 전집 4. 열린책들.

Freud, S.(1913/1995, 김종엽 역). 토템과 타부. 문예마당.

Freud, S.(1917/2000). *Vorlesungen zur Einführung in die Psychoanalyse und Neue Folge*. Studienausgabe Bd. 1. Frankfurt a. M.: Fischer Taschenbuch Verlag.

Freud, S.(1925/97, 한승완 역). 나의 이력서. 프로이트 전집 20. 열린책들.

Freud, S.(1927/2000). *Der Humor*. Studienausgabe Bd. 4. Frankfurt a. M.: Fischer Taschenbuch Verlag.

Freud, S.(1929/97, 김석희 역). 문명속의 불만. 프로이트 전집 15. 열린책들.

Freud, S.(1938/53). *Abriß der Psychoanalyse*. Frankfurt a. M.: Fischer.

Funder, D. C.(2001). Personality. *Annual Review of Psychology*, 52, 197-221.

Funder, D. C.(2008). Persons, situations, and person-situation interactions. In O. P. John, R. W. Robins, & L. A. Pervin(Eds.). *Handbook of personality* (pp. 568-580). 3rd. Ed. New York: Guilford.

Funder, D. C., & Colvin, C. R.(1997). Congruence of others' and self-judgments of personality. Hogan, R., Johnson, J., & Briggs, S.(Eds.), *Handbook of personality psychology*(pp. 617-647). New York: Academic Press.

Garcia, J., & Koelling, R. A.(1966). Relation of cue to consequence in avoidance learning. *Psychonomic Science*, 4, 123-124.

Geissler, K. A.(2002). Der Simultant. *Psychologie Heute*, 11, 30-35.

Gerard, H. B., Kupper, D. A., & Nguyen, L.(1993). The causal link between depression and bulimia. In J. M. Masling & R. F. Bornstein(Eds.), *Psychoanalytic perspectives in psychopathology*(pp. 225-252). Washington, D.C.: American Psychological Association.

Goldberg, L. R.(1981). Language and individual differences: The search for universals, in personality lexicons. In L. Wheeler(Ed.). *Review of personality and social psychology*(Vol. 2, pp. 141-166). Beverly Hills, CA.: Sage.

Goldberg, L. R., & Saucier, G.(1995). So what do you propose we use instead? A reply to Block. *Psychological Bulletin*, 117, 221-225.

Gould, S. J.(1977/2008, 홍욱희·홍동선 역). **다윈 이후**. 사이언스 북스.

Gould, S. J.(1996/2002, 이명희 역). **풀 하우스**. 사이언스 북스.

Gray, J. A.(1981). A critique of Eysenck's theory of personality. In H. J. Eysenck(Ed.). *A model for personality*(pp. 246-276). New York: Springer.

Greenfield, S.(2000/4, 정병선 역). **브레인 스토리**. 지호.

Hall, C. S., & Lindzey, G.(1978). *Theories of personality*. 3rd Ed. New York: Wiley & Sons.

Hall, C. S., Lindzey, G., & Loehlin, J. C.(1985). *Introduction to theories of personality*. New York: John Wiley & Sons.

Harlow, H. F.(1959). Love in infant monkey. *Scientific American*, 200, 68-74.

Hazan, C., & Shaver, P.(1987). Romantic love conceptualized as an attachment process. *Journal of Personality and Social Psychology*, 52, 511-524.

Hazan, C., & Shaver, P.(1990). Love and work: An attachment-theoretical perspective. *Journal of Personality and Social Psychology*, 59, 270-280.

Heine, S. J., Lehman, D. R., Markus, H. R., & Kitayama, S.(1999). Is there a universal need for positive self-regard? *Psychological Review*, 106(4), 766-794.

Hergenhahn, B. R., & Olson, M. H.(2001/2001, 김영채 역). **학습심리학**. 6판. 박영사.

Herman, J. L.(1981/2010, 박은미·김은영 공역). **근친 성폭력. 감춰진 진실**. 삼인.

Herman, J. L.(1997/2007, 최현정 역). **트라우마. 가정폭력에서 정치적 테러까지**. 플래닛.

Herrnstein, R. J. & Murray, C.(1994). *The Bell Curve: Intelligence and class structure in American life*. New York: Free Press.

Hesse, E. (2008). The Adult Attachment Interview. Protocol, method of analysis and empirical studies. In J. Cassidy & P. R. Shaver(Eds.), *Handbook of attachment* (pp. 552-598). 2nd Ed. New York: Guilford Press.

Higgins, E. T. & Scholer, A. A.(2008). When is personlity revealed?: A motivated cognition approach. In O. P. John, R. W. Robins, & L. A. Pervin(Eds.). *Handbook of personality*(pp. 182-207). 3. Ed. New York: Guilford.

Higgins, E. T.(1987). Self-discrepancy: A theory relating self and affect. *Psychological Review*, 94, 319-340.

Hilgard, E. R., & Bower, G. H.(1966). *Theories of learning*. 3rd Ed. Engle wood Cliffs, NJ: Prentice Hall.

Hoffman, L. W.(1991). The influence of the family environment on personality: Accounting for sibling differences. *Psychological Bulletin*, 110(2), 187-203.

Hofstede, G.(1991/95, 차재호·나은영 역). 세계의 문화와 조직. 학지사.

Houwer, J. D., Thomas, S., & Baeyens, F.(2001). Associative learning of likes and dislikes: A review of 25 years of research on human evaluative conditioning. *Psychological Bulletin*, 127(6), 853-869.

Hrdy, S. B.(1999/2010, 황희선 역). *Mother Nature*. 어머니의 탄생. 모성, 여성, 그리고 가족의 기원과 진화. 사이언스 북스.

Jackson, J. F.(1993). Human behavior genetics, Scarr's theory, and her views on interventions: A critical review and commentary on their implications for African American children. *Child Development*, 64, 1318-1332.

Jackson, M.(2008/10, 왕수민 역). 집중력의 탄생. 다산초당.

John, O. P.(1989). Toward a taxonomy of personality descriptors. In D. M. Buss and N. Cantor(Eds.). *Personality psychology: Recent trends and emerging directions*(pp. 261-271). New York: Springer.

John, O. P.(1990). The "Big Five" factor taxonomy: Dimensions of personality in the natural language and in questionnaires. In L. A. Pervin (Ed.). *Handbook of personality*(pp. 66-100). New York: Guilford.

John. O. P. & Srivastava, S.(1999). The Big Five trait taxonomy: History, measurement, and theoretical perspectives. In L. A. Pervin & O. P. John(eds.). *Handbook of personality. Theory and research*(pp. 102-138). 2nd ed. New York: Guilford.

Johnson, R. A.(1983/2008, 고혜경 역). We. 로맨틱 러브에 대한 융 심리학적 이해. 동연.

Johnson, R. A.(1989/2006a, 고혜경 역). She. 신화로 읽는 여성성. 동연.

Johnson, R. A.(1989/2006b, 고혜경 역). He. 신화로 읽는 남성성. 동연.

Jones, M. C.(1924). A laboratory study of fear: The case of Peter. *Pedagogical Seminary*, 31, 308-315.

Jung, C. G.(1921/88). *Allgemeine Beschreibung der Typen*. Grundwerk C. G. Jung. Bd 1(pp. 199-282). Olten: Walter-Verlag.

Jung, C. G.(1921/2001, 융 저작번역위원회 역). 심리학적 유형에 관한 개절. 융 기본저작집 1권 정신요법의 기본문제(pp. 244-332). 솔.

Jung, C. G.(1931/2004, 융 저작번역위원회 역). 생의 전환기. 융 기본저작집 9권 인간과 문화(pp. 73-93). 솔.

Jung, C. G.(1943/1972). *Two essays on analytical psychology*. 2nd Ed. Princeton University Press.

Jung, C. G.(1964/84, 이부영 외 역). 무의식에의 접근. Jung, C. G.(편), 인간과 무의식의 상징. 집문당.

Kagan, J.(1989). Temperamental contributions to social behavior. *American Psychologist*, 44,

668–674.

Kagan, J.(2000). Temperament. In A. Kazdin(Ed.). *Encyclopedia of psychology*. New York: Oxford University.

Kagan, J.(2003). Biology, context, and developmental inquiry. *Annual Review of Psychology*, 54, 1–23.

Kagan, J.(2010/11, 김병화 역). **성격의 발견**. 시공사.

Kagan, J., Reznick, J. S., & Snidman, N.(1986). Temperamental inhibition in early childhood. In R. Plomin & J. Dunn(Eds.). *The study of temperament*(pp. 53–66). Hillsdale, N. J.: Lawrence Erlbaum.

Kaye, H. L.(1997/2008, 생물학의 역사와 철학 연구모임 역). **현대 생물학의 사회적 의미**. 뿌리와 이파리.

Kelly, G. A.(1955). *The psychology of personal constructs*. New York: Norton.

Kerlinger, F. N.(1986/88). **사회·행동과학 연구방법의 기초**. 성원사.

Koch, S.(1981). The nature and limits of psychological knowledge. Lessons of a century qua "Science."*American Psychologist*, 36, 257–269.

Krueger, R. F. & Johnson, W.(2008). Behavioral genetics and personality: A new look at the integration. In O. P. John, R. W. Robins, & L. A. Pervin (Eds.). *Handbook of personality*(pp. 287–310). 3. Ed. New York: Guilford.

Leahey, T. H.(2000). *A history of psychology*. Upper Saddle River, New Jersey: Prentice Hall.

Leger, D. W., Kamil, A. C., & French, J. A.(2001). Introduction: Fear and loathing of evolutionary psychology in the social sciences. In French, J. A., Kamil, A. C., & Leger, D. W. (Eds.). *Evolutionary psychology and motivation*. Vol. 47 of the Nebraska Symposium on Motivation. Lincoln and London: University of Nebraska Press.

Levinson, D. J.(1980). Explorations in biography: Evolution of the individual life structure in adulthood. In A. I. Rabin, J. Aronoff, A. M. Marclay, & R. A. Zucker(Eds.), *Further exploration in personality*(pp. 44–79). New York: John Wiley & Sons.

Lewin, K.(1935). *A dynamic theory of personality*. New York: McGraw–Hill.

Lewontin, R.(1991/2001, 김동광 역). **DNA 독트린**. 궁리.

Liebert, R. M., & Liebert, L. L.(1998). *Personality. Strategies & issues*. Pacific Grove: Brooks/Cole Publishing Company.

Locke, E. A., & Latham, G. P.(2002). Building a practically useful theory of goal setting and task motivation. *American Psychologist*, 57(9), 705–717.

Loehlin, J. C.(1982). Rhapsody in G. *Contemporary Psychology*, 27, 623.

Lund, N.(2003/7, 이재호 김소영 공역). **언어와 사고**. 학지사.

Maccoby, E. E.(2000). Parenting and its effects on children: On reading and misreading behavior genetics. *Annual Review of Psychology*, 51, 1-27.

Main, M., & Cassidy, J.(1988). Categories of response to reunion with the parent at age 6: Predictable from infant attachment classifications and stable over a 1-month period. *Developmental Psychology*, 24(3), 415-426.

Marcia, J.(1994). Ego identity and object relations. In J. M. Masling & R. F. Bornstein(Eds.), *Empirical perspectives on object relations theory*(pp. 59-104). Washington, D.C.: American Psychological Association.

Markus, H. & Nurius, P.(1986). Possible selves. *American Psychologist*, 41, 954-969.

Markus, H.(1977). Self-schemata and processing information about the self. *Journal of Personality and Social Psychology*, 35, 63-78.

Markus, H.(1983). Self-knowledge: An expanded view. *Journal of Personality*, 51, 543-565.

Maslow, A. H.(1954/70). *Motivation and personality*. 2nd Ed. New York: Harper & Row.

Maslow, A. H.(1968/81, 이혜성 역). 존재의 심리학. 이화여자대학교 출판부.

McAdams, D. P.(1985). *Power, intimacy, and the life story. Personological inquiries into identity*. Homewood, Ill.: Dorsey.

McAdams, D. P.(1992). The five-factor model in personality. A critical appraisal. *Journal of Personality*, 60(2), 329-361.

McAdams, D. P.(2001). *The person*. 3rd Ed. New York: Harcourt College Publishers.

McAdams, D. P.(2008). Personal narratives and the life story. In O. P. John, R. W. Robins, & L. A. Pervin(Eds.). *Handbook of personality*(pp. 242-262). 3. Ed. New York: Guilford.

McAdams, D. P. & Pals, J. L.(2006). A new Big Five: Fundamental principles for an integrative science of personality. *American Psychologist*, 61, 204-217.

McClelland, D. C.(1996). Does the field of personality have a future? *Journal of Research in Personality*, 30, 429-434.

McCrae, R. R. & Costa, Jr., P. T.(1986). Personality, coping, and coping effectiveness in an adult sample. *Journal of Personality*, 54(2), 385-405.

McCrae, R. R. & Costa, Jr., P. T.(1990). Personality in adulthood. New York: Guilford.

McCrae, R. P., Costa, P. T., Jr., Ostendorf, F., Angleitner, Hrebickova, M., Avia, M. D., Sanz, J., Sanchez-Bernados, Kusdil, M. E., Woodfield, R., Saunders, P. R., & Smith, P. B.(2000). Nature over nurture: Temperament, personality, and life span development. *Journal of Personality and Social Psychology*, 78(1), 173-186.

McCrae, R. R., & John, O. P.(1992/98). An introduction to the five-factor model and its applications. In C. L. Cooper and L. A. Pervin(Eds.). *Personality: Critical concepts in psychology*(Vol. 1, pp. 295-329). London: Routledge.

McGinnies, E.(1949). Emotionality and perceptual defense. *Psychological Review*, 56, 244-

251.

McWilliams, N.(1994/2008, 정남운 이기련 공역). 정신분석적 진단. 성격구조의 이해. 학지사.

Meyer, C. J. & Kurtz, J. E.(2006). Advancing personality assessment terminomogy. Time to retire "objective" and "projective" as personality test descriptions. Guidelines Editorial. *Journal of Personality Assessment*, 87(3), 223-225.

Mischel, W.(1968). *Personality and assessment*. New York: Wiley.

Mischel, W.(1973). Toward a cognitive social learning reconceptualization of personality. *Psychological Review*, 80, 252-283.

Mischel, W. & Shoda, Y.(2008). Toward a unified theory of personality: Integrating dispositions and processing dynamics within the Cognitive-Affective Processing System. In O. P. John, R. W. Robins, & L. A. Pervin(Eds.). *Handbook of personality*(pp. 208-241). 3. Ed. New York: Guilford.

Murray, H. A.(1938). *Explorations in personality*. New York: Oxford University Press.

Murray, H. A.(1959). Preparations for the scaffold of a comprehensive system. In Koch, S.(Ed.), *Psychology: A study of a science*. Vol. 3. Formulations of the person and the social context(pp. 7-54). New York: McGraw Hill.

Myers, I. B.(1995/2008, 정명진 역). 성격의 재발견. 마이어스-브릭스 성격유형 탐구. 부글.

Myers, L. B., & Brewin, C. R.(1994). Recall of early experience and the repressive coping style. *Journal of Abnormal Psychology*, 103(2), 288-292.

Neisser, U., Boodoo, G., Bouchard, Jr., T. J., Boykind, A. W., Brody, N., Ceci, S. J., Halpern, D. F., Loehlin, J. C., Perloff, J. C., Sternberg, R. J., & Urbina, S.(1996). Intelligence: Knowns and unknowns. *American Psychologist*, 51(2), 77-101.

Nesse, R. M. & Williams, G. C.(1994/99, 최재천 역). 인간은 왜 병에 걸리는가. 사이언스 북스.

Nettle, D.(2007/9, 김상우 역). 성격의 탄생. 와이즈북.

Norman, W. T.(1963). Toward an adequate taxonomy of personality attributes: Replicated factor structure in peer nomination personality ratings. *Journal of Abnormal and Social Psychology*, 66, 574-583.

O'Connor, T. G., Deater-Deckard, K., Fulker, D., Rutter, M. L., & Plomin, R.(1996). Genotype-environment correlation in late childhood and early adolescence: Antisocial behavioral problems and coercive parenting. *Developmental Psychology*, 34, 970-981.

Ochberg, R. L.(1998). Life stories and the psychosocial construction of careers. *Journal of Personality*, 56(1), 173-205.

Ormel, J. & Wohlfarth, T.(1991). How neuroticism, long-term difficulties, and life situation change influence psychological distress: A longitudinal model. *Journal of Personality and Social Psychology*, 60(5), 744-755.

Osgood, G. E., Suci, G. J., & Tannenbaum, P. H.(1957). *The measurement of meaning*.

Urbana, Ill.: University of Illinois Press.

Patton, C. J.(1992). Fear of abandonment and binge eating. *Journal of Nervous and Mental Disease*, 180, 484-490.

Paunonen, S. V.(2003). Big Five factors of personality and replicated predictions of behavior. *Journal of Personality and Social Psychology*, 84(2), 411-424.

Paunonen, S. V., & Jackson, D. N.(2000). What is beyond the Big Five? Plenty! *Journal of personality*, 68(5), 821-835.

Pervin, L. A.(1996). Personality: A view of the future based on a look at the past. *Journal of Research in Personality*, 30, 309-318.

Pervin, L. A.(1996). *The science of personality*. New York: John Wiley & Sons.

Pervin, L. A.(2003). *The science of personality*. 2nd Ed. New York: Oxford University Press.

Pervin, L. A., & John, O. P.(1997). *Personality. Theory and research*. 7th Ed. New York: John Wiley & Sons.

Pervin, L. A., & John, O. P.(2001). *Personality. Theory and research*. 8th Ed. New York: John Wiley & Sons.

Phares, E. J.(1984/86, 홍숙기 역). **성격심리학**. 박영사.

Pinker, S.(1997). *How the mind works*. New York: Norton.

Plomin, R.(1986). *Development, genetics, and psychology*. Hillsdale, NJ: Erlbaum.

Plomin, R., & Daniels, D.(1987). Why are children in the same family so different from each other? *Behavioral and Brain Sciences*, 10, 1-16.

Plomin, R., & Dunn, J.(Eds. 1986). *The study of temperament*. Hillsdale, NJ.: Lawrence Erlbaum.

Plomin, R., Kagan, J., Emde, R. N., Reznick, J. S., Braungart, J. M. Robinson, J., Campos, J., Zahn-Waxler, C., Corley, R. Fulker, D. W., & DeFries, J. C.(1993). Genetic change and continuity from fourteen to twenty months: The MacArthur Longitudinal Twin Study. *Child Development*, 64, 1354-1376.

Pongratz, L. J.(1983). *Hauptströmungen der Tiefenpsychologie*. Stuttgart: Kröner.

Rapaport, D.(1959). Introduction. In E. H. Erikson(1959). *Identity and the life cycle*(pp. 3-19). Monography. Psychological Issues. l(1). New York: International Universities Press.

Ridley, M.(1999/2001, 하영미 등 공역). **게놈**. 김영사.

Robins, R. W., Tracy, J. L., & Trzesniewski, K. H. (2008). Naturalizing the self. In O. P. John, R. W. Robins, & L. A. Pervin(Eds.). *Handbook of personality*(pp. 421-447). 3. Ed. New York: Guilford.

Rogers, C. R.(1961). *On becoming a person*. Boston: Houghton Mifflin.

Rogers, C. R.(1959). A theory of therapy, personality, and interpersonal relationships as developed in the client-centered framework. In S. Koch(Ed.), *Psychology: A study of science*(pp. 184–256). New York: McGraw-Hill.

Rose, R. J.(1995). Genes and human behavior. *Annual Review of Psychology*, 46, 625–654.

Rose, S., Lewontin, R. C., & Kamin, L. J.(1988/93, 이상원 역). 우리 유전자 안에 없다. 한울.

Rosenberg, M. B.(2003/4, 캐서린 한 역). 비폭력대화. 바오.

Rosenwald, G. C.(1988). A theory of multiple-case research. *Journal of Personality*, 56(1), 239–264.

Rothbart, M. K., Ahadi, S. A., & Evans, D. E.(2000). Temperament and personality: Origins and outcomes. *Journal of Personality and Social Psychology*, 78(1), 122–135.

Rotter, J. B.(1975). Some problems and misconceptions related to the construct of internal versus external reinforcement. *Journal of Consulting and Clinical Psychology*, 43, 56–67.

Runyan, W. Mck.(1983). Idiographic goals and methods in the study of lives. *Journal of Personality*, 51, 413–437.

Runyan, W. Mck.(1988). Progress in psychobiography. *Journal of Personality*, 56, 295–326.

Rushton, J. P.(1997). Race, IQ, and the APA Report on The Bell Curve. *American Psychologist*, 52(1), 69–70.

Rutter, M. L.(1997). Nature-nurture integration. The example of antisocial behavior. *American Psychologist*, 52(4), 390–398.

Rutter, M.(2008). Implications of attachment theory and research for child care policies. In J. Cassidy & P. R. Shaver(Eds.), *Handbook of attachment* (pp. 958–974). 2nd Ed. New York: Guilford Press.

Sampson, E. E.(1981). Cognitive psychology as ideology. *American Psychologist*, 36, 730–743.

Sampson, E. E.(1989). The challenge of social change for psychology. Globalization and psychology's theory of the person. *American Psychologist*, 44(6), 914–921.

Scarr, S.(1992). Developmental theories for the 1990s: Development and indivdual differences. *Child Development*, 63, 1–19.

Scarr, S.(1993). Biological and cultural diversity: The legacy of Darwin for development. *Child Development*, 84, 1333–1353.

Scheier, M. F., & Carver, C. S.(1985). Optimism, coping, and health: Assessment and implications of generalized outcome expectancies. *Health Psychology*, 4, 219–247.

Schultz, D.(1977/82, 이혜성 역). 성장심리학. 이화여자대학교 출판부.

Secord, P. F.(1982). The origin and maintenance of social roles: The case of sex roles. In W. Ickes & E. S. Knowles(Eds.). *Personality, roles, and social behavior*. New York: Springer.

Seligman, M. E. P.(2002). *Authentic happiness*. New York: Free Press.

Shoda, Y., Mischel, W., & Wright, J. C.(1994). Intraindividual stability in the organization and patterning of behavior. Incorporating psychological situations into the ideographic analysis of personality. *Journal of Personality and Social Psychology*, 67(4), 674-687.

Silverman, L. H., Ross, D. L., Adler, J. M., & Lustig, D. A.(1978). Simple research paradigm for demonstrating subliminal psychodynamic activation: Effects of oedipal stimuli on dart-throwing accuracy in college men. *Journal of Abnormal Psychology*, 87, 341-357.

Silverstein, L. B., & Auerbach, C. F.(1999). Deconstructing the essential father. *American Psychologist*, 54(6), 397-407.

Singer, J. A.(2004). Narrative identity and meaning making across the adult lifespan: An introduction. *Journal of Personality*, 72(3), 437-459.

Skinner, B. F.(1948/82, 이장호 역). **월덴 투**. 심지.

Skinner, B. F.(1971/82, 차재호 역). **자유와 존엄을 넘어서**. 탐구당.

Stanovich, K. E.(1994, 신현정 역). **심리학의 오해**. 혜안.

Stevenson-Hinde, J. & Hinde, R. A.(1986). Changes in associations between characteristics and interactions. In R. Plomin & J. Dunn(Eds.). *The study of temperament*(pp. 115-130). Hillsdale, N. J.: Lawrence Erlbaum.

Swann, W. B., Jr., Stein-Seroussi, A., & Giesler, R. B.(1992). Why people self-verify. *Journal of Personality and Social Psychology*, 62, 392-401.

Tavris, C.(1992/99, 히스테리아 역). **여성과 남성이 다르지도 똑같지도 않은 이유**. 또하나의 문화.

Tavris, C.(1999). The science and politics of gender research: The meanings of difference. Bernstein, D.(Ed.). *Gender and motivation*. Vol. 45 of the Nebraska Symposium on Motivation(pp. 1-23).

Thomas, A. & Chess, S.(1986). The New York Longitudinal Study: From infancy to early adult life. In R. Plomin & J. Dunn(Eds.). *The study of temperament*(pp. 39-52). Hillsdale, N.J.: Lawrence Erlbaum.

Tolman, E. C., & Honzik, C. H.(1980). Introduction and removal of reward, and maze performance in rats. *University of California Publications in Psychology*, 4, 257-275.

Tooby, J., & Cosmides, L.(1988). The evolution of war and its cognitive foundations. Institute for Evolutionary Studies, Technical Report #88-1.

Triandis, H. C.(1990). Cross-cultural studies of individualism and collectivism. In J. J. Berman(Ed. pp. 41-133), *Nebraska symposium on motivation 1989. Cross-cultural perspectives*. Lincoln and London: University of Nebraska Press.

Tupes, E. L., & Christal, R. L.(1961/92). Recurrent personality factors based on trait ratings. *Journal of Personality*, 60, 225-251.

Turkheimer, E.(1998). Heritability and biological explanation. *Psychological Review*, 105(4), 782-791.

Turkle, S.(2010/12, 이은주 역). **외로워지는 사람들**. 청림출판.

Twenge, J. M., & Campbell, W. K.(2009/10, 이남석 편역). 나는 왜 나를 사랑하는가. 옥당.

Vaillant, G. E.(1977). *Adaptation to life*. Boston: Little, Brown and Company.

Vaillant, G. E.(2002/10, 이덕남 역). 행복의 조건. 하버드대학교 인생성장보고서. 프런티어.

Von Franz, M. L.(1971). *Lectures on Jung's typology*. New York: Spring Publications.

Von Franz, M. L.(1970/87). *Der ewige Jüngling*. Kösel.

Wachtel, P. L.(1994). Cyclical processes in personality and psychopathology. Journal of *Abnormal Psychology*, 103(1), 51-54.

Wachtel, P. L.(1997). *Psychoanalysis, behavior therapy, and the relational world*. Washington, DC.: American Psychological Association.

Watters, E.(2010/11, 김한영 역). 미국처럼 미쳐가는 세계. Archive.

Wegner, D. M., Schneider, D. J., Carter, S. R., & White, T. L.(1987). Paradoxical effects of thought suppression. *Journal of Personality and Social Psychology*, 53, 5-13.

Wegner, D. M., Shortt, G. W., Blake, A. W., & Page, M. S.(1990). The suppression of exciting thoughts. *Journal of Personality and Social Psychology*, 58, 409-418.

Weinberger, D. A.(1990). The construction reality of the repressive coping style. In J. L. Singer(Ed.), *Repression and dissociation: Implications for personality, psychopathology, and health*(pp. 337-386). Chicago: University of Chicago Press.

Weiner, I. B.(1997). Current status of the Rorschach Inkblot Method. *Journal of Personality Assessment,* 68(1), 5-19.

Westen, D.(1996). A model and a method for uncovering the nomothetic from the idiographic: An alternative to the Five-Factor Model? *Journal of Research in Personality*, 30, 400-413.

Westen, D.(1998). The scientific legacy of Sigmund Freud: Toward a psychodynamically informed psychological science. *Psychological Bulletin*, 124(3), 333-371.

Westen, D. & Weinberger, J.(2004). When clinical description becomes statistical prediction. *American Psychologist*, 59(7), 595-613.

Westen, D., Gabbard, G. O., & Ortigo, K. M.(2008). Psychoanalytic approaches to personality. In O. P. John, R. W. Robins, & L. A. Pervin(Eds.). *Handbook of personality*(pp. 328-348). 3. Ed. New York: Guilford.

Westen, D., Gabbard, G. O., Ortigo, K. M.(2008). Psychoanalytic approaches to personality. In O. P. John, R. W. Robins, L. A. Pervin(Eds.), *Handbook of personality Theory and Research*(pp. 61-113), 3rd Ed. New York: Guilford.

Wexberg, E.(1931/74). *Individualpsychologie. Eine systematische Darstellung*. Darmstadt: Wissenschaftliche Buchgesellschaft.

White, R. W.(1980). Exploring personality the long way: The study of lives. In A. I. Rabin, J. Aronoff, A. M. Marclay, & R. A. Zucker(Eds.), *Further exploration in personality* (pp. 3–19). New York: John Wiley & Sons.

Wiersma, J.(1988). The press release: Symbolic communication in life history. *Journal of Personality*, 56(1), 205–238.

Wiggins, J. S.(1968). Personality structure. *Annual Review of Psychology*, 19, 293–350.

Wilson, E. O.(1978/2000, 이한음 역). **인간 본성에 대하여**. 사이언스 북스.

Wilson, G. D.(1981). Personality and social behavior. In H. J. Eysenck(Ed.). *A model for personality*(pp. 210–245). New York: Springer.

Winter, D. G.(1988). The power motive in women and men. *Journal of Personality and Social Psychology*, 54, 510–519.

Winter, D. G.(1996). *Personality. Analysis and interpretation of lives*. New York: McGraw-Hill.

Winter, D. G.(1998). The contributions of David McClelland to personality assessment. Journal of Personality Assessment, 71(2), 129–145.

Winter, D. G.(2005). Things I've learned about personality from studying political leaders at a distance. *Journal of Personality*, 73(3), 557–584.

Zuckerman, M.(1978). Sensation seeking. In H. London & J. E. Exner(Eds.). *Dimensions of personality*(pp. 487–560). New York: John Wiley & Sons.

색 인

【인명색인】

【 내용색인 】

ㄱ

ㅇ

ㅍ

ㅎ

저자약력

서울대학교 문리과대학 심리학과 졸업(학사)
同대학교 대학원 심리학과 졸업(석사)
독일 Göttingen대학교 심리학과 박사학위 취득
강원대학교 심리학과 교수 역임(성격심리학)

저 서

성격심리(상)(박영사, 수정3판, 2014)
성격심리(하)(박영사, 전면개정판, 2011)
젊은이의 정신건강(박영사, 전면개정판, 2010)
일과 사랑의 심리학(나남, 1994)

역 서

성격심리학(박영사, 1987)

성격심리(상)(하) 전면 개정 합본판
성격

초판인쇄 2016년 6월 9일
초판발행 2016년 6월 17일

지은이 홍숙기
펴낸이 안상준

편 집 배근하
기획/마케팅 노 현
표지디자인 박선호
제 작 우인도 · 고철민

펴낸곳 ㈜ 피와이메이트
서울특별시 마포구 월드컵북로 400, 5층 2호(상암동, 문화콘텐츠센터)
등록 2014. 2. 12. 제2015-000165호
전 화 02)733-6771
f a x 02)736-4818
e-mail pys@pybook.co.kr
homepage www.pybook.co.kr
ISBN 979-11-87010-92-0 93180

정 가 29,000원

박영스토리는 박영사와 함께하는 브랜드입니다.